無錫文庫

第二輯

無錫縣立圖書館書目
無錫縣立圖書館歷年概況
無錫縣立圖書館善本書目
無錫縣立圖書館地方著述目録
無錫先哲遺書目
無錫縣立歷史博物館一周紀念刊

鳳凰出版傳媒集團
鳳凰出版社

ISBN 978-7-5506-0973-0

圖書在版編目（CIP）數據

無錫縣立圖書館書目等 / 嚴毓芬等纂輯. -- 南京 : 鳳凰出版社, 2011.12
（無錫文庫. 第2輯）
ISBN 978-7-5506-0973-0

Ⅰ. ①無… Ⅱ. ①嚴… Ⅲ. ①圖書館目錄一無錫市一民國 Ⅳ. ①Z822.053.3

中國版本圖書館CIP數據核字(2011)第245921號

責任編輯 王 劍
裝幀設計 姜 嵩
出版發行 鳳凰出版傳媒集團
鳳凰出版社(原江蘇古籍出版社)
南京市中央路165號 郵編 210009
發行部電話 025-83223462
集團網址 鳳凰出版傳媒網 http://www.ppm.cn
印 刷 無錫市證券印刷有限公司
無錫市揚名高新技術産業園B區75號 郵編 214024
開 本 889×1194毫米 1/16
印 張 32
版 次 2011年12月第1版 2011年12月第1次印刷
標準書號 ISBN 978-7-5506-0973-0
定 價 440.00圓
（本書凡印裝錯誤可向承印廠調換，電話：0510-85435666）

無錫文庫工作委員會

無錫文庫編輯委員會

主　編

王立人

副主編

須　儉　姜小青

編　委（按姓氏筆畫排列）

王進雄　王賡唐　卞惠興　全　勤　吴　迪　沙無垢

金其楨　夏剛草　倪培翔　徐小躍　徐志鈞　浦學坤

陳文源　過旭明　過耀華　許墨林　張志清　程勉中

湯可可　蔡家彬　劉桂秋　錢建中　錢菲菲　顧文璧

執行編委

王華寶　王　劍　薛　飛　陳紅彦　林世田　謝冬榮

徐憶農　陈　立

編務人員

顧志堅　李躍光

無錫文庫學術顧問

（按姓氏筆畫排列）

朱玉麒　朱維錚　江慶柏　李文海
沈衛榮　武秀成　金良年　胡福明
莫礪鋒　徐中玉　陳熙中　許倬雲
張仲禮　張廷銀　彭　林　程章燦
馮　遠　馮其庸　楊天石　趙生群
劉玉才　錢　遜　錢中文　錢文忠

總序

七千年文明史，三千年建城史，江南名城無錫，襟長江依太湖，自古以來就是魚米之鄉，禮儀之邦。無錫文化自泰伯南奔以來，騰蛟起鳳，尚德崇文，在數千年的傳承發展中，教化常持，經世務實，人杰輩出，大家林立，文藻絢麗，錯彩鏤金。舍南舍北皆春水，欲與湖山作主人，數千年的人文傳統，賦予了風光秀美的無錫以獨特的文化魅力，鑄就了城市剛柔相濟、秀逸清麗的的文化品格。

無錫是中國吴文化的發源地。早在商代晚期，周太王古公亶父的長子泰伯三讓王位，携其弟仲雍奔吴，定居無錫梅里，建『勾吴國』，『端委以治周禮』，施以禮儀教化；興修水利，授以農桑，不數年而『民人殷富』。泰伯帶來的中原文化與無錫本地土著文明相結合，吴文化以及作爲其重要組成部分的無錫文化就此發端。晋室南渡，北方人群大量南遷，帶來了中原的文化技術，促進了無錫農業、水利、手工業和商業的發展，中原文明再度與吴文化進行融合互滲。在本土文化與异地文化的碰撞和交融中，不斷推動着無錫這座城市的文明進步。

無錫歷史文化『追歷七千餘載歲月滌蕩，遂經四大轉折而成其廣大深厚：泰伯西來，吴文化成焉；永嘉南渡，江左文脉振焉；宋室波遷，江南文風始焉；歐風東漸，錫邑占風氣之先，民族工商文化始焉。數百代鄉彦賢達智慧與創造累積，文獻足徵，無慮百千』（《錫山先哲叢刊》重版弁言）。無

錫文化以兼容并蓄多樣化的形態不斷發展。

崇文尚教，以教促文。北宋嘉祐三年（一〇五八），無錫始設縣學；北宋政和元年（一一一一），理學傳人楊時在無錫創建東林書院，此後無錫出現了喻樗、尤袤、李祥、蔣重珍等一批知名的教育家。至明代，顧憲成、高攀龍等在東林書院講學，此後又有許多書院相繼而起。古代無錫對教育的重視，促進了『崇文』和『尚教』的風氣，也造就了大量的人才。自隋朝開創科舉取士到清末廢除科舉，無錫共出了五名狀元、三名榜眼、六名探花和三名傳臚，并有五百四十名進士，一千二百多名舉人；『一榜九進士』、『六科三解元』，自古傳爲佳話。近代以來，經濟的繁榮進一步帶動了教育的興盛。無錫籍國學大師錢穆曾說：『晚清以下，群呼教育救國，無錫一縣最先起。』此後無錫的實業家紛紛出資興辦文化教育事業。教育的繁興，在極大程度上促進了無錫的文化發展，出現了空前的文化人才崛起的高峰。

文脉綿延，後出轉强。歷來『文化』的概念有廣義和狹義之分，這裏的『文脉』之『文』，用的是狹義的概念，即指經史、文學、藝術等人類所創造的精神財富的總和。在無錫的歷史文化傳統中，自古及今，悠悠文脉，如瓜瓞之綿綿。必須指出的是，從文化發生學的角度來看，早期中華文化的中心是在黄河流域的中原地區，無錫在宋元以前，雖有像顧愷之、李紳、尤袤、蔣捷、倪瓚等一批人文英才，但在整體上，無錫的文氣是自明清以迄近現代達到巔峰。在整個江南地區文教昌明和無錫經濟繁盛、教育勃興的大背景下，無錫地區在經史、文學、繪畫、音樂等諸多領域中，建樹卓越，俊才雲蒸，真正呈現出『人文之盛，冠於南國；碩彦輩出，著述繁富』的局面。

求實務本、重工崇商。無錫自古爲江南富庶之地、魚米之鄉。明代東林講學者將士商并列爲『本行』，講求經世致用；近代早期維新的思想家、實踐家薛福成提出『黜浮靡，崇實學』，大力倡揚『工商爲先，耕戰植其基，工商擴其用』的觀念，這些都成了近代以來無錫人求實務本、重工崇商的重要的思想根源；兼以明清時期，封建自然經濟解體，資本主義開始萌芽，無錫經濟日趨繁盛。鴉片戰爭以後，上海開埠，由於商品經濟的發展和商業資本積累的增加，逐步形成了一個以上海爲中心的，北接江陰、靖江，西連蘇州、無錫、常州的經濟區域。有布、米、絲、錢『四大碼頭』的無錫，被譽爲『小上海』。到了十九世紀末、二十世紀初，無錫許多有識之士積極引進西方生產技術，大力興辦工廠，形成了近代六大資本系統，無錫成了近代中國民族工商業的發祥地和蘇南經濟中心。經濟的繁盛，不僅爲無錫文化的不斷發展提供了堅實的物質基礎，而且也形成了無錫文化的主流形態之一的，具有鮮明特色和豐富內涵的『工商文化』。

文化源長，文獻宏大。在歷史上，無錫有過兩次較大規模的文化整理。一八九九年，《常州先哲遺書》是包涵無錫在內的第一次區域性文化整理集成。一九二二年，《錫山先哲叢刊》是無錫真正意義上從城市角度進行的一次文化整理。當時，國家積貧積弱，社會動蕩離亂，身處亂世的有識之士高擎文化的旗幟，以縱覽千古的魄力和毅力致力於城市文化傳統的繼承與弘揚，爲無錫地方人文教育提供了文化楷模，對增强無錫崇文興教氛圍發揮了重要的作用，爲無錫躋身江南名城提供了文化動力，其意義至今爲後人感念。

滄桑巨變，天上人間。經過近一個世紀的奮鬥探索，特別是改革開放三十多年來的迅猛發展，中

華民族强勢崛起。國運昌隆，盛世修典。中共無錫市委、市政府高度重視地方傳統文化的整理弘揚工作。自二〇〇七年提出『建設文明無錫，打造文化名城』以來，無錫全面深入開展歷史文化遺産的挖掘、清理、保護和修復工作，傳承弘揚優秀傳統文化，彰顯城市人文歷史底蘊，掀起歷史文化名城建設新高潮。此後，市委、市政府在《無錫市文化大發展大繁榮行動綱要》中明確要求全面整理出版地方歷史文獻，市委、市政府在《關於深化文化體制改革加快文化强市建設的決定》中再次明確要求編纂《無錫文庫》，正式啓動迄今爲止無錫地區規模最大、綜合性鄉邦文獻集成的修編工作。爲確保《無錫文庫》的編纂工作順利進行，市委、市政府專門成立了『無錫文庫工作委員會』，由市委宣傳部牽頭，設立了『無錫文庫編輯委員會』，計劃用三年時間完成編纂出版工作。《無錫文庫》的編纂，將以嶄新的學術角度和現代學科框架對城市歷史文化進行全面梳理和弘揚，站在時代的高度，充分展示城市深厚的歷史底蘊，彰顯先賢哲人的智慧創造，解讀無錫文化的獨特個性，提煉升華無錫的人文精神，光前裕後，古爲今用，以文化人，由人化文，以史爲鑒，開啓未來。

《無錫文庫》的編纂出版必將發揮重要的文化功能：首先是搶救文獻。無錫自古即有豐富的地方文獻，無論經史子集，都有重要著作流傳於世。然而無錫近代歷經戰亂，一些重要典籍已毁佚，僅有書名存留；還有一些珍貴的明清地方史籍，也以孤本存世，處於若存若亡之間。由於各種原因，一些代表無錫文化的典籍保存於國内外各大圖書館中，在無錫不易見到。從清末到民國期間，在文化上有不少重要成果，而這部分書籍因長期被忽視而處於毁佚的邊緣。《無錫文庫》的編纂就是爲了搶救文獻，保存文脉。其次是古籍整理。無錫先賢留下的載籍很多，但現存書籍，版本雜亂，良莠不齊，整

體而言没有經過系統編排梳理，使用不便。《無錫文庫》的編纂，就是從版本目録學的角度加以梳理，每書皆撰提要，鈎玄指要，便於閲讀使用。第三是服務大衆。《無錫文庫》所收皆爲地方古史遺文，是研究無錫歷史沿革和文化傳承的必讀書目。《無錫文庫》的編纂出版，使這些書籍的使用更加便捷和廣泛，對無錫的文化建設、城市規劃、古迹保護、名勝開發都具有很高的學術價值和實用價值。

歷史唯物主義觀是《無錫文庫》編纂出版工作的重要指導思想。《無錫文庫》是一部具有社會主義新時代特點的典籍集成，編纂理念和選編觀念更加科學，注重學術性、實用性和經典性相結合，并且儘量收入古籍版本研究的新成果，廣泛收集流散在國内外的珍貴典籍。編纂工作中，始終堅持『尊重歷史、尊重科學、尊重規律、尊重專家』的原則，堅持『雙百』方針，對傳統文化中重要的不同學派、不同觀點的資料兼收并蓄，力求客觀、完整和全面。當然，《無錫文庫》不可能包羅萬象，而以文史哲爲主要内容，兼顧其他類別著述，整體呈現出無錫歷史文化的發展脉絡。强化編纂工作的學術規範，提倡實事求是的良好學風，對文庫的整體規模、體例框架、所收書目、版式裝幀等進行反復論證，反復比較，多方聽取意見，慎之又慎，力爭使《無錫文庫》成爲一部真正代表無錫文化的綜合性鄉邦文獻集成。

編纂出版《無錫文庫》的盛舉，得到了海内外衆多著名的文史專家、學者教授的熱烈響應。許倬雲、馮其庸、楊天石、李文海、徐中玉、馮遠、胡福明等無錫籍文化名人和劉玉才、程章燦、江慶柏、張廷銀、金良年等專家學者應邀擔任《無錫文庫》的學術顧問，他們扎實的學術功底、嚴謹的治

學風範、卓越的學術見識，爲《無錫文庫》提供了有力的支撑。

千年吴地文明，百年工商繁華，賦予無錫人聰慧和靈秀，創造了具有獨特品質的城市文化和城市精神。當我們手捧先哲留下的珍貴文化遺産，不僅滿懷感恩、敬畏之心，更涌動着不負前賢、勵志圖新的激情，去努力創造城市文化嶄新的輝煌，讓無錫文化大發展大繁榮的春天更加姹紫嫣紅、繽紛燦爛！

無錫文庫編輯委員會

二〇一一年一月

凡例

一、《文庫》所收爲無錫籍作家的著述和與無錫相關的歷代文獻，分爲《官修舊志》、《地方史料專著》、《年譜家乘》、《無錫文存》和《近現代名家名著存目》五輯。

二、無錫地域範圍以現行行政轄區爲準。《文庫》立足無錫市區，兼顧江陰、宜興，適當選收江陰、宜興具有代表性的著作。

三、《文庫》所收著作，以史料價值高、使用價值大爲原則，適當兼顧其版本價值。

四、《文庫》主要采用影印方式出版，《近現代名家名著存目》收入作家小傳和主要著述目録。

五、《文庫》所收著作，其編纂年代下限爲一九四九年；《近現代名家名著存目》則不受此限。

六、《文庫》所收著作，原書如有蠹損、殘缺、漫漶不清處，原則上以相同版本予以換頁、補頁，使全書清晰、整齊。

七、《文庫》對所收每種圖書，均撰寫提要，置於每種書扉頁之背面；每册均新編頁碼，自爲起訖。

八、《文庫》編制書名索引和著者索引，以方便讀者使用。

第二輯編輯説明

本輯爲《無錫文庫》之第二輯《地方史料專著》。這些書籍皆爲個人著作，它們是官修方志之外最重要的地方史料，是對地方歷史更爲精細的記録和闡述。其中保存了官志中看不到的材料，所以也是官志極其重要的補充。無錫自古以來人文薈萃，所以歷史上存留下來的地方史料專著也非常豐富。明清以來這些著述得到了長足的發展。作爲方志體裁的史書，這些著作所述史事已細化到一個鄉村，一座寺廟，一幢宅第，一座園林，一所學府，一項工程，一個專題等，從而爲後人保存了大量第一手的史料。進入民國後，隨着社會的發展，在政治、經濟、文化、教育等方面，出現了許多專門的出版物，這些具有時代特色的文獻，爲我們保存了民國時期原生態的歷史材料。從這些文獻中可以看到當時無錫向現代都市邁進的步伐。第二輯所收書籍，不少都是孤本，彌足珍貴。特別是一些藏於外地圖書館的珍貴書籍，這次也盡了最大的努力加以搜集。由於歷史的原因，一些地方史籍已失傳，僅有書名存留，不無遺珠之憾。一些民國書籍也偶有缺葉。敬請讀者見諒。從另一個角度而言，也更説明了這次文庫編纂的必要。

目録

無錫縣立圖書館書目

（民國）嚴毓芬 編

《無錫縣立圖書館書目》，(民國)嚴毓芬編，民國十五年(一九二六)無錫縣立圖書館鉛印本。

嚴毓芬，字堯欽，無錫人，無錫縣立圖書館第二任館長。從第一任館長劉書勳開始，即對入藏圖書館的書籍加以編目。前面的兩次都用寫刻油印的方式公布。劉氏正擬彙集兩次已編書目，加上新增書籍之目録編成一部全面的書目，用聚珍版排印出版，然而在這時因故去職，把目録材料交待給了下一任館長嚴毓芬。嚴氏接手後與館員黄元炳共同編輯，朝夕編校，詮次部類，用力頗勤。終於在民國十三年編成全目。然而不久嚴毓芬亦因故去職，書目未能印行。全稿及由嚴氏請裘可桴所寫序言交給了下任館長秦毓鈞。其時軍閥混戰，兵災波及無錫，影響了圖書館的正常館務。兵災過後，終於在秦氏努力下印成。該書目所收之書皆爲古書，以經、史、子、集、叢書五大類編目，其他子目仿四庫全書體例而稍加調整。共收二萬三千二百六十六種古書，四萬五千六百零二册。館藏新書不在其內。編目之時，去今未遠。三任館長皆學養深厚，熟於經典，通於治學。本書是我們今天能看到的代表無錫民國時期目録學成就的一部學術著作，它不僅僅是一部館藏書目，還包含着對中國古典學術的深刻理解。

本書據民國鉛印本影印。

(徐志鈞)

無錫縣圖書館書目十六卷

民國十五年孟春月刊印

序

圖書館於古無徵徵自周柱下史始暴秦焚書未改周制故蕭何入關得收圖籍厥後二千餘年典守圖書國有專職而郡縣無之郡縣有圖書館自清乾隆始楊鎮杭三閣禁地森嚴非蠹人可入入者限於士大夫蓋帝者藏書之外府而已其他名門巨閥坐擁百城代有其人亦復各私其私不及於民民有圖書館自今始而吾邑自邑人秦毓鎏長民政始蓋民國元年也館成大收羣書私家所藏又從而附益之越十三年積書四萬三千五百餘册網羅放佚保存文獻之功固已偉矣主其事者又皆一時名彥也吾知自今以往必且歲求新著闡學問之垣泯門戶之私開鑽研之途戒盲從之非歆以自動之樂餉以無涯之知苟博文而有效將舍是其焉施至若短書小册足溉常智又必多爲之備令供求相當又必誘掖而指示之使皆出幽暗而覩朝曦誠如所期圖書館之爲利靡有既已館長嚴君堯欽編印書目既成屬爲序爰述圖書館進化之迹及吾邑成立所自始並貢其欵欵之愚民國十三年二月二十七日裘可桴

例言

本編援照四庫全書編次之例分經史子集四大部類屬亦引以爲則間有援涵芬樓書目之例或管見所及稍事變通者非敢標異願就海內　大雅是正焉

經部易書詩禮春秋之注解及與本經相關之著述俱各從其類若兼及他經總標一名如九經古義經傳考證問字堂集等則入經解類

詩書禮樂易春秋古稱六經秦火以後樂經散佚今僅存其見於他書及樂器之說明書而已凡與樂相關而尤雅馴者列入是編樂類其輸情愫寫鬱伊非關雅樂無當經旨者列入藝術類中以示區別

緯書之眞僞說者不一或以爲東漢時人所作而依托於孔子或以爲民間私相傳習自秦以來有之史記秦本紀呂氏十二月紀所言休祥伏生洪範五行傳稱某事失則某徵見皆讖緯之說也漢書儒林傳稱孟喜得易家候陰陽災變書尤其明證荀爽謂起自哀平據其盛行之日言之耳庫目緯書不別爲類僅附錄其名於經部各類之下且收錄甚少有示貶之意焉然觀守山閣玉函山房等叢書中所錄緯書之文精光炯然亦自不可磨滅經緯既同稱故亦分類列之而屬之於經部

庫目地理類有宮殿簿屬都會郡縣屬山水屬古蹟屬數種今稍變通之并山水古蹟爲一而都會郡縣則分爲省志之屬郡縣志之屬至宮殿簿則改爲宮殿疏以簿較疏狹未可據建康宮殿簿概其餘也

吾國古代本無儒家道家之別司馬遷述其先人所言作六家要旨有陰陽儒墨名法道德六家道德家即道家據周季時代以爲言也其時儒家道家已互相是非分立門戶矣後人因之儒家以孔子爲宗道家以老子爲宗及漢武黜百家道家始衰明帝時佛教又自成一派與道家抗衡而道又衰然道家精神專一無爲而無不爲等說卓然不能廢也故自秦以來釋道雖迭爲消長而與儒家鼎立爲三幾無軒輊今變通庫書及涵芬樓先例改列釋家道家於儒家之後

庫目政書類中有考工之屬今以考工併入藝術而以營造列於其首焉

叢書卷帙既繁種類亦賾既分列其所有諸書於四部中復將叢書之名別列一類於集部之後其編著人及捐書人之姓名則載於本類各書之下以便稽考

是編所錄之書以書名字數多寡爲先後其字數同者更次之以編著人之時代

是編共分六欄首書名次編著人次板本次册數次捐書人次號數

編著人姓名之下或稱編或稱撰或稱纂或稱著或稱述或稱輯悉照原書塡寫以免削足適屨之誚

是書所載之書以十二年十二月以前所得者爲限餘容續訂

新出之書是編概不羼入本館所有新書目錄當另爲一編

本館圖書目錄前館長劉書勳於民國四年編印一次後五年又續印一次均係油印日久未免漫漶劉先生正擬彙集前後兩次書目并新增之書詳爲編校用聚珍版排印以期完善忽萌退志倉卒授代以去毓芬於目錄之學夙未究心貿然承乏深以不能稱職爲懼一切體例悉仍劉先生之舊而參與商榷昕夕編校者館員黃君元炳之力爲多惟書籍既繁詮次部類容有未當倘並世閎碩辱加教督則不第毓芬一人之私幸也民國十三年二月嚴毓芬附識

毓鈞案本館書目油印兩次分舊時近時兩類舊學書仍用五部分次酌案四庫舊例及書目答問之說釐定光宣出版各書除性質完全屬舊籍仍隸入舊時圖書五部其他編著迻譯之書別爲政事學文四大部賸以報章殿以金石書畫截至民國十四年六月止計得經部七百二十四種二千二百四十九册史部一千二百三十三種一萬零七百九十五册子部二千七百四十一種五千零五十七册集部一千三百七十五種七千一百十四册叢書部一萬一千四百五十種四千八百册政部七百九十九種一千七百六十八册事部三百五十種五百五十三册學部二千四百三十二種五千四百七十九册文部八百五十二種一千八百七十六册報章部六百五十四種四千五百八十三册金石書畫部六百五十六種一千三百二十八册都共二萬三千二百六十六種四萬五千六百零二册是編係嚴前館長偕黃前館員悉心編纂成經史子集叢書五部目錄釐爲十六卷其他因限于時間不及統編會値兩次軍興邑遭蹂躪荏苒年餘始克付印毓鈞受代後忝厠校閱汲深綆短莫贊一辭惟魯魚亥豕貽誤良多行列畸邪自知不免敬就正于大雅君子幸賜教焉六部另編俟諸異日民國十五年二月校閱旣竣秦毓鈞附識

無錫縣立圖書館書目目次

無錫縣立圖書館書目卷一

經部

易類

易傳	北魏關朗著	漢魏叢書本之五		水一三
易纂	唐釋一行	玉函山房本之八		水一一
易說四卷	宋趙善譽撰	守山閣本之二		麗八四
又六卷	清惠士奇著	皇清經解本之四十九		天四
又	清查愼行著	昭代叢書本之七十五		結一
易音十卷	清顧炎武著	皇清經解本之二		天四
易例二卷	清惠棟著	皇清經解續編本之四		天五
易問附中爻考	清吳鼎著	舊鈔本	三冊	崑五
易貫五卷	清俞樾	春在堂全書本之二		水一五
周易三卷	清秦鏷訂正	九經本之一		崑一五
連山	清馬國翰輯	玉函山房本之一		水一一
歸藏	清馬國翰輯	玉函山房本之一		水一一
費氏易	漢費直撰	玉函山房本之三		水一一
易畧例	魏王弼注	漢魏叢書本之五		水一三
三墳書	晉阮咸注	漢魏叢書本之六		水一三
又	明陶宗儀訂	說郛本之七		爲一
易釋文	唐陸德明撰	津逮秘書本之十五		陽三三一
易璇璣三卷	宋吳沆	通志堂木刻本	顧玉書等捐	洪七
檀書記	元劉因	說郛本之五		爲一
生生篇	明蘇濬著	明刻本三	三冊　許同藺捐	劍七六
易大義	清惠棟撰	海山仙館本之二		陽三三三
易漢學八卷	清惠棟撰	清來堂木刻本	二冊　徐薇生捐	生一六六
又	清惠棟著	昭代叢書本之一百十三		結一

又同上	清惠棟著	皇清經解續編本之四			天五
周易述二十一卷	清惠棟著	皇清經解本八十一至八十五			天四
卦氣論	清莊存與撰	味經堂遺書本之四			閏一三四
又	同上	皇清經解續編本之四			天五
彖傳論	清莊存與撰	味經堂遺書本之一			閏一三四
彖象論	清莊存與撰	味經堂遺書之二			閏一三四
易章句十二卷	清焦循著	皇清經解本二百六十六至二百六十七			天四
易通釋二十卷	清焦循著	皇清經解本二百六十八至二百七十二			天四
仲氏易三十卷	清毛奇齡著	皇清經解本二十七至三十			天四
玩易篇	清俞樾	春在堂全書本之三十			水一五
子夏易傳二卷	周卜商撰	玉函山房本之一			水一一
又	同上	二酉堂本之一			雨二四
丁氏易傳	漢丁寬撰	玉函山房本之二			水一一

無錫縣立圖書館書目 卷一經部 易類 二

蔡氏易說	漢蔡景君撰	玉函山房本之一			水一一
韓氏易傳	漢韓嬰撰	玉函山房本之二			水一一
費氏易林	漢費直撰	玉函山房本之三			水一一
周易分野	同上	同上			水一一
周易正義十卷	魏王弼晉韓康伯注唐孔穎達疏	石印十三經本之一			洪九〇
又同上	同上	江西書局十三經本一至八			天一
周易略例	晉王弼	說郛本之四			爲一
周易統略	晉鄒湛撰	玉函山房本之五			水一一
周易大義	梁武帝撰	玉函山房本之七			水一一
關氏易傳	北魏關朗撰趙蕤注	津逮秘書本之十六			陽三三二一
又	北魏關朗	說郛本之四			爲一
周易要略	齊沈麟士撰	玉函山房本之七			水一一
周易新義	唐徐勣撰	玉函山房本之八			水一一

周易元義	唐李淳風撰	玉函山房本之八			水一一
周易舉正	唐郭京撰	津逮秘書本之二十九			陽三三二一
又	同上	說郛本之五			爲一
周易探元三卷	唐崔憬撰	玉函山房本之八			水一一
周易集解十八卷	唐李鼎祚	津逮秘書本二十九至三十七			陽三三二一
又同上	同上	經學輯要本之一			露五四
莊氏易義	闕名	玉函山房本之七			水一一
周易程傳八卷	宋程頤傳	江南書局本	三冊		洪一〇
又同上	同上	同上	三冊	高維嶽捐	洪一二
又六卷 繫辭精義二卷	同上	古逸叢書本之六			露二
蘇氏易傳九卷	宋蘇軾著	津逮秘書本十七至二十			陽三三二一
周易本義十二卷	宋朱熹	江南書局本	二冊	高維嶽捐	洪九
又同上	同上	浙江書局本	二冊		洪一一

無錫縣立圖書館書目 卷一經部 易類 三

又四卷 原題周易不名本義	宋朱熹本義	四書五經本之七			天二
周易古占	宋程迥	說郛本之四			爲一
復齋易說六卷	宋趙彥肅著	通志堂本	一冊	顧玉書等捐	洪二
易象意言	宋蔡淵撰	武英殿聚珍本之九			多五
水村易說	宋林光世述	通志堂本	一冊	顧玉書等捐	洪八
漢上易傳十四卷 附易掛圖	宋朱震集傳	通志堂本	五冊	顧玉書等捐	洪六
讀易私言	元許衡	通志堂本	一冊	顧玉書等捐	洪二
又	同上	說郛本之五			爲一
易學濫觴	元黃澤	小萬卷樓本之一			雨二五
大易輯說十卷	元王申子述	通志堂本	一冊	顧玉書等捐	洪三
像象管見五卷	明錢一本	常州先哲遺書本四至五			呂四
周易孔義二卷	明高攀龍著	本館鈔本	二冊		崑一九
像象述夢五卷	明吳桂森纂	本館鈔本	五冊		崑一〇

周易稽疑	明朱睦㮮	續說郛本之一百二十三		爲一
易象鉤解四卷	明陳士元撰	守山閣本之二		麗八四
元圖大衍	明馬龍	續說郛本之一百二十三		爲一
周易古義	清惠棟著	昭代叢書本之六		結一
周易稗疏四卷	清王夫之撰	船山遺書本之九		水一四
又	清王夫之著	昭代叢書本之一百十三		結一
又同上	同上	皇清經解續編本之一		天五
周易內傳六卷 發例一卷	清王夫之撰	船山遺書本一至八		水一四
周易考異	清王夫之撰	船山遺書本之九		水一四
周易外傳七卷	清王夫之撰	船山遺書本十至十三		水一四
易學辨惑	清黃宗炎著	昭代叢書本之三十七		結一
易圖明辨十卷	清胡渭撰	守山閣本三至四		麗八四
又同上	同上	皇清經解續編本之二		天五

無錫縣立圖書館書目 卷一經部 易類 四

又同上	清胡渭輯著	粵雅堂本四十五至五十		雨二
讀易管窺殘本僅存二四五卷	清吳隆元	木刻本	一册 許同藺捐	麗一九一
統天易說五卷	清費國暄著	本館鈔本	一册	崑八
讀易緒言	清錢棻著	昭代叢書本之一百零一		結一
繫辭傳論二卷	清莊存與撰	味經堂遺書本之三		閏一三四
易例輯略	清龐大堃述	南菁書院本之十三		露一
周易考占	清金榜撰	積學齋本之一		結一一
讀易筆記二卷	清方宗誠述	柏堂遺書本之一		冬二
又同上	同上	同上		專一六
退思易話八卷	清王玉樹	木刻本	二册	洪一三
古易音訓二卷	清宋咸熙輯	槐廬叢書本之十七		露五
周易略解八卷	清馮經	嶺南遺書本四集十至十三		水七
推易始末四卷	清毛奇齡稿	龍威秘書本八集之一		水一七

艮宧易說	清俞樾	春在堂全書本之三十九		水一五
邵易補原	清俞樾	春在堂全書本之四十二		水一五
卦氣續考	清俞樾	春在堂全書本之四十九		水一五
周易補疏二卷	清焦循著	皇清經解本之二百八十三		天四
周易補述四卷	清江藩著	皇清經解本之二百八十七		天四
虞氏易禮二卷	清王引之著	皇清經解本之三百十		天四
周易考異二卷	清宋鳳翔著	皇清經解續編本之九		天五
周易述補五卷	清李林松著	皇清經解續編本之七		天五
卦本圖考	清胡秉虔著	皇清經解續編本之九		天五
易義別錄十四卷	清張惠言著	皇清經解本三百十一至三百十二		天四
虞氏易事二卷	清張惠言著	皇清經解續編本之八		天五
虞氏易言二卷	清張惠言著	皇清經解續編本之八		天五
虞氏易候	清張惠言著	皇清經解續編本之八		天五

無錫縣立圖書館書目 卷一經部 易類 五

易圖條辨	清張惠言著	皇清經解續編本之八		天五
周易通解	清楊以迴	家刻本	五册 楊景龍捐	崑二
又	同上	同上	同上	崑二
學易隨筆二卷	黃元炳著	鉛印本	一册 著者捐	麗二〇九
周易薛氏記	薛虞撰	玉函山房本之一		水一一
古五子易傳	漢韓嬰	玉函山房本之二		水一一
乾元序制記	後漢鄭康成	武英殿聚珍本之十一		多五
周易馬氏注	後漢馬融撰	玉函山房本之三		水一一
周易荀氏注三卷	後漢荀爽撰	玉函山房本之四		水一一
周易宋氏注	後漢宋衷撰	玉函山房本之三		水一一
周易陸氏述三卷	後漢陸績撰	玉函山房本之四		水一一
周易王氏注二卷	魏王肅撰	玉函山房本之五		水一一
周易王氏音	魏王肅撰	玉函山房本之五		水一一

周易何氏解	魏何晏撰	玉函山房本之五	水一一
周易姚氏注	吳姚信撰	玉函山房本之五	水一一
周易向氏義	晉向秀撰	玉函山房本之五	水一一
周易序卦論	晉楊乂撰	玉函山房本之五	水一一
周易黃氏注	晉黃穎撰	玉函山房本之六	水一一
周易王氏義	晉王廙撰	玉函山房本之六	水一一
周易蜀才注	蜀范長生撰	玉函山房本之六	水一一
周易干氏注三卷	晉干寶撰	玉函山房本之六	水一一
周易張氏義附北涼劉昞注	晉張軌撰	玉函山房本之五	水一一
周易徐氏音	晉徐邈撰	玉函山房本之六	水一一
周易李氏注	晉李軌撰	玉函山房本之六	水一一
周易翟氏義	翟玄撰	玉函山房本之五	水一一
周易劉氏注	北魏劉昞撰	玉函山房本之七十九	水一一
周易王氏義	王嗣宗撰	玉函山房本之七	水一一
周易傅氏注	闕名	玉函山房本之七	水一一
周易盧氏注	闕名	玉函山房本之七	水一一
周易崔氏注	崔覲撰	玉函山房本之七	水一一
周易姚氏注	姚規撰	玉函山房本之七	水一一
周易王氏注	王凱冲撰	玉函山房本之七	水一一
周易侯氏注	侯果撰	玉函山房本之七	水一一
周易朱氏義	朱仰之撰	玉函山房本之七	水一一
呂氏古音訓二卷	宋呂祖謙	經學輯要本之二	露五四
周易大象解	清王夫之撰	船山遺書本之九	水一四
周易大衍辨	清吳鼒著	昭代叢書本之六	結一
八卦觀象解	清莊存與撰	味經堂遺書本之四	閏一三四
周易本義注六卷	清胡方撰	嶺南遺書本四集一至六	水七

周易二閭記三卷	清茹敦和著	南菁書院本之二十七	露一
周易倚數錄二卷 附圖	清楊履泰述	聚學軒本之五十七	雨一
爻辭玩占錄二卷	清秦棠析義	本館鈔本 一册	崑一
周易鄭氏義二卷	清張惠言著	皇清經解本之三百十	天四
周易虞氏義九卷	清張惠言著	皇清經解本三百零七至三百零九	天四
周易釋爻例	清成蓉鏡著	皇清經解續編本之十	天五
易經異文釋六卷	清李富孫著	皇清經解續編本之十二	天五
周易校勘記十一卷	清阮元著	皇清經解本二百十二至二百十三	天四
周易姚氏學十六卷	清姚配中撰	經策通纂本之二	露五四
又同上	清姚配中著	皇清經解續編本之二十	天五
八卦方位說	清俞樾	春在堂全書本之四十九	水一五
周易互體徵	清俞樾	春在堂全書本之四十九	水一五
又	清俞樾著	皇清經解續編本之三十	天五
卦氣直日考	清俞樾	春在堂全書本之四十一	水一五
周易施氏章句	漢施讎撰	玉函山房本之二	水一一
周易京氏章句	漢京房撰	玉函山房本之三	水一一
周易劉氏章句	後漢劉表撰	玉函山房本之三	水一一
周易董氏章句	魏董遇撰	玉函山房本之五	水一一
周易集解略例	魏王弼著 晉邢璹注	津逮秘書本之十六	陽三三二
周易張氏集解	晉張璠撰	玉函山房本之五	水一一
周易劉氏義疏	齊劉瓛撰	玉函山房本之七	水一一
周易褚氏講疏	梁褚仲都撰	玉函山房本之七	水一一
周易伏氏集解	梁伏曼容撰	玉函山房本之七	水一一
周易張氏講疏	陳張譏撰	玉函山房本之七	水一一
周易周氏義疏	陳周弘正撰	玉函山房本之七	水一一
周易何氏講疏	隋何妥撰	玉函山房本之七	水一一

周易新論傳疏	唐陰弘道撰	玉函山房本之八			水一一
郭氏傳家易說十一卷	宋郭雍著	武英殿聚珍本一至八			冬五
周易義海撮要六卷	宋李衡刪定	鈔本	三冊		洪二二
周易鄭康成注	宋王應麟輯	玉海附刻本之十七			冬四
周易本義通釋十卷	元胡炳文	通志堂本	四冊	顧玉書等捐	洪四
周易爻物當名二卷	明黎遂球撰	嶺南遺書本三集六至七			水七
周易尋門餘論	清黃宗炎著	昭代叢書本之一百三十七			結一
御纂周易折中二十二卷	清聖祖御纂	欽定七經本之一			天三
周易虞氏消息二卷	清王引之著	皇清經解本之三百零九			天四
周易虞氏略例	清李鋭著	皇清經解續編本之十四			天五
又	同上	聚學軒本之五十七			雨一
周易舊疏考證	清劉毓崧著	皇清經解續編本之三十			天五
周易人事疏證八卷	清章世臣輯	同文書局鉛印本八	八冊	徐一繩捐	巨八〇
重訂周易小義二卷	清茹敦和著 李慈銘重訂	紹興先正遺書本之二			水五
李氏易解賸義三卷	清李富孫輯	槐廬叢書本之一			露五
又同上	同上	經學輯要本之二			露五四
周易通論月令二卷	清姚配中撰	聚學軒本三十七至三十八			雨一
讀易漢學私記	清陳壽熊著	聚學軒本之七十七			雨一
又	同上	皇清經解續編本之三十			天五
易窮通變化論	清俞樾	春在堂全書本之四十七			水一五
方氏易學五書五卷	清方申著	南菁書院本二十八至二十九			露一
周易梁丘氏章句	漢梁丘賀撰	玉函山房本之二			水一一
周易繫辭桓氏注	晉桓玄撰	玉函山房本之六			水一一
易象妙于見形論	晉孫盛撰	玉函山房本之六			水一一
周易繫辭明氏注	齊明僧紹撰	玉函山房本之六			水一一
周易繫辭荀氏注	宋荀柔之撰	玉函山房本之六			水一一

易本義附錄纂注十五卷	元胡一桂	通志堂本	四冊	顧玉書等捐	洪五
河圖洛書同異考	清冉覲祖著	昭代叢書本之四十八			結一
周易荀氏九家義	清張惠言著	皇清經解本之三百十			天四
周易爻辰申鄭義	清何秋濤著	皇清經解續編本之二十九			天五
虞氏易消息圖說	清胡祥齡著	皇清經解續編本之二十一			天五
重訂周易二閭記三卷	清茹敦和著 李慈銘重訂	紹興先正遺書本之一			水五
周易淮南九師道訓	漢劉安撰	玉函山房本之二			水一一

書類

書經四卷	清秦鏷訂正	九經本之二			崑一五
尚書注十二卷	宋金履祥	十萬卷樓本一至六			水九
尚書說	清莊存與撰	味經堂遺書本之五			閏一三四
尚書譜	清宋翔鳳著	皇清經解續編本之九			天五
禹貢譜	闕名	舊刻本	一冊	許同藺捐	藏二五八
禹貢注	清胡之竑輯	木刻本	一冊		崑一七
又	同上	同上	一冊	胡保祥捐	崑一七
書古微十二卷	清魏源著	淮南書局木刻本	四冊		洪一五
又同上	同上	皇清經解續編本之二十九			天五
禹貢說	清倪文蔚著	皇清經解續編本之三十二			天五
古文尚書	闕名	玉函山房本之九			水一一
今文尚書	闕名	玉函山房本之九			水一一
尚書正義二十卷	漢孔安國傳 唐孔穎達疏	石印十三經本二至三			洪九〇
又同上	同上	江西書局十三經本九至十八			天一
汲冢周書十卷	晉孔晁注	漢魏叢書本之七			水一三
尚書述義	隋劉炫撰	玉函山房本之十一			水一一
尚書釋音	唐陸德明撰	古逸叢書本之二十一			露二
書經集傳六卷	宋蔡沈集傳	四書五經本之九			天二

尚書集傳六卷	宋蔡沈集傳	浙江書局本	四册		洪二四
書傳音釋六卷	宋鄒季友音釋	祝氏木刻本	四册		閏七
禹貢說斷四卷	宋傅寅撰	守山閣本之五			麗八四
禹貢集解二卷	宋傅寅撰	通志堂本	二册	顧玉書等捐	洪二六
又同上	同上	退補齋本	二册		洪二一
禹貢指南四卷	宋毛晃撰	武英殿聚珍本之十二			冬五
尚書表注二卷	宋金履祥注表	通志堂本	一册	顧玉書等捐	洪一九
融堂書解二十卷	宋錢時撰	武英殿聚珍本十三至十六			冬五
又同上	同上	武英殿聚珍本	五册		洪一四
尚書纂傳四十六卷	元王天與纂類	通志堂本	四册	顧玉書等捐	洪一六
尚書句解十三卷	元朱祖義	通志堂本	一册	同上	洪一八
尚書注考	明陳泰交撰	海山仙館本之二			陽三三三
尚書餘論	清丁晏學	槐廬叢書本之二			露五

尚書餘論	清丁晏著	皇清經解續編本之十九			天五
書經稗疏四卷	清王夫之撰	船山遺書本十四至十六			水一四
尚書引義六卷	清王夫之撰	船山遺書本十七至十九			水一四
尚書稗疏	清王夫之著	昭代叢書本之百三十八			結一
正訛初稿	清王麟趾著	昭代叢書本之百三十九			結一
尚書古義	清惠棟著	昭代叢書本之六			結一
達齋書說	清俞樾	春在堂全書本之一			水一五
尚書義考二卷	清戴震撰	聚學軒本之三十九			雨一
晚書訂疑三卷	清程廷祚撰	聚學軒本之四十			雨一
又同上	清程廷祚著	皇清經解續編本之四			天五
又同上	清程廷祚	金陵叢書本一至二			雨二三
書傳補義三卷	清方宗誠述	柏堂遺書本之二			冬二
又同上	同上	同上			專一六

禹貢錐指二十卷 缺第二册	清胡渭學	漱六軒木刻本	十一册	許同藺捐	稱六二
又二十一卷	同上	皇清經解本八至十六			天四
尚書既見三卷	清莊存與撰	味經堂遺書本之五			閏一三四
尚書補疏二卷	清焦循著	皇清經解本之二百八十三			天四
尚書釋天六卷	清盛百二著	皇清經解本一百二十四至一百二十五			天四
尚書小疏	清沈彤著	皇清經解本之七十九			天四
尚書畧說二卷	清宋翔鳳著	皇清經解續編本之九			天五
尚書後案三十卷	清王鳴盛著	皇清經解本九十九至一百十三			天四
書序述聞二卷	清劉逢祿著	皇清經解續編本之八			天五
尚書歷譜二卷	清成蓉鏡著	皇清經解續編本之三十二			天五
太誓答問	清龔自珍著	皇清經解續編本之二十一			天五
禹貢義述三卷	清成蓉鏡著	皇清經解續編本之三十二			天五
達齋書說	清俞樾	春在堂全書本之三十九			水一五

尚書讀本二卷	清吳汝綸勘字	保陽書局鉛印本	二册	直隸省立圖書館捐	巨一五五
禹貢注解	姚明輝傳述	鉛印本	一册	武昌地理學社捐	閏九五
尚書古文訓	漢賈逵撰	玉函山房本之十			水一一
尚書馬氏傳四卷	漢馬融撰	玉函山房本之十			水一一
尚書王氏注二卷	魏王肅撰	玉函山房本之十一			水一一
尚書舜典注	晉范甯撰	玉函山房本之十一			水一一
古文尚書音	晉徐邈撰	玉函山房本之十一			水一一
尚書顧氏疏	隋顧彪撰	玉函山房本之十一			水一一
禹貢鄭注釋二卷	清焦循著	皇清經解續編本之九			天五
古文尚書辨	清朱彝尊著	昭代叢書本之八十五			結一
古文尚書考	清陸隴其著	昭代叢書本之八十五			結一
古文尚書考	清惠棟著	昭代叢書本之一百十四			結一
又二卷	同上	皇清經解本之八十六			天四

尚書仲孔論	清焦廷琥撰	積學齋本之一			結一一
禹貢三江考三卷	清程瑤田著	皇清經解本一百四十至一百四十一			天四
尚書校勘記二十二卷	清阮元著	皇清經解本二百十四至二百十六			天四
生霸死霸考	清俞樾	春在堂全書本之四十一			水一五
尚書歐陽章句四卷	漢歐陽和伯	玉函山房本之十			水一一
尚書劉氏義疏	隋劉焯撰	玉函山房本之十一			水一一
尚書集傳纂疏六卷	元陳櫟纂疏	通志堂本	四册	顧玉書等捐	洪二〇
今文尚書纂言四卷	元吳澄纂言	通志堂本	二册	顧玉書等捐	洪一七
古文尚書考異六卷	明梅鷟	平津館本二十六至二十七			水一〇
書經地理今釋	清蔣廷錫著	昭代叢書本之三十			結一
尚書地理今釋	清蔣廷錫著	皇清經解本之四十八			天四
尚書舊疏考證	清劉毓崧著	皇清經解續編本之三十			天五
禹貢鄭注略例	清何秋濤著	皇清經解續編本之二十九			天五
古文尚書撰異三十三卷	清段玉裁著	皇清經解本一百四十八至一百五十四			天四
禹貢錐指正誤	清丁晏著	皇清經解續編本之十九			天五
尚書集注音疏十四卷	清江聲著	皇清經解本九十三至九十八			天四
尚書注疏考證	清齊召南著	皇清經解本之七十六			天四
尚書大傳輯校三卷	清陳壽祺著	皇清經解續編本之九			天五
尚書古文疏證九卷	清閻若璩著	皇清經解續編本之二			天五
尚書大傳補注	清王闓運補注	靈鶼閣本之二			專一四
尚書大夏侯章句	漢夏侯勝撰	玉函山房本之十			水一一
尚書小夏侯章句	漢夏侯建撰	玉函山房本之十			水一一
胡氏禹貢圖考正	清陳澧著	皇清經解續編本之二十一			天五
尚書隸古定釋文八卷附經文二卷	清李遇孫學	聚學軒本二十一至二十二			雨一
今文尚書經說考三十二卷	清陳喬樅著	皇清經解續編本之二十四			天五
尚書今古文注疏三十卷	清孫星衍著	皇清經解本一百九十八至二百			天四

又	同上	平津館本四十至四十八			水一〇
禹貢古今注通釋六卷	清侯楨	古杼秋館本	二册	侯學愈捐	崑四
又同上	同上	同上	二册	吳禮讓堂捐	崑一八
尚書今古文注疏三十卷	清孫星衍著	皇清經解本一百九十八至二百			天四
又同上	清孫星衍撰	平津館本四十三至四十八			水一〇
欽定書經傳說彙纂二十一卷		欽定七經本之十一			天三
又同上		木刻本	十二册	許同藺捐	闕七四、
大雲山房十二章圖說二卷	清惲敬著	咫進齋本之八			水二
尚書歐陽夏侯遺說考	清陳喬樅著	皇清經解續編本之二十五			天五

詩類

詩序原署子夏詩序	周卜商	津逮秘書本之一			陽三三一
詩傳原署衛端木賜子贛述	周端木賜述	津逮秘書本之六			陽三三一
又同上	同上	漢魏叢書本之七			水一三
又原署衛端木賜子貢	同上	說郛本之三			爲一
詩說	漢申培著	漢魏叢書本之七			水一三
又	同上	說郛本之三			爲一
又	同上	津逮秘書本之七			陽三三一
詩考	宋王應麟撰	玉海附刻本之一			冬四
又	同上	津逮秘書本之六			陽三三一
詩說	宋張耒	說郛本之六			爲一
又四卷	清惠周惕著	皇清經解本之四十二			天四
又	同上	昭代叢書本之八十五			結一
詩經四卷	清秦鏷訂正	九經本之三			崑一五
詩瀋	清范家相學	范氏三種本一至四			露七
詩小序原署衛卜商	周卜商	說郛本之三			爲一
魯詩故三卷	漢申培撰	玉函山房本之十二			水一一

齊詩傳二卷	漢后蒼撰	玉函山房本之十三	水一一
韓詩故二卷	漢韓嬰撰	玉函山房本之十三	水一一
韓詩說	漢韓嬰撰	玉函山房本之十三	水一一
詩外傳十卷	漢韓嬰著	津逮秘書本十至十二	陽三三二
毛詩駮	魏王基撰	玉函山房本之十五	水一一
毛詩音	晉徐邈撰	玉函山房本之十六	水一一
詩辨說	宋趙德編	槐廬叢書本之三	露五
詩本音十卷	清顧炎武著	皇清經解本二至三	天四
詩聲類十二卷	清孔廣森著	皇清經解續編本之五	天五
毛詩說四卷	清莊存與撰	味經堂遺書本之六	閏一三四
詩古微十七卷	清魏源著	皇清經解續編本之三十九	天五
叶韻辨	清王夫之撰	船山遺書本之二十二	水一四
詩廣傳五卷	清王夫之撰	船山遺書本二十至二十四	水一四
毛詩說	清陳奐著	皇清經解續編本之十九	天五
毛詩譜	清胡元儀著	皇清經解續編本之三十二	天五
詩本誼	清龔橙	半厂叢書本之一	水六
韓詩外傳十卷	漢韓嬰著	漢魏叢書本之八	水一三
韓詩內傳	漢韓嬰撰	玉函山房本之十三	水一一
毛詩正義七十卷 附校勘記	漢鄭玄箋 唐孔穎達疏	石印十三經本四至七	洪九〇
又同上	同上	江西書局十三經本十九至四十二	天一
毛詩注疏附校勘記	漢鄭玄箋	十三經注疏本十九至四十二	天一
韓詩翼要	漢侯苞撰	玉函山房本之十四	水一一
毛詩義問	魏劉楨撰	玉函山房本之十四	水一一
毛詩義駁	魏王肅撰	玉函山房本之十五	水一一
毛詩問難	魏王肅撰	玉函山房本之十五	水一一
毛詩奏事	魏王肅撰	玉函山房本之十五	水一一

毛詩譜暢	吳徐整撰	玉函山房本之十五			水一一
毛詩拾遺	晉郭璞撰	玉函山房本之十六			水一一
毛詩序義	齊劉瓛撰	玉函山房本之十六			水一一
毛詩隱義	梁何胤撰	玉函山房本之十六			水一一
集注毛詩	梁崔靈恩撰	玉函山房本之十六			水一一
毛詩提綱	闕名	玉函山房本之十七			水一一
毛詩述義	隋劉炫撰	玉函山房本之十七			水一一
施氏詩說	唐施士丐撰	玉函山房本之十七			水一一
詩經集傳八卷	宋朱熹集傳	四書五經本之十三			天二
又同上	同上	同上	五册	高維嶽捐	洪二五
詩地理考六卷	宋王應麟	玉海附刻本之二			冬四
又同上	同上	經學輯要本之七			露五四
又同上	同上	津逮秘書本七至九			陽三三二
詩傳注疏三卷	宋謝枋得著	知不足齋本二集之一			水一六
詩傳旁通十五卷	元梁益	常州先哲遺書本之一			呂一
詩經疑問七卷	元朱倬編	通志堂本	一册	顧玉書等捐	洪二九
讀詩拙言	明陳第著	海山仙館本之二			陽三三三
詩經稗疏四卷	清王夫之撰	船山遺書本二十至二十一			水一四
又同上	清王夫之著	皇清經解續編本之一			天五
詩經考異	清王夫之撰	船山遺書本之二十二			水一四
毛朱詩說	清閻若璩著	昭代叢書本之十一			結一
毛詩訂詁八卷	清顧棟高	江蘇書局木刻本	四册	許同莘捐	昆六
又同上	同上	同上	同上	裘葆良捐	寒五二
讀詩管見	清龔灼	鈔本	一册	龔海臣捐	藏二三六
又	同上	本館鈔本	同上		寒九三
詩聲分例	清孔廣森著	皇清經解續編本之五			天五

毛詩紬義二十四卷	清李黼平著	皇清經解本三百三十七至三百四十二			天四
周頌口義三卷	清莊述祖著	皇清經解續編本之五			天五
毛詩考證四卷	清莊述祖著	皇清經解續編本之五			天五
毛詩補疏五卷	清焦循著	皇清經解本之二百八十四			天四
毛詩後箋三十卷	清胡承珙著	皇清經解續編本之十一			天五
詩經小學四卷	清段玉裁著	皇清經解本之一百五十八			天四
詩地理徵七卷	清朱右曾著	皇清經解續編本之二十三			天五
詩經補注二卷	清戴震著	皇清經解本之一百四十五			天四
釋毛詩音四卷	清陳奐著	皇清經解續編本之十九			天五
詩譜考正	清丁晏著	皇清經解續編本之十九			天五
毛詩古義	清惠棟著	昭代叢書本之七			結一
毛詩日箋四卷	清秦松齡	常州先哲遺書續編本之六			呂二
又	清秦松齡著	昭代叢書本之一百三十九			結一

無錫縣立圖書館書目 卷一經部 詩類 十六

詩氏族考六卷	清李超孫輯	翠瑯玕館本三十至三十三			麗三〇
詩傳補義三卷	清方宗誠述	柏堂遺書本之三			冬二
又同上	同上	同上			專一六
說詩章義三卷	清方宗誠述	柏堂遺書本之二十五			冬二
又同上	同上	同上			專一六
達齋詩說	清俞樾	春在堂全書本之三十九			水一五
韓詩遺說二卷 附訂譌一卷	清臧庸述	靈鶼閣本之一			專一四
詩故考異三十二卷	清徐華嶽輯	咫聞齋木刻本	十二册		洪三三
詩經補箋二十卷	清王闓運補箋	衡陽東州刻本	四册		洪三二
毛詩馬氏注	漢馬融撰	玉函山房本之十四			水一一
毛詩答雜問	吳韋昭朱育等撰	玉函山房本之三十五			水一一
毛詩王氏注四卷	魏王肅撰	玉函山房本之十四			水一一
毛詩異同評三卷	晉孫毓撰	玉函山房本之十五			水一一

毛詩草蟲經	闕名	玉函山房本之十七			水一一
毛詩周氏注	宋周續之撰	玉函山房本之十六			水一一
毛詩名物解二十卷	宋蔡卞	通志堂本	一册	顧玉書等捐	洪三〇
逸齋詩譜傳三十卷	宋范處義	通志堂本	六册	顧玉書等捐	洪三一
毛詩天文考	清洪亮吉撰	廣雅書局本	一册	許同莘捐	調三二四
詩陸氏疏疏二卷	清焦循考訂	南菁書院本之二十五			露一
毛鄭詩考正	清戴震著	昭代叢書本之一百十五			結一
又	同上	皇清經解本之一百四十五			天四
三家詩拾遺	清范家相輯	范氏三種本五至七			露七
又十卷	同上	守山閣本之六			麗八四
毛詩異文箋十卷	清陳玉樹	南菁書院本十七至十九			露一
詩名物證古	清俞樾	春在堂全書本之四十九			水一五
又	清俞樾著	皇清經解續編本之三十			天五

無錫縣立圖書館書目 卷一經部 詩類 十七

讀韓詩外傳	清俞樾	春在堂全書本之四十二			水一五
韓詩內傳徵四卷 敘錄二卷	清宋綿初	積學齋本之一			結一一
毛詩故訓傳	清段玉裁著	皇清經解本一百五十五至一百五十七			天四
毛詩稽古編三十卷	清陳啓源著	皇清經解本十九至二十六			天四
毛詩校勘記十卷	清阮元著	皇清經解本二百十七至二百二十一			天四
續詩傳鳥名三卷、	清毛奇齡著	皇清經解續編本之一			天五
又同上	同上	龍威祕書本八集之八			水一七
詩經異文釋十六卷	清李富孫著	皇清經解續編本之十三			天五
毛詩傳義類	清陳奐著	皇清經解續編本之十九			天五
鄭氏箋考徵	清陳奐著	皇清經解續編本之十九			天五
詩毛氏傳疏三十卷	清陳奐著	皇清經解續編本之十八			天五
齊詩翼氏學四卷	清迮鶴壽著	皇清經解續編本之二十			天五
韓詩薛君章句二卷	漢薛漢撰	玉函山房本之十四			水一一

詩草木蟲魚疏二卷	吳陸璣	漢魏叢書本之九			水一三
難孫氏毛詩評	晉陳統撰	玉函山房本之十六			水一一
毛詩舒氏義疏	舒瑗撰	玉函山房本之十六			水一一
毛詩箋音義證	後魏劉芳撰	玉函山房本之十七			水一一
毛詩沈氏義疏二卷	後周沈重撰	玉函山房本之十七			水一一
詩集傳名物鈔八卷	元許謙撰	退補齋本	八冊		洪二八
又同上	同上	通志堂本	四冊		洪二八
又同上	同上	同上	同上		洪二八
御纂詩義折中二十卷	清高宗御纂	木刻本	八冊		洪三四
詩譜補亡後訂	清吳騫學	拜經樓本之一			水三
治齋讀詩家說	清顧成志著	昭代叢書本之六十五			結一
毛詩傳箋通釋三十二卷	清馬瑞辰著	皇清經解續編本之十			天五
又同上	清馬瑞辰學	經學輯要本四至六			露五四
三家詩遺說考五十卷	清陳喬樅著	皇清經解續編本之二十五			天五
四家詩異文考五卷	清陳喬樅著	皇清經解續編本之二十六			天五
毛詩品物圖考七卷	日本浪華岡元鳳纂輯	石印本	二冊	錢宗濂捐	爲三九
又同上	同上	同上	同上	沈祖濟捐	爲三九
毛詩十五國風義	梁簡文帝撰	玉函山房本之十六			水一一
毛詩草木蟲魚疏二卷	唐陸璣撰	寶顏堂普集之一			閏三五
呂氏家塾讀詩記三十二卷	宋呂祖謙撰	退補齋本	十二冊		洪二七
白鷺洲主客說詩	清毛奇齡著	皇清經解續編本之一			天五
三家詩異文疏證二卷	清馮登府著	皇清經解本之三百六十			天四
齊詩翼氏學疏證二卷	清陳喬樅著	皇清經解續編本之二十六			天五
毛詩鄭箋改字說四卷	清陳喬樅著	皇清經解續編本之二十六			天五
絜齋毛詩經筵講義四卷	宋袁燮撰	武英殿聚珍本之十九			冬五
續呂氏家塾讀詩記三卷	宋戴溪撰	武英殿聚珍本十七至十八			冬五

欽定詩經傳說彙纂二十一卷	清世宗御纂	欽定七經本二十三至三十四		天三
又同上		木刻本	廿三冊	洪三五
毛詩草木鳥獸蟲魚疏	唐陸璣	說郛本之六		爲一
又	唐陸璣撰	經學輯要本之七		露五四
陸氏草木蟲魚疏廣要二卷	明毛晉撰	津逮秘書本二至五		陽三三二
毛詩草木鳥獸蟲魚疏校正二卷	清趙佑學	聚學軒本一至二		雨一

無錫縣立圖書館書目卷二

禮類 周禮

周禮六卷	清秦鏷訂正	九經本之四			崑一五
周官傳	漢馬融撰	玉函山房本之二十			水一一
周官記五卷	清莊存與著	皇清經解續編本之四			天五
周官說二卷	清莊存與著	皇清經解續編本之五			天五
車制考	清錢坫著	皇清經解續編本之五			天五
九穀考	清程瑤田著	皇清經解本之一百四十三			天四
周禮學二卷	清王聘珍著	皇清經解續編本之十二			天五
周禮注疏四十卷	漢鄭玄注 唐賈公彥疏	石印十三經本八至十			洪九〇
又同上	同上	江西書局十三經本四十三至六十二			天一
周禮訂義八卷	宋王與之集	通志堂本	十六册	顧玉書等捐	洪四〇

禮經會元四卷	宋葉時撰	通志堂本	二册	顧玉書等捐	洪三七
考工記圖	清戴震著	昭代叢書本之一百十七			結一
又二卷	同上	皇清經解本之一百四十六			天四
周禮古義	清惠棟著	昭代叢書本之七			結一
周官集注十二卷	清方苞學	抗希堂木刻本	七册	許同莘捐	洪四二
周官精義十二卷	清連斗山次編	三益堂木刻本	四册		洪四三
車制圖解	清阮元著	昭代叢書本之一百			結一
又二卷	同上	皇清經解本二百六十至二百六十一			天四
磬折古義	清程瑤田著	皇清經解本之一百四十			天四
周禮客難	清龔元玠著	昭代叢書本之一百四十			結一
周官辨非	清萬斯大著	辨志堂木刻本經學五書之一		楊道森捐	巨六七
又	同上	昭代叢書本之四十五			結一
輪輿私箋二卷	清鄭珍著	皇清經解續編本之二十一			天五

又同上	清鄭珍撰	廣雅書局本	一册		調三二六
水地小記	清程瑤田著	皇清經解本之一百四十一			天四
周禮政要二卷	清孫詒讓著	硃刻本	二册	許同莘捐	洪四六
周禮正義八十六卷	同上	鉛印本	廿四册	許同莘捐	麗一〇
周官指掌五卷	清莊有可著	正覺樓本一至二			藏二〇四
周禮節訓六卷	清黃叔琳	木刻本	二册	許同莘捐	洪四二
周禮補注六卷	清呂飛鵬學	聚學軒本五十八至六十一			雨一
周官說補三卷	清莊存與著	皇清經解續編本之五			天五
周禮杜氏注二卷	漢杜子春撰	玉函山房本之十九			水一一
周禮鄭氏注十二卷 附札記	漢鄭玄注	士禮居叢書本一至四			劍五
周禮鄭氏音	漢鄭玄撰	玉函山房本之二十			水一一
周禮徐氏音	晉徐邈撰	玉函山房本之二十			水一一
周禮李氏音	晉李軌撰	玉函山房本之二十			水一一

周禮干氏注	晉干寶撰	玉函山房本之二十			水一一
周禮聶氏音	闕名	玉函山房本之二十			水一一
周官禮義疏	後周沈重撰	玉函山房本之二十			水一一
周禮劉氏音二卷	劉昌宗撰	玉函山房本之二十一			水一一
周禮戚氏音	陳戚袞撰	玉函山房本之二十一			水一一
周禮故書考	清程際盛輯	積學齋本之二			結一一
周禮漢讀考六卷	清段玉裁著	皇清經解本一百五十九至一百六十			天四
周禮軍賦說四卷	清王鳴盛著	皇清經解本之一百十四			天四
周官祿田考三卷	清沈彤著	皇清經解本之七十八			天四
考工記考辨八卷	清王宗涑著	皇清經解續編本之二十三			天五
周禮校勘記十四卷	清阮元著	皇清經解本二百二十二至二百二十六			天四
明堂大道錄八卷	清惠棟著	皇清經解續編本之四			天五
周官故書考四卷	清徐養原著	皇清經解續編本之十二			天五

周禮賈氏解詁	漢賈逵撰	玉函山房本之二十			水一一
周官禮異同評	晉陳卲撰	玉函山房本之七十			水一一
太平經國之書十一卷	宋鄭伯謙	通志堂本	一册	顧玉書等捐	洪三八
周禮注疏刪翼三十卷	明王志長輯		十二册		洪三九
欽定周官義疏四十八卷	清高宗敕撰	欽定七經本之八十三			天三
周禮集解節要	清鄧愷	大酉堂木刻本	二册		崑二三
周禮集解節要六卷	清高愈原本 鄧愷纂訂	木刻本	一册	高汝琳捐	崑二七
周禮疑義舉要七卷	清江永撰	守山閣本之七			麗八四
又同上	清江永著	皇清經解本五十九至六十			天四
考工創物小記四卷	清程瑤田著	皇清經解本一百三十六至一百三十九			天四
溝洫疆理小記	清程瑤田著	皇清經解本之一百四十			天四
周官注疏小箋五卷	清曾釗著	皇清經解續編本之十九			天五
周官鄭大夫解詁	漢鄭興撰	玉函山房本之十七			水一一
周禮鄭司農解詁	漢鄭衆撰	玉函山房本十七至十九			水一一
周官禮經注正誤	清張宗泰述	積學齋本之二			結一一

儀禮

葬禮	晉賀循撰	玉函山房本之二十三			水一一
凶禮	晉孔衍撰	玉函山房本之二十三			水一一
釋繒	清任大椿著	皇清經解本之一百二十九			天四
釋服二卷	清宋綿初著	皇清經解續編本之五			天五
新定禮	後漢劉表撰	玉函山房本之二十二			水一一
讀禮問	清吳肅公著	昭代叢書本之十一			結一
宗法論	清萬斯大著	昭代叢書本之九十九			結一
儀禮商二卷　附錄一卷	清萬斯大著	辨志堂木刻本經學五書之一	三册	楊道霖	巨六七
儀禮圖六卷	清張惠言著	皇清經解續編本之八			天五
儀禮學	清王聘珍著	皇清經解續編本之十二			天五

冠禮約制	漢何休撰	玉函山房本之二十一			水一一
鄭氏昏禮	漢鄭衆撰	玉函山房本之二十一			水一一
儀禮注疏五十卷	漢鄭玄注 賈公彥疏	石印十三經本十一至十三			洪九〇
又同上	同上	江西書局十三經本六十三至七十八			天一
喪服要集	晉杜預撰	玉函山房本之二十二			水一一
喪服釋疑	晉劉智撰	玉函山房本之二十二			水一一
喪服要記	晉賀循撰	玉函山房本之二十三			水一一
喪服難問	宋崔凱撰	玉函山房本之二十三			水一一
儀禮釋宮	宋李如圭撰	守山閣本之七			麗八四
又	同上	武英殿聚珍本之二十一			冬五
儀禮識誤三卷	宋張淳撰	武英殿聚珍本之二十			冬五
儀禮集說十七卷	元敖繼公集說	通志堂本	七册	顧玉書等捐	洪四八
鄉射直節	明何景明	續說郛本之一百五十八			爲一
喪服翼注	清閻若璩著	昭代叢書本之八十六			結一
讀禮通考一百二十卷	清徐乾學	原刻本	廿四册		結二九
又同上	同上	江蘇書局木刻本	廿二册	裘廷梁捐	洪五三
儀禮古義	清惠棟著	昭代叢書本之八			結一
儀禮釋例	清江永撰	守山閣本之七			麗八四
又	清江永著	皇清經解續編本之三			天五
饗禮補亡	清諸錦補	槐廬叢書本之三			露五
又	清諸錦著	昭代叢書本之一百			結一
禘祫問答	清胡匡衷著	昭代叢書本之十八			結一
喪服私論	清俞樾	春在堂全書本之五十一			水一五
儀禮管見十七卷	清褚寅亮著	皇清經解續編本之五			天五
讀儀禮記二卷	清張惠言著	皇清經解續編本之八			天五
宗法小記	清程瑤田著	皇清經解本之一百三十五			天四

釋宮小記	清程瑤田著	皇清經解本之一百三十七		天四
弁服釋例八卷	清任大椿著	皇清經解本一百二十六至一百二十九		天四
禮經釋例十三卷	清凌廷堪著	皇清經解本二百零五至二百零九		天四
儀禮小疏八卷	清沈彤著	皇清經解本七十九至八十		天四
禘祫答問	清胡培翬著	皇清經解續編本之十七		天五
儀禮正義四十卷	清胡培翬著	皇清經解續編本十六至十七		天五
又同上	清胡培翬學	經學輯要本十四至十六		露五四
讀儀禮錄	清曾國藩著	皇清經解續編本之二十三		天五
儀禮釋官九卷	清胡匡衷著	皇清經解本之二百零二		天四
儀禮章句十七卷	清吳廷華著	皇清經解本六十六至六十八		天四
儀禮私箋八卷	清鄭珍著	皇清經解續編本之二十一		天五
儀禮鄭氏注附札記	漢鄭玄注	士禮居黃氏叢書本四至六		劍五
喪服變除圖	吳射慈撰	玉函山房本之二十二		水一一
蔡氏喪服譜	晉蔡謨撰	玉函山房本之二十三		水一一
賀氏喪服譜	晉賀循撰	玉函山房本之二十三		水一一
喪服要記注	謝徽撰	玉函山房本之二十三		水一一
周氏喪服注	宋周續之撰	玉函山房本之七十九		水一一
約喪禮經傳	清吳卓信著	昭代叢書本之六十六		結一
喪禮經傳約	清吳卓信著	皇清經解續編本之十八		天五
三禮服制考	清毛奇齡著	昭代叢書本之二十		結一
郊社禘祫問	清毛奇齡著	皇清經解續編本之一		天五
大小宗通繹	清毛奇齡著	皇清經解續編本之一		天五
儀禮漢讀考	清段玉裁注	皇清經解本之一百六十		天四
喪服會通說	清吳家賓著	皇清經解續編本之二十三		天五
儀禮校勘記十八卷	清阮元著	皇清經解本二百二十七至二百三十二		天四
大戴喪服變除	漢戴德撰	玉函山房本之二十一		水一一

無錫縣立圖書館書目 卷二經部 禮類 儀禮 五

鄭氏喪服變除	後漢鄭玄撰	玉函山房本之二十二		水一一
王氏喪服要記	魏王肅撰	玉函山房本之二十二		水一一
葛氏喪服變除	晉葛洪撰	玉函山房本之二十三		水一一
集注喪服經傳	晉孔倫撰	玉函山房本之二十二		水一一
喪服古今集記	齊王儉撰	玉函山房本之二十三		水一一
集注喪服經傳	宋裴松之撰	玉函山房本之二十三		水一一
略注喪服經傳	宋雷次宗撰	玉函山房本之二十三		水一一
喪服世行要記	宋王逡之撰	玉函山房本之七十九		水一一
朱子儀禮釋宮附宮室圖冕弁冠服圖各一卷		素隱所木刻本	一册 丁寶書捐	洪四五
欽定儀禮義疏四十八卷	清高宗勅撰	欽定七經本之三十五		天三
又同上	同上	木刻本	廿六册	荒二八
儀禮鄭注句讀十七卷	清張爾岐句讀	金陵書局本	四册	洪四九
儀禮釋宮增注	清江永著	皇清經解續編本之二		天五
張皋文儀禮圖六卷	清張惠言	湖北崇文書局本	三册	洪五七
又	同上	同上	同上	洪五七
禮經釋例目錄	清凌廷堪著	昭代叢書本之八		結一
士昏禮對席圖	清俞樾	春在堂全書本之四十		水一五
又	清俞樾著	皇清經解續編本之三十一		天五
喪服經傳馬氏注	後漢馬融撰	玉函山房本之二十二		水一一
喪服經傳王氏注	魏王肅撰	玉函山房本之二十二		水一一
喪服經傳袁氏注	晉袁準撰	玉函山房本之二十二		水一一
喪服經傳陳氏注	陳銓撰	玉函山房本之二十二		水一一
儀禮喪服足徵記十卷	清程瑤田著	皇清經解本一百三十五至一百三十七		天四
儀禮古今文疏義十七卷	清胡承珙著	皇清經解續編本之十二		天五
儀禮經注疏正譌十七卷	清金日追著	皇清經解續編本之十四		天五
昏禮重別論駁義二卷	清劉壽曾著	皇清經解續編本之三十二		天五

無錫縣立圖書館書目 卷二經部 禮類 儀禮 六

朱子儀禮經傳通解三十七卷	宋朱熹撰	經學輯要本十二至十三			露五四
鄭氏儀禮目錄校正	清胡匡衷著	皇清經解續編本之五			天五
儀禮古今文異同疏證五卷	清徐養源著	皇清經解續編本之十二			天五

大小戴記

禮傳	後漢荀爽撰	玉函山房本之二十四			水一一
禘說二卷	清惠棟著	皇清經解續編本之四			天五
禮記六卷	清秦鏷訂正	九經本五至六			崑一五
禮論難	晉范宣撰	玉函山房本之七十九			水一一
夏小正	闕名	說郛本之六			爲一
深衣考	清黃宗羲著	南菁書院本之九			露一
冕服考四卷	清焦廷琥學	積學齋本二至四			結一一
玉佩考	清俞樾著	皇清經解續編本之三十一			天五
燕寢考三卷	清胡培翬著	皇清經解本之三百三十一			天四
禮記正義六十三卷	漢鄭玄注 唐孔穎達疏	江西書局十三經本七十九至一百十	三二册		天一
又 同上	同上	石印十三經本十四至十九			洪九〇
大戴禮記十三卷	漢戴德著	漢魏叢書本之十			水一三
又 同上	漢戴德撰	四部叢刊石印本	二册	孫鍾修捐	玉二八九
月令問答	漢蔡邕	說郛本之六			爲一
又	後漢蔡邕撰	玉函山房本之二十四			水一一
月令章句	後漢蔡邕撰	玉函山房本之二十四			水一一
禮記略解	宋庾蔚之撰	玉函山房本之二十五			水一一
禮記隱義	梁何胤撰	玉函山房本之二十六			水一一
禮記義證	後魏劉芳撰	玉函山房本之二十七			水一一
禮記外傳	唐成伯璵撰	玉函山房本之二十八			水一一
夏小正解四卷	宋傅崧卿著	通志堂本	一册	顧玉書等捐	洪三八
禮記集說十卷	元陳澔集說	四書五經本十七至二十六			天二

二禮集解十四卷	明李黼纂	嘉靖常州府刻本	十六册		崑一四
大戴禮逸	闕名	說郛本之七			爲一
禮記章句四十九卷	清王夫之撰	船山遺書本二十五至四十			水一四
禮記古義	清惠棟著	昭代叢書本之八			結一
二李經說	清李光坡 李光型著	昭代叢書本之一百四十一			結一
深衣考證	清江永著	皇清經解本之六十			天四
檀弓訂誤	清毛奇齡著	昭代叢書本之二十			結一
深衣釋例三卷	清任大椿著	皇清經解續編本之五			天五
禮記偶箋三卷	清萬斯大著	辨志堂木刻本經學五種之一		楊道霖捐	巨六七
又 同上	同上	皇清經解續編本之一			天五
夏小正傳二卷	清孫星衍校	翠琅玕本之十一			麗三〇
曾子註釋四卷	清阮元著	皇清經解本之二百十一			天四
禮記訓纂四十八卷	清朱彬輯	朱氏木刻本	一〇册	朱晃池捐	洪四四
又 同上	同上	經學輯要本十七至十八			結一
夏小正詁	清諸錦纂	昭代叢書本之二十七			結一
禮記補疏三卷	清焦循著	皇清經解本之一百八十五			天四
蔡氏月令五卷	清蔡雲編	南菁書院本之二十三			露一
禮經學述	清秦麗昌著	昭代叢書本之一百四十一			結一
禮記章節	清秦復培著	本館鈔本	一册		寒一五八
禮記篇目	清芮城著	昭代叢書本之六十五			結一
禮記約纂	錢基博纂	油印本	一册	纂者捐	閏五九
又	同上	同上	同上	同上	閏五九
禮記馬氏注	後漢馬融撰	玉函山房本之二十四			水一一
禮記盧氏注	後漢盧植撰	玉函山房本之二十四			水一一
禮記王氏注二卷	魏王肅撰	玉函山房本之二十五			水一一
禮記孫氏注	魏孫炎撰	玉函山房本之二十五			水一一

無錫縣立圖書館書目 卷二經部 禮類 禮記 九

禮記音義隱	謝氏撰	玉函山房本之二十五		水一一
禮記徐氏音	晉徐邈撰	玉函山房本之二十五		水一一
禮記范氏音	晉范宣撰	玉函山房本之二十五		水一一
禮記劉氏音	劉昌宗撰	玉函山房本之二十五		水一一
禮記新義疏	梁賀瑒撰	玉函山房本之二十六		水一一
明堂制度論	後魏李謐撰	玉函山房本之七十九		水一一
禮記校勘記六十六卷	清阮元	皇清經解本二百一十二至二百四十		天四
禮記天算釋	清孔廣牧	正覺樓本之三		藏二〇四
又	同上	咫進齋本之十七		水二
又	清孔廣牧撰	木刻本	一册 許同藺捐	調二二五
又	清孔廣牧著	皇清經解續編本之三十二		天五
大戴禮正誤	清汪中著	皇清經解本之二百十一		天四
朝廟宮室考	清任啓運著	皇清經解續編本之四		天五
禮記鄭讀考六卷	清陳喬樅著	皇清經解續編本之二十六		天五
又	清俞樾	春在堂全書本之四十九		水一五
又	清俞樾著	皇清經解續編本之三十一		天五
禮記異文箋	清俞樾	春在堂全書本之五十		水一五
七十二候考	清俞樾	春在堂全書本之四十一		水一五
夏小正分箋四卷	清黃模著	皇清經解續編本之十三		天五
夏小正異義二卷	清黃模著	皇清經解續編本之十三		天五
夏小正輯注	清范家相輯	范氏三種本之八		露七
禮記沈氏義疏	後漢沈重撰	玉函山房本之二十七		水一一
禮記皇氏義疏	梁皇侃撰	玉函山房本之二十六至二十七		水一一
禮記熊氏義疏四卷	後周熊安生撰	玉函山房本之二十七至二十八		水一一
大戴禮記補注十三卷	清汪照著	皇清經解續編本之十九		天五
又同上	清王念孫著	皇清經解本一百九十二至一百九十三		天四

無錫縣立圖書館書目 卷二經部 禮類 禮記 十

欽定禮記義疏八十二卷	清高宗敕撰	欽定七經本一百零三至一百零十		天一
禮記訓義擇言八卷	清江永著	皇清經解續編本之三		天五
又同上	清江永撰	守山閣本之八		麗八四
禮記集說補義	清方宗誠述	柏堂遺書本之四		冬二
又	同上	同上		專一六
禮記注疏考證	清齊召南著	皇清經解本之七十六		天四
禮記經注校證二卷	清王祖畬著	朱印本	一册 王蕙言捐	日一三八
夏小正戴氏傳注四卷	宋傅崧卿注	士禮居叢書本之七		劍五
夏小正經傳考釋十卷	清莊述祖學	木刻本	四册 莊先識捐	調二一四
夏小正經傳集解四卷	清顧鳳藻	士禮居叢書本之七		劍五
肆獻祼饋食禮纂二卷	清任啓運著	皇清經解續編本之四		天五
撫本禮記鄭注考異二卷	清張敦仁著	皇清經解本二百六十二至二百六十三		天四

三禮總義

祭典	晉范汪撰	玉函山房本之二十九	水一一
禮論	宋何承天撰	玉函山房本之二十九	水一一
禮統	陳賀述撰	玉函山房本之二十九	水一一
禮說十四卷	清惠士奇著	皇清經解本五十至五十三	天四
禮說四卷	清淩曙著	皇清經解本之三百四十三	天四
禮箋三卷	清金榜著	皇清經解本之一百四十三至一百四十五	天四
三禮圖三卷	後漢鄭玄 阮諶等撰	玉函山房本之二十八	水一一
問禮俗	魏董勛撰	玉函山房本之二十八	水一一
禮雜議	晉吳商撰	玉函山房本之二十九	水一一
後養議	晉干寶撰	玉函山房本之二十九	水一一
禮雜問	晉范甯撰	玉函山房本之二十九	水一一
雜祭法	晉盧諶撰	玉函山房本之二十九	水一一
禮論鈔三卷	宋庾蔚之撰	玉函山房本之二十九	水一一

逆降義	宋顏延之撰	玉函山房本之七十九		水一一
禮疑義	梁周捨撰	玉函山房本之二十九		水一一
釋疑論	唐元行冲撰	玉函山房本之三十		水一一
宮室考	清任啓運著	聚學軒本之四十一		雨一
禮說畧三卷	清黃以周著	皇清經解續編本之三十二		天五
石渠禮論	漢戴聖撰	玉函山房本之二十八		水一一
禮論答問	宋徐廣撰	玉函山房本之二十九		水一一
禮論條牒	宋任豫撰	玉函山房本之二十九		水一一
禮論鈔略	齊荀萬秋撰	玉函山房本之二十九		水一一
禮義答問	齊王儉撰	玉函山房本之二十九		水一一
三禮義宗四卷	梁崔靈恩撰	玉函山房本之三十		水一一
三禮敍錄	元吳徵	說郛本之六		爲一
佚禮扶微五卷	清丁晏輯	南菁書院本之十二		露一
禮學卮言六卷	清王念孫著	皇清經解續編本之二十九		天五
禮經通論	清邵懿辰著	皇清經解續編本之二十九		天五
學禮質疑二卷	清萬斯大著	皇清經解本之十七		天四
學禮管釋十八卷	清夏炘著	皇清經解續編本之二十二		天五
魯禮禘祫志	後漢鄭玄撰	玉函山房本之二十六		水一一
求古錄禮說十五卷	清金鶚著	皇清經解續編本之十四		天五
周禮校勘記十四卷	清阮元著	皇清經解本二百二十二至二百二十六		天四
求古錄禮說補遺	清金鶚著	皇清經解續編本之十五		天五
鄭康成駁正三禮考	清俞樾著	皇清經解續編本之三十一		天五

通禮

五禮通考二百六十二卷	清秦蕙田輯	原刻本	七六册	崑一
四禮榷疑八卷	清顧廣譽著	槐廬叢書本三十三至三十四		露五
禮書通故	清黃以周述	黃氏試館本	三二册	洪五二

樂類

樂經 從周禮大宗伯大司樂等中錄出	闕名 清馬國翰錄	玉函山房本之三十		水一一
樂記	漢劉向校定	玉函山房本之三十		水一一
樂書	後魏信都芳撰	玉函山房本之三十一		水一一
樂部	闕名	玉函山房本之三十一		水一一
琴歷	闕名	玉函山房本之三十一		水一一
琴書	唐趙惟暕撰	玉函山房本之三十一		水一一
瑟譜六卷	元熊朋來撰	粵雅堂本之一百十二		雨二
琴清英	漢揚雄撰	玉函山房本之三十一		水一一
樂元語	漢劉德撰	玉函山房本之三十一		水一一
鍾律緯	梁武帝撰	玉函山房本之三十一		水一一
樂律義	後周沈重撰	玉函山房本之三十一		水一一
伯牙琴	宋鄧牧著	知不足齋本三集之八		水一六
賡和錄二卷	清何夢瑤撰	嶺南遺書本四集七至八		水七
樂律考二卷	清徐灝學	學壽堂本之十一		水八
樂社大義	梁武帝撰	玉函山房本之三十一		水一一
古今樂錄	陳沙門智匠撰	玉函山房本之三十一		水一一
樂譜集解	隋蕭吉撰	玉函山房本之三十一		水一一
音分古義二卷	清戴煦著	鮹帆樓木刻本	二册	稱四五
又同上	同上	同上	同上 許間莘捐	洪五八
律呂新義二卷	清江永撰	守山閣本之十七		麗八四
又	同上	正覺樓本十七至十八		藏二〇四
考律緒言四卷	清吳鼎	鈔本	一册	崑二四
聲律小記	清程瑤田著	皇清經解本之一百四十一		天四
樂書要錄七卷 闕前四卷	闕名	正覺樓本之十三		藏二〇四
律呂元音	清畢華珍述	小萬卷樓本之四		雨二五

燕樂考原六卷 清淩廷堪著 粤雅堂本一百十七至一百二十 雨二
律呂古誼六卷 清錢塘著 南菁書院本二十四至二十五 露一
竟山樂錄四卷 清毛奇齡稿 龍威秘書本八集之四 水一七
樂府傳聲 清徐大椿著 露胎雜著本之十四 辰一一九
三百篇聲譜 明張蔚然 續說郛本之一百五十四 爲一
五知齋琴譜八卷 清徐琪鑒定 紅香山房本 六册 冬一一
李氏學樂錄 清李塨著 龍威秘書本八集之五 水一七
樂記異文考 清俞樾 春在堂全書本之四十一 水五
枯木禪琴譜八卷 清釋空塵著 光緒年木刻本 四册 郝夢侯捐 閏八〇
考律緒言摘鈔 附度量權衡考 清吳鼎 本館鈔本 一册 寒一九〇
聖諭樂本解說 清毛奇齡著 昭代叢書本之二十 結一
昭代樂章恭記 清張玉書著 昭代叢書本之四十一 結一
晉泰始笛律匡謬 清淩廷堪撰 聚學軒本之二 雨一

春秋類

春秋

春秋說十五卷 清惠士奇著 皇清經解本五十四至五十八 天四
三正考二卷 清吳鼎著 本館據四庫全書鈔本 一册 寒一五一
春秋釋 清黃式之著 皇清經解續編本之二十三 天五
春秋三傳十六卷 闕名 四書五經本二十七至四十 天二
春秋大傳 闕名 玉函山房本之三十一 水一一
春秋繁露十七卷 漢董仲舒著 漢魏叢書本十一至十二 水一三
又 漢董仲舒 說郛本之七 爲一
又同上 漢董仲舒撰 浙江書局本 二册 宇一
春秋奇說 漢彭汪撰 玉函山房本之三十五 水一一
春秋釋例 漢潁容撰 玉函山房本之三十五 水一一
春秋規過二卷 隋劉炫撰 玉函山房本之三十八 水一一

春秋攻昧 隋劉炫撰 玉函山房本之三十九 水一一
春秋通例 唐陸希聲撰 玉函山房本之三十九 水一一
春秋摘微 唐盧仝撰 南菁書院本之八 露一
春秋例統 唐啖助撰 玉函山房本之七十九 水一一
讀春秋編十卷 宋陳深撰 通志堂本 二册 顧玉書等捐 洪七三
春秋通義 闕名 小萬卷樓本之一 雨二五
春秋辨疑四卷 宋蕭楚撰 武英殿聚珍本二十二至二十三 冬五
春秋或問二十卷 宋呂大圭述 通志堂本 四册 洪五四
春秋正旨 明高拱撰 守山閣本之八 麗八四
春秋孔義十二卷 明高攀龍著 本館鈔本 崑一一
春秋稗疏 清王夫之著 昭代叢書本之一百十六 結一
又二卷 同上 船山遺書本之四十五 水一四
又同上 同上 皇清經解續編本之一 天五
春秋家說三卷 清王夫之撰 船山遺書本四十一至四十四 水一四
春秋世論五卷 同上 船山遺書本四十六至四十七 水一四
春秋左傳十七卷 清秦鏷訂正 九經本七至九 崑一五
春秋隨筆二卷 清顧奎光撰 本館據四庫全書鈔本 一册 寒一五〇
箴膏肓評 清劉逢祿著 皇清經解本之三百三十 天四
春秋正辭十一卷 僅存一葉 第十一卷 清莊存與撰 味經堂遺書本七至十 閏一三四
又十三卷 清莊存與著 皇清經解本九十至九十二 天四
春秋客難 清龔元玠著 昭代叢書本之一百四十 結一
春秋長歷十卷 清陳厚耀著 皇清經解續編本之二 天四
春秋集義十二卷 清方宗誠述 柏堂遺書本七至十四 冬二
又同上 同上 同上 專一六
發墨守評 清劉逢祿著 皇清經解本之三百二十九 天四
春秋約纂七卷 錢基博纂 鉛印本 一册 纂者捐 藏三四〇

春秋成長說	後漢服虔撰	玉函山房本之三十五			水一一
春秋土地名	晉京相璠撰	玉函山房本之三十五			水一一
春秋井田記	闕名	玉函山房本之三十九			水一一
春秋新亵論	唐陳岳撰	玉函山房本之三十九			水一一
春秋劉氏傳十五卷	宋劉敞著	通志堂本	一册	顧玉書等捐	洪七二
春秋傳說例	宋劉敞撰	武英殿聚珍本之二十一			冬五
春秋古經說二卷	清侯康撰	嶺南遺書本五集之十二			水七
春秋大事表五十卷	清顧棟高輯	萬卷樓原刻本	一六册		崑三一
又六十七卷	清顧棟高著	皇清經解續編本之三			天五
春秋識小錄九卷 晉書地理志證今 第六卷下附	清程廷祚	金陵叢書本三至四			雨二三
學春秋隨筆十卷	清萬斯大著	辨志堂木刻本經學五書之一		楊道霖捐	巨六七
又同上	同上	皇清經解本之十八			天四
春秋傳正誼四卷	清方宗誠述	柏堂遺書本五至六			冬二
春秋傳正誼四卷	清方宗誠述	栢堂遺書本五至六			專一六
春秋亂賊考	清朱駿聲著	聚學軒本之七十七			雨一
春秋占筮書三卷	清毛奇齡著	皇清經解續編本之一			天五
又同上	同上	龍威秘書本八集之三			水一七
春秋毛氏傳三十六卷	清毛奇齡著	皇清經解本三十一至三十七			天四
春秋繁露注十七卷	清淩曙著	皇清經解續編本之二十			天五
春秋古今說二卷	清侯康著	皇清經解續編本之二十一			天五
春秋異文箋十三卷	清趙坦著	皇清經解本三百三十二至三百三十四			天四
同上	同上	經學輯要本之八			露五四
達齋春秋論	清俞樾	春在堂全書本之四十一			水一五
春秋歲星考	清俞樾	春在堂全書本之四十一			水一五
春秋董氏學八卷	康有爲學	萬木草堂叢書朱刻本	六册		麗二〇
又同上	同上	同上	同上		麗二〇

又同上	同上	同上	同上		麗二〇
又同上	同上	同上	同上		麗二〇
春秋牒例章句	漢鄭衆撰	玉函山房本之三十一			水一一
杜氏春秋釋例十五卷	晉杜預	經學輯要本之九			露五四
春秋張氏集注十一卷	宋張洽集注	通志堂本	二册		洪六九
又同上	同上	同上	三册		洪七一
陳氏春秋後傳十二卷	宋陳傅良	通志堂本	四册	顧玉書等捐	洪六四
春秋諸國統紀六卷	元齊履謙類敍	通志堂本	二册	顧玉書等捐	洪六〇
程氏春秋或問十卷	元程端學述	通志堂本	三册	顧玉書等捐	洪五五
春秋諸傳會通二十四卷	元李濂輯	通志堂本	五册	顧玉書等捐	洪六六
春秋四傳糾正	清俞汝言著	昭代叢書本之二十七			結一
春秋地形口號	清顧棟高著	昭代叢書本之四十六			結一
春秋日食質疑	清吳守一考	昭代叢書本之二十			結一
春秋朔閏異同二卷	清羅士琳著	皇清經解續編本之十七			天五
春秋簡書刊誤二卷	清毛奇齡著	皇清經解本之三十八			天四
春秋日南至補	清成蓉鏡著	皇清經解續編本之三十二			天五
春秋地理考實四卷	清江永著	皇清經解本之六十一			天四
春秋决事比類	清龔自珍著	皇清經解續編本之二十一			天五
春秋人地名對	清俞樾	春在堂全書本之四十二			水一五
春秋三傳讀本	闕名	浙江撫署刻本	十四册		洪五一
春秋人名韻編	錢宗濂	稿本	二册	編者捐	調二二五
春秋官名韻編	錢宗濂	稿本	一册	編者捐	調二二三
春秋地名韻編	錢宗濂	稿本	二册	編者捐	調二二一
春秋三傳異同說	後漢馬融撰	玉函山房本之三十三			水一一
春秋三傳同異考	清吳陳炎著	昭代叢書本之十一			結一
春秋屬辭辨例編六十卷	清張應昌	江蘇書局本	三二册	裘廷梁捐	荒三〇

無錫縣立圖書館書目 卷二經部 春秋類 春秋 左氏傳 十七

春秋屬辭比事記四卷	清毛奇齡著	皇清經解本之三十八			天四
春秋名字解詁駁	清胡元玉著	皇清經解續編本之三十二			天五
春秋世族譜拾遺	清成蓉鏡著	南菁書院本之二十一			露一
春秋三家異文覈	清朱駿聲著	聚學軒本之二十三			雨一
春秋中國夷狄辨三卷	徐勤撰	石印本	一冊	曹衡之捐	藏二九六
春秋闡微纂類義統	唐趙匡撰	玉函山房本之三十九			水一一
春秋集傳釋義大成十二卷	元俞皋	通志堂本	五冊	顧玉書等捐	洪六三
欽定春秋傳說彙纂三十八卷	清聖祖敕撰	欽定七經本六十七至八十二			天三
春秋五禮源流口號	清顧棟高著	昭代叢書本之一百零一			結一
春秋名字解詁補義	清俞樾	春在堂全書本之三十			水一五
又	清俞樾著	皇清經解續編本之三十一			天五
春秋五霸列國世紀編三卷	宋李琪	通志堂本	二冊	顧玉書等捐	洪五九

左氏傳

左傳詁五十卷	清洪亮吉著	北江全集本四十二至五十一			冬三
春秋傳駁	後魏賈思同撰 姚文安秦道靜述	玉函山房本之三十七			水一一
左傳補注六卷	清惠棟撰	守山閣本之九			麗八四
又	清姚鼐著	南菁書院本之九			露一
讀左巵言	清倪倬著	昭代叢書本之一百四十			結一
左海經辨二卷	清陳壽祺著	皇清經解本之三百十八			天四
左通補釋三十二卷	清梁履繩著	皇清經解續編本之七			天五
左傳古義六卷	清臧壽恭著	皇清經解續編本之十三			天五
左傳補注十二卷	清沈欽韓著	皇清經解續編本之十三			天五
左傳連珠	清俞樾	春在堂全書本之五十一			水一五
讀左質疑五卷	清王祖畬著	唐氏著經室木刻本	二冊	王保譿捐	藏四三八
又同上	同上	同上	同上	唐文治捐	藏四三八
春秋左傳詁二十卷	清洪亮吉著	皇清經解續編本之六			天五

無錫縣立圖書館書目 卷二經部 春秋類 左氏傳 十八

左傳異文釋十卷	清李富孫著	皇清經解續編本之十三			天五
左傳精華錄二十四卷	吳曾祺評注	商務印書館鉛印本	六冊		藏一三八
春秋左傳解誼四卷	後漢服虔撰	玉函山房本之三十五			水一一
左氏膏肓釋痾	闕名	玉函山房本之三十五			水一一
春秋左傳正義六十卷	晉杜預注 唐孔穎達疏	石印十三經本二十至二十五			洪九〇
又同上	同上	江西書局十三經本一百十一至一百四十三			天一
春秋左傳補注十卷	元趙汸學	通志堂本	一冊	顧玉書等捐	洪六二
左傳杜解補正三卷	清顧炎武著	皇清經解本之一			天四
又同上	同上	亭林遺書本之一			水一八
左傳杜注辨證六卷	清張聰咸著	聚學軒本二十三至二十五			雨一
左傳博議拾遺二十卷	清朱元英撰	小萬卷樓本二至三			雨二五
左傳規杜持平六卷	清邵瑛學	南菁書院本之二十六			露一
春秋左傳補注六卷	清惠棟著	皇清經解本八十至八十七			天四
春秋左傳補注三卷	清馬宗璉著	皇清經解本之二百二十五			天四
春秋左傳小疏	清沈彤著	皇清經解本之八十			天四
春秋左傳補疏五卷	清焦循著	皇清經解本二百八十五至二百八十六			天四
左傳注疏考證	清齊召南著	皇清經解本之七十六			天四
左傳地名補注十二卷	清沈欽韓著	皇清經解續編本之十三			天五
左傳舊疏考證八卷	清劉文淇著	皇清經解續編本之十七			天五
左氏春秋考證二卷	清劉逢祿著	皇清經解本之三百三十			天四
劉子政左氏說	章炳麟	章氏叢書本之二			麗四〇
春秋左傳劉氏注	漢劉歆撰	玉函山房本之三十一			水一一
春秋左氏傳解詁二卷	後漢賈逵撰	玉函山房本之三十二			水一一
春秋左傳許注氏	漢許淑撰	玉函山房本之三十五			水一一
春秋左傳王氏注	魏王肅撰	玉函山房本之三十五			水一一
春秋左氏傳章句	魏董遇撰	玉函山房本之三十五			水一一

春秋左傳稽氏音	魏稽康撰	玉函山房本之三十五		水一一
春秋左氏傳函義	晉干寶撰	玉函山房本之三十六		水一一
春秋左傳徐氏音	晉徐邈撰	玉函山房本之三十六		水一一
春秋左氏傳義注	晉孫毓撰	玉函山房本之三十六		水一一
春秋左氏傳義疏	蘇寬撰	玉函山房本之三十七		水一一
春秋左氏傳述義二卷	隋劉炫撰	玉函山房本三十七至三十八		水一一
春秋屬辭比事記四卷	清毛奇齡稿	龍威秘書本八集之二		水一七
左傳賈服注輯述二十卷	清李貽德著	皇清經解續編本之十八		天五
左傳古本分年考	清俞樾	春在堂全書本之四十二		水一五
春秋左傳讀叙錄	章炳麟著	章氏叢書本之一		麗四〇
春秋左氏長經章句	後漢賈逵撰	玉函山房本之三十三		水一一
春秋左氏經傳義略	陳沈文阿撰	玉函山房本之三十七		水一一
春秋左傳事類始末	宋章沖	通志堂本	三冊 顧玉書等捐	洪六一
續春秋左氏傳博議二卷	清王夫之撰	船山遺書本之四十八		水一四
春秋左氏傳校勘記四十二卷	清阮元著	皇清經解本二百四十一至二百四十九		天四
續春秋左氏經傳義略	陳王元規撰	玉函山房本之三十七		水一一
公羊傳				
解疑論	後漢戴宏撰	玉函山房本之三十三		水一一
公羊歷譜	清包愼言著	皇清經解續編本之二十		天五
公羊古義	清惠棟著	昭代叢書本之九		結一
公羊義疏七十六卷	清陳立著	皇清經解續編本之二十七		天五
公羊補注	清姚鼐著	南菁書院本之九		露一
公羊禮說	清凌曙著	皇清經解本之三百四十二		天四
公羊禮疏	清凌曙學	咫進齋本一至三		水二
又十三卷	清凌曙著	皇清經解續編本之二十		天五
公羊問答二卷	清凌曙著	咫進齋本之四		水二

又同上	同上	皇清經解續編本之二十		天五
公羊異文釋	清李富孫著	皇清經解續編本之十三		天五
公羊嚴氏春秋	漢嚴彭祖撰	玉函山房本之三十一		水一一
春秋公羊通義	清孔廣森著	經學輯要本之十		露五四
又十三卷	同上	皇清經解本一百八十七至一百九十		天四
何氏公羊解詁	清廖平	國學扶輪社鉛印本	一冊 周莘農捐	暑一〇三
公羊何氏釋例十卷	清劉逢祿著	皇清經解本三百二十六至三百二十九		天四
又	同上	經學輯要本之十一		露五四
春秋公羊質疑二卷	清何若瑤譔	廣雅書局本	一冊 許同藺捐	調三二七
公羊逸禮考徵	清陳奐著	皇清經解續編本之十九		天五
公羊注疏考證	清齊召南著	皇清經解本之七十七		天四
春秋公羊顏氏記	漢顏安樂撰	玉函山房本之三十一		水一一
春秋公羊傳注疏二十八卷	漢何休解詁 唐徐彥疏	江西書局十三經本一百四十三至二百五十二		天一
春秋公羊傳注疏二十八卷	漢何休解詁 唐徐彥疏	石印十三經本二十六至二十七		洪九〇
春秋公羊文謚例	後漢何休撰	玉函山房本之十三		水一一
公羊何氏解詁箋	清劉逢祿著	皇清經解本之三百二十九		天四
春秋公羊傳校勘記十二卷	清阮元著	皇清經解本二百五十至二百五十一		天四
穀梁傳				
穀梁傳十二卷	晉范寗集解	古逸叢書本二至三		露二
穀梁古義	清惠棟著	昭代叢書本之九		結一
穀梁禮證二卷	清侯康撰	嶺南叢書本五集之十二		水七
又同上	同上	經學輯要本之十一		露五四
又同上	清侯康著	皇清經解續編本之二十一		天五
穀梁補注	清姚鼐著	南菁書院本之九		露一
又二十四卷	鍾文烝著	皇清經解續編本之三十		天五
穀梁釋例四卷	清許桂林著	皇清經解續編本之十四		天五

又	清許桂林學	經學輯要本之十一			露五四
穀梁異文釋	清李富孫著	皇清經解續編本之十三			天五
穀梁大義述三十卷	清柳興恩著	皇清經解續編本之二十二			天五
春秋穀梁傳說	漢劉向撰	玉函山房本之三十			水一一
穀梁廢疾申何二卷	清劉逢祿著	皇清經解本之三百二十九			天四
穀梁注疏考證	清齊召南著	皇清經解本之七十七			天四
春秋穀梁傳義疏	晉徐邈撰	玉函山房本之三十六			水一一
春秋穀梁傳注疏二十卷	晉范寧集解 唐楊士勛疏	江西書局十三經本一百五十三至一百五十八			天一
又同上	同上	石印十三經本之二十八			洪九〇
春秋穀梁傳糜氏注	魏糜信撰	玉函山房本之三十五			水一一
答薄叔元問穀梁義	晉范寧撰	玉函山房本之三十六			水一一
春秋穀梁傳鄭氏說	晉鄭嗣撰	玉函山房本之三十六			水一一
春秋穀梁傳徐氏注	晉徐乾撰	玉函山房本之三十五			水一一

春秋穀梁傳校勘記十三卷	清阮元著	皇清經解本之二百五十二			天四
春秋穀梁傳尹氏章句	漢尹更始撰	玉函山房本之三十一			水一一
春秋傳總義					
春秋集傳	唐啖助撰	玉函山房本之三十九			水一一
春秋公羊穀梁傳解詁	晉劉兆撰	玉函山房本之三十五			水一一
春秋公羊穀梁二傳評	晉江熙撰	玉函山房本之三十五			水一一

無錫縣立圖書館書目卷三

四書類

大學

大學石經	古本	說郛本之三			爲一
大學古本	明陶宗儀錄	說郛本之三			爲一
大學衍義	宋眞德秀	金陵書局本	八册	許同莘捐	呂七〇
大學集注	宋朱熹集注	四書五經本之一			天二
大學證文	清毛奇齡稿	龍威秘書本八集之七			水一七
大學補遺	清章鈞著	石印本	一册	顧廷祚捐	崑一三
又	同上	同上	一册	同上	崑一三
大學古義說二卷	清宋翔鳳著	皇清經解續編本之九			天五
大學古本質言	清劉沅著	石印本	一册	張贇清捐	巨八一
又	同上	同上	一册	何子貞捐	同上

古本大學章句	韓金澤榮著	翰墨林鉛印本	一册		麗三五

中庸

中庸古本	明陶宗儀錄	說郛本之三			爲一
中庸集注	宋朱熹集注	四書五經本之一			天二

學庸

古本學庸	明王守仁原本 清徐徵道輯	木刻本			崑二二
讀學庸筆記二卷	清方宗誠述	柏堂遺書本之十五			冬二
又同上	同上	同上			專十六
大學中庸集說啓蒙	元景星集釋	通志堂本	一册	顧玉書等捐	洪八四

論語

論語二卷	清秦鏷訂正	九經本之十			崑一五
古論語六卷	闕名	玉函山房本之四十一			水一一
齊論語	闕名	玉函山房本之四十一			水一一

論語釋	晉庾翼撰	玉函山房本之四十五			水一一
論語通十卷	元胡炳文通	通志堂本	二册	顧玉書等捐	洪八三
論語注二十卷	清戴望著	南菁書院本之九			露一
論語注疏二十卷	魏何晏集解 宋邢昺疏	石印十三經本之二十九			洪九〇
又同上	同上	江西書局十三經本一百五十九至一百六十四			天一
論語集解十卷	魏何晏集解	古逸叢書本四至五			露一
論語釋疑	魏王弼撰	玉函山房本之四十四			水一一
論語讚注	晉虞喜撰	玉函山房本之四十五			水一一
論語體略	晉郭象撰	玉函山房本之四十五			水一一
論語旨序	晉繆播撰	玉函山房本之四十五			水一一
論語筆解	唐韓愈	說郛本之五			爲一
論語拾遺	宋蘇轍	說郛本之五			爲一
論語集注十卷	宋朱熹集注	四書五經本之二			天二
論語古義	清惠棟著	昭代叢書本之九			結一
論語小言	清俞樾	春在堂全書本之三十一			水一五
論語鄭義	清俞樾	春在堂全書本之五十一			水一五
又	清俞樾著	皇清經解續編本之三十一			天五
論語後案	清黃式三學	浙江書局木刻本	十册		麗九二
讀論管見	清龔灼	鈔本	一册	龔海成捐	藏三三七
又	同上	本館鈔本	一册		寒九四
論語要畧	清許珏輯	油印本	一册	許同藺捐	崑二一
又	同上	木刻本	一册	同上	崑二一
論語偶記	清方觀旭著	皇清經解本之三百三十五			天四
論語補疏二卷	清焦循著	皇清經解本之二百八十七			天四
論語正義二十四卷	清劉寶楠著	皇清經解續編本之二十三			天五
論語說義十卷	清宋翔鳳著	皇清經解續編本之九			天五

論語述何二卷	清胡培翬著	皇清經解本之三百三十	天四
鄉黨圖考十卷	清江永著	皇清經解本六十三至六十五	天四
鄉黨正義	清金鶚著	皇清經解續編本之十五	天五
漢石經論語	漢蔡邕書	玉函山房本之六十三	水一一
論語鄭氏注	後漢鄭玄撰	玉函山房本四十三至四十四	水一一
論語王氏說	魏王朗撰	玉函山房本之四十四	水一一
論語梁氏注	晉梁覬撰	玉函山房本之四十五	水一一
論語張氏注	晉張憑撰	玉函山房本之四十六	水一一
論語譙氏注	晉譙周撰	玉函山房本之四十四	水一一
論語繆氏注	晉繆協撰	玉函山房本之四十五	水一一
論語殷氏解	晉殷仲堪撰	玉函山房本之四十六	水一一
論語范氏注	晉范甯撰	玉函山房本之四十五	水一一
論語袁氏注	晉袁喬撰	玉函山房本之四十五	水一一
論語蔡氏注	晉蔡謨撰	玉函山房本之四十六	水一一
論語顏氏說	宋顏延之撰	玉函山房本之四十六	水一一
論語顧氏注	齊顧歡撰	玉函山房本之四十六	水一一
論語熊氏說	熊埋撰 闕代名	玉函山房本之四十六	水一一
論語沈氏說	沈峭撰 闕代名	玉函山房本之四十六	水一一
論語隱義注	闕名	玉函山房本之四十六	水一一
論語琳公說	宋釋惠琳撰	玉函山房本之四十六	水一一
論語稽求篇七卷	清毛奇齡稿	龍威秘書本八集五至六	水一七
又同上	清毛奇齡著	皇清經解本四十至四十一	天四
讀論語駢枝	清俞樾著	皇清經解續編本之三十一	天五
又	清俞樾	春在堂全書本之五十二	水一五
論語魯讀考	清徐養原著	皇清經解續編本之十二	天五
論語校勘記十一卷	清阮元著	皇清經解本二百五十三至二百五十四	天四

孔子三朝記 闕名 玉函山房本之八十 水一一
論語新讀本二十卷 唐文治著 鉛印本 四册 著者捐 麗三八
論語孔氏訓解十一卷 漢孔安國撰 玉函山房本四十一至四十二 水一一
論語馬氏訓說二卷 後漢馬融撰 玉函山房本之四十三 水一一
論語周氏章句 後漢周氏撰 玉函山房本之四十三 水一一
論語包氏章句二卷 後漢包咸撰 玉函山房本四十二至四十四 水一一
論語陳氏義說 魏陳羣撰 玉函山房本之四十四 水一一
論語集解義疏十卷 魏何晏集解 梁皇侃義疏 知不足齋本七集一至五 水一六
論語王氏義說 魏王肅撰 玉函山房本之四十四 水一一
論語欒氏釋疑 晉欒肇撰 玉函山房本之四十五 水一一
論語李氏集注二卷 晉李充撰 玉函山房本之四十五 水一一
論語衛氏集注 晉衛瓘撰 玉函山房本之四十四 水一一
論語孫氏集注 晉孫綽撰 玉函山房本之四十五 水一一
論語江氏集解二卷 晉江熙撰 玉函山房本之四十六 水一一
論語沈氏訓注 齊沈驎士撰 玉函山房本之四十六 水一一
論語梁武帝注 梁武帝撰 玉函山房本之四十六 水一一
論語褚氏義疏 梁褚仲都撰 玉函山房本之四十六 水一一
論語太史氏注 梁本史叔明撰 玉函山房本之四十六 水一一
論語孔注辨僞二卷 清沈濤撰 槐廬叢書本之四十九 露五
又同上 清沈濤著 皇清經解續編本之十四 天五
論語古注集箋二十卷 清潘維城著 皇清經解續編本之二十一 天五
論語古注擇從 清俞樾 春在堂全書本之五十二 水一五
論語周生氏義說 魏周生烈撰 玉函山房本之四十四 水一一
何休注訓論語述 清劉恭冕著 皇清經解續編本之三十二 天五
論語孔子弟子目錄 後漢鄭玄撰 玉函山房本之四十四 水一一
孟子

疑孟 宋司馬光 說郛本之五 爲一
孟子七卷 清秦鏷訂正 九經本之十 崑一五
尊孟辨三卷 宋余允文撰 守山閣本之十四 麗八四
孟子通十四卷 元胡炳文 通志堂本 三册 顧玉書等捐 洪八二
孟子注疏十四卷 漢趙岐注 宋孫奭疏 石印十三經本之三十一 洪九〇
又同上 同上 江西書局十三經本一百七十三至一百八十 天一
孟子章指二卷 後漢趙岐撰 玉函山房本之四十七 水一一
孟子篇敍 後漢趙岐撰 玉函山房本之四十七 水一一
孟子集注七卷 宋朱熹集注 四書五經本之四 天二
孟子要略 宋朱熹編 木刻本 一册 祝心淵捐 露五七
讀孟質疑二卷 清施彥士輯 槐廬叢書本之六十五 露五
孟子纘義 清俞樾 春在堂全書本之五十三 水一五
孟子四考四卷 清周廣業著 皇清經解續編本之五 天五
孟子正義三十卷 清焦循著 皇清經解本二百七十五至二百八十二 天四
孟子約纂 錢基博纂 油印本 一册 纂者捐 署一七三
孟子劉氏注 後漢劉熙撰 玉函山房本之四十七 水一一
孟子鄭氏注 後漢鄭玄撰 玉函山房本之四十七 水一一
孟子陸氏注 唐陸善經撰 玉函山房本之四十八 水一一
孟子校勘記十六卷 清阮元著 皇清經解本二百五十九至二百六十 天四
孟子高氏學 清俞樾 春在堂全書本之五十二 水一五
孟子程氏章句 後漢程曾撰 玉函山房本之四十七 水一一
孟子高氏章句 後漢高誘撰 玉函山房本之四十七 水一一
孟子綦毋氏注 晉綦毋邃撰 玉函山房本之四十八 水一一
孟子張氏音義 唐張鎰撰 玉函山房本之四十八 水一一
孟子丁氏手音 唐丁公著撰 玉函山房本之四十八 水一一
孟子古注擇從 清俞樾 春在堂全書本之五十二 水一五

孟子趙注補正六卷	清宋翔鳳著	皇清經解續編本之九			天五
孟子音義考證	清蔣仁榮著	皇清經解續編本之三十			天五
孟子七篇諸國年表二卷	清張宗泰輯	積學齋本之四			結一一
論孟					
讀論孟筆記三卷	清方宗誠述	柏堂遺書本十六至十七			冬二
又同上	同上	同上			專一六
讀論孟補記	清方宗誠述	柏堂遺書本之十八			冬二
又同上	同上	同上			專一六
四書總					
四書		圖書公司白文本	二冊		露三八
四書集註十九卷	宋朱熹章句	江南書局本	六冊	高維嶽捐	洪七六
四書纂疏十九卷	宋趙順孫纂錄	通志堂本	八冊	顧玉書等捐	洪八五
四書通證六卷	元張存中編	通志堂本	二冊	顧玉書等捐	洪八八
四書纂箋二十六卷	元詹道傳	通志堂本	七冊	顧玉書等捐	洪八七
四書通旨六卷	元朱公遷學	通志堂本	二冊	顧玉書等捐	洪八一
四書講義	明顧憲成著	小石山房本之一			雨二二
四書逸牋六卷	清程大中撰	粵雅堂本五十二至五十三			雨二
又同上	同上	海山仙館本之五			陽三三三
四書改錯二十二卷	清毛奇齡稿	學圃重刻本	四冊		月一〇二
四書稗疏三卷	清王夫之著	皇清經解續編本之一			天五
又	清王夫之撰	船山遺書本之六十一			水一四
四書考異	清王夫之撰	船山遺書本之六十一			水一四
四書是訓十五卷	清劉逢祿學	聚學軒本四十二至四十五			雨一
四書拾義五卷	清胡紹勳學	聚學軒本四十六至四十七			雨一
四書約旨十九卷	清任啓運著	任氏木刻本	十冊		洪七〇
四書賸言六卷	清毛奇齡著	皇清經解本之四十二			天四

無錫縣立圖書館書目 卷三經部 四書類 孟子 論孟 四書總 六

四書考異三十六卷	清翟灝著	皇清經解本一百十八至一百二十三			天四
劉氏遺書	清劉台拱著	皇清經解本之二百十			天四
四書釋地	清閻若璩著	皇清經解本之五			天四
四書質疑十九卷	清徐紹楨學	學壽堂本十三至十四			水八
四書辨疑辨	清俞樾	春在堂全書本之五十三			水一五
四書釋地續	清閻若璩著	皇清經解本之五			天四
四書箋義纂要十三卷	宋趙悳撰	守山閣本十五至十六			麗八四
元安齋困學鈔三卷	明孫愼行	常州先哲遺書續編本之十六			呂二
讀四書大全說十卷	清王夫之撰	船山遺書本四十九至六十			水一四
四書集注校語	清王祖畬校	木刻本	一冊	王保譿捐	藏四三六
四書經史摘證七卷	清宋繼穜著輯	原刻本	六冊		調三六〇
四書注解撮要二卷	清林慶炳輯	小石渠閣本	一冊	陸士奎捐	洪六七
四書釋地又續	清閻若璩著	皇清經解本之六			天四
四書釋地三續	清閻若璩著	皇清經解本之七			天四
四書釋地辨證二卷	清宋翔鳳著	皇清經解本之三百三十六			天四
批點四書讀本十九卷		愷元堂本	八冊		洪八八
四書考異總考三十六卷	清翟灝學	經學輯要本之十九			露五四
四書考異條考三十六卷	清翟灝學	經學輯要本之二十			露五四
眞西山四書集編二十九卷	宋眞德秀編集	家祠刻本	九冊		洪七七
孝經類					
孝經		石印寶顏堂秘笈本普集之七			閏三五
孝經傳	周魏文侯撰	玉函山房本之四十			水一一
孝經問	清毛奇齡著	皇清經解續編本之一			天五
孝經解讚	吳韋昭撰	玉函山房本之四十			水一一
集解孝經	晉謝萬撰	玉函山房本之四十			水一一
孝經義疏	梁武帝撰	玉函山房本之四十			水一一

無錫縣立圖書館書目 卷三經部 四書類 四書總 孝經類 七

孝經訓注	唐魏眞已撰	玉函山房本之四十		水一一
孝經注疏九卷	唐玄宗注 宋邢昺疏	江西書局十三經本一百六十五至一百六十六		天一
又同上	同上	石印十三經本之二十九		洪九〇
孝經集傳四卷	明黃道周集傳	木刻本	二册	洪七四
孝經引證	明楊起元	寶顏堂秘笈本普集之七		閏三五
孝經宗旨	闕名	寶顏堂秘笈本普集之七		閏三五
孝經鄭注	清嚴可均輯	咫進齋本之十七		水二
又	清嚴可均撰	經學輯要本之二十一		露五四
孝經疑問	清姚舜牧著	咫進齋本之四		水二
孝經義疏	清阮福著	皇清經解本之三百四十三		天四
孝經徵文	清丁晏著	皇清經解續編本之十九		天五
孝經質疑	清徐紹楨學	學壽堂本之十四		水八
孝經后氏說	漢后蒼撰	玉函山房本之四十		水一一
孝經王氏解	魏王肅撰	玉函山房本之四十		水一一
孝經殷氏注	晉殷仲文撰	玉函山房本之四十		水一一
孝經劉氏說	齊劉瓛撰	玉函山房本之四十		水一一
孝經嚴氏注	梁嚴植之撰	玉函山房本之四十		水一一
御注孝經疏	唐元行冲撰	玉函山房本之四十		水一一
孝經校勘記四卷	清阮元著	皇清經解本之二百五十五		天四
讀孝經筆記	清方宗誠述	柏堂遺書本之十五		冬二
又	同上	同上		專一六
孝經安昌侯說	漢張禹撰	玉函山房本之四十		水一一
孝經長孫氏說	漢長孫氏撰	玉函山房本之四十		水一一
孝經皇氏義疏	梁皇侃撰	玉函山房本之四十		水一一
古文孝經述義	隋劉炫撰	玉函山房本之四十		水一一
孝經集靈節略	明虞淳熙	寶顏堂秘笈本普集之七		閏三五

評點孝經集註	清侯楨考訂	禮讓堂木刻本	一册	吳日永捐	崑二六
孝經鄭氏解輯	闕名 相傳鄭玄作	經學輯要本之二十一			露五四
古文孝經孔氏傳	漢孔安國傳	知不足齋本一集之二			水一六
唐開元御注孝經	唐玄宗注	古逸叢書本之七			露二
齊永明諸王孝經講義	闕名	玉函山房本之四十			水一一

經解類

鄭志三卷	魏鄭小同撰	武英殿聚珍本之二十四			冬五
質疑	清杭世駿著	皇清經解本之七十五			天四
經問十五卷	清毛奇齡著	皇清經解本三十九至四十			天四
述學二卷	清汪中著	皇清經解本之二百十			天四
瞥記	清梁玉繩著	皇清經解本之二百八十九			天四
經述三卷	清林頤山著	皇清經解續編本之三十二			天五
經咫	清陳祖范著	昭代叢書本之二十九			結一
正毛	清俞樾	春在堂全書本之四十四			水一五
六藝論	後漢鄭玄撰	玉函山房本之五十二			水一一
聖證論	晉王肅撰	玉函山房本之五十二			水一一
日知錄十二卷 節錄經學一類	清顧炎武著	皇清經解本之四			天四
東原集二卷	清戴震著	皇清經解本之四十七			天四
五經贊	清陸棨 祖籛 徐堂 注	祝氏木刻本	一册	祝心淵捐	荒二六
果堂集	清沈彤著	皇清經解本之八十			天四
巢經說	清鄭珍著	皇清經解續編本之二十一			天五
經說略二卷	清黃以周著	皇清經解續編本之三十二			天五
隸經文四卷	清江藩著	皇清經解續編本之九			天五
過庭錄五卷	清宋翔鳳著	皇清經解續編本之九			天五
目耕帖三十一卷	清馬國翰	玉函山房本八十一至一百			水一一
夏時考二卷	清安吉	原稿本	二册	丁福保捐	崑一五〇

解春集二卷	清馮景著	皇清經解本之四十八		天四
明堂問	清毛奇齡稿	龍威秘書本八集之七		水一七
鑾天錄	清柯汝鍔著	昭代叢書本之一百四十二		結一
五經通義	漢劉向撰	玉函山房本之五十二		水一一
五經要義	雷氏撰	玉函山房本之五十二		水一一
五經通論	晉束皙撰	玉函山房本之五十三		水一一
五經大義	晉戴逵撰	玉函山房本之五十三		水一一
五經鉤沈	晉楊方撰	玉函山房本之五十三		水一一
六經要注	後魏常爽撰	玉函山房本之五十三		水一一
七經義綱	後周樊文深撰	玉函山房本之五十三		水一一
經典釋文	唐陸德明撰	湖南書局本	十六册	荒一
又	同上	通志堂本	十二册 顧玉書等捐	荒一
又	同上	江南書局本	十册	荒一

無錫縣立圖書館書目 卷三經部 經解類 十

五經折疑	闕名	說郛本之七		爲一
五經通義	闕名	說郛本之七		爲一
七經小傳三卷	宋劉敞著	通志堂本	一册 顧玉書等捐	洪七九
讀書雜鈔二卷	宋魏了翁著	寶顏堂秘笈本續集之三		閏三五
九經誤字	清顧炎武著	亭林遺書本之一		水一八
又	同上	皇清經解續編本之一		天五
五經同異三卷	清顧炎武著	亭林遺書本二至四		水一八
問字堂集	清孫星衍著	皇清經解本二百一至二百二		天四
左海文集二卷	清陳壽祺著	皇清經解本之三百十七		天四
經義述聞三十七卷	清王引之	木刻本	十六册	日一六五
又二十八卷	清王引之著	皇清經解本二百九十至三百四		天四
經傳釋詞十卷	清王引之著	皇清經解本三百五至三百六		天四
五經讀法	清徐與喬述	昭代叢書本之二十九		結一

經書卮言	清范泰恆著	昭代叢書本之一百一		結一
羣經互解	清馮經撰	嶺南遺書本四集之十三		水七
溫經日記六卷	清林昌彝學	小石渠閣本	六册 陸士奎捐	洪七八
經傳考證八卷	清朱彬	朱氏刻本	二册 朱昆池捐	調二〇一
讀書古訓十卷	清阮元著	皇清經解續編本之六		天五
揅經室集七卷	清阮元著	皇清經解本之二百六十二		天四
鍾山札記	清盧文弨著	皇清經解本之九十三		天四
龍城札記	清盧文弨著	皇清經解本之九十二		天四
船山經義	清王夫之撰	船山遺書本之一百十七		水一四
讀書脞錄二卷	清孫志祖著	皇清經解本之一百二十六		天四
經學卮言六卷	清王念孫著	皇清經解本之一百九十四		天四
湛園札記	清姜宸英撰	皇清經解本之四十三		天四
經史問答七卷	清全祖望著	皇清經解本七十四至七十五		天四

無錫縣立圖書館書目 卷三經部 經解類 十一

經義雜記十卷	清臧琳著	皇清經解本四十四至四十七		天四
經韻樓集六卷	清段玉裁注	皇清經解本一百七十七至一百七十八		天四
秋槎雜記	清劉履恂	皇清經解本之三百三十三		天四
經義叢鈔三十卷	清嚴杰編	皇清經解本三百四十六至三百五十六		天四
羣經識小八卷	清李士惇著	皇清經解本一百九十五至一百九十六		天四
安甫遺學三卷	清江承之	南菁書院本之三十一		露一
九經古義六卷	清惠棟著	皇清經解本八十八至八十九		天四
又十六卷	清惠棟學	槐廬叢書本十三至十五		露五
讀經考異八卷	清武億著	皇清經解本之一百九十七		天四
羣經義證八卷	清武億著	皇清經解續編本之五		天五
吾亦廬稿四卷	清崔應榴著	皇清經解本之三百三十四		天四
經傳小記	清劉台拱著	皇清經解續編本之五		天五
讀書叢錄	清洪頤煊著	皇清經解續編本之十二		天五

潘瀾筆記	清彭兆蓀	小石山房本之四			雨二六
貴陽經說	清劉書年著	皇清經解續編本之三十			天五
太誓答問	清龔自珍纂	翠琅玕館本之十一			麗三〇
經傳考證八卷	清朱彬著	皇清經解本之三百四十四			天四
甓齋遺稿	清劉玉麐著	皇清經解本之三百四十五			天四
易堂問目四卷	清吳鼎輯	木刻本	四册		崑三
鄭志考證	清成蓉鏡著	南菁書院本之二十一			露一
韋庵經說	清周象明著	小石山房本之三			雨二六
癸巳存稿四卷	清俞正燮著	皇清經解續編本之十九			天五
癸巳類稿六卷	清俞正燮著	皇清經解續編本之十九			天五
羣經補義五卷	清江永著	皇清經解本之六十二			天四
斁經筆記	清陳倬	槐廬叢書本之四			露五
達齋叢說	清俞樾著	皇清經解續編本之三十			天五
羣經平議三十五卷	清俞樾著	皇清經解續編本之三十一			天五
又同上	清俞樾	春在堂全書本一至十六			水一五
經課續編八卷	清俞樾	春在堂全書本一百四十七至一百五十			水一五
羣經賸義	清俞樾	春在堂全書本之五十三			水一五
又	清俞樾著	南菁書院本之九			露一
禮堂經說二卷	清陳喬樅著	皇清經解續編本之二十六			天五
隸經賸義	清林兆豐著	皇清經解續編本之三十二			天五
讀詩偶識	清鄒漢勳著	皇清經解續編本之二十九			天五
學計一得二卷	清鄒伯奇撰	石印中西算學叢書本二十八至二十九			水二〇
拜經日記八卷	清臧庸著	皇清經解本之二百八十九			天四
經義塾鈔	清俞樾	木刻本	一册	許同藺捐	闕六四
五經然否論	蜀譙周撰	玉函山房本之五十二			水一一
六經天文篇二卷	宋王應麟撰	玉海附刻本十六至十七			冬四

經傳沿革例	宋岳珂刊正	知不足齋本十三集之一			水一六
十一經問對五卷	元何異孫著	通志堂本	二册	顧玉書等捐	洪八〇
泉齋簡端錄十二卷	明邵寶	明刻本	二册		崑二〇
寶甓齋札記	清趙坦著	皇清經解本三百三十五至三百三十六			天四
寶甓齋文集	清趙坦著	皇清經解本之三百三十三			天四
羣經宮室圖二卷	清焦循著	皇清經解續編本之九			天五
又同上	清焦循撰	朱氏木刻本	二册		洪一〇〇
茶香室經說十六卷	清俞樾	春在堂全書本一百四十二至一百四十六			水一五
漢孳室文鈔二卷	清陶方琦著	皇清經解續編本之三十二			天五
五經小學述	清莊述祖著	莊氏刻本	一册	莊先識捐	閏一三三
研六室雜著二卷	清胡培翬著	皇清經解本之三百三十一			天四
東塾讀書記十卷	清陳澧著	皇清經解續編本之二十一			天五
潛研堂文集六卷	清錢大昕著	皇清經解本一百十六至一百十七			天四
溉亭述古錄二卷	清錢塘著	皇清經解本之一百九十五			天四
鑑止水齋集二卷	清許宗彥著	皇清經解本之三百十八			天四
校禮堂文集	清淩廷堪著	皇清經解本之二百九			天四
通介堂經說三十七卷	清徐灝學	學壽堂本一至十			水八
經義知新錄	清汪中著	皇清經解本之二百十			天四
頑石廬經說十卷	清徐養源著	皇清經解續編本之十二			天五
操敎齋遺書四卷	清管禮耕著	南菁書院本之十			露一
十駕齋養新錄三卷	清錢大昕著	皇清經解本之一百十五			天四
讀書脞錄續編二卷	清孫志祖著	皇清經解本之一百二十六			天四
白田草堂存稿	清王懋竑著	皇清經解本之五十九			天四
經異五義疏證三卷	清陳壽祺著	皇清經解本之三百十三至三百十五			天四
開有益齋經說五卷	清朱緒曾著	皇清經解續編本之二十二			天五
國朝石經考異	清馮登府著	皇清經解本之三百五十七			天四

十三經詁答問六卷 清馮登府著 槐廬叢書本十六至十七 露五
又同上 同上 皇清經解續編本之十七 天五
古書疑義舉例七卷 清俞樾著 皇清經解續編本之三十二 天五
欽定七經綱領 學部圖書局編 學部圖書局鉛印本 一册直隸省立圖書館捐 巨一七一
實事求是齋經說二卷 朱大韶著 皇清經解續編本之十七 天五
九經三傳沿革例 宋岳珂 湖北局本 一册 調三一九
又 清焦循 木刻本 一册 祝心淵捐 荒二七
五經今文古文考 清吳陳炎著 昭代叢書本之二十 結一
重訂三家詩拾遺十卷 清范家相輯 葉鈞重訂 嶺南叢書本四集十五至十六 水七
十駕齋養新餘錄 清錢大昕著 皇清經解本之一百十五 天四
經書算學天文考 清陳懋齡著 皇清經解本之三百三十六 天四
白鷺洲主客說詩 清毛奇齡稿 龍威秘書本八集之七 水一七
詁經精舍自課文二卷 清俞樾 春在堂全書本之三十六 水一五

十三經舊學加商二卷 清吳修祜著 排印本 一册 吳巳達捐 調二〇八
十三經校勘記識語四卷 清阮元 石印十三經本 洪九〇
十三經字約審音辨同十二卷 清華振 保滋堂本 二册 荒七
十三經注疏校勘記識語四卷 清汪文臺 石印十三經本之三十二 洪九〇

緯書類

易緯

乾鑿度二卷 漢鄭康成注 武英殿聚珍本叢書之十 冬五
又 同上 說郛本之四 爲一
坤靈圖 漢鄭康成注 武英殿聚珍本叢書之十一 冬五
稽覽圖二卷 漢鄭康成注 武英殿聚珍本叢書之十 冬五
是類謀 漢鄭康成注 武英殿聚珍本叢書之十一 冬五
辨終備 漢鄭康成注 武英殿聚珍本叢書之十 冬五
通卦驗二卷 漢鄭康成注 武英殿聚珍本叢書之十一 冬五

乾坤鑿度二卷 武英殿聚珍本叢書之九 冬五
龍魚河圖 說郛本之七 爲一
易稽覽圖 說郛本之七 爲一
易川靈圖 說郛本之七 爲一
易通卦驗 說郛本之七 爲一
河圖括地象 說郛本之七 爲一
河圖稽命徵 說郛本之七 爲一
河圖稽耀鉤 說郛本之七 爲一
河圖始開圖 說郛本之七 爲一
洛書甄曜度 說郛本之七 爲一
遁甲開山圖 說郛本之七 爲一

書緯

尚書中候 說郛本之七 爲一

尚書中候三卷 後漢鄭玄注 玉函山房本之五十三 水一一
尚書璇璣鈐 說郛本之七 爲一
尚書帝命期 說郛本之七 爲一
尚書考靈耀 說郛本之七 爲一
尚書緯刑德放 後漢鄭玄注 玉函山房本之五十三 水一一
尚書緯璇璣鈐 後漢鄭玄注 玉函山房本之五十三 水一一
尚書緯考靈曜 後漢鄭玄注 玉函山房本之五十三 水一一
尚書緯帝命驗 後漢鄭玄注 玉函山房本之五十三 水一一
尚書緯運期授 後漢鄭玄注 玉函山房本之五十三 水一一

詩緯

詩含神霧 說郛本之七 爲一
詩紀曆樞 說郛本之七 爲一
詩緯推度災 魏宋均注 玉函山房本之五十三 水一一

詩緯氾曆樞　魏宋均注　玉函山房本之五十四　水一一
詩緯含神霧　魏宋均注　玉函山房本之五十四　水一一
禮緯
禮稽命徵　說郛本之七　爲一
禮含文嘉　說郛本之七　爲一
禮斗威儀　說郛本之七　爲一
禮緯斗威儀　魏宋均注　玉函山房本之五十四　水一一
禮緯含文嘉　魏宋均注　玉函山房本之五十四　水一一
禮緯稽命徵　魏宋均注　玉函山房本之五十四　水一一
樂緯
樂稽耀嘉　說郛本之七　爲一
樂緯稽耀嘉　魏宋均注　玉函山房本之五十四　水一一
樂緯動聲儀　魏宋均注　玉函山房本之五十四　水一一

樂緯叶圖徵　魏宋均注　玉函山房本之五十四　水一一
春秋緯
春秋緯　說郛本之七　爲一
春秋內事　魏宋均注　玉函山房本之五十八　水一一
春秋命歷序　魏宋均注　玉函山房本之五十七　水一一
春秋元命苞　說郛本之七　爲一
春秋運斗樞　說郛本之七　爲一
春秋文曜鉤　說郛本之七　爲一
春秋合誠圖　說郛本之七　爲一
春秋孔演圖　說郛本之七　爲一
春秋說題辭　說郛本之七　爲一
春秋感精符　說郛本之七　爲一
春秋潛潭巴　說郛本之七　爲一

春秋佐助期　闕名　說郛本之七　爲一
春秋緯感精符　魏宋均注　玉函山房本之五十四　水一一
春秋緯文耀鉤　魏宋均注　玉函山房本之五十五　水一一
春秋緯運斗樞　魏宋均注　玉函山房本之五十五　水一一
春秋緯合成圖　魏宋均注　玉函山房本之五十五　水一一
春秋緯考異郵　魏宋均注　玉函山房本之五十五　水一一
春秋緯保乾圖　魏宋均注　玉函山房本之五十五　水一一
春秋緯漢含孳　魏宋均注　玉函山房本之五十六　水一一
春秋緯佐助期　魏宋均注　玉函山房本之五十六　水一一
春秋緯握誠圖　魏宋均注　玉函山房本之五十六　水一一
春秋緯潛潭巴　魏宋均注　玉函山房本之五十六　水一一
春秋緯說題辭　魏宋均注　玉函山房本之五十六　水一一
春秋緯演孔圖　魏宋均注　玉函山房本之五十六　水一一

春秋緯元命苞　魏宋均注　玉函山房本之五十七　水一一
論語緯
論語讖 八卷　魏宋均注　玉函山房本之五十八　水一一
孝經緯
孝經左契　魏宋均注　玉函山房本之五十八　水一一
又　闕名　說郛本之七　爲一
孝經右契　魏宋均注　玉函山房本之五十八　水一一
又　闕名　說郛本之七　爲一
孝經中契　魏宋均注　玉函山房本之五十八　水一一
孝經章句　魏宋均注　玉函山房本之五十八　水一一
孝經古祕　魏宋均注　玉函山房本之五十八　水一一
孝經內事　闕名　說郛本之七　爲一
孝經內事圖　魏宋均注　玉函山房本之五十八　水一一

孝經雌雄圖	魏宋均注	玉函山房本之五十八			水一一
孝經援神契	闕名	說郛本之七			爲一
孝經鉤命訣	闕名	說郛本之七			爲一
孝經緯援神契二卷	魏宋均注	玉函山房本之五十八			水一一
孝經緯鉤命訣	魏宋均注	玉函山房本之五十八			水一一

緯書總

說緯	清王崧著	皇清經解本之三百四十五			天四
緯擴十四卷	清喬松年輯	强恕堂木刻本	六册		巨六一
古微書三十六卷	明孫瑴編	守山閣本十至十三			麗八四

小學類

字書

三蒼	魏張揖訓詁 晉郭璞解詁	玉函山房本之六十			水一一
埤蒼	魏張揖撰	玉函山房本之六十一			水一一
雜字	魏張揖撰	玉函山房本之六十一			水一一
廣蒼	樊恭撰	玉函山房本之六十二			水一一
異字	吳朱育撰	玉函山房本之六十二			水一一
字指	晉李彤撰	玉函山房本之六十二			水一一
字統	楊承慶撰	玉函山房本之六十二			水一一
纂要	宋顏延之撰	玉函山房本之六十二			水一一
又	梁元帝撰	玉函山房本之六十二			水一一
詁幼	宋顏延之撰	玉函山房本之八十			水一一
纂文	宋何承天撰	玉函山房本之六十二			水一一
玉篇	梁顧野王撰	木刻本	三册		荒二〇
宋格	唐竇臮	說郛本之八十七			爲一
佩觿三卷	宋郭忠恕本書誤題唐代	說郛本之八十七			爲一
汗簡三卷	宋郭忠恕集	木刻本	一册		荒一五

又同上	同上忠恕又題忠正	石印本	一册		荒一五
字林	宋呂忱	說郛本之八十七			爲一
隸辨八卷	清顧藹吉	木刻本	八册		結一二
隸篇	清翟雲升	木刻本	十册		荒一四
字系十五卷 附錄一卷	清夏曰琖學	石印本	四册	夏清貽捐	巨八二
駢隸	清俞樾	春在堂全書本之五十六			水一五
字典三卷	錢宗濂錄	稿本	三册	錄者捐	調二三〇
篆辨	錢宗濂錄	稿本	一册	錄者捐	調二三二
文始	章炳麟著	章氏叢書本三至六			麗四〇
史籀篇	周太史籀撰	玉函山房本之五十九			水一一
急就篇	漢史游撰 吳皇象書	古逸叢書本之三十八			露二
蒼頡篇	魏張揖訓詁 晉郭璞解詁	玉函山房本之五十九			水一一
凡將篇	漢司馬相如撰	玉函山房本之六十			水一一
訓纂篇	漢揚雄撰	玉函山房本之六十			水一一
雜字指	後漢郭顯卿撰	玉函山房本之六十			水一一
始學篇	吳項峻撰	玉函山房本之六十二			水一一
草書狀	晉索靖撰	玉函山房本之六十二			水一一
演說文	梁庾儼默撰	玉函山房本之六十二			水一一
問奇集又見韵書類	明張位	寶顏堂祕笈本彙集之五			閏三五
六書通	清畢弘述	校經山房石印本	五册		露三二
兒笘錄四卷	清俞樾	春在堂全書本之三十四			水一五
說文解字十五卷	漢許慎記	木刻本	三册		荒五
又同上	同上南唐徐鉉校定	平津館本十八至二十			水一〇
說文字原	漢許慎編次	木刻本	一册		荒一一
古文官書	漢衛宏撰	玉函山房本之六十			水一一
蒼頡訓詁	後漢杜林撰	玉函山房本之六十			水一一

古今字詁 魏張揖撰 玉函山房本之六十一 水一一
雜字解詁 魏周成撰 玉函山房本之六十一 水一一
要用字苑 晉葛洪撰 玉函山房本之六十二 水一一
四體書勢 晉衛恆撰 玉函山房本之六十二 水一一
文字集解 梁阮孝緒撰 玉函山房本之六十二 水一一
玉篇零本三卷半 梁顧野王撰 古逸叢書本二十二至二十三 露二
文字指歸 隋曹憲撰 玉函山房本之六十三 水一一
桂苑珠叢 隋諸葛穎撰 玉函山房本之六十三 水一一
急就篇注四卷 唐顏師古注 宋王應麟音釋 津逮秘書本五十一至五十二 陽三三二
干祿字書 唐顏元孫 說郛本之八十七 爲一
分毫字樣原載在玉篇之末 唐孫强增加 玉函山房本之六十三 水一一
金壺字考 釋適之 說郛本之八十七 爲一
說文繫傳四十卷 附錄一卷 南唐徐鍇傳釋 龍威秘書本一集一至八 水一七

無錫縣立圖書館書目 卷三經部 小學類 字書 二十

俗書證誤 宋顏愍楚 說郛本之八十七 爲一
字書誤讀 宋王雱 說郛本之八十七 爲一
解字小記 清程瑤田著 皇清經解本之一百四十一 天四
說文外編十五卷 附劉氏碎金 清雷浚 木刻本 四册 闕一〇
說文蠡箋十四卷 清潘奕雋述 三松堂木刻本 一册 闕一三
說文補例 清張度撰 靈鶼閣本之三 專一四
說文辨疑 清顧廣圻 翠琅玕館本之二十二 麗三〇
又 同上 聚學軒本之八十 雨一
字典考證 清奕繪等考 木刻本 六册 荒一九
說文廣義三卷 清王夫之撰 船山遺書本六十二至六十四 水一四
小學鉤沉十九卷 清任大椿學 翠琅玕館本十二至十三 日一二九
說文校義十五卷 清姚文田 嚴可均 同撰 歸安姚氏本 麗三〇
說文職墨三卷 清于鬯 南菁書院本之十四 露一

說文述誼二卷 清毛際盛學 聚學軒本七十八至七十九 雨一
說文義例 清王宗誠著 昭代叢書本之一百五 結一
說文檢字二卷 補遺一卷 清姚覲元輯 咫進齋本之十二 水二
又同上 清毛謨輯 翠琅玕館本之二十一 水二
說文管見三卷 清胡秉虔 咫進齋本之十二 麗三〇
又同上 清胡秉虔撰 聚學軒本之六十四 雨一
說文釋例二卷 清江沅著 翠琅玕館本二十二至二十三 麗三〇
說文逋檢十四卷 清黎永椿編 湖北書局本 二册 荒九
說文審音十六卷 清張行孚 通慰堂本 調八
說文聲類十七卷 清嚴可均著 皇清經解續編本之九 四册 天五
說文拈字七卷 清王玉樹著 芳槐堂本 四册 荒一三
又同上 同上 鉛印本 四册 日一三二
康熙字典 清張玉書等纂 舊刻本 四十册 秦玉書捐 荒一三

無錫縣立圖書館書目 卷三經部 小學類 字書 二十一

康熙字典 清張玉書等纂 鉛印本 六册 露五五
讀隸輯詞 清俞樾 春在堂全書本之五十七 水一五
鐘鼎字源五卷 清汪立名輯 掃葉山房石印本 三册 藏一四八
說文解字 錢宗濂錄 稿本 五册 錢著捐 調一三四
說文字源 錢宗濂錄 稿本 一册 錢著捐 調一三一
小學答問 章炳麟著 章氏叢書本之九 麗四〇
古今文字表 後魏江式撰 玉函山房本之六十三 水一一
急就篇補注四卷 宋王應麟注補 玉函山房本九至十 多四
說文解字注三十二卷 清段玉裁注 經韻樓原刻本 二四册 荒四
又同上 同上 皇清經解本一百六十至一百七十五 天四
又同上 同上 保息局本 十六册 荒一二
說文凝錦錄 清萬光泰輯 學古齋本之十 專九
說文聲讀表七卷 清苗夔著 皇清經解續編本之二十二 天五

說文新附考六卷	清鄭珍記	咫進齋本十八至十九		水二
說文校定本二卷	清朱士端學	咫進齋本之二十一		水二
說文引經考二卷 附補義	清吳玉搢著	咫進齋本十至十一		水二
說文諧聲譜	清張成孫著	皇清經解續編本之十四		天五
六書轉注錄十卷	清洪亮吉著	北江全集本三十七至四十		多三
說文辨字正俗八卷	清李富孫學	校經廎本		日一三五
說文解字斠詮十四卷	清錢坫學	淮南書局本	六冊	日一二六
說文解字索隱	清張度敎	靈鶼閣本之三		專一四
說文答問疏證六卷	清薛傳均	咫進齋本之五		水二
說文舊音補注 附補遺一卷 續一卷	清胡玉縉	南菁書院本之十五		露一
說文解字通正十四卷	清潘奕雋述	聚學軒本六十二至六十三		雨一
說文羣經正字二十八卷	清邵瑛學	石印本	八冊	光十四
說文解字句讀三十卷	清王筠撰集	四川書局木刻本	十六冊	日一三一
說文解字義證五十卷	清桂馥學	湖北書局本	三二冊 丁寶書捐	荒二二
說文古籀疏證六卷	清莊述祖	明文堂本	四冊	荒一〇
又同上	清莊述祖學	莊氏木刻本	四冊 莊先識捐	閏一三五
說文通訓定聲十八卷	清朱駿聲記錄	石印本	八冊	荒六
說文段注訂補十四卷	清王紹蘭學	吳興劉氏本	四冊	日一二八
段氏說文注訂八卷	清鈕樹玉著	碧蘿山館本	二冊	荒八
又同上	同上	同上	二冊	閏一二
又同上	同上	同上	二冊	閏一五
經典釋文校語二卷	吳士鑑學	涵芬樓秘笈本四集之一		藏二三〇
汲古閣說文訂	清段玉裁	咫進齋本之二十		水二
苗氏說文四種二十卷	清苗夔	木刻本	八冊	日一三〇
字林異同通考四卷 附六書辨異二卷 補遺一卷	清湯容熠輯	精刻本	六冊	爲三九一
說文部首韻語	章炳麟著	章氏叢書本之十		麗四〇

說文解字音韻表十八卷	清江沅著	皇清經解續編本之十五		天五
周秦名字解詁補	清王萱齡撰	聚學軒本之八十		雨一
校定皇象本急就章	清鈕樹玉校	靈鶼閣本之三		專一四
說文徐氏新補新附考證	清錢文昭	積學齋本之六		結一一

韻書

聲類	魏李登撰	玉函山房本之六十一		水一一
韻集	晉呂靜撰	玉函山房本之六十二		水一一
廣韻五卷	唐孫愐刊定	古逸叢書本二十六至三十七		露二
又	宋陳彭年等編	木刻本	三冊	荒二一
韻鏡	闕名	古逸叢書本之三十四		露二
集韵	宋丁度等集	木刻本	十冊	荒一六
音論	清顧炎武著	皇清經解本之二		天四
韻雅五卷	清施何牧纂輯	原刻本	五冊	日一二七
韻雅	清俞樾	春在堂全書本之四十六		水一五
韻問	清毛先舒著	昭代叢書本之十五		結一
發音錄	明張位	續說郛本之一百五十四		爲一
問奇集又見字書屬中	明張位	寶顏堂秘笈本彙集之五		閏三五
韻補正二卷	清顧炎武著	亭林遺書本之五		水一八
聲韻考	清戴震著	昭代叢書本之一百十八		結一
漢魏音四卷	清洪亮吉著	北江全集本之五十二		多三
五均論二卷	清鄒漢勛撰	鄒叔子遺書本之六		藏六
唐韻考五卷	清紀容舒撰	守山閣本十九至二十		麗八四
重修廣韻五卷	宋陳彭年等奉勅撰	古逸叢書本二十四至二十五		露二
九經補韻	宋楊伯嵒	說郛本之六		爲一
切韻射標	明李世澤	續說郛本之一百五十四		爲一
韻學指要	清毛奇齡稿	龍威秘書本八集之三		水一七

音樂五書二十卷	清顧炎武著	觀稼樓本	十二册		荒一六
方言箋疏十三卷	清錢繹撰集	積學齋本七至十			結一一
古音類表九卷	清傅壽彤學	原刻本	四册		日一三七
詩韻珠璣五卷	清余照輯	木刻本	五册		呂一四六
詩韻檢字 附辨似	清黃本驥編	三長物齋本之五十一			出二
四聲等子	闕名	咫進齋本之二十一			水二
古韻溯源八卷	清安念祖 清湯聘華輯	親仁室原刻本	八册		寒一六
字類標韻六卷	清華綱輯	王氏精刻本	二册		崑一二
六書小韻二十四卷	清李貞編輯	舊刻本	二四册		日一二三
詩韻含英十八卷	清劉文蔚輯	木刻本	四册		荒一七
音韻闡微	清王蘭生等編纂	原刻本	十六册		日一二五
古今韻畧五卷	清邵長蘅纂	原刻本	十册		日一三四
古韻標準四卷	清江永撰	守山閣本之二十一			麗八四

音韻問答	清錢大昕著	昭代叢書本之一百十九			結一
聲韻叢說	清毛先舒著	昭代叢書本之十四			結一
李舟切韻	清黃奭學	漢學堂本	二册		月一五九
正音新纂二卷	清馬鳴鶴訂撰	木刻本	二册	潘聖一捐	暑四一
切字釋疑	清方中履著	昭代叢書本之二十四			結一
古今韻考四卷	清李因篤	咫進齋本之十三			水二
拚音字譜	清王炳耀撰	木刻本	一册	許同藺捐	闕三九
切韻指掌圖 附邵光祖檢圖例	宋司馬光撰	十萬卷樓本之四十一			水九
四聲切韻表	宋丁度等纂	粵雅堂本之五十四			雨一
六書音均表	清段玉裁注	皇清經解本之一百七十六			天四
柴氏古韻通八卷	清柴紹炳撰	原刻本	八册		日一三六
增廣金石韻府	明朱時望纂編	理董軒木刻本	六册		崑七
排字九經直音二卷		十萬卷樓本三十九至四十			水九

枕漁韻學兩種	清顧淳著	木刻本	一册		崑一八
佩文詩韻釋要五卷	清陸潤庠重校	鉛印本	二册		成三五一
反切源流考略	姚明輝輯	鉛印本	一册		藏三一九
今韻古分十七部表	清段玉裁著	昭代叢書本之一百			結一
四聲五音九弄反紐圖	唐釋神珙撰	玉函山房本之六十三			水一一

訓詁

釋名八卷	漢劉熙著	漢魏叢書本之十七			水一三
方言十三卷	漢楊雄撰	湖北書局本	一册		辰三一
又同上	漢楊雄紀	漢魏叢書本之十五			水一三
博雅十卷	魏張揖	漢魏叢書本之十六			水一三
爾雅三卷	晉郭璞注	古逸叢書本之一			露二
韻畧	北齊陽休之撰	玉函山房本之六十三			水一一
聲類四卷	清錢大昕述	粵雅堂本五十六至五十七			雨二

比雅十卷	清洪亮吉著	北江全集本五十三至五十四			冬三
幼雅九卷	清陳榮袞著	木刻本	一册	許同藺捐	闕四七
釋穀四卷	清劉寶楠著	皇清經解續編本之二十四			天五
小爾雅	漢孔鮒著	漢魏叢書本之十五			水一三
又	同上	說郛本之六			爲一
又	同上	龍威秘書本一集之一			水一七
通俗文	漢服虔撰	玉函山房本之六十一			水一一
辨釋名	吳韋昭撰	玉函山房本之六十一			水一一
爾雅圖	晉郭璞注	石印本	二册	錢宗濂捐	藏一九九
爾雅詁二卷	清徐孚吉	南菁書院本之十五			露一
續方言	清杭世駿著	昭代叢書本之一百十八			結一
釋書名	清莊受甲著	排印本	一册	莊先識捐	調二一三
新方言	章炳麟著	章氏叢書本七至八			麗四〇

爾雅注疏十卷	晉郭璞注 宋邢昺疏	石印十三經本之三十		洪九〇
又同上	同上	江西書局十三經本一百六十七至一百七十三		天一
又同上	同上	青雲樓本	四冊	洪九四
爾雅音義	晉郭璞撰	玉函山房本之五十一		水一一
爾雅圖讚	晉郭璞撰	玉函山房本之五十一		水一一
集注爾雅	梁沈旋撰	玉函山房本之五十一		水一一
駢雅訓纂十六卷	明朱謀㙔撰 清魏茂林纂	縑益齋本	八冊	洪八九
經傳釋詞十卷	清王引之撰	守山閣本十七至十八		麗八四
注疏瑣語	清沈淑纂	昭代叢書本之八十六		結一
爾雅漢注三卷	清臧鏞堂輯	槐廬叢書本之三十五		露五
連文釋義	清王言纂	昭代叢書本之十五		結一
釋名補證	清成蓉鏡著	南菁書院本之二十一		露一
心巢文錄二卷	清成蓉鏡著	南菁書院本之二十二		露一
經籍籑詁一百六卷	清阮元譔集	木刻本	四十冊	荒二
爾雅匡名二十卷	清嚴元照著	皇清經解續編本之十二		天五
爾雅古義二卷	清錢坫著	皇清經解續編本之五		天五
釋草小記	清程瑤田著	皇清經解本之一百四十三		天四
釋蟲小記	清程瑤田著	皇清經解本之一百四十三		天四
爾雅義疏二十卷	清郝懿行學	木刻本	八冊	洪九七
又同上	清郝懿行著	皇清經解本三百十九至三百二十四		天四
廣雅疏證十卷	清王念孫著	皇清經解本一百七十九至一百八十六		天四
爾雅補郭二卷	清翟灝著	皇清經解續編本之五		天五
又同上	清翟灝學	咫進齋本之十七		水二
爾雅正義二十卷	清邵晉涵著	皇清經解本一百三十至一百三十四		天四
輶軒絕代語	漢楊雄	說郛叢書本之七		雨六
又	同上	龍威秘書本五集之一		水一七

爾雅孫氏注三卷	漢孫炎撰	玉函山房本之五十			水一一
爾雅孫氏音	漢孫炎撰	玉函山房本之五十			水一一
爾雅李氏注三卷	漢李巡撰	玉函山房本之四十九			水一一
爾雅樊氏注	漢樊光撰	玉函山房本之四十九			水一一
爾雅劉氏注	漢劉歆撰	玉函山房本之四十九			水一一
爾雅施氏音	陳施乾撰	玉函山房本之五十一			水一一
爾雅謝氏音	陳謝嶠撰	玉函山房本之五十一			水一一
爾雅顧氏音	陳顧野王撰	玉函山房本之五十一			水一一
爾雅裴氏注	唐裴瑜撰	玉函山房本之五十一			水一一
一切經音義二十五卷	唐釋元應撰	木刻本	四冊		辰一八七
爾雅鄭氏注三卷	宋鄭樵注	津逮祕書本之十三			陽三三二
小爾雅疏證五卷	清葛其仁學	咫進齋本之九			水二
小爾雅義證十三卷	清胡承珙撰	聚學軒本六十五至六十六			雨一
小爾雅訓纂六卷	清宋翔鳳著	皇清經解續編本之九			天五
五經小學述二卷	清莊述祖著	皇清經解續編本之六			天五
爾雅校勘記八卷	清阮元著	皇清經解本二百五十六至二百二十八			天四
訓詁學概要	韓大受編著	鉛印本	一冊	錢基厚捐	藏四〇五
又	同上	同上	一冊	王秋瑰捐	藏四〇五
爾雅經注集證六卷	清龍啓瑞纂	木刻本	二冊		荒三
又三卷	清龍啓瑞著	皇清經解續編本之二十七			天五
爾雅犍為文學注三卷	漢郭舍人撰	玉函山房本之四十八			水一一
爾雅注疏本正誤五卷	清張宗泰輯	積學齋本之五			結一一
爾雅釋地四篇注	清錢坫著	皇清經解續編本之五			天五
補小爾雅釋度量衡	清鄒伯奇撰注	石印中西算學叢書本之三十			水二〇
廣雅釋詁疏證拾遺	清俞樾	春在堂全書本之五十七			水一五

無錫縣立圖書館書目卷四

史部

正史類

史記一百三十卷	漢司馬遷撰 宋裴駰集解	金陵書局本	十六册 許同莘捐	元一
又同上	同上	金陵書局本	十六册	地一
魏書一百十四卷	北齊魏收撰	金陵書局本	二十册	地一
宋書一百卷	梁沈約撰	金陵書局本	十六册	地一
晉書一百三十卷	唐房喬等撰	金陵書局本	二十册	地一
梁書五十六卷	唐姚思廉撰	金陵書局本	六册	地一
陳書三十六卷	唐姚思廉撰	金陵書局本	四册	地一
周書五十卷	唐令狐德棻等撰	金陵書局本	四册	地一
隋書八十五卷	唐魏徵等撰	淮南書局本	十六册	地一
南史八十卷	唐李延壽撰	金陵書局本	十六册	地一

北史一百卷	唐李延壽撰	金陵書局本	十六册	地一
宋史四百九十六卷	元托克托等撰	浙江書局本	一百二十册	地一
遼史一百十五卷	元托克托等撰	江蘇書局本	十二册	地一
金史一百三十五卷	元托克托等撰	江蘇書局本	二十册	地一
元史二百十卷	明宋濂等撰	江蘇書局本	四十册	地一
明史三百三十二卷	清張廷玉等撰	崇文書局本	八十册	地一
前漢書一百二十卷	漢班固撰 唐顏師古注	金陵書局本	十六册	地一
又同上	同上	金陵書局本	三二册 許同莘捐	元一
三國志六十五卷	晉陳壽撰 宋裴松之注	江南書局本	八册	地一
又同上	同上	江南書局本	十二册 許同莘捐	元一
舊唐書二百卷	晉劉昫等撰	浙江書局本	四十册	地一
後漢書一百三十卷	宋范曄撰 唐李賢注	金陵書局本	十六册	地一
又同上	同上	金陵書局本	二十册 許同莘捐	元一

南齊書五十九卷	梁蕭子顯撰	金陵書局本	六册	地一
北齊書五十卷	唐李百藥撰	金陵書局本	四册	地一
新唐書二百七十三卷	宋歐陽修 宋祁同撰	浙江書局本	四十册	地一
史目表二卷	清洪亮吉著	北江全集本之四十一		冬三
舊五代史一百五十卷	宋薛居正等撰	崇文書局本	十六册	地一
新五代史七十四卷	宋歐陽修撰	崇文書局本	八册	地一
史記雜志六卷	清王念孫	讀書雜志本二至四		劍八
漢書雜志十六卷	清王念孫	讀書雜志本四至九		劍八
考史拾遺五卷	清錢大昕	稻香吟館本	四册	冬一五
遼史拾遺二十四卷	清厲鶚譔	江蘇書局本	八册	冬一三
晉書校文四卷	清丁國鈞撰	常熟丁氏聚珍本	四册 文苑閣捐	荒三一
史漢駢枝	清成蓉鏡著	南菁書院本之二十		露一
國志蒙拾二卷	清郭麐鈔撮	聚學軒本之十		雨一

漢書食貨志	唐顏師古注	古逸叢書本之三十七		露二
五代史纂誤三卷	宋吳縝撰	武英殿聚珍本之四十一		冬五
元史藝文志四卷	清錢大昕補纂	江蘇書局木刻本	一册	闕二六
廿二史考異一百卷	清錢大昕學	龍氏家塾本	二四册 秦葆良捐	麗一七二
後漢書補注二十四卷	清惠棟撰	原刻本	八册	日一四〇
又同上	同上	粵雅堂本一百三十九至一百四十五		雨二
前漢匈奴表三卷 附錄一卷	清沈維賢	鉛印本	二册	闕二七
後漢書補表八卷	清錢大昭撰	粵雅堂本一百四十六至一百四十八		雨二
南北史補志十四卷	清汪士鐸	淮南書局木刻本	八册	日一二一
廿一史四譜五十四卷	清沈炳震鈔	清來堂補刻本	十四册	調三〇八
三國志證聞三卷	清錢儀吉	江蘇書局木刻本	二册	闕三〇
廿二史劄記三十六卷	清趙翼撰	石印本	六册	日一七七
十七史商榷一百卷	清王鳴盛撰	太原王氏本	二四册	月八二

東晉疆域志四卷	清洪亮吉著	北江全集本七十六至七十七			冬三
三國志考證	清潘眉著	昭代叢書本之一百四十四			結一
史記注補正	清方苞講授	木刻本	一册		日一七九
三國志質疑六卷	清徐紹楨學	學壽堂本十七至十八			水八
兩漢刊誤補遺十卷	宋吳仁傑撰	木刻本	二册	丁寶書捐	日一八〇
又同上	同上	翠琅玕館本三十四至三十五			麗三〇
又同上	同上	知不足齋本一集五至六			水一六
後漢三公年表	清華湛恩著	昭代叢書本之一百四十三			結一
補三國疆域志二卷	清洪亮吉著	北江全集本之七十五			冬三
元史譯文證補三十卷	清洪鈞撰	木刻本	四册	祝心淵捐	雨五二
後漢書朔閏考五卷	清徐紹楨學	學壽堂本十五至十六			水八
後漢郡國令長考	清錢大昭著	積學齋本之十一			結一一
宋州郡志校勘記	清成蓉鏡著	南菁書院本之二十一			露一
五代史記纂誤補四卷	清吳蘭庭	知不足齋本二集六至七			水一六
補後漢書藝文志十卷	曾樸纂	常熟曾氏聚珍本	六册	文苑閣捐	日一七八
楚漢諸侯疆域志三卷	清劉文淇	金陵書局木刻本	一册		闕三一
又同上	清劉文淇	槐廬叢書本之六			露五
補後漢書藝文志考	曾樸纂	常熟曾氏木刻本	六册		號三〇
校刊史記集解索隱正義札記	清張文虎	金陵書局木刻本	二册		闕一九

編年類

元經十卷	隋王通著	漢魏叢書本之二十七至二十八			水一三
紀元編三卷	清李兆洛著	李氏五種本之十			藏四
竹書紀年三卷	梁沈約注	漢魏叢書本之十八			水一三
又二卷	清洪頤煊校	平津館本之八			水一〇
資治通鑑二百九十四卷	宋司馬光撰　元胡三省注	江蘇書局本	一百册		元二
通鑑綱目六十卷	宋朱熹	宏道堂本	一百七册		元八

通鑑釋文三十卷	宋史炤	十萬卷樓本七至十	四册		水九
靖康要錄十六卷	闕名	十萬卷樓本七十一至七十八			水九
清鑑輯覽二十八卷	闕名	文明書局鉛印本	十二册		麗一四二
歷代建元考十卷	清鍾淵映撰	守山閣本四十二至四十三			麗八四
續資治通鑑二百二十卷	清畢沅編輯	江蘇書局本	六十册		元三
甲子紀元編	清李兆洛著	憶蒼山館本	三册	祝心淵捐	月九一
歷代紀元表附年號分韵錄	清黃本驥編	三長物齋本之八			出二
又	蔡鑄編	圖書公司本	一册	圖書公司捐	爲一九三
歷代統系錄六卷	清黃本驥編	三長物齋本七至八			出二
萬年甲子編	闕名	木刻本	一册	徐彥寬捐	稱五五
資治通鑑補編二百九十四卷	宋司馬光編集	思補樓刻本	六四册	周達夫捐	元七
通鑑地理通釋十四卷	宋王應麟著	津逮秘書本三十八至四十四			陽三三二
又同上	宋王應麟撰	玉海附刻本五至七			冬四
竹書紀年統箋十二卷	宋沈約注　清徐文靖箋	浙江書局本	四册		宇一
通鑑綱目前編二十五卷	明陳仁錫閱評	宏道堂本	十三册		元八
宋季三朝政要六卷	闕名	守山閣本之二十二			麗八四
通鑑綱目續編二十七卷	明商輅等纂修	宏道堂本	三十六册		元八
通鑑地理今釋十六卷	清吳熙載撰	江蘇書局本	三册		月一六二
竹書紀年校補二卷	清張宗泰校補	聚學軒本之四十八			雨一
續資治通鑑長編五百二十卷	宋李燾撰	浙江書局本	一百廿册	裘廷梁捐	元五
歷代世系紀年編	清沈炳震撰	翠琅玕館本之十四			麗三〇
御定通鑑綱目三編二十卷	明憲宗敕定	宏道堂本	四册		元八
御批歷代通鑑輯覽一百廿卷	清高宗批定	鉛印本	四十册		月六二
又同上	清高宗批定	浙江書局本	四十八册		元四
續資治通鑑長編拾補六十卷	清黃以周輯等	宏道堂本			元八

紀事本末類

蜀鑑十卷	宋郭允蹈撰	守山閣本之二十三			麗八四
繹史一百六十卷	清馬驌撰	浦氏刻本	四十册		月一一
新城錄	唐沈亞之	說郛本之五十六			爲一
保越錄	元徐勉之著	十萬卷樓本之四十七			水九
聖武記十四卷	清魏源譔	古微堂本	十二册		月一三六
雲中紀事	明蘇祐	續說郛本之一百三十三			爲一
伏戎紀事	明高拱撰	寶顏堂秘笈本續集之四			閏三五
綏寇紀略十二卷	清吳偉業纂輯	照曠閣木刻本	二十册		麗一〇五
小腆紀年三十卷	清徐鼒撰	舊刻本	十二册		日一四三
平浙紀畧十六卷	清秦緗業輯	浙江書局本	四册		崑八五
守撫紀略	清鍾峻撰	清人說薈本之二			結三一
平定交南錄	明丘濬	續說郛本之一百三十三			爲一
平定苗匪紀略四十卷	清奕訢等奉勅撰	欽定本	十册	外交部捐	呂一八四

無錫縣立圖書館書目 卷四史部 紀事本末類 五

勦平粵匪方略四百二十卷	清奕訢等奉勅撰	欽定本	一百册	外交部捐	呂一八三
勦平捻匪方略三百二十卷	清奕訢等奉勅撰	欽定本	一百册	外交部捐	呂一八五
西夏紀事本末三十八卷	清張鑑春著	半厂叢書本二至五			水六
續明紀事本末十八卷	清倪在田輯	育英學社鉛印本	六册		麗一九五
平定粵匪紀略十八卷附記四卷	清官文編	聚珍齋木刻本	八册	楊道霖捐	藏二九三
歷朝紀事本末六百五十八卷	朱記榮陳如升同編	鉛印本	五十六册		荒三五
張中丞守岐紀事	清張兆棟著	鉛印本	一册	張安幼捐	麗一八三
明朝紀事本末補編五卷	明彭孫貽著	涵芬樓秘笈本五集三至四			藏二三〇
平定雲南回匪方略五十卷	清奕訢等奉勅撰	欽定本	十二册	外交部捐	呂一八六
紀縣城失守克復本末四卷	清施建烈原稿	本館校刻本	一册		崑六〇
平定陝甘新疆回匪方略三百廿卷	清奕訢等奉勅撰	欽定本	八十册	外交部捐	律一

別史類

路史四十七卷	宋羅泌纂	五桂堂木刻本	二十四册		麗一一四
晉略	清周濟撰	味雋齋重刻本	十册		閏一三六
明史稿二百六十二卷	清王鴻緒撰編	原刻本	八十册		閏二五一
又三百十卷	同上	掃葉山房本	八十册		閏二二一
汲冢書鈔	晉束晳撰	玉函山房本之六十四			水一一
汲冢周書	晉孔晁注	漢魏叢書本之六			水一三
順宗實錄五卷	唐韓愈撰	海山仙館本之十五			陽三三三
春秋別典十五卷	明薛虞畿撰	嶺南叢書本一集十三至十五			水七
又同上	同上	守山閣本二十四至二十五			麗八四
明季實錄	清顧炎武輯	槐廬叢書本之五十一			露五
永歷實錄二十六卷	清王夫之撰	船山遺書本八十六至八十八			水一四
武宗外紀	清毛奇齡著	香豔叢書本之四十二			雨四
王會篇補注	宋王應麟撰	玉海附刻本之十			冬四、
踐祚篇集解	宋王應麟	玉海附刻本之七			冬四

無錫縣立圖書館書目 卷四史部 別史類 載記類 六

建文帝後紀	清邵遠平著	昭代叢書本之三十			結一
逸周書校釋十一卷	清朱右曾著	皇清經解續編本之二十三			天五
讀逸周書雜志四卷	清王念孫	讀書雜志本之一			劍八
又同上	清王念孫著	皇清經解續編本之五			天五
十一朝東華錄	清王先謙編	鉛印本	一百册		黃五
光緒朝東華續錄	朱壽朋編	鉛印本	六十四册		黃六
擬更季漢書昭烈皇帝本紀	清黃中堅著	昭代叢書本之一百一			結一

載記類

越絕書十五卷 附札記	闕名	小萬卷樓本五至六			雨二五
又同上	漢無名氏補	漢魏叢書本之二十			水一三
鄴中記	晉陸翽撰	武英殿聚珍本之五十八			冬五
𠏉關錄	唐太行山人	說郛本之四十			爲一
江表志	宋鄭文寶	說郛本之四十一			爲一

九國志十二卷 附拾遺	宋路振撰	守山閣本之二十九			麗八四
又同上	同上	海山仙館本十六至十七			陽三三三
又同上	宋路振撰 張唐英補	粵雅堂本一百三十二至一百三十五			雨二
南唐書十八卷	宋陸游著	于氏仿汲古閣刻本	四冊		日一七六
蜀檮杌	宋張唐英	說郛本之五十六			爲一
越史略三卷	闕名	守山閣本之三十			麗八四
滇載記	明楊愼	續說郛本之一百三十三			爲一
又	明楊愼撰	古今說海本之三			結二九
南漢記五卷	清吳蘭修編	鄭氏木刻本	二冊		月一〇
又同上	同上	同上	二冊		月一〇
吳越春秋六卷	漢趙曄	漢魏叢書本之二十一			水一三
楚漢春秋附攷證	漢陸賈撰 清茆泮林輯	槐廬叢書本之五			露五
華陽國志十二卷	晉常璩著	漢魏叢書本二十三至二十四			水一三
又同上	晉常璩作	木刻本	四冊		月四
釣磯立談	南唐史虛白著	知不足齋本四集之二			水一六
五國故事二卷	闕名	知不足齋本三集之六			水一六
又同上	同上	龍威秘書本二集之五			水一七
又	同上	說郛本之十九			爲一
江南別錄	宋陳彭年撰	古今說海本之一			結二九
南唐近事	宋鄭文寶	說郛本之四十一			爲一
三楚新錄三卷	宋周冲羽編	古今說海本之一			結二九
又	宋周冲羽	說郛本之五十七			爲一
江南餘載二卷	闕名	知不足齋本三集之六			水一六
又同上	同上	龍威秘書本二集之四			水一七
琉球使畧	明陳侃	續說郛本之一百三十三			爲一
朝鮮紀事	明倪謙	續說郛本之一百三十三			爲一

五胡指掌二卷	明張大齡著	峭帆樓木刻本	一冊	趙貽琛捐	閏一四一
藩鎭指掌二卷	明張大齡著	峭帆樓木刻本	一冊	趙貽琛捐	閏一四二
十國春秋一百十六卷	清吳任臣撰	小石山房本	十六冊		月七
讀越絕書	清俞樾	春在堂全書本之四十二			水一五
南詔野史	清倪輅集	文藝叢書本之一			雨一八
十六國春秋十六卷	魏崔鴻著	漢魏叢書本二十五至二十六			水一三
又一百卷	魏崔鴻撰	欣托山房木刻本	十四冊		麗八一
南唐書合刻四十八卷	宋馬令 陸游撰	三餘書屋木刻本	六冊		闕九
讀吳越春秋	清俞樾	春在堂全書本之四十二			水一五
十六國年表	清張愉曾補	昭代叢書本之十一			結一
太平天國志十九卷	李法章撰	鉛印本	一冊	撰者捐	暑四五〇
十六國疆域志十六卷	清洪亮吉著	北江全集本七十八至八十三			冬三
華陽國志校勘記	清顧觀光著	武陵山人遺書本之八			麗一三四
吳越春秋校勘記	清顧觀光著	武陵山人遺書本之八			麗一三四

雜史類

國語二十一卷	吳韋昭註	仿明道本石印本	四冊		月一〇七
國策三十三卷	漢高誘註	仿明道本石印本	四冊		月一〇七
外史	闕名	漢魏叢書本七十九至八十			水一三
今言	明鄭曉	續說郛本之十二			爲一
痛史二十五種	我佛山人編	商務書館鉛印本			雨四四
國語音	闕名	玉函山房本之八十			水一一
魏春秋	晉孫盛	說部叢書本之一			雨六
晉陽秋	晉庾翼	說部叢書本之一			雨六
海山記	唐闕名	說郛本之一百十二			爲一
唐闕史	唐吳競	說郛本之五十			爲一
唐語林	唐王讜	說郛本之五十			爲一

傳信記	唐鄭綮	說部叢書本之十三	雨六
又	同上	說郛本之五十四	爲一
國史補三卷	唐李肇撰	津逮秘書本一百九十八至一百九十九	陽三三二
燕射記	宋周密	說郛本之五十五	爲一
幸蜀記	宋居白	說部叢書本之三十七	雨六
又	同上	說郛本之五十六	爲一
愧郯錄	宋岳珂	說郛本之五十六	爲一
大事記	宋呂祖謙	說郛本之五十七	爲一
平宋錄三卷	元劉敏中撰	守山閣本之二十七	麗八四
明宮史八卷	明劉若愚遜編	鉛印本　二册	月六
酌中志二十四卷	明劉若愚撰	海山仙館本三十一至三十四	陽三三三
北征記	明楊榮記	古今說海本之一	結二九
北征錄	明金幼孜撰	古今說海本之一	結二九
復辟錄	明楊暄撰	古今說海本之十二	結二九
又	明闕名	續說郛本之二十七	爲一
召對錄	明申時行	寶顏堂秘笈本普集之四	閏三五
否泰錄	明劉定之	顧氏小說本之八	結二四
平夏錄	明黃標校編	古今說海本之一	結二九
匡山集	闕名	涵芬樓秘笈本四集之四	藏二三〇
汰存錄	清黃宗羲著	昭代叢書本之三十一	結一
行朝錄十一卷	清黃宗羲	紹興先正遺書本之四十八	水五
爝火錄三十二卷	清李天根	本館鈔本　十六册	崑四三
虞氏春秋	周虞卿撰	玉函山房本之六十五	水一一
春秋後語	孔衍撰　闕代名	說郛本之七	爲一
西京雜記六卷	漢劉歆著	漢魏叢書本之二十二	水一三
國語章句	後漢鄭衆撰	玉函山房本之七十九	水一一

帝王要略	吳環濟撰	玉函山房本之六十三	水一一
續晉陽秋	晉檀道鸞	說部叢書本之一	雨六
晉中興書	晉何法盛	說部叢書本之一	雨六
獻帝春秋	闕名	說部叢書本之一	雨六
九州春秋	晉司馬彪	說部叢書本之一	雨六
三國典略	晉魚豢	說部叢書本之一	雨六
渚宮舊事五卷　補遺一卷	唐余知古撰	平津館本之二十一	水一〇
東觀奏記三卷	唐裴庭裕撰	說郛本之四十五	爲一
又同上	唐裴庭裕	稗海本之九	雨二七
又	唐裴庭裕撰	小石山房本之五	雨二六
柳氏舊聞	唐李德裕編	寶顏堂秘笈本續集之四	閏三五
唐國史補	唐李肇	說郛本之五十	爲一
大唐新語	唐劉肅	說郛本之五十	爲一
唐科名記	宋高似孫	說郛本之五十三	爲一
宋朝事實二十卷	宋李攸撰	武英殿聚珍本四十三至四十八	冬五
玉堂雜記三卷	宋周必大	津逮秘書本之一百九十五	陽三三二
大業雜記	宋劉義慶	說郛本之一百十二	爲一
丙丁龜鑑五卷	宋柴望輯	寶顏堂秘笈本廣集之一	閏三五
又即前書之第六卷	闕名	寶顏堂秘笈本廣集之一	閏三五
三朝野史	宋闕名	古今說海本之七	結二九
清溪寇軌	宋翁方勺	說郛本之五十七	爲一
又	宋翁方勺撰	古今說海本之十	結二九
南唐近事	宋陳文寶編	寶顏堂秘笈本續集之一	閏三五
楓窗小牘二卷	宋袁褧	說部叢書本之三十七	雨六
曲洧舊聞	宋朱弁	說部叢書本之一	雨六
燈下閒談	宋江洵	說部叢書本之二	雨六

皇朝類苑	宋江少虞	說部叢書本之二		雨六
宜齋野乘	宋吳枋	說部叢書本之二		雨六
玉照新志四卷	宋王明清	說部叢書本之三十一		雨六
吳越備史四卷 補遺一卷 雜攷一卷	宋范坰 林禹 同撰	武林掌故叢編本一百四十五至一百四十六		水一二
咸淳遺事二卷	元闕名	粵雅堂本之十六		雨二
又同上	闕名	守山閣本之二十五		麗八四
野航史話	茅元儀　闕代名	說部叢書本之十三		雨六
錢塘遺事十卷	元劉一淸編	武林掌故叢編本八十九至九十		水一二
又	元劉一淸	說部叢書本之十九		雨六
招補總錄	闕名	守山閣本之二十七		麗八四
三朝野記前三卷	明李遜之	常州先哲遺書續編本之三		呂二
北征後錄	明金幼孜撰	古今說海本之一		結二九
庚申外史二卷	明權衡編	海山仙館本之十九		陽三三三
庚申外史二卷	明葛祿衡編輯	寶顏堂秘笈本廣集之四		閏三五
書事七則	明陳貞慧	常州先哲遺書本之五		呂一
觚不觚錄	明王世貞	續說郛本之一百三十四		爲一
又	同上	說部叢書本之三十一		雨六
金臺紀聞	明陸深	續說郛本之一百三十四		爲一
彭公筆記	明彭時	續說郛本之一百三十四		爲一
翦勝野聞	明徐禎卿	續說郛本之一百三十四		爲一
遼邸記聞	明錢希言	續說郛本之一百四十		爲一
吳中故語	明楊循吉	續說郛本之一百三十六		爲一
古穰雜錄	明李賢	續說郛本之一百三十五		爲一
震澤紀聞	明王鏊	續說郛本之一百三十五		爲一
皇朝盛事	明王世貞	續說郛本之一百三十五		爲一
蓬軒吳記二卷	明黃暐	說部叢書本之二十六		雨六

蓬軒別記	明黃暐	說部叢書本之二十六		雨六
南翁夢錄	明黎澄	續說郛本之一百三十六		爲一
明季實錄	淸顧炎武著	亭林遺書本之十六		水一八
又	淸顧炎武輯	昭代叢書本之一百四十六		結一
聖安記事二卷	淸顧炎武著	亭林遺書本之五		水一八
國語補注	淸姚鼐著	南菁書院本之九		露一
明季遺聞四卷	淸鄒漪輯	東洋舊刻本	二册	崑三八
又	淸鄒漪著	昭代叢書本之一百二十		結一
閩中紀略	淸許旭著	昭代叢書本之一百四十八		結一
見聞隨筆二卷	淸馮甦著	台州叢書本一至二		水一
乙丙紀事	淸孫奇逢著	昭代叢書本之六十七		結一
隆平紀事	淸史册輯	昭代叢書本之一百二十一		結一
國語校文	淸汪中	靈鶼閣本之二十九		專四
國語發正二十一卷	淸汪遠孫著	皇淸經解續編本之十四		天五
國語補校	淸劉台拱著	皇淸經解續編本之五		天五
元祕史略	淸萬光泰纂	昭代叢書本之四十六		結一
客窗偶談	淸陳僖著	昭代叢書本之三十一		結一
明季南略十八卷	淸計六奇編輯	木刻本	十二册	崑四一
又十六卷	同上	舊鈔本	八册　許同莘捐	寒六〇
明季北略二十四卷	淸計六奇編輯	木刻本	十二册	崑四〇
越事備考十二卷	淸劉名譽編輯	桂林書局本	六册	月八
嘯亭雜錄十二卷	淸汲修主人著	圖書公司石印本	四册	雨五〇
臨淸寇略三卷	淸俞蛟著	昭代叢書本之一百零三		結一
守汴日志	淸李光壂	說鈴本之六		雨一七
征緬紀略	淸王昶	說部叢書本之二十五		雨六
平臺紀略	淸藍鼎元著	鹿洲全集本之二十一		餘二〇〇

槐廳載筆	清法式善編	精刻本	十册	許同藺捐	藏四五二
脩史試筆二卷	清藍鼎元纂	鹿洲全集本二十二至二十五			餘二〇〇
南中紀聞	包汝楫	說部叢書本之二十			雨六
東林本末二卷	清劉世珩校	劉氏唐石簃彙刻本	一册		崑七七
荊駝逸史	闕名	石印本	十六册		月一〇三
清稗類鈔	徐珂編纂	商務書館鉛印本	四十八册		出一八九
明末野史	闕名	石印本	四册		雨四五
明代軼聞	林慧如編	鉛印本	一册		藏三八八
海東逸史十八卷	翁州老民編	徐氏木刻本	二册	許同莘捐	呂二四
心史叢刊	孟森編纂	商務書館鉛印本	一册		稱六八
武漢戰記	野史氏著	木刻本陶廬叢刻之一	一册	楊道霖捐	劍二九
皇朝事略	直隸學校司編譯處輯	石印本	一册	直隸省立圖書館捐	巨一六八
伏侯古今注	後漢伏無忌撰	玉函山房本之七十三			水一一

廣陵妖亂志	唐鄭廷誨	說郛本之四十六			爲一
創業起居注三卷	唐温大雅撰	津逮秘書本一百八十五至一百八十六			陽三三二
明皇十七事	唐李德裕	說郛本之五十四			爲一
次柳氏舊聞	唐李德裕	說部叢書本之一			雨六
五代登科記	宋韓思	說郛本之五十三			爲一
南京夢華錄十卷	宋孟元老撰	津逮秘書本一百九十三至一百九十四			陽三三二
紹熙行禮記	宋周密	說郛本之五十三			爲一
乾淳御敎記	宋周密	說郛本之五十五			爲一
王文正筆錄	宋王曾	說郛本之三十一			雨六
四朝聞見錄六卷	宋葉紹翁撰	知不足齋本四集四至七			水一六
靖康傳信錄三卷	宋李綱撰	海山仙館本之十八			陽三三三
汴圍溼襟錄三卷	宋白愚述	說部叢書本之十三			雨六
建炎復辟記	闕名	武林掌故叢編本之一百六十九			水一二

大金弔伐錄四卷	闕名	守山閣本之二十六			麗八四
乾淳起居注	元周密	說郛本之四十四			爲一
元朝征緬錄三卷	闕名	守山閣本之二十七			麗八四
弇山堂別集一百卷	明王世貞著	廣雅書局本	二十册	許同莘捐	呂七七
滇南慟哭記	明王紳	續說郛本之一百三十三			爲一
平定交南錄	明邱濬	龍威秘書本五集之六			水一七
崇禎朝記事四卷	明李遜之	常州先哲遺書本三至四			呂一
元氏掖庭記	明陶宗儀	香豔叢書本之十			雨四
雲蕉館紀談	孔邇闕代名	說部叢書本之十三			雨六
奧中平寇記八卷	清錢勗	木刻本	二册		崑四六
戰國策雜志三卷	清王念孫	讀書雜志本一至二			劍八
吳逆取亡錄	清蒼弇山樵撰	清人說薈本之二			結三一
庚申君遺事	清萬斯同輯	昭代叢書本之六十七			結一

庚辛泣杭錄十六卷	清丁丙編	武林掌故叢編本一百三九至一百四四			水一二
臨安旬制紀三卷 附錄一卷	清張道清羅渠輯	武林掌故叢編本之一百六十六			水一二
南唐拾遺記	清毛先舒纂	昭代叢書本之六十六			結一
大宋宣和遺事共四集	闕名	商務書館鉛印本	四册		藏二〇五
革除遺事節本六卷	明黄佐撰	嶺南遺書本第一集之十二			水七
彭文憲公筆記	明彭時	顧氏小說本之八			結四
明季稗史彙編二十七卷	留雲閣主人編	中華圖書館石印本	六册		雨五四
守城善後紀略	清鄒鳴鶴著	木刻本	一册	楊仁山捐	岡二三〇
清朝野史大觀十二卷	小横香室主人編	中華書局鉛印本	十二册		藏一四六
天聖明道本國語二十一卷 附札記	吳韋昭注	士禮居叢書本八至十			劍四
大唐創業起居注三卷	唐温大雅	說郛本之四十四			爲一
革除建文皇帝紀	明徐德英女士	說部叢書本之十然脂百一編			雨六
剡川姚氏本國策三十三卷 附札記	後漢高誘注	士禮居叢書本十一至十四			劍四

春秋外傳國語解詁二卷	後漢賈逵撰	玉函山房本之七十九		水一一
春秋外傳國語虞氏注	後漢虞翻撰	玉函山房本之八十		水一一
春秋外傳國語唐氏注	吳唐固撰	玉函山房本之八十		水一一
春秋外傳國語孔氏注	晉孔晁撰	玉函山房本之八十		水一一

史鈔類

史畧六卷	宋高似孫纘古	常熟鮑氏本	二冊	盈九二
又同上	宋高似孫撰	古逸叢書本之三十六		露二
又八十七卷	清朱堃輯	石印本	六冊 徐彥寬捐	爲四二六
史腴二卷	清周金域纂輯	石印本	一冊 徐彥寬捐	爲四二五
古文瑣語	闕名	玉函山房本之六十三		水一一
古史輯要六卷	闕名	海山仙館本十二至十四		陽三三三
同菴史彙十卷	清蔣善選評	木刻本	八冊	月七六
二十一史緯即史緯三百三十卷	清陳允錫刪修	輔仁堂木刻本	一百六十冊	月八一
南北史捃華八卷	清周嘉猷輯	木刻本	四冊	月六五
史記菁華錄六卷	闕名	掃葉山房石印本	三冊	藏六四
二十一史感應錄二卷	清彭希涑輯	海山仙館本之二十		陽三三三

史評類

史剡	宋司馬光	說郛本之十二		爲一
唐鑑二十四卷	宋范祖禹撰 呂祖謙注	日本舊刻本	五冊	月七八
學史	明邵寶記 華雲輯錄	本館鈔本	二冊	崑八一
嚮言	明方以智撰	桐城方氏本之六		日一四
左鑑十卷	清楊潮觀	木刻本	二冊	崑三九
宋論十五卷	清王夫之撰	船山遺書本八十一至八十五		水一四
史見二卷	清陳遇夫撰	嶺南遺書本三集之十		水七
史略	清蕭震著	昭代叢書本之一百零一		結一
雜評	楊名宁	常州先哲遺書本之十六		呂一

古史考	漢譙周著	平津館本之九		水一〇
狂言紀	明黃汝亨	續說郛本之一百五十三		爲一
涉史隨筆	宋葛洪著	知不足齋本一集之七		水一六
唐史論斷三卷	宋孫甫撰	粵雅堂本三十二至三十三		雨二
唐書直筆四卷	宋呂夏卿撰	小萬卷樓本之七		雨二五
綱目發明五十九卷	宋尹起莘	退補齋本	六冊	盈九一
綱目疑誤	宋周密	說郛本之十二		爲一
通鑑答問五卷	宋王應麟撰	玉海附刻本十八至十九		冬四
通鑑疑問	宋劉恕	津逮秘書本之五十一		陽三三二
讀史訂疑	明王世懋	續說郛本之一百二十三		爲一
擁絮迂談	明朱鷺	續說郛本之一百二十九		爲一
後渠雜識	明崔銑	續說郛本之一百三十五		爲一
窺天外乘	明王世懋	續說郛本之一百四十		爲一
雙溪雜記	明王瓊	續說郛本之一百四十		爲一
救文格論	清顧炎武	說部叢書本之五十五		雨六
又	同上	說鈴本之六		雨一七
又	同上	亭林遺書本之十一		水一八
讀史札記附論學剳說十則	清盧文弨著	聚學軒本之三十五		雨一
讀史雜記	清方宗誠述	柏堂遺書本之二十八		冬二
又	同上	同上		專一六
諸史然疑	清杭世駿著	昭代叢書本之六十六		結一
又	清杭世駿	知不足齋本二集之八		水一六
史論五答	清施國祁著	昭代叢書本之一百二十八		結一
元史本證五十卷	清汪輝祖著 汪繼培補	紹興先哲遺書本三至十		水五
讀史吟評	清黃鵬揚著	說鈴本之七		雨一七
紀事約言二卷	清夏勤埔稿	正覺樓本之六		藏二〇四

讀宋鑑論三卷	清方宗誠述	柏堂遺書本二十六至二十七			冬二
又同上	同上	同上			專一六
讀史管見	清王穀著	昭代叢書本之二十一			結一
綱目志疑	清華湛恩著	昭代叢書本之一百四十七			結一
讀通鑑論三十卷	清王夫之撰	船山遺書本六十五至八十			水一四
讀史論畧二卷	清杜詔著	木刻本	二冊	徐薇生捐	崑四四
又	同上	雲川閣原刻本	二冊	許同藺捐	崑五〇
評史管窺	清王步蟾著	舊刻本	四冊	許同莘捐	月七五
史通通釋二十卷	清浦起龍釋	石印本	八冊		崑三七
史通削繁四卷	清紀昀	章氏刻本	四冊		月一三七
讀東華錄三卷	清資士鏞著	排印本	一冊		崑三四
新唐書糾謬	宋吳縝	說郛本之十二			爲一
又二十卷	宋吳縝纂	知不足齋本十五集一至四			水一六

無錫縣立圖書館書目 卷四史部 史評類 十七

史記短長說二卷	明凌稚隆訂正	海山仙館本之十五			陽三三三
續編宋史辨	明高昌古	顧氏小說本之二			結二四
三國志辨誤	闕名	守山閣本之二十二			麗八四
讀史記劄記	清潘永季著	昭代叢書本之四十一			結一
讀明史劄記	清潘永季著	昭代叢書本之四十一			結一
舊唐史疑義四卷	清張道著	正覺樓本四至五			藏二〇四
明史十二論	清段玉裁著	昭代叢書本之九十九			結一
太倉張氏史論四卷 即史論	明張溥撰	廣州學海堂本	二冊		月七一
讀戰國策隨筆	清張尙瑗著	昭代叢書本之四十九			結一
五代春秋志疑	清華湛恩著	昭代叢書本之一百四十五			結一

無錫縣立圖書館書目卷五

傳記類

總錄

世本五卷	漢宋衷注 清張澍補注	二酉堂本二至三			雨二四
又二卷	漢宋衷注 清孫馮翼集 陳其榮增訂	槐廬叢書本之五			露五
忠傳	闕名	涵芬樓秘笈本初集之一			藏二三〇
情史	詹詹外史	東溪堂木刻本	十四冊	王吉人捐	藏四五〇
史外八卷	清汪有典著	陝甘公所木刻本			閏二九
英雄記	魏王粲	漢魏叢書本之二十九			水一三
高士傳三卷	晉皇甫謐著	漢魏叢書本之三十			水一三
列女傳	晉皇甫謐	說郛本之六十			爲一
文士傳	晉張隱	說郛本之六十			爲一
又	同上	說部叢書本之七			雨六

無錫縣立圖書館書目 卷五史部 傳記類 總錄 一

蓮社高賢傳	晉陶潛著	漢魏叢書本之二十九			水一三
又	同上	龍威秘書本一集之一			水一七
又	晉陶潛	說部叢書本之一			雨六
幼童傳	梁劉劭	說郛本之六十			爲一
先友記	唐柳宗元	說郛本之五十			爲一
三聖記	唐李德裕	說郛本之五十			爲一
昭忠錄	宋 闕名	粵雅堂本之十七			雨二
又	闕名	守山閣本之二十八			麗八四
又附錄一卷	明周璟編輯	武林掌故叢編本一百二十一至一百六十三			水一二
思賢錄六卷	元謝應芳撰	詠梅軒木刻本			月一五
備遺錄	明張芹編	古今說海本之十二			結二九
又	闕名	續說郛本之一百三十一			爲一
貧士傳	明黃姬水	續說郛本之一百四十五			爲一

又二卷	明黃姬水撰	寶顏堂秘笈本正集之四		閏三五
女俠傳	明鄒之麟	續說郛本之一百四十五		爲一
藩獻記	明朱謀㙔	續說郛本之一百三十		爲一
新倩籍	明徐禎卿	續說郛本之一百四十四		爲一
又	同上	顧氏小說本之四		結二四
山陽錄	明陳貞慧	常州先哲遺書本之五		呂一
又	明陳貞慧著	昭代叢書本之五十一		結一
小隱書	明西村晦人 敬虛子	說部叢書本之十三		雨六
殉身錄	闕名	續說郛本之一百三十一		爲一
孝子傳	徐廣闕代名	說郛本之六十		爲一
搏沙錄	清戴延年著	昭代叢書本之一百六十		結一
碑傳集一百六十卷	清錢儀吉纂錄	江蘇書局本	六十冊	闕二
思舊錄	清黃宗羲著	昭代叢書本之七十三		結一

思舊錄	清靳治荊著	昭代叢書本之二十六		結一
疑年錄四卷	清錢大昕編	木刻本		結一六
又同上	同上	小石山房本之九		雨二六
賢母錄四卷　附旌節錄	清黃本驥述	三長物齋本三十九至四十		出二
知我錄	清梅庚著	昭代叢書本之二十六		結一
前徽錄	清姚世錫錄	咫進齋本之十三		水二
良吏述	清彭紹升著	昭代叢書本之六十三		結一
觀感錄	清李容著	昭代叢書本之六十三		結一
選材錄	清周春著	昭代叢書本之九十五		結一
畫友錄	清黃鉞著	美術叢書本之十三		藏五
二臣傳十二卷	清蔣千之編輯	六藝書局石印本	四冊	結一三
三輔決錄	後漢趙岐纂	二酉堂本之四		雨二四
懲戒象讚	後魏常景撰	玉函山房本之六十四		水一一

集事詩鑒	宋方昕集	知不足齋本十四集之三		水一六
慶元黨禁	樵川樵叟記	知不足齋本十二集之三		水一六
草莽私乘	元陶宗儀撰	新陽趙氏本	一冊	月二一
名公像記	明遯園居士	續說郛本之一百四十三		爲一
廣名將傳二十卷	明黃道周注斷	海山仙館本二十一至二十六		陽三三三
宋遺民錄十五卷	明程敏政編	知不足齋本二十四集二至三		水一六
景仰撮書	明王達	續說郛本之一百四十四		爲一
又	同上	常州先哲遺書本之六		呂一
國寶新編	明顧璘	續說郛本之一百四十四		爲一
松窗快筆	明龔立本著	小石山房本之七		雨二六
仰山脞錄	明閔文振	續說郛本之一百四十四		爲一
續疑年錄四卷	清吳修編	木刻本	二冊	結一六
又同上	同上	小石山房本之十		雨二六

補疑年錄四卷	清錢椒編	木刻本		結一七
東林列傳二十六卷本記二卷　附[illegible]宗	清陳鼎	本館鈔本	八冊	寒一八九
留溪外傳十八卷	清陳鼎	常州先哲遺書本五十一至五十四		呂一
續碑傳集八十六卷	清繆荃孫纂錄	江蘇書局本	二十四冊	闕三
廣列女傳二十卷	清劉開纂	兩浙節孝祠錄印本	三冊　沈映泉王輿枏捐	劍四二
續良吏述	清錢儀吉	羊城木刻本	一冊	月一九
聖域述聞二十八卷	清黃本驥編輯	三長物齋本一至五		出二
復社姓氏三卷	清孟堅錄	木刻本	一冊	結八四
文苑異稱	清王晫編	昭代叢書本之二十六		結一
明遺民錄四十八卷	孫靜厂	花雨樓本	十二冊	日一五八
聖賢高士傳	晉嵇康撰	玉函山房本之六十四		水一一
益都耆舊傳	晉陳壽	說郛本之六十		爲一
梓潼士女志	晉常璩	說郛本之六十		爲一

西州後賢志	晉常璩	說郛本之六十		爲一
漢中士女志	晉常璩	說郛本之六十		爲一
陶公五孝傳	晉陶潛著	木刻本	一冊	月一三
聖賢羣輔錄	晉陶潛	說郛本之二十九		爲一
古今高士傳	晉皇甫謐	說郛本之五十九		爲一
汝南先賢傳	晉周斐	說郛本之六十		爲一
陳留耆舊傳	蘇林 闕代名	說郛本之六十		爲一
零陵先賢傳	司馬彪 闕代名	說郛本之六十		爲一
長沙耆舊傳	劉彧 闕代名	說郛本之六十		爲一
會稽先賢傳	謝承 闕代名	說郛本之六十		爲一
楚國先賢傳	張方 闕代名	說郛本之六十		爲一
閩州名士傳	黃璞 闕代名	說郛本之六十		爲一
廣州先賢傳	鄒閎甫 闕代名	說郛本之六十		爲一

襄陽耆舊傳	宋習鑿齒	說郛本之六十		爲一
京口耆舊傳九卷	闕名	守山閣本二十七至二十八		麗八四
相學齋雜鈔	元鮮于樞	說部叢書本之十九		雨六
明臣琬琰錄二十四卷	明徐紘輯	常州先哲遺書續編本七至八		呂二
浦陽人物記二卷	明宋景濂記	知不足齋本十七集之八		水一六
造邦賢勳錄	明王褘	續說郛本之一百二十八		爲一
吳中往哲記	明楊循吉	續說郛本之一百十四		爲一
又	同上	顧氏小說本之八		結二四
明輔起家考	明徐儀世	續說郛本之一百二十八		爲一
椽曹名臣錄	明王凝齋	續說郛本之一百二十八		爲一
廣州人物傳二十四卷	明黃佐撰	嶺南遺書本一集四至七		水七
百越先賢志四卷	明歐大任撰	嶺南遺書本一集之十六		水七
三楚文獻錄十六卷	明高世泰纂	明刻本	八冊	昆一七六

靖難功臣錄	闕名	古今說海本之十二		結二九
浙江忠義錄二十八卷	清張景和	浙江采訪局刻本	三十二冊	月二四
又十卷	同上	同上	三十二冊	昆五
欽定名臣傳八十卷		清史館原刻本	八十冊	麗一二三
元祐黨人傳十卷	清陸心源纂	木刻本	四冊	麗一一九
三續疑年錄十卷	清陸心源編	木刻本	四冊	結一七
浙江忠義錄十卷	清楊昌濬 湘業同纂	浙江書局本	四冊 許同藺捐	昆五〇
吳門耆舊記	清顧承著	小石山房本之七		雨二六
錫金游庠錄三卷	清邵涵初錄	尙德書院本	二冊	昆七〇
任渭長畫傳四種	清任熊	石印本	八冊	調一七七
讀史桑梓錄	清安經言輯	原稿本	五冊	昆三二
南吳舊話錄二十四卷	清蔣烈編	鉛印本	六冊 松江圖書館捐	麗一六七
兩浙名賢錄殘本	清徐象梅撰	明刻本	十六冊 許同藺捐	麗一五〇

南陽人物志	清劉沛然	木刻本	十二冊 顧叔惠捐	呂一四四
列女傳補注八卷	清女士王照圓著	廣智書局鉛印本	一冊	雨四七
昆新青衿錄	余鴻鈞訂	木刻本	一冊 趙詒琛捐	藏三三二
錫金科第考六卷	高鎌泉梓	木刻本	二冊	昆七一
錢塘先賢傳贊	宋袁韶撰	武林掌故叢編本之二		水一二
又	同上	知不足齋本十六集之八		水一六
宋學士院題名	宋何異編	武林掌故叢編本之七十六		水一二
明臣琬琰續錄八卷	明王元編	常州先哲遺書本之十一		呂二一
明臣琬琰後錄二十二卷	明徐紘輯	常州先哲遺書續編本九至十		呂二一
姑蘇名賢小記二卷	明文震孟論次	鈔本	一冊	冬六五
恩䘏諸公志略二卷	明孫愼行	常州先哲遺書續編本之八		呂二一
國朝耆獻類徵七百二十卷	清李桓輯	木刻本	二百九十四冊	闕一
國朝先正事略六十卷	清李元度撰	循陔草堂本	二十四冊	月一七〇

國朝詩鈔小傳四卷	清鄭方坤撰	龍威秘書本三集二至五	四冊		水一七
顧虎頭畫列女傳八卷	晉顧愷之圖畫	阮氏影摹南宋本			寒一二
戰國人才言行錄十卷	明秦瀹編輯	明刻本	四冊		崑五三
勝朝彤史拾遺記六卷	清毛奇齡著	香豔叢書本十五至十六			雨四
漢事會最人物志二卷	清惠棟輯錄	靈鶼閣本四至五			專一四
文廟從祀弟子贊	清盧存心著	昭代叢書本之六十九			結一
勝朝殉節諸臣錄十二卷		江西臬署刻本	六冊		月三〇
漁洋感舊集小傳四卷	清盧見曾	說部叢書本十四至十五			雨六
吳郡名賢圖傳贊二十卷	清顧沅撰	顧氏刻本	八冊		月一三八
越中三不朽圖贊	清張岱輯	紹興印刷局鉛印本	一冊	華藝珊捐	暑二
西湖三祠名賢考略四卷	清戴敔文纂輯	木刻本	二冊	許同藺捐	麗二一〇四
元書后妃公主列傳	清毛嶽生撰	漸學廬本之一			藏八
江西詩社宗派圖錄	清張泰來述	昭代叢書本之五十七			結一
咸豐以來功臣別傳三十卷	清朱孔彰撰	漸學廬本	六冊		雨五一
錫金四詰事實彙存	清楊模輯	鉛印本	一冊	孫思贊捐	崑七三
歷代兩浙詞人小傳十六卷	周慶雲纂	夢坡室木刻本	一冊	纂者捐	閏一五六
涵芬樓古今文鈔小傳四卷	商務書館編纂	商務書館鉛印本	一冊		藏七二
江蘇省立第三師範學區紀念人物志	錢基博述	油印本	一冊	述者捐	暑一七四

譜述

晏子春秋七卷		浙江書局本	四冊		宇一
又同上		湖北書局本	二冊		辰四四
蘇氏族譜	宋蘇洵	說郛本之七十三			爲一
宜州家乘	宋黃庭堅記	知不足齋本十八集之一			水一六
宗譜纂要	清王鉞著	昭代叢書本之八十九			結一
梨洲年譜	清黃炳垕編輯	梨洲遺書本之十二			霜二七二
周公年表	清牟庭著	聚學軒本之六十七			雨一

華氏本書五十四卷	清華渚輯	華氏木刻本	八冊	華繹之捐	岡一〇四
四洪年譜四卷	清洪汝奎編輯	晦木齋棟刻本	四冊	丁錫康捐	藏四三〇
許氏譜述三卷	許同莘撰	石印本	一冊	撰者捐	寒二〇八
趙氏家乘十六卷	趙詒翼輯	木刻本	六冊	趙貽琛捐	藏四四四
楊椒山年譜 附遺稿	明楊繼盛自著	石印本	一冊	過子怡捐	劍八八
孫文靖年譜	清孫慧惇 孫慧翼同編	木刻本	一冊	孫少宰第捐	崑六六
顧氏譜系考	清顧炎武著	亭林遺書本之六			水一八
王荊公年譜二卷 附遺事一卷	清顧棟高輯	吳興劉氏木刻本	一冊	許同藺捐	寒二一四
洪北江年譜 附傳誌銘墓表	清呂培等同編次	北江全集本之一			冬三
鄭康成年譜	清沈可培輯	昭代叢書本之一百二十二			結一
三邑諸生譜十卷 長元吳三邑	清錢乙生	木刻本	二冊	許同藺捐	麗一九六
陸稼書年譜	清陸宸徵 李鉉同輯	小石山房本之十一			雨二六
黃蕘圃年譜二卷	清江標輯	靈鶼閣本四十七至四十八			專一四
劉更生年表	清梅毓述	積學齋本之十四			結一一
吳絳雪年譜	清俞樾	春在堂本之四十八			水一五
又	同上	香豔叢書本之六十三			雨四
金氏世德紀二卷	清金應麟編	武林掌故叢編本一百七十四至一百七十五			水一二
三省軒自述	清王世恩撰	聚珍本	一冊		崑六三
章實齋年譜	胡適編著	商務書館鉛印本	一冊		暑二二六
周文襄公年譜	明周仁浚等纂	木刻本	二冊		麗九〇
天山自敘年譜三卷	明鄭鄤	常州先哲遺書續編本之八			呂二
高忠憲公年譜二卷	明高世寧編	木刻本	一冊	高鑅泉捐	崑七五
謝皋羽年譜注	清徐沁著	昭代叢書本之二			結一
錢武肅王年譜	錢氏後裔錄	木刻本	一冊	錢宗濂捐	崑八九
褚塘閒史考證 附錄一卷	清趙一清	武林掌故叢編本之一百四十九			水一二
錢節愍公年譜	清華王澄輯	木刻本	一冊	陸士奎捐	崑七六

又	同上	同上	一冊		崑七六
亭林先生年譜	清吳映奎輯	亭林遺書本之十五			水一八
黃忠端公年譜二卷	清黃炳垕記	木刻本	一冊		月一四
晏子春秋校勘二卷	清黃以周記	浙江書局本			宇一
谿山老農年譜二卷 續編一卷	清王祖畬自訂	王氏家刻本	二冊	王保譿捐	藏四三五
又同上	同上	同上	二冊	唐文治捐	藏四三五
晏子春秋音義二卷	清孫星衍撰	浙江書局本			宇一
阿文成公年譜三十四卷	清那彥成纂	木刻本	三十二冊	楊道霖捐	巨六五
抱冰堂弟子記	清張文襄弟子記	鉛印本	一冊	許同莘捐	呂六〇
又	同上	同上	一冊	同上	呂六〇
錢文端公年譜二卷 闕下卷	錢儀吉編	木刻本	一冊	俟鴻鑑捐	寒二〇五
遷錫許氏宗譜八卷	許同莘纂輯	石印本	二冊	許同莘捐	寒二〇七
練西黃氏宗譜十四卷	黃守恆修	誠明堂鉛印本	四冊	嘉定黃氏捐	藏二一四

又同上	同上	同上	四冊	同上	藏二一四
錢塘沈氏家乘十卷	沈紹勳沈祖緜輯	仿宋聚珍本	四冊	沈祖緜捐	光一三
余孝惠先生年譜	清吳師澄編	木刻本	一冊		崑六七
吳竹如先生年譜	清方宗誠纂輯	柏堂遺書本之三十四			冬二
安我素先生年譜	清安紹傑輯	木刻本	一冊	安達初捐	崑六八
江氏上卿奕光錄	清江應晨編	本館選錄本			寒九八
黃蕘圃先生年譜二卷	清江標輯	長沙木刻本	二冊		呂九一
康熙己未詞科錄十二卷	清秦瀛輯	木刻本	六冊		崑六九
潭渡王氏先德錄	黃質述稿	濱虹雜著本	一冊	黃濱虹捐	麗二一三
新陽趙氏清芬錄	趙詒琛彙編	趙氏義莊刻本	一冊	趙詒琛捐	麗一六四
桐溪達叟自編年譜	清嚴辰	木刻本	一冊		麗一九八
次皙次齋主人年譜	清孫振烈自訂	鉛印本	一冊	孫北蘐捐	寒三四
惜分陰軒主人述略	周懔編	鉛印本	一冊	周懔捐	崑九三

江陰繖墩曹氏譜錄	孫揆均輯錄	本館鈔本	一冊		寒九八
埒訂歐陽文忠公年譜	清華孳亨著	昭代叢書本之二十七			結一
閑閑草堂奏對年譜合刊	清嚴金清	木刻本	一冊	孫思贊捐	崑五五
南海學正黃氏家譜節本	黃任恆編	木刻本	二冊	黃任恆捐	署四四

傳狀

李泌傳	唐李蘩譔	龍威秘書本四集之二			水一七
又	同上	唐代叢書本之十			霜二七三
王烈婦	闕名	龍威秘書本五集之六說郛雜著十種之一			水一七
枯德錄	黃任恆編	保粹堂木刻本	一冊	黃秩南捐	玉二九〇
彤美集二卷	許國鳳編纂	鉛印本	一冊	俟學愈捐	署一〇一
漢皇德傳	後漢侯瑾撰	二酉堂本之五			雨二四
謝小娥傳	唐李公佐	說郛本之一百十四			爲一
天全遺事	明徐子陽	顧氏小說本之三			結二四

太僕行略	明彭孫求述	涵芬樓秘笈本三集之五			藏二三〇
黃孝子傳	清歸莊撰	知不足齋本五集之五			水一六
安桂坡傳	清黃省曾撰	本館叢鈔本之一	一冊		寒九八
雲川行述	清華希閔等撰	鈔本	一冊		崑三〇
辥恭人傳	清嚴釗撰	鉛印本	一冊	徐彥寬捐	稱八二
三君事略	朱培年	木刻本	一冊	秦平甫捐	劍一二
希夷先生傳	宋龐覺	說郛本之一百十五			爲一
邵康節外紀四卷	明陳繼儒	寶顏堂秘笈本廣集之八			閏三五
軒轅黃帝傳	闕名	平津館本之三			水一〇
丁氏節烈記	清丁丙編	木刻本	一冊		呂一二七
顧廷綸行述		木刻本	一冊	顧鼎梅捐	署八九
勁節樓圖記	清朱颟坤校勘	徐氏木刻本	二冊		呂一五一
周烈婦傳贊	周莘農編	石印本	一冊	周同愈捐	呂一二八

北堂永感錄 附兄弟孔懷錄	錢基厚 博同纂	鉛印本	一册	錢基博捐	暑六一
廣黃帝本行記	唐王瓘記	平津館本之三			水一〇
豐清敏公遺事	宋李朴撰	小萬卷樓本之四			雨二五
諸葛忠武侯傳	宋張栻撰	十萬卷樓本之四十七			水九
譚節婦祠堂記	明烏斯道著	香豔叢書本之二十三			雨四
晏子春秋雜志二卷	清王念孫	讀書雜志本十二至十三			劍八
桑孝子旌門錄	清桑調元	武林掌故叢編本之一百四十八			水一二
老父雲遊始末	清陸莘行女士	說郛叢書本三十然脂百一編			雨六
楊太夫人家傳	清楊庭楨述	鉛印本	一册		崑六五
顧太僕致忠錄	清顧森書輯	木刻本	一册	顧景璐捐	崑一三一
晴川先生事略共兩份	樊鎭輯	鉛印本	一册	樊鎭捐	露八
又	同上	木刻本	一册	同上	露八
周節母墓誌銘 附事畧	張彥昭撰	石印本	一册	周謙吉堂捐	藏二六九
胡高夫人行述	胡周輝女士著	鉛印本	一册	胡壹修捐	崑九一
李映川燕喜錄		石印本	六册	李修家等捐	闕三三
趙元眞哀思錄	無錫救火聯合會輯	鉛印本	一册	該會捐	暑九六
崔清獻公言行錄	宋李肖龍撰	嶺南遺書本三集之二			水七
明懿安皇后外傳	清紀昀記	峭帆樓木刻本	一册	趙學南捐	藏二六四
亭林先生神道表	清全祖望撰	亭林遺書本之十五			水一八
李剛烈公碧血錄二卷	闕名	木刻本	一册		崑一八
王武愍公忠孝錄	闕名	鉛印本	二册	王鏡藻捐	崑六四
徐印香先生行狀	湯寶榮撰	石印本	一册	王蘊章捐	閏一三〇
錫山李閣學政績	李澍恩彙刻	鉛印本	一册	唐申伯捐	寒二一九
嚴紫卿先生行狀	嚴壽民述	石印本	一册	嚴筱蘭捐	日五七
錫山二母遺範錄三卷	胡周輝女士述	鉛印本	一册	胡雨人捐	寒二八
周母王運新家傳	胡周輝女士述	鉛印本	一册	胡雨人捐	調二七二

蔡氏二節母傳狀	蔡文鑫等編	仿宋本	一册	蔡文森捐	寒二〇〇
秦周夫人節孝錄		石印本	一册		崑四七
唐問苑張夫人遺訓	清唐錫晉編	石印本	一册	唐氏學校捐	崑九二
侯霓峯先生榮哀錄		南通黃氏排印本	一册	侯祖述捐	寒一九
侯紀之蔡太恭人事略		鉛印本	一册	侯述之捐	暑三五八
秦氏後雙孝徵文彙錄	秦中毅校	鉛印本	一册	秦中毅捐	寒二一三
高忠憲公祭文墓誌行狀		聚珍本	一册	孫思贊捐	崑六二
南通費鑑清先生哀思錄		鉛印本	一册	費範九捐	閏一二五
無錫沈伯偉先生哀輓錄二卷	俞孟絜輯	鉛印本	一册	俞絜捐	暑二〇
吳江陳母倪節孝君褒揚錄	陳去病輯	百尺樓叢書鉛印本	一册	陳去病捐	暑五四
袁母薛太恭人 編年紀事本末	袁允楣輯		一册	徐彥寬捐	稱八九

雜錄

默記	宋王銍	說郛本之五十六			爲一
祕錄	明李夢陽	續說郛本之一百二十七			爲一
葬錄	明安希范輯	明寫刻本	一册	丁福保捐	岡二三五
哈史	清王煒著	昭代叢書本之五十二			結一
魏春秋	晉孫盛	說郛本之六十一			爲一
晉陽秋	晉庾翼	說郛本之六十一			爲一
齊春秋	梁吳均	說郛本之六十一			爲一
卓異記	唐李翺	說郛本之五十三			爲一
又二卷	唐李翺述	寶顏堂秘笈本普集之二			閏三五
摭異記	唐李濬	說郛本之五十四			爲一
奉天錄四卷	唐趙元一撰	粵雅堂本之十五			雨二
翰林志	唐李肇	說郛本之五十三			爲一
開河記	唐闕名	說郛本之一百十二			爲一
貴耳錄	宋張端義	說郛本之四十			爲一

無錫縣立圖書館書目　卷五史部　傳記類　雜錄　十二

芝田錄	宋丁用晦	說郛本之四十			爲一
揮麈錄	宋王清臣	說郛本之四十一			爲一
漫笑錄	宋徐慥	說郛本之三十六			爲一
啽囈錄	宋宋無	說郛本之四十			爲一
吳船錄二卷	宋范成大撰	知不足齋本十八集之一			水一六
碧雲騢	宋梅堯臣	說郛本之四十			爲一
紹陶錄二卷	宋王質述	十萬卷樓本四十六			水九
白獺髓	宋張仲文	說郛本之四十			爲一
梵椒錄	遼王鼎述	寶顏堂秘笈本正集之四			閏三五
又	同上	津逮秘書本之一百九十七			陽三三二
又	同上	說郛本之一百十二			爲一
又	同上	香豔叢書本之十			雨四
金石契	明祝肇	顧氏小說本之五			結二四
又	同上	續說郛本之一百四十四			爲一
清賢記六卷	明尤鏜著	木刻本	二冊		崑三三
又同上	明尤鏜輯	適園叢書本	二冊	侯鴻鑑捐	寒二九
錦衣志	明王世貞	續說郛本之一百三十一			爲一
致身錄	明史仲彬	續說郛本之一百二十八			爲一
翊運錄	明劉基	續說郛本之一百二十九			爲一
東朝紀	明王泌	續說郛本之一百二十七			爲一
畜德錄	明陳沂	續說郛本之一百四十四			爲一
遵聞錄	明梁億	續說郛本之一百二十七			爲一
明良記	明楊儀	續說郛本之一百二十八			爲一
又	明楊儀述	說部叢書本之十九			雨六
在田錄	明張定	續說郛本之一百二十七			爲一
瑣綴錄	明尹直	續說郛本之一百三十			爲一

無錫縣立圖書館書目　卷五史部　傳記類　雜錄　十三

平夏錄	明黃標	說郛本之一百三十三			爲一
逐鹿記	明王褘	續說郛本之一百二十七			爲一
遇恩錄	明劉仲憬	續說郛本之一百三十四			爲一
碧血錄三卷	明黃煜彙次	知不足齋本十五集五至六			水一六
傷逝記	明遜園居士	續說郛本之一百四十三			爲一
山棲志	明慎蒙	續說郛本之一百四十九			爲一
琬琰錄	明楊廉	續說郛本之一百三十			爲一
遜國記	闕名	續說郛本之一百二十九			爲一
海寇記	清洪若皐著	昭代叢書本之四十七			結一
紀恩錄	清王士禎紀	三長物齋本之十五			出二
避諱錄五卷	清黃本驥編	昭代叢書本之十二			結一
人瑞錄	清孔尚任編	昭代叢書本之十二			結一
湘軍記二十卷	清王定安	江南書局本	十二冊		月二八
湘軍誌十六卷	清王闓運	木刻本	四冊	許同莘捐	麗九
閩難記 附閩中雜興	清洪若皐著	昭代叢書本之四十七			結一
梓里錄	清秦煥輯	原稿本	一冊	秦平甫捐	岡二四
晉中興書	晉何法盛著	說郛本之六十一			爲一
三國典略	晉魚豢	說郛本之六十一			爲一
三輔決錄	晉趙岐	說郛本之六十一			爲一
東宮舊事	晉張敞	說郛本之六十一			爲一
九州春秋	晉司馬彪	說郛本之六十一			爲一
魏晉世語	晉郭頒	說郛本之六十一			爲一
裴啓語林	晉裴啓	說郛本之六十一			爲一
續晉陽秋	晉檀道鸞	說郛本之六十一			爲一
山公啓事	晉山濤	說郛本之六十一			爲一
帝王世記	晉皇甫謐	說郛本之六十一			爲一

翰林壁記	唐丁居晦	說郛本之五十三	爲一
盧氏雜記	唐盧言	說郛本之五十	爲一
金鑾密記	唐韓渥	說郛本之五十一	爲一
幽閒鼓吹	唐張固	說郛本之五十四	爲一
零陵總記	唐陸龜蒙	說郛本之五十	爲一
皮子世錄	唐皮日休	說郛本之五十	爲一
隋唐嘉話	唐劉餗	說郛本之三十八	爲一
常侍言旨	唐柳玭	說郛本之五十一	爲一
隨手雜錄	宋王鞏	說郛本之五十二	爲一
聞見近錄	宋王鞏	說郛本之五十二	爲一
甲申雜記	宋王鞏	說郛本之五十二	爲一
金陀萃編二十八卷	宋岳珂編	浙江書局木刻本 十二册	麗一〇八
揮麈前錄四卷	宋王明清輯	津逮秘書本之二百六十八	陽三三二

無錫縣立圖書館書目　卷五史部　傳記類　雜錄類　十四

揮麈後錄十一卷	宋王明清輯	津逮秘書本二百六十九至二百七十二	陽三三二
揮麈三錄三卷	宋王明清輯	津逮秘書本之二百七十四	陽三三二
揮麈餘話二卷	宋王明清輯	津逮秘書本二百七十五至二百七十七	陽三三二
又	宋王清臣	說郛本之四十一	爲一
涑水紀聞	宋司馬光	說郛本之五十一	爲一
又十六卷	宋司馬光撰	武英殿叢書本八十一至八十四	冬五
溫公瑣語	宋司馬光	說郛本之三十三	爲一
師友雜誌	宋呂本中	十萬卷樓本之十八	水九
聞見雜錄	宋蘇舜欽	說郛本之四十九	爲一
東軒筆錄	宋魏泰	說郛本之四十二	爲一
儒林公議	宋　闕名	說郛本之三十九	爲一
又二卷	宋田況	稗海本之五十五	兩二七
南遊記舊	宋曾紆	說郛本之五十二	爲一

桐陰舊話	宋韓元吉撰	古今說海本之九	結二九
家王故事	宋錢惟演	說郛本之四十八	爲一
玉堂雜記三卷	宋周必大	說郛本之四十八	爲一
澠水燕談	宋王闢之	說郛本之四十三	爲一
退齋筆錄	宋侯延慶	說郛本之三十九	爲一
熙豐日曆	宋王明清	說郛本之四十四	爲一
避暑漫抄	宋陸游	說郛本之四十一	爲一
江南野錄	宋龍袞	說郛本之五十六	爲一
國老談苑二卷	宋王銍	說郛本之四十五	爲一
澠水燕談十卷	宋王闢之	稗海本三十六至三十七	兩二七
鞠堂野史	宋林子中	說郛本之三十九	爲一
楓窗小牘	宋袁褧	說郛本之三十二	爲一
續翰林志	宋蘇易簡	說郛本之五十三	爲一

無錫縣立圖書館書目　卷五史部　傳記類　雜錄　十五

湘山野錄二卷	宋吳僧文瑩著	津逮秘書本二百八十四至二百八十五	陽三三二
三朝野史	元吳萊	說部叢書本之七	兩六
又	同上	說郛本之二十七	爲一
承華事略	元王惲	小石山房本之五	兩二六
雪舟誰語	元王仲暉	說郛本之三十一	爲一
澤山雜記	闕名	續說郛本之一百二十九	爲一
玉池談屑	闕名	續說郛本之一百二十九	爲一
沂陽日記	闕名	續說郛本之一百二十九	爲一
郊外農談	闕名	續說郛本之一百二十九	爲一
滄江野史	闕名	續說郛本之一百二十九	爲一
溶溪雜記	闕名	續說郛本之一百二十九	爲一
皇朝類苑	江少虞	說郛本之三十九	爲一
西朝寶訓	闕名	說郛本之五十一	爲一

獻帝春秋	闕名	說郛本之六十一		爲一
八王故事	闕名	說郛本之六十一		爲一
建康實錄	闕名	說郛本之六十一		爲一
雙槐歲鈔十卷	明黃瑜撰	嶺南遺書本一集一至三		水七
又 即從前書鈔錄數節	明黃瑜	續說郛本之一百三十五		爲一
後渠漫錄	明崔銑	續說郛本之一百二十五		爲一
雲林遺事	明顧元慶	續說郛本之一百四十三		爲一
又	同上	顧氏小說本之一		結二四
先進遺風二卷	明耿定向輯著	寶顏堂秘笈本彙集之五		閏三五
又	同上	續說郛本之一百四十四		爲一
田居乙記四卷	明方大鎮著	寶顏堂秘笈本彙集之七		閏三五
椒宮舊事	明王達	續說郛本之一百二十七		爲一
龍興寺記	明王文祿	續說郛本之一百二十七		爲一
清溪暇筆	明姚福	續說郛本之一百四十		爲一
明臣十節	明崔銑	續說郛本之一百二十八		爲一
九朝野記	明祝允明	續說郛本之一百二十九		爲一
壟起雜事	明楊儀	續說郛本之一百二十七		爲一
孤樹裒談	明李默	續說郛本之一百二十七		爲一
幽閒鼓吹	明張固撰	寶顏堂秘笈本書集之八		閏三五
復齋日記二卷	明許浩	涵芬樓秘笈本初集之四		藏二三〇
明良錄略	明沈士謙	續說郛本之一百二十八		爲一
革除遺事	明黃佐	續說郛本之一百二十九		爲一
天順日錄	明李賢	續說郛本之一百二十九		爲一
水東紀略	明葉盛	續說郛本之一百三十		爲一
松下雜鈔	闕名	涵芬樓秘笈本二集之四		藏二三〇
酌中志餘二卷	闕名	正覺樓本十四至十五		藏二〇四

復社紀事	清吳偉業著	昭代叢書本之五十		結一
江右紀變 附行朝錄中	清陸世儀述	紹興先正遺書本之四十八		水五
賜姓本末	清黃宗羲著	梨洲遺書本之八		霜二七二
松亭行紀	清高士奇	說鈴本之三		雨一七
外家紀聞二卷	清洪亮吉著	北江全集本之八十四		冬三
又	清洪亮吉	說部叢書本之三十		雨六
天山客話二卷	清洪亮吉著	北江全集本之八十四		冬三
蜀難敘略	清沈荀蔚述	知不足齋本十八集之六		水一六
又	清沈荀蔚著	昭代叢書本之六十六		結一
儒林瑣記	清朱克敬著	清人說書本之二		結三一
宦游紀略 正四卷 續一卷	清桂超萬	聚珍本	三册	稱五三
平臺紀略	清藍鼎元著	昭代叢書本之一百零二		結一
又	同上	龍威秘書本二集之七		水一七
捍海塘志	清錢文瀚	武林掌故叢編本之六十八		水一二
再生紀略	清陳濟生著	昭代叢書本之四十二		結一
海濱外史三卷	清陳怡山記	涵芬樓秘笈本五集之二		藏二三〇
姓氏解紛十卷	清黃本驥編	三長物齋本四十八至四十九		出二
書事七則	清陳慧貞著	昭代叢書本之五十一		結一
平海紀略	清溫承志著	昭代叢書本之一百四十八		結一
宦游紀略二卷	清高廷瑤述	硃劉本	一册	月二〇
西征紀畧	清殷化行著	昭代叢書本之四十七		結一
守汴日志	清李光墺口授 周斯盛重編	昭代叢書本之一百二十一		結一
雲陽紀事 附覺夢詞	清余紹源	聚珍本	一册 余夢齡捐	岡一九七
鶴徵前錄	清李集著	昭代叢書本之一百二十五		結一
鶴徵後錄	清李富孫著	昭代叢書本之一百二十六		結一
社事始末	清杜登春著	昭代叢書本之五十		結一

制科雜錄	清毛奇齡著	昭代叢書本之四十七		結一
登科記考三十卷	清徐松	南菁書院本一至八		露一
劉豫事迹	清曹溶輯	昭代叢書本之八十七		結一
務社紀事	清高兆著	昭代叢書本之一百六十四		結一
歐游雜錄二卷	清徐建寅著	製造局本	二冊　許同莘捐	呂八七
山中問答	清楊士美著	昭代叢書本之八十九		結一
塞北小草	清高士奇	說鈴本之三		雨一七
教務紀略四卷	清李剛己輯	南洋官報局鉛印本	五冊	月九
次柳氏舊聞	唐李德裕	說郛本之三十八		爲一
洛中九老會	唐白居易	唐代叢書本之七		霜二七三
劉賓客嘉話	唐韋絢	說郛本之三十八		爲一
邵氏聞見錄二十卷	宋邵伯温著	津逮秘書本三百零二至三百零六		陽三三二
春明退朝錄三卷	宋宋敏求	說郛本之四十三		爲一
玉堂逢辰錄	宋錢維演	說郛本之四十六		爲一
燕翼貽謀錄五卷	宋王楙	說郛本之四十六		爲一
續聞見近錄	宋王鞏	說郛本之五十二		爲一
三朝聖政錄	宋石介	說郛本之五十一		爲一
四朝聞見錄	宋葉紹翁	說郛本之五十一		爲一
續湘山野錄	吳僧文瑩著	津逮秘書本之二百八十五		陽三三二
相學齋雜鈔	元鮮于樞	說郛本之五十一		爲一
藝流供奉志	元泗水潛夫	說郛本之五十五		爲一
黃尊素說略	明黃尊素撰	涵芬樓秘笈本二集之五		藏二三〇
彭氏舊聞錄	明彭孫貽撰	涵芬樓秘笈本三集之五		藏二三〇
損齋備忘錄	明梅純撰	古今說海本之十二		結二九
傍秋亭雜記二卷	明顧清撰	涵芬樓秘笈本四集之八		藏二三〇
扈從西巡錄	清高士奇	說鈴本之二		雨一七

蘇祠從祀議	清吳騫	武林掌故叢編本之六十八		水一二
虎口餘生記	清邊大綬著	昭代叢書本之八十八		結一
又	清邊大綬	知不足齋本五集之五		水一六
又	同上	龍威秘書本五集之二		水一七
恩賜御書紀	清董文驥著	昭代叢書本之十三		結一
恭迎大駕記	清徐秉義記	昭代叢書本之十三		結一
出山異數記	清孔尚任著	昭代叢書本之十三		結一
天水氷山錄	清周石林錄	知不足齋本十四集四至七		水一六
忠文靖節編	清張方湛著	昭代叢書本之一百十一		結一
成仁祠備錄四卷	清孫貽謀輯	石印本	一冊　楊志濂捐	劍一三九
天基聖節樂次	宋周密	說郛本之五十五		爲一
官本雜劇段數	宋周密	說郛本之五十五		爲一
保和殿曲宴記	宋蔡京	說郛本之一百十六		爲一
太清樓侍宴記	宋蔡京	說郛本之一百十六		爲一
延福宮曲宴記	宋李邦彥	說郛本之一百十六		爲一
萬柳溪邊舊話	宋尤玘撰	知不足齋本十集之八		水一六
又	宋尤玘	常州先哲遺書本之六		呂一
承華事畧補圖六卷	元王惲纂集　清徐郙等補圖	掃葉山房石印本	二冊	麗八
乾淳教坊樂部	泗水潛夫	說郛本之五十五		爲一
南宋六陵遺事	清萬斯同纂	昭代叢書本之六十七		結一
乾清門奏對記	清湯斌著	昭代叢書本之二十一		結一
西臺慟哭記註	清黃宗羲著	昭代叢書本之九十二		結一
六如居士外集	清唐仲冕新編	昭代叢書本之一百五十七		結一
奉使朝鮮日記	清崇禮撰	同文館鉛印本	一冊　外交部捐	呂四七
清朝御史題名	清王應綵	原刻本	一冊　許同藺捐	稱五四
鴻雪因緣圖記	清麟慶撰	石印本	六冊	雨四六

趙似昇長生册四卷	清周嵩堯著	鉛印本	二册		結一三一
暢春苑御試恭記	清狄億記	昭代叢書本之十三			結一
滇黔土司婚禮記	清陳鼎著	昭代叢書本之二十四			結一
江西詩社宗派圖錄	清張泰來著	清詩話本之一			爲四一一
又	清張泰來述	知不足齋本十集之八			水一六
建立伏博士始末二卷	清孫星衍輯	平津館本之九			水一〇
高宗幸張府節次略	宋周密	說郛本之五十五			爲一
紀琉球入太學始末	清王士禎記	昭代叢書本之十二			結一
陸清獻公涖嘉遺蹟三卷	清王維玉編輯	上海道署重刻本	一册		閏七二
宣統辛亥春季縉紳全書	闕名	北京琉璃廠木刻本	七册	許同藺捐	藏二二四

詔令奏議公牘類

同異錄二卷	明陸深著	寶顏堂秘笈本普集之五			閏三五
拜颺集八集　即龐體金齋		龍威祕書本六集一至八			水一七
崇正錄	清王祖畬撰　王保譿編錄	家刻本	一册	王保譿捐	呂一三六
東征集二卷	清藍鼎元著	鹿洲全集本十八至二十			餘二〇〇
公言集三卷	清沈同芳	萬物吹累室類稿本之二			餘一二
祕書集十卷	清沈同芳	萬物吹累室類稿本四至五			餘一二
陸宣公集二十二卷	唐陸贄	石印本	四册		雨三〇
又四卷	同上	正誼堂本之四十二			宇二
梁公九諫		士禮居叢書本之十五			劍四
芻蕘奧論二卷	宋張方平著	粵雅堂叢書本之三十一			雨二
職方舊草	明方孔炤著	桐城方氏本之四			日一四
撫楚疏稿	同上	桐城方氏本之四			日一四
撫楚公牘	同上	桐城方氏本之五			日一四
芻蕘小言	同上	桐城方氏本之五			日一四
撫吳公牘二十四卷	清丁日昌	鉛印本	二四册		雨二九

龍源夜話	清王夫之譔	船山遺書本之九十七			水一四
琿牘偶存	清李金鏞著	漸學廬叢書本之一			藏八
柔遠新書四卷	朱克敬著	木刻本	二册		麗一八一
槐卿政蹟十二卷　附遺稿	清沈衍慶著	木刻本	四册	陸士奎捐	月五三
禁烟牘存　闕一册	清許珏	木刻本	三册	孫思贊捐	寒四
又	同上	同上	七册	許同藺捐	寒四
時務摭言四卷	清蔡鈞著	石印本	二册	徐彥寬捐	稱七一
甯陽存牘	李鍾珏	木刻本	一册	許同莘捐	月八三
圭山存牘	李鍾珏	木刻本	一册	許同莘捐	月八四
盧鄉公牘四卷	莊綸裔	鉛印本	四册		雨三三
石封官書二卷	直州　闕姓未詳	鉛印本	二册	陸士奎捐	呂一三四
柳州文牘二卷	楊道霖	鉛印本	一册	錢宗瀚捐	調一九六
又同上	同上	同上	一册	許同藺捐	調一九六
柳州文牘二卷	楊道霖	鉛印本	一册	楊道霖捐	調一九六
陸宣公奏議四卷	唐陸贄撰　清汪銘謙編輯	圖書公司鉛印本	二册		雨三二
許國公奏議四卷	宋吳潛著	十萬卷樓本四十二至四十五			水九
昭代經濟言二卷	明陳子壯撰	嶺南遺書本三集之五			水七
甯瀞居奏議	明方大鎮著	桐城方氏本之十三			日一四
胡文忠公集八十六卷	清胡林翼	鉛印本	八册		雨二八
四西齋決事八卷	清孫鼎烈存稿	聚珍本	四册	許同莘捐	崑五四
又同上	同上	同上	四册		崑五四
三名人書牘四卷	清何文杜輯	廣智書局鉛印本	四册		雨三一
許文肅遺集十二卷	清許景澄	外交部鉛印本	六册	許同莘捐	麗一五一
集思廣益編二卷	清姚文棟輯	南樣四種本之三			藏七
許靜山摺稿	清許珏	鉛印本	三册	許同藺捐	崑一七九
二二五五疏	錢洵	仿宋聚珍本	二册	楊仁山捐	劍一八

習洋文條議	顧家相	木刻本	一册	顧樊光捐	暑二九
包文肅公奏議十卷	宋包拯撰 清張純修輯	木刻本	二册		月一三五
陸宣公奏議注十五卷	宋郎曄注	十萬卷樓本十一至十二			水九
魏鄭公諫續錄二卷	元翟思忠撰	武英殿聚珍本之四十二			冬五
歷代名人奏議三百二十卷	明黃淮等彙錄	聚英堂木刻本	七六册		冬二八
雍正硃批諭旨		石印本	六十册		專五
又十一年上諭		木刻本	一册		麗六一
劉武愼公遺書二十四卷	清劉長佑	鉛印本	二八册		日四七
靳文襄公奏議八卷	清靳輔撰 靳治豫編	木刻本	八册		月二九
孫文定公奏疏十二卷	清孫嘉淦	敦和堂本	十二册		月三〇
沈文肅公政書七卷	清沈保楨撰 吳元炳編	木刻本	十二册		月三五
彭剛直公奏稿八卷	清彭玉麟撰 俞樾編	木刻本	六册		月二六
李忠武公遺書	清李續賓	木刻本	四册		雨四一
陸文愼公奏議	清陸寶忠	鉛印本	一册	唐文治捐	藏四六八
江蘇水師奏稿	清曾國藩	木刻本	一册	許同藺捐	調二八三
曾忠襄公全集六十五卷	清曾國荃	木刻本	六四册		巨七六
李文忠公奏議一百六十五卷	清李鴻章	金陵木刻本	一百册	俞復捐	出一
李肅毅伯奏議二十卷	清李鴻章撰 章洪鈞吳汝綸同編	鴻文書局石印本			月三二
丁文誠公奏稿二十六卷	清丁寶楨	木刻本	二七册	許同藺捐	麗二九
張文襄公政書一百五十一卷	清張之洞著	鉛印本	七五册	許同莘捐	巨七〇
林文忠公政書三十七卷	清林則徐	木刻本	十册		月三六
又	同上	石印本	六册		月二五
條陳三册全錄	清王憲祖著	聚珍本	一册	孫思贊捐	崑四五
兩淮案牘鈔存	清趙彥濱	鉛印本	三册	許同藺捐	麗一八八
教案奏議彙編八卷	清程宗裕編	石印本	六册	徐彥寬捐	爲四二九
張文襄公謝摺四卷	許同莘編錄	鉛印本	一册	許同莘捐	巨七一

皇朝經世文編一百二十卷	清賀長齡魏源編	雙峰書屋本	一二〇册		月三八
學部奏議輯要四卷續編一卷三編一卷	學部文牘科輯	鉛印本	六册	許同莘捐	日四六
禁烟彙刊三種	清許珏著	鉛印本	三册	許同藺捐	崑一七八
桐城馬太僕奏略	明馬孟禎纂	木刻本	二册	陸士奎捐	呂一二六
侯少芝先生諫草二卷	明侯先春	木刻本	二册	侯學愈捐	崑五六
又同上	同上	同上	二册		崑五六
周端孝先生血疏	明周順昌撰 清趙懷玉編	知不足齋本十三集之六			水一六
俞東甌先生奏稿	清俞肯堂撰	鈔本	一册	俞炳蔚捐	崑八二
江楚會奏變法摺	清劉坤一張之洞	石印本	三册	許同藺捐	爲二九七
又	同上	木刻本	一册	許同莘捐	月三三
南皮張宮保政書十二卷	清張之洞	石印本	六册		月三七
皇朝經世文續編一百二十卷	清葛士濬編	鉛印本	三十二册		月四〇
又同上	清盛康輯	思補樓木刻本	八十册		閏一
皇朝經世文新編二十一卷	麥仲華編	石印本	二十四册		月三九
條陳賓事意見書	清李澍恩	鉛印本	一册	唐申伯捐	寒二一八
李文忠公朋僚函稿二十四卷	清吳汝綸輯	鉛印本	十二册		月八六
左文襄公書牘節要二十六卷	楊道霖節要	木刻本	十二册	楊仁山捐	雲四四八
農安縣丁未報告書	清李澍恩	鉛印本	一册	唐申伯捐	寒二一七
籌辦萍鄉鐵路公牘四卷	顧家相著	木刻本	二册	顧樊光捐	暑二九
常熟籌防要牘備覽	楊夢齡	鉛印本	一册	錢基厚捐	成三五〇
許竹篔先生出使函稿十四卷		鉛印本	四册		日二一
李文忠公外交部函稿二十八卷	清吳汝綸輯	鉛印本	十四册		月一五一

時令類

正朔考	宋魏了翁	說郛本之十二			爲一
又	宋魏了翁著	寶顏堂祕笈本廣集之二			閏三五
影燈記	闕名	說郛本之七十一			爲一

玉燭寶典十二卷	隋杜臺卿撰	古逸叢書本二十八至二十九		露二
又	闕名	說郛本之七十一		爲一
千金月令	唐孫思邈	說郛本之七十一		爲一
歲華紀麗四卷	唐韓鄂	說郛本之七十一		爲一
歲時雜記	宋呂原明	說郛本之七十一		爲一
四時寶鏡	闕名	說郛本之七十一		爲一
四民月令	崔寔 闕代名	說郛本之七十一		爲一
熙朝樂事	明田汝成	續說郛本之一百五十		爲一
賞心樂事	明張鎡	續說郛本之一百五十		爲一
廣東月令	清鈕琇	說部叢書本之二		雨六
荆楚歲時記	晉宗懔著	漢魏叢書本之七十七		水一三
又	晉宗懔	說郛本之七十一		爲一
又	梁宗懔撰	寶顏堂祕笈本廣集之一		閏三五
秦中歲時記	唐李淖	說郛本之七十一		爲一
乾淳歲時記	宋周密	說郛本之七十一		爲一
輦下歲時記	闕名	說郛本之七十一		爲一
歲華紀麗譜 附箋紙譜蜀錦譜	元費著撰	寶顏堂祕笈本廣集之四		閏三五
又	元費著	說郛本之七十一		爲一
帝京景物略	明劉侗	續說郛本之一百五十		爲一
七十二候考	清曹仁虎著	昭代叢書本之九十二		結一
宋遼金元四史朔閏考二卷	清錢大昕撰	粵雅堂本之五十八		雨二

無錫縣立圖書館書目 卷五史部 時令類 二十四

無錫縣立圖書館書目卷六

地理類

宮殿疏

三輔黃圖六十卷	漢 闕名	漢魏叢書本之七十五		水一三
又	同上	說郛本之六十二		爲一
又	闕名	平津館本之二十二		水一〇
又二卷	闕名	寶顏堂祕笈本普集之一		閏三五
汴故宮記	元楊奐	說郛本之七十		爲一
故宮遺錄	明蕭洵編	知不足齋本三集之七		水一六
又	明蕭洵	龍威祕書本二集之五		水一七
冬官紀事	明項夢原	寶顏堂祕笈本普集之七		閏三五
建康宮殿簿	唐張著	說郛本之六十一		爲一

總志

三秦記	辛氏纂	二酉堂本之七		雨二四
又	同上	說郛本之六十三		爲一
十道志	唐李吉甫	說郛本之六十二		爲一
括地志八卷	清孫星衍輯	槐廬叢書本之七十八		露五
廣輿記二十四卷	清蔡方炳	文會堂木刻本	十六册	月四五
十三州志	後魏闞駰纂	二酉堂本之八		雨二四
輿地廣記三十八卷	宋歐陽修	士禮居叢書本十六至十九		劍四
三志合編七卷	清黃本驥編	三長物齋本十一至十二		出二
太平寰宇記二百卷	宋樂史撰	木刻本	二十四册	月四三
元豐九域志十卷	宋王存	江南書局本	四册	月五六
輿地形勢論	闕名	後知不足齋本之二		呂一四九
大清一統志五百卷		石印本	六十册	專三
歷代地理韻編二十卷	清李兆洛著	李氏五種本一至七		藏四

無錫縣立圖書館書目 卷六史部 地理類 宮殿疏 總志 一

讀史方輿紀要一百三十卷	清顧祖禹	石印本	三十二册		崑四二
皇朝輿地韻編二卷	清李兆洛著	李氏五種本之八			藏四
輿圖總論註釋	清謝蘭生	木刻本	一册		月四六
太平寰宇記補闕五卷	宋樂史撰	古逸叢書本之四十九			露一
天下郡國利病書一百二十卷	清顧炎武	石印本	二十八册		月四二
乾隆府廳州縣圖志五十卷	清洪亮吉著	北江全集本五十五至七十四			冬三
古今地名分韵便覽	清錢至川集	鈔本	一册		呂一二九
古國都今郡縣合考	清閔麟嗣纂	昭代叢書本之二十三			結一
周末列國古今郡縣考	清閔麟嗣訂	昭代叢書本之二十三			結一

省志

雲南志畧	元李京	說郛本之六十四			爲一
陝西通志一百卷	康熙年沈靑崖等修	木刻本	一百册		昃一
又三十二卷	雍正年王功成等修	木刻本	四十册	王奎元捐	辰二
盛京通志四十八卷	雍正年修	木刻本	二十册		閏一四六
山東通志三十六卷	乾隆年岳濬等修	木刻本	四十册		餘二六二
浙江通志二百八十卷	乾隆年嵇曾筠等修	木刻本	一二〇册		辰一
江南通志二百卷	乾隆年尹繼善修	木刻本	八十册		辰二
四川通志二百零四卷	嘉慶二十年修	木刻本	一百十册		昃六
廣東通志三百三十四卷	道光年阮元修	木刻本	一六〇册		昃七
福建通志二百八十卷	同治年陳壽祺等修	木刻本	一四〇册		雲一
廣西通志二百八十卷	嘉慶年謝啓昆等修	木刻本	八十册		昃二
安徽通志三百五十卷	光緒年沈葆楨修	木刻本	一一六册		昃四
湖南通志三百十五卷	光緒年修	木刻本	一六八册		昃五
衛藏通志十六卷	闕名	石印本	八册	祝心淵捐	雨四九
正續河南通志八十卷	雍正年田文鏡修 乾隆年阿思哈續修 光緒年秦燮曦補	木刻本	六十册		昃三
雲南輿地紀要二卷	清周永棠稿	鴉莊漫草之第二三卷 本館鈔本	一册		寒六六

郡縣志

吳地記二卷	唐陸廣微撰	江蘇書局本	一册	許同莘捐	呂六五
吳郡志五十卷　附校勘記	宋范成大撰	守山閣本三十至三十四			麗八四
臨縣志八卷	康熙年崔鶴齡等修	木刻本	四册		盈三五
邳州志二十卷	咸豐年魯一同撰次	木刻本	四册		盈三
涪州志十七卷	同治年王應先等修	木刻本	十册		盈二六
萬縣志三十六卷	同治年范泰衡等修	木刻本	十册		盈二七
豐縣志十六卷	光緒年姚鴻杰等修	木刻本	八册		餘二四七
道州志十二卷	光緒年許清源等修	木刻本	八册		盈五六
興縣志十八卷	光緒年張啟蘊等修	木刻本	六册		盈二四
夏縣志十一卷	光緒年張承熊等修	木刻本	四册		盈二一
隰州志八卷	康熙年錢以塏等修 光緒年王嘉會等續修	木刻本	八册		盈三九
無錫縣志四卷	元王仁輔	本館鈔本	二册		崑一八五
武功縣志三卷	明正德年康海撰	湖北書局本	一册		雨一一
樂清縣志七卷	明侯一元	石印明隆慶本	四册	許仲威捐	盈六〇
臨海縣志十六卷	康熙年洪若皐等修	木刻本	八册		盈三七
無錫縣志四十二卷	康熙年嚴繩孫秦松齡纂修	木刻本	十册		寒一八二
朔平府志十二卷	雍正年劉士銘等修	木刻本	十册		盈三六
上海縣志十二卷	乾隆年李文耀等修	木刻本	十二册		日一二〇
又三十二卷	同治年俞樾等修	木刻本	十二册		結一〇九
碭山縣志十四卷	乾隆年劉王瑗等修	木刻本	六册	汪學顏捐	麗八五
寗武府志十二卷	乾隆年周景柱等修	木刻本	六册		盈三四
震澤縣志三十八卷	乾隆年沈彤等修	木刻本	八册		餘二七九
無錫縣志四十二卷	乾隆年華希閔等修	木刻本	十六册	孫靜庵捐	寒一八三
金匱縣志二十卷	乾隆年華希閔等修	木刻本	八册	陳協恭捐	寒一八五
五山志林	乾隆年羅天尺撰	嶺南叢書本五集四至六			水七

無錫縣立圖書館書目　卷六史部　地理類　郡縣志　四

常德府志四十八卷	嘉慶年應先列等修	木刻本	十八冊		盈三〇
江寧府志五十六卷	嘉慶年姚鼐等修	木刻本	十二冊	吳學萊捐	盈一五
西安縣志四十八卷	嘉慶年范宗楷等修	木刻本	十冊		盈四四
東莞縣志四十六卷	嘉慶年黃樹沛等修	木刻本	十冊		盈四七
松江府志八十四卷	嘉慶年宋如林等修	木刻本	四十冊		冬五九
如皋縣志二十四卷	嘉慶年楊受廷等修	木刻本	十二冊	吳學萊捐	盈一〇
太原縣志十八卷	道光年楊國泰等重修	木刻本	六冊		盈五一
昆明縣志十卷	道光年戴絅孫輯	木刻本	六冊		盈四〇
銅山縣志二十四卷	道光年崔志元等修	木刻本	十二冊		餘二四六
寶應縣志二十八卷	道光年喬載繇等修	木刻本	十冊	王楷珊捐	宿二七
吉水縣志六十七卷	同治年彭際盛等修	木刻本	二十三冊	裒衍升捐	麗一〇四
江山縣志十四卷	同治年王彬等修	木刻本	八冊		盈一九
武陵縣志四十八卷	同治年陳啟邁等修	木刻本	十二冊		盈五二
臨湘縣志十五卷	同治年盛慶紱等修	木刻本	六冊		盈一四
臨武縣志四十八卷	同治年陳佑啓等修	木刻本	十二冊		盈三八
靖安縣志十七卷	同治年舒孔恂等修	木刻本	十二冊		盈二九
上高縣志十六卷	同治年馮蘭生等修	木刻本	十四冊		盈五五
徐州府志二十五卷	同治年吳世熊等修	木刻本	十六冊	吳學萊捐	盈一一
吳興全書九十六卷　即湖州府志	同治年宗源瀚等修	木刻本	四十冊		盈一七
蘇州府志一百五十卷	同治年馮桂芬等修	木刻本	八十冊		盈一二
又同上	同上	木刻本	八十冊		餘二四九
河曲縣志八卷	同治年張兆魁等修	木刻本	八冊		盈二一
山陽縣志二十卷	同治年何紹基等修	木刻本	八冊		結一〇〇
宜荊縣志五種四十八卷		木刻本	二十六冊		盈二
宜興縣舊志十二卷	明危山等修				
宜興縣志十卷	嘉慶年阮升基等修				

無錫縣立圖書館書目　卷六史部　地理類　郡縣志　五

荊溪縣志四卷	嘉慶年寧楷等修				
宜荊縣志十卷	道光年吳德旋等修				
宜興荊溪縣志十二卷	光緒年吳景牆等修				
皋蘭縣志三十卷	光緒年張國常等修	石印本	十四冊	秦文卿捐	閏九三
婁縣續志二十卷	光緒年張雲望等修	木刻本	六冊		成三五四
川沙廳志十六卷	光緒年俞樾等修	木刻本	六冊		冬四七
太倉州志十七卷	清王祖畬輯未載紀年	木刻本	七冊	王保譿捐	藏四一八
鎭洋縣志四卷	同上	木刻本	一冊	王保譿捐	藏四一八
崑新合志五十三卷	光緒年汪堃等修	木刻本	二十四冊		律二
丹徒縣志六十卷	光緒年呂耀斗等修	木刻本	三十二冊		冬四九
華亭縣志二十六卷	光緒年姚光發等修	木刻本	十冊		冬五〇
汾陽縣志十五卷	光緒年方家駒等纂修	木刻本	十冊		盈九
江陰縣志三十一卷	光緒年盧思誠等修	木刻本	二十冊		盈八
嚴州府志三十八卷	光緒年吳士進等修	木刻本	二十八冊		盈二〇
處州府志三十二卷	光緒年潘紹治等修	木刻本	二十八冊		盈五
松陽縣志十二卷	光緒年支恆椿等修	木刻本	六冊		盈四八
龍泉縣志十二卷	光緒年顧國詔等修	木刻本	六冊		盈四九
宣平縣志二十卷	光緒年皮樹棠等修	木刻本	八冊		盈四三
仙居縣志二十四卷	光緒年楊晋藩等修	木刻本	十冊		盈三二
蘭溪縣志九卷	光緒年秦簧等修	木刻本	十冊		盈二二
永康縣志十六卷	光緒年李汝爲等修	木刻本	十二冊		盈二三
衢州府志四十卷	光緒年楊廷望等修	木刻本	十二冊		盈一八
巴陵縣志六十卷	光緒年杜貴墀等修	木刻本	十六冊		盈五五
常昭合志四十八卷	光緒年龎鴻文等修	木刻本	十六冊	文苑閣捐	盈四二
又同上	同上	木刻本	十七冊		成三五三
嘉定縣志三十二卷	光緒年程其玨等修	木刻本	十六冊		盈四一

溧水縣志二十三卷	光緒年傅觀等修	木刻本	十二冊	吳學萊捐	盈七
又同上	同上	木刻本	十二冊		冬五六
金山縣志三十卷	光緒年龔寶琦等修	木刻本	八冊		調六
吳江縣志四十一卷	光緒年熊其英等修	木刻本	十二冊		冬四四
東安縣志八卷	光緒年黃心菊等修	木刻本	四冊		盈三三
交城縣志十卷	光緒年夏肇庸等修	木刻本	八冊		盈五三
徐溝縣志六卷	光緒年王勛祥等修	木刻本	六冊		盈四六
曲沃縣志二十二卷	光緒年張鴻逵等修	木刻本	六冊		盈五〇
翼城縣志二十八卷	光緒年李居頤等修	木刻本	八冊		盈二五
泰興縣志二十八卷	光緒年楊激雲等修	木刻本	十冊	王用先捐	餘二五八
崇明縣志十八卷	光緒年林逵泉等修	木刻本	十六冊	崇明縣公署捐	結一〇五
皐寗縣志二十四卷	光緒年阮本焱等修	木刻本	十冊	陶起鳳捐	結九七
睢寧縣志十八卷	光緒年丁顯等修	木刻本	六冊		餘二四八
青浦縣志三十二卷	光緒年陳其元等修	木刻本	十二冊		冬四八
江都縣志七十四卷	光緒年劉壽曾重修	木刻本	二十二冊		爲三九九
奉賢縣志二十二卷	光緒年張文虎等修	木刻本	六冊		麗一三六
清河縣志二十六卷	光緒年吳昆田等修	木刻本	六冊		結一〇六
安東縣志十五卷	光緒年吳昆田等修	木刻本	四冊		結九八
句容縣志三十七卷	光緒年姜聲霈等修	木刻本	十六冊		麗一六八
六合縣志八卷	光緒年賀廷受等修	木刻本	十冊		結八二
錫金志補	闕名	鈔本	一冊		崑一六〇
贛榆縣志十八卷	光緒年王文炳等修	木刻本	四冊	吳學萊捐	盈四
淮安府志四十卷	光緒年吳昆田等修	木刻本	十六冊		律三
桃源縣志十卷	清眭文煥等纂 民國六年重修	鉛印本	四冊	泗陽公署捐	麗一六六
咸淳毘陵志三十卷	宋史能之修 清嘉慶年重刻	木刻本	八冊	吳稚暉捐	餘二五六
嘉定赤城志四十卷	宋陳貧窗	台州叢書本一至六			水一

淳祐臨安志六卷	宋施諤	武林掌故叢編本二十五至二十六			水一二
校正朝邑志	明韓邦淸著	小石山房本之七			雨二六
吳江縣續志五十九卷	乾隆年沈彤等修	木刻本	八冊		冬四五
如皐縣續志十二卷	道光年范仕義等修	木刻本	二冊	吳學萊捐	盈一〇
郡縣分韵考十卷	清黃本驥編輯	三長物齋本八至十			出二
上江兩縣志三十卷	同治年莫芝祥等修	木刻本	十六冊		冬五二
續太原縣志二卷	光緒年王郊曾等修	木刻本	二冊		盈五一
定襄縣補志十三卷	光緒年鄭繼修等修	木刻本	八冊		盈五四
陝州直隸志十六卷	光緒年趙希曾等修	木刻本	十五冊		麗一二〇
續江寧府志十五卷	光緒年汪士鐸等重修	木刻本	十二冊	吳學萊捐	盈一六
重輯張堰志十二卷	姚裕廉等修	鉛印本	二冊	松江圖書館捐	暑三
上海縣續志三十二卷	吳馨等修	木刻本	十二冊	上海縣公署捐	劍九
吳郡圖經續記三卷	宋朱長文	江蘇書局本	一冊	曹衡之捐	盈四五
重修無錫縣志三十六卷	明弘治年吳鳳翔李舜明等重修	明刻本	四冊	朱侗友堂捐	崑一八四
嘉靖仁和縣志十四卷	明沈朝宣纂	武林掌故叢編本一百三十九至一百四十四			水一二
萬歷錢塘縣志	明聶心陽著	武林掌故叢編本一百二十一至一百二十六			水一二
無錫金匱縣志四十卷附錄六卷	光緒年秦緗業等修	木刻本	二十冊		崑一八一
又四十卷	嘉慶年秦瀛等修	木刻本	十六冊		寒一八四
無錫金匱續志十卷	道光年楊熙之等修	木刻本	四冊		崑一八二
海州直隸州志三十二卷	嘉慶年唐仲冕修	木刻本	十冊	東海縣公署捐	日一四四
乾隆句容縣志十二卷	光緒年重刻	木刻本	八冊		盈六
武進陽湖縣志三十卷	光緒年張球等修	木刻本	二十冊		餘二五〇
通州直隸州志十八卷	光緒年梁悅馨等修	木刻本	十六冊	南通第一高等小學校捐	日一〇六
又同上	同上	木刻本	十六冊	吳學萊捐	日一〇六
太倉鎮洋縣志二十八卷	王祖畬纂	木刻本	二十冊	太倉縣圖書館捐	珠四
御題乾道臨安志三卷	宋周悰撰	武林掌故叢編本之一			水一二

西北水利議	清許承宣著	昭代叢書本之十三			結一一
又四十二卷	同上	同上	十二冊		閏一一一
全校水經注四十卷	後魏酈道元注 清全祖望校	薛氏木刻本	十六冊		雨一八
又	宋單鍔撰	守山閣本之三十五			麗一八四
吳中水利書	宋單鍔	常州先哲遺書本之五			呂一一八
海塘輯要	西士傅蘭雅譯	製造局本	二冊	外交部捐	律一八二
太湖備考十七卷	清金友理撰	藝蘭圃刻本	八冊		盈一六二
疏河心鏡	清淩鳴喈著	昭代叢書本之一百二十五			結一一
水經釋地八卷	清孔繼涵	積學齋本十二至十三			結一一
水道提綱二十八卷	清齊召南著	舊刻本	八冊		日一五五
潞水客談	明徐貞明著	粵雅堂本二十七至二十八			雨一一四
河防通議二卷	元沙克什撰	守山閣本之三十六			麗一八四
汴水說	清朱際虞著	昭代叢書本之十八			結一

又	清黃宗羲	知不足齋本十二集之七			水一六
今水經	明黃宗羲著	梨洲遺書本之八			霜一七二
又同上	同上	福州木刻本	十六冊	許同莘捐	麗一三
水經注四十卷	後魏酈道元撰	武英殿聚珍本二十五至四十			冬五
又三卷	漢桑欽撰	漢魏叢書本之七十七			水一三
水經二卷	漢桑欽	說郛本之一百十			爲一
河渠					
續修江蘇通志無錫徵訪類稿	錢基厚	鈔本	一冊	錢基厚捐	暑一五
無錫縣新志目說明書	錢基博擬	鉛印本	一冊	縣公署捐	閏一五九
同治上海縣志札記六卷	清秦榮光	鉛印本	六冊	秦錫田捐	藏二六五
南陵縣建置沿革表附刻		積學齋本之十六			結一一
淳祐臨安志輯佚八卷	清胡敬輯	武林掌故叢編本之一百八十五至一百八十九			水一二一
杭志三詰三誤辯	清毛奇齡稿	武林掌故叢編本之一百三十五			水一二一

寰宇記	宋樂史	說郛本之六十二			爲一
又二卷	同上	江蘇書局本	一冊	許同莘捐	呂六五
又	唐陸廣微撰	唐代叢書本之七			霜一七三
吳地記	唐陸廣微	說郛本之六十五			爲一
說嵩三十二卷	清景日昣	嶽生堂刻本	十冊		調三〇七
山川古蹟					
雲南勘界籌邊記二卷	清姚文棟輯著	南菁四種本一至二			藏七
西北域記	闕名	龍威秘書本五集之六說郛雜著			水一七
北邊備對	宋程大昌撰	古今說海本之二			結一九
邊防					
又同上	同上	木刻本	六冊		光六
續纂江蘇水利全案附編十二卷	清李慶雲	木刻本	六冊	紹曾廷捐	巨七二
龍舒中七里河義渡志		宣統元年刻本	四冊	陸士奎捐	呂一六三

水經注洛涇二水補附五溪考	清謝鍾英	南菁書院本之十六			露一
江蘇水利全案圖說	清李慶雲	木刻本	一冊		巨七二
又同上	清李慶雲	木刻本	十六冊		光六
續纂江蘇水利全案四十卷	清李慶雲	木刻本	十六冊	紹曾廷捐	巨七二
水經注西南諸水考三卷	清陳澧撰	東塾遺書本之一			呂七三
四明它山水利備覽二卷	宋魏峴撰	守山閣本之三十五			麗八四
咸豐郡縣水利志	唐汝翼撰	本館鈔本	一冊		寒六七
江蘇水利全案四十一卷	清李慶雲	聚珍本	二十三冊	俞復捐	盈六四
又八卷	清李慶雲纂	木刻本	四冊		光五
又同上	同上	木刻本	四冊		盈六三
江蘇海塘新志九卷	清李慶雲	木刻本	四冊	俞復捐	盈六三
三吳水利條議	清錢中諧著	昭代叢書本之一百二十五			結一
西林水利考	清吳農祥	武林掌故叢編本之一百七十七			水一二

廬山記 宋陳舜俞撰 守山閣本之三十六 麗八四
艮嶽記 宋張淏撰 古今說海本之十 結二九
河源志 元潘昂霄 說郛本之六十七 爲一
九域志 李昕 闕代名 說郛本之六十二 爲一
陽山志三卷 明岳岱撰 峭帆樓木刻本 一册 趙學南捐 藏二六五
慧山記八卷 明釋圓顯輯 二泉書院刻本 六册 崑一六八
西浮籍 明錢希言 續說郛本之一百四十八 爲一
楚小志 明錢希言 續說郛本之一百四十八 爲一
吳風錄 明黃省曾 續說郛本之一百四十四 爲一
林水錄 明彭年 續說郛本之一百四十九 爲一
羅浮志十卷 明陳槤撰 嶺南遺書本三集二至四 水七
梅里志四卷 清吳存禮編 泰伯廟木刻本 四册 崑一七二
江源記 清查拉吳麟著 昭代叢書本之七十九 結一

蓮峰志五卷 清王夫之撰 船山遺書本之八十九 水一四
南漳子二卷 清孫之騄 武林掌故叢編本之四十五 水一二
水地記 清戴震著 昭代叢書本之一百二十二 結一
西湖志四十八卷 清李衛等纂修 浙江書局本 二十册 調三〇四
攝山志九卷 清陳毅編纂 木刻本 四册 冬六四
秣稜集六卷 清陳文述 淮南書局本 三册 許同藺捐 麗二〇二
青冢志十二卷 清胡鳳丹編輯 香豔叢書本七十一至七十二 雨四
靈峰志四卷 清周慶雲輯 夢坡室木刻本 二册 許同藺捐 麗一九七
同里志二十五卷 清周之楨纂輯 鉛印本 四册 任咊知捐 露五六
梁京寺記 闕名 說郛本之六十三 爲一
三輔故事 隋闕名 二酉堂本之七 雨二四
三輔舊事 唐闕名 二酉堂本之七 雨二四
又 唐袁郊 說郛本之六十七 爲一

終南十志 唐盧鴻撰 唐代叢書本之六 霜二七三
天台山記 唐道士徐靈府撰 古逸叢書本之四十八 露二
洞霄圖志六卷 宋鄧牧編 知不足齋本十五集五至七 水一六
六朝事迹 宋張敦頤 說郛本之七十 爲一
廬陽紀略 宋釋惠遠撰 守山閣本之三十六 麗八四
山陵雜記 元楊魚 說郛叢書本之二十三 雨六
廬陽客記 明楊循吉 續說郛本之一百四十八 爲一
居山雜志 明楊循吉 續說郛本之一百四十八 爲一
武夷游記 明吳栻 續說郛本之一百四十八 爲一
太湖泉志 明潘之恆 續說郛本之一百四十八 爲一
半塘小志 明潘之恆 續說郛本之一百四十八 爲一
湖山敘游 明劉暹述 武林掌故叢編本之三十四 水一二
西州合譜 明張鴻磐 續說郛本之一百四十四 爲一

游名山記四卷 明都穆著 寶顏堂祕笈本普集之四 閏三五
雲棲紀事 明釋袾宏撰 武林掌故叢編本之二十二 水一二
孝義庵錄 清泰寺僧人編錄 武林掌故叢編本之二十二 水一二
西村十記附詩一卷 明史鑑著 武林掌故叢編本之四十二 水一二
流芳亭記 闕名 武林掌故叢編本之一百二十六 水一二
滄浪小志 清宋犖編 江蘇書局本 一册 許同莘捐 呂六三
北隅掌錄二卷 清黃士珣述 武林掌故叢編本之三十九 水一二
北隅綴錄二卷 清丁丙述 木刻本 四册 盈五九
馬蹟山志 清許棫等纂述 原刻本 四册 調三三三
北固山志十五卷 清周伯義纂編 精刻本 六册 黃霞峯捐 藏四四一
虎邱山志十卷 清顧楣重修 鉛印本 二册 歸介如捐 調二六一
清悶閣志十二卷 清楊殿奎纂輯 聚珍本 四册 倪質夫捐 崑一六五
岳廟志略十一卷 清馮培編輯 浙江書局木刻本 四册 日一三九

唐棲志略二卷	清何琪輯	武林掌故叢編本之十五			水一二一
文瀾閣志二卷 附錄一卷	清孫樹禮 孫峻同撰	武林掌故叢編本二百零一至二百零三			水一二一
流香一覽	清釋明聞著	武林掌故叢編本之三			水一二一
理安寺志八卷	清釋實月	武林掌故叢編本四至七			水一二一
廣福廟志	清唐恆九	武林掌故叢編本之八			水一二一
莫愁湖志六卷 附楹聯便覽一卷	清馬士圖輯著	木刻本	三冊	錢基博捐	露六〇
西湖夢尋五卷	清張岱著纂	武林掌故叢編本四十二至四十三			水一二一
靈隱寺志八卷	清孫治初輯 徐增重修	武林掌故叢編本八十一至八十三			水一二一
雲林寺志八卷	清厲鶚增輯	武林掌故叢編本八十四至八十五			水一二一
玄妙觀志四卷	清道士仰蘅編輯	武林掌故叢編本之三十六			水一二一
泰山紀勝	清孔貞瑄著	說鈴本之六			雨一七
又	清孔貞瑄纂	龍威秘書本七集之二說秘攬勝之一			水一七
崇福寺志四卷	清朱文藻纂輯	武林掌故叢編本之二十三			水一二一
黃山史槩	清陳鼎著	昭代叢書本之二十三			結一
竹垞小志五卷	清楊蟠	說部叢書本之四十五			雨六
雙林鎮志三十二卷	清蔡蓉升原纂 張福琅補錄	鉛印本	四冊	徐仲可捐	露五九
楊清寺志	清丁午輯	武林掌故叢編本之四十			水一二一
瞻橋小志四卷	清王鑑編	木刻本	一冊		昆一六四
忍草庵志四卷	清劉繼增	尤氏聚珍本	一冊	劉書勳捐	昆一七三
開化鄉志三卷	清王抱承輯	聚珍本	三冊	侯學愈捐	昆一七五
又同上	同上	同上	三冊	朱鑑涵捐	寒三〇
淨慈寺志二十八卷	清釋際祥纂輯	武林掌故叢編本九十七至一百零四			水一二一
武夷山志二十四卷	清董天工編	重刻本	八冊		調三〇三
石鐘山志十六卷	清李成謀 丁義方 同蒐輯	木刻本	四冊		餘二七八
西湖志纂十二卷	清沈德潛輯	木刻本	八冊		爲三八七
聖果寺志	清釋超乾輯	武林掌故叢編本之四十五			水一二一

峽川志略	清蔣宏任著	昭代叢書本之一百零五			結一
同仁祠錄二卷	清孫炳奎輯	武林掌故叢編本之一百六十八			水一二一
將就園記	清黃周星著	昭代叢書本之二			結一
金鼓洞志八卷	清朱文藻	武林掌故叢編本五十二至五十四			水一二一
樊公祠錄二卷	清孫樹禮編	武林掌故叢編本之一百八十九			水一二一
開元寺志	潘曾沂譔	鉛印本	二冊	江蘇教育廳捐	劍一〇三
洛陽伽藍記	魏楊衒之	說郛本之六十九			爲一
又五卷	後魏楊衒之撰	津逮秘書本一百八十二至一百八十四			陽三三二一
又同上	後魏楊衒之著	漢魏叢書本之七十四			水一三
京洛寺塔記	唐段成式	說郛本之六十七			爲一
洞天福地記	唐杜光庭撰	唐代叢書本之六			霜一七三
睦州古蹟記	宋謝翱	說郛本之六十九			爲一
洛陽名園記	宋李格非撰	海山仙館本之十八			陽三三三
又	宋李廌撰	津逮秘書本之一百八十六			陽三三二一
又	宋李廌記	寶顏堂秘笈本普集之二			閏三二一
又	宋李廌	說郛本之七十			爲一
東京艮嶽記	宋張淏	說郛本之七十			爲一
吳興園林記	宋周密	說郛本之七十			爲一
函潼關要志	宋程大昌	說郛本之六十九			爲一
南海古蹟記	元吳萊	說郛本之六十九			爲一
河朔訪古記三卷	元納新撰	守山閣本之三十六			麗八四
西干十寺記	明謝廷讚	續說郛本之一百四十八			爲一
惠山古今考七卷 闕第一卷	明談修輯	本館鈔本	三冊		寒一六二
錫山景物略十卷	明王永積著	木刻本	五冊	王福庚捐	昆一六九
西谿梵隱志四卷	明吳本泰輯	武林掌故叢編本十九至二十			水一二一
貴陽山泉志	明慎蒙	續說郛本之一百四十七			爲一

雲南山川志	明楊愼	續說郛本之一百四十七			爲一
名山勝槩記	闕名	明崇禎年木刋本	四十册		珠一
西湖游覽志二十四卷又志餘二十六卷	明田汝成撰	武林掌故叢編本一百三十三至一百六十			水一二
昌平山水記	清顧炎武著	亭林遺書本之六			水一八
山東考古錄	清顧炎武著	龍威秘書本七集之二說鈴攬勝之一			水一七
又	同上	說鈴本之五			雨一七
又	同上	山東書局本	七册	許同莘捐	麗一二
京東考古錄	清顧炎武著	龍威秘書本七集之一說鈴攬勝之一			水一七
又	同上	說鈴本之五			雨一七
高子水居志六卷	清楊殿奎編纂	聚珍本	一册	高鑅泉捐	崑一六六
東林書院志二十二卷	清高廷等增輯	光緒年刻本	八册	趙瑞九捐	崑一七四
崇福寺續志	清章庭械纂輯	武林掌故叢編本之二十三			水一二
錫山梅里志	清浦傳桂輯	鈔本	六册		寒二一六
封長白山記	清方象瑛著	說鈴本之四			雨一七
又	同上	龍威秘書本七集之六說鈴攬勝之一			水一七
又	同上	昭代叢書本之十二			結一
泰伯梅里志八卷	吳熙編輯 過鑄 劉繼增 參訂	泰伯廟刻本	四册	劉書勛捐	崑一七一
漢水發源考	清王筠輯	昭代叢書本之十八			結一
平山堂圖志十卷	清趙之壁編纂	寫刻本	四册		冬二七
廣雁蕩山志三十卷	清曾唯	木刻本	八册		出一五七
春草圖小記	清趙昱	武林掌故叢編本之五十八			水一二
雲林寺續志八卷	清沈鑅彪纂	武林掌故叢編本八十六至八十八			水一二
御覽孤山志	清王復禮	武林掌故叢編本之十七			水一二
南宋古蹟考二卷	清朱彭輯	武林掌故叢編本之二十一			水一二
重修廬山志十五卷	清毛德琦等纂修	順德堂木刻本	十四册		調九
石柱記箋釋五卷	清鄭元慶箋釋	粵雅堂本一百二十五至一百二十六			雨二

龍井見聞錄十卷 附錄二卷	清汪孟鋗纂	武林掌故叢編本九十三至九十五			水一二
江村草堂紀	清高士奇著	昭代叢書本之十七			結一
昭慶律寺志十卷	清釋篆玉	武林掌故叢編本二十九至三十			水一二
崔府君祠錄	清鄭烺輯	武林掌故叢編本之十六			水一二
孫花翁墓徵	清張爾嘉	武林掌故叢編本之一百五十一			水一二
照膽臺志略	清鄒在寅輯	武林掌故叢編本之一百七十六			水一二
齊山巖洞志	清陳蔚著	昭代叢書本之二十八			結一
桂鬱巖洞記	清賈敦臨著	昭代叢書本之一百五十			結一
京口山水志二十卷	楊棨撰	鉛印本	四册	楊著臣捐	暑三二一
虞山興福寺志四卷	明程嘉燧輯	鉛印本	一册	釋顯清捐	麗二二四
續山東考古錄二十八卷	清葉桂綬述	山東書局木刻本	六册	許同莘捐	麗一二
廣陵曲江復對	清張大昌撰	武林掌故叢編本之一百五十一			水一二
雲居聖水寺志六卷 補遺一卷	清釋明倫原輯 實懿重纂	武林掌故叢編本之一百二十七至一百二十八			水一二
東西二漢水辨	清王士禎著	昭代叢書本之十四			結一
城北天后宮志	清丁午輯	武林掌故叢編本之五十六			水一二
郭孝童墓記略	清丁立志輯	武林掌故叢編本之一百五十二			水一二
陳忠肅公墓錄	清孫峻輯	武林掌故叢編本之一百七十六			水一二
翠微亭題名考	清蔡名衡	武林掌故叢編本之六十八			水一二
松滋祠廟事略二卷		木刻本	一册		崑六一
張中丞專祠錄七卷	清張慶勛纂輯	寶岳齋本	三册		崑一五八
唐土名勝圖會六卷	日本玉山岡友等畫	日本木刻本	六册		呂四
于忠肅公祠墓錄十二卷	清丁丙輯	武林掌故叢編本一百七十七至一百八十四			水一二
直閣朱公祠墓錄二卷	清朱文懋輯	武林掌故叢編本之一百五十二			水一二
高子水居志續編四卷	楊殿奎編輯	鉛印本	一册		崑一六六
又同上	同上	同上	一册		崑一六六
本國山系水道表	孫寶同編	圖書公司版	一紙		結七九

游甬東山水古蹟記	元吳萊	說郛本之六十九	爲一
杭州上天竺講寺志十五卷	明釋廣賓纂	武林掌故叢編本一百九十三至一百九十六	水一二
錢塘湖山勝概詩文二卷	明夏時述	武林掌故叢編本之十八	水一二
龍興祥符戒壇寺志十二卷	清張大昌輯	武林掌故叢編本一百十七至一百二十	水一二
金龍四大王祠墓錄六卷	清仲學輅編	武林掌故叢編本之一百六十七	水一二
龍井顯應胡公墓錄	清丁午輯	武林掌故叢編本之三十二	水一二
元秘史山川地名考十二卷	施世杰著	木刻本 二册 祝心淵捐	雨三五
元岑山慧因高麗華嚴教寺志十二卷	明李翥輯	武林掌故叢編本十三至十四	水一二

游記

游喚	明黃思任	寶顏堂秘笈本彙集之六	閏三五
佛國記	晉釋法顯	漢魏叢書本之七十三	爲一
來南錄	唐李翺	說郛本之六十七	爲一
又	唐李翺撰	唐代叢書本之六	霜二七三

無錫縣立圖書館書目 卷六史部 地理類 遊記 十六

峽程記	唐韋莊	說郛本之六十七	爲一
驂鸞錄	宋范成大	說郛本之六十七	爲一
又	同上	說部叢書本之四十六	雨六
又	宋范成大著	寶顏堂秘笈本普集之三	閏三五
又	宋范成大撰	知不足齋本二十三集之四	水一六
吳船錄	宋范成大	說郛本之六十七	爲一
又二卷	宋范成大著	寶顏堂秘笈本廣集之二	閏三五
入蜀記	宋陸游	說郛本之六十七	爲一
又六卷	同上	知不足齋本三集之一	水一六
又四卷	宋陸游著	寶顏堂秘笈本廣集之一	閏三五
臥遊錄	宋呂祖謙	說郛本之七十六	爲一
又	宋呂祖謙錄	寶顏堂秘笈本普集之三	閏三五
入越記	宋呂祖謙	說郛本之六十六	爲一

九華錄	宋周必大	說郛本之六十六	爲一
汎舟錄	宋周必大	說郛本之六十七	爲一
東巡記	宋趙彥衛	說郛本之四十一	爲一
北轅錄	宋周煇	說郛本之五十八	爲一
明月篇	明王穉登	續說郛本之一百四十六	爲一
荆溪疏	明王穉登	續說郛本之一百四十六	爲一
客越志	明王穉登	續說郛本之一百四十六	爲一
閩部疏	明王世懋	續說郛本之一百四十六	爲一
南陸志	明崔銑	續說郛本之一百四十六	爲一
大獄志	明方升	說郛本之六十六	爲一
東行述	清趙之俊述	昭代叢書本之四十三	結一
南行述	清王心敬緝纂	昭代叢書本之四十三	結一
登華記	清屈大均	說郛本之六	爲一

無錫縣立圖書館書目 卷六史部 地理類 遊記 十七

秉簡錄	清安簣著	文藝叢書本之二十一	雨一八
五獄約	韓則愈	說部叢書本之五	雨六
游城南記	唐張禮撰注	寶顏堂秘笈本廣集之一	閏三五
游城南注	宋張禮	說郛本之六十五	爲一
金華游錄	宋方鳳	說郛本之六十六	爲一
御塞行程	宋趙彥衛	說郛本之四十四	爲一
廬山後錄	宋周必大	說郛本之六十六	爲一
金華游錄二卷	宋謝翺著	寶顏堂秘笈本普集之八	閏三五
北行日錄二卷	宋樓鑰撰	知不足齋本二十三集之五	水一六
客杭日記	元郭畀	武林掌故叢編本之三十四	水一二
又	元郭畀記	知不足齋本一集之七	水一六
邊堠紀行	元張耀卿	續說郛本之一百四十八	爲一
南巡日錄	明陸深	續說郛本之一百三十二	爲一

入蜀紀見	明郝郊	續說郛本之一百四十六	爲一
瀛厓勝覽	明馬觀	續說郛本之一百四十七	爲一
海槎餘錄	明顧岕	續說郛本之一百四十七	爲一
吳中勝記	明華鑰	續說郛本之一百四十七	爲一
泉南雜記	明陳懋仁	續說郛本之一百四十七	爲一
禮白嶽記	明李日華	續說郛本之一百四十八	爲一
滇行紀略	明馮時可	續說郛本之一百四十八	爲一
天目游記	明黃汝亨著	寶顏堂秘笈本彙集之六	閏三五
山行雜記	明宋彥著	寶顏堂秘笈本普集之七	閏三五
橫山游記	明馬元調著	武林掌故叢編本之五十	水一二
西泠游記	明王紹傳著	武林掌故叢編本之一百六十九	水一二
客越志略	明王穉登	武林掌故叢編本之二十七	水一二
武陵游記	明高攀龍著	武林掌故叢編本之二百二十六	水一二
西湖紀述	明袁宏道著	武林掌故叢編本之十二	水一二
五岳遊記	明王士性	文藝叢書本之二十	雨一八
東歸記事	明王鳳嫺女士	說部叢書本之三十然脂百一編	雨六
松亭行紀	清高士奇著	昭代叢書本之二十一	結一
又二卷	清高士奇	說部叢書本之九	雨六
塞北小鈔	清高士奇著	昭代叢書本之二十二	結一
匡爐紀遊	清吳闡思著	龍威秘書本七集之三說鈴攬勝之一	水一七
又	同上	說鈴本之六	雨一七
又	清吳闡思	說部叢書本之三十五	雨六
安南記遊	清潘鼎珪	說部叢書本之三十五	雨六
又	清潘鼎珪著	龍威秘書本七集之七說鈴攬勝之一	水一七
又	同上	說鈴本之六	雨一七
從西紀略	清范昭逵著	昭代叢書本之一百零六	結一

滇黔紀遊	清陳鼎著	說鈴本之五	雨一七
又	同上	龍威秘書本七集之八說鈴攬勝之一	水一七
臺懷隨筆	清王昶	說部叢書本之二十三	雨六
滇行日錄	清王昶	說部叢書本之十七	雨六
雪鴻再錄	清王昶	說部叢書本之二十三	雨六
使楚叢譚	清王昶	說部叢書本之二十三	雨六
滇行紀程	清許纘曾著	龍威秘書本七集之八說鈴攬勝之一	水一七
東還紀程	清許纘曾著	龍威秘書本七集之八說鈴攬勝之一	水一七
南征日記	清謝綸撰	謝亭集之四	藏二五一
匡廬游錄	清黃宗羲著	昭代叢書本之七十五	結一
安南雜記	清李仙根著	昭代叢書本之四	結一
塞程別紀	清余寀著	昭代叢書本之十三	結一
出塞紀略	清錢良擇著	昭代叢書本之一百零六	結一
藏行紀程	清杜昌丁著	昭代叢書本之一百零七	結一
裨海紀遊	清郁永河著	昭代叢書本之五十六	結一
臺灣隨筆	清徐懷祖著	昭代叢書本之二十四	結一
九華日錄	清周天度著	昭代叢書本之七十七	結一
征西紀略	清陸楣撰	昭代叢書本之四十四	結一
使蜀日記	清方象瑛著	昭代叢書本之四十四	結一
廬山紀遊	清查慎行著	昭代叢書本之一百五十	結一
黝山紀遊	清汪淮著	昭代叢書本之一百五十	結一
衡嶽遊記	清黃周星著	昭代叢書本之五十五	結一
進藏紀程	清王世睿著	昭代叢書本之三十六	結一
西湖游記	清查人瑛	武林掌故叢編本之三十一	水一二
又	清張仁美	武林掌故叢編本之六十八	水一二
冬集紀程	清周廣業	說部叢書本之五十五	雨六

南行日記	清吳廣霈	說部叢書本之五十二			雨六
泰山紀勝	清孔貞瑄	說部叢書本之四十			雨六
續驂鸞錄	清張祥河	說部叢書本之四十六			雨六
天山客話	清洪亮吉	說部叢書本之二十六			雨六
使西記程二卷	清郭嵩燾	各國日記彙編本之一			爲二九八
使東述略	清何如璋	各國日記彙編本之二			爲二九八
東遊日記	清黃慶澄	各國日記彙編本之三			爲二九八
曾侯日記	清曾紀澤	各國日記彙編本之三			爲二九八
粵西偶記	清陸祚蕃著	說鈴本之五			雨一七
遊雁蕩記	清周清原著	說鈴本之六			雨一七
閩行日記	清俞樾	春在堂全書本之四十七			水一五
蘇門游記	清樊增祥	文藝叢書本之三			雨一八
滇還紀程		知不足齋本五集之五			水一六

無錫縣立圖書館書目 卷六史部 地理類 遊記 二十

雲程萬里	清麻崇煊述	淵雅堂木刻本	一册	張濤卿捐	爲二九二
舟車所至	闕名	青玉山房木刻本	六册		劍三五
吳郡諸山錄	宋周必大	說郛本之六十六			爲一
乾道奏事錄	宋周必大	說郛本之六十七			爲一
朔雪北征記	明屠隆	續說郛本之一百四十八			爲一
賜遊西苑記	明李賢	續說郛本之一百三十			爲一
游台蕩路程	明陶望齡	續說郛本之一百四十八			爲一
徐霞客遊記	明徐宏祖考	中華書局石印本	八册		結三二
游雁蕩山記	清周清原	說部叢書本之四十六			雨六
又	同上	龍威秘書本七集之三說鈴攬勝之一			水一七
黃孝子紀程二卷	清黃向堅	知不足齋本五集之五			水一六
黃山領要錄	清汪洪度	知不足齋本十九集之六			水一六
越南遊歷紀	清嚴璩	鉛印本	一册		調三四八

追述黔塗略	邢慈靜女士	說部叢書本之三十 然脂百一編			雨六
西海紀行卷	潘飛聲	文藝叢書本之十四			雨一八
天外歸槎錄	潘飛聲撰	文藝叢書本之十五			雨一八
金陵東遊紀略	明羅洪先	續說郛本之一百四十七			爲一
銀山鐵壁漫錄	明李元陽	續說郛本之一百四、十八			爲一
游明聖湖日記	明浦祊	武林掌故叢編本之二十七			水一二
古今遊記叢鈔	清莫釐編輯	石印本	六册		結二五
扈從西巡日錄	清高士奇著	昭代叢書本之二十一			結一
南巡扈從紀畧	清張英著	昭代叢書本之四十七			結一
自滇入都程記	清楊名時譔	昭代叢書本之四十四			結一
廣州遊覽小志	清王士禎著	昭代叢書本之十三			結一
遣戍伊犂日記	清洪亮吉	說部叢書本之二十五			雨六
熱河七縣遊紀	清郝爾泰著	鉛印本	一册	郝夢侯捐	麗一五八

無錫縣立圖書館書目 卷六史部 地理類 遊記 外記 二十一

永甯山扈從紀程	清孫鼎烈著	聚珍本	一册	許岡蘭捐	崑八三
宣和奉使高麗圖經四十卷	宋徐兢著	知不足齋本十六集二至四			水一六
芯題上方二山紀游集	清查禮著	昭代叢書本之一百五十八			結一
元耶律文正公西遊錄畧補注	清李文田注 范壽金補	聚學軒本之六十七			雨一

外記

海錄	清楊炳南	海山仙館本之一百十二			陽三三三
雞林志	闕名	說郛本之六十二			爲一
佛國記	宋釋法顯撰	津逮秘書本之一百九十七			陽三三二
西使記	元劉郁	說郛本之五十八			爲一
四夷考八卷	明葉向高著	寶顏堂祕笈本續集五至六			閏三五
夷俗考	明方鳳著	寶顏堂祕笈本彙集之八			閏三五
夷俗記	明蕭大亨纂	寶顏堂祕笈本續集之八			閏三五
外國紀	清張玉書著	昭代叢書本之一百十二			結一

袖海編	清汪鵬著	昭代叢書本之五十六			結一
異域錄	清圖理琛著	昭代叢書本之七十八			結一
瀛海論三卷	闕名	各國日記彙編本之四			爲二九八
談瀛錄	清袁祖志著	隨園全集本之五十			專一
雞林類事	宋孫穆	說郛本之五十七			爲一
使高麗錄	宋徐兢	說郛本之五十八			爲一
高昌行記	宋王延德	說郛本之五十八			爲一
天南行記	元徐明善	說郛本之五十八			爲一
瀛涯勝覽	明馬觀撰記	寶顏堂秘笈本彙集之八			閏三五
職方外紀五卷	明西士艾儒畧撰	守山閣本之三十九			麗八四
譯史紀餘四卷	清陸次雲著	龍威秘書本九集三至四			水一七
又	同上	昭代叢書本之三十六			結一
八紘譯史四卷	清陸次雲著	龍威秘書本九集一至二			水一七
八紘荒史	清陸次雲著	龍威秘書本九集之三			水一七
乘槎筆紀二卷	清斌椿纂	各國日記彙編本之一			爲二九八
坤輿外紀	清西士南懷仁著	說鈴本之六			雨一七
又	同上	龍威秘書本七集之四說鈴攬勝之一			水一七
臺灣紀略	清林謙光著	說鈴本之六			雨一七
又	同上	龍威秘書本七集之七說鈴攬勝之一			水一七
英軺私記	清劉錫鴻著	靈鶼閣本之十			專一四
使德日記	清李鳳苞	靈鶼閣本之九			專一四
瀛環志略十卷	清余繼畬撰	世瑞堂本	六册		月五八
西域圖志四十八卷	清于敏中等編	製造局本	廿四册	外交部捐	呂一八一
佩弦齋稿	日本清山延光著	日本舊刻本	一册	許同莘捐	月七七
西方要紀	清西士安文思利類思南懷仁合著	昭代叢書本之四			結一
使琉球記	清張學禮	龍威秘書本七集之六說鈴攬勝之一			水一七

西番譯語二卷	闕名	龍威秘書本九集之五			水一七
西游錄注	清李文田注	靈鶼閣本之二十八			專一四
臺疆小志	清盧白主人著	本館鈔本	一册		寒九八
西俗雜誌	倉山舊主著西冷嘯翁鈔	各國日記彙編本之四			爲二九八
籌鄂龜鑑七卷	清陳俠君輯錄	石印本	六册	許同藺捐	劍七九
大唐西域記十二卷	唐釋玄奘譯	守山閣本三十七至三十八			麗八四
眞臘風土記	元周達觀	說郛本之六十四			爲一
又	元周達觀撰	古今說海本之三			結二九
皇明象胥錄八卷	明茅瑞徵撰	明刻本	三册	許同藺捐	麗二〇三
日本國考略	明薛俊纂述	明刻本	一册		麗一〇九
使琉球紀略	清張學禮	說鈴本之四			雨一七
海國聞見錄	清陳倫炯著	昭代叢書本之五十五			結一
帕米爾圖說	清許景澄	漸學廬本之三		祝心淵捐	藏八
帕米爾輯畧	清胡祥輯	漸學廬本之三			藏八
盛京疆域考六卷	清楊同桂孫宗瀚同輯	聚學軒本八十至八十一			雨一
西洋朝貢典錄三卷	明黃省曾撰	粵雅堂本之三十七			雨二
峒谿纖志志餘	清陸次雲纂	昭代叢書本之二十四			結一
新嘉坡風土記	清李鍾珏	靈鶼閣本之十一			專一四
朔方備乘札記	清李文田撰	靈鶼閣本之九			專一四
外國地理備考十卷	西士瑪吉士輯譯	海山仙館本一百十三至一百十八			陽三三三
滇緬劃界圖說	清薛福成	石印本	一册	秦平甫捐	寒一七九
澳大利亞洲志	沈恩孚編次	漸學廬本之三			藏八
西伯利東偏紀要	清曹廷杰撰	振綺堂本	一册	祝心淵捐	月九四
英法義比志譯略四卷	清薛福成鑒定	石印本	二册	許同藺捐	麗一七九
又同上	同上	同上	二册	秦平甫捐	麗一七九
澳大利亞洲新志	清吳宗濂趙元益同譯	靈鶼閣本之二十八			專一四

美利加英屬地小志　清顧厚焜著　漸學廬本之二　藏八
英法俄德四國志略　沈敦和輯譯　四明閲學廬刻本　二册　藏二八六
節錄元周達觀眞臘風土記　香豔叢書本之六十四　雨四

雜記

吳錄　晉張勃　說郛本之六十一　爲一
七述　宋晁補之述　武陵叢書續編本之十八　水一二
遼志　葉隆禮撰 闕代名　古今說海本之二　結二九
金志　宋宇文懋昭撰　古今說海本之二　結二九
海語三卷　明黃衷著　寶顏堂秘笈本彙集之四　閏三五
粵述　清閔敘輯　龍威秘書本七集之七 說鈴攬勝之一　水一七
又　同上　說鈴本之五　雨一七
吳語　清戴延年著　昭代叢書本之六十三　結一
說蠻　清檀萃著　昭代叢書本之七十九　結一

歙問　清洪玉圖著　昭代叢書本之二　結一
滇考　清馮甦編　台州叢書本五至六　水一
鄴中記　晉陸翽　說郛本之六十一　爲一
又　同上　說郛叢書本之一　雨六
風土記　晉周處　說郛本之六十二　爲一
神境記　晉王韶之　說郛本之六十二　爲一
西征記　戴延之 闕代名　說郛本之六十二　爲一
南越志　沈懷遠 闕代名　說郛本之六十三　爲一
廣州記　晉顧微　說郛本之六十三　爲一
南康記　鄧德明 闕代名　說郛本之六十三　爲一
潯陽記　晉張僧鑒　說郛本之六十三　爲一
鄱陽記　晉劉澄之　說郛本之六十三　爲一
九江志　晉何晏　說郛本之六十三　爲一

丹陽記　晉山謙之　說郛本之六十三　爲一
會稽記　晉孔曄　說郛本之六十三　爲一
林邑記　闕名　說郛本之六十三　爲一
涼州記　晉段龜龍　說郛本之六十三　爲一
又　北涼段龜龍纂　二酉堂本之九　雨二四
交州記　晉劉欣期　說郛本之六十三　爲一
又　晉劉欣期撰 清曾釗輯　嶺南遺書本五集之一　水七
始興記　晉王韶　說郛本之六十三　爲一
又　宋王韶之撰 清曾釗輯　嶺南遺書本五集之一　水七
關中記　晉潘岳　說郛本之六十三　爲一
洛陽記　晉潘機　說郛本之六十三　爲一
梁州記　晉劉澄之　說郛本之六十三　爲一
宜都記　袁崧 闕代名　說郛本之六十三　爲一

益州記　任豫 闕代名　說郛本之六十三　爲一
荆州記　晉盛宏之　說郛本之六十三　爲一
湘中記　晉羅含　說郛本之六十三　爲一
武陵記　鮑堅 闕代名　說郛本之六十三　爲一
漢南記　張瑩 闕代名　說郛本之六十三　爲一
安城記　王孚 闕代名　說郛本之六十三　爲一
北戶錄　唐段公路　說郛本之六十五　爲一
又　同上　說郛叢書本之二　雨六
又　唐段公路撰　唐代叢書本之六　霜二七三
又　唐段公路撰　古今說海本之三　結二九
又三卷　唐段公路纂　說郛本之二十五　爲一
沙州記　宋段國纂　二酉堂本之九　雨二四
又　宋段國　說郛本之六十三　爲一

于役志	宋歐陽修	說郛本之六十七		爲一
長安志	宋宋敏求	說郛本之六十三		爲一
西征記	宋盧襄	顧氏小說本之一		結二四
北轅錄	宋周煇撰	古今說海本之三		結二九
西使記	元劉郁撰	古今說海本之三		結二九
雨航記	明王穉登	續說郛本之一百四十六		爲一
閩部疏	明王世懋著	寶顏堂秘笈本廣集之七		閏三五
廣志繹五卷	明王士性著	台州叢書本三至四		水一
臨平記四卷	明沈謙輯撰	武林掌故叢編本之七十八		水一二
閩小記	清周亮工撰	說鈴本之四		雨一七
又二卷	清周亮工	說部叢書本之四十七		雨六
又同上	清周亮工撰	龍威秘書本七集之一 說鈴攬勝之一		水一七
西藏記二卷	闕名	龍威秘書本九集七至八		水一七
苗俗記	清田雯著	昭代叢書本之三十六		結一
南漳子	清孫之騄著	昭代叢書本之九十四		結一
酌泉錄四卷	清黃卬著	鉛印本	一冊	崑一六一
又同上	同上	同上	一冊　許同莘捐	崑一六一
常州賦	清褚邦慶編注	木刻本	一冊	盈六八
虔鑛圖一名綏猺廳志	清鄧廷禎纂	嶺海異聞錄本之三		盈六九
偵探記二卷	清姚文棟輯	南棧四種本之四		藏七
和林考		靈鶼閣本之二十六		專一四
南雍州記	晉王韶	說郛本之六十三		爲一
會稽典錄	晉虞預	說郛本之六十一		爲一
又	同上	說部叢書本之一		雨六
三齊略記	晉伏琛	說郛本之六十三		爲一
永嘉郡記	晉鄭緝之	說郛本之六十三		爲一

嶺表錄異三卷	唐劉恂撰	武英殿聚珍本	一冊	呂一六四
又同上	同上	唐代叢書本之六		霜二七三
西都雜記	唐韋述	說郛本之六十二		爲一
兩京新記	唐韋述撰	正覺樓本之九		藏二〇四
番禺雜記	唐鄭熊	說郛本之六十三		爲一
投荒雜錄	唐房千里	說部叢書本之二十三		雨六
武林舊事十卷	宋周密輯	武林掌故叢編本九至十一		水一二
又同上	宋周密集	知不足齋本十六集五至七		水一六
巒溪叢笑	宋朱輔	說部叢書本之二		雨六
又	同上	說郛本之六十九		爲一
又	宋朱輔撰	古今說海本之一		結二九
桂海雜誌	宋范成大	說部叢書本之二十三		雨六
中吳紀聞六卷	宋龔明之紀	粵雅堂本三至四		雨二
嶺外代答十卷	宋周去非撰	知不足齋本十七集二至三		水一六
蒙韃備錄	宋孟珙撰	古今說海本之二		結二九
錢塘瑣記	宋于肇	說郛本之七十		爲一
太康地記	闕名	說郛本之六十二		爲一
燉煌新錄	宋劉昞	說郛本之六十二		爲一
扶南土俗	康泰闕代名	說郛本之六十二		爲一
古杭雜錄	元李有	說郛本之四十九		爲一
古杭雜記	元李有撰	武林掌故叢編本之二		水一二
錢塘遺事	元劉一清	說郛本之四十九		爲一
湖山勝槩	元泗水潛夫	說郛本之六十五		爲一
蜀都雜鈔	明陸深著	寶顏堂秘笈本續集之五		閏三五
又	明陸深	續說郛本之一百四十七		爲一
荊溪外紀二十五卷	明沈敕編輯	常州先哲遺書續編本十二至十四		呂二

豫章漫鈔	明陸深	續說郛本之一百四十七			爲一
海槎餘錄	明顧岕	顧氏小說本之四			結二四
又	明顧岕著	寶顏堂秘笈本廣集之五			閏三五
長安客話八卷	明蔣一葵	常州先哲遺書緒編本之十五			呂二
嶠南瑣記二卷	明魏濬	說部叢書本之十五			雨六
西湖雜記	明黎遂球著	武林掌故叢編本之六十五			水一二
西湖枝乘	明謝肇淛	續說郛本之一百四十八			爲一
榕城隨筆	明淩登名	續說郛本之一百四十八			爲一
蓬攏夜話	明李日華	續說郛本之一百四十八			爲一
泉南雜誌二卷	明陳懋仁著	寶顏堂秘笈本彙集之八			閏三五
湖壖雜記	清陸次雲著	說郛本之八			爲一
又	同上	龍威秘書本七集之四說鈴攬勝之一			水一七
又	同上	武林掌故叢編本之五十七			水一二
湖壖雜記	清陸次雲	說部叢書本之三十五			雨六
峒谿纖志	清陸次雲著	龍威秘書本七集之四說鈴攬勝之一			水一七
又	同上	說鈴本之六			雨一七
桃溪客語五卷	清吳騫	拜經樓本之五			水三
隴蜀餘聞	清王士禎著	說鈴本之一			雨一七
又	同上	龍威秘書本七集之二說鈴攬勝之一			水一七
又	同上	昭代叢書本之十四			結一
征緬紀聞	清王昶	說部叢書本之十九			雨六
又	清王昶著	昭代叢書本之一百零二			結一
蜀徼紀聞	清王昶著	昭代叢書本之一百零三			結一
又	清王昶	說部叢書本之二十			雨六
黎岐紀聞	清張慶長著	昭代叢書本之七十九			結一
又	清張慶長輯	嶺海異聞錄本之四		許同莘捐	盈六九

清波小志二卷	清徐逢吉輯	武林掌故叢編本二十七至二十八			水一二
又	清徐逢吉著	昭代叢書本之七十六			結一
清波三志三卷	清陳景鍾纂　清陳栻續訂	武林掌故叢編本一百七十一至一百七十三			水一二
嶺南雜紀	清吳震方著	說鈴本之十二			雨一七
又	同上	龍威秘書本七集之五說鈴攬勝之一			水一七
東城雜記二卷	清厲鶚撰	粵雅堂本十三至十四			雨二
又	清厲鶚著	昭代叢書本之五十四			結一
澳門記略二卷	清印光任　張汝霖同纂	嶺海異聞錄本一至二		許同莘捐	盈六九
又	清印光任　張汝霖合著	昭代叢書本之一百四十九			結一
東還紀程	清許纘曾著	說鈴本之五			雨一七
滇行紀程	同上	說鈴本之五			雨一七
新疆大記七卷	闞鳳樓	鉛印本	一册	許同莘捐	律六二
臨海要覽	清項元勳編	排印本	二册	臨海圖書館捐	藏二八八
滬城備考六卷	清褚華	鉛印本	一册		藏二〇〇
定鄉雜著二卷	清胡敬	武林掌故叢編本之三十一		錢宗瀚捐	水一二
北隅綴錄二卷	清丁丙述	武林掌故叢編本二百零四至二百零五			水一二
北隅續錄二卷	清丁丙述	武林掌故叢編本之二百零六			水一二
西域三記	清路同申著	木刻本	一册	曹銓捐	盈五七
治黎輯要二卷	清陳坤編	嶺海異聞錄本之五		許同莘捐	盈六九
瑟榭叢談二卷	清沈濤撰	聚學軒本之九十一			雨一
臺灣雜記	清季麒光	說鈴本之六			雨一七
又	同上	龍威秘書本七集之七說鈴攬勝之一			水一七
柳邊紀畧	清楊賓著	昭代叢書本之一百二十四			結一
新門散記	清羅以智著	武林掌故叢編本之五十五			水一二
安南雜記	清李仙根著	說鈴本之二			雨一七
伊犂日記二卷	清洪亮吉著	北江全集本之八十四			冬三

錫金考乘十四卷	清周有壬	世瑞堂本	四冊		崑一七〇
艮山雜誌二卷 附錄一卷	清翟灝輯	武林掌故叢編本一百六十三至一百六十四			水一二
甌江逸志	清勞大輿著	龍威秘書本七集之三說鈴攬勝之一			水一七
粵西偶記	清陸祚蕃著	龍威秘書本七集之七說鈴攬勝之一			水一七
粵西瑣記	清沈曰霖著	昭代叢書本之三十六			結一
定鄉小識十六卷	清張道輯	武林掌故叢編本六十一至六十二			水一二
寧古塔志	清方拱乾著	昭代叢書本之二十四			結一
西湖小史	清李鼎著	昭代叢書本之一百六十六			結一
又	同上	武林掌故叢編本之一百十三			水一二
鑾司合志十五卷	清毛奇齡	紹興先正遺書本三十至三十一			水五
宸垣識餘	清吳長元著	昭代叢書本之九十三			結一
乾州小志	清吳高增著	昭代叢書本之七十七			結一
龍沙紀略	清方式濟著	昭代叢書本之七十七			結一
錫金志外五卷	清華湛恩編	本館鈔本	四冊		崑一五四
甜游偶考	清華湛恩著	昭代叢書本之一百十一			結一
燕都志餘	清龔道人著	昭代叢書本之一百十一			結一
洱海叢談	清釋同揆著	昭代叢書本之五十五			結一
臨清寇略	清俞蛟著	昭代叢書本之一百零三			結一
東城紀餘二卷	清楊文杰	武林掌故叢編本一百九十八至一百九十九			水一二
十三洲記	黃義仲闕代名	說郛本之六十二			爲一
西河舊事	闕名	二酉堂本之九			兩二四
星槎勝攬四卷	闕名	古今說海本之三			結二九
東槎紀畧	清姚瑩著	昭代叢書本之一百二十二			結一
灘江雜志	清金武祥	粟香室本	一冊		呂一〇八
赤溪雜志	清金武祥	粟香室本	一冊		呂一〇九
藏事輯要二十三卷	張翼勤輯	油印本	廿三冊	外交部捐	呂七六

西湖小史	清李鼎著	武林掌故叢編本一百十三			水一二
又	同上	香豔叢書本之六			兩四
西藏紀述	清張海撰	振綺堂本	一冊	祝心淵捐	月九三
都程便覽十卷	陳茂垣編	木刻本	一冊	孫寒厓捐	月五
游杭紀畧二卷	楊祚昌編輯	文元堂倣宋聚珍本	一冊	文元堂捐	辰一六六
涼州異物志	後漢楊孚纂	二酉堂本之九			兩二四
陳留風俗傳	晉江微	說郛本之六十九			爲一
喩氏西河記	晉喩歸纂	二酉堂本之九			兩二四
嶺表錄異記	唐劉詢	說郛本之六十九			爲一
益部方物志	宋宋祁撰	津逮秘書本之一百三十二			陽三三二
又	宋宋祁	說郛本之六十九			爲一
桂海虞衡志	宋范成大撰	知不足齋本二十三集之四			水一六
又	同上	古今說海本之二			結二九
又	宋范成大	說郛本之六十四			爲一
岳陽風土記	宋范致明	說郛本之六十四			爲一
東京夢華錄	宋孟元老	說郛本之七十			爲一
古杭夢游記	宋耐得翁	說郛本之七十			爲一
北道刊誤志	宋王瓘撰	守山閣本之三十六			麗八四
約齋燕游志	宋張鎡	說郛本之六十五			爲一
南宋市肆記一名武林市肆記	宋周密	說郛本之六十二			爲一
前武林舊事六卷	宋周密輯	寶顏堂祕笈本廣集之三			閏三五
後武林舊事五卷	宋周密輯	寶顏堂祕笈本廣集之三			閏三五
成都古今記	趙朴闕代名	說郛本之六十四			爲一
豫章古今記	宋雷次宗	說郛本之六十九			爲一
臨海水土記	闕名	說郛本之六十四			爲一
臨海異物志	沈瑩闕代名	說郛本之六十四			爲一
湖南方物志八卷	清黃本驥編輯	知敬學齋本	二冊		盈七〇

又同上	同上				出二
嶺海異聞錄六卷	清陳坤	木刻本	五册	許同莘捐	盈六九
黑龍江述略六卷	清徐宗亮	徐氏刻本	二册	曹銓捐	盈六一
西疆雜述詩四卷	清蕭雄撰	靈鶼閣本二十一至二十三			專一四
黑龍江外紀	清李文田	木刻本	二册	祝心淵捐	雨三八
武林第宅考	清柯汝霖輯	武林掌故叢編本之九十六			水一二
維西見聞錄	清余慶遠著	昭代叢書本之九十五			結一
臨平記補遺四卷	清張大昌輯	武林掌故叢編本之八十			水一二
寧古塔紀畧	清吳振臣著	昭代叢書本之九十四			結一
清波小志補	清陳景鐘輯	武林掌故叢編本之二十八			水一二
又	清陳景鐘著	昭代叢書本之七十六			結一
三晉見聞錄	清齊翀著	木刻本	一册		辰八〇
章谷屯志略	清吳德煦輯	振綺堂本	一册	祝心淵捐	昃九二
黔西古跡考	錢霦	說部叢書本之二			雨六
南漢地理志	清吳蘭修撰	嶺南遺書本五集之九			水七
錫山補志稿	清錢泳編 念祖校安	鈔本	一册		崑一六三
錫金識小錄十二卷	清黃卬	木刻本	六册		崑一六二
金陵待徵錄十卷	清金鰲輯	木刻本	一册		盈六七
神州古史考	清倪璠著	武林掌故叢編本之一百零九			水一二
神州異產志	胡懷琛輯	文藝叢書本之六			雨一八
黔苗竹枝詞	毛貴銘	文藝叢書本之九			雨一八
無錫鄉土書	陶守恆編	油印本	四册	陶守恆捐	暑七三
御題都城紀勝	宋闕名	武林掌故叢編本之一			水一二
金鰲退食筆記	清高士奇	說鈴本之二			雨一七
又二卷	清高士奇記	龍威秘書本七集之一說鈴攬勝之一			水一七
番社采風圖考	清六十七著	昭代叢書本之九十四			結一

雲南輿地紀要	清周永棠稿	本館鈔本	一册		寒六六
南高平物產紀二卷	清鄒漢勛撰	鄒叔子遺書七種之九			藏六
宛林郡志備要六卷 附太平郡志	清謝庭氏輯	青華齋本	四册	許同莘捐	盈一三
峽江救生船志二卷 附圖一卷 行川必要一卷	清賀縉紳輯	木刻本	四册	許同藺捐	藏二五四
塞北紀行四種	清張德輝撰	漸學廬本五種之一			雨三四
朔方考乘札記	清李文田	木刻本	一册	祝心淵捐	雨三六
西子湖拾翠餘談三卷	明汪珂玉著	武林掌故叢編本之一百三十五			水一二
君子堂日詢手鏡	明王濟	顧氏小說本之四			結二四
西湖老人繁勝錄	闕名	涵芬樓秘笈本三集之一			藏二三〇
營平二州地名記	清顧炎武撰	槐廬叢書本之五十			露五
又二卷	清顧炎武著	亭林遺書本之二十			水一八
西游錄注和林詩合刻	清李文田	木刻本	一册	祝心淵捐	雨三七
蒙園紀聞寶昌雜錄合刊	董玉書輯	鉛印本	一册	孫寒厓捐	巨八三

地圖

地圖綜要	明吳學儼等編輯	明刻本	四册	俞復捐	日一七四
嶺海輿圖	明姚虞撰	守山閣本之三十五			麗八四
九邊圖論		後知不足齋本			呂一四九
海防圖說		後知不足齋本			呂一四九
海道圖說附長江圖說		製造局本	一册	外交部捐	律一九
吳疆域圖說三卷	清范本禮	南菁書院本十五至十六			露一
東晉疆域圖		鄦城本	一册		盈八四
劉宋州郡圖		鄦城本	一册		盈八四
南齊州郡圖		鄦城本	一册		盈七八
西魏疆域圖		鄦城本	一册		盈八二
唐地理志圖		鄦城本	一册		盈八〇
宋地理志圖		鄦城本	一册		盈八三

北魏地形志圖		鄦城本	一册		盈八一
皇朝一統輿圖	清李兆洛著	李氏五種本之九			藏四
三省黃河全圖	清吳大澂修	石印本	五册		露九
吉林輿地圖說	清秦世銓修	木刻本	二册		盈五八
江蘇沿海圖說附圖六紙		聚珍本	一册	外交部捐	呂三七
浙江沿海圖說附圖十二紙		聚珍本	一册	外交部捐	呂三八
淮揚水利圖說	清馮道立撰	木刻本	一册	祝心淵捐	雨五三
金廈輿地全圖附金廈縣斗則說明册二卷	清華湛恩	石印本	六册	華堂捐	寒二四
歷代地理沿革圖	清李兆洛著	李氏五種本之九			藏四
山東全省州縣區域圖		同文館石印本	一册	外交部捐	霜三〇二

無錫縣立圖書館書目卷七

政書類

通制

通典二百卷	唐杜佑纂	倣武英殿本	四十册		成三九〇
又同上	同上	同上	四十册	裘廷梁捐	黃一
通志二百卷	宋鄭樵撰	倣武英殿本	一百六十册		成三九一
又同上	同上	同上	一百六十册	裘廷梁捐	黃二
漢制考四卷	宋王應麟撰	玉海附刻本之八			冬四
又同上	宋王應麟	津逮秘書本六十二至六十三			陽三三二
唐會要一百卷	宋王溥撰	江蘇書局本	二十四册		月一五六
七國考十四卷	明董說撰	守山閣本四十至四十一			麗八四
續通典一百五十卷	乾隆年勅撰	浙江書局本	四十册	裘廷梁捐	結一五一
續通志六百四十卷	乾隆年勅撰	浙江書局本	二百册	裘廷梁捐	結一五〇

西漢會要七十卷	宋徐天麟撰	江蘇書局本	十册		盈七三
東漢會要四十卷	宋徐天麟撰	江蘇書局本	八册		盈七四
五代會要三十卷	宋王溥撰	江蘇書局本	六册		月一五五
文獻通考三百四十八卷	宋馬端臨著	倣武英殿本	一百二十册		成三九二
大清會典一百卷		石印本	六册		盈六五
又同上		商務書館石印本	十册		黃七
又同上		光緒年石印大本	卅六册	外交部捐	律七三
皇朝通典一百卷	乾隆年勅撰	浙江書局本	四十册	裘廷梁捐	雨五九
皇朝通志一百二十六卷	乾隆年勅撰	浙江書局本	四十册	裘廷梁捐	雨六
皇朝文典七十四卷	清李兆洛	李氏刻本	十六册		調三六六
學政全書八十二卷	清王杰編	木刻本	十六册	許同蔺捐	藏二九一
廣治平略三十六卷 補編八卷	清蔡方炳	石印本	四册	徐耆寬捐	爲四二三
熙朝紀政六卷	清王慶雲述	縮印本	六册		月一

欽定臺規十卷	道光年修	原刻本	十六冊 楊道霖捐	巨六八
續文獻通考二百五十卷	清乾隆年敕撰	浙江書局本	百念冊 裘廷梁捐	雨六一
大清會典圖二百七十卷		光緒年石印大本	七十五冊 外交部捐	律七四
三通考輯要七十六卷	湯壽潛編輯	鉛印本	三十冊	餘二一三
皇朝文獻通考三百卷	乾隆年敕撰	浙江書局本	一百六十冊 裘廷梁捐	雨五八
文獻通考詳節二十四卷	清嚴虞惇輯	繩武堂本	十二冊	盈七二
大清會典事例一千二百二十卷		光緒年石印大本	三百八十三冊 外交部捐	律七五
又同上		商務書館石印本	一百六十冊	黃八
儀制				
漢儀	吳丁孚著	平津館本之五		水一〇
漢舊儀二卷 附補遺二卷	漢衛宏著	平津館本之四		水一〇
漢官儀二卷	漢應劭注	平津館本之五		水一〇
又	同上	說郛本之六十一		爲一

漢官儀	漢應劭注	說部叢書本之一		雨六
從駕記	宋陳隨隱	說郛本之四十一		爲一
唱名記	宋周密	說郛本之五十五		爲一
進賢說	清張能鱗著	昭代叢書本之一		結一
漢官舊儀二卷	漢衛宏撰	武英殿聚珍本之五十八		多五
朝會儀記	漢蔡質	說郛本之二十三		爲一
封禪儀記	漢馬第伯	說郛本之五十三		爲一
明禋儀注 僅存一葉	唐王儀	說郛本之五十三		爲一
槃雜儀注	唐段成式	說郛本之五十三		爲一
婚雜儀注	唐段成式	說郛本之五十三		爲一
稽古定制	闕名	說郛本之五十三		爲一
文廟祀位		木刻本	一冊 許岡蘭捐	闕一八
廣祀典議	清吳肅公著	昭代叢書本之十一		結一

詞林典故八卷	清張廷玉等撰	木刻本	八冊 許同莘捐	呂一八〇
漢禮器制度	漢叔孫通著	平津館本之四		水一〇
上壽拜舞記	宋陳隨隱	說郛本之五十三		爲一
國朝謚法考	清王士禎編	昭代叢書本之十二		結一
北岳歷祀考	清劉師峻輯	昭代叢書本之二十二		結一
南渡宮禁典儀	宋周密	說郛本之五十五		爲一
孔廟從祀末議	清閻若璩著	昭代叢書本之四十八		結一
聖廟祀典圖考五卷	清顧沅輯	木刻本	五冊	多一〇
論學制備忘記	清段玉裁著	昭代叢書本之八十四		結一
同治大喪章程	闕名	木刻本	一冊 徐彥寬捐	稱八三
孔子升大祀考	清姚大榮	聚珍本	一冊	調三二二
直省釋奠禮樂記六卷	清王之春	閩刻本	四冊	調三〇五
漢官典職儀式選用	漢蔡質撰	平津館本之五		水一〇

邦計				
證學編十卷	清顏勒精額	木刻本	二冊 許同莘捐	麗二二
捕蝗考	清陳芳生纂	昭代叢書本之二十六		結一
本朝茶法	宋沈括	說郛本之九十四		爲一
熙寧酒課	宋趙珣	說郛本之九十六		爲一
保民訓要	明劉宗周	續說郛本之一百三十二		爲一
浙鹺紀事 附錄一卷	明葉永盛著	武林掌故叢編本之一百十三		水一二
救荒備覽四卷	清勞潼撰	嶺南遺書本四集之九		水七
荒政叢書十卷	清俞森撰	守山閣本四十四至四十五		麗八四
治蝗全法四卷	清顧彥輯	木刻本	一冊 顧玉書等捐	崑三六
守望新書	清錢泳	木刻本	一冊	崑八七
治河方略十卷	清靳輔著	木刻本	十一冊	調三〇一
齊民四術十二卷	清包世臣著	安吳四種本十一至十六		月八六

鹽法通志一百卷	清周慶雲纂	文明書局鉛印本	卅二册	周慶雲捐	兩一二
論販芻言	清劉鍾琳	鉛印本	一册	王興槐捐	劍五九
河東鹽法志十二卷	清朱一鳳等纂輯	木刻本	八册		麗一〇〇
賓州府政書	清李澍恩編	鉛印本	一册		列九二
河東鹽法備覽十二卷	清蔣兆奎編輯	木刻本	八册		麗一〇一
金匱賦役全書	闕名	鈔本	一册		崑一五九
軍政					
旗軍志	清金德純著	昭代叢書本之十二			結一
歷代兵制八卷	宋陳傅良撰	守山閣本之四十六			麗八四
征藩功次	明王守仁	續說郛本之一百三十二			爲一
備倭圖記	明卜大同輯	寳顏堂秘笈本普集之七			閏三五
籌餉卮言	清唐夢賚著	昭代叢書本之四十二			結一
浙東籌防錄四卷	清薛福成纂輯	木刻本	四册	許同藺捐	崑三七

無錫縣立圖書館書目 卷七史部 政書類 軍政 律例 四

北洋海軍章程		鉛印本	七册	外交部捐	呂四三
奏定陸軍營制餉章	清奕劻	鉛印本	一册		盈八五
律例					
洗冤錄		官書局木刻本	二册		巨六三
唐律疏義三十卷	唐長孫無忌撰	木刻本	八册		盈七五
大清例律闕一二三卷	道光年修	官書局木刻本	十九册		巨六三
又	同上	同上	十一册		巨五〇
督捕則例附洗冤錄中		官書局木刻本	二册		巨六三
纂修條例		官書局木刻本	五册		巨六三
三道流表		官書局木刻本	四册		巨六三
提牢備考	清趙舒翹輯	江蘇書局木刻本	二册	許同藺捐	藏二五五
律目歌括	闕名	木刻本	一册	徐彥寬捐	稱七六
律例便覽附處分則例	清蔡逢年輯	江蘇書局木刻本	六册		巨五五

名法指掌四卷	清徐灝著	崇文書局木刻本	四册	許同莘捐	麗一八
三流道里表		湖北讞局本	二册	許同莘捐	盈七六
五軍道里表		湖北讞局本	二册	許同莘捐	盈七七
洗冤錄歌訣	闕名	湖北書局縮印本	一册	許同莘捐	麗二
欽定清國刑律	宣統年定	木刻本	二册	許同莘捐	洪九九
補注洗冤錄集證	清王又槐集證	套印本	四册		成三五八
太清律例會通新纂四十卷	清陳若霖纂	木刻本	二十四册		盈七一
職官類					
官制					
翰林記二十卷	明黃佐撰	嶺南遺書本一集八至十一			水七
漢官解詁	漢王隆撰 胡廣注	平津館本之四			水一〇
翰苑羣書二卷	唐李肇撰	知不足齋本十三集二至三			水一六
麟臺故事五卷	宋程俱撰	武英殿聚珍本之六十			冬五

無錫縣立圖書館書目 卷七史部 政書類 律例 職官類 官制 官箴 五

麟臺故事四卷	宋程俱記	十萬卷樓本之七十九			水九
趨朝事類	闕名	說郛本之五十三			爲一
漢官七種		平津館本之四			水一〇
爵秩全覽	闕名	木刻本	四册	許同藺捐	調二一六
南宋館閣錄十卷	宋陳騤撰	武林掌故叢編本之七十三			水一二
侯國職官表	清胡匡衷著	昭代叢書本之十八			結一
歷代職官表六卷	清黃本驥校	三長物齋本十三至十四			出二
明制女官考	黃百家	香豔叢書本之四十二			雨四
南宋館閣續錄	闕名	武林掌故叢編本七十四至七十五			水一二
官箴					
官箴	宋呂居仁	說郛本之七十二			爲一
政經	宋眞德秀	說郛本之七十二			爲一
從政錄	明薛瑄著	寳顏堂秘笈本廣集之五			閏三五

康濟譜三十五卷	明潘遊龍輯著	琉璃廠本	十二册		月七九
學仕錄十六卷	清戴肇辰輯	木刻本	八册		月八○
圖民錄四卷	清袁守定著	木刻本	二册		盈八八
官紳約	清石天基	有福讀書堂彙刻本			藏二九○
共勉錄	清朱燏基編次	山西木刻本	一册		崑四八
文公政訓	宋朱熹著	寶顏堂秘笈本續集之一			閏三五
西山政訓	宋真德秀著	寶顏堂秘笈本續集之一			閏三五
忠告全書二卷	元張養浩著	木刻本	一册		月八七
佐治藥言	清汪輝祖纂	知不足齋本十二集之八			水一六
道齊正軌二十卷	清鄒鳴鶴纂述	木刻本	八册		崑五一
提牢瑣記	清濮文暹	清人說薈本之六			結三一
吏治三書六卷	清劉衡存稿	江蘇書局本	一册		盈六六
州縣提綱	闕名	後知不足齋本	二册		呂一四九
宦海慈航	蔣埴	說部叢書本之三			雨六
宦海指南五種	清許乃普錄	木刻本	七册	許同藺捐	劍一一四
學治一得編	清何耿繩輯	崇文書局本	一册	許同莘捐	盈六六
政學錄初稿八卷	清鄭鳴鶴陸言校輯	鄭氏木刻本	八册	許同莘捐	呂一七六
公門懲勸錄二卷	清周炳麟輯	有福讀書堂叢刻本			藏二九○
公門果報錄	壬陽王氏摘錄	木刻本	一册	徐進寬捐	稱四八
在官法戒錄摘鈔四卷	清陳宏謀編輯	崇文書局本	二册		盈六七

目錄類

經籍

經義考三百卷	清朱彝尊錄	浙江書局本	五十册		闕四
小學考五十卷	清謝啓昆錄	浙江書局本	二十册		調二
七略別錄	漢劉向撰	玉函山房本之六十四			水一一
遠礦書目	闕名	咫進齋本之二十三			水二

禁書總目	闕名	咫進齋本之二十三			水二
南江書錄	清邵晉涵撰	聚學軒本之八十二			雨一
讀易別錄三卷	清全祖望	知不足齋本二十三集之一			水一六
叢書舉要六十卷	清楊守敬原本李之鼎補編	鉛印本	四十四册		成三四六
儀顧堂跋十六卷	清陸心源著	木刻本	四册		麗一九
羣書校補九十八卷	清陸心源輯	陸氏木刻本	二十四册		冬三○
藏書紀要附流通古書約	清孫慶曾著	榆園叢刻本之十七			水四
書目答問	清張之洞	石印本	二册		餘六九
琴書存目六卷 附別錄二卷	周慶雲纂	木刻本	四册	顧稚湖捐	餘二五七
遂初堂書目	宋尤袤	說郛本之十二			爲一
又	同上	常州先哲遺書本之五			呂一
又	宋尤袤撰	海山仙館本之一			陽三三三
郡齋讀書志二十卷	宋晁公武撰	長沙王氏刻本	十册		日一五三
國史經籍志五卷	明焦竑	粵雅堂本五十九至六十三			雨二
得月樓書目	明李鶚翀	常州先哲遺書本之五			呂一
文淵閣書目四卷	明楊士奇等編	讀畫齋木刻本	六册		閏一七一
八史經籍志三十卷	闕名	日本木刻本	十六册		結三
絳雲樓書目四卷	清錢謙益撰 陳景雲注	粵雅堂本一百二十一至一百二十二			雨一
武林藏書錄五卷	清丁申撰	武林掌故叢編本一百九十至一百九十一			水一二
又四卷	清丁申錄	嘉惠堂本	二册		月一八
八旃著述考	清震鈞	清人說薈本之六			結三一
藏書記事詩六卷	清葉昌熾撰	靈鶼閣本三十至三十六			專一四
又七卷	清葉昌熾	硃刻本	六册		盈九四
經史質疑錄	清張聰咸撰	聚學軒本之五十二			雨一
古今僞書考	清姚首源著	知不足齋本二十三集之一			水一六
海虞藝文志六卷	清姚福均輯	姚氏木刻本	二册		月七二

讀書敏求記四卷	清錢曾	海山仙館本三至四			陽三三三
皇朝經籍志六卷	清黃本驥輯	三長物齋本六至七			出二
海源閣書目	清江標	木刻本	一冊	祝心淵捐	雨四〇
儀顧堂續跋十六卷	清陸心源	舊刻本	六冊		月六八
杭州藝文志十卷	清吳慶坻纂著	長沙刻本	五冊	許同藺捐	麗二〇〇
經義考補正十二卷	清翁方綱撰	粵雅堂本七十二至七十六			雨二
無錫藏書考	秦國璋	鈔本	一冊	秦國璋捐	麗七二
人鏡廬書目	黃有則編輯	鉛印本	一冊	黃有則捐	麗一一七
續彙刻書目	羅振玉輯	雙魚堂刻本	十冊		日一六〇
日本書目志十五卷	康有爲	大同譯書局本	八冊	許同藺捐	月六四
西學書目表	梁啓超	木刻本	一冊	直隸省第一圖書館捐	暑一五
又同上	同上	同上	一冊	許同藺捐	月六三
直齋書錄解題二十二卷	宋陳振孫撰	武英殿聚珍本四十九至五十六			冬五

無錫縣立圖書館書目 卷七史部 目錄類 經籍 八

直齋書錄解題二十二卷	宋陳振孫撰	仿武英殿本	十二冊		月一一四
漢藝文志考證十卷	宋王應麟	玉海大刻本	二冊	丁福保捐	出一五
澹生堂藏書目十四卷	明祁承㸁	紹興先正遺書本三十三至三十六			水五
日本見在書目	日本介藤佐世撰	古逸叢書本之三十五			露二
四庫全書考證一百卷	清王太岳等纂輯	武英殿聚珍本	九十六冊		月六九
季滄葦藏書目	清季振宜	士禮居黃氏叢書之二十			劍四
天祿琳瑯書目正十卷續二十卷	清于敏中等編校	長沙王氏本	十冊		盈九三
孫氏書目三種七卷	清孫星衍撰	木犀軒刻本	三冊		調三六五
穰梨館過眼錄四十卷	清陸心源編	陸氏木刻本	十六冊		冬九
皕宋樓藏書志一百二十卷	清陸心源編著	十萬卷樓本	三十二冊		洪一六六
四庫全書總目	闕名	舊鈔本	四冊		盈九五
銷燬抽燬書目	闕名	咫進齋本之二十一			水二
補三國藝文志四卷	清侯康撰	嶺南遺書本五集之十四			水七

隋書經籍志考證十三卷	清章宗源撰	鄂官書局重刻本	四冊		閏一七〇
述古堂藏書目四卷	清錢曾	粵雅堂本一百二十三至一百二十四			雨二
江刻書目三種		靈鶼閣本	四冊		月四四
彙刻書目重編	朱氏增訂	木刻本	二十冊		藏六三
浙江採集遺書	清沈初編	原刻本	十二冊		冬一七
新學書目提要四卷	通雅齋編纂	廣雅書局鉛印本	三冊	許同辛捐	麗二六
漢書藝文志考證十卷	宋王應麟撰	玉海附刻本三至四			冬四
世善堂藏書目錄二卷	明陳第編	知不足齋本十九集之八			水一六
重編紅雨樓題跋二卷	明徐𤊹撰 繆荃孫輯	峭帆樓木刻本	一冊	趙學南捐	露六六
補續漢書藝文志二卷	清錢大昭學	積學齋本之十一			結一一
又	清錢大昭著	昭代叢書本之一百十九			結一
補後漢書藝文志四卷	清侯康撰	嶺南遺書本五集之十三			水七
又十卷	清顧櫰三	金陵叢書本五至十二			雨二三

無錫縣立圖書館書目 卷七史部 目錄類 經籍 九

補遼金元藝文志	清金門詔著	昭代叢書本之八十九			結一
史記天官書補目	清孫星衍著	昭代叢書本之一百十九			結一
錫金歷朝書目考十二卷	清高鐈泉彙編	聚珍本	五冊	孫思贊捐	崑七二
船山叢書校勘記二卷	清劉毓崧	船山遺書本之一百十八			水一四
春在堂全書錄要	清俞樾編	春在堂全書本之一百五十七			水一五
愛日精廬藏書志三十六卷續四卷	清張金吾	靈芬閣木刻本	十冊		冬二九
古越藏書樓書目二十卷	清徐樹蘭編	石印本	八冊		號一四一
汲古閣校刻書目三卷	清晦道人輯	舊刻本	一冊		月七三
汲古閣校刻書目	清鄭德懋	小石山房本之十一			雨二六
行素堂目覩書目	清朱記榮輯訂	古吳槐里刻本	十冊		月七〇
善本書室藏書志四十卷	清丁丙輯	丁氏刻本	十六冊	朱尙友堂捐	日一〇七
天一閣現存書目六卷	清薛福成編次	木刻本	四冊		寒五一
丁氏持靜齋書目		丁氏刻本	一冊	祝心淵捐	月九六

涵芬樓藏書目錄		商務書館鉛印本	二册		列八七
峭帆樓叢書序目	趙詒琛編	木刻本	一册	趙詒琛捐	稱八四
外交部地圖目錄四卷	劉鐸	鉛印本	一册	外交部捐	呂三〇
錢氏歷代書目考	闕名	稿本	一册	錢宗濂捐	調二二九
直隸圖書館書目		鉛印本	十一册		餘二四五
浙江圖書館書目		鉛印本	十册		麗六六
又		同上	十一册	朱維生捐	日一二二
福建圖書館書目	王歘菴編	鉛印本	一册	吳聿卿捐	出七八
江南圖書館書目		鉛印本	八册		結二〇
南京圖書局書目		鉛印本	二册	江蘇省立第一圖書館捐	調二七四
常熟圖書館書目		油印本	四册		呂二九
又		鉛印本	二册		呂二九
皕宋樓藏書源流考	日本島田翰著	硃印本	一册	楊道霖捐	劍一六

無錫縣立圖書館書目 卷七史部 目錄類 經籍 十

徵刻唐宋祕本書目	清黃虞稷周在浚同編次	昭代叢書本之一百零七			結一
四庫全書總目提要二百卷	清紀昀等纂	廣東書局木刻本	一百二十册		珠三
四庫全書簡明目錄		八杉齋校本	十二册		餘一九九
汲古閣刻版存亡考	清鄭德懋	小石山房本之十二			雨二六
宋元本書目行格表二卷	清江標輯	木刻本	四册		結一四
宋元舊本書經眼錄五卷	清莫友芝	邃諭樓本	四册		調二二〇
郘亭知見傳本書目十六卷	清莫友芝	鉛印本	六册		成三八八
績溪胡氏所著書目二卷	清胡培系編輯	世澤樓刻本	一册		調三六三
國朝未刊遺書志略	清朱記榮輯錄	觀自得齋木刻本	一册		麗一二二
春在堂全書校刊記	清蔡啓盛	春在堂全書本之一百五十八			水一五
華氏歷代著述目錄	闕名	稿本	一册	宗濂捐	調二二四
汲古閣珍藏祕本書目		士禮居叢書本之二十			劍四
汲古閣校刻書目補遺	清鄭德懋	小石山房本之十二			雨二六

四庫全書提要分纂稿	清邵晉涵	紹興先正遺書本之三十七			水五
趙氏峭帆樓藏書目錄	清趙元益	鈔本	二册		盈九六
海源閣楹書隅錄初編五卷	清楊紹和	海源閣木刻本	六册		麗一三七
海源閣楹書隅錄續編五卷	同上	同上	四册		麗一三七
鐵琴銅劍樓藏書目錄廿四卷		木刻本	十册		稱四
壬子文瀾閣所存書目五卷	闕名	木刻本	四册	朱經生捐	麗六五
拙存堂石泉書屋題跋	清蔣衡著	江浦陳氏木刻本	一册		麗一三一
江南圖書館善本書目		鉛印本	一册		結一九
又		同上	一册		結一九
南京圖書局書畫目錄		鉛印本	一册	江蘇省立第一圖書館捐	調二七三
大公圖書館藏書目錄十二卷續補八卷	榮善昌嚴懋功編	錫成公司鉛印本	四册		暑一八〇
士禮居藏書題跋記續錄	清黃丕烈	靈鶼閣本十四至十五			專一四
欽定武英殿聚珍版程式		武英殿聚珍本之五十七			冬五

無錫縣立圖書館書目 卷七史部 目錄類 經籍 金石 十一

南通圖書館第一次目錄		鉛印本	七册		月一六七
同里麗則女校藏書目錄		油印本	一册		暑一七九
清史館採訪江蘇藝文通札	闕名	本館鈔本	一册		歲四一三
省立第二圖書館目錄續編		木刻本	二册		麗七九
省立第二圖書館書目三編總目		木刻本	四册		麗七九
江蘇通俗圖書館特別閱覽書目		油印本	二册	侯鴻鑑捐	成三八五
欽定四庫全書總目提要四部類叙		靈鶼閣本之七			專一四
江蘇省立第三師範學校圖書館藏書目錄		油印本	一册		來四一
無錫縣立第一高等小學校圖書館目錄甲編	朱正色編	鉛印本	一册		麗二〇八

金石

籀史	宋翟耆年撰	守山閣本之四十六			麗八四
語石	清葉昌熾	木刻本	四册		歲四二四
金石略三卷	宋鄭樵輯	學古齋本十一至十二			專九

金石錄三十卷 目錄十卷 跋尾二十卷	宋趙明誠編著 清黃本驥校刊	三長物齋本三十四至三十七		出二
蘭亭考十二卷 附帖跋	宋桑世昌集	知不足齋本十集三至五		水一六
集古錄十五卷 目五卷 附跋尾十卷	宋歐陽修著 清黃本驥校刊	三長物齋本三十至三十三		出二
又	宋歐陽修	說郛本之九十一		爲一
寓意篇	明都穆	顧氏小說本之六		結二四
求古錄	清顧炎武撰	槐廬叢書本之四十二		露五
又	清顧炎武著	亭林遺書本之二十		水一八
石經考	清顧炎武著	亭林遺書本之九		水一八
金石史二卷	清郭宗昌撰	學古齋本之二十四		專九
又同上	清郭宗昌著	知不足齋本四集之八		水一六
又	同上	昭代叢書本之一百零八		結一
金石苑六卷	清劉燕庭	石印本	六册	調二一七
金石契	清張燕昌過眼	聚學軒本	四册	歲四三一
金石攟	清陳善舉手摹	木刻本	十册	歲四一九
觀石錄	清高兆著	美術叢書本之三		藏五
漢石例	清劉寶楠	槐廬叢書本九至十一		露五
讀漢碑	清俞樾	春在堂叢書本之五十四		水一五
東坡題跋六卷	宋蘇軾撰	津逮秘書本二百十六至二百二十二		陽三三二一
鶴山題跋七卷	宋魏了翁撰	津逮秘書本二百二十三至二百二十五		陽三三二一
山谷題跋九卷	宋黃庭堅撰	津逮秘書本二百二十六至二百二十九		陽三三二一
放翁題跋六卷	宋陸游撰	津逮秘書本二百三十至二百三十二		陽三三二一
旡咎題跋	宋晁補之撰	津逮秘書本之二百三十三		陽三三二一
姑溪題跋二卷	宋李之儀撰	津逮秘書本之二百三十四		陽三三二一
宛丘題跋	宋張耒撰	津逮秘書本之二百三十三		陽三三二一
石門題跋二卷	宋釋德洪撰	津逮秘書本一百三十五至一百三十六		陽三三二一
淮海題跋	宋秦觀撰	津逮秘書本之二百三十三		陽三三二一

西山題跋三卷	宋眞德秀撰	津逮秘書本二百三十七至二百三十九		陽三三二一
六一題跋十一卷	宋歐陽脩撰	津逮秘書本二百四十至二百四十四		陽三三二一
止齋題跋二卷	宋陳傅良撰	津逮秘書本之二百四十五		陽三三二一
元豐題跋	宋曾鞏撰	津逮秘書本之二百四十六		陽三三二一
魏公題跋	宋蘇訟撰	津逮秘書本之二百四十六		陽三三二一
水心題跋	宋葉適撰	津逮秘書本之二百四十六		陽三三二一
晦庵題跋三卷	宋朱熹撰	津逮秘書本二百四十七至二百四十九		陽三三二一
益公題跋十二卷	宋周必大撰	津逮秘書本二百五十至二百五十五		陽三三二一
容齋題跋二卷	宋洪邁撰	津逮秘書本之二百五十六		陽三三二一
後村題跋四卷	宋劉克莊撰	津逮秘書本二百五十七至二百五十八		陽三三二一
海岳題跋	宋米芾撰	津逮秘書本之二百五十九		陽三三二一
廣州書跋十卷	宋董逌著	津逮秘書本一百零三至一百零六		陽三三二一
又同上	同上	槐廬叢書本五十二至五十四		露五
法帖刊誤	宋陳與義	說郛本之九十一		爲一
又二卷	宋黃伯思	說郛本之九十		爲一
蘭亭續考二卷	宋俞松集	知不足齋本十集之六		水一六
法帖譜系二卷	宋曹士冕	說郛本之九十一		爲一
石刻鋪叙二卷	宋曾宏父纂述	知不足齋本十集之七		水一六
寶刻叢編二十卷	宋陳思纂次	十萬卷樓本八十至八十七		水九
金石古文十四卷	明楊愼撰	學古齋本十九至二十		專九
金薤琳琅二十卷 補遺一卷	明楊愼撰	學古齋本十五至十八		專九
石墨鐫華六卷 附錄二卷	明趙崡撰	學古齋本二十一至二十三		專九
又八卷	明趙崡著	知不足齋本三集之五		水一六
古刻叢抄	明陶宗儀編	知不足齋本二十一集之四		水一六
又	同上	學古齋本之十四		專九
瘞鶴銘考	明顧元慶	顧氏小說本之七		結二四

金石要例	明黃宗羲	說部叢書本之五十五		雨六
又附論文管見	清黃宗羲著	昭代叢書本之八十		結一
金石錄補二十七卷	清葉奕苞著	槐廬叢書本六十六至七十		露五
金石小箋	清葉奕苞著	昭代叢書本之百五十一		結一
湛園題跋	清姜宸英著	小石山房本之十二		雨二六
又	同上	昭代叢書本之百二十八		結一
義門題跋	清何焯著	小石山房本之十三		雨二六
又	同上	昭代叢書本之百二十七		結一
古誌石華三十卷	清黃本驥編	三長物齋本十六至二十一		出二
元碑存目	清黃本驥編次	聚學軒本之五十一		雨一
南村帖考四卷	清程文榮撰	聚學軒本八十三至八十六		雨一
金石續錄四卷	清劉青藜著	學古齋本之五		專九
金石稱例五卷	清梁廷枏纂	槐廬叢書本之五十五		露五
金石綜例四卷	清馮登府纂	槐廬叢書本五十六至五十七		露五
金石例補二卷	清郭麐	槐廬叢書本之十二		露五
瘞鶴銘辨	清張弨著	昭代叢書本之十六		結一
古刻叢鈔	清孫星衍重編	平津館本之二十八		水一〇
西清古鑑四十卷	清梁詩正等編纂	鴻文書局石印本	二十四册	專一〇
西清續鑑	清那彥成等補輯	涵芬樓影寧壽宮本	四十二册	專一〇
後觀石錄	清毛奇齡著	美術叢書本之十一		藏五
國山碑考	清吳騫	拜經樓本之四		水三
漢隸拾遺	清王念孫	讀書雜志本之二十二		劍八
金石萃編一百六十卷	清王昶著	王氏補刻本	六十四册	調一
金石文鈔	清趙紹祖手輯	木刻本	十册	歲四二八
砥齋題跋	清王宏撰著	小石山房本之十二		雨二六
竹雲題跋四卷	清王澍著	海山仙館本之八十四		陽三三三

金石續編	清陸耀遹校訂	雙白燕堂本	十六册	歲四二二
甯壽鑑古		涵芬樓影寧壽宮本	三十二册	專一二
古誌新目	顧燮光輯	石印本	一册 顧燮光捐	暑三四
石言初集六卷	顧燮光著	石印本	三册 顧燮光捐	暑三五
漢石經魯詩	漢蔡邕書	玉函山房本之六十三		水二
漢石經尚書	漢蔡邕書	玉函山房本之六十三		水二
漢石經儀禮	漢蔡邕書	玉函山房本之六十三		水二
漢石經公羊	漢蔡邕書	玉函山房本之六十三		水二
寶章待訪錄	宋米芾	美術叢書本之二十九		藏五
又	同上	說郛本之九十一		爲一
紹興古器評二卷	宋張掄	津逮秘書本之百六十七		陽三三二
金石文字記六卷	清顧炎武者	亭林遺書本八至九		水一八
京東考古錄	清顧炎武著	亭林遺書本之七		水一八
山東考古錄	清顧炎武著	亭林遺書本之七		水一八
漢石經考異	清馮登府著	皇清經解本之三百五十七		天四
魏石經考異	清馮登府著	皇清經解本之三百五十七		天四
唐石經考異	清馮登府著	皇清經解本之三百五十八		天四
蜀石經考異	清馮登府著	皇清經解本之三百五十九		天四
閒者軒帖考	清孫承澤述	文藝叢書本之二十八		雨一八
又	同上	知不足齋本四集之八		水一六
又	同上	檢園叢刻本之十七		水四
漢魏石經考	清萬斯同輯	昭代叢書本之十九		結一
唐宋石經考	清萬斯同輯	昭代叢書本之十九		結一
南漢金石志二卷	清吳蘭脩撰	翠琅玕館本之三		麗三〇
又同上	同上	嶺南遺書本五集之九		水七
括蒼金石志	清李遇孫輯	木刻本	六册	歲四二七

又十二卷	同上	同上		冬三三
簠齋藏器目	清陳介祺	靈鶼閣本十二與三十	六冊	專一四
安徽金石略十卷	清趙紹祖輯	聚學軒本二十九至三十二		雨一
涇川金石記	清趙紹祖輯	聚學軒本之三十三		雨一
木庵藏器目	清程振甲	靈鶼閣本之十二		專一四
窓齋藏器目	清吳大澂	靈鶼閣本之十二		專一四
京畿金石考二卷	清孫星衍	槐廬叢書本之十八		露五
寰宇訪碑錄十二卷	清孫星衍 邢澍同撰	平津館本十二至十七		水一〇
東甌金石志十二卷	清戴咸弼纂輯	石印本	二冊 曹衡之捐	成三八九
九曜石刻錄	清周中孚撰	翠琅玕館本之三		麗三〇
顏書編年錄四卷	清黃本驥編	翠琅玕館本十五至十六		麗三〇
淳化閣帖跋	清沈蘭先著	昭代叢書本之一百零八		結一
滿泉摹古錄	清趙希璜著	昭代叢書本之十		結一

無錫縣立圖書館書目 卷七史部 目錄類 金石 十六

山樵書外紀	清張開福著	昭代叢書本之十八		結一
鐵函齋書跋	清楊賓著	昭代叢書本之一百二十七		結一
古金待問錄	清朱楓輯	昭代叢書本之二十八		結一
瘞鶴銘圖考	清汪士鋐編	思進齋本之六		水二
蘇齋唐碑選		思進齋本之六		水二
中州金石目四卷 附補遺	清姚晏	思進齋本之十四		水二
隱綠軒題識	清陳奕禧著	小石山房本之十二		雨二六
紅崖碑釋文	清鄒漢勛撰	鄒叔子遺書七種之八		藏六
鐵橋金石跋四卷	清嚴可均撰	聚學軒本之四十九		雨一
平津續碑記八卷	清洪頤煊	槐廬叢書本十九至二十二		露五
和林金石錄詩一卷考一卷		靈鶼閣本之二十六		專一四
清儀閣題跋	清張廷濟	木刻本	四冊	歲四二二
石鼓文定本	清古華山農評	古華山館本	五冊	歲四二五

攈古錄金文	清吳式芬撰	木刻本	九冊	歲四三〇
陶齋藏石記	清端方	石印本	十二冊	歲四二三
河朔新碑目三卷	顧燮光編輯	石印本	二冊 顧燮光捐	暑三三
三字石經春秋	魏太和中立石	玉函山房本之六十三		水一一
三字石經尚書	魏太和中立石	玉函山房本之六十三		水一一
魏三體石經考	魏正始中立石	平津館本之六		水一〇
元豐金石跋尾	宋曾鞏撰	學古齋本之十三		專九
周秦刻石釋音	元吾邱衍	十萬卷樓本之四十一		水九
隋唐石刻拾遺二卷	清黃本驥編	聚學軒本六十八至六十九		雨一
積古齋藏器目	清阮元	靈鶼閣本之十二		專一四
金石萃編補目三卷	清黃本驥編次	聚學軒本之五十		雨一
平津讀碑續紀	清洪頤煊	槐廬叢書本之二十二		露五
漢魏六朝篆例四卷	清李富孫學	槐廬叢書本之四十三		露五

無錫縣立圖書館書目 卷七史部 目錄類 金石 十七

補寰宇訪碑錄六卷	清趙之謙集錄	槐廬叢書本四十四至四十五		露五
金石錄補續跋七卷	清葉奕苞著	槐廬叢書本七十二至七十三		露五
古墨齋金石跋六卷	清趙紹祖輯	聚學軒本二十六至二十八		雨一
兩罍軒藏器目	清吳雲	靈鶼閣本之十二		專一四
金石文字辨異十二卷	清邢澍	聚學軒本十一至十八		雨一
平安館藏器目	清葉志詵	靈鶼閣本之十二		專一四
北宋石經考異	清馮登府著	皇清經解本之三百五十九		天四
嘉蔭簃藏器目	清劉喜海	靈鶼閣本之二十九		專一四
扶風縣石刻記二卷	清黃樹穀撰	涵芬樓秘笈本五集之一		藏二三〇
汪本隸釋刊誤	清黃丕烈著	士禮居叢書本之二十九		劍四
選青閣藏器目	清王錫棨	靈鶼閣本之三十		專一四
藝風堂金石目十八卷	清繆荃孫編	木刻本	八冊	雲四五〇
淳化閣帖釋文	清朱家標校定	桐錦堂刻本	二冊	歲四二六

清儀閣藏器目	清張廷濟	靈鶼閣本之十二			專一四
兩浙金石別錄三卷	顧燮光輯	石印本	一冊	顧燮光捐	署三六
古誌彙目初集二卷	顧燮光輯	石印本	一冊	顧燮光捐	署三二
滋蕙堂法帖題跋	清曾恢德纂	昭代叢書本之三十九			結一
懷米山房藏器目	清曹載奎	靈鶼閣本之十二			專一四
石經閣金石跋文	清馮登府著	槐廬叢書本之五十七			露五
梅花草盦藏器目	清丁彥臣	靈鶼閣本之十二			專一四
拙存堂碑帖題跋	清蔣衡	文藝叢書本之二十			雨一八
石泉書屋藏器目	清李佐賢	靈鶼閣本之二十九			專一四
江寧金石待訪目二卷	清嚴觀編	靈鶼閣本之十六			專一四
雙虞壺齋藏器目	清吳式芬	靈鶼閣本之二十九			專一四
括蒼金石志補遺四卷	清鄒柏森輯	聚學軒本之七十			雨一
愛吾鼎齋藏器目	清李璋煜	靈鶼閣本之二十九			專一四

翁覃溪帖考三種	清翁方綱	本館鈔本	一冊		歲四一四
慕汲軒金石文錄二卷	吳鼎昌纂	鉛印本	一冊	侯鴻鑑捐	暑一八
陝西碑林碑目表	孫德儔編輯	陝西圖書館印本	一冊		冬七三
鳴野山房彙刻帖目	清沈復粲輯	本館鈔本	四冊		歲四一八
積古齋鍾鼎儀器欵式	清阮元編錄	後知不足齋本	四冊		歲四二九
又二卷	清阮元著	皇清經解本之二百六十一			天四
淳化秘閣法帖源流考	清周行仁錄	昭代叢書本之一百五十			結一
山左南北朝石刻存目	清尹彭壽	靈鶼閣本之十六			專一四
杭郡庠得表忠觀碑記事	清余楙棟輯	武林掌故叢編本之十五			水一二
非見齋審定六朝正書碑目	清譚獻評	半厂叢書本之二十			水六

無錫縣立圖書館書目卷八

子部

儒家類

宓子	周宓不齊撰	玉函山房本之六十四			水一一
景子	周景氏撰	玉函山房本之六十四			水一一
世子	周世碩撰	玉函山房本之六十四			水一一
內業	周管夷吾述	玉函山房本之六十五			水一一
讕言	周孔穿撰	玉函山房本之六十五			水一一
甯子	周甯越撰	玉函山房本之六十五			水一一
董子	周董無心撰	玉函山房本之六十五			水一一
徐子	周徐氏撰	玉函山房本之六十五			水一一
荀子二十卷	周荀況撰	浙江書局本	六冊		宇一
又同上	唐楊倞注	古逸叢書本十至十三			露二

荀子二十卷	唐楊倞注	石印世德堂本十一至十六			露二四
又三卷	同上	湖北書局本	二冊		辰二六
又 諸子精華錄之一	周荀卿	商務書館鉛印本	一冊	縣立女子師範捐	署一二八
新序十卷	漢劉向著	漢魏叢書本三十五至三十六			水一三
又同上	漢劉向撰	湖北書局本	二冊		辰三〇
說苑二十卷	漢劉向著	漢魏叢書本三十七至四十			水一三
又同上	漢劉向撰	湖北書局本	一冊		辰三一
忠經	漢馬融撰	漢魏叢書本之十五			水一三
又	漢馬融	說郛本之七十二			爲一
又	漢馬融撰	津逮秘書本之六十五			陽三三二
又	同上	湖北書局本	一冊		辰一八
新語二卷	漢陸賈著	漢魏叢書本之三十三			水一三
又同上	漢陸賈撰	湖北書局本	一冊		辰一八

新書十卷	漢賈誼著	漢魏叢書本三十三至三十四		水一三
又同上	漢賈誼撰	浙江書局本	二冊	宇一
申鑒五卷 附札記	漢荀悅著	小萬卷樓本之七		雨二五
又同上	同上	漢魏叢書本之四十八		水一三
法言十卷	漢楊雄著	漢魏叢書本之四十八		水一三
詰墨	漢孔鮒	說郛本之五		爲一
至言	漢賈山撰	玉函山房本之六十六		水一一
女誡	漢曹昭	說郛本之七十二		爲一
魏子	後漢魏朗撰	玉函山房本之六十六		水一一
正部	後漢王逸撰	玉函山房本之六十六		水一一
中論三卷 附札記	漢徐幹著	小萬卷樓本之八		雨二五
又二卷	漢徐幹著	漢魏叢書本五十八至五十九		水一三
典語	吳陸景撰	玉函山房本之六十七		水一一
周子	吳周昭撰	玉函山房本之六十七		水一一
傅子	晉傅玄撰	湖北書局本	一冊	辰三五
又	同上	武英殿聚珍本之六十一		冬五
干子	晉干寶撰	玉函山房本之六十八		水一一
通語	晉殷基撰	玉函山房本之六十七		水一一
廣林	晉虞喜撰	玉函山房本之六十八		水一一
孝傳	晉陶潛著	漢魏叢書本之十五		水一三
釋滯	晉虞喜撰	玉函山房本之六十八		水一一
顧子 又名顧子義訓	晉顧夷撰	玉函山房本之六十八		水一一
通疑	晉虞喜撰	玉函山房本之六十八		水一一
厲學	晉虞溥撰	玉函山房本之八十		水一一
新論十卷	梁劉勰著	漢魏叢書本之六十三		水一三
中說二卷	隋王通著	漢魏叢書本之六十		水一三

帝範四卷	唐太宗皇帝撰	武英殿聚珍本之六十一		冬五
誘書	宋司馬光	說郛本之十一		爲一
書儀十卷	宋司馬光	江蘇書局木刻本	一冊	麗一二一
世範	宋袁采	說郛本之七十三		爲一
又三卷	宋袁采編	寶顏堂秘笈本彙集之三		閏三五
庭誥	宋顏延之撰	玉函山房本之六十二		水一一
至書	宋蔡沈	十萬卷樓本之八十八		水九
世緯二卷	明袁袠撰	知不足齋本十五集之八		水一六
庸言	明方學漸著	桐城方氏本之二		日一四
人譜	明劉宗周著	湖北書局本	一冊 許同藺捐	調三一八
士翼三卷	明崔銑著	明崔氏刻本	三冊	結九四
婦學	清章學誠著	香豔叢書本之八		雨四
又	同上	昭代叢書本之八十九		結一
述餘八卷	清方潛	毋不敬齋本九至十一		日八二一
性述三卷	清方潛	毋不敬齋本六至八		日八二一
心述三卷	清方潛	毋不敬齋本三至五		日八二一
原善	清戴震著	昭代叢書本之六十三		結一
宗規	清鍾于序	昭代叢書本之二十三		結一
女學六卷	清藍鼎元纂	鹿洲全集本二十九至三十二		餘二〇〇
環書	清方殿元著	昭代叢書本之三十一		結一
偶書	清魏際瑞著	昭代叢書本之十四		結一
語小	清毛先舒著	昭代叢書本之二		結一
庸言	清魏象樞著	昭代叢書本之八十八		結一
邇言	清勞史著	昭代叢書本之六十九		結一
又	清熊賜履著	昭代叢書本之一百五十三		結一
繹志十九卷	清胡承諾譔	浙江書局木刻本	八冊	麗一五〇

無錫縣立圖書館書目 卷八子部 儒家類 四

身範十三卷	清孫希朱著	木刻本	四册	許同莘捐	寒四二
又同上	同上	木刻本	四册		寒四二
人格	唐文治著	鉛印本	一册	唐文治捐	麗三九
漆雕子	周漆雕開撰	玉函山房本之六十四			水一一
李克書	周李克撰	玉函山房本之六十五			水一一
王孫子	闕名	玉函山房本之六十五			水一一
魯連子	周魯仲連撰	玉函山房本之六十五			水一一
潛夫論十卷	漢王符著	漢魏叢書本五十七至五十八			水一三
又同上	同上	湖北書局本	二册		辰三三
鹽鐵論十二卷	漢桓寬著	漢魏叢書本四十六至四十七			水一三
又二卷	漢桓寬撰	湖北書局本	二册		辰二九
孔叢子二卷	漢孔鮒著	漢魏叢書本之三十二			水一三
又同上	漢孔鮒撰	湖北書局本	一册		辰二七
嚴助書	漢嚴助撰	玉函山房本之八十			水一一
劉敬書	漢劉敬撰	玉函山房本之六十六			水一一
兒寬書	漢兒寬撰	玉函山房本之六十六			水一一
終軍書	漢終軍撰	玉函山房本之六十六			水一一
太元經	晉楊泉撰	玉函山房本之六十八			水一一
去伐論	晉袁宏撰	玉函山房本之六十七			水一一
文中子十卷 即中說	隋王通著 宋阮逸注	浙江書局本	二册		宇一
又同上	同上	湖北書局本	一册		辰三六
伸蒙子三卷	唐林愼思撰	湖北書局本	一册		辰三七
又同上	唐林愼思	知不足齋本十集之一			水一六
續孟子二卷	唐林愼思撰	知不足齋本十集之一			水一六
又同上	同上	湖北書局本	一册		辰三五
素履子三卷	唐張弧	湖北書局本	一册		辰三五

無錫縣立圖書館書目 卷八子部 儒家類 五

女孝經	唐陳邈妻鄭氏撰	說郛本之七十二			爲一
又	唐陳鄭氏著	津逮祕書本之八十			陽二三二
省心錄	宋林逋	說郛本之七十三			爲一
又	宋林逋著	寶顏堂祕笈本續集之二			閏三五
女論語	宋尙宮	說郛本之七十二			爲一
明本釋三卷	宋劉荀撰	武英殿聚珍本六十三至六十四			多五
童蒙訓三卷	宋呂本中	當歸草堂木刻本	一册		麗一六五
辨惑論四卷	元謝應芳撰	守山閣本之四十八			麗八四
慮得集	元華悰韡	昭曠堂木刻本	一册	華士巽捐	崑一三八
毋欺錄	明朱用純著	小石山房本之四			兩二六
又	同上	木刻本	一册	許同蘭捐	藏四四七
東游紀	明方學漸	桐城方氏本之二			日一四
性善繹	明方學漸著	桐城方氏本之一			日一四
海樵子	明王崇慶	續說郛本之一百二十四			爲一
觀微子	明朱袞	續說郛本之一百二十四			爲一
正學編	明陳琛	續說郛本之一百二十三			爲一
宵練匣	明朱得之	續說郛本之一百二十五			爲一
冥影契	明董穀	續說郛本之一百二十五			爲一
正蒙釋四卷	明高攀龍集注	明刻本	四册		崑一五一
俟後編八卷	明王敬臣著	木刻本	一册	許同蘭捐	藏四四八
寗澹語	明方大鎭著	桐城方氏本之三			日一四
困知記二卷 續紀二卷	明羅欽順撰	正誼堂本之七十七			宇二
居業錄八卷	明胡居仁撰	正誼堂本七十二至七十三			宇二
志學錄八卷 續錄三卷	清方宗誠述	柏堂遺書本之二十九			多二
又同上	同上	同上			專一六
俟命錄十卷	清方宗誠	柏堂遺書本二十一至二十四			多二

又 同上	同上	同上			專一六
輔仁錄 四卷	清方宗誠	柏堂遺書本之三十三			冬二
又 同上	同上	同上			專一六
傳經表 二卷	清洪亮吉著	北江全集本之三十五			冬三
通經表 二卷	清洪亮吉著	北江全集本之三十六			冬三
戒嫗錄	清姚廷傑	昭代叢書本之二十三			結一
教孝編	清姚廷傑著	峭帆樓木刻本	一冊	趙學南捐	藏二六六
勸孝詞	清王德森稿	峭帆樓木刻本	一冊	許同藺捐	爲四〇二
省身格 三卷	清 孫希朱 編輯	本館影鈔本	一冊		崑一三六
又	同上	孫氏四種刊本之一	一冊		崑九〇
景行錄 二卷 附崇祀鄉賢錄 守臨淸日記	清秦震鈞著	本館影鈔本	一冊		崑一三七
鳳臺集 二卷	清田錫齡著	木刻本	一冊	許同藺捐	調二九一
問學錄 四卷	清陸隴其輯	正誼堂本之八十七			宇二
思辨錄 三十五卷	清陸世儀著	木刻本	八冊	唐文治捐	日九八
儒行述	清彭紹升著	昭代叢書本之六十三			結一
夙興語	清甘京著	昭代叢書本之二			結一
道統錄 二卷 附錄一卷	清張伯行撰	正誼堂本一百零二至一百零三			宇二
正學續 四卷	清陳遇夫撰	嶺南遺書本三集八至九			水七
懺摩錄	清彭兆蓀著	小石山房本之五			雨二六
新婦譜	清陸圻撰	香豔叢書本之十一			雨四
松溪子	清王晫著	昭代叢書本之二			結一
女四書 二卷	清王相箋注	源德堂木刻本	二冊		藏二八五
書紳錄	清 紀大奎 原編	木刻本	一冊		辰九四
淑艾錄	清祝淦纂	昭代叢書本之一百二十八			結一
讀論衡	清俞樾	春在堂全書本之四十三			水一五
讀中論	清俞樾	春在堂全書本之四十三			水一五

晨鐘錄 附福幼編應驗良方	張子良	石印本	一冊	周莘農捐	暑三〇三
公孫尼子	周公孫尼撰	玉函山房本之六十五			水一一
魏文侯書	周魏侯斯撰	玉函山房本之六十四			水一一
李氏春秋	闕名	玉函山房本之六十五			水一一
揚子法言 十三卷	漢揚雄撰 晉李軌注	浙江書局本	一冊		宇一
又	漢揚雄著	湖北書局本	一冊		辰三二
公孫弘書	漢公孫弘撰	玉函山房本之六十六			水一一
平原君書	漢朱建撰	玉函山房本之六十六			水一一
賈誼新書	漢賈誼著	湖北書局本	二冊		辰三四
孔氏家語 十卷	魏王肅注	汲古閣本	四冊	丁寶書捐	辰七九
孔子家語 十卷 即孔氏家語	魏王肅輯	湖北書局本	二冊		辰二五
王子正論	魏王肅撰	玉函山房本之六十七			水一一
王氏新書	魏王基撰	玉函山房本之六十七			水一一
杜氏體論	魏杜恕撰	玉函山房本之六十七			水一一
譙子法訓	蜀譙周撰	玉函山房本之六十七			水一一
顧子新語	吳顧譚撰	玉函山房本之六十七			水一一
梅氏新論 二卷	晉梅氏撰	玉函山房本之六十八			水一一
袁子正書	晉袁準	玉函山房本之六十七			水一一
袁子正論	晉袁準撰	玉函山房本之六十七			水一一
華氏新論	晉華譚撰	玉函山房本之六十八			水一一
古今通論	晉王嬰撰	玉函山房本之六十八			水一一
揚子新注	唐柳宗元	說郛本之十二			爲一
發明義理	宋呂希哲	說郛本之十			爲一
漁樵問對	宋邵雍	說郛本之十			爲一
西疇常言	宋何坦	說郛本之十			爲一
昭德新編	宋晁迥	說郛本之二十九			爲一

涑水家儀 宋司馬光 說郛本之七十三 爲一
石林家訓 宋葉夢得 說郛本之七十三 爲一
訓學齋規 宋朱熹 說郛本之七十三 爲一
二程粹言二卷 宋楊時編 正誼堂本五十八至五十九 宇二一
上蔡語錄三卷 宋魯悟胡安國錄 朱熹刪定 正誼堂本之六十二 宇二一
元城語錄三卷 附附錄 宋馬永卿編 小萬卷樓本之十 雨二五
少儀外傳二卷 宋呂祖謙撰 守山閣本之四十七 麗八四
胡子知言六卷 疑義一卷 附錄一卷 宋胡宏著 粤雅堂本之一百三十六 雨二
袁氏世範三卷 宋袁采撰 知不足齋本十四集二至三 水一六
孔子集語二卷 宋薛據纂 湖北書局本 一册 辰三八
黃氏日鈔九十七卷 要二十卷 附古今記 宋黃震著 耕餘樓刻本 二十四册 辰七一
性理字訓 宋程端蒙 程若庸同撰 舊刻本 一册 徐耆寬捐 稱八一
六藝綱目 元舒藝風述 鈔本 一册 錢宗濂捐 調二一三三
書簾緒論 胡大初 說郛本之七十二 爲一
鄭氏家範 闕名 代名 闕 說郛本之七十三 爲一
高子遺書十二卷 附錄一卷 年譜一卷 明高攀龍 本館補正本 八册 劍六六
又同上 同上 木刻本 十三册 岡二二六
又同上 同上 木刻本 十三册 岡八六
人譜類記二卷 明劉宗周著 敦忠堂本 一册 月一三〇
温氏母訓 明温璜述 醫學書局鉛印本 一册 丁福保捐 調二〇六
陽明集要十五卷 明施邦曜輯 中華書局本 四册 露四九
又同上 同上 同上 四册 露四九
沈濢子抄 明蔣鐄 續說郛本之一百二十四 爲一
西原約言 明薛蕙 續說郛本之一百二十六 爲一
朱子學的二卷 明邱濬編 正誼堂本六十五至六十六 宇二一
學蔀通辯十二卷 明陳建撰 正誼堂本六十七至六十八 宇二一

道南源委六卷 明朱衡撰 正誼堂本七十四至七十六 宇二
龐氏家訓 明龐尚鵬撰 嶺南遺書本三集之四 水七
知生或問 明方孔炤著 桐城方氏本之五 日一四
小學古訓 明黃佐撰 嶺南遺書本三集之四 水七
明儒學案八卷 清黃宗羲著 梨洲遺書本九至十一 霜二七二
又十六卷 同上 石印本 八册 宇九
又六十二卷 同上 南昌學署本 二十四册 宇一〇
勸戒贅言二卷 清孫希朱著 本館鈔本 一册 崑一四〇
又 同上 孫氏四種刻本 一册 崑九〇
讀書劄記二卷 清孫希朱 本館鈔本 一册 崑一四一
學堂講話 清余治輯 木刻本 一册 崑一二九
學堂日記 清余治輯 木刻本 一册 崑一二八
續近思錄十四卷 清張伯行集解 正誼堂刻本 四册 文明書局捐 麗七七
續近思錄十四卷 清張伯行編 正誼堂本六十九至七十一 宇二一
二程語錄十八卷 清張伯行訂 正誼堂本一百零四至一百零八 宇二一
朱子語類八卷 清張伯行訂 正誼堂本一百零九至一百十三 宇二一
廣近思錄十四卷 清張伯行撰 正誼堂本一百二十二至一百二十五 宇二一
小學集解六卷 清張伯行撰 正誼堂本一百二十八至一百二十九 宇二一
濂洛風雅九卷 清張伯行撰 正誼堂本一百三十至一百三十二 宇二一
學規類編二十七卷 清張伯行撰 正誼堂本一百三十三至一百三十七 宇二一
養正類編十三卷 清張伯行撰 正誼堂本一百三十八至一百三十九 宇二一
居濟一得八卷 清張伯行撰 正誼堂本一百四十至一百四十一 宇二一
家規類編八卷 清張伯行纂 正誼堂刻本 二册 麗七三
讀禮志疑六卷 清陸隴其輯 正誼堂本八十三至八十四 宇二一
讀朱隨筆四卷 清陸隴其輯 正誼堂本八十五至八十六 宇二一
王學質疑五卷 附錄十卷 清張烈撰 正誼堂本之八十二 宇二一

松陽鈔存	清陸隴其輯	正誼堂本之八十七			宇二
日錄雜說	清魏禧	昭代叢書本之二			結一
日錄裏言	清魏禧著	昭代叢書本之十四			結一
荀子詩說	清俞樾	春在堂全書本之四十			水一五
讀文中子	清俞樾	春在堂全書本之四十三			水一五
讀鹽鐵論	清俞樾	春在堂全書本之四十三			水一五
讀潛夫論	清俞樾	春在堂全書本之四十三			水一五
五種遺規闕在官法戒敎女遺規	清陳宏謀輯	培遠堂本	五冊		辰一五一
顏李遺書九十一卷	清顏元李塨著	王氏畿輔叢書木刻本	廿四冊		專一七
呂子節錄四卷	清陳宏謀評輯	廣仁堂本	二冊		辰九一
宋元學案一百卷	清全謝山定本	湖南書局本	四十八冊		宇八
小學韵語	清羅澤南輯	同文館本	一冊	外交部捐	呂三三
治家格言二卷	清戴翊清著	鉛印本	一冊	楊錫類捐	藏二九九
身世準繩二卷	清李廸光纂輯	舊刻本	二冊		寒二七
小學纂註六卷	清高愈	浙江書局本	二冊		崑一三四
擘言瀝液八卷	清梁顯祖編	原刻本	四冊		律五六
二曲粹言四卷	清李顒	原刻本	一冊		辰一六三
儒門法語	清彭定求,原編	木刻本	一冊		辰九五
舜山學約	清是鏡	舊刻本	一冊	陳烈捐	寒二一
敎勸合編	清紹誠編	木刻本	一冊	徐薇生捐	稱四八
山居瑣言	清王晉之	天津刻本	一冊		調三五二
唐子潛書四卷	清唐甄	李氏重刻本	四冊		辰八八
小學提要	清杜詔潘果同輯	原刻本	一冊	許同藺捐	崑一三二
耑庵隨筆六卷	清陸文衡著	精刻本	四冊		調二七八
聖學入門四卷	清彭世昌輯注	木刻本	二冊		調一六九
潛室劄記二卷	清刁包著	木刻本	二冊		冬四〇

塾講規約	清施璜著	昭代叢書本之二			結一
家人子語	清毛先舒著	昭代叢書本之二			結一
蕉窗日記	清王豫著	昭代叢書本之一百零四			結一
蒙養詩敎	清胡淵著	昭代叢書本之一百六十二			結一
格言僅錄	清任雲	昭代叢書本之二十二			結一
九諦解疏	清王煒著	昭代叢書本之三十一			結一
恆產瑣言	清張英著	昭代叢書本之四十八			結一
已畦瑣語	清葉燮著	昭代叢書本之六十四			結一
志學會約	清湯斌著	昭代叢書本之八十九			結一
論學酬答四卷	清陸世儀著	小石山房本之二			雨二六
孔子集語十七卷	清孫星衍纂輯	平津館本二十二至二十五			水一〇
荀子雜誌八卷 補遺一卷	清王念孫	讀書雜志本十五至十七			劍八
辨心性書	清方潛	毋不敬齋本一至二			日八二
淮雲問答正續各一卷	清陳瑚輯	小石山房本之一			雨二六
呂子校補二卷 附續補一卷	清梁玉繩	槐廬叢書本之六			露五
南江札記四卷	清邵晉涵著	紹興先正遺書本十一至十二			水五
棉陽學準五卷	清藍鼎元纂	鹿洲全集本二十六至二十八			餘二〇〇
姚氏藥言	清姚舜牧	咫進齋本之六			水二
漢學商兌四卷	清方東樹	槐廬叢書本七十四至七十五			露五
新婦譜補	清陳確著	香艷叢書本之十一			雨四
又	清查琪著	香豔叢書本之十一			雨四
六事箴言	清葉玉屏	有福讀書堂叢刊本			藏二九〇
婦德四箴	清徐士俊	香豔叢書本之四十八			雨四
格言聯璧	清金纓編輯	鉛印本	一冊		麗二一
今列女傳	清王壬秋	香豔叢書本之八			雨四
醒齋閑話	清姚大勳	鈔本	一冊	姚炯捐	暑二八一

艮堂十戒	清方象瑛	說部叢書本之三			雨六
教學舉隅	知非子輯	木刻本	一冊	許同蔺捐	調二八六
又	同上	同上	一冊	同上	調二八六
孔教辨惑	劉仁航著	鉛印本	一冊	劉仁航捐	麗一一五
箴言類鈔六卷	陶覺編纂	鉛印本	三冊		藏四一三
女誡注釋	裘毓芳撰	醫學書局鉛印本	一冊	無錫女子師範捐	調二〇五
仲長子昌言二卷	漢仲長統撰	玉函山房本之六十六			水一一
河間獻王書	漢劉德撰	玉函山房本之六十六			水一一
吾邱壽王書	漢吾邱壽王撰	玉函山房本之六十六			水一一
周生子要論	魏周生烈撰	玉函山房本之六十六			水一一
夏侯子新論	晉夏侯湛撰	玉函山房本之六十八			水一一
蔡氏化清經	晉蔡洪撰	玉函山房本之六十八			水一一
孫氏成敗志	晉孫毓撰	玉函山房本之六十六			水一一

無錫縣立圖書館書目 卷八子部 儒家類 十二

文中子中說十卷	宋阮逸注	石印世德堂本十九至二十			露三四
聖門事業圖	宋李元綱	說郛本之八			爲一
伊洛淵源錄十四卷	宋朱熹撰	正誼堂本六十至六十一			宇二
安定言行錄二卷		月河精舍本之一			稱二三
楊椒山遺囑附年譜	明楊繼盛	石印本	一冊	過子怡捐	劍八八
小心齋劄記	明顧憲成	木刻本	二冊		崑一三二
三學灑掃職	闕名	武林掌故叢編本之九十五			水一二
明夷待訪錄	清黃宗羲著	梨洲遺書本之十二			霜二七二
又	清黃宗羲著	海山仙館本之三十八			陽三三三
又	同上	小石山房本之六			雨二六
又	同上	五桂樓本	一冊	許同莘捐	辰七六
近思錄集注十四卷	清江永注	木刻本	四冊		辰一五六
近思錄發明十四卷	清施璜纂注	英秀堂木刻本	八冊	許同蔺捐	藏四五五

清源正本經	清徐徵輯	原刻本	三冊	徐戟叔捐	崑五九
尙志齋二種	清呂存德著	通行本	一冊	許同蔺捐	調三五九
便蒙後覺編四卷		木刻本	四冊	徐彥寬捐	稱九四
樂邑勸民說	清胡維賢	排印本	一冊		藏二三六
讀孟子劄記	清羅澤南著	國學昌明社鉛印本	一冊		閏七〇
濂洛關閩書十九卷	清張伯行集解	正誼堂本一百十四至一百十七			宇二
近思錄集解十四卷	清張伯行集解	正誼堂本一百十八至一百二十一			宇二
思辨錄輯要二十二卷	清陸世儀撰	正誼堂本七十八至八十一			宇二
困學錄集粹	清張伯行著	正誼堂本一百二十六至一百三十七			宇二
師友行輩議	清魏禧著	昭代叢書本之十一			結一
霜紅龕家訓	清傅山著	昭代叢書本之四十八			結一
弟子職集解	清莊述祖	槐廬叢書本之四			露五
張子正蒙注九卷	清王夫之撰	船山遺書本九十至九十四			水一四

無錫縣立圖書館書目 卷八子部 儒家類 十三

讀王氏稗疏	清俞樾	春在堂本之五十六			水一五
少年進德錄	丁福保編纂	丁氏鉛印本	一冊	丁福保捐	爲四〇七
聖學範圍圖說	明岳元聲著	寶顏堂祕笈本普集之七			閏三五
又	明岳元聲	續說郛本之一百二十三			爲一
高忠憲公講義	明高攀龍	本館鈔本	一冊		崑一二一
國朝學案小識十六卷	清唐鑑	木刻本	十二冊		宇一一
朱子語類日鈔四卷	清陳澧編	番禺秦氏本	一冊	許同莘捐	辰一六〇
孫氏孔子集語十七卷	清孫星衍集	浙江書局本	四冊		宇一
十家語錄摘要二卷附詠梅軒劄記	清謝蘭生輯	木刻本	二冊		辰八二
小學句讀集疏十卷	日本竹田定直編次	日本嵩山堂木刻本	五冊	許同蔺捐	藏二四〇
治家格言繹義二卷	清戴翊清著	有福讀書堂叢刻本之一			藏二九〇
又	同上	石印本	一冊	周小農捐	呂一〇四
周子通書講義	清方宗誠述	柏堂遺書本之二十一			冬二一

又	同上	同上			專一六
鍾山書院規約	清楊繩武著	昭代叢書本之一百零四			結一
思問錄內外篇二卷	清王夫之撰	船山遺書本之九十五			水一四
何劭公論語義	清俞樾	春在堂全書本之四十			水一五
讀王觀國學材	清俞樾	春在堂全書本之五十五			水一五
揚子法言虞氏注	吳虞翻撰	玉函山房本之六十六			水一一
五臣注揚子法言十卷	唐李軌 宋宋咸等注	石印世德堂本八至十			露三四
公是先生弟子記四卷	宋劉敞撰	武英殿聚珍本之六十二			冬五
呂新吾先生遺書二十七卷	明呂坤著	木刻本	二十四册		露六
薛文清公讀書錄二十三卷	明薛瑄著	天蓋樓木刻本	三册		冬六九
又十二卷	明薛瑄	薛氏木刻本	六册		辰一二九
國朝漢學師承記八卷 附宋學淵源記二卷	清江藩纂	坊刻小本	六册		宇一二
汪龍莊先生庸訓四卷	清汪輝祖纂	木刻本	一册		結一四六

無錫縣立圖書館書目 卷八子部 儒家類 釋家類 十四

志學會約困學錄合刻	清湯斌著	江蘇書局刻本	一册	許同莘捐	呂六六
程氏家塾讀書分年日程三卷	元程端禮撰	正誼堂本六十三至六十四			宇二

釋家類

牟子	後漢牟融撰	平津館本之二			水一〇
梵珠	清俞樾	春在堂全書本之四十七			水一五
法味		中華書局鉛印本	一册	周莘農捐	署三三六
談因		中華書局鉛印本	一册	周莘農捐	署三三七
佛國記	晉釋法顯	說郛本之六十八			爲一
神僧傳	晉釋法顯	說郛本之一百十四			爲一
寶藏論	姚秦釋僧肇著	金陵刻經處木刻本	一册	許同龢捐	調三四一
二諦義	梁蕭統	說郛本之十			爲一
高僧傳十三卷	梁釋惠皎撰	海山仙館本二十七至三十			陽三三三
北山錄	闕名	說郛本之三十四			爲一

楞嚴經十卷	唐房融筆受	木刻本	二册		辰一四九
析疑論二卷	元妙明集注	木刻本	二册	沈伯偉捐	麗六四
又	同上	同上	一册	許同龢捐	闕六五
笑禪錄	明潘游龍	續說郛本之一百六十七			爲一
選佛譜六卷	明釋智旭述	舊刻本	二册		閏一一四
大藏經八千四百十六卷		頻伽精舍校刻本	四百十四册		露一二一
夫婦編	報恩佛社編輯	文明書局鉛印本	一册	劉仁航捐	爲四八
阿彌陀經	姚秦鳩摩羅什譯	木刻本	一册	沈映泉 王輿楫捐	劍五五
法華三經		聚珍本	四册	黃元炳捐	劍一四
法苑珠林	唐釋道世編	唐代叢書本之四			霜二七三
又	闕名	說部叢書本之七			雨六
又	同上	說郛本之二十六			爲一
又一百卷	唐釋道世撰	蔣氏木刻本	二十四册		閏一〇〇

無錫縣立圖書館書目 卷八子部 釋家類 十五

羅湖野錄四卷	宋釋曉瑩撰	寶顏堂秘笈本續集之七			閏三五
又	宋釋曉瑩	說郛本之二十三			爲一
放生辯惑	明陶望齡	續說郛本之一百五十二			爲一
金剛經解	明曹元相注	木刻本	一册	楊錫類捐	寒二〇三
性相通說	明釋德清述	金陵刻經處木刻本	一册	王輿楫 沈映泉捐	劍四八
勝蓮社約	明虞淳熙	續說郛本之一百五十一			爲一
又	明虞淳熙著	武林掌故叢編本之七十六			水一二
奏對機緣	清釋道忞著	昭代叢書本之一百六十三			結一
放生會約	清吳陳炎著	昭代叢書本之一百六十四			結一
密教綱要	日本權田雷斧著 王弘願譯	潮安刻經處木刻本	一册	方養秋捐	調三三八
又	同上	同上	二册	黃元炳捐	署一七五
安士全書	清周夢顏述	鉛印本	四册	楊錫類捐	劍二五
欲海探源	清周夢顏編	鉛印本	一册	吳玉書捐	麗一四三

無錫縣立圖書館書目 卷八子部 釋家類 十六

念佛百問	清釋悟開著	木刻本	一册	沈映泉王興楫捐	劍五四
瑞應集錄	釋元賢撰	木刻本	一册	沈映泉王興楫捐	劍六〇
百法義錄	梅光羲錄	石印本	三册	蔣維喬捐	閏一〇九
道學論衡二卷	釋太虛造	覺社鉛印本	二册	中華書局捐	調三三七
佛學易解	賈豐臻編纂	商務書館鉛印本	一册		陽三三八
佛學大綱二卷	謝蒙編輯	中華書局鉛印本	一册		列五二
佛學初階	丁福保編纂	醫學書局本	一册	丁福保捐	爲三九八
佛學撮要	丁福保編	醫學書局本	一册	丁福保捐	結一八四
佛經講義	錢基博纂	油印本	一册		號一六〇
淨業纂要	佛乘修學會纂	木刻本	一册	佛乘修學會捐	日四八
白衣神咒		石印本	一册	王興楫沈映泉捐	劍四四
四十二章經	後漢迦葉摩騰竺法蘭同譯明守遂注	津逮秘書本之六十四			陽三三二
蓮社高賢傳	晉闕名	說郛本之五十九			爲一
蓮社高賢傳	晉闕名	漢魏叢書本之三			水一三
妙法蓮華經七卷	姚秦鳩摩羅什譯	大乘法寶十種三至五			閏一一七
一切經音義二十五卷	唐釋元應撰	木刻本	四册		辰一八七
又同上	同上	同上	四册		閏一四
又同上	同上	海山仙館本六至十一			陽三三三
華嚴經音義四卷	唐釋慧苑撰	守山閣本之九十四			麗八四
普賢行願品	唐罽賓國三藏般若譯	大乘法寶十種本之十			閏一一七
金剛經鳩異	唐段成式撰	唐代叢書本之十六			霜二七三
又	同上	說郛本之一百十八			爲一
大藏治病藥	唐釋靈澈錄	唐代叢書本之九			霜二七三
翻譯名義集二十卷	宋釋法雲編	金陵刻經處木刻本	六册		閏一一八
法藏碎金錄	宋晁迥	說郛本之三十八			爲一
禪門本草補	明袁中道	續說郛本之一百五十一			爲一

無錫縣立圖書館書目 卷八子部 釋家類 十七

金剛經決疑	明釋德清撰	金陵刻經處木刻本	一册	許同藺捐	調三四二
金剛經石注	清石天基	木刻本	一册	沈祖蕃捐	麗六〇
金剛經次詁	清馬其昌次詁	木刻本	一册	許同莘捐	日五〇
西城風俗記	清金人瑞著	昭代叢書本之一百六十七			結一
金剛經注義	清俞樾	春在堂全書本之六十			水一五
佛學大辭典	丁福保編纂	醫學書局鉛印本	十六册	丁福保捐	劍五
靜坐法精義	丁福保編纂	醫學書局鉛印本	一册	丁福保捐	暑四二
佛法引道論	釋了餘紀	鉛印本	一册	沈映泉王興楫捐	劍四三
唯識抉擇談	歐陽竟無講演	鉛印本	一册	黃通捐	暑三九二
觀音普門品普賢行願品合本		鉛印本	一册	華文祺捐	稱九三
佛說無量壽經二卷	魏康僧鎧譯	大乘法寶十種本之十			閏一一七
佛遺教經箋注	姚秦鳩摩羅什譯丁福保箋注	丁氏佛學叢書本之四			麗八七
觀世音經箋注	姚秦鳩摩羅什譯丁福保箋注	丁氏佛學叢書本之五			麗八七
維摩詰所說經三卷	姚秦鳩摩羅什譯	大乘法寶十種本之六			閏一一七
鸚鵡舍利塔記	唐韋皐撰	唐代叢書本之十六			霜二一八
武林高僧事略	宋釋元敬元復同撰	武林掌故叢編本之四十一			水一二
小雲棲放生錄	明釋興楷	武林掌故叢編本之七十九			水一二
勸發菩提心文	清釋實賢撰	佛經流通處校刻本	一册	沈祖蕃捐	麗六二
靈壽書藏紀事	清潘衍桐編	武林掌故叢編本之一百六十六			水一二
阿彌陀經衷論	清王心耕	木刻本	一册	沈映泉王興楫捐	劍六四
重刻龍藏彙記		金陵刻經處木刻本	一册	沈映泉王興楫捐	劍五三
八大人覺經箋注	後漢釋安清譯丁福保箋注	丁氏佛學叢書本之一			麗八七
四十二章經箋注	後漢迦葉摩騰竺法蘭同譯丁福保箋注	丁氏佛學叢書本之三			麗八七
佛說阿彌陀佛經	姚秦鳩摩羅什譯	大乘法寶十種本之十			閏一一七
大佛頂首楞嚴經十卷	唐天竺般刺密帝譯唐房融筆受	大乘法寶十種本一至二			閏一一七
仁王護國般若經	唐釋不空譯	金陵刻經處木刻本	二册	沈映泉王興楫捐	劍五〇

金剛經心經注解	明釋如玘宗泐同注	金陵刻經處木刻本	一册	沈映泉王輿棋捐	劍五二
盂蘭盆經折衷疏	釋全彰疏闕代名	鉛印本	一册	沈映泉王輿棋捐	劍五八
又	同上	同上	一册		劍五八
徑中徑又徑徵義	清張師誠輯	金陵刻經處木刻本	一册	沈映泉王輿棋捐	劍五一
高峯妙禪師語錄	闕名	池州楊氏刻本	一册	許同藺捐	調三四四
佛經精華錄箋注	丁福保箋注	丁氏佛學叢書本之八	一册		麗八七
金剛般若波羅密經	姚秦鳩摩羅什譯	大乘法寶十種本之九	一册		閏一一七
又	同上	金陵刻經處木刻本	一册	沈映泉王輿棋捐	劍四九
佛說觀無量壽佛經	劉宋西域畺良耶舍譯	大乘法寶十種本之十	一册		閏一一七
仁王護國般若經疏	隋釋智者說灌頂記	江北刻經處木刻本	二册	沈映泉王輿棋捐	劍五六
六祖大師法寶壇經	唐釋法海錄	池州楊氏木刻本	一册	許同藺捐	調三四三
大方廣圓覺了義經二卷	唐佛陀多羅譯	大乘法寶十種本之九			閏一一七
高王觀世音經箋注	元魏孫敬德奉勅傳寫丁福保箋注	丁氏佛學叢書本之六			麗八七
楞伽阿跋多羅寶經四卷	宋求那跋陀羅譯	大乘法寶十種本七至八			閏一一七
佛說阿彌陀經箋注	丁福保箋注	丁氏佛學叢書本之九			麗八七
佛說盂蘭盆經箋注	丁福保箋注	丁氏佛學叢書本之十			麗八七
波羅密經疏神寶記	釋柏庭述	江北刻經處木刻本	一册	沈映泉王輿棋捐	劍五七
呂祖注講金剛經心經	乩錄	翼化室木刻本	一册	沈映泉王輿棋捐	劍六
續武林西湖高僧事略	明釋袾宏輯	武林掌故叢編本之四十一			水一二
大佛頂首楞嚴經攝論二卷	釋太虛造	覺社鉛印本	一册	中華書局捐	調三四〇
金剛般若波羅密經箋注	姚秦鳩摩羅什譯丁福保箋注	丁氏佛學叢書本之七			麗八七
般若波羅密多心經箋注	唐釋玄奘譯丁福保箋注	丁氏佛學叢書本之二			麗八七
大乘理趣六波羅密多經	三藏般若奉詔譯	鉛印本	一册	華文祺捐	藏四四〇
護國寺元人諸天畫像讚	明傅巖撰	武林掌故叢編本之一百三十七			水一二
般若波羅密多心經口義	大圓居士說	中華書局鉛印本	一册	尤惜陰捐	署三一〇

道家類

老子	周老聃著	浙江書局本	一册		宇一
又二卷	河上公章句	石印世德堂本之一			露三四
又	嚴復評點	日本鉛印本	一册		餘二二六
又	張之純評注	商務書館鉛印本	一册	無錫女子師範捐	署一三〇
莊子三卷	周莊周著	湖北書局本	二册		辰六二
又十卷	晉郭象注唐陸德明音義	浙江書局本	四册		宇一
又	張之純評注節錄	商務書館鉛印本	二册		署一二七
列子二卷	周列禦寇弟子記	湖北書局本	一册		辰六一
又同上	晉張湛注	浙江書局本	二册		宇一
又	張之純評注節錄	商務書館鉛印本	一册		署一二九
田子	周田駢撰	玉函山房本之七十			水一一
文子二卷附校勘記	周計然著述	守山閣本之九十五			麗八四
素書	漢黃石公	說郛本之九			爲一
素書	漢黃石公著	漢魏叢書本之六十五			水一三
唐子	吳唐滂撰	玉函山房本之七十			水一一
翼莊	晉郭象	說郛本之五			爲一
陸子	晉陸雲撰	玉函山房本之七十			水一一
蘇子	晉蘇彥撰	玉函山房本之七十			水一一
苻子	晉苻郎撰	玉函山房本之七十一			水一一
孫子	晉孫綽撰	玉函山房本之七十一			水一一
少子	南齊張融撰	玉函山房本之七十一			水一一
化書六卷	唐譚峭	寶顏堂秘笈本廣集之五			閏三五
又同上	南唐譚景升	說郛本之九			爲一
廣莊	明袁宏道撰	寶顏堂秘笈本正集之五			閏三五
又	明袁宏道	續說郛本之一百二十三			爲一
脉望八卷	明趙台鼎著	寶顏堂秘笈本續集之三			閏三五

身易	清唐彪著	昭代叢書本之二十四			結一
非老	清吳鼒著	昭代叢書本之一百五十八			結一
補莊	清方正瑗著	桐城方氏本之十			日一四
善言	劉聲元	同善社鉛印本	一册	鄧鈍捐	暑三〇二
陰符經	黃帝	說郛本之九			爲一
伊尹書	商伊尹撰	玉函山房本之七十			水一一
老萊子	周老萊子撰	玉函山房本之七十			水一一
辛甲書	周辛甲撰	玉函山房本之七十			水一一
黔婁子	周黔婁撰	玉函山房本之七十			水一一
亢倉子	周庚桑楚著	湖北書局本	一册		辰六五
關尹子	周尹喜著	湖北書局本	一册		辰六〇
淮南子二十一卷	漢劉安撰 高誘注	浙江書局本	四册		宇一
又二十卷	同上	湖北書局本	六册		辰四七

無錫縣立圖書館書目 卷八子部 道家類 二十

淮南子二十一卷	漢劉安著	漢魏叢書本四十一至四十五			水一三
參同契	漢魏伯陽	說郛本之九			爲一
又	漢魏伯陽著	漢魏叢書本之六十五			水一三
又三卷	同上	津逮秘書本七十四至七十九			陽三三二
列仙傳	漢劉向	說郛本之六十			爲一
又	同上	說部叢書本之八			雨六
胎息經	幻眞先生	津逮秘書本之六十四			陽三三二
至游子二卷	闕名	湖北書局本	一册		辰六四
抱朴子八卷	晉葛洪撰	湖北書局本	四册		辰六三
神仙傳	晉葛洪	說郛本之六十			爲一
又十卷	晉葛洪著	漢魏叢書本之三十一			水一三
又同上	同上	龍威秘書本一集三至五			水一七
枕中書	晉葛洪著	寶顏堂秘笈本續集之二			閏三五

又	同上	漢魏叢書本之七十三			水一三
又	晉葛洪	說郛本之九			爲一
又	同上	龍威秘書本一集之七			水一七
老子注二卷	晉王弼注	古逸叢書本之九			露二
天隱子	闕名	湖北書局本	一册		辰六五
夷夏論	南齊顧觀撰	玉函山房本之七十一			水一一
元眞子三卷	唐張志和撰	知不足齋本十三集之一			水一六
又	唐　闕名	湖北書局本	一册		辰六五
无能子三卷	唐　闕名	湖北書局本	一册		辰六五
老子解四卷	宋蘇轍	寶顏堂秘笈本廣集之四			閏三五
又	清吳鼒著	昭代叢書本之一百三十四			結一
集仙傳	宋曾慥	說郛本之六十			爲一
高道傳	宋賈善翊	說郛本之六十			爲一

無錫縣立圖書館書目 卷八子部 道家類 二十一

方外志	闕名	說郛本之六十			爲一
疑仙傳	王簡撰闕代名	寶顏堂秘笈本續集之五			閏三五
老子翼八卷	明焦竑	金陵叢書本十三至十六			雨一三
莊子翼八卷	明焦竑	金陵叢書本十七至二十四			雨一三
黃白鏡正續二卷	明李文燭著	寶顏堂秘笈本彙集之七			閏三五
香案牘	明陳繼儒纂	寶顏堂秘笈本雜著之六			閏三五
又	同上	續說郛本之一百四十五			爲一
火流星四卷	慧敏道人纂	木刻本	四册		辰一〇二
老子衍	清王夫之撰	船山遺書本之九十八			水一四
莊子通	清王夫之撰	船山遺書本之一百零四			水一四
莊子解三十三卷	清王夫之撰	船山遺書本九十九至一百零三			水一四
又畧解數句	清吳峻著	昭代叢書本之一百三十四			結一
讀文子	清俞樾	春在堂全書本之五十三			水一五

養正集二卷	養正子著	石印本	一册	無錫同善社捐	麗一七五
公子牟子	周魏公子牟撰	玉函山房本之七十			水一一
陰符經注	漢張良等注	湖北書局本	一册		辰六〇
又	同上	漢魏叢書本之六十五			水一三
又	同上	寶顏堂祕笈本續集之二			閏三五
又	清徐大椿著	靈胎雜著本之十四			辰一一九
鄭長者言	闕名	玉函山房本之七十			水一一
任子道論	魏任嘏撰	玉函山房本之七十			水一一
洞極眞經	魏關朗撰	玉函山房本之七十			水一一
登涉符錄	晉葛洪	說郛本之七十六			爲一
莊子注疏十卷	晉郭象注 唐成玄英疏	古逸叢書本十四至十八			露二一
南華眞經十卷	晉郭象注 陸德明音義	石印世德堂本二至七			露三四
續神仙傳	唐沈份	說郛本之六十			爲一
金丹詩訣二卷	唐呂巖撰	寶顏堂祕笈本彙集之三			閏三五
道德寶章	宋白玉蟾注	廣東書局本	一册		辰一八八
蟾仙解老	宋白玉蟾注	寶顏堂祕笈本彙集之二			閏三五
修道眞言	宋白玉蟾輯	同善社叢刻之一	一册	鄧鈍捐 訣	署二九九
文子纘義十二卷	宋杜道堅撰	浙江書局本	二册		宇一
廣成子解	宋蘇軾纂	湖北書局本	一册		辰五〇
又	宋蘇軾	續說郛本之一百二十四			爲一
道德經注二卷	元董思靖集解	十萬卷樓本之二十六			水九
又	清徐大椿著	靈胎雜著本之十三			辰一一九
莊子闕誤	闕名	續說郛本之一百二十三			爲一
无上祕要	闕名	寶顏堂祕笈本續集之二			閏三五
胎息經注	幻眞先生注	湖北書局本	一册		辰六五
胎息經疏	明王文祿	續說郛本之一百五十二			爲一

南華發覆八卷	明釋性通	本館鈔本	六册		寒六五
玉壺遐覽	明胡應麟	續說郛本之一百三十			爲一
老子章義二卷	清姚鼐	江南書局本	一册		署一一三
五柳仙宗	清冲虛子撰	養雲仙館本	四册		閏三一
老子別錄	清吳鼒著	昭代叢書本之一百五十七			結一
西華仙籙	清王言著	昭代叢書本之二			結一
讀抱朴子	清俞樾	春在堂全書本之四十三			水一五
讀莊子法	清林雲銘著	昭代叢書本之二			結一
種梅心法二卷	臥雲著	木刻本	二册	黃元炳捐	署三一六
心法芻言	陳榮昌 楊靚東	同善社叢刻本之一	一册	鄧鈍捐	署三〇一
莊子解故	章炳麟著	章氏叢書本之十一			麗四〇
齊物論釋	章炳麟著	章氏叢書本之十三			麗四〇
老子道德經	周老聃著 晉王弼注	武英殿聚珍本之八十			冬五
道德指歸論六卷	漢嚴遵撰	津逮祕書本六十六至六十八			陽三三二
眞靈位業圖	梁陶弘景	說郛本之五十九			爲一
又	梁陶弘景纂	津逮祕書本之一百九十三			陽三三二
洞天福地記	唐杜光庭	說郛本之六十八			爲一
參同契考異	宋朱熹撰	守山閣本之九十六			麗八四
道德眞經注四卷	元吳澄述	湖北書局本	一册		辰五九
良常仙系記	明鄒迪光	續說郛本之一百三十			爲一
聽心齋客問	明萬尙文著	寶顏堂祕笈本普集之八			閏三五
莊子人名考	清俞樾	春在堂全書本之五十六			水一五
讀莊窮年錄二卷	秦毓鎏述	鉛印本	一册	秦毓鎏捐	調二八四
陰符經眞銓	黃元炳學	鉛印本	一册	黃元炳捐	麗二一〇
老子道德經注二卷	周老聃著 晉王弼注	湖北書局本	二册		辰五九
冲虛至德經注八卷	周列禦寇著 晉張湛注 唐殷敬順釋文	石印世德堂本十七至十八			露三四

抱朴子內外篇二十卷	晉葛洪著	平津館本三十七至四十二		水一〇
杜氏幽求新書	晉杜夷撰	玉函山房本之七十一		水一一
天隱子養生書	唐司馬承禎	說郛本之七十七		爲一
南嶽遇師本末	宋夏元鼎編	寶顏堂秘笈本彙集之三		閏三五
道德眞經集解四卷	金趙秉文撰	小萬卷樓本之十二		雨二五
金丹四百字解	明張伯端著	寶顏堂秘笈本廣集之八		閏三五
道祖眞傳輯要四卷	闕名	味腴齋木刻本	四册	閏一一二
淮南內篇雜志二十二卷補遺一卷	清王念孫	讀書雜志本十八至二十二		劍八
太乙金華宗旨	箕錄	同善社叢刻本之一	一册 郭鈍捐	昃三〇〇
周易參同契發揮三卷釋疑一卷	元俞琰述	詒燕堂木刻本	三册	巨五四
道藏精華錄百種	守一子編纂	醫學書局鉛印本	十二册 金紹聞捐	巨七五
文始眞經言外經旨三卷	宋陳顯微述	守山閣本之九十六		麗八四

農家類

農書三卷	宋陳旉	龍威秘書本二集之四		水一七
又同上	同上	知不足齋本九集之五		水一六
又	清張履祥著	昭代叢書本之一百五十一		結一
蠶書	宋秦觀	龍威秘書本二集之四		水一七
又	宋秦觀作	知不足齋本九集之五		水一六
農說	明馬一龍輯	寶顏堂秘笈本普集之四		閏三五
又	明馬一龍	續說郛本之一百五十二		爲一
哺記	清黃百家著	昭代叢書本之一百六十七		結一
神農書		玉函山房本之六十九		水一一
野老書	闕名	玉函山房本之六十九		水一一
養魚經	周陶朱公撰	玉函山房本之六十九		水一一
又	周范蠡撰	說郛本之一百零九		爲一
農家諺	漢崔寔	說郛本之七十六		爲一

無錫縣立圖書館書目 卷八子部 道家類 農家類 二十四

蔡葵書	漢蔡葵撰	玉函山房本之六十九		水一一
養羊法	漢卜式撰	玉函山房本之六十九		水一一
家政法	闕名	玉函山房本之六十九		水一一
耕祿稿	宋胡錡	稗海本之六十		雨一七
田家曆	明程文羽	續說郛本之一百五十		爲一
教稼書	清孫宅揆	區種五種本之一		麗二一二
區田編	清帥念祖	區種五種本之一		麗二一二
加庶編	拙政老人著	區種五種本之一		麗二一二
范子計然三卷	周范蠡撰	玉函山房本之六十九		水一一
氾勝之書二卷	漢氾勝之撰	玉函山房本之六十九		水一一
尹都尉書	漢尹氏撰	玉函山房本之六十九		水一一
齊民要術十卷	後魏賈思勰撰	津逮秘書本四十五至五十		陽三三二
又	後魏賈思勰	說郛本之七十七		爲一
耕織圖詩	宋樓璹	知不足齋本九集之五		水一六
又	同上	龍威秘書本二集之四		水一七
農桑輯要七卷	元司農司撰	武英殿聚珍本六十五至六十六		冬五
農田餘話二卷	明長谷眞逸輯	寶顏堂秘笈本廣集之四		閏三五
蠶桑萃編十五卷	清衛杰	原刻本	八册	辰一五八
恆產瑣言	清張英著	木刻本	一册	結二二
任耕感言	黃貿述	濱虹雜著本	一册 黃楳存捐	麗二一三
氾勝之遺書	漢氾勝之	區種五種本之一		麗二一二
又	同上	昭代叢書本之一百五十二		結一
吳下田家志	宋陸泳	說郛本之七十七		爲一
豐豫莊本書	清潘曾陞	區種五種本之一		麗二一二

醫家類

脈經十卷	晉王叔和	周氏校刊本	六册	闕一二

無錫縣立圖書館書目 卷八子部 農家類 醫家類 二十五

又同上	晉王叔和撰	守山閣本五十四至五十五			麗八四
又	晉甄權	說郛本之一百十一			爲一
藥譜	唐侯甯極著	唐代叢書本之九			霜二七三
又	唐侯寧極	說郛本之一百零八			爲一
醫說十卷	宋張杲著	文明書局鉛印本	六册	丁寶書捐	露二七
醫先	明王文祿	續說郛本之一百五十二			爲一
釋骨	清沈彤著	昭代叢書本之八十四			結一
醫砭	清徐大椿著	潛齋醫學叢書本之三			露三九
言醫	清裴一中著	潛齋醫學叢書本之三			露三九
子午經	周扁鵲	說郛本之一百十一			爲一
甲乙經十二卷	晉皇甫謐	槐廬叢書本五十八至六十二			露五
同壽錄四卷	清項天瑞編著	木刻本	四册		爲三九〇
醫方論四卷	清費伯雄著	木刻本	二册	丁寶書捐	辰一二五
廢醫論	清俞樾	春在堂全書本之六十			水一五
古方考四卷	清龍柏著	翠琅玕館本之三十九			麗三〇
產後編二卷	清傅山著	海山仙館本之一百十一			陽三三三
素女方 附秘製清寧丸一卷	清孫星衍	平津館本之十			水一〇
奇痧方	清陳念祖集	修園二十一種之四十八			辰一五五
雜病方	清陳念祖集	修園二十一種之四十八			辰一五五
霍亂論二卷	清王士雄著	潛齋醫學叢書本之二			露三九
壽人經	清汪昂輯	葉氏頤身集本			呂一三九
醫貫砭二卷	清徐大椿著	醫書八種本之六			辰一一九
金匱心典三卷	漢張機撰 清尤怡注	陸氏刻本	三册		辰一五七
褚氏遺書	齊褚澄	說郛本之一百十一			爲一
又	同上	石印本	四册	丁寶書捐	辰一四四
千金寶要六卷	唐孫思邈撰	平津館本之十一			水一〇

千金翼方三十卷	唐孫思邈著	掃葉山房本	十六册	丁寶書捐	辰一六一
外臺秘要四十卷	唐王燾	木刻本	三十二册		辰一七五
備急灸方	宋張渙著	十瓣同心蘭室木刻本	二册		呂一六七
保生要錄	宋蒲處貫	說郛本之七十七			爲一
保生月錄	宋韋行規	說郛本之七十七			爲一
養生月錄	宋姜蛻	說郛本之七十七			爲一
攝生要錄	沈仕闕代名	說郛本之七十七			爲一
本草衍義二十卷	宋寇宗奭編撰	十萬卷樓本十六至十七			水九
史載之方二卷	宋史堪	十萬卷樓本十三至十四			水九
陰證略例	元王好古撰	十萬卷樓本之十五			水九
脈因證治二卷	元朱震亨	翠琅玕館本二十五至二十八			麗三〇
本草綱目六十卷	明李時珍	金閶書業堂本	三十四册		辰七二
醫宗必讀十卷	明李中梓著	掃葉山房本	五册	丁寶書捐	辰六七
析骨分經	明甯一玉	續說郛本之一百五十二			爲一
難經集注五卷	明王九思等撰	守山閣本之五十六			麗八四
修齡要指	明冷謙著	葉氏頤身集本			呂一三九
四聖心源十卷	清黃元御著	黃氏醫書八種本之一			辰一四五
素靈微蘊四卷	清黃元御著	黃氏醫書八種本之二			辰一四五
四聖懸樞五卷	清黃元御著	黃氏醫書八種本之三			辰一四五
傷寒懸解十五卷	清黃元御著	黃黃醫書八種本四至八			辰一四五
傷寒說意十卷	清黃元御著	黃氏醫書八種本之九			辰一四五
金匱懸解二十二卷	清黃元御著	黃氏醫書八種本九至十			辰一四五
長沙藥解四卷	清黃元御著	黃氏醫書八種本之十一			辰一四五
玉楸藥解六卷	清黃元御著	黃氏醫書八種本之十二			辰一四五
難經經釋二卷	清徐大椿釋	徐氏醫書八種本之一			辰一一九
洄溪醫案	清徐大椿著	徐氏醫書八種本之七			辰一一九

無錫縣立圖書館書目 卷八子部 醫家類 二十八

蘭臺軌範 八卷	清徐大椿著	徐氏醫書八種本九至十二			辰一一九
陰符經注	清徐大椿著	徐氏醫書八種本之十四			辰一一九
太乙神鍼	清徐大椿著	徐氏醫書八種本之十四			辰一一九
醫學金鍼 八卷	清陳念祖著	潘氏刻本	四冊	丁寶書捐	辰一〇九
慎疾芻言 三卷	清徐靈胎著	咫進齋本之二十三			水二
本草經讀 四卷	清陳念祖著	修園二十一種本一至二			辰一五五
時方妙用 四卷	清陳念祖著	修園二十一種本五至八			辰一五五
時方歌括 二卷	清陳念祖著	修園二十一種本九至十			辰一五五
女科要旨 四卷	清陳念祖著	修園二十一種本十三至十四			辰一五五
金匱淺注 十卷	清陳念祖集注	修園二十一種本二十五至二十八			辰一五五
金匱歌括 六卷	清陳念祖定	修園二十一種本二十九至三十一			辰一五五
傷寒淺注 六卷	清陳念祖集注	修園二十一種本三十二至三十五			辰一五五
本草備要 四卷	清汪昂輯	木刻本	四冊	許同莘捐	麗一一
醫方集解 三卷	清汪昂	文會樓本	三冊		辰一一〇
湯頭歌訣	清汪昂著	掃葉山房本	一冊	丁寶書捐	辰一〇八
醫經原旨 六卷	清薛雪著	木刻本	六冊	丁寶書捐	辰一二三
醫學心悟 六卷	清程國彭著	掃葉山房本	六冊	丁寶書捐	辰一〇五
內經知要 二卷	清李念莪輯	振玉山房木刻本	二冊	丁寶書捐	辰一三六
痘疹寶筏	清強健撰	醉六堂本	二冊	丁寶書捐	辰一二三
吳醫彙講 十一卷	清唐大烈纂輯	木刻本	四冊	丁寶書捐	辰一二一
溫熱經緯 五卷	清王士雄著	松顏閣本	四冊	丁寶書捐	辰一〇四
理虛元鑑 二卷	清柯懷祖訂	蕭山陳氏刊本	一冊		崑一二六
引痘祕書	清邱喜	木刻本	一冊	徐薇生捐	稱七五
痘疹定論 四卷	清朱純嘏	芴園姚氏本	二冊		辰一一二
醫醇賸義 四卷	清費伯雄著	木刻本	四冊	丁寶書捐	辰一二四
溫病條辨 六卷	清吳塘著	羣玉山房本	三冊	丁寶書捐	辰一〇六

無錫縣立圖書館書目 卷八子部 醫家類 二十九

醫方擇要 四卷 正續合	清汪廷楷	木刻本	四冊		辰一〇〇
醫律一筏	清江之蘭著	昭代叢書本之十六			結一
全體新論 十卷	泰西合信氏注	海山仙館本一百十九至一百二十			陽三三三
傅山女科	清傅山著	海山仙館本	三冊		辰一〇一
勿藥元詮	清汪昂輯	葉氏頤身集本			呂一三九
醫學續記	清尤怡著	槐廬叢書本之八十			露五
何氏心傳	清何炫著	槐廬叢書本之八十			露五
柳州醫話	清魏之琇著	潛齋醫學叢書本之四			露三九
女科輯要	清沈堯封輯	潛齋醫學叢書本之四			露三九
勿藥須知	清尤乘輯	小石山房本之十三			雨二六
脈藥聯珠	清龍柏著	翠琅玕館本之三十三			麗三〇
保赤全篇	清莊一夔著	木刻本	一冊	周小農捐	暑三〇八
景景醫語	陸錦燧編輯	紹興醫藥學報社鉛印本	一冊	陸晉生捐	暑二九八
醫林獵要	黃保康輯	雲鵬遺著本之一			玉二九一
醫學易知	中華書局編	鉛印本	十二冊		暑四
臨產須知	周莘農輯	石印本	一冊	周讓吉堂捐	爲四三四
華氏中藏經	漢華陀著	平津館本之九			水一〇
肘後備急方 八卷	晉葛洪	石印本	四冊	丁寶書捐	辰一四四
醫經正本書 附札記	宋程迥撰	小萬卷樓本之九			雨二五
又	同上	十萬卷樓本之二十			水九
洪氏集驗方 五卷	宋洪遵輯	士禮居叢書本之二十三			劍四
傷寒總病論 六卷 附札記	宋龐安常著	士禮居叢書本二十一至二十二			劍四
攝身消息論	元邱處機著	葉氏頤身集本			呂一三九
千金方衍義 三十卷	清張璐著	掃葉山房本	二十四冊		辰一六二
又	同上	舊刻本	三十二冊	丁寶書捐	辰一五九
五種經驗方		廣東撫署刻本	一冊		辰九二

書名	著者	版本	冊數	捐者	號
種福堂良方四卷	清葉桂	崇德書院本	一冊		辰一一一
沈氏尊生書三十卷	清沈金鰲	湖北書局本	十六冊		寒一
瘍科心得集三卷	清高秉鈞纂輯	木刻本	四冊		崑五八
傷寒審症表	清包誠纂輯	崇文書局木刻本	一冊		闕二五
侶山堂類辨二卷	清張志聰撰	木刻本	二冊		闕六
婆心佛手編	清宋景祁	敬德堂鉛印本			劍四一
景岳新方砭四卷	清陳念祖著	修園二十一種本十一至十二			辰一五五
醫學實在易八卷	清陳念祖著	修園二十一種本十五至十九			辰一五五
醫學從衆錄八卷	清陳念祖著	修園二十一種本二十一至二十四			辰一五五
長沙方歌括六卷	清陳念祖著	修園二十一種本三十六至三十七			辰一五五
醫學源流論二卷	清徐大椿著	徐氏醫書八種本二至三			辰一一九
傷寒論類方	清徐大椿編輯	徐氏醫書八種本之八			辰一一九
醫學讀書記三卷	清尤怡著	槐廬叢書本之七十九			露五
靜香樓醫案	清尤怡著	槐廬叢書本之八十			露五
潛齋簡效方	清王士雄輯	潛齋醫學叢書本之二			露三九
重慶堂隨筆二卷	清王學權著	潛齋醫學叢書本之一			露三九
枕上三字訣	清俞樾	春在堂全書本之六十			水一五
神農本草經四卷	清顧觀光著	武陵山人遺書本之六			麗一三四
傅青主女科二卷	清傅山著	海山仙館本之一百十			陽三三三
延年九轉法	清方開輯	葉氏頤身集本			呂一三九
吳鞠通方歌	黃保康著	霅鷗遺著本之二			玉二九一
陳修園方歌	黃保康著	霅鷗遺著本之二			玉二九一
周氏集驗方	周莘農編	石印本	一冊	周小農捐	呂一〇七
集驗方撮要	周憬輯選	周謙吉堂鉛印本	一冊	周小農捐	呂一四八
黃帝內經素問二十四卷附靈樞十二卷	唐王冰注　宋林億補注	浙江書局本	十冊		宇一
諸病源候總論五十卷	隋巢元方撰	經義齋木刻本	八冊		闕八

書名	著者	版本	冊數	捐者	號
蘇沈內翰良方十卷	宋蘇軾沈括集	知不足齋本十七集五至七			水一六
咽喉脈證通論	宋異僧撰　清許槤校正	廣東木刻本	一冊	丁寶書捐	辰八六
又	同上	文苑閣聚珍本	一冊	丁寶書捐	辰八六
又	闕名	咫進齋本之六			水二
十藥神書注解	元葛可久編　清陳念祖注	修園二十一種本之四十七			辰一五五
御纂醫宗金鑑九十卷		舊刻本	六十三冊		辰六八
葉氏醫案存眞三卷附一卷	清葉桂	抱芳閣本	四冊	丁寶書捐	辰一〇七
圖注脈訣辨眞四卷	清張世賢注	舊刻本	一冊		辰八九
又同上	同上	同上	一冊		辰九〇
臨證醫案筆記六卷	清吳箎著	樹滋堂本	六冊	丁寶書捐	辰一三二
靈素集注節要十二卷	清陳念祖集注	修園二十一種本三十八至四十三			辰一五五
傷寒醫訣串解六卷	清陳念祖著	修園二十一種本四十四至四十五			辰一五五
傷寒眞方歌括六卷	清陳念祖著	修園二十一種本之四十六			辰一五五
傷寒雜病論集	清顧觀光著	武林山人遺書本之七			麗一三四
顧體醫話良方	清史典著	潛齋醫學叢書本之三			露三九
重印達生全編三卷附葉天士眼科良方		大成書局鉛印本	一冊	龐謙鐘捐	麗一七六
惜分陰軒醫案三卷	周鎮述	醫學叢書三集第三種		周莘農捐	呂九二
歷代名醫列傳	丁福保纂	文明書局本	一冊	丁福保捐	露四四
周氏驗方續編	周憬選輯	醫學叢書三集第五種		周莘農捐	呂九三
惜分陰軒醫案四卷	周小農述	木刻本	二冊	周小農捐	呂九二
增注類證活人書二十二卷附釋音一卷	宋朱肱	原校朱印本			闕七
注解傷寒百證歌五卷	宋許叔微	十萬卷樓本五十七至五十八			水九
宋徽宗聖濟經注十卷	宋吳褆注	十萬卷樓本八十九至九十一			水九
注解傷寒發微論二卷	宋許叔微述	十萬卷樓本之五十七			水九
十三科古方選注	清王晉三注　葉天士校	絳雪園木刻本	四冊		閏一四五
王旭高臨證醫案四卷	清王旭高著	倚雲吟館本	四冊		崑一二五

無錫縣立圖書館書目 卷八子部 醫家類 法家類 三十二

倪天醫瘧痢良方	清倪涵初	木刻本	一册	徐薇生捐	稱六七
衛生家寶產科備要八卷	宋朱瑞章著	十萬卷樓本九十二至九十五			水九
神農本草經百種錄	清徐大椿著	徐氏醫書八種本之五			辰一一九
溫病條辨證方歌括	錢文驥輯	木刻本	一册	陸士奎捐	呂一二二
歷代醫學書目提要	丁福保著	鉛印本	一册	丁福保捐	露四三
周氏易簡集驗方合刊	周懷選輯	木刻本	一册	周小農捐	呂九三
四庫全書提要醫家類		中西醫學研究會刊	一册	丁福保捐	露四一
法家類					
管子二十四卷	周管夷吾撰唐房玄齡注	浙江書局本	六册		宇一
又同上	同上	浙江書局大字刻本	四册		出一六
又同上	同上	明花齋本	十册		辰九九
又同上	周管夷吾撰	湖北書局本	四册		辰四三
商子五卷	周商鞅撰	湖北書局本	一册		辰三九
申子	周申不害撰	玉函山房本之七十一			水一一
鄧析子	周鄧析撰	湖北書局本	一册		辰四〇
韓非子二十卷	周韓非著	浙江書局本	六册		宇一
商君書五卷 即商子	周商鞅	浙江書局本	一册		宇一
世要論	魏桓範撰	玉函山房本之七十二			水一一
判決錄	唐張鷟	說郛本之二十七			爲一
管韓合刻 管子二十四卷 韓子二十卷	周管夷吾 韓非	明葛氏刻本	六册		辰一四八
鼂氏新書	漢鼂錯撰	玉函山房本之七十一			水一一
崔氏政論	後漢崔寔撰	玉函山房本之七十一			水一一
劉氏政論	魏劉廙撰	玉函山房本之七十一			水一一
阮子政論	魏阮武撰	玉函山房本之七十二			水一一
陳子要言	吳陳融撰	玉函山房本之七十二			水一一
折獄龜鑑八卷	宋鄭克撰	守山閣本之五十三			麗八四

無錫縣立圖書館書目 卷八子部 法家類 兵家類 三十三

又	宋鄭克	說郛本之二十			爲一
又	同上	龍威秘書本五集之二			水一七
管子義證八卷	清洪頤煊	積學齋本十四至十五			結一一
管子雜志十二卷	清王念孫	讀書雜志本九至十二			劍八
管子參解三卷	清金廷桂	鉛印本	一册	金叔遠捐	劍一二八
管子餘義	章炳麟著	章氏叢書本之十二			麗四〇
法官宋證準繩上編	郭雲觀編著	仿宋聚珍本	一册	許同莘捐	日八〇
兵家類					
吳子二卷	周吳起	湖北書局本	一册		辰四二
又同上	周吳起	平津館本之二			水一〇
心書	漢諸葛亮著	漢魏叢書本之六十五			水一三
又	漢諸葛亮	說郛本之十一			爲一
權書	宋蘇洵	說郛本之十一			爲一
兵謀	清魏禧著	昭代叢書本之四十二			結一
兵法	清魏禧著	昭代叢書本之四十二			結一
握奇經	風后撰 漢公孫宏解	津逮秘書本之六十四			陽三三二
司馬法	周司馬穰苴	湖北書局本	一册		辰四二
又	周司馬穰苴	二酉堂本之一			兩二四
又三卷	周司馬穰苴著	平津館本之二			水一〇
守城錄四卷	宋陳規撰	守山閣本之五十			麗八四
虎鈐經二十卷	宋許洞	粵雅堂本八十七至九十一			兩二
周書六韜六卷 附逸文	周姜尚著	平津館本之一			水一〇
孫子讀本		鉛印本	一册	吳日永捐	暑九三
太白陰經十卷	唐李筌撰	守山閣本四十八至五十一			麗八四
百戰奇略十卷	明劉基著	中華新教育社石印本	一册		陽二九三
練兵實紀十五卷	明戚繼光撰	守山閣本五十一至五十二			麗八四

火攻挈要三卷	明西士湯若望授焦勗述	海山仙館本之三十五			陽三三三
愼守要錄九卷	明韓霖著	海山仙館本三十六至三十七			陽三三三
草廬經略十二卷	闕名	粵雅堂本九十三至九十八			雨二
八陣發明	清陸世儀著	木刻本	二册		結一二五
讀史兵略四十六卷	清胡林翼	武昌官署本	十六册		辰六六
戰學入門	周應時著	鉛印本	一册		月一一六
風后握奇經　即握奇經	風后撰　漢公孫宏解	漢魏叢書本之六十五			水一三
又同上	同上	說郛本之一百十			爲一
孫子十家注三卷	周孫武　漢曹操唐李筌等注	孫氏校刻本	四册		辰一三八
又三卷	周孫武	湖北書局本	一册		辰四二
何博士備論二卷	宋何去非撰	湖北書局本	一册		辰四一
洴澼百金方十四卷	惠麓酒民	木刻本	五册		崑一三五
魏武帝注孫子三卷	後漢曹操注	平津館本之二			水一〇
練閱火器陣記	清薛熙著	昭代叢書本之二十五			結一
中西兵略指掌二十卷	陳龍昌輯	石印本	六册	許同莘捐	露三五
曾胡治兵語錄	蔡鍔著	商務書館鉛印本	一册		稱七九

天文算法類

推步

星經二卷	漢石申著	漢魏叢書本之七十七			水一三
又同上	漢石申撰	津逮秘書本之六十五			陽三三二
又同上	漢甘公石申撰	說郛本之一百十			爲一
年歷	晉皇甫謐撰	玉函山房本之六十四			水一一
交食四卷	清梅文鼎著	梅氏叢書本十九至二十			月六一
原象	清戴震著	昭代叢書本之六十三			結一
談天十八卷	清徐建寅續筆　李善蘭删述	木刻本	三册		闕二一
七政二卷	清梅文鼎著	梅氏叢書本二十至二十一			月六一

昕天論	吳姚信撰	玉函山房本之七十六			水一一
安天論	晉虞喜撰	玉函山房本之七十七			水一一
穹天論	晉虞聳撰	玉函山房本之七十七			水一一
未央術	闕名	玉函山房本之七十七			水一一
經天該	明西士利瑪竇	西學大成本之二			爲二九九
學歷說	清梅文鼎著	昭代叢書本之一			結一
天文說	清董以甯著	昭代叢書本之五十九			結一
恆星說	清江聲著	昭代叢書本之一百五十二			結一
中星表　即新測中星圖表	清張作楠學	翠微山房本之十四			辰一四六
歲星表	清朱駿聲撰	聚學軒本之十九			雨一
周髀算經二卷　附音義	漢趙君卿注北周甄鸞重述唐李淳風等注	槐廬叢書本二編二十三至二十四			露五
又同上　附數術記遺	同上	津逮秘書本七十一至七十三			陽三三二
三五歷記	吳徐整撰	玉函山房本之六十三			水一一
五經算術三卷	北周甄鸞撰唐李淳風注	武英殿本之六十九			冬五
立春考證	明路士登	續說郛本之一百二十三			爲一
簡平儀說	明西士熊三拔撰	守山閣本之五十七			麗八四
又	同上	石印中西算學叢書本之十一			水二〇
歷學疑問三卷	清梅文鼎著	梅氏叢書本十七至十八			月六一
歷象考成上下編合二十六卷		木刻本	十五册	王錻藻捐	月一四五
歷學駢枝五卷	清梅文鼎著	梅氏叢書本十五至十六			月六一
天文揭要二卷	清周文源述	鉛印本	二册	王錻藻捐	月一四五
五星管見	清梅文鼎著	梅氏叢書本之二十一			月六一
揆日紀要	清梅文鼎著	梅氏叢書本之二十二			月六一
星學發軔十六卷	清駱三畏口譯	同文館本	十六册	外交部捐	律四六
天官考異	清吳肅公著	昭代叢書本之一			結一
熒惑新解	清駱三畏口譯	同文館本	一册	外交部捐	呂四六

恆星紀要	清梅文鼎著	梅氏叢書本之二十二			月六一
高厚蒙求	清徐朝俊纂	同文館本	四册	外交部捐	律五四
歷學答問	清梅文鼎著	梅氏叢書本之二十三			月六一
測候叢談四卷	清華衡芳述	製造局本	二册		崑一一〇
六秝通考	清顧觀光著	武陵山人遺書本之一			麗一三四
九執秝解	清顧觀光著	武陵山人遺書本之一			麗一三四
回回秝解	清顧觀光著	武陵山人遺書本之一			麗一三四
恆星圖表	清張作楠衍表	翠微山房本之十三			辰一四六
推步法解五卷	清江永撰	守山閣本之六十二			麗八四
交食細草三卷	清張作楠學	翠微山房本之十六			辰一四六
曉庵新法六卷	清王錫闡撰	守山閣本之五十九			麗八四
測天約術	清陳昌齊撰	嶺南遺書本五集之七			水七
觀象授時十四卷	清秦蕙田著	皇清經解本六十九至七十三			天四
顓頊厤考二卷	清鄒漢勛撰	鄒叔子遺書七種之七			藏六
新歷曉或	清西士湯若望著	昭代叢書本之九十六			結一
高弧細草	清張作楠	翠微山房本十一至十二			辰一四六
增廣新術二卷	清羅士琳演	積學齋本之十六			結一一
推步法解五卷	清江永撰	石印中西算學叢書本十八至十九			水二〇
揣籥小錄	清張作楠學	翠微山房本之十			辰一四六
揣籥續錄	清張作楠學	翠微山房本之十一			辰一四六
天學啓蒙	西士駱克優纂 清鄭昌棪同譯	西學大成本之二			爲二九九
五星紀要	清梅文鼎著	西學大成本之二			爲二九九
新儀象法要三卷	宋蘇頌撰	守山閣本之五十七			麗八四
又同上	同上	石印中西算學叢書本之一			水二〇
明譯天文書四卷	明西域海達兒等譯	涵芬樓秘笈本三集六至八			藏二三〇
仰觀錄續編二卷	清謝蘭生編	木刻本	一册		辰八一

三統歷衍式	清方楷撰	木刻本	二册	丁寶書捐	辰一五四
三統術補衍	清成蓉鏡著	南菁書院本之二十一			露一
漢太初厤考	清成蓉鏡著	南菁書院本之二十二			露一
周髀算經述	清馮經撰	嶺南遺書本四集之十三			水七
江南星野考	清葉燮著	昭代叢書本之十一			結一
更漏中星表	清張作楠學	翠微山房本十四至十五			辰一四六
古經天象考十二卷 附圖說一卷	清雷學淇	聚學軒本三至十			雨一
五星行度解	清王錫闡撰	守山閣本之五十九			麗八四
推步迪蒙記	清成蓉鏡著	南菁書院本之二十一			露一
鄒伯奇存稿	清鄒伯奇撰	石印中西算學叢書本之二十			水二〇
戊申立春考證	明邢雲路訂	寶顏堂秘笈本廣集之八			閏三五
渾蓋通憲圖說二卷	明李之藻撰	守山閣本之五十八			麗八四
又同上	同上	石印中西算學叢書本之八			水二〇
勿菴厤算書目	清梅文鼎撰	知不足齋本十九集之五			水一六
天文算學纂要二十四卷	清陳招編	樹德堂本	廿四册	外交部捐	律六〇
星學發軔引說二卷	清駱三畏著	同文館本	二册	外交部捐	律四七
欽定協紀辨方十九卷		木刻本	十五册		呂一七八
揆日候星紀要	清梅文鼎著 清楊作枚訂補	西學大成本之二			爲二九九
金華晷漏中星表	清張作楠學	翠微山房本之十五			辰一四六
金華更漏中星表	清張作楠學	翠微山房本之十五			辰一四六
周髀算經校勘記	清顧觀光	槐廬叢書本二編之二十四			露五
又	清顧觀光著	武陵山人遺書本之六			麗一三四
輿地經緯度里表	清丁取忠述	白芙堂叢書本十六至十七			辰一六八
又	同上	同上			月一四一
御製歷象考成後編十卷		石印本	十册	王銘藻捐	月一一六
又同上		厲志書屋本	十二册	丁寶書捐	辰一四七

算書

算經	宋謝察微	說郛本之一百十			爲一
數學九卷	清江永撰	守山閣本六十至六十一			麗八四
又同上	同上	石印中西算學叢書本十四至十七			水二〇
翼梅八卷	清江永著	海山仙館本一百零七至一百十			陽三三三
釋輪二卷	清焦循學	石印中西算學叢書本之三十四			水二〇
釋橢	清焦循學	石印中西算學叢書本之三十四			水二〇
籌算二卷	清梅文鼎著	梅氏叢書本二至三			月六一
釋弧三卷	清焦循學	石印中西算學叢書本之三十二			水二〇
筆算五卷　附方田通法古算器考	清梅文鼎著	梅氏叢書本一至二			月六一
算略	清馮經撰	嶺南遺書本四集之十三			水七
句股義	明徐光啓撰	海山仙館本之一百零一			陽三三三
開方說三卷	清李銳	長沙刻本	二册	許同莘捐	辰七〇
開方說	清李銳著	白芙堂叢書本九至十			辰一六八
疇人傳九卷	清阮元著	皇清經解本之二百六十二			天四
方程論六卷	清梅文鼎著	梅氏叢書本五至七			月六一
代數論	清黃慶澄撰	算學報本	七册	許同藺捐	藏三三九
八線表　即八線類編	清張作楠輯	翠微山房本之七			辰一四六
數學理十卷	清趙元益述	製造局本	四册	外交部捐	呂八六
數度衍二十三卷	清方中通衍	方氏刻本	八册	陸士奎捐	辰一四二
合數述二卷	清林紹清學	鉛印本	二册	黃元炳捐	劍七八
致曲術	清夏鸞翔撰	石印中西算學叢書本之二十二			水二〇
格補術	清鄒伯奇著	白芙堂叢書本之三十八			辰一六八
算學報三卷	徐紹楨學	學壽堂叢書本二十五至二十六			水八
數術記遺	漢徐岳撰　北周甄鸞注	津逮秘書本之七十三			陽三三二
又	同上	槐廬叢書本之二十四			露五

九章算術九卷	魏劉徽著	坊刻本	八册	王鏡藻捐	月一二五
海島算經	魏劉徽撰	武英殿聚珍本之六十七			冬五
孫子算經	闕名　唐李淳風注釋	知不足齋本四集之一			水一六
又	闕名	武英殿聚珍本之六十七			冬五
五曹算經	闕名	武英殿聚珍本之六十八			冬五
又五卷	唐李淳風注釋	知不足齋本四集之一			水一六
緝五算經	唐王孝通撰并注	知不足齋本八集之二			水一六
四元玉鑑三卷	元朱世傑編述	朱氏刻本	二册	許同莘捐	辰一五三
又	同上	白芙堂叢書本三十三至三十五			辰一六八
圜容較義	明李之藻撰	守山閣本之五十九			麗八四
又	明李之藻演	海山仙館本之一百零一			陽三三三
又	明西士利瑪竇授　李之藻譯	石印中西算學叢書本之九			水二〇
測量法義	明徐光啓筆受	海山仙館本之一百零一			陽三三三
測量法義	明西士利瑪竇口譯　徐光啓筆受	石印中西算學叢書本之十			水二〇
測量異同	明徐光啓撰	海山仙館本之一百零一			陽三三三
幾何原本六卷	明徐光啓筆述	海山仙館本九十七至一百			陽三三三
又同上	同上	廣智書局本	二册		露二八
測圓海鏡十二卷	清李治撰	同文館本	四册	外交部捐	律四四
又	清李冶著	白芙堂叢書本二十二至二十五			辰一六八
量倉通法五卷	清張作楠學算	翠微山房本一至二			辰一四六
玉吟算草	清楊之培	石印本	四册	許同藺捐	藏二三七
三角數理十二卷	清華蘅芳述	江南製造局本	六册		崑一一二
弧角設如二卷	清張作楠撰算例	翠微山房本之九			辰一四六
開方提要	清黃慶澄撰	算學報本	一册	許同藺捐	藏二三八
度算釋例二卷	清梅文鼎著	梅氏叢書本三至四			月六一
少廣拾遺	清梅文鼎著	梅氏叢書本之四			月六一

句股舉隅	清梅文鼎著	梅氏叢書本之七			月六一
幾何通解	清梅文鼎著	梅氏叢書本之八			月六一
方圓冪積	清梅文鼎著	梅氏叢書本之十			月六一
幾何補編四卷	清梅文鼎著	梅氏叢書本十至十一			月六一
環中黍尺五卷	清梅文鼎著	梅氏叢書本之十三			月六一
塹堵測量二卷	清梅文鼎著	梅氏叢書本之十四			月六一
算式集要四卷	清西士傅蘭雅譯	製造局本	二册	外交部捐	呂八二
三角數理十二卷	清華蘅芳述	製造局本	六册	外交部捐	崑一二二
微積溯源八卷	清華蘅芳述	製造局本	六册		崑一四八
算式解法十四卷	清華蘅芳述	製造局本	二册		崑一三三
代數難題十六卷	清華蘅芳撰	製造局本	六册		崑一五二
學算筆談十二卷	清華蘅芳學	鉛印本	四册		崑一四七
又同上	同上	華氏刻本	四册	張慰曾捐	崑一〇八
測圜密率三卷	清徐有壬著	西學大成本之二			爲二九九
橢圓正術	清徐有壬著	西學大成本之二			爲二九九
截球解義	清徐有壬撰	石印中西算學叢書本之二十三			水二〇
少廣縋鑿	清夏鸞翔著	白芙堂叢書本之十一			辰一六八
又	清夏鸞翔撰	石印中西算學叢書本之二十一			水二〇
致曲術解	清夏鸞翔著	石印中西算學叢書本之二十三			水二〇
對數簡法	清戴煦譔	石印中西算學叢書本之三十七			水二〇
又	同上	小萬卷樓本之九			雨二五
曉菴新法六卷	清王錫闡撰	石印中西算學叢書本十二至十三			水二〇
又同上	清王錫闡撰	翠琅玕館本三十六至三十七			麗三〇
粟布術廣	清陳志堅學	陳氏七種本之三			辰一三九
九數外錄	清顧觀光著	製造局本	一册	外交部捐	呂八四
又	同上	武陵山人遺書本之五			麗一三四

又	清顧觀光學	槐廬叢書本之二十五			露五
算賸初編	清顧觀光著	武陵山人遺書本之二			麗一三四
算賸續編	清顧觀光著	武陵山人遺書本之二			麗一三四
算賸餘稿二卷	清顧觀光著	武陵山人遺書本三至四			麗一三四
數學拾遺	清丁取忠述	白芙堂叢書本之二十一			辰一六八
對數詳解	清丁取忠述	白芙堂叢書本之三十			辰一六八
粟布演草	清丁取忠輯	白芙堂叢書本之二十八			辰一六八
演無定式三卷	清陳志堅學	陳氏七種本之一			辰一三九
綴術釋明	清左潛述	白芙堂叢書本之三十一			辰一六八
綴術釋戴	清左潛述	白芙堂叢書本之三十二			辰一六八
三角新理三卷	清陳志堅學	陳氏七種本之二			辰一三九
百雞術衍	清時曰醇著	白芙堂叢書本十四至十五			辰一六八
雜題類存	清陳志堅學	陳氏七種本之三			辰一三九
益古演段	清李治著	白芙堂叢書本二十六至二十七			辰一六八
圜理括囊	清日本知悅傳一著	白芙堂叢書本之二十八			辰一六八
九宮衍數	清俞樾	春在堂全書本之六十			水一五
算術問答	清錢大昕著	昭代叢書本之一百二十九			結一
新法表異	清西士湯若望著	昭代叢書本之一百二十九			結一
衡齋算學七卷	清汪萊著	聚學軒本三十三至三十四			雨一
句股演代二卷	清江衡	南菁書院本之二十			露一
天元一釋二卷	清焦循學	石印中西算學叢書本之三十三			水二〇
乘方捷術三卷	清鄒伯奇撰	石印中西算學叢書本三十至三十一			水二〇
求一捷術	龔傑	漸學廬本之四			藏八
立方奇法	龔傑稾	漸學廬本之四			藏八
曲線新說	蔣維鍾學	木刻本	一册		藏八〇
句股通義三卷	徐紹楨學	學壽堂本之十九			水八

張邱建算經三卷	漢甄鸞注	知不足齋本八集之一			水一六
夏侯陽算經	夏侯陽闕代名	武英殿聚珍本之六十八			冬五
疇人傳三編七卷	清諸可寶纂錄	南菁書院本之十三			露一
又同上	同上	木刻本	二册		辰八七
平三角舉要五卷	清梅文鼎著	梅氏叢書本八至九			月六一
整句股釋術	清陳志堅學	陳氏七種本之二			辰一三九
董方立算學七卷	清董祐誠	同文館本	一册	外交部捐	呂八三
測圓求周術	同上	西學大成本之二			爲二九九
弧三角闡微五卷	西士歐禮斐譯	同文館本	五册	外交部捐	律五〇
又同上	同上	同上	五册	同上	律五〇
八線對數表	清張作楠原輯	白芙堂叢書本五至六			辰一六八
又即八線對數類編	同上	翠微山房本之八			辰一四六
求一術通解	清黃宗憲述	白芙堂叢書本之十八			辰一六八
造各表簡法	清徐有壬撰	石印中西算學叢書本之二十三			水二〇
橢圓求周術	清徐有壬撰	石印中西算學叢書本之二十三			水二〇
洞方術圖解二卷	清夏鸞翔撰	石印中西算學叢書本二十一至二十二			水二〇
加減乘除釋八卷	清焦循學	石印中西算學叢書本二十四至二十七			水二〇
三統術詳說四卷	清陳澧撰	石印中西算學叢書本三十五至三十六			水二〇
又	同上	東塾遺書本之二			呂七二
續對數簡法	清戴煦譔	石印中西算學叢書本之三十八			水二〇
代數句股術四卷	清張茂濋著	石印中西算學叢書本三十九至四十			水二〇
連分數開方	清陳志堅學	陳氏七種本之一			辰一三九
弧三角舉隅	清江臨泰	西學大成本之二			爲二九九
又	同上	翠微山房本之十			辰一四六
測圓海鏡細草即測圓海鏡	元李冶撰	知不足齋本二十集一至四			水一六
同文算指通編八卷	清李之藻演	海山仙館本一百零二至一百零五			陽三三三

又同上	同上	石印中西算學叢書本二至七			水二〇
同文指算前編二卷	明李之藻演	海山仙館本之一百零一			陽三三三
又同上	同上	石印中西算學叢書本之一			水二〇
西算新法直解八卷	清馮桂芬	校邠廬刻本	二册	王銳藻捐	月一二七
弧三角平視法	清陳澧撰	東塾遺書本之一			呂七二
又	同上	石印中西算學叢書本之三十六			水二〇
開方用表簡術	清程之驥	南菁書院本之十六			露一
務民義齋算學十一卷	清徐有壬學	咫進齋本之七			水二
又	清徐有壬著	白芙堂叢書本十一至十三			辰一六八
方田通法補例	清張作楠學算	翠微山房本三至五			辰一四六
李氏句股術補	清陳志堅學	陳氏七種本之一			辰一三九
天元句股細草	清李銳著	白芙堂叢書本之八			辰一六八
緝古算經細草	清張敦仁演	白芙堂叢書本之二十九			辰一六八
割圜八線綴術	清吳嘉善述	白芙堂叢書本十九至二十			辰一六八
圜率考眞圖解	清曾紀鴻述	白芙堂叢書本之二十七			辰一六八
御製數理精蘊五十三卷		江寧藩署本	四十册		露四
學一齋算課草四卷	徐紹楨學	學壽堂本二十至二十一			水八
算學書目提要	丁福保	竣實學堂本	一册		辰一一八
萬象一原演式	盧靖演式	石印本	二册	直隸省立第一圖書館捐	暑八
誦芬書屋算稿	蔣士棨學	蔣氏刻本	一册	丁寶書捐	辰八三
幾何第十卷釋義	清黃慶澄	木刻本	一册	丁寶書捐	辰七八
借根方句股細草	清李錫蕃著	白芙堂叢書本之七			辰一六八
行素軒算稿五種十五卷	清華蘅芳學	武昌刻本	七册	張曾慰捐	崑一〇七
開方之分還原術	清宋景昌著	聚學軒本之八十六			雨一
思棗堂算學餘談	蔣士棨編述	蔣氏刻本	一册	丁寶書捐	辰八四
學一齋算學問答	徐紹楨學	學壽堂本之二十四			水八

恆河沙館算草兩種	清華世芳學	華氏刻本	一册	張曾慰捐	崑一〇六
斜弧三角求角補術	清董祐誠	西學大成本之二			爲二九九
弧矢算術細草圖解	同上	聚學軒本之五十一			雨一
又	清李鋭草 馮桂芬解	昭代叢書本之一百六十一			結一
學一齋句股代數草二卷	徐紹楨學	學壽堂本二十二至二十三			水八

術數類

宅經	黃帝	說郛本之一百十一		爲一
又二卷	黃帝著	津逮秘書本之七十三		陽三三二
鄒子	周鄒衍撰	玉函山房本之七十七		水一一
易林四卷	漢焦贛著	漢魏叢書本一至四		水一三
易傳三卷[即京氏易傳]	漢京房著	漢魏叢書本之五		水一三
靈憲	漢張衡撰	玉函山房本之七十六		水一一
天鏡	闕名	玉函山房本之七十八		水一一

葬經	晉郭璞	津逮秘書本之六十九		陽三三二
地鏡	闕名	玉函山房本之七十八		水一一
龜經	闕名	說郛本之一百十一		爲一
夢書	柳氏 闕代名及名	說郛本之一百十一		爲一
命書三卷	唐李虛中撰	守山閣本之六十三		麗八四
夢雋	唐柳燦撰	玉函山房本之七十八		水一一
元包	後周衛元嵩	說郛本之四		爲一
潛虛	宋司馬光	說郛本之四		爲一
又 附發微論	宋司馬光撰	知不足齋本十四集之一		水一六
卜記	宋王宏	說郛本之一百十一		爲一
易冒十卷	清程良玉著	木刻本	四册	閏一一九
玄女經	黃帝傳	津逮秘書本之八十		陽三三二
太乙經	玄女	說郛本之一百八十一		爲一

起世經	闕名	說郛本之一百八十一		爲一
易飛候	漢京房	說郛本之七		爲一
靈憲注 漢代張衡曾著靈憲此誤題	晉張衡	說郛本之六十二		爲一
瑞應圖	孫柔之撰 闕代名	玉函山房本之七十七		水一一
白澤圖	闕名	玉函山房本之七十八		水一一
地鏡圖	闕名	玉函山房本之七十八		水一一
又	同上	說郛本之六十二		爲一
易洞林二卷	晉郭璞撰	玉函山房本之七十八		水一一
又	闕名	說郛本之七		爲一
望氣經	唐邵諤	說郛本之一百十		爲一
相雨書	黃子發 闕代名	說郛本之一百十		爲一
房中經	唐孫思邈	說郛本之一百十一		爲一
土牛經	宋向孟	說郛本之一百十一		爲一

乙巳占十卷	唐李淳風撰	十萬卷樓本二十二至二十五		水九
陰陽書	唐呂才撰	玉函山房本之七十七		水一一
燈花占	王夫人 闕代名	說郛叢書本之三十 然脂百一編		雨六
葬經翼	明繆希雍	津逮秘書本六十九至七十		陽三三二
立宅賦	清樂球著	寫刻本	一册	劍六七
五行問	清吳肅公著	昭代叢書本之一		結一
五行占	清俞樾	春在堂全書本之四十八		水一五
游藝錄六卷	清俞樾	春在堂全書本之一百五十四		水一五
手相學	飄萍生編輯	商務書館鉛印本	一册	調二八九
骨相學	飄萍生編輯	商務書館鉛印本	一册	調三九四
太玄集注	漢楊雄撰 宋司馬光注	孫氏刻本	四册	辰一三五
焦氏易林十六卷	漢焦延壽	士禮居叢書本二十四至二十五		劍四
又三卷	漢焦贛著	津逮秘書本二十三至二十八		陽三三二

京氏易略	漢京房	說郛本之四		爲一
京氏易傳三卷	漢京房撰 吳陸績注	津逮祕書本之十四		陽三三二
相地骨經	漢靑烏子	說郛本之一百十一		爲一
術數記遺	漢徐岳	說郛本之一百十一		爲一
徐整長曆	徐整 闕代名	說郛本之六十二		爲一
郭氏元經十卷	晉郭璞著	陰陽五要奇書本一至四		閏一二二
玉符瑞圖	晉顧野王	說郛本之六十二		爲一
五行大義五卷	隋蕭吉撰	知不足齋本二十一集一至二		水一六
又同上	隋蕭吉	常州先哲遺書本之七		呂一
元包經傳五卷	唐蘇源明	津逮祕書本之二十二		陽三三二
太淸神鑑六卷	闕名	守山閣本之六十五		麗八四
百怪斷經	宋俞誨	說郛本之一百十一		爲一
潛虛述義四卷	宋司馬光撰 淸蘇天木述	嶺南遺書本五集二至三		水七
元包數義	宋張行成	說郛本之五		爲一
雜五行書	闕名	玉函山房本之七十八		水一一
葬書集注九卷 附葬書問對 即葬經注	元鄭謐注釋	十萬卷樓本之二十		水九
陽明按索五卷	元陳復心編	陰陽五要奇書本七至八		閏一二二
三白寶海三卷	元釋幕講著	陰陽五要奇書本十一至十二		閏一二二
佐元直指九卷	明劉基著	陰陽五要奇書本九至十		閏一二二
奇門遁甲	明劉基	寶顏堂祕笈本彙集之八		閏三五
周易尙占三卷	明李淸庵	寶顏堂祕笈本彙集之三		閏三五
周易會占	明程鴻烈	續說郛本之一百二十三		爲一
田家五行	明吳元禮	續說郛本之一百五十二		爲一
三式秘笈	明甘時望著	木刻本	十二冊	閏一一三
居家宜忌	明瞿祐	續說郛本之一百五十二		爲一
三曆撮要	闕名	十萬卷樓本之一百零一		水九

六壬粹言	淸劉赤江編	靑文堂木刻本	六冊	巨五三
六壬類聚四卷	淸紀大奎輯著	紫光閣刻本	四冊	巨五七
山洋指迷四卷	淸周景一著	木刻本	四冊	號一四二
奇門法竅八卷	淸孟樨增注	木刻本	八冊	號一四〇
天元五歌	淸蔣大鴻著	木刻本	一冊	月一五七
陽宅大全十卷 闕第一冊	闕名	木刻本	五冊	巨五二
八宅明鏡二卷	淸笠冠道人	陰陽五要奇書本十三至十六		閏一二二
易林釋文二卷	淸丁晏著	南菁書院本之十一		露一
管權庸論	淸楊以迥著	本館鈔本	一冊	寒九七
太元闡秘十卷	淸陳本禮纂述	聚學軒本七十一至七十四		雨一
天步眞原三卷	西士穆尼閣撰	守山閣本之六十四		麗八四
陽宅闢謬	梅漪老人撰	咫進齋本之二十四		水二
風水袪惑	淸丁芮樸著	月河精舍本之二十四		稱二三
泰階六符經	黃帝撰	玉函山房本之七十六		水一一
黃帝龍首經二卷	闕名	平津館本之三		水一〇
孫氏瑞應圖	闕名	說郛本之六十二		爲一
請雨止雨書	闕名	玉函山房本之七十八		水一一
玉曆通政經	闕名	說郛本之六十二		爲一
璇璣經集注	晉趙載著	陰陽五要奇書本五至六		閏一二二
玉管照神局三卷	南唐宋齊邱撰	十萬卷樓本一百零三		水九
烟波釣叟歌	宋趙普撰	木刻本	一冊	巨五九
元包數總義四卷	宋張行成述	津逮祕書本之二十一		陽三三二
人倫大統賦二卷	金張行簡撰	十萬卷樓本之二十一		水九
淮南萬畢術	淸丁晏輯	南菁書院本之十二		露一
又	闕名	說郛本之七		爲一
五變中黃經	淸唐維經	木刻本	一冊	辰九三

奇門五總龜四卷	清池本理解編	木刻本	二冊		玉四三
宋司星子章書	宋司星子章撰	玉函山房本之七十七			水一一
五殘雜變星書	闕名	玉函山房本之七十六			水一一
皇極經世緒言八卷	宋邵雍撰 清劉斯組述	木刻本	八冊		玉四一
奇門遁甲大全三十卷	明劉基校訂	木刻本	八冊	徐一韓捐	玉一一四
地理辨正直解五卷附天元五歌闡義五卷	清章仲山	文奎堂木刻本	四冊		辰一三四
又	無心道人注	木刻本	二冊		月一五八
地理辨正續解四卷	清溫榮鑣解	木刻本	四冊		巨六〇
又同上	同上	文苑閣聚珍本	四冊		辰一四〇
地理辨正釋義	許錦灝述	鉛印本	一冊	許瀚初捐	闕四六
黃帝金匱玉衡經二卷		平津館本之三			水一〇
太史公素王妙論	漢司馬遷撰	玉函山房本之七十七			水一一
奇門遁甲元靈經二十四卷	清朱海門校勘	木刻本	四冊		玉一三五

黃帝授三子玄女經		平津館本之三	水一〇
麻衣道者正易心法		津逮秘書本之三十七	陽三三二
珞琭子三命消息賦注二卷	宋徐子平撰	守山閣本之六十三	麗八四
又同上	宋釋曇瑩撰	守山閣本之六十三	麗八四

無錫縣立圖書館書目卷九

藝術類

營造

李仲明營造法式三十四卷	宋李誡著	影宋石印本	八冊	江蘇省公署捐	藏四六二

書畫

書品	梁庾肩吾著	寶顏堂秘笈本正集之三	閏三五
又	同上	漢魏叢書本之六十八	水一三
又	梁庾肩吾	說郛本之八十九	爲一
書評	楊景曾	文藝叢書本之十三	兩一八
又	梁武帝	說郛本之八十九	爲一
又	梁袁昂	說郛本之八十八	爲一
又	唐韋續	說郛本之八十八	爲一
書法	唐歐陽詢撰	唐代叢書本之七	出一七

論篆	唐李陽冰	說郛本之八十八	爲一
書史三卷	宋米芾	說郛本之九十	爲一
又	同上	美術叢書本之四十一	藏五
畫史	宋米芾	說郛本之九十三	爲一
又	宋米芾撰	津逮秘書本之一百三十一	陽三三二
又	同上	美術叢書本之七十三	藏五
畫品十卷	宋李廌著	寶顏堂秘笈本彙集之四	閏三五
又	宋李廌	說郛本之九十	爲一
又	黃鉞	文藝叢書本之十三	兩一八
畫論	宋郭思	說郛本之九十二	爲一
又	宋湯垕	說郛本之九十三	爲一
又	清張庚	昭代叢書本之九十六	結一
畫鑒	宋湯垕	說郛本之九十三	爲一

畫繼十卷	宋鄧椿撰	津逮秘書本一百二十九至一百三十	陽三三二
紀藝	宋郭思	說郛本之九十二	爲一
書譜	宋孫過庭	說郛本之八十九	爲一
書斷四卷	宋張懷瓘	說郛本之八十九	爲一
衍極五卷	元鄭杓述	十萬卷樓本六十一至六十三	水九
又	同上	寶顏堂秘笈本彙集之三	閏三五
又	元鄭杓	說郛本之八十八	爲一
畫禪	明釋蓮儒	寶顏堂秘笈本普集之八	閏三五
又	同上	續說郛本之一百五十七	爲一
竹派	明釋蓮儒纂	寶顏堂秘笈本彙集之八	閏三五
又	明釋蓮儒	續說郛本之一百五十七	爲一
畫說	明莫是龍著	寶顏堂祕笈本續集之四	閏三五
又	明莫是龍	續說郛本之一百五十七	爲一
繪妙	明第一相	續說郛本之一百五十七	爲一
畫引	明顧凝遠著	美術叢書本之十三	藏五
畫眼	明董其昌著	美術叢書本之九	藏五
畫麈	明沈顥	續說郛本之一百五十七	爲一
又	明沈顥著	美術叢書本之二十一	藏五
又	同上	昭代叢書本之一百零九	結一
畫筌	清笪重光著	昭代叢書本之五十九	結一
又	同上	美術叢書本之一	藏五
又	同上	知不足齋本十二集之七	水一六
書筏	清笪重光著	昭代叢書本之九十六	結一
又	清笪重光著	美術叢書本之一	藏五
畫訣	清龔賢著	昭代叢書本之一百零九	結一
又	同上	翠琅玕館本之四十	麗三〇

又	清龔賢	知不足齋本十二集之六	水一六
又	同上	美術叢書本之一	藏五
又	清孔衍栻著	昭代叢書本之十五	結一
又	同上	美術叢書本之九	藏五
筆陣圖	晉衛夫人	說郛本之八十八	爲一
能書錄	齊王僧虔	說郛本之八十九	爲一
續畫品	陳姚最撰	津逮祕書本之一百十八	陽三三二
九品書	唐韋續	說郛本之八十八	爲一
筆髓論	唐虞世南	說郛本之八十八	爲一
續書品	唐韋續	說郛本之八十八	爲一
後書品	唐李嗣眞	說郛本之八十九	爲一
後畫錄	唐釋彥悰撰	津逮秘書本之一百十八	陽三三二
翰墨志	宋高宗	說郛本之九十	爲一
翰墨志	宋高宗	舊鈔本　一册	閏七六
續書譜	宋姜堯章	說郛本之八十九	爲一
評紙帖	宋米芾	美術叢書本之四十八	藏五
畫竹譜	李衎闕代名	說郛本之九十二	爲一
畫梅譜	元華光道人	說郛本之九十二	爲一
墨竹譜	元管夫人	說郛本之九十二	爲一
法書苑	周越闕代名	說郛本之八十八	爲一
書畫史	明陳繼儒	寶顏堂祕笈本雜著之六	閏三五
又	同上	續說郛本之一百五十七	爲一
又	明陳繼儒著	美術叢書本之三十八	藏五
丹青志	明王穉登撰	寶顏堂秘笈本續集之四	閏三五
又	明王穉登	續說郛本之一百五十七	爲一
寓意編	明都穆撰	美術叢書本之四十四	藏五

讀畫錄	清王槩著	昭代叢書本之一百三十	結一
又四卷	清周亮工撰	海山仙館本之八十五	陽三三三
評書帖	清梁巘著	美術叢書本之三十八	藏五
畫語錄	清釋道濟著	昭代叢書本之五十九	結一
又	同上	翠琅玕館本之八	麗三〇
又	同上	美術叢書本之一	藏五
又	清張沅	知不足齋本五集之六	水一六
畫友詩	清趙彥修	靈鶼閣本之十三	專一四
四體書勢	晉衛恆	說郛本之八十八	爲一
筆勢論略	晉王羲之	說郛本之八十八	爲一
古畫品錄	南齊謝赫撰	津逮秘書本之一百十八	陽三三二
又	南齊謝赫	說郛本之九十二	爲一
後畫品錄	陳姚最	說郛本之九十二	爲一

續畫品錄	唐李嗣眞撰	津逮秘書本之一百十八	陽三三二
又	同上	唐代叢書本之八	出二七
又	唐李嗣眞	說郛本之九十二	爲一
陽氷筆訣原作氷陽筆訣誤倒	唐李陽氷	說郛本之八十八	爲一
顏公筆法	唐顏眞卿	說郛本之八十八	爲一
畫學祕訣	唐王維	說郛本之九十二	爲一
又	唐王維撰	唐代叢書本之八	出二七
書品優劣	唐韋續	說郛本之八十八	爲一
公私畫史	唐裴孝源撰	唐代叢書本之八	出二七
法書要錄十卷	唐張彥遠集	津逮秘書本九十二至九十八	陽三三二
海岳名言	宋米芾	說郛本之九十	爲一
又	同上	美術叢書本之二十九	藏五
林泉高致	宋郭熙	說郛本之九十二	爲一

又	宋郭熙纂集	美術叢書本之六十五	藏五
六義圖解	宋王應電	說郛本之八十八	爲一
東觀餘論二卷	宋黃伯思著	津逮祕書本九十九至一百零二	陽三三二
皇宋書錄三卷	宋董史編	知不足齋本十六集之一	水一六
廣州畫跋六卷	宋董逌撰	十萬卷樓本五十九至六十	水九
宣和畫譜二十卷		津逮秘書本一百十九至一百二十四	陽三三二
宣和書譜二十卷		津逮秘書本一百零七至一百十一	陽三三二
圖繪寶鑑六卷	元夏文彥纂	津逮秘書本一百二十五至一百二十八	陽三三二
雲烟續錄	元湯允謨著	十萬卷樓本之一百	水九
春雨雜述	明解縉輯	寶顏堂秘笈本彙集之四	閏三五
又	明解縉	說郛叢書本之十六	兩六
又	同上	續說郛本之一百三十八	爲一
書畫金湯	明陳繼儒	續說郛本之一百五十七	爲一

書畫金湯	明陳繼儒著	美術叢書本之三十八	藏五
墨池瑣錄	明楊愼	續說郛本之一百五十六	爲一
論畫瑣言	明董其昌	續說郛本之一百五十七	爲一
竹嬾畫賸二卷	明李日華著	美術叢書本四十六至四十七	藏五
書法雅言	明項穆撰	美術叢書本之五十三	藏五
書法粹言	明汪挺錄	美術叢書本之七十七	藏五
中麓畫品	明李開先撰	美術叢書本之七十八	藏五
小山畫譜	清鄒一桂著	昭代叢書本之三十九	結一
又二卷	清鄒一桂撰	翠琅玕館本之七	麗三〇
又二卷	同上	美術叢書本之三十四至三十八	藏五
松壺畫贅二卷	清錢杜著	榆園叢刻本十一至十二	水四
松壺畫憶二卷	清錢杜著	榆園叢刻本之十二	水四

藝舟雙楫六卷	清包世臣著	翠瑯玕館本十九至二十		麗三〇
又同上 又附錄三卷	同上	安吳四種本五至九		日八六
安吳論書	清包世臣著	咫進齋本之十五		水二
又	同上	美術叢書本之三十三		藏五
繪事發微	清唐岱著	昭代叢書本之三十九		結一
又	同上	文藝叢書本之二		雨一八
又	同上	美術叢書本之十七		藏五
板橋題畫	清鄭燮著	翠瑯玕館本之四十		麗三〇
又	同上	文藝叢書本之二		雨一八
指頭畫說	清高秉述	美術叢書本之二十九		藏五
又	同上	昭代叢書本之一百三十		結一
東莊論畫	清王昱著	翠瑯玕館本之三十		麗三〇
又	同上	美術叢書本之五		藏五
玉臺書史	清厲鶚輯	香豔叢書本之十七		雨四
又	清厲鶚著	昭代叢書本之六十		結一
墨井畫跋	清吳歷著	昭代叢書本之七十二		結一
墨井題跋	清吳歷著	小石山房本之十五		雨二六
雨窗漫筆	清王原祁	翠瑯玕館本之三十		麗三〇
又	清王原祁著	美術叢書本之五		藏五
書法約言	清宋曹著	美術叢書本之九		藏五
又	同上	昭代叢書本之四		結一
繪事津梁	清秦祖永著	翠瑯玕館本之三十		麗三〇
又	同上	美術叢書本之二十一		藏五
桐陰論畫	清秦祖永著	套印本	四冊	崑一四五
南田畫跋四卷	清惲格	翠瑯玕館本之二十九		麗三〇
又	清惲格	文藝叢書本之二十二		雨一八

繪事淺說二卷	土山灣書館編	鉛印本	二冊	餘二六七
讀畫輯略	玉獅老人著	商務書館鉛印本	一冊	藏一二九
繪畫小史	日本大村西崖著 吳縣張一鈞譯	聚珍仿宋印本	一冊	藏三一一
石渠寶笈四十四卷		涵芬樓印本	五十冊 廉泉捐	歲四一六
墨林今話十八卷	清蔣寶齡撰	石印本	六冊	月一一〇
鈍吟書要	清馮班著	昭代叢書本之一百零九		結一
又	同上	美術叢書本之十三		藏五
書學捷要二卷	清朱履貞纂述	知不足齋本二十四集之八		水一六
書畫說鈴	清陸時化著	檜園叢刻本之二十		水四
玉臺畫史	清湯漱玉輯	香豔叢書本之三十七		雨四
浦山論畫	清張庚著	翠瑯玕館本之三十		麗三〇
寫竹雜記	清蔣和著	翠瑯玕館本之四十		麗三〇
石村畫訣	清孔衍栻著	翠瑯玕館本之四十		麗三〇
山南論畫	清王學浩著	翠瑯玕館本之四十		麗三〇
題畫偶錄	清戴熙著	美術叢書本之二		藏五
畫影擇錄	清周亮工著	美術叢書本之十六		藏五
論畫絕句	清宋犖	美術叢書本之十七		藏五
臨池管見	清周星蓮著	美術叢書本之二十一		藏五
臨池心解	清朱和羹著	美術叢書本之二十五		藏五
學畫淺說	清王槩著	美術叢書本之二十五		藏五
寒山帚談三卷 附錄二卷	清趙宧光述	美術叢書本五十七至五十八		藏五
畫梅題跋	清查禮	美術叢書本之五十九		藏五
華光梅譜	清釋華光	美術叢書本之五十九		藏五
論畫絕句	清吳修	美術叢書本之六十四		藏五
字學憶參	清姚孟起述	美術叢書本之六十九		藏五
讀畫紀聞	清蔣驥著	文藝叢書本之二十八		雨一八

讀書法論 清蔣驥著 文藝叢書本之二十八 雨一八
傳神祕要 清蔣驥著 文藝叢書本之六十五 雨一八
學書雜論 清蔣和著 文藝叢書本之二十一 雨一八
學畫雜論 清蔣和著 文藝叢書本之二十一 雨一八
二十四書品 唐歐陽詢 說郛本之八十八 爲一
五十六書法 唐韋續 說郛本之八十八 爲一
歷代名畫記十卷 唐張彥遠撰 津逮祕書本一百十五至一百十八 陽三三一
唐朝名畫錄 唐朱景玄撰 美術叢書本之六十一 藏五
雲煙過眼錄四卷 宋周密 寶顏堂祕笈本正集之二 閏三五
又二卷 宋周密著 美術叢書本之四十五 藏五
又同上 同上 十萬卷樓叢書本之一百一 水九
思陵書畫記 宋周密 說郛本之九十 爲一
圖畫見聞志六卷 宋郭若虛撰 津逮祕書本一百十二至一百十四 陽三三一

梅花喜神譜二卷 宋宋伯仁編 知不足齋本二十一集之五 水一六
益州名畫錄三卷 宋黃休復 說郛本之九十二 爲一
珊瑚網畫繼 元汪珂玉 美術叢書本之四十二 藏五
珊瑚網畫法 元汪珂玉 美術叢書本之四十四 藏五
珊瑚網畫據 元汪珂玉 美術叢書本之四十三 藏五
吳郡丹青志 明王穉登撰 美術叢書本之四十五 藏五
董文敏畫眼 明董其昌 清溪草堂本 一冊 許同莘捐 呂六二
畫禪室隨筆 明董其昌著 廣智書局本 一冊 露四六
山水純全集 明韓純全撰 美術叢書本之六十九 藏五
孫氏書畫鈔二卷 明孫鳳 涵芬祕笈本三集二至三 藏二三〇
庚子銷夏記八卷 清孫承澤著 學古齋本六至九 專九
又同上 同上 鉛印本 四冊 月一一一
閑者軒帖考 清孫承澤述 舊鈔本 一冊 閏七六

廣藝舟雙楫六卷 清康祖詒 南海康氏本 一冊 辰一三三
又同上 同上 廣智書局本 一冊 露四八
圖畫精意識 清張庚著 昭代叢書本之十八 結一
又 清張庚著 槐廬叢書本之四十六 露五
賞延素心錄 清周二學著 昭代叢書本之六十一 結一
又 同上 美術叢書本之三十五 藏五
又 同上 檢園叢刻本之十九 水四
二十四畫品 清黃鉞著 翠琅玕館本之三十 麗三〇
又 同上 美術叢書本之十三 藏五
麓臺題畫稾 清王原祁著 昭代叢書本之一百三十 結一
又 同上 美術叢書本之五 藏五
芥子園畫傳二十五卷 總四集 清王安節摹 石印本 十六冊 月一三一
李息齋竹譜 清李衎著 美術叢書本之五十九 藏五

漫堂書畫跋 清宋犖撰 美術叢書本之十八 藏五
南宋院畫錄八卷 清厲鶚輯 武林掌故叢書本六十六至六十七 水一二
山靜居畫論二卷 清方薰撰 知不足齋本二集之八 水一六
海虞畫苑略 清魚翼輯 小石山房本之八 雨二六
頻羅庵論書 清梁同書著 美術叢書本之十七 藏五
又 同上 檢園叢刻本之十九 水四
辛丑消夏記五卷 清吳榮光撰 木刻本 四冊 日一五四
澹廬讀畫詩 徐鋆 文藝叢書本之二十四 雨一八
清朝書畫錄四卷 竇鎮輯 木刻本 四冊 顧儀臣捐 冬六二
貞觀公私畫史 唐裴孝源撰 美術叢書本之四十九 藏五
趙氏家法筆記 闕名 涵芬樓祕笈本四集之五 藏二三〇
鈐山堂書畫記 明文嘉記 知不足齋本十四集之八 水一六
又 同上 美術叢書本之六十一 藏五

六如居士畫譜三卷	明唐寅輯	美術叢書本之七十四			藏五
竹嬾墨君題語	明李日華題 江元祚輯	美術叢書本之四十八			藏五
雲烟過眼續錄	明湯允謨著	美術叢書本之四十五			藏九
歷代畫史彙傳七十二卷	清彭蘊燦編	石印本	四冊		雨一三
戴文節公畫絜	清戴熙記	木刻本	四冊		月一四三
承晉齋積聞錄	清梁巘著	安徽官紙局鉛印本	一冊	曹衡之捐	雨三九
草心樓讀畫集	清黃崇惺	美術叢書本之二			藏五
師二雲居畫贊	清顧森書	石印本	一冊	顧叔嘉捐	辰一四九
冬心畫梅題記	清金農	翠瑯玕館本之八			麗三〇
又	同上	美術叢書本之十			藏五
冬心畫馬題記	清金農	美術叢書本之十			藏五
又	同上	翠瑯玕館本之八			麗三〇
冬心畫佛題記	清金農	美術叢書本之十			藏五
冬心畫佛題記	清金農	翠瑯玕館本之八			麗三〇
冬心畫竹題記	清金農	翠瑯玕館本之八			麗三〇
又	同上	美術叢書本之十			藏五
董華亭書畫錄	清浮山人編輯	靈鶼閣本之十三			專一四
七頌堂識小錄	清劉體仁	美術叢書本之四			藏五
賴古堂書畫跋	清周亮工著	美術叢書本之十四			藏五
頻羅庵書畫跋	清梁同書	美術叢書本之十八			藏五
曝書亭書畫跋	清朱彝尊撰	美術叢書本之三十五			藏五
天際烏雲帖考	清翁方綱	美術叢書本之三十七			藏五
醉鷗墨君題語	李會嘉題 清項聖謨輯	美術叢書本之四十八			藏五
玉雨堂書畫紀四卷	清韓泰華述	美術叢書本四十九至五十			藏五
今夕盦題畫詩	清居巢撰	美術叢書本之五十			藏五
張退公墨竹記	清張退公	美術叢書本之五十九			藏五

學書筆法精解	清蔣和著	文藝叢書本之三十六			雨一八
朱臥庵藏書畫目	明朱之赤	美術叢書本之六十二			藏五
西湖臥游圖題跋	明李流芳	武林掌故叢編本之十八			水一二
正續國朝畫徵錄五卷	清張庚著	石印本	二冊		月一一二
又同上	同上	京都刻本	二冊		月一二九
冬心自寫眞題記	清金農	翠瑯玕館本之八			麗三〇
又	同上	美術叢書本之十			藏五
賜硯齋題畫偶錄	清戴熙	說部叢書本之三十九			雨六
初月樓論書隨筆	清吳德旋	常州先哲遺書續編本之四十			呂二
又	清吳德旋	美術叢書本之五			藏五
小松圓閣書畫跋	清程廷鷺撰	美術叢書本之十四			藏五
玉几山房畫外錄	清陳撰編	美術叢書本三十至三十一			藏五
今夕盦讀畫絕句	清居巢撰	美術叢書本之五十			藏五
海虞畫苑略補遺	清魚翼輯	小石山房本之八			雨二六
冬心先生畫竹題記	清金農著	小石山房本之十四			雨二六
冬心先生畫記五種	清金農	文藝叢書本之二十八			雨一八
須靜齋雲煙過眼錄	清潘遵祁鈔	美術叢書本之五十四			藏五
小綠天盦簡明竹譜	寶鎭輯	木刻本	一冊	顧儀臣捐	調二一八
三萬六千頃湖中畫船錄	清迮朗著	美術叢書本之三十九			藏五
又	同上	昭代叢書本之一百五十三			結一

琴瑟

琴操二卷 附補遺	漢蔡邕著	平津館本之六	水一〇
琴況	清徐祺著	昭代叢書本之三十九	結一
古琴疏	虞汝明 闕代名	說郛本之一百零二	爲一
擬瑟譜	清邵嗣堯	正覺樓本之十六	藏二〇四
琴曲譜錄	宋釋居月	說郛本之一百零二	爲一

雅琴名錄	宋謝希逸	說郛本之一百零二		爲一
琴聲經緯	宋陳暘	說郛本之一百零二		爲一
雜書琴事	宋蘇軾	說郛本之一百零二		爲一
琴箋圖式	元陶宗儀	說郛本之一百零二		爲一
琴學八則	清程雄著	翠琅玕館本之四		麗三〇
又	同上	美術叢書本之三		藏五
五知齋琴譜八卷	清徐琪鑒定	紅杏山房木刻本	六冊	多一一

技擊

尤射	魏繆襲著	漢魏叢書本之六十八		水一三
尤射	魏繆襲	說郛本之一百零三		爲一
射經	宋王琚	說郛本之一百零三		爲一
又	明李呈芬	續說郛本之一百五十八		爲一
貫蝨心傳	清紀鑑著	昭代叢書本之二十六		結一
內家拳法	清黃百家著	昭代叢書本之一百六十四		結一
記征南射法	清黃百家	說部叢書本之三		雨六
少林棍法闡宗	明程沖斗編纂	石印本	三冊	陽二七八

篆刻

印說	清萬壽祺	美術叢書本之四十四		藏五
學古編	元吾邱衍	寶顏堂祕笈本正集之二		閏三五
又	同上	說郛本之九十九		爲一
又	元吾邱衍著	美術叢書本之二十六		藏五
摹印述	清陳澧撰	東塾遺書本之一		呂七二
又	同上	美術叢書本之三		藏五
印人傳三卷	清周亮工撰	翠琅玕館本之二十四		麗三〇
竹人錄二卷	清金玉鈺撰纂	美術叢書本之六十		藏五
三十五舉 附校勘記	元吾邱衍	咫進齋本之十五		水二

吳氏印譜	王厚之名關代	說郛本之九十九		爲一
古今印史	明徐官著	寶顏堂祕笈本普集之七		閏三五
印章集說	明甘暘述	美術叢書本之三十一		藏五
印文考略	清鞠履厚著	昭代叢書本之九十六		結一
摹印傳燈二卷	清葉爾寬來甸甫同編	翠琅玕館本之三十		麗三〇
又二卷	清葉爾寬編輯	美術叢書本之二十三		藏五
七家印跋	清秦祖永輯	美術叢書本之五十一至五十二		藏五
論印絕句	清沈心房著	美術叢書本之七十六		藏五
繩齋印稿	陳繼德	文藝叢書本之六		雨一八
續三十五舉	清桂馥	海山仙館本之八十五		陽三三三
又	同上	咫進齋本之十五		水二
又	同上	美術叢書本之二十六		藏五
又	清桂馥著	昭代叢書本之八十二		結一
又	清黃子高	美術叢書本之二十七		藏五
秋水園印說	清陳鍊著	昭代叢書本之一百零九		結一
又	同上	美術叢書本之十五		藏五
飛鴻堂印譜三十二卷	清汪啓淑鑒藏	有正書局石印本	二十冊	閏六二
王雪廬紅書	清王紓	啓文書局石印本	一冊 由雲龍捐	閏七九
鄧石如印存	清鄧石如編	有正書局石印本	二冊	閏九〇
吳倉石印譜	清吳俊卿編	有正書局石印本	四冊	閏一一三
聯珠合璧印譜	清李芳	原稿本	四冊	辰一一〇
小石山房印譜	清顧湘顧浩同編	顧氏刻本	六冊	辰一一〇
飛鴻堂印人傳八卷	清汪啓淑撰	翠琅玕館本一至二		麗三〇
再續三十五舉	清桂馥著	昭代叢書本之八十三		結一
又	清姚晏	咫進齋本之十五		水二
又	清姚晏著	美術叢書本之二十七		藏五

三十五舉校勘記	清姚覲元撰	美術叢書本之二十六		藏五
金罍山民手刻印存	清鄧石如編	有正書局石印本	四册	閏五八
墨拓印章邊欵十二種		墨拓本	一册 謝穀成捐	闕一六

雜技

藝經	魏邯鄲淳	說郛本之一百零四	爲一
又	魏邯鄲淳撰	玉函山房本之七十八	水一一
棋品	梁沈約	說郛本之一百零四	爲一
嘯旨	唐孫廣	說郛本之一百零二	爲一
又	闕名	唐代叢書本之八	霜二七三
丸經二卷	唐于志寧述	津逮秘書本之六十四	陽三三二
棋經	宋張儗撰	守山閣本之六十六	麗八四
又	宋張儗	說郛本之一百零四	爲一
棋訣	宋劉仲甫	說郛本之一百零四	爲一
木經	宋李誡	說郛本之一百十一	爲一
譜雙	宋洪遵	說郛本之一百零三	爲一
丸經	元闕名	說郛本之一百零三	爲一
觥律	曹繼善闕代名	說郛本之九十六	爲一
觴政	明袁宏道撰	寶顏堂秘笈本續集之七	閏三五
又	明袁宏道	續說郛本之一百六十	爲一
奕問	明王世貞	續說郛本之一百六十	爲一
奕律	明王思任	續說郛本之一百六十	爲一
穎譜	明郭樵叟	續說郛本之一百六十一	爲一
度詞	清黃周星著	昭代叢書本之一百六十三	結一
隱書	清俞樾	春在堂全書本之四十八	水一五
墨戲	同上	春在堂全書本之一百五十九	水一五
字觽六卷	清周亮工輯	粵雅堂本九十九至一百	雨二

投壺變	晉虞潭撰	玉函山房本之七十八	水一一
彈棋經	晉徐慶	說郛本之一百零四	爲一
[illegible]栗格	唐段成式	說郛本之一百零二	爲一
羯鼓錄	唐南卓撰	寶顏堂秘笈本廣集之一	閏三五
又	同上	守山閣本之六十五	麗八四
又	同上	唐代叢書本之九	霜二七三
又	同上	說郛本之一百零四	爲一
柘枝譜	唐樂史	說郛本之一百零二	爲一
琵琶錄	唐段安節	說郛本之一百零四	爲一
五木經	唐李翺	說郛本之一百零四	爲一
又	唐李翺撰	唐代叢書本之九	霜二七三
又	同上	津逮秘書本之七十三	陽三三二
故物記	唐韋端符撰	唐代叢書本之八	霜二七三
漢官儀三卷	宋劉攽	十萬卷樓本之六十六	水九
又同上	同上	仿宋木刻本	結八六
九射格	宋歐陽修	說郛本之一百零三	爲一
觴政述	宋趙與時	說郛本之九十五	爲一
打馬圖	宋女士李清照	說郛本之一百零三	爲一
響屧譜	宋楊无咎	香豔叢書本之二十九	雨四
棋手勢	徐泌闕代名	說郛本之一百零四	爲一
醉綠圖	張光闕代名	說郛本之一百零四	爲一
除紅譜	元楊維楨	說郛本之一百零四	爲一
小酒令	明田藝蘅	說郛本之九十五	爲一
又	明田藝衡	續說郛本之一百六十	爲一
文字飲	明屠本畯	續說郛本之一百六十	爲一
兼三圖	明屠豳叟	續說郛本之一百六十一	爲一

歌學譜	明林希恩	續說郛本之一百五十四	爲一
葉子譜	明潘之恆	續說郛本之一百六十一	爲一
六博譜	明潘之恆	續說郛本之一百六十一	爲一
吳社編	明王穉登撰	寶顏堂祕笈本續集之八	閏三五
奕旦評	明馮元仲	續說郛本之一百六十	爲一
詩牌譜	明王良樞	續說郛本之一百六十	爲一
壺矢銘	明袁九齡	續說郛本之一百六十	爲一
運掌經	明黎遂球	續說郛本之一百六十一	爲一
楚騷品	明汪道昆	續說郛本之一百六十一	爲一
掤陣譜	明袁福徵	續說郛本之一百六十一	爲一
裝潢志	清周嘉胄著	昭代叢書本之五	結一
又	同上	美術叢書本之六	藏五
火戲略	清趙學敏著	昭代叢書本之一百七十一	結一

無錫縣立圖書館書目 卷九子部 藝術類 雜技 十六

馬弔說	清李鄴嗣著	昭代叢書本之一百六十九	結一
勝游圖	清俞樾	春在堂全書本一百五十一曲園三要之三	水一五
樂府雜錄	唐段安節撰	守山閣本之六十六	麗八四
又	同上	古今說海本之十一	結二九
又	同上	唐代叢書本之九	霜二七三
又	同上	說郛本之一百零二	爲一
骰子選格	李郃 闕代名 又署唐房千星	說郛本之一百零四	爲一
圍棋義例	唐徐鉉	說郛本之一百零四	爲一
歌者葉志	唐沈亞之撰	唐代叢書本之八	霜二七三
投壺儀節	宋司馬光	說郛本之一百零三	爲一
投壺新格	宋司馬光	說郛本之一百零三	爲一
罰爵典故	宋李廌	說郛本之九十六	爲一
檮蒱經畧	宋程大昌	說郛本之一百零四	爲一

打馬圖經	宋李清照	粵雅堂本之九十二	雨二
蹴鞠圖譜	汪雲程 闕代名	說郛本之一百零三	爲一
笛律圖注	明徐養源	美術叢書本之十六	藏五
數錢葉譜	明汪道昆	續說郛本之一百六十一	爲一
嘉賓心令	明巢玉庵	續說郛本之一百六十一	爲一
馬弔牌經	明龍子猶	續說郛本之一百六十一	爲一
續葉子譜	明潘之恆	續說郛本之一百六十一	爲一
宣和牌譜	明崔佑	續說郛本之一百六十	爲一
醉鄉律令	明田藝蘅	續說郛本之一百六十	爲一
酒社芻言	清黃周星著	昭代叢書本之一百六十三	結一
嬾園觴政	清蔡祖庚著	昭代叢書本之一百六十三	結一
三友棋譜	清鄭晉德著	昭代叢書本之一百六十三	結一
花甲數譜	清俞長城著	昭代叢書本之一百六十四	結一

無錫縣立圖書館書目 卷九子部 藝術類 雜技 十七

攬勝圖譜	清高兆著	昭代叢書本之一百六十七	結一
牧豬閒話	清金學詩著	昭代叢書本之一百六十八	結一
南村觴政	清張惣僧持定	翠琅玕館本之四	麗三〇
桐階副墨	清黎遂球著	翠琅玕館本之四	麗三〇
傳古別錄	清陳介祺	美術叢書本之四十八	藏五
貯香小品 九卷	清萬後賢	說郛叢書本五十五至五十七	雨六
投壺攷原	清丁晏著	南菁書院本之十一	露一
七星聚會	雅雲居士輯	原鈔本 一册 著者捐	珠一〇
織錦璇璣圖	姚秦女士蘇蕙	說郛本之八十	爲一
李謨吹笛記	唐楊巨源撰	唐代叢書本之八	霜二七三
古局象棋圖	宋司馬光	說郛本之一百零四	爲一
朝市打馬格	明文翔鳳	續說郛本之一百六十	爲一
彩選百官鐸	闕名	續說郛本之一百六十	爲一

桃花泉棋譜二卷	清范西屏著	石印本	二册	月一二三
混同天牌譜	清鄭旭丹著	昭代叢書本之一百六十三		結一
牡丹亭骰譜	清徐震錄	昭代叢書本之一百六十七		結一
新定牙牌數	清俞樾	春在堂全書本之一百五十七		水一五
八卦葉子格	同上	春在堂全書本一百五十九曲園三耍之一		水一五
紅樓葉戲譜	蘭華室女史戲擬	香豔叢書本之九		雨四
慧觀室謎話	周效璘	文藝叢書本之六		雨一八
三才中和牌譜	清俞樾	春在堂全書一百五十九曲園三耍之二		水一五

無錫縣立圖書館書目卷十

譜錄類

飲饌

茶經	唐陸羽	說郛本之九十四		爲一
又	唐陸羽撰	唐代叢書本之八		霜二七三
又	明張謙德著	美術叢書本之七十九		藏五
食譜	唐韋巨源撰	昭代叢書本之八		結一
又	唐韋巨源	說郛本之九十七		爲一
食經	謝諷闕代名	說郛本之九十七		爲一
酒經	宋蘇軾	說郛本之九十五		爲一
又	宋朱翼中	說郛本之九十五		爲一
酒譜	宋竇苹	說郛本之九十五		爲一
茶錄	宋蔡襄述	舊鈔本	一册	閏八五
茶錄	宋蔡襄	說郛本之九十四		爲一
酒乘	元韋孟	說郛本之九十六		爲一
茶錄	明馮時可	續說郛本之一百二十九		爲一
茶疏	明許次紓著	寶顏堂秘笈本普集之四		閏三五
又	明許次紓	續說郛本之一百五十九		爲一
又	明許次紓撰	說部叢書本之十		雨六
茶箋	明聞龍	續說郛本之一百五十九		爲一
又	明屠隆撰	美術叢書本之七十五		藏五
茶解	明羅廩	續說郛本之一百五十九		爲一
茶譜	明顧元慶	顧氏小說本之二		結二四
又	同上	續說郛本之一百五十九		爲一
酒史二卷	明馮時化編次	寶顏堂秘笈本普集之八		閏三五
又	胡光岱著	文藝叢書本之十五		雨一八

茶史	清余懷著	昭代叢書本之一百零十	結一
茶董二卷	清夏樹芳	說部叢書本之二十四	雨六
酒顛二卷	清夏樹芳	說部叢書本之二十三	雨六
煙譜	清陸燿著	昭代叢書本之四十	結一
採茶錄	唐溫庭筠	說部叢書本之十	雨六
又	同上	說郛本之九十四	爲一
膳夫錄	唐鄭望之	說部叢書本之十七	雨六
又	同上	說郛本之九十七	爲一
試茶錄	宋子安集	說郛本之九十四	爲一
鬬茶記	宋唐庚	說郛本之九十四	爲一
食珍錄	宋虞悰	說部叢書本之三	雨六
又	同上	說郛本之九十七	爲一
蔬食譜	宋陳達叟	說部叢書本之二十三	雨六
玉食批	宋司膳內人	說部叢書本之九十七	雨六
中饋錄	吳氏闕代名	說郛本之九十七	爲一
酒名記	宋張能臣	說郛本之九十六	爲一
糖霜譜	宋洪邁	說郛本之九十七	爲一
麴本草	宋田錫	說郛本之九十五	爲一
酒爾雅	宋何剡	說郛本之九十五	爲一
酒小史	元宋伯仁	說郛本之九十六	爲一
茶寮記	明陸樹聲	續說郛本之一百五十九	爲一
又	明陸樹聲撰	寶顏堂秘笈本普集之四	閏三五
茶董補二卷	明陳繼儒采輯	海山仙館本之八十六	陽三三三
酒顛補三卷	明陳繼儒采輯	海山仙館本之八十六	陽三三三
煎茶水記	唐張又新撰	唐代叢書本之八	霜二七三
又	唐張又新	說郛本之九十四	爲一

十六湯品	唐蘇廙	說郛本之九十四	爲一
又	同上	說部叢書本之十	雨六
又	同上	唐代叢書本之八	霜二七三
山家清供	宋林洪	說郛本之七十六	爲一
又	宋林洪著	小石山房本之十三	雨二六
大觀茶論	宋徽宗	說郛本之九十四	爲一
品茶要錄	宋黃儒	說郛本之九十四	爲一
北苑茶錄	宋熊蕃	說郛本之九十四	爲一
北苑別錄	宋闕名	說郛本之九十四	爲一
新豐酒法	宋林洪	說郛本之九十六	爲一
北山酒經三卷	宋朱肱撰	知不足齋本十二集之二	水一六
煮泉小品	明田藝衡撰	寶顏堂秘笈本續集之四	閏三五
又	明田藝衡	續說郛本之一百五十九	爲一
海味索隱	明屠本畯	續說郛本之一百六十四	爲一
隨園食單	清袁枚著	隨園全集本之三十六	專一
製茶新譜	錢椿年集	文藝叢書本之三十五	雨一八
述煮茶小品	宋葉清臣	說郛本之九十四	爲一
續北山酒經	宋李保	說郛本之九十五	爲一
洞山岕茶系	明周高起	常州先哲遺書本之六	呂一
又	明周高起著	翠琅玕館本之四	麗三〇
飯有十二合說	清張英著	昭代叢書本之十六	結一

文具

筆經	晉王羲之	說郛本之一百	爲一
又	同上	說部叢書本之十七	雨六
墨藪	唐韋續纂	十萬卷樓本之一百零二	水九
墨經	宋晁說之	說郛本之一百	爲一

又	同上	美術叢書本之三	藏五
又	同上	津逮秘書本之八十	陽三三二
硯譜	李之彥闕代名	說郛本之九十八	爲一
又	宋蘇易簡	說郛本之九十八	爲一
墨記	宋何薳	說郛本之一百	爲一
硯史	宋米芾撰	美術叢書本之七十八	藏五
又	明沈仕	續說郛本之一百五十八	爲一
墨史三卷	金陸友纂	文藝叢書本之二十六	雨一八
又同上	金陸友纂	知不足齋本十二集之六	水一六
書箋	明屠隆著	美術叢書本之二十二	藏五
帖箋	明屠隆撰	美術叢書本之二十二	藏五
畫箋	明屠隆著	美術叢書本之二十二	藏五
筆史	清梁同書著	檢園叢刻本之十九	水四
筆史	清梁同書著	美術叢書本之二十	藏五
又	清梁同書	文藝叢書本之九	雨一八
墨志	清麻三衡纂	昭代叢書本之一百三十一	結一
又	同上	美術叢書本之十五	藏五
硯林	清余懷著	昭代叢書本之五	結一
硯錄	清曹溶著	美術叢書本之二十四	藏五
說硯	清朱彝尊著	美術叢書本之三十五	藏五
論墨	清萬壽祺	美術叢書本之四十四	藏五
墨表附古今墨論	壽道人撰	美術叢書本之四十八	藏五
筆志	胡蘊玉著	文藝叢書本之十二	雨一八
箋紙譜	宋費著撰	寶顏堂秘笈本廣集之四	閏三五
歙硯說	曹繼善闕代名	說郛本之九十八	爲一
蜀牋譜	元費著	說郛本之一百	爲一

箋譜銘	·明屠隆	續說郛本之一百五十八	爲一
紙箋譜	明鮮于樞	續說郛本之一百五十八	爲一
紫泥法	清汪鎬京著	美術叢書本之七十九	藏五
又	清汪鎬京	翠琅玕館本之四	麗三〇
淄硯錄	清盛百二著	昭代叢書本之一百二十三	結一
端溪硯譜	宋葉樾	說郛本之九十八	爲一
又	宋葉樾	美術叢書本之七十九	藏五
歙州硯譜	宋唐積撰	美術叢書本之七十三	藏五
又	宋洪景伯	說郛本之九十八	爲一
文房圖贊	宋林洪	說郛本之一百零一	爲一
文房四譜五卷	宋蘇易簡	十萬卷樓本六十四至六十五	水九
墨法集要	明沈繼孫撰	武英殿聚珍本之七十	冬五
又	同上	美術叢書本之六十三	藏五
古今印史	明徐官	續說郛本之一百五十八	爲一
漫堂墨品	清宋犖著	翠琅玕館本之四	麗三〇
又附雪堂墨品	同上	檢園叢刻本之十七	水四
又	清宋犖	美術叢書本之二十四	藏五
硯林拾遺	清施閏章	美術叢書本之四十四	藏五
雪堂墨品	清張仁熙著	翠琅玕館本之四十	麗三〇
又	同上	美術叢書本之十九	藏五
端溪硯史	清吳蘭修編	檢園叢刻本之十八	水四
又三卷	清吳蘭修撰	嶺南遺書本五集之十	水七
九宮新式	蔣驥著	文藝叢書本之二十一	雨一八
文房圖贊續	元羅先登	說郛本之一百零一	爲一
文房器具箋	明屠隆撰	美術叢書本之七十六	藏五
紙墨筆硯箋	明屠隆撰	美術叢書本之七十五	藏五

端溪硯坑記 清李兆洛 美術叢書本之六 藏五
端溪硯譜記 清袁樹著 昭代叢書本之九十七 結一
端溪硯石考 清高兆著 美術叢書本之二十七 藏五

珍玩

鼎錄 梁虞荔纂 寶顔堂秘笈本續集之二 閏三五
又 同上 漢魏叢書本之七十八 水一三
又 同上 龍威秘書本一集之八 水一七
又 同上 説郛本之九十九 爲一
錢譜 宋董逌 説郛本之九十七 爲一
又 同上 翠琅玕館本之四 麗三〇
泉志十五卷 宋洪遵撰 津逮秘書本一百四十九至一百五十 陽三三二
香譜 宋洪芻 説郛本之一百 爲一
寶記 闕名 説郛本之九十九 爲一
瓶史 明袁宏道撰 寶顔堂秘笈本正集之五 閏三五
又 明袁宏道 續説郛本之一百六十二 爲一
又 明袁宏道著 美術叢書本之二十四 藏五
琴箋 明屠隆撰 美術叢書本之二十二 藏五
香箋 明屠隆撰 美術叢書本之七十五 藏五
劍記 明郭子章輯 寶顔堂秘笈本廣集之七 閏三五
陶説六卷 清朱琰述 龍威秘書本五集三至四 水一七
又同上 同上 美術叢書本六十六至六十七 藏五
又同上 同上 翠琅玕館本五至六 麗三〇
玉紀 清陳性 美術叢書本之六 藏五
石譜 清諸九鼎撰 美術叢書本之二十三 藏五
談石 清梁九圖輯 美術叢書本之六十八 藏五
石交 程文羽 説部叢書本之五 雨六

刀劍錄 梁陶弘景 説郛本之九十七 爲一
燕几圖 宋黄長睿 説郛本之一百零一 爲一
名香譜 宋葉廷珪 説郛本之一百 爲一
又 同上 香豔叢書本之三 雨四
玉璽譜 徐令信闕代名 説郛本之九十九 爲一
名劍記 明李承勛 續説郛本之一百五十八 爲一
玉名詁 明楊慎 續説郛本之一百五十八 爲一
清祕藏 明張應文述 美術叢書本之三十二 藏五
妮古錄 明陳繼儒著 美術叢書本之四十 藏五
十友譜 明顧元慶 顧氏小説本之五 結二四
窰器説 清程哲著 昭代叢書本之一百零九 結一
又 同上 美術叢書本之十一 藏五
琉璃志 清孫廷銓著 昭代叢書本之一百六十九 結一
琉璃志 清孫廷銓 美術叢書本之三十五 藏五
石友贊 清王晫著 昭代叢書本之十七 結一
又 同上 美術叢書本之三十五 藏五
怪石錄 清沈心輯 昭代叢書本之一百零九 結一
廣錢譜 清張延世著 昭代叢書本之一百六十四 結一
羽扇譜 清張燕昌著 昭代叢書本之一百七十一 結一
玉紀補 清劉心瑤 美術叢書本之六 藏五
怪石贊 清宋犖 美術叢書本之十九 藏五
觀石錄 清高兆著 翠琅玕館本之四 麗三〇
香本紀 清吳從先著 香豔叢書本之十九 雨四
選石記 成性 説部叢書本之五 雨六
古泉滙 清李佐賢編輯 李氏刻本 二十册 辰一三七
遺篋錄八卷 秦寶瓚編次 木刻本 四册 辰一五二

雲林石譜三卷	宋杜綰著	影明鈔本	一册	瞿啓甲捐 多四六
又同上	同上	知不足齋本十一集之一		水一六
又同上	宋杜綰	說郛本之九十八		爲一
太湖石志	宋范成大	說郛本之九十八		爲一
宣和石譜	宋常懋	說郛本之九十八		爲一
辨歙石說	曹繼善闕代名	說郛本之九十八		爲一
傳國璽譜	鄭文寶闕代名	說郛本之九十九		爲一
古玉圖考	闕名	說郛本之一百零一		爲一
續考古圖五卷 釋文一卷	宋趙九成撰	十萬卷樓本九十八至九十九		水九
焚香七要	臞仙 闕代名	續說郛本之一百五十九		爲一
古奇器錄	明陸深	續說郛本之一百五十八		爲一
又	明陸深著	寶顏堂秘笈本續集之六		閏三五
十友圖贊	明顧元慶	續說郛本之一百五十八		爲一
宣鑪博論	明項元汴	美術叢書本之五十五		藏五
宣鑪歌注	清冒襄著	昭代叢書本之五		結一
又	同上	美術叢書本之五十五		藏五
非煙香法	清董說著	昭代叢書本之一百六十七		結一
又	同上	美術叢書本之五十五		藏五
玉譜類編四卷	清徐壽基編輯	木刻本	四册	閏一七
錢志新編二十一卷	清張崇懿校輯	精刻本	十册	多二六
後觀石錄	清毛奇齡著	昭代叢書本之十七		結一
水坑石記	清錢朝鼎著	翠琅玕館本之四		麗三〇
古今刀劍錄	梁陶宏景纂	漢魏叢書本之七十八		水一三
又	同上	龍威秘書本一集之八		水一七
三代鼎器錄	唐吳協	說郛本之九十九		爲一
宣德鼎彝譜八卷	明吳中編	美術叢書本之五十五		藏五

骨董十三說	明董其昌	美術叢書本之七十二		藏五
陽羨名壺系	明周高起	常州先哲遺書本之六		呂一
又	明周高起著	翠琅玕館本之四		麗三〇
陽羨名陶錄二卷	清吳騫編	檜園叢刻本之二十		水四
又同上	清吳騫	拜經樓本之六		水三
又	清吳騫著	昭代叢書本之八十三		結一
又	清吳騫編	美術叢書本之十一		藏五
景德鎮陶錄十卷	清藍浦著	鄭氏原刻本	四册	雨一〇
又同上	清藍浦輯	美術叢書本六十九至七十一		藏五
窓齋集古錄	清吳大澂編	涵芬樓本	二十六册	歲四一五
焦山古鼎考	清王士祿圖釋	昭代叢書本之十五		結一
古銅瓷器考	清梁同書	美術叢書本之十九		藏五
甘泉宮瓦考	清林佶著	昭代叢書本之十六		結一
黃山松石譜	清閔麟嗣著	昭代叢書本之二		結一

草木

竹譜	晉戴凱之撰	漢魏叢書本之七十八		水一三
又	晉戴凱之	龍威秘書本一集之八		水一七
又	晉戴凱之	說郛本之一百零七		爲一
又	清陳鼎著	昭代叢書本之十七		結一
菊譜	宋劉蒙	香豔叢書本之二十七		雨四
又	同上	說郛本之一百零五		爲一
又	宋史正志	文藝叢書本之二十七		雨一八
又	宋史正志	說郛本之一百零四		爲一
又	宋史正志	香艷叢書本之二十七		雨四
又	宋范成大	說郛本之一百零五		爲一
又	同上	香艷叢書本之六十四		雨四

梅譜	宋范成大	文藝叢書本之二十七	兩一八
又	同上	香艷叢書本之四十	兩四
又	同上	說郛本之一百零六	爲一
花經	宋張翊	香豔叢書本之十三	兩四
又	宋張翊	說郛本之一百零六	爲一
梅品	宋張功甫	說郛本之一百零六	爲一
橘錄	宋韓彥直	說郛本之一百零七	爲一
桐譜	宋陳翥	說郛本之一百零七	爲一
筍譜二卷	宋釋贊寧	說郛本之一百零八	爲一
菌譜	宋陳玉	說郛本之一百零八	爲一
花歷	明程羽文	續說郛本之一百六十二	爲一
花疏	明王世懋	續說郛本之一百六十二學圃雜疏之一	爲一
果疏	明王世懋	續說郛本之一百六十二學圃雜疏之二	爲一
菊說	清計楠著	昭代叢書本之一百十	結一
箋卉	清吳菘箋	昭代叢書本之十七	結一
蘭言	清冒襄著	昭代叢書本之五	結一
荔譜	清陳定國著	昭代叢書本之九十七	結一
種樹書	唐郭槖駝	說郛本之一百零八	爲一
花九錫	唐羅虬	說郛本之一百零六	爲一
又	唐羅虬撰	唐代叢書本之八	霜二七三
海棠譜	宋陳思	說郛本之一百零五	爲一
又	宋陳思	香艷叢書本之四十	兩四
又	宋王觀	香艷叢書本之十三	兩四
蔬食譜	宋陳達叟	說郛本之一百零八	爲一
荔枝譜	宋蔡襄	說部叢書本之十五	兩六
又	同上	說郛本之一百零七	爲一

又	明鄧道協	續說郛本之一百六十三	爲一
又	明徐𤊹	續說郛本之一百六十三	爲一
又	明宋珏	續說郛本之一百六十三	爲一
又	明曹蕃	續說郛本之一百六十三	爲一
又	清陳鼎著	昭代叢書本之五	結一
打棗譜	元柳貫	說郛本之一百零七	爲一
缾花譜	明張謙德著	美術叢書本之七十九	藏五
又	明張謙德	寶顏堂秘笈本廣集之七	閏三五
又	明張謙德	續說郛本之一百六十二	爲一
又	明張謙德	說部叢書本之十七	兩六
記荔枝	明吳載鰲	續說郛本之一百六十三	爲一
廣菌譜	明潘之恆	續說郛本之一百六十三	爲一
種芋法	明黃省曾	續說郛本之一百六十三	爲一
野菜箋	明屠本畯	續說郛本之一百六十三	爲一
野菜譜	明滑浩	續說郛本之一百六十三	爲一
花小名	明程羽文	續說郛本之一百六十二	爲一
瓜蔬疏	明王世懋	續說郛本之一百六十二學圃雜疏之三	爲一
草花譜	明高濂	續說郛本之一百六十二	爲一
種菊法	明陳繼儒	文藝叢書本之十三	兩一八
羣芳譜一百卷	明王象晉纂輯	書業古講堂本 二十四冊	辰一四三
藝菊書	明黃省曾	文藝叢書本之十三	兩一八
續竹譜	明劉美之	說郛本之一百零七	爲一
瓨荷譜	清楊鍾寶撰	木刻本 一冊	辰八五
岕茶牋	清馮可賓輯	昭代叢書本之一百零九	結一
瓊花志	清朱顯祖編	昭代叢書本之二十六	結一
吳蕈譜	清吳林著	昭代叢書本之二十六	結一

洋菊譜	清鄒一桂著	昭代叢書本之四十		結一
野菜贊	清顧景星著	昭代叢書本之四十		結一
木棉譜	清褚華著	昭代叢書本之九十七		結一
人蓡譜	清陸烜輯	昭代叢書本之一百十		結一
牡丹譜	清計楠著	昭代叢書本之一百十		結一
甘藷錄	清陸耀著	昭代叢書本之一百三十一		結一
鳳仙譜	清趙學敏著	昭代叢書本之一百七十一		結一
人參考	清唐秉鈞纂	藝觚閣本之十一		專一四
藝蘭記	清劉文淇著	美術叢書本之三		藏五
何首烏錄	唐李翺	說郛本之一百零八		爲一
金漳蘭譜	宋趙時庚	說郛本之一百零五		爲一
又	同上	香艷叢書本之三十三		雨四
又漳作章同	宋趙時庚編	舊鈔本	一册	閏七七

王氏蘭譜	宋王貴學	說郛本之一百零五		爲一
又	同上	香艷叢書本之三十三		雨四
竹譜詳錄七卷	宋李衎述	知不足齋本二十四集五至七		水一六
茹草紀事	宋林洪	說郛本之一百零八		爲一
桂海果志	宋范成大	說部叢書本之二十		雨六
藥圃同春	明夏旦	續說郛本之一百六十二		爲一
學圃雜疏	明王世懋著	寶顏堂祕笈本廣集之七		閏三五
瓶史月表	明屠本畯	續說郛本之一百六十二		爲一
羅岕茶記	明熊明遇	續說郛本之一百五十九		爲一
牡丹八書	明薛鳳翔	續說郛本之一百六十二		爲一
岕茶彙鈔	清冒襄著	昭代叢書本之五		結一
瓊英小錄附錄一卷	清俞樾撰	武林掌故叢編本之一百五十一		水一二
九華新譜	清吳昇	說部叢書本之三十九		雨六

廣羣芳譜一百卷	清劉灝等編	江左書林木刻本	四十八册	藏二一八
尋花日記	清歸莊著	小石山房本之十四		雨二六
姚黃集輯	秦更年錄	文藝叢書本之十五		雨一八
南方草木狀三卷	晉嵇含著	漢魏叢書本之七十八		水一三
又同上	同上	龍威祕書本一集之一		水一七
又同上	同上	說郛本之一百零六		爲一
平泉草木說	唐李德裕撰	唐代叢書本之六		霜二七三
洛陽牡丹記	宋歐陽修	說郛本之一百零五		爲一
又	同上	香艷叢書本之三十		雨四
又	宋周氏	說郛本之一百零六		爲一
又	宋周氏	香艷叢書本之四十		雨四
陳州牡丹記	宋張邦基	香艷叢書本之四十		雨四
又	同上	說郛本之一百零六		爲一

天彭牡丹譜	宋陸游	說郛本之一百零六		爲一
又	同上	香艷叢書本之四十		雨四
園林草木疏	宋王方慶	說郛本之一百零六		爲一
洛陽花木記	宋周師厚	鐵琴銅劍樓鈔本	一册	閏七八
又	宋周氏	說郛本之一百零六		爲一
魏王花木志	闕名	說郛本之一百零六		爲一
又	同上	香艷叢書本之十八		雨四
桂海花木志	宋范成大	香艷叢書本之十八		雨四
楚辭芳草譜	宋謝翺	香艷叢書本之十八		雨四
又	同上	說郛本之一百零六		爲一
牡丹榮辱志	宋丘璿	說郛本之一百零六		爲一
又	宋丘璿	香艷叢書本之十三		雨四
揚州芍藥譜	宋王觀	說郛本之一百零六		爲一

玉照堂梅品	宋張鎡	文藝叢書本之二十六		雨一八
彰明附子記	楊天惠闕代名	說郛本之一百零八		爲一
亳州牡丹記	明薛鳳翔	續說郛本之一百六十二		爲一
亳州牡丹述	清鈕琇著	昭代叢書本之一百十		結一
北墅抱甕錄	清高士奇著	昭代叢書本之九十八		結一
徐園秋花錄	清吳舒鳧著	昭代叢書本之二十六		結一
嶺南荔枝譜六卷	清吳應逵撰	嶺南遺書本五集之八		水七
廣陵女士殿最	萍鄉花史	續說郛本之一百六十六		爲一
植物名實圖考三十八卷	吳其濬著	商務書館西裝本	一册	列五七
植物名實圖考長編二十二卷	吳其濬著	商務書館西裝本	一册	列五八
禽獸				
禽經	晉張華注	漢魏叢書本之七十八		水一三
又	晉張華	說部叢書本之七		雨六

無錫縣立圖書館書目　卷十子部　譜錄類　草木　禽獸　十四

禽經	晉張華	說郛本之一百零九	爲一
鸛經	明蔣德璟	續說郛本之一百六十四	爲一
獸經	明黃省曾	續說郛本之一百六十四	爲一
又	同上	翠琅玕館本之十	麗三〇
馬記	明郭子章輯	寶顏堂秘笈本廣集之七	閏三五
虎苑	明王穉登	翠琅玕館本之十	麗三〇
虎薈六卷	明陳繼儒集	寶顏堂秘笈本續集之七	閏三五
龍經	清王晫著	昭代叢書本之五	結一
貓乘	清王初桐纂	昭代叢書本之一百七十二	結一
相牛經	周甯戚	說郛本之一百零九	爲一
肉攫部	唐段成式	說郛本之一百零九	爲一
又	唐段成式撰	唐代叢書本之九	霜二七三
相鶴經	宋浮丘公	說郛本之一百零九	爲一

相馬書	徐咸闕代名	說郛本之一百零九		爲一
名馬記	明李翰	續說郛本之一百六十四		爲一
鵪鶉譜	清程石鄰著	昭代叢書本之一百六十五		結一
禽獸決錄	齊卞彬	說郛本之一百零九		爲一
解鳥語經	和菀闕代名	說郛本之一百零九		爲一
畫眉筆談	清陳均著	昭代叢書本之一百六十四		結一
蟲魚				
蟹譜	傅肱闕代名	說郛本之一百零九		爲一
蠶書	宋秦觀	說郛本之一百零九		爲一
蟫史	闕名	說郛本之一百零九		爲一
識物	清陳僖著	昭代叢書本之四十		結一
蛇譜	清陳鼎著	昭代叢書本之一百六十四		結一
說蛇	清趙彪詔著	昭代叢書本之一百六十八		結一

無錫縣立圖書館書目　卷十子部　譜錄類　禽獸　蟲魚　雜品　十五

說蛇	清趙彪詔著	說部叢書本之二		雨六
相貝經	漢朱仲	說部叢書本之七		雨六
又	同上	說郛本之九十九		爲一
笇龜論	宋陳師道	說郛本之一百十一		爲一
促織志	明劉侗	續說郛本之六十四		爲一
續蟹譜	清褚人穫纂	昭代叢書本之二十六		結一
異魚圖贊四卷	明楊愼著	寶顏堂秘笈本彙集之四		閏三五
硃砂魚譜	明張謙德著	美術叢書本之七十九		藏五
桂海蟲魚志	宋范成大	說部叢書本之二十		雨六
王孫經補遺	清秦子惠著	聚珍本	一册	藏四三三
雜品				
渾儀	漢張衡撰	玉函山房本之七十六		水一一
廣志	晉郭義恭	說郛本之六十三		爲一

又二卷	晉郭義恭撰	玉函山房本之七十四	水一一
繡譜	陳丁佩著	美術叢書本之六十八	藏五
帶格	宋陳隨隱	說郛本之九十九	爲一
水品	明徐獻忠	續說郛本之一百五十九	爲一
耒耜經	唐陸龜蒙撰	津逮秘書本之六十五	陽三三二
又	唐陸龜蒙著	唐代叢書本之九	霜二七三
又	唐陸龜蒙	說郛本之一百十一	爲一
記錦裾	唐陸龜蒙	說郛本之一百十六	爲一
峽船志	唐王周	說郛本之一百十	爲一
故物記	唐韋端符	說郛本之一百	爲一
忘懷錄	宋沈括	說郛本之七十六	爲一
觥記注	宋鄭獬	說郛本之九十六	爲一
水衡記	闕名	說郛本之一百十	爲一
漏刻經	闕名	說郛本之一百十一	爲一
蜀錦譜	宋費著撰	寶顏堂秘笈本廣集之四	閏三五
又	同上	說郛本之一百	爲一
又	同上	香豔叢書本之十三	雨四
鼓吹格	闕名	說郛本之一百零二	爲一
長物志十二卷	明文震亨	說部叢書本之四	雨六
遊具箋	明屠隆撰	美術叢書本之七十六	藏五
野服考	張丑闕代名	美術叢書本之七十九	藏五
湖船錄	清厲鶚	武林掌故叢編本之四十八	水一二
又	清厲鶚輯	昭代叢書本之一百六十八	結一
同度記	清孔繼涵	積學齋本之十六	結一一
岳仗記	清王晫著	昭代叢書本之五	結一
藝能編	清錢泳輯	文藝叢書本之三	雨一八

享金簿	清孔尙任編	美術叢書本之二十八	藏五
三器圖義	宋程迥	說郛本之九十九	爲一
相手扳經	闕名	說郛本之九十九	爲一
洞天清錄	宋趙希鵠	說郛本之九十七	爲一
負暄野錄二卷	宋陳櫄撰	知不足齋本二十一集之三	水一六
負暄雜錄	闕名	說郛本之二十六	爲一
山家清事	宋林洪	說郛本之七十六	爲一
又	同上	美術叢書本之十二	藏五
考槃餘事四卷	明屠隆著	寶顏堂秘笈本正集之八	閏三五
又同上	同上	龍威秘書本五集七至八	水一七
奇器圖說三卷	明王徵譯	守山閣本六十六至六十七	麗八四
諸器圖說	明王徵著	守山閣本之六十七	麗八四
清齋位置	明文震亨	續說郛本之一百七十九	爲一
秋園雜佩	明陳貞慧	常州先哲遺書本之五	呂一
又	同上	美術叢書本之二十	藏五
又	同上	昭代叢書本之六十一	結一
勇廬閒詰	清趙之謙撰	本館校刊本　一册	閏九四
又	同上	美術叢書本之四	藏五
又	同上	文藝叢書本之十三	雨一八
士那補釋	清張義澍撰	美術叢書本之十二	藏五
杖扇新錄	清王廷鼎編	美術叢書本之七十二	藏五
湖船續錄二卷	清丁午	武林掌故叢編本之四十八	水一二
對數尺記	清鄒伯奇撰	石印中西算學叢書本之三十	水二〇
洞天清錄集	宋趙希鵠著	海山仙館本之四十五	陽三三三
又	宋趙希鵠	美術叢書本之三十六	藏五
諸寺奇物記	遜園居士闕代名	續說郛本之一百四十八	爲一

志雅堂雜抄	元周密	說郛本之二十九		爲一
起居器服箋	明屠隆撰	美術叢書本之七十五		藏五
山齋清供箋	明屠隆撰	美術叢書本之七十五		藏五
南陔六舟記	明潘之恆	續說郛本之一百五十		爲一
韻石齋筆談二卷	明姜紹書	常州先哲遺書續編本之十六		呂二
又同上	明姜紹書著	知不足齋本一集之八		水一六
又	明姜紹書	文藝叢書本之二十七		雨一八
又	明姜紹書	美術叢書本之八十		藏五
天壤閣雜記	清王懿榮	美術叢書本之二十四		藏五
又	同上	靈鶼閣本之十三		專一四
前塵夢影錄二卷	清徐康撰	靈鶼閣本之七		專一四
又	清徐康	美術叢書本七至八		藏五
七頌堂識小錄	清劉體仁著	昭代叢書本之九十七		結一

七頌堂識小錄	清劉體仁著	知不足齋本一集之八		水一六
勇盧閒詰評語	清周繼煦	美術叢書本之四		藏五
紀聽松庵竹鑪始末	清鄒炳泰著	昭代叢書本之一百零九		結一
光緒帝大婚糕盒單	闕名	清人說薈本之六		結三一

無錫縣立圖書館書目卷十一

雜家類

雜學

鬻子	周鬻熊撰 清畢沅注	湖北書局本	一冊	辰四五
又附校勘記逸文	同上	守山閣本之六十八		麗八四
慎子附逸文	周慎到撰	守山閣本之六十八		麗八四
又	同上	湖北書局本	一冊	辰四八
墨子十五卷	周墨翟撰 清畢沅注	浙江書局本	四冊	宇一
纏子	周纏子撰	玉函山房本之七十二		水一一
惠子	周惠施撰	玉函山房本之七十二		水一一
闕子	周闕氏撰	玉函山房本之七十二		水一一
蘇子	周蘇秦撰	玉函山房本之七十二		水一一
尸子二卷	周尸佼著	浙江書局本	一冊	宇一

尸子二卷	周尸佼著	平津館本之二		水一〇
蒯子	漢蒯通撰	玉函山房本之七十三		水一一
士緯	吳姚信撰	玉函山房本之七十二		水一一
秦子	吳秦菁撰	玉函山房本之七十四		水一一
新義	吳劉廞撰	玉函山房本之七十四		水一一
鄒子	晉鄒氏撰	玉函山房本之七十四		水一一
劉子	北齊劉晝撰	湖北書局本	一冊	辰四九
擬學八卷	清黃本驥著	三長物齋本五十二至五十三		出二
荅子	清俞樾	春在堂全書本之四十五		水一五
鬼谷子	周鬼谷子	湖北書局本	一冊	辰四八
於陵子	周田仲撰	湖北書局本	一冊	辰四五
計倪子	周計然著	湖北書局本	一冊	辰四五
尹文子	周尹文著	湖北書局本	一冊	辰四八

又 附校勘記逸文	周尹文撰	守山閣本之六十八		麗八四
子華子 三卷	周程本撰	湖北書局本	一冊	辰四五
隨巢子	周隨巢子撰	玉函山房本之七十二		水一一
田俅子	周田俅撰	玉函山房本之七十二		水一一
史佚書	周尹佚撰	玉函山房本之七十二		水一一
胡非子	周胡非子撰	玉函山房本之七十二		水一一
由余書	周由余撰	玉函山房本之七十三		水一一
徐樂書	漢徐樂撰	玉函山房本之七十三		水一一
鄒陽書	漢鄒陽撰	玉函山房本之七十三		水一一
嚴安書	漢嚴安撰	玉函山房本之七十三		水一一
人物志	魏劉劭撰	守山閣本之六十八		麗八四
又	魏劉劭著	漢魏叢書本之六十二		水一三
諸葛子	吳諸葛恪撰	玉函山房本之七十四		水一一

析言論 附古今訓	晉張顯撰	玉函山房本之七十四		水一一
時務論	晉楊偉撰	玉函山房本之七十四		水一一
蒭隅子 二卷	宋黃晞撰	知不足齋本十五集之八		水一六
又 同上	同上	湖北書局本	一冊	辰五〇
浮邱子 十二卷	清湯鵬著	掃葉山房石印本	六冊	餘二〇五
公孫龍子 三卷	周公孫龍撰	守山閣本之六十八		麗八四
又 同上	周公孫龍著	湖北書局本	一冊	辰四八
呂氏春秋 二十六卷	秦呂不韋撰 漢高誘注	浙江書局本	六冊	宇一
又	同上	湖北書局本	四冊	辰四六
主父偃書	漢主父偃撰	玉函山房本之七十三		水一一
顏氏家訓 七卷 附考證	北齊顏之推撰	知不足齋本二集之三		水一六
又 八卷	同上	經濟書堂本	二冊 祝心淵捐	結一二八
又 此書即全書第三卷之首七頁	北齊顏之推	說郛本之七十三		爲一

又 二卷	北齊顏之推著	漢魏叢書本之六十四		水一三
放翁家訓	宋陸游	知不足齋本二十三集之五		水一六
墨子閒詁 十五卷	清孫詒讓	孫氏定本	八冊	日一六六
讀鶡冠子	清俞樾	春在堂全書本之四十二		水一五
墨子雜志 六卷	清王念孫	讀書雜志本十三至十四	一冊	成一二三
墨子學案	梁啓超述	商務書館鉛印本	一冊	來一一六
墨經校釋	梁啓超學	商務書館鉛印本	一冊	來一二〇
陶注鬼谷子 三卷附錄一卷	梁陶宏景注	石研齋寫刻本	一冊	玉七七
東塾讀書記 十五卷	清陳澧撰	石印本	四冊	閏一四九
讀公孫龍子	清俞樾	春在堂全書本之五十四		水一五
貽令堂雜俎	黃保康	雲鵬遺著本之三		玉一四〇
呂氏春秋正誤	清陳昌齊撰	嶺南遺書本五集之七		水七

雜考

獨斷	漢蔡邕著	漢魏叢書本之十四		水一三
又	漢蔡邕	說郛本之十三		爲一
要雅	梁劉香撰	玉函山房本之七十五		水一一
歷乘	宋楊伯嵒	說郛本之十三		爲一
又	同上	龍威秘書本五集之一		水一七
事原	宋劉孝孫	說郛本之十四		爲一
文釋	宋江邃撰	玉函山房本之七十五		水一一
姓解 三卷	宋趙思纂	古逸叢書本之三十三		露二
雜錄	明顧炎武著	說鈴本之六		雨一七
札樸 十卷	清桂馥	蔣氏心矩齋校刻本	六冊	麗一五二
改吳	清俞樾	春在堂全書本之四十四		水一五
說項	清俞樾	春在堂全書本之四十四		水一五
評袁	清俞樾	春在堂全書本之四十四		水一五

書名	著者	版本	册數	號
通李	清俞樾	春在堂全書本之四十四		水一五
議郎	清俞樾	春在堂全書本之四十四		水一五
訂胡	清俞樾	春在堂全書本之四十四		水一五
戲瑕	清錢希言	說部叢書本之十七		雨六
古今注三卷	晉崔豹	漢魏叢書本之六十六		水一三
資暇錄	宋李濟翁	說郛本之十六		爲一
又	宋李濟翁	說部叢書本之十六		雨六
賓退錄	宋趙與時	說郛本之十六		爲一
演繁露	宋程大昌	說郛本之十五		爲一
古今考	宋魏了翁	說郛本之十四		爲一
又	宋魏了翁撰	寶顏堂秘笈本廣集之二		閏三五
兼明書五卷	宋邱光庭著	寶顏堂秘笈本彙集之二		閏三五
又同上	宋邱光庭	說郛本之八		爲一

無錫縣立圖書館書目　卷十一子部　雜家類　雜考　四

書名	著者	版本	册數	號
希通錄	宋蕭參	說郛本之八		爲一
釋常談三卷	闕名	說郛本之十四		爲一
管絃記	凌秀闕代名	說郛本之一百零二		爲一
匏瓜錄	明芮長恤述	木刻本	六册	辰一〇三
女貞考	明天都山臣輯 陳繼儒訂正	寶顏堂秘笈本彙集之八		閏三五
日知錄三十二卷	明顧炎武著	木刻本	十六册	雨一二
識小編二卷	清豐垣撰	學古齋本之四		專九
談書錄	清汪師韓著	昭代叢書本之七十一		結一
銀瓶徵	清俞樾	春在堂全書本之四十八		水一五
又	同上	武林掌故叢編本之三十一		水一二
又	同上	香豔叢書本之六十三		雨四
玉佩考	同上	春在堂全書本之五十一		水一五
九族考	同上	春在堂全書本之五十一		水一五

書名	著者	版本	册數	號
小繁露	清俞樾	春在堂全書本之四十五		水一五
新方言	章炳麟著	章氏叢書本七至八		麗四〇
白虎通義四卷	漢班固纂	湖北書局本	二册	辰五二
志林新書	晉虞喜撰	玉函山房本之六十八		水一一
炙轂子錄	唐王叡	說郛本之二十五		爲一
樂府解題	唐劉餗	說郛本之一百零二		爲一
雲谷雜記	宋張淏	說郛本之三十		爲一
又五卷	宋張淏撰	武英殿叢書本七十一至七十二		冬五
又四卷 又卷首卷末各一卷	同上	海山仙館本之四十八		陽三三三
西溪叢話	宋姚寬	說郛本之三十五		爲一
又二卷	宋姚寬輯	津逮秘書本一百四十七至一百四十八		陽三三二
又同上	宋姚寬	稗海本之六十一		雨二七
攷古質疑六卷	宋葉大慶撰	武英殿叢書本七十五至七十六		冬五

無錫縣立圖書館書目　卷十一子部　雜家類　雜考　五

書名	著者	版本	册數	號
考古質疑六卷	宋葉大慶撰	海山仙館本之三十九		陽三三三
學齋佔嗶	宋史繩祖	稗海本之二十九		雨二七
又	同上	說郛本之十五		爲一
困學紀聞二十卷	宋王應麟撰 清翁元圻注	木刻本	十二册	辰一二六
容齋筆記七十四卷	宋洪邁	石印本	十册	月一一三
又同上	同上	飛鴻齋石印本	六册 許同藺捐	麗一
甕牖閒評八卷	宋袁文撰	武英殿叢書本七十三至七十四		冬五
續釋常談	宋龔熙正	說郛本之十四		爲一
芥隱筆記	闕名	津逮秘書本之一百三十八		陽三三二
又	同上	說郛本之十三		爲一
近事會元	宋李上交撰	守山閣本之六十九		麗八四
坦齋通編	宋邢凱	說郛本之三十		爲一
朝野類要五卷	宋趙昇撰	知不足齋本十三集之四		水一六

蘆浦筆記十卷	宋劉昌詩撰	知不足齋本二十集之五			水一六
野客叢書三十卷	宋王楙	稗海本六十二至六十五			雨二七
玉藥辨正	宋周元錱	津逮祕書本之一百三十八			陽三三二
宜齋野乘	宋吳枋	說郛本之十三			爲一
又	同上	常州先哲遺書本之六			呂一
孔氏雜說	宋孔平仲	說郛本之十五			爲一
刑書釋名	宋王鍵	說郛本之十四			爲一
東齋記事	宋許觀	說郛本之三十			爲一
劉馮事始	宋劉存 馮鑑	說郛本之二十八			爲一
繼古叢編	宋施青臣	說郛本之二十六			爲一
兩鈔摘腴	元史浩	說郛本之二十一			爲一
聽雨紀談	明都穆	續說郛本之一百三十七			爲一
書傳正誤	明郭孔太	續說郛本之一百二十三			爲一
丹鉛續錄八卷	明楊愼	寶顏堂秘笈本廣集之六			閏三五
日本寄語	明薛俊	續說郛本之一百三十三			爲一
亭林雜錄	明顧炎武著	亭林遺書本之十一			水一八
譎觚十事	明顧炎武著	亭林遺書本之七			水一八
菰中隨筆	明顧炎武著	海山仙館本之四十七			陽三三三
金粟箋說	清張燕昌著	榆園叢刊本之九			水四
又	同上	昭代叢書本之一百五十三			結一
又	同上	美術叢書本之四十四			藏五
蒿庵閒話二卷	清張爾岐	粵雅堂本一百三十七至一百三十八			雨二
又同上	清張爾岐撰	山東書局本	一册	許同莘捐	呂七二
癸巳存稿十四卷	清俞正燮	章氏刻本	八册		日一六一
癸巳類稿十五卷	清俞正燮	章氏刻本	十册		日一六三
又同上	同上	同上	八册	楊道霖捐	玉二五

日知薈說四卷	清高宗御錄	同文館本	四册	外交部捐	律五一
改元考同	清吳肅公著	昭代叢書本之一			結一
學海蠡測	清沈謙著	昭代叢書本之七十二			結一
偶然欲言	清方粲如著	昭代叢書本之八十			結一
秋窗隨筆	清馬位著	昭代叢書本之一百零八			結一
經史管窺	清蕭曇著	昭代叢書本之一百三十二			結一
畏壘筆記	清徐昂發著	昭代叢書本之一百三十三			結一
愚庵雜著	清朱鶴齡著	昭代叢書本之一百三十四			結一
訂譌雜錄	清胡鳴玉著	昭代叢書本之一百五十四			結一
湖樓筆談七卷	清俞樾	春在堂全書本三十六至三十八			水一五
達齋叢說	清俞樾	春在堂全書本之四十			水一五
天祿識餘二卷	清高士奇	說鈴本三至四			雨一七
又同上	同上	說部叢書本四十一至四十二			雨六
校讐通義	清章學誠著	粵雅堂本之七十一			雨二
松陰快談	清長野確著	昭代叢書本之一百五十六			結一
質疑删存三卷	清張宗泰	聚學軒本十九至二十			雨一
諸子平議三十五卷	清俞樾	春在堂全書本十七至二十四			水一五
讀書餘錄二卷	清俞樾	春在堂全書本之三十五			水一五
玄亭涉筆	清王志遠	說部叢書本之十五			雨六
壺東漫錄	清俞樾	春在堂全書本之五十九			水一五
著書餘料	清俞樾	春在堂全書本之五十七			水一五
潛邱劄記二卷	清閻若璩著	皇清經解本之七			天四
讀書雜志二卷摘錄讀史記漢書二種	清王念孫著	皇清經解本之一百八十六			天四
又五十二卷	同上	淮南書局木刻本	二十四册		劍八
誌銘廣例二卷	清梁玉繩	槐廬叢書本之十二			露五
臨川答問	清劉壽曾述	積學齋本之十五			結一一

直語補證	清梁同書著	昭代叢書本之一百五十五			結一
洨民遺文	清孫傳鳳	靈鶼閣本之七			專一四
讀書偶識十一卷	清鄒漢勛撰	鄒叔子遺書七種本一至五			藏六
讀書雜識十二卷	清勞乃格著	月河精舍本十九至二十四			生一六七
文史通義	清章學誠著	粵雅堂本六十四至七十一			雨二
小說考證	蔣瑞藻	文藝叢書本之五			雨一八
天足考略	徐珂	天蘇閣叢刊五種本之一			閏一二九
續鬢鬢品	鮑協中著	香艷叢書本之四十四			雨四
白虎通德論四卷	漢班固著	漢魏叢書本十三至十四			水一三
輶軒絕代語	漢揚雄	說郛本之十三			爲一
封氏聞見記	唐封演	說郛本之四十八			爲一
中華古今注	宋馬縞	說郛本之十四			爲一
文選注考異	宋尤袤	常州先哲遺書本之十			呂一

無錫縣立圖書館書目 卷十一子部 雜家類 雜考 八

愛日齋叢鈔	宋葉氏闕名	說郛本之十九			爲一
能改齋漫錄	宋吳曾	說郛本之十九			爲一
敬齋古今黈八卷	元李治撰	海山仙館本五十五至五十六			陽三三三
黃帝祠額解	明李維楨撰	寶顏堂祕笈本彙集之六			閏三五
午風堂叢談四卷	清鄒炳泰	常州先哲遺書續編本之十七			呂二
又八卷	同上	原刻本	四册		寒一五
義門讀書記五十六卷	清何焯	木刻本	十二册	許同藺捐	劍一〇六
白虎通義考	清莊述祖撰	莊氏家刻本	一册	莊先識捐	閏一三一
經史集逸文	繆荃蓀	木刻本	一册		月七四
日知錄小箋	清俞樾	春在堂全書本之四十五			水一五
小浮梅閒談	清俞樾	春在堂全書本之四十六			水一五
各國種類考	清洴澼子著	樂養齋叢刊本	一册	徐徵生捐	生一一七
日貫齋塗說	清梁同書著	昭代叢書本之一百三十三			結一

孟子遊歷考	清潘眉著	昭代叢書本之一百十八			結一
孟子時事略	清任兆麟述	槐廬叢書本之六十五			露五
駉思室答問	清成蓉鏡著	南菁書院本之二十一			露一
白虎通疏證十二卷	清陳立著	皇清經解續編本之二十八			天五
燈謎源流考	闕名	文藝叢書本之十八			雨一八
風俗通姓氏篇	後漢應劭纂	二酉堂本之六			雨二四
靖康緗素雜紀十卷	宋黃朝英撰	守山閣本之六十九			麗八四
又同上	宋黃朝英編	寶顏堂祕笈本彙集之二			閏三五
昭陵六駿圖辨	清張弨著	昭代叢書本之十六			結一
月滿樓甄藻錄	清顧宗泰著	昭代叢書本之一百五十二			結一
古書疑義舉例七卷	清俞樾	春在堂全書本三十二至三十三			水一五
傳恭堂祭義稿二卷	清潘德輿	江蘇書局木刻本	一册		辰二一
曉讀書齋雜錄八卷	清洪亮吉著	北江全集本三十三至三十四			冬三

無錫縣立圖書館書目 卷十一子部 雜家類 雜考 雜說 九

寒秀草堂筆記四卷	清姚衡	咫進齋本之十六			水二
十駕齋養新錄二十五卷	清錢大昕	浙江書局本	八册		辰二一
文史通義補編一卷附抄本目錄	清章學誠	靈鶼閣本之二十五			專一四
石菊影廬筆識	清譚嗣同	譚氏舊學本之二			餘二〇一
清白士集校補四卷	清蔡雲	聚學軒本之二十			雨一
古今姓氏書辨證四十卷附校勘記	宋鄧名世撰	守山閣本七十九至八十三			麗八四
汪容甫舊學蓄疑	清汪中述	鈔本	一册	汪友三捐	閏一六〇
孟子生卒年月考	清閻若璩著	皇清經解本之七			天四
先聖生卒年月考	清孔廣牧著	續皇清經解本之三十二			天五
宋詞媛朱淑眞事略	闕名	香艷叢書本之二十七			雨四
唐御史臺精舍題名考三卷	清勞乃格趙鉞同撰	月河精舍本十六至十八			生一六七
唐尚書省郎官石柱題名考二十六卷	清勞乃格趙鉞同著	月河精舍本二至十五			生一六七

雜說

宋子	周宋鈃撰	玉函山房本之七十五	水一一
論衡二十四卷	漢王充撰	湖北書局本　五册	辰五四
又三十卷	漢王充著	漢魏叢書本四十九至五十六	水一三
默記	吳張儼撰	玉函山房本之七十四	水一一
篤論	魏杜恕撰	玉函山房本之七十三	水一一
俗說	梁沈約撰	玉函山房本之七十五	水一一
籟記	陳王叔齊撰	知不足齋本十四集之一	水一六
又	陳王叔齊	說郛本之一百零二	爲一
山書	唐劉蛻	說郛本之十一	爲一
談苑四卷	宋孔仲平撰	寶顏堂秘笈本續集之一	閏三五
鼠璞二卷	宋戴埴	說郛本之十六	爲一
可談	宋朱彧著	寶顏堂秘笈本續集之五	閏三五
志林	宋蘇軾	龍威秘書本五集之六　說郛雜著十種之一	水一七

無錫縣立圖書館書目　卷十一子部　雜家類　雜說　十

志林	宋蘇軾	說郛本之二十七	爲一
緒訓	宋陸游	說郛本之七十三	爲一
寓簡十卷	宋沈作喆纂	知不足齋本一集三至四	水一六
又	宋沈作喆	說郛本之二十一	爲一
又	同上	說部叢書本之十八	雨六
緯略十二卷	宋高似孫撰	守山閣本七十四至七十五	麗八四
又	宋高似孫	說郛本之二十七	爲一
鉤玄	闕名	說郛本之二十七	爲一
銷夏四卷	明陳繼儒著	寶顏堂秘笈本續集之八	閏三五
辟寒四卷	明陳繼儒著	寶顏堂秘笈本續集之八	閏三五
書蕉二卷	明陳繼儒	寶顏堂秘笈本雜著之六	閏三五
筆記二卷	明陳繼儒	寶顏堂秘笈本雜著之六	閏三五
莽度	明王文祿	續說郛本之一百五十二	爲一

補衍	明王文祿	續說郛本之一百二十五	爲一
機警	明王文祿	續說郛本之一百二十五	爲一
筆籌	陳世寶闕代名	續說郛本之一百二十五	爲一
古言	明鄭曉	續說郛本之一百二十五	爲一
燕書	明宋濂	續說郛本之一百二十五	爲一
庸書	明崔銑	續說郛本之一百二十五	爲一
譚輅	明張鳳翼	續說郛本之一百四十二	爲一
又	同上	說部叢書本之二十四	雨六
戲瑕	明錢希言	續說郛本之一百四十二	爲一
麈餘	明謝肇淛	續說郛本之一百四十二	爲一
談剩	明胡江	續說郛本之一百四十二	爲一
意見	明陳于陛著	寶顏堂秘笈本廣集之五	閏三五
又	明陳于陛	續說郛本之一百三十七	爲一

無錫縣立圖書館書目　卷十一子部　雜家類　雜說　十一

清課	明費元祿纂	寶顏堂秘笈本廣集之八	閏三五
愼言二卷	明敖英纂集	寶顏堂秘笈本續集之六	閏三五
友論	明西士利瑪竇集	寶顏堂秘笈本廣集之八	閏三五
又	明西士利瑪竇	續說郛本之一百五十二	爲一
支談三卷	明焦竑著	寶顏堂秘笈本彙集之五	閏三五
筆疇二卷	明王逵著	寶顏堂秘笈本正集之三	閏三五
韵史	明陳梁	續說郛本之一百五十一	爲一
偶談	明李鼎	寶顏堂秘笈本正集之五	閏三五
又	明李鼎	續說郛本之一百五十三	爲一
權子	明耿定向	續說郛本之一百六十七	爲一
淸言	明屠隆	續說郛本之一百五十三	爲一
淸史	明華淑輯	十閒堂叢刻本之二	岡七一
花寮	明華淑輯	十閒堂叢刻本之二	岡七一

耳新八卷	明鄭仲夔	說部叢書本之十二		雨六
枕談	明陳繼儒	續說郛本之一百四十三		爲一
又	同上	說部叢書本之十八		雨六
又	明陳繼儒撰	寶顏堂秘笈本雜著之五		閏三五
蠶衣	明祝允明	顧氏小說本之七		結二四
近言	明顧璘	顧氏小說本之二		結二四
談往	清花村看行侍者偶錄	說鈴本之八		雨一七
言鯖二卷	清呂種玉著	說鈴本之十二		雨一七
賓告	清葉奕苞著	昭代叢書本之二十五		結一
諺說	清毛先舒著	昭代叢書本之二十五		結一
說叩	清葉抱松著	昭代叢書本之七十		結一
緒言三卷	清戴震撰	粵雅堂本之五十五		雨二
漁談	清郭欽華著	昭代叢書本之四十八		結一
蟫談附雜說	清盧存心著	昭代叢書本之七十		結一
儋言	清黃之雋著	昭代叢書本之一百零四		結一
雜言	清鈕琇著	昭代叢書本之一百零四		結一
談助	清王崇簡	說部叢書本之三十七		雨六
旅書	清陳璜著	昭代叢書本之一百零四		結一
悟語	清石龐著	昭代叢書本之一百六十二		結一
說俞	清俞樾	春在堂全書本之六十		水一五
世書	清吳穎著	昭代叢書本之一百六十九		結一
囈夢	清王夫之撰	船山遺書本之九十六		水一四
黃書	清王夫之撰	船山遺書本之九十七		水一四
冰言十卷	清李西漚編	江蘇學署本	二册	辰一一五
藥言四卷	清李西漚編	江蘇學署本	二册	辰一一四
檢論	章炳麟著	章氏叢書本十七至十九		麗四〇

青史子	周闕名	玉函山房本之七十五		水一一
風俗通十卷	漢應劭著	漢魏叢書本之六十一		水一三
勸學篇	後漢蔡邕撰	玉函山房本之六十		水一一
發蒙記	晉束皙	說郛本之六十二		爲一
袖中記	梁沈約	說郛本之十四		爲一
相兒經	晉嚴助	說郛本之一百十一		爲一
黑心符	唐于義方撰	唐代叢書本之十二		霜二七三
又	同上	龍威秘書本四集之五		水一七
又	唐于義方著	香豔叢書本之二十一		雨四
窮愁志	唐李德裕	說郛本之二十七		爲一
又	同上	說部叢書本之五		雨六
葆化錄	唐陳京	說郛本之三十四		爲一
又	同上	說部叢書本之十		雨六
兩同書	唐羅隱	說郛本之十一		爲一
又	同上	寶顏堂秘笈本廣集之一		閏三五
雞跖集	宋王子韶	說郛本之三十四		爲一
玉匣記	宋皇甫牧	說郛本之三十四		爲一
就日錄	闕名	古今說海本之九		結二九
潛居錄	闕名	說郛本之三十四		爲一
闚見錄	宋羅照	說郛本之三十四		爲一
嬾眞子五卷	宋馬永卿撰	湖北書局本	一册	辰五〇
又同上	宋馬永卿	稗海本之二十三		雨二七
脚氣集二卷	宋車若水	木刻本	一册 祝心淵捐	露三六
又	宋車若水著	寶顏堂秘笈本廣集之五		閏三五
補筆談二卷	宋沈括著	寶顏堂秘笈本彙集之六		閏三五
又	宋沈括	稗海本之二十八		雨二七

蠡海錄	宋王逵	稗海本之十八	雨二七
又	同上	說郛本之二十五	爲一
卻掃編三卷	宋徐度撰	津逮秘書本一百六十三至一百六十五	陽三三二
田間書	宋林芳	說郛本之二十七	爲一
又	同上	龍威秘書本五集之六 說郛雜著十種之一	水一七
吹劍錄	宋俞文豹	說郛本之二十九	爲一
又	同上	說部叢書本之十	雨六
又外集	宋俞文豹撰	知不足齋本十四集之一	水一六
厚德錄	宋李元綱	說郛本之七十三	爲一
又	同上	稗海本之六十	雨二七
樂善錄	宋李昌齡	說郛本之七十五	爲一
又二卷	同上	稗海本之十七	雨二七
貴耳集二卷	宋張端義編	寶顏堂秘笈本廣集之四	閏三五
貴耳集三卷	宋張端義著	津逮秘書本三百十八至三百二十	陽三三二
三餘帖	闕名	說郛本之三十四	爲一
袪疑說	宋儲泳	說郛本之七十五	爲一
續談助五卷	宋晁載之撰	十萬卷樓本九十六至九十七	水九
辨惑論	宋謝廷芳	說郛本之七十五	爲一
善誘文	陳錄闕代名	說郛本之七十五	爲一
對雨編	宋洪邁	說郛本之七十六	爲一
暇日記	宋劉跂	說郛本之二十九	爲一
感應經	宋陳櫟	說郛本之一百十一	爲一
愧郯錄十五卷	宋岳珂	知不足齋本六集三至六	水一六
五色線二卷	闕名	津逮秘書本一百六十一至一百六十二	陽三三二
又	闕名	龍威秘書本五集之六 說郛雜著十種之一	水一七
又	闕名	說部叢書本之十一	雨六

又	同上	說郛本之二十五	爲一
示兒編二十三卷	宋孫奕撰	知不足齋本二十二集一至六	水一六
東原錄	宋龔鼎臣	十萬卷樓本之十九	水九
娜嬛記	元伊世珍	說郛本之三十四	爲一
日聞錄	元李翀撰	守山閣本之七十七	麗八四
就日錄	元耐得翁	說郛本之三十六	爲一
見聞錄八卷	明陳繼儒著	寶顏堂秘笈本雜著之一	閏三五
珍珠船四卷	明陳繼儒撰	寶顏堂秘笈本雜著之一	閏三五
妮古錄四卷	明陳繼儒著	寶顏堂秘笈本雜著之一	閏三五
羣碎錄	明陳繼儒著	寶顏堂秘笈本雜著之一	閏三五
又	明陳繼儒	續說郛本之一百四十三	爲一
讀書鏡十卷	明陳繼儒著	寶顏堂秘笈本雜著之一	閏三五
長者言即安得長者言	明陳繼儒	寶顏堂秘笈本雜著之一	閏三五
長者言	明陳繼儒	續說郛本之一百五十三	爲一
知命錄	明陸深著	寶顏堂秘笈本續集之五	閏三五
燕閒錄	明陸深	續說郛本之一百四十二	爲一
又	明陸深著	寶顏堂秘笈本廣集之五	閏三五
霏雪錄	明孟熙	續說郛本之一百三十二	爲一
傳疑錄	明陸深著	寶顏堂秘笈本廣集之五	閏三五
月會約	明嚴武順	續說郛本之一百五十一	爲一
又	明嚴武順著	武林掌故叢編本之七十六	水一二
賢奕編四卷	明劉元卿編纂	寶顏堂秘笈本續集之四	閏三五
古今諺	明楊慎	續說郛本之一百五十	爲一
琫戶錄	明楊慎	續說郛本之一百四十三	爲一
記事珠	明馮贄	續說郛本之一百四十三	爲一
空同子	明李夢陽	續說郛本之一百二十四	爲一

續志林	明王褘	續說郛本之一百二十四		爲一
草木子	明葉子奇	續說郛本之一百二十四		爲一
豢龍子	明董穀	續說郛本之一百二十四		爲一
玄機通	明仇俊卿	續說郛本之一百二十五		爲一
求志編	明王文祿	續說郛本之一百二十五		爲一
道術編	明葉秉敬	續說郛本之一百二十五		爲一
識小編	明周賓所	續說郛本之一百三十七		爲一
語言談	明張獻一	續說郛本之一百三十七		爲一
新笑錄	明劉仕義	續說郛本之一百三十八		爲一
夢餘錄	明唐錦	續說郛本之一百三十九		爲一
寶櫝記	明滑惟善	續說郛本之一百四十二		爲一
脚氣集	明車清臣	續說郛本之一百四十二		爲一
望崖錄	明王世懋	續說郛本之一百四十二		爲一
兒世說	明趙瑜	續說郛本之一百四十五		爲一
玉壺冰	明都穆	續說郛本之一百四十九		爲一
續清言	明屠隆	續說郛本之一百五十三		爲一
韋弦佩	明屠本畯	續說郛本之一百五十一		爲一
眞珠船八卷	明胡侍著	寶顏堂秘笈本普集之五		閏三五
渾然子	明張翀著	寶顏堂秘笈本普集之八		閏三五
叔苴子內編六卷外編二卷	明莊元臣撰	粵雅堂本三十四至三十六		雨二
又同上	同上	湖北書局本	二册	辰五一
睡方書	明華淑輯	十閒堂叢刻本之一		岡七一
識小錄	明徐樹丕記	涵芬樓祕笈本初集五至八		藏二三〇
清閒供	清程文羽	續說郛本之一百五十		爲一
又	清程文羽著	香艷叢書本之十		雨四
又	同上	昭代叢書本之一百六十九		結一

林下盟	明沈仕	續說郛本之一百五十		爲一
又	清沈仕輯	說部叢書本之十七		雨六
釋冰書	清孫汧如著	昭代叢書本之一百零四		結一
入海記二卷	清查愼行輯	正覺樓本七至八		藏二〇四
又	清查愼行纂	昭代叢書本之一百二十三		結一
强聒錄	清彭堯諭著	昭代叢書本之一百零四		結一
觀物篇	清石龐著	昭代叢書本之二十三		結一
破邪錄	清黃宗羲著	昭代叢書本之六十九		結一
識小錄	清王夫之撰	船山遺書本之九十七		水一四
思問錄	清顧道稷著	昭代叢書本之一百二十九		結一
適來子	清張潤貞著	昭代叢書本之一百三十一		結一
心病說	清甘京著	昭代叢書本之一百六十二		結一
讀書法	清魏際瑞	說部叢書本之五		雨六
幽夢影	清張潮	說部叢書本之三十四		雨六
又	同上	翠琅玕館本之九		麗三〇
又	清張潮著	昭代叢書本之一百六十五		結一
篋外錄	清謝綸撰	謝亭集本之四		藏二五一
勸學篇	清張之洞	申江書院本	一册　許同莘捐	辰一一六
又	同上	同上	一册　丁寶書捐	辰一一七
又	同上	同文館本	一册　外交部捐	呂一二
又	同上	同上	一册　同上	呂四二
小星志	清丁雄飛著	香豔叢書本之一		雨四
風俗通義十卷	漢應劭撰	湖北書局本	二册	辰五五
桓譚新論	漢桓譚	說部叢書本之五		雨六
又	同上	說郛本之六十一		爲一
譙周法訓	蜀譙周	說郛本之六十一		爲一

又	同上	說部叢書本之五	雨六
備忘小抄	蜀文谷	說郛本之三十五	爲一
魏臺訪議	魏王肅	說郛本之六十一	爲一
裴氏新言	吳裴元撰	玉函山房本之七十四	水一一
周生烈子	魏周生烈撰	二酉堂本之五	雨二四
玄晏春秋	晉皇甫謐	說郛本之六十一	爲一
陸機要覽	晉陸機	說郛本之六十一	爲一
決疑要注	晉摯虞	說郛本之六十二	爲一
醉鄉日月	唐皇甫崧撰	唐代叢書本之八	霜二七三
又	皇甫崧	說部叢書本之二十二	雨六
又	同上	說郛本之九十六	爲一
三教論衡	唐白居易	說郛本之十	爲一
李氏刊誤	唐李涪	說郛本之十五	爲一

鹿門隱書	唐皮日休	說郛本之十一	爲一
文藪雜著	唐皮日休	說郛本之二十八	爲一
昌黎雜說	唐韓愈	龍威秘書本四集之八	水一七
又	同上	說郛本之三十一	爲一
酉陽雜俎三十卷	唐段成式撰	津逮秘書本一百五十一至一百五十七	陽三三二
翰墨叢記	宋滕康	說郛本之三十三	爲一
姚氏殘語	宋姚寬	說郛本之三十三	爲一
陶朱新錄	宋馬純	說郛本之四十二	爲一
東皋雜錄	宋孫宗鑑	說郛本之四十二	爲一
癸辛雜識共四集	宋周密輯	津逮秘書本二百六十一至二百六十六	陽三三二
齊東野語二十卷	宋周密	稗海本六十七至七十	雨二七
又同上	宋周密撰	津逮秘書本二百九十至二百九十九	陽三三二
梁谿漫志十卷	宋費袞記	知不足齋本二集五至六	水一六

又同上	宋費袞	常州先哲遺書本之六	呂一
又同上	同上	涵芬樓鉛印本　一册	寒三八
井觀瑣言三卷	宋鄭瑗撰	寶顏堂秘笈本續集之六	閏三五
蜩笑偶言	宋鄭瑗撰	寶顏堂秘笈本續集之七	閏三五
東坡志林十二卷	宋蘇軾	稗海本三十四至三十六	雨二七
漁樵閒話	宋蘇軾	說郛本之三十一	爲一
艾子雜說	宋蘇軾	說郛本之三十六	爲一
涪翁雜說	宋黃庭堅	說郛本之二十一	爲一
又	同上	說部叢書本之三十五	雨六
食時五觀	宋黃庭堅	說郛本之九十七	爲一
歐公試筆	宋歐陽修	說郛本之九十	爲一
廬陵雜說	宋歐陽修	說郛本之三十一	爲一
又	同上	龍威秘書本五集之二	水一七

王氏談錄	宋王洙	說郛本之二十六	爲一
又	宋王洙錄	寶顏堂秘笈本廣集之四	閏三五
夢溪筆談二十六卷	宋沈括述	津逮秘書本二百七十八至二百八十三	陽三三二
又同上	同上	稗海本二十四至二十八	雨二七
雲麓漫抄	宋趙彥衛	說郛本之二十一	爲一
又十卷	同上	稗海本之四十一	雨二七
石林燕語十卷	宋葉夢得	稗海本四十二至四十三	雨二七
避暑錄語二卷	宋葉夢得	稗海本四十三至四十四	雨二七
玉照新志	宋王明清	說郛本之三十五	爲一
又六卷	宋王明清著	寶顏堂秘笈本正集之一	閏三五
游宦紀聞十卷	宋張世南	稗海本之二十四	雨二七
又同上	同上	知不足齋本七集七至八	水一六
又	同上	說郛本之三十二	爲一

林下偶談四卷	宋吳氏著 闕名	寶顏堂秘笈本續集之二	閏三五
又	同上	說郛本之二十四	爲一
欒城遺言	宋蘇籀	說郛本之十八	爲一
緗素雜記	黃朝英名闕代	說郛本之二十四	爲一
捫蝨新話四卷	宋陳善著	寶顏堂秘笈本普集之三	閏三五
又	宋陳善	說郛本之二十四	爲一
藝圃折中	宋鄭厚	說郛本之十	爲一
清波別志	宋周煇	說郛本之二十四	爲一
南窗記談	闕名	說郛本之二十六	爲一
後耳目志	宋曾鞏	說郛本之二十六	爲一
先公談錄	宋李宗諤	說郛本之二十六	爲一
讀書偶見	宋 闕名	說郛本之二十七	爲一
席上腐談	宋俞琰	說郛本之二十七	爲一

席上腐談二卷	宋俞琰著	寶顏堂秘笈本廣集之八	閏三五
船窗夜話	宋顧文薦	說郛本之三十	爲一
植杖閑談	宋錢康功	說郛本之三十	爲一
野老記聞	宋孫穀祥	說郛本之三十一	爲一
灌畦暇語	宋 闕名	說郛本之三十一	爲一
澗泉日記	宋宋虎	說郛本之三十一	爲一
又三卷	宋韓淲撰	武英殿聚珍本之七十七	冬五
暘谷漫錄	宋洪巽	說郛本之三十一	爲一
續骫骳說	宋朱昂	說郛本之三十一	爲一
醉翁寱語	宋樓璹	說郛本之三十五	爲一
步里客談	宋陳唯室	說郛本之三十一	爲一
倦游雜錄	宋張師正	說郛本之三十五	爲一
嬾眞子錄	宋馬永卿	說郛本之四十二	爲一

明道雜志	宋張耒	說郛本之四十五	爲一
文昌雜錄	宋陳襄	說郛本之四十九	爲一
五代新說	宋徐鉉	說郛本之五十七	爲一
東谷所見	宋李之彥	說郛本之七十五	爲一
孔氏雜記四卷	宋孔平仲撰	寶顏堂秘笈本普集之二	閏三五
曲洧舊聞四卷	宋朱弁撰	寶顏堂秘笈本普集之三	閏三五
楓窗小牘二卷	宋袁褧撰	寶顏堂秘笈本廣集之二	閏三五
野客叢書十二卷	宋王楙輯	寶顏堂秘笈本正集六至七	閏三五
又	同上 明陳繼儒重訂	文藝叢書本之十一	雨一八
後山叢談四卷	宋陳師道著	寶顏堂秘笈本續集之二	閏三五
捫蝨新語十五卷	宋羅源著	津逮秘書本一百三十三至一百三十五	陽三三一
春渚紀聞十卷	宋何薳撰	津逮秘書本二百八十六至二百八十九	陽三三一
聞見前錄二十卷	宋邵伯溫著	津逮秘書本三百零二至三百零六	陽三三一

聞見後錄三十卷	宋邵博著	津逮秘書本三百零七至三百十三	陽三三一
茅亭客話十卷	宋黃休復集	津逮秘書本三百至三百零一	陽三三一
避暑錄話二卷	宋葉少蘊著	津逮秘書本三百十五至三百十七	陽三三一
袪疑說纂	宋儲泳	稗海本之二十九	雨二七
墨莊漫錄十卷	宋張邦基	稗海本二十九至三十一	雨二七
鶴林玉露十六卷 補遺一卷	宋羅大經著	稗海本五十二至五十四	雨二七
螢雪叢說二卷	宋俞元德撰	稗海本之六十六	雨二七
孫公談圃三卷	宋孫升	稗海本之六十六	雨二七
壺中贅錄	闕名	說郛本之二十四	爲一
坦齋通編	宋邢凱撰	守山閣本之七十五	麗八四
潁川語小二卷	宋陳叔方撰	守山閣本之七十六	麗八四
古今善言	宋范泰撰	玉函山房本之七十五	水一一
墨娥漫錄	闕名	說郛本之三十四	爲一

致虛雜俎	闕名	說郛本之三十三	爲一
然藜餘筆	闕名	續說郛本之一百四十三	爲一
比事摘錄	闕名	說郛本之三十三	爲一
客退記談	闕名	說郛本之三十三	爲一
溧粟手牘	闕名	說郛本之三十三	爲一
戊辰雜抄	闕名	說郛本之三十三	爲一
捄蘭雜志	闕名	說郛本之三十三	爲一
灌畦暇語	闕名	說部叢書本之十六	雨六
紫薇雜誌	宋呂本中	十萬卷樓本之十八	水九
珩璜新論	宋孔平仲	說郛本之三十九	爲一
隨隱漫錄五卷	宋陳隨隱	文藝叢書本之二十五	雨一八
誠齋雜記	元周達觀	說郛本之三十三	爲一
研北雜志二卷	元陸友著	寶顏堂秘笈本普集之八	閏三五
研北雜志二卷	元陸友	說郛本之二十四	爲一
又	同上	說部叢書本之二十一	雨六
樂郊私語	元姚壽桐著	寶顏堂秘笈本正集之三	閏三五
平江記事	元高德基	續說郛本之一百三十五	爲一
玉堂嘉話八卷	元王惲撰	守山閣本之七十八	麗八四
隱居通義三十一卷	元劉壎著	海山仙館本四十至四十四	陽三三三
湛淵靜語二卷	元白珽撰 周陳編	知不足齋本九集之六	水一六
眞率筆記	闕名	說郛本之三十三	爲一
林下清錄	沈仕 闕代名	說郛本之七十七	爲一
青巖叢錄	明王禕	續說郛本之一百二十四	爲一
華州卮辭	明王禕	續說郛本之一百二十四	爲一
田居乙記	明方大鎮	續說郛本之一百三十七	爲一
舂塘紀聞	明姜南	說部叢書本之二十六	雨六

松窗寤言	明崔銑	續說郛本之一百二十五	爲一
仰子遺語	明胡憲仲	續說郛本之一百二十五	爲一
夢泉雜言	闕名	續說郛本之一百二十五	爲一
槎庵燕語	明來斯行	續說郛本之一百二十五	爲一
容臺隨筆	明董其昌	續說郛本之一百二十五	爲一
凝齋筆語	明王鴻儒	續說郛本之一百二十六	爲一
方山紀述	明薛應旂	續說郛本之一百二十六	爲一
又	明薛應旂著	寶顏堂秘笈本普集之七	閏三五
經世要談	明鄭善夫	續說郛本之一百二十六	爲一
儼山纂錄	明陸深	續說郛本之一百二十六	爲一
玉堂漫筆	明陸深	續說郛本之一百三十四	爲一
又	明陸深著	寶顏堂秘笈本續集之五	閏三五
谿山餘話	明陸深	續說郛本之一百四十	爲一
谿山餘話	明陸深著	寶顏堂秘笈本續集之五	閏三五
金臺紀聞	明陸深著	寶顏堂秘笈本續集之八	閏三五
俠城雜識	明方孝孺	續說郛本之一百二十六	爲一
未齋雜言	明黎久	續說郛本之一百二十六	爲一
南山素言	明潘府	續說郛本之一百二十六	爲一
類北雜言	明岳正	續說郛本之一百二十六	爲一
東田辠言	明馬中錫	續說郛本之一百二十六	爲一
奇子雜言	明楊春芳	續說郛本之一百二十六	爲一
拘虛晤言	明陳沂	續說郛本之一百二十六	爲一
文昌旅語	明王文祿	續說郛本之一百二十六	爲一
雞鳴偶記	明蘇濬	續說郛本之一百二十六	爲一
耄餘雜誌	明陸樹聲著	寶顏堂秘笈本續集之五	閏三五
讀書筆記	明祝允明	續說郛本之一百二十六	爲一

又	同上	顧氏小說本之三	結一四
又	明祝允明著	寶顏堂秘笈本廣集之五	閏三五
汲古叢話	明陸樹聲著	寶顏堂秘笈本廣集之七	閏三五
又	明陸樹聲	續說郛本之一百二十六	爲一
病榻寤言	明陸樹聲	續說郛本之一百二十六	爲一
又	明陸樹聲	寶顏堂秘笈本續集之七	閏三五
清暑筆談	明陸樹聲	續說郛本之一百二十六	爲一
又	明陸樹聲著	寶顏堂秘笈本正集之三	閏三五
長水日鈔	明陸樹聲著	寶顏堂秘笈本續集之八	閏三五
醫閭漫記	明賀欽	續說郛本之一百二十一	爲一
制府雜錄	明楊一清	續說郛本之一百三十一	爲一
西軒客談	闕名	說郛本之三十一	爲一
西峯談話	明茅元儀	說郛叢書本之七	雨六
農田餘話	明眞逸	續說郛本之一百三十二	爲一
雨航雜錄	明馮時可	續說郛本之一百三十二	爲一
又二卷	明馮時可著	寶顏堂秘笈本廣集之七	閏三五
蓬窗續錄	明馮時可	續說郛本之一百三十九	爲一
郁離子微	明劉基	續說郛本之一百五十一	爲一
潛溪邃言	明宋濂	續說郛本之一百五十四	爲一
蘿山雜言	明宋濂	續說郛本之一百二十四	爲一
何子雜言	明何景明	續說郛本之一百二十四	爲一
尊俎餘功	闕名	續說郛本之一百三十四	爲一
漱石閒談	明王元楨	續說郛本之一百三十五	爲一
三餘贅餘	明都卬	續說郛本之一百三十六	爲一
懸笥瑣探	明劉昌	續說郛本之一百三十六	爲一
長安客話	明蔣一葵	續說郛本之一百三十六	爲一

書肆說鈴	明葉秉敬	續說郛本之一百三十七	爲一
宦遊紀聞	明張誼	續說郛本之一百三十七	爲一
碧里雜存	明董穀	續說郛本之一百三十七	爲一
又	明董穀輯	寶顏堂秘笈本彙集之七	閏三五
胡氏雜說	明胡儼	續說郛本之一百三十七	爲一
劉氏雜說	明劉定之	續說郛本之一百三十七	爲一
丹鉛雜錄	明楊愼	續說郛本之一百三十七	爲一
世說舊注	明楊愼	續說郛本之一百三十八	爲一
病榻手吹	明楊愼	續說郛本之一百四十三	爲一
甲乙剩言	明胡應麟	續說郛本之一百三十八	爲一
又	明胡應麟著	寶顏堂秘笈本正集之五	閏三五
寒檠膚見	明毛元仁	續說郛本之一百三十八	爲一
語窺古今	明洪文科	續說郛本之一百三十八	爲一
維園鉛摘	明謝廷讃	續說郛本之一百三十八	爲一
攬茝微言	明顧其志	續說郛本之一百三十八	爲一
墨池浪語	明胡維霖	續說郛本之一百三十八	爲一
雪濤談叢	明江盈科	續說郛本之一百三十八	爲一
簷曝偶談	明顧元慶	續說郛本之一百三十九	爲一
又	明顧元慶	顧氏小說本之五	結一四
病逸漫記	明陸釴	續說郛本之一百三十九	爲一
蜩笑偶言	明鄭瑗	續說郛本之一百三十九	爲一
東谷贅言	明敖英	續說郛本之一百三十九	爲一
又二卷	明敖英著	寶顏堂秘笈本廣集之六	閏三五
祐山雜記	明馮汝弼	續說郛本之一百三十九	爲一
又	明馮汝弼著	寶顏堂秘笈本普集之七	閏三五
江漢叢談	明陳士元	續說郛本之一百三十九	爲一

投甓隨筆	明姜南	續說郛本之一百三十九	爲一
洗硯新錄	明姜南	續說郛本之一百三十九	爲一
丑莊日記	明姜南	續說郛本之一百三十九	爲一
水南翰記	明李如一	續說郛本之一百三十九	爲一
藜牀瀋餘	明陸濬一	續說郛本之一百三十九	爲一
瑯琊漫抄	明文林	續說郛本之一百三十九	爲一
二酉委譚	明王世懋	續說郛本之一百四十	爲一
莘野纂聞	明伍餘福	續說郛本之一百三十六	爲一
枝山前聞	明祝允明	續說郛本之一百三十五	爲一
無用閒談	明孫緒	續說郛本之一百四十	爲一
委巷叢談	明田汝成	續說郛本之一百四十	爲一
方洲雜錄	明張寧	續說郛本之一百四十	爲一
方洲雜言	明張寧輯	寶顏堂秘笈本普集之八	閏三五
百可漫志	明陳鼐	續說郛本之一百四十	爲一
近峰聞略	明皇甫庸	續說郛本之一百四十	爲一
宛委餘編	明王世貞	續說郛本之一百四十	爲一
文章九命	明王世貞	續說郛本之一百五十四	爲一
觚不觚錄	明王世貞撰	寶顏堂秘笈本續集之二	閏三五
菊坡叢語	明單宇	續說郛本之一百四十一	爲一
玄亭涉筆	明王志遠	續說郛本之一百四十一	爲一
野航史話	明茅元儀	續說郛本之一百四十一	爲一
西峯談語	明茅元儀	續說郛本之一百四十一	爲一
桑榆漫志	明陶輔	續說郛本之一百四十一	爲一
延州筆記	明唐覲	續說郛本之一百四十一	爲一
戒菴漫筆	明李詡	續說郛本之一百四十一	爲一
又八卷	同上	常州先哲遺書本之八	呂一

子元案垢	明何孟春	續說郛本之一百三十七	爲一
暖姝由筆	明徐充	續說郛本之一百四十一	爲一
大賓辱語	明姜南	續說郛本之一百四十一	爲一
抱璞簡記	明姜南	續說郛本之一百四十一	爲一
逌旃璅言	明蘇祐	續說郛本之一百四十一	爲一
井觀瑣言	明鄭瑗	續說郛本之一百四十一	爲一
井泉隨筆	明張綸	續說郛本之一百四十一	爲一
推篷寤語	明李豫章	續說郛本之一百四十一	爲一
讕言長語	明曹安	續說郛本之一百四十一	爲一
又二卷	明曹安輯	寶顏堂秘笈本彙集之四	閏三五
震澤長語	明王鏊	續說郛本之一百四十一	爲一
又二卷	明王鏊著	寶顏堂秘笈本普集之四	閏三五
見聞紀訓	明陳良謨	續說郛本之一百四十四	爲一
見聞紀訓	明陳良謨記	寶顏堂秘笈本彙集之六	閏三五
居家制用	明陸梳山	續說郛本之一百四十九	爲一
鼂采清課	明費元祿	續說郛本之一百四十九	爲一
巖棲幽事	明陳繼儒	續說郛本之一百四十九	爲一
又	明陳繼儒撰	寶顏堂秘笈本雜著之四	閏三五
假曝餘談二卷	明陳繼儒撰	寶顏堂秘笈本雜著之四	閏三五
太平清話四卷	明陳繼儒	寶顏堂秘笈本雜著之五	閏三五
狂夫之言三卷 續三卷	明陳繼儒著	寶顏堂秘笈本雜著之七	閏三五
玉笑零音	明田藝蘅	續說郛本之一百五十三	爲一
又	同上	說郛叢書本之十七	雨六
又	明田藝蘅撰	寶顏堂秘笈本普集之八	閏三五
寓林清言	明黃汝亨	續說郛本之一百五十三	爲一
木几冗談	明彭汝讓	續說郛本之一百五十三	爲一

又	明彭汝謙著	寶顏堂秘笈本廣集之八		閏三五
冥寥子游	明屠隆	續說郛本之一百六十五		爲一
又二卷	明屠隆著	寶顏堂秘笈本正集之五		閏三五
聽雨紀談	明都穆	顧氏小說本之三		結二四
雪濤小說	明江盈科	續說郛本之一百六十七		爲一
祝子小言	明祝世祿	寶顏堂秘笈本彙集之五		閏三五
男女紳言	明陳繼儒	寶顏堂秘笈本廣集之六		閏三五
飲食紳言	明陳繼儒	寶顏堂秘笈本普集之六		閏三五
祈嗣眞詮	明袁黃編	寶顏堂秘笈本普集之七		閏三五
西堂日記	明楊豫孫撰	寶顏堂秘笈本續集之五		閏三五
長松茹退二卷	明釋眞可著	寶顏堂秘笈本續集之七		閏三五
三事遡眞	明李豫亨著	寶顏堂秘笈本續集之八		閏三五
書紳要語	明華淑輯	十間堂叢刻本之一		岡七〇

無錫縣立圖書館書目 卷十一子部 雜家類 雜說 二十八

雨窗隨喜	明華淑輯	十間堂叢刻本之二		岡七〇
西庫隨筆	明方孔炤著	桐城方氏本之五		日一四
焦氏筆乘六卷續八卷	明焦竑輯	粵雅堂本六至十二		雨二一
責備餘談二卷	明方鵬著	知不足齋本九集七至八		水一六
滕寓信筆	明方以智撰	桐城方氏本之六		日一四
霞外雜俎	明鐵脚道人	續說郛本之一百五十一		爲一
聰訓齋語	清張英著	木刻本	一冊	結二二
澄懷園語附下冊	清張廷玉著	木刻本	一冊	餘二〇四
香天談藪	清吳雷發著	香豔叢書本之二		雨四
又	同上	昭代叢書本之三十五		結一
竹溪雜述	清殷曙著	昭代叢書本之二		結一
荊園小語	清申涵光著	昭代叢書本之二十二		結一
荊園進語	清申涵光著	昭代叢書本之二十二		結一

學語雜編	清沈思倫著	昭代叢書本之二十三		結一
漁樵問答	清釋成鷲著	昭代叢書本之三十二		結一
五九枝譚	清尤侗著	昭代叢書本之三十二		結一
隨園隨筆二	清袁枚著	隨園全集本二十六至二十九		專一
吳鰥放言	清吳莊著	昭代叢書本之三十二		結一
積山雜記	清汪惟憲著	昭代叢書本之五十二		結一
山公九原	清馮景清著	昭代叢書本之六十九		結一
西青散記四卷	清史震林	石印本	四冊	閏二〇二
蒿菴閒話	清張爾岐著	昭代叢書本之九十		結一
寒燈絮語	清汪惟憲著	昭代叢書本之九十一		結一
牘外餘言	清袁枚著	昭代叢書本之九十一		結一
藥房心語	清楊中訥著	昭代叢書本之九十七		結一
藏書紀要	清孫從添著	昭代叢書本之一百零七		結一

無錫縣立圖書館書目 卷十一子部 雜家類 雜說 二十九

菰中隨筆	清顧炎武著	亭林遺書本之十		水一八
樵香小記二卷	清何琇撰	守山閣本之七十七		麗八四
教童子法	清王筠	靈鶼閣本之六		專一四
迂言百則	清陳遇夫撰	嶺南遺書本三集之十		水七
炙硯瑣談三卷	清湯大奎	常州先哲遺書續編本之十八		呂二
毘陽答問四卷	清蔣彤	常州先哲遺書續編本之十九		呂二
攝生要錄	清沈仕	說郛叢書本之十七		雨六
松崖筆記三卷	清惠棟撰	聚學軒本之五十三		雨一
見聞續筆二十四卷	清齊學裘	木刻本	六冊 許同莘捐	呂六
冷廬雜識八卷	清陸以湉	石印本	四冊	藏一四九
歸田瑣記八卷	清梁章鉅撰	原刻本	四冊	呂一七六
夢蘭瑣筆	清楊復吉著	昭代叢書本之一百五十五		結一
匏園掌錄二卷	清楊夔生述	嘯園木刻本	一冊 孫思贊捐	崑一四三

又 同上	同上	同上	一册	余夢齡捐	崑一四三
金㡳瑣說 八卷	清楊芳燦著	本館鈔本	四册		崑一一七
香祖筆記 十二卷	清王士禛著	石印本	二册		閏一四八
筠莊漫草	清周永棠稿	本館鈔本	一册		寒六六
履園叢話 二十四卷	清錢泳輯	述德堂本	十二册		崑一二七
黃孀餘話 八卷	清陳錫路	說部叢書本五十九至六十			雨六
雞窗叢話	清蔡澄著	新陽趙氏本	一册	趙學南捐	呂一六五
又	同上	同上	一册	同上	呂一六五
寒夜叢談 三卷	清沈赤然	新陽趙氏本	一册	趙學南捐	辰一七二
蕙櫋雜記	清嚴元照著	新陽趙氏本	一册	趙學南捐	辰一七三
池北偶談 二十六卷	清王士禛著	鉛印本	十册		呂八五
浪跡叢談 正十一卷 續八卷	清梁章鉅撰	木刻本	八册	許同莘捐	呂一七五
粟香隨筆 五筆合四十卷 每筆八卷	清金武祥	木刻本	二十册		結二三

丙辰劄記	清章學誠撰	聚學軒本之五十六	雨一
退餘叢語 二卷	清鮑倚雲撰	聚學軒本之七十六	雨一
聚星札記	清尙鎔著	聚學軒本之九十一	雨一
讀文雜記	清方宗誠述	柏堂遺書本之二十四	冬二
又	同上	同上	專一六
蓑友肊說	清王筠	鄦齋閣本之六	專一四
幽夢續影	清朱𤄷筠	說部叢書本之三十四	雨六
仿園清語	清張藎	說部叢書本之三十九	雨六
仿園清評	漢張藎	說部叢書本之五	雨六
中衢一勺 七卷	清包世臣著	安吳四種本一至四	日八六
方齋小言	清方正瑗著	桐城方氏本之十	日一四
冬夜箋記	清王崇簡	說鈴本之一	雨一七
閒餘筆話	清湯傳楹著	香豔叢書本之八	雨四

書齋快事	沈元琨	說部叢書本之五			雨六
芸窗雅事	施清	說部叢書本之五			雨六
砭學芻言	知懼生	聚珍本	一册	著作者捐	玉一五九
又	同上	同上	一册	楊仁山捐	玉一五九
國故論衡	章炳麟著	章氏叢書本十四至十六			麗四〇
家庭寶筏	別樵居士編纂	仿宋聚珍本	一册	周莘農捐	暑一五五
平旦鐘聲	好德書齋編	鉛印本	一册	金紹聞捐	劍八七
楊議郎著書	漢楊孚撰 清曾釗輯	嶺南遺書本五集之一			水七
雪浪齋日記	闕名	說郛本之十九			爲一
浩然齋雅談 三卷	宋周密撰	武英殿叢書本之一百二十八			冬五
志雅堂雜鈔 二卷	宋周密纂	粵雅堂本之五			雨二
蔣子萬機論	魏蔣濟撰	玉函山房本之七十三			水一一
羅子蒼識遺	宋羅瑩	說郛本之十九			爲一

東坡問答錄	宋蘇軾撰	寶顏堂秘笈本普集之二	閏三五
物類相感志	宋蘇軾著	寶顏堂秘笈本廣集之二	閏三五
又	宋蘇軾	說郛本之二十四	爲一
漁樵閒話錄	宋蘇軾撰	寶顏堂秘笈本普集之二	閏三五
老學庵筆記 十卷	宋陸游	津逮秘書本一百八十七至一百九十一	陽三三二
又 同上	同上	稗海本三十九至四十	雨二七
秀水閒居錄	宋朱勝非	說郛本之四十三	爲一
又	同上	說部叢書本之六	雨六
江隣幾雜誌	宋江休復	寶顏堂秘笈本彙集之四	閏三五
又	宋江休復	文藝叢書本之十九	雨一八
宋景文筆記	宋宋祁	說郛本之十八	爲一
陵陽室中語	宋范季隨	說郛本之二十九	爲一
續明道雜誌	宋張耒	說郛本之四十五	爲一

瑞桂堂暇錄	闕名	說郛本之二十九		爲一
經鉏堂雜誌	宋倪思	說郛本之七十七		爲一
感應類從志	宋釋贊寧	說郛本之一百十一		爲一
能改齋漫錄十八卷	宋吳曾撰	守山閣本七十至七十三		麗八四
愛日齋叢鈔五卷	闕名	守山閣本七十六至七十七		麗八四
猗覺寮雜記	朱翌闕代名	說郛本之二十九		爲一
日損齋筆記	元黃溍撰	守山閣本之七十七		麗八四
志雅堂雜鈔	元周密	說部叢書本之二十四		雨六
敬齋古今黈八卷	元李冶撰	武英殿叢書本七十八至七十九		冬五
海涵萬象錄	明黃潤玉	續說郛本之一百二十五		爲一
武陵競渡畧	明楊嗣昌	續說郛本之一百五十		爲一
娑羅館清言二卷	明屠隆著	寶顏堂秘笈本正集之四		閏三五
雲夢藥溪談	明文翔鳳	續說郛本之一百三十六		爲一
快雪堂漫錄	明馮夢禎	續說郛本之一百三十六		爲一
雲蕉館紀談	明孔邇	續說郛本之一百四十二		爲一
蒹葭堂雜鈔	明陸楫	續說郛本之一百四十二		爲一
鳳凰臺記事	明馬生龍	續說郛本之一百四十二		爲一
願豐堂漫書	明陸深	續說郛本之一百四十二		爲一
又	明陸深著	寶顏堂秘笈本續集之八		閏三五
春風堂隨筆	明陸深	續說郛本之一百四十二		爲一
又	明陸深著	寶顏堂秘笈本廣集之五		閏三五
客齋使令反	明程羽文	說部叢書本之五		雨六
天爵堂筆餘	明薛岡	續說郛本之一百四十二		爲一
又	同上	說部叢書本之十六		雨六
閒中今古錄	明黃溥言	續說郛本之一百四十二		爲一
綠雪亭雜言	明敖英	續說郛本之一百四十二		爲一

乾貞堂壁疏	明淩登名	續說郛本之一百四十二		爲一
歸有園塵談	明徐太室	續說郛本之一百五十三		爲一
又	明徐學謨著	寶顏堂秘笈本正集之四		閏三五
讀書十六觀	明陳繼儒	續說郛本之一百五十四		爲一
一庵雜問錄	明唐樞著	寶顏堂秘笈本彙集之七		閏三五
四時幽賞錄	明高濂著	武林掌故叢編本之一百十三		水一二
霍渭厓家訓	明霍韜撰	涵芬樓秘笈本二集之四		藏二三〇
柿葉軒筆記	清胡虔	峭帆樓本	一冊 趙學南捐	藏三六七
淥水亭雜識	清納蘭成德著	昭代叢書本之七十三		結一
蘐露庵雜記	清駢渠道人撰	鉛印本	二冊	麗三
景船齋雜記二卷	清章有謨著	石印本	一冊	藏一四三
庸閒齋筆記十二卷	清陳其元	石印本	四冊 無錫女子師範捐	暑一一八
小兒性質述	清楊模纂	朱印本	一冊	崑一三〇
茶香室叢鈔二十三卷	清俞樾	春在堂全書本一百十四至一百二十		水一五
茶香室續鈔二十五卷	清俞樾	春在堂全書本一百二十至一百二十六		水一五
茶香室三鈔二十九卷	清俞樾	春在堂全書本一百廿七至一百三十三		水一五
茶香室四鈔二十九卷	清俞樾	春在堂全書本一百三十四至一百四十		水一五
九九消夏錄十四卷	清俞樾	春在堂全書本一百五十一至一百五十二		水一五
讀東坡志林	清尤侗著	昭代叢書本之九		結一
蒔古齋輯著七卷 內缺三卷	清楊城書編輯	木刻本	一冊	劍一〇九
續五九枝談	清俞樾	春在堂全書本之四十六		水一五
定香亭筆談	清阮元著	昭代叢書本之九十三		結一
飲淥軒隨筆二卷	清伍宇澄	常州先哲遺書續編本之十八		呂二
教經堂談藪六卷	清徐書受	常州先哲遺書續編本之十九		呂二
無邪堂答問五卷	清朱一新	石印本	五冊	閏一四七
灌園十二師	徐沁	說部叢書本之二		雨六

日貫齋塗說 清梁同書 清人說薈本之三 結三一
香雪齋樂事 清江之蘭 說部叢書本之五 雨六
天香樓偶得 清虞兆漋 說部叢書本之三十六 雨六
又 清虞兆漋著 說鈴本之九 雨一七
九曜齋筆記三卷 清惠棟撰 聚學軒本五十四至五十五 雨一
遜志堂雜鈔十卷 清吳翊鳳著 槐廬叢書本七十六至七十八 露五
越縵堂筆記 清李慈銘 文藝叢書本之二十九 雨一八
志寧堂雜記 清唐夢賚 昭代叢書本之四十三 結一
猗覺寮雜記 清朱翌著 香豔叢書本之三十八 雨四
平等閣筆記二卷 狄葆賢 有正書局鉛印本 二册 沈祖藩捐 麗五九
樸學齋夜談 胡懷琛著 文藝叢書本之二十四 雨一八
彤芬室筆記 女士徐新華 天蘇閣叢刊五種本之一 閏一二九
改正湘山野錄四卷 宋釋文瑩 張氏仿宋本 二册 閏八二

改正湘山野錄四卷 宋釋文瑩 鐵琴銅劍樓影鈔本 二册 閏一一五
庶齋老學叢談三卷 宋程如梓 知不足齋本二十三集之六 水一六
浩然齋視聽鈔 宋周密 說部叢書本之二十四 雨六
又 同上 說郛本之二十九 爲一
烏蠻瀧夜談記 明董傳策 續說郛本之一百四十八 爲一
娑羅館續清言 明屠隆著 寶顏堂秘笈本正集之五 閏三五
文海披沙摘錄 明謝肇淛著 香豔叢書本之二十六 雨四
半野村人閒談 明姜南 說部叢書本之二十六 雨六
大雲山房雜記二卷 清惲敬著 咫進齋本之八 水二
關西講堂客問 清方正瑗著 桐城方氏本之十 日一四
重論文齋筆錄十二卷 清王端履 紹興先正遺書本二十五至二十九 水五
唐逑山房日錄 清盛朝勳著 昭代叢書本之一百十一 結一
合肥學舍札記十二卷 清陸繼輅 木刻本 四册 成三四九

小窗自記雜著 清吳從先 說部叢書本之六 雨六
紀草堂十六宜 清王晫 說部叢書本之五 雨六
更定文章九命 清王晫 昭代叢書本之一 結一
求幸福齋隨筆 何海鳴著 鉛印本 一册 藏一七八
此登臨樓筆記三卷 存悔著 圖書公司鉛印本 一册 陽二八二
觀宅四十吉祥相 清周文煒著 昭代叢書本之一百六十二 結一
讀諸子諸儒雜記 清方宗誠述 柏堂遺書本之二十八 冬二
又 同上 同上 專一六
增訂心相百二十善 沈捷 昭代叢書本之一百六十二 結一

雜纂

話腴 宋陳郁 說郛本之三十七 爲一
又 宋陳郁撰 古今說海本之八 結二九
談撰 元虞裕 說郛本之三十七 爲一

逑記三卷 清任兆麟述 石印本 三册 許同藺捐 爲二九一
物理論 晉楊泉撰 平津館本之八 水十
意林注五卷 補遺一卷 唐馬總編 清周廣業注 聚學軒本八十七至九十 雨一
清異錄四卷 宋陶穀 說郛本之一百二十二 爲一
雜纂續 宋王銍 說郛本之七十八 爲一
義山雜纂 唐李商隱 說郛本之七十八 爲一
又 同上 古今說海本之十二 結二九
經外雜鈔 宋魏了翁著 寶顏堂秘笈本廣集之二 閏三五
雜纂二續 宋蘇軾 說郛本之七十八 爲一
又 同上 古今說海本之十二 結二九
雜纂三續 黃允文闕代名 說郛本之七十八 爲一
又 同上 古今說海本之十二 結二九
多能鄙事 明劉基類編 石印本 八册 閏九八

筠齋漫錄三卷 殘本	明王學海輯	本館鈔本	一册	崑一三九
經策通纂二十四卷	清吳頫炎纂	石印本	八十册	露五四
屑玉叢談	清錢徵輯著	石印本	六册	藏一五一
調燮類編四卷	闕名	海山仙館本四十五至四十六		陽三三三
嗛山甜雪十二卷	清黃本驥撰	三長物齋本五十四至五十五		出二一
羣書拾補三十七卷 附補遺三卷 讎語一卷	清盧文弨著	紹興先正遺書本十三至二十四		水五
昨非庵雜纂	明鄭瑄輯	木刻本	六册	閏二二
先正讀書訣	清周永年輯	鹽邑閣本之八		專一四
課子隨筆節鈔六卷	清張又渠輯	龍文齋木刻本	四册	辰九七
古今筆紀精華二十四卷	古今圖書局編纂	鉛印本	二十四册	結二六

無錫縣立圖書館書目卷十二

小說類

雜事

郭子	晉郭澄之撰	玉函山房本之七十六	水一一
摭言	唐王保定 又作何晦	說郛本之三十七	爲一
又	同上	稗海本之六	雨二七
又	唐王保定撰	唐代叢書本之五	霜二七三
桯史	宋岳珂	龍威秘書本五集之一	水一七
又	同上	稗海本五十七至五十九	雨二七
又	同上	說郛本之三十	爲一
又	宋岳珂著	津逮秘書本一百四十一至一百四十四	陽三三二
諸史	宋沈俶	說郛本之三十七	爲一
又	同上	說部叢書本之七	雨六

諸史	宋沈俶撰	古今說海本之七	結二九
異苑八卷	宋劉敬叔	說部叢書本之十一	雨六
又	同上	說郛本之一	爲一
又十卷	宋劉敬叔撰	津逮秘書本二百十三至二百十五	陽三三二
雞肋	宋趙崇絢	說部叢書本之十	雨六
又	同上	說郛本之三十	爲一
又	同上	龍威秘書本五集之二	水一七
談藪	宋龐元英	說郛本之三十七	爲一
又	同上	說部叢書本之六	雨六
又	宋龐元英撰	古今說海本之八	結二九
可談	宋朱彧	說郛本之三十七	爲一
又	同上	說部叢書本之六	雨六
默記	宋王銍	知不足齋本八集之三	水一六

又	宋王銍撰	古今說海本之七	結二九
可書	宋張知甫	十萬卷樓本之十九	水九
談淵	宋王陶	說郛本之三十七	爲一
稗史	元仇遠	說郛本之二十七	爲一
又	元徐顯著	顧氏小說本之一	結二四
赤雅三卷	明鄺露纂	知不足齋本二集之七	水一六
又同上	同上	龍威秘書本二集五至六	水一七
蘇談	明楊循吉	說部叢書本之十二	雨六
又	同上	顧氏小說本之八	結二四
又	同上	續說郛本之一百三十六	爲一
說聽二卷	明陸延枝	說部叢書本之三十二	雨六
談言	明江盈科	續說郛本之一百六十七	爲一
觚賸	清鈕琇輯	說鈴本之七	雨一七
觚賸八卷	清鈕琇	說部叢書本二十七至二十八	雨六
塵餘	清曹宗璠	說部叢書本之四十	雨六
又	清曹宗璠著	昭代叢書本之三十四	結一
語新二卷	清錢學綸	說部叢書本之五十八	雨六
談虎	清趙彪詔著	昭代叢書本之六十二	結一
說鈴	清汪琬著	昭代叢書本之一百零五	結一
五五	清俞樾	春在堂全書本之五十九	水一五
說夢	清曹家駒著	清人說薈本之一	結三一
燕丹子	周燕太子丹 清孫星衍校集	湖北書局本 一册	辰二四
又三卷	同上	平津館本之二	水一〇
博物志	晉張華撰	士禮居叢書本之二十六	劍一
又十卷	晉張華著	漢魏叢書本之六十六	水一三
又同上	晉張華	稗海本之一	雨二七

袖中記	梁沈約	說部叢書本之十五	雨六
龍城錄	唐柳宗元撰	唐代叢本之五	霜二七三
又	唐柳宗元	說郛本之二十六	爲一
又	同上	說部叢書本之五	雨六
又二卷	同上	稗海本之五十二	雨二七
瀟湘錄	唐李隱	說郛本之三十四	爲一
又	唐李隱撰	古今說海本之八	結二九
又	同上	唐代叢書本之五	霜二七三
劇談錄	唐康駢輯	唐代叢書本之四	霜二七三
因話錄	唐趙璘輯	唐代叢書本之三	霜二七三
又六卷	唐趙璘	稗海本之十三	雨二七
又	同上	說郛本之二十五	爲一
琵琶錄	唐段安節	香豔叢書本之十八	雨四
開城錄	唐李石	說郛本之二十五	爲一
梅妃傳	唐曹鄴	說郛本之一百十三	爲一
又	唐曹鄴著	唐代叢書本之十一	霜二七三
又	同上	龍威秘書本四集之三	水一七
綠珠傳 附翾風傳	闕名	香豔叢書本之六十六	雨四
又	唐樂史	說郛本之一百十四	爲一
英雄傳	唐雍陶撰	唐代叢書本之十	霜二七三
又	同上	龍威秘書本四集之二	水一七
袁氏傳	唐顧夐撰	龍威秘書本四集之五	水一七
又	同上	唐代叢書本之十六	霜二七三
又	闕名	古今說海本之四	結二九
趙合傳	闕名	古今說海本之四	結二九
洽聞記	唐鄭常	說郛本之三十四	爲四

無錫縣立圖書館書目 卷十二子部 小說類 雜事 四

墒上記	唐蘇頲撰	唐代叢書本之十四	霜二七三
又	唐蘇頲	說郛本之一百二十	爲一
迷樓記	唐 闕名	香豔叢書本之二十三	雨四
又	同上	說郛本之一百十二	爲一
海山記	唐韓偓撰	唐代叢書本之六	霜二七三
又	唐韓偓撰	唐代叢書本之六	霜二七三
耳目記	唐張鷟撰	唐代叢書本之四	霜二七三
又	唐張鷟	說郛本之三十四	爲一
卓異記	唐李翱撰	唐代叢書本之十三	霜二七三
劍俠傳	唐 闕名	說郛本之一百十四	爲一
又	唐段成式著	唐代叢書本之十一	霜二七三
又	同上	龍威秘書本四集之二	水一七
國史補	唐李肇撰	唐代叢書本之三	霜二七三
玉泉子	唐 闕名	湖北書局本 一冊	辰二四
又	唐 闕名	唐代叢書本之四	霜二七三
又	唐 闕名	稗海本之十四	雨二七
乾𦠆子	唐溫庭筠	說郛本之二十五	爲一
又	同上	龍威秘書本五集之六說郛雜著十種之一	水一七
又	同上	說部叢書本之十	雨六
甘澤謠	唐袁郊	說郛本之一百十七	爲一
又	唐袁郊撰	唐代叢書本之四	霜二七三
又	同上	津逮秘書本之一百五十九	陽三三二
記事珠	唐馮贄纂	唐代叢書本之五	霜二七三
金華子二卷	南唐劉崇遠撰	湖北書局本 一冊	辰二四
九國志	劉旻 闕代名	說郛本之六十二	爲一
五總志	宋吳炯	說郛本之二十五	爲一

無錫縣立圖書館書目 卷十二子部 小說類 雜事 五

麗情集	宋張君房	說郛本之八十	爲一
又	同上	香豔叢書本之十八	雨四
紀談錄	宋晁邁	說郛本之十六	爲一
過庭錄	宋范公稱	說郛本之十六	爲一
又	同上	稗海本之十八	雨二七
咸定錄	闕名	說郛本之二十六	爲一
延漏錄	宋章望之	說郛本之三十四	爲一
紹陶錄	宋王質	說郛本之三十四	爲一
清尊錄	宋 闕名	古今說海本之八	結二九
又	宋廉宣	說郛本之三十六	爲一
又	同上	香豔叢書本之十三	雨四
清夜錄	宋俞文豹	說郛本之四十	爲一
又	同上	顧氏小說本之三	結二四
唾玉集	宋俞文豹	說郛本之二十五	爲一
畫墁錄	宋張舜民	說郛本之二十	爲一
又	同上	稗海本之二十三	雨二七
抒情錄	宋盧懷	說郛本之二十五	爲一
又	同上	說部叢書本之九	雨六
同話錄	宋曾三異	說郛本之二十五	爲一
歸田錄	宋歐陽修	說郛本之四十二	爲一
又二卷	同上	稗海本之三十四	雨二七
侯鯖錄	宋趙德麟	說郛本之二十	爲一
又八卷	同上	稗海本五十五至五十六	雨二七
該聞錄	宋李畋	說郛本之四十一	爲一
上庠錄	宋呂榮義	說郛本之五十三	爲一
昨夢錄	宋康譽之	說郛本之三十六	爲一

又	宋康譽之撰	古今說海本之七		結二九
劇談錄二卷	宋康駢述	津逮祕書本一百六十六至一百六十七		陽三三二
夢粱錄二十卷	宋吳自牧著	知不足齋本十一集二至六		水一六
又二十卷	同上	武林掌故叢編本一百零五至一百零八		水一二
又二十卷	同上	香艶叢書本之四十八		雨四
又二十卷	同上	知不足齋本十一集二至六		水一六
湘山錄	闕名	說郛本之六十二		爲一
泊宅編三卷	宋方勺	稗海本之十九		雨二七
又	同上	說郛本之二十九		爲一
鑑戒錄	宋何光遠	說郛本之二十九		爲一
投轄錄	宋王明淸	說郛本之二十九		爲一
春娘傳	宋王明淸	香豔叢書本之三十八		雨四
雞肋編	宋莊綽	說郛本之二十九		爲一

續世說十二卷	宋孔平仲撰	守山閣本八十五至八十六		麗八四
唐語林八卷 附校勘記	宋王讜撰	守山閣本八十八至九十		麗八四
澄懷錄	元袁桷	說郛本之二十五		爲一
春夢錄	元鄭禧	說郛本之一百十七		爲一
又	同上	香豔叢書本之十三		雨四
輟耕錄三十卷	元陶宗儀	津逮祕書本一百七十至一百八十一		陽三三二
楮記室	潘塤闕代名	說郛本之二十七		爲一
吳社編	明王穉登	續說郛本之一百五十		爲一
保孤記	明周宗正	續說郛本之一百二十七		爲一
已瘧編	明劉玉記	續說郛本之一百三十九		爲一
代醉編	明張鼎思	續說郛本之一百三十		爲一
燕閒錄	明陸深	說部叢書本之十八		雨六
應諧錄	明劉元卿	續說郛本之一百六十七		爲一

羣碎錄	明陳繼儒	說部叢書本之十八		雨六
霏雪錄	明鎦績撰	古今說海本之九		結二九
阿寄傳	明田汝成	續說郛本之一百六十五		爲一
義虎傳	明祝允明	續說郛本之一百十五		爲一
筆夢敘	明闕名	香豔叢書本之五		雨四
墨餘錄四卷	淸毛對山著	鉛印本	四册	月一〇四
見聞錄	淸徐岳著	說鈴本之十		雨一七
秋鐙錄	淸沈元欽鈔	昭代叢書本之一百四十七		結一
婦人集附補集	淸陳維崧著 冒丹書補	昭代叢書本之七十九		結一
又	淸陳維崧撰	香艶叢書本之二		雨四
又	同上	海山仙館本之六十五		陽三三三
今世說八卷	淸王晫撰	木刻本	四册	辰七五
又同上	同上	粵雅堂本之一百零二		雨二

女官傳	淸屈大均	香豔叢書本之三十		雨四
圓圓傳	淸陸次雲著	香豔叢書本之三十三		雨四
五石瓠	淸劉鑾著	昭代叢書本之一百七十		結一
新齊諧二十四卷 又名子不語	淸袁枚著	隨園全集本三十至三十三		專一
金姬傳	闕名	香豔叢書本之六		雨四
楊娥傳	淸劉興著	香艶叢書本之十九		雨四
玉嬌傳	闕名	香豔叢書本之三十一		雨四
金釧記	闕名	香豔叢書本之四十八		雨四
晉人麈	淸沈日霖著	昭代叢書本之一百六十六		結一
哀恨集二卷	錢尙浩輯	鉛印本	二册	露四二
琱玉集二卷	闕名	古逸叢書本之三十二		露二
雜事祕辛	漢 闕名	漢魏叢書本之二十二		水一三
又	同上	龍威祕書本一集之六		水一七

西京雜記	漢劉歆	說郛本之六十八	爲一
又 六卷	漢劉歆著	龍威秘書本一集之二	水一七
飛燕外傳	漢伶玄著	龍威秘書本一集之六	水一七
又	同上	漢魏叢書本之二十二	水一三
漢武內傳附逸文 校勘記	漢班固撰	守山閣本之九十四	麗八四
又	漢班固撰	漢魏叢書本之二十二	水一三
漢武故事	闕名	古今說海本之十	結二九
玉溪編事	蜀 闕名	說郛本之十九	爲一
又	同上	龍威秘書本五集之二	水一七
牧豎閑談	蜀景煥	說郛本之二十一	爲一
西京雜俎 六卷	晉葛洪	稗海本之二	雨二七
又 同上	晉葛洪集	津逮秘書本之一百九十六	陽三三二
陸氏要覽	晉陸機撰	玉函山房本之七十五	水一一

無錫縣立圖書館書目　卷十二子部　小說類　雜事　八

陸氏要覽	晉陸機	說部叢書本之二	雨六
虞喜志林	晉虞喜	說郛本之六十一	爲一
又	同上	說部叢書本之五	雨六
裴啓語林	晉裴啓	說部叢書本之五	雨六
裴子語林	晉裴啓撰	玉函山房本之七十五	水一一
宋拾遺錄	晉謝綽	說郛本之六十一	爲一
又	同上	說部叢書本之五	雨六
三輔決錄	晉趙岐	說部叢書本之五	雨六
世說新語 六卷	宋劉義慶撰	石印本 六册	結二八
義山雜記	唐李商隱	說部叢書本之五	雨六
又	同上	說郛本之二十八	爲一
雲溪友議	唐范攄編	唐代叢書本之三	霜二七三
又	唐范攄	說郛本之二十三	爲一

又 十二卷	唐范攄纂	稗海本之七	雨二七
投荒雜錄	唐房千里	說郛本之二十五	爲一
桂花叢談	唐馮翊	說郛本之二十八	爲一
又	同上	說部叢書本之十	雨六
又	唐馮翊著	唐代叢書本之二	霜二七三
義山雜纂	唐李商隱著	唐代叢書本之五	霜二七三
衣冠盛事	唐蘇特	說郛本之三十三	爲一
又	同上	說部叢書本之七	雨六
尚書故實	唐李綽	說郛本之三十八	爲一
又	唐李綽編	寶顏堂秘笈本續集之一	閏三五
又	同上	唐代叢書本之一	霜二七三
北夢瑣言	唐孫光憲	說郛本之四十八	爲一
又	同上	稗海本十四至十六	雨二七

無錫縣立圖書館書目　卷十二子部　小說類　雜事　九

杜陽雜編 三卷	唐蘇鶚	說郛本之四十八	爲一
又 同上	同上	說部叢書本之五	雨六
又 同上	同上	稗海本之九	雨二七
又	唐蘇鶚著	唐代叢書本之一	霜二七三
松窗雜記	唐杜荀鶴	說郛本之四十八	爲一
又	同上	說部叢書本之五	雨六
又	唐杜荀鶴撰	唐代叢書本之二	霜二七三
南楚新聞	唐尉遲樞	說郛本之四十八	爲一
又	唐尉遲樞	唐代叢書本之四	霜二七三
商芸小說	唐 闕名	說郛本之四十八	爲一
又	同上	說部叢書本之五	雨六
中朝故事	唐尉遲偓撰	唐代叢書本之一	霜二七三
又	唐尉遲偓撰	說郛本之四十八	爲一

玉堂閒話	唐 闕名	說郛本之五十	爲一
朝野僉載	唐張鷟	說郛本之五十	爲一
又六卷	唐張鷟撰	寶顏堂祕笈本普集之一	閏三五
又	同上	古今說海本之八	結二九
又	同上	唐代叢書本之一	霜二七三
長恨歌傳	陳鴻	說郛本之一百十三	爲一
又	陳鴻傳	昭代叢書本之十一	結一
又	同上	龍威祕書本四集之三	水一七
睦仁蒨傳	唐陳鴻	古今說海本之六	結二九
又	唐陳鴻撰	唐代叢書本之十	霜二七三
高力士傳	唐郭湜	說郛本之一百十三	爲一
又	唐郭湜撰	唐代叢書本之十	霜二七三
又	同上	龍威祕書本四集之五	水一七
西墅記談	唐潘遠	說郛本之二十八	爲一
又	同上	說部叢書本之十	雨六
虬髯客傳	唐張說	說郛本之一百十四	爲一
又	唐張說撰	唐代叢書本之十	霜二七三
又	同上	龍威祕書本四集之二	水一七
雲仙雜記十卷	唐馮贄	說郛本之一百二十一	爲一
又	同上	龍威祕書本二集之八	水一七
劉無雙傳	唐薛調	說郛本之一百十四	爲一
又	同上	香豔叢書本之二十三	雨四
又	唐薛調撰	唐代叢書本之十一	霜二七三
又	同上	龍威祕書本四集之三	水一七
大唐傳載	唐 闕名	唐代叢書本之二	霜二七三
又	闕名	守山閣本之八十四	麗八四

隋唐嘉話	唐劉餗撰	唐代叢書本之一	霜二七三
金鑾密記	唐韓偓撰	唐代叢書本之一	霜二七三
幽閒鼓吹	唐張固撰	唐代叢書本之二	霜二七三
又	唐張固	說部叢書本之七	雨六
大唐新語十三卷	唐劉肅撰	稗海本十至十二	雨二七
又	同上	唐代叢書本之三	霜二七三
明皇雜錄	唐鄭處誨撰	唐代叢書本之三	霜二七三
又三卷 附校勘記 逸文	同上	守山閣本之八十四	麗八四
謝小娥傳	唐李公佐撰	唐代叢書本之十一	霜二七三
又	同上	龍威祕書本四集之四	水一七
常侍言旨	唐柳埕撰	唐代叢書本之三	霜二七三
續博物志十卷	唐李石	稗海本之五	雨二七
炙轂子錄	唐王叡	說部叢書本之十	雨六
賈氏談錄	宋張洎	說郛本之三十九	爲一
又	宋張洎撰	守山閣本之八十四	麗八四
渚宮故事	後周余知古	說郛本之十九	爲一
螢雪叢說二卷	宋俞成	說郛本之十七	爲一
孫公談圃三卷	宋孫升	說郛本之十七	爲一
又同上	宋孫升	說部叢書本之四十	雨六
墨客揮犀	宋彭乘	說郛本之十七	爲一
又十卷	同上	稗海本四十六至四十七	雨二七
又	宋彭乘撰	古今說海本之七	結二九
師友談記	宋李廌	說郛本之十七	爲一
麟臺故事	宋程租	說郛本之十九	爲一
郡閣雅言	宋潘若同	說郛本之十九	爲一
摭靑雜記	宋王明淸	說郛本之二十	爲一

又　同上　龍威秘書本五集之二　水一七
隱窟雜志　宋溫革　說郛本之二十　爲一
粱溪漫志　宋費衮　說郛本之二十　爲一
紫薇雜記　宋呂祖謙　說郛本之二十一　爲一
晁氏客語　宋晁迥　說郛本之二十一　爲一
巖下放言　宋葉夢得　說郛本之二十二　爲一
玉澗雜書　宋葉夢得　說郛本之二十二　爲一
又　同上　說部叢書本之四十　雨六
避暑錄話　宋葉夢得　說郛本之二十二　爲一
葦航紀談　宋蔣津　說郛本之二十二　爲一
豹隱紀談　宋周遵道　說郛本之二十二　爲一
悅生隨抄　宋賈似道　說郛本之二十二　爲一
齊東埜語　宋周密　說郛本之二十二　爲一

石林燕語　宋葉夢得　說郛本之二十二　爲一
癸辛雜識前後集各一卷續集別集各二卷　宋周密　稗海本七十至七十二　雨二七
又　同上　說郛本之二十三　爲一
邇言志見　宋劉炎　說郛本之二十三　爲一
青箱雜記　宋吳處厚　說郛本之二十三　爲一
又　同上　說部叢書本之六　雨六
又　同上　稗海本之二十二　雨二七
冷齋夜話　宋釋惠洪　說郛本之二十三　爲一
又　同上　說部叢書本之十九　雨六
又十卷　同上　稗海本之三十八　雨二七
又同上　同上　津逮秘書本一百三十九至一百四十　陽三三二
墨莊漫錄　宋張邦基　說郛本之二十三　爲一
龍川別志　宋蘇轍　說郛本之二十三　爲一

又二卷　同上　稗海本之三十六　雨二七
鶴林玉露　宋羅大經　說郛本之二十三　爲一
後山談叢　宋陳師道　說郛本之二十四　爲一
槁簡贅筆　宋章潮　說郛本之二十六　爲一
傳講雜記　宋呂希哲　說郛本之二十六　爲一
鴈門野說　宋邵思　說郛本之二十六　爲一
中吳紀聞　宋龔明之　說郛本之二十六　爲一
又六卷　宋龔明之紀　槐廬叢書本六十三至六十四　露五
遯齋閑覽　宋范正敏　說郛本之二十七　爲一
耕餘博覽　宋　闕名　說郛本之二十八　爲一
蒼梧雜志　宋胡埕　說郛本之二十八　爲一
又　同上　說部叢書本之六　雨六
遺史紀聞　宋詹玠　說郛本之二十八　爲一

遺史紀聞　宋詹玠　龍威秘書本五集之二　水一七
姑蘇筆記　宋羅志仁　說郛本之二十八　爲一
南部新書　宋錢希白　說郛本之二十八　爲一
又　同上　說部叢書本之十一　雨六
又十卷　宋錢易撰　粤雅堂本一至二　雨二
秘閣閑話　闕名　說郛本之二十八　爲一
澹山雜識　宋錢功　說郛本之三十　爲一
仇池筆記　宋蘇軾　說郛本之三十　爲一
又　同上　龍威秘書本五集之一　水一七
韋居聽輿　宋陳直　說郛本之三十　爲一
野人閑話　宋景煥　說郛本之三十　爲一
雲齋廣錄　宋李獻民　說郛本之三十一　爲一
又　同上　龍威秘書本五集之六說郛雜著十種之二　水一七

西齋話記	宋祖士衡	說郛本之三十一	爲一
蒙齋筆談	宋鄭景望	說郛本之三十一	爲一
又	同上	稗海本之二十三	雨二七
又	宋鄭景望撰	古今說海本之九	結二九
湖湘故事	宋陶岳	說郛本之三十二	爲一
友會談叢	宋上官融	說郛本之三十一	爲一
又三卷	宋上官融撰	十萬卷樓本之六十八	水九
行都紀事	宋陳晦	說郛本之三十二	爲一
隣幾雜誌	宋江休復	說郛本之三十二	爲一
釣磯立談	宋費樞	說郛本之三十三	爲一
硯崗筆志	宋唐稷	說郛本之三十三	爲一
窓間記聞	宋陳子兼	說郛本之三十三	爲一
蔣氏日錄	宋蔣穎叔	說郛本之三十三	爲一
剡溪野語	宋程正敏	說郛本之三十三	爲一
輶軒雜錄	宋王襄	說郛本之三十三	爲一
獨醒雜志	宋吳宏	說郛本之三十三	爲一
又	宋曾敏行	說部叢書本之六	雨六
荻樓雜抄	宋闕名	說郛本之三十三	爲一
又	同上	香豔叢書本之十八	雨四
盛事美談	闕名	說郛本之三十三	爲一
有宋佳話	闕名	說郛本之三十三	爲一
賈氏說林	闕名	說郛本之三十三	爲一
內觀日疏	闕名	說郛本之三十三	爲一
嘉蓮燕語	闕名	說郛本之三十三	爲一
下帷短牒	闕名	說郛本之三十三	爲一
下黃私記	闕名	說郛本之三十三	爲一

廬谷閒抄	宋方回	說郛本之三十五	爲一
又	同上	說部叢書本之二十三	雨六
燈下閒談	宋方回錄	古今說海本之十一	結二九
又	宋江洵	說郛本之三十九	爲一
春渚紀聞六卷	宋何薳撰	寶顏堂秘笈本普集之二	閏三五
又	宋何薳	說郛本之三十九	爲一
曲洧舊聞	宋朱弁	說郛本之三十九	爲一
茅亭客話	宋黃休復	說郛本之三十九	爲一
閒燕常談	宋董弇	說郛本之三十九	爲一
道山清話	宋王暐	說郛本之四十八	爲一
又	同上	說部叢書本之四十	雨六
家世舊聞	宋陸游	說郛本之四十八	爲一
避暑漫抄	宋陸游抄	古今說海本之十一	結二九
錢氏私誌	宋錢世昭	說郛本之四十八	爲一
又	同上	古今說海本之十	結二九
桐陰舊話	宋韓元吉	說郛本之四十八	爲一
宣政雜錄	宋江萬里	說郛本之四十九	爲一
又	闕名	古今說海本之七	結二九
養痾漫筆	宋趙溍撰	說郛本之四十九	爲一
又	同上	古今說海本之十一	結二九
行營雜錄	宋趙葵	說郛本之四十九	爲一
又	宋趙葵錄	古今說海本之十	結二九
江行雜錄	宋廖瑩中	說郛本之四十九	爲一
又	宋廖瑩中錄	古今說海本之十	結二九
大中遺事	宋令狐澄	說郛本之五十一	爲一
家世舊事	宋程頤	說郛本之五十二	爲一

無錫縣立圖書館書目 卷十二子部 小說類 雜事 十六

錦里新聞	闕名	說郛本之三十五	爲一
賓朋宴語	宋丘昶	說郛本之三十八	爲一
山居新語	宋楊瑀	說郛本之五十二	爲一
御史臺記	闕名	說郛本之五十三	爲一
飛燕遺事	闕名	說郛本之一百十三	爲一
又	同上	龍威秘書本四集之八	水一七
趙后遺事	宋秦醇	說郛本之一百十三	爲一
又	宋秦醇	龍威秘書本四集之八	水一七
又	同上	香豔叢書本之十三	雨四
東軒筆錄十五卷	宋魏泰	稗海本二十至二十一	雨二七
隨隱漫錄五卷	宋陳世崇	稗海本之二十九	雨二七
清波雜志三卷	宋周煇	稗海本四十四至四十六	雨二七
又十二卷	宋周煇撰	知不足齋本十八集之四	水一六
清波別志三卷	宋周煇撰	知不足齋本十八集之五	水一六
楓窗小牘二卷	宋百歲寓翁	稗海本之六十	雨二七
朝野遺記	宋闕名	古今說海本之七	結二九
孔氏雜說	宋孔平仲撰	古今說海本之八	結二九
高齋漫錄	宋曾慥撰	古今說海本之九	結二九
又	同上	守山閣本之九十一	麗八四
碧湖雜記	宋謝枋得撰	古今說海本之十	結二九
又	宋謝枋得	說部叢書本之九	雨六
又	宋謝枋得	說郛本之二十一	爲一
東齋紀事	宋許觀	龍威秘書本五集之一	水一七
又六卷	宋范鎮撰	守山閣本之八十四	麗八四
席上腐談	宋俞琰	龍威秘書本五集之六 說郛雜著十種之一	水一七
玉壺清話十卷	宋釋文瑩	知不足齋本六集一至二	水一六

無錫縣立圖書館書目 卷十二子部 小說類 雜事 十七

又	同上	說郛本之四十八	爲一
玉壺野史十卷	宋釋文瑩撰	守山閣本之八十一	麗八四
南窗紀談	宋闕名	知不足齋本十七集之四	水一六
萍洲可談三卷 即可談 附校勘記	宋朱彧撰	守山閣本之九十一	麗八四
張氏可書 即可書	宋張知甫撰	守山閣本之九十一	麗八四
步里客談二卷	宋陳長方撰	守山閣本之九十一	麗八四
林下偶談	宋吳氏	說部叢書本之六	雨六
避戎夜話	宋石茂良	顧氏小說本之一	結二四
宣和遺事前後集	宋闕名	士禮居叢書本之二十七	劍四
東園友聞	元闕名	說郛本之二十八	爲一
又	闕名	古今說海本之九	結二九
東南紀聞	闕名	守山閣本之九十二	麗八四
黃氏筆記	元黃溍	說郛本之二十一	爲一
青瑣高議	元劉斧	說郛本之二十八	爲一
芸窗私志	元陳芬	說郛本之三十三	爲一
艅艎日疏	元凌準	說郛本之三十三	爲一
山陵雜記	元楊奐	說郛本之二十九	爲一
山房隨筆	元蔣子正	說郛本之四十二	爲一
又	同上	稗海本之七十二	雨二七
又	元蔣子正撰	古今說海本之七	結二九
又	元蔣子正著	知不足齋本十九集之四	水一六
遂昌雜錄	元鄭元祐	說郛本之四十九	爲一
又	同上	稗海本之四十七	雨二七
誠齋雜記	元林坤輯	津逮秘書本之一百五十八	陽三三一
又	元周達觀	說部叢書本之二十四	雨六
山居新話	元楊瑀	知不足齋本十二集之四	水一六

吳保安傳	闕名	古今說海本之四	結二九
崑崙奴傳	闕名	古今說海本之四	結二九
文昌雜錄	闕名	古今說海本之十	結二九
聶隱娘傳	闕名	古今說海本之六	結二九
聞見雜錄	闕名	古今說海本之七	結二九
古杭雜記	闕名	古今說海本之九	結二九
採蘭雜志	闕名	說部叢書本之十一	兩六
眞率筆記	闕名	說部叢書本之十八	兩六
致虛雜俎	闕名	說部叢書本之十八	兩六
下帷短牒	闕名	說部叢書本之十八	兩六
樂郊私語	明姚桐壽	說郛本之二十	爲一
西野雜記	明楊穆	續說郛本之一百二十九	爲一
海上紀聞	闕名	續說郛本之一百二十九	爲一
冶城客論	闕名	續說郛本之一百二十九	爲一
西皐雜記	闕名	續說郛本之一百二十九	爲一
明廷雜記	明陳敬則	續說郛本之一百三十	爲一
菽園雜記	明陸容	續說郛本之一百三十五	爲一
又十五卷	明陸容撰	守山閣本九十二至九十三	麗八四
中州野錄	明程文憲	續說郛本之一百三十六	爲一
公餘日錄	明湯沐	續說郛本之一百三十六	爲一
蘇氏家語	明蘇士濳	續說郛本之一百五十一	爲一
駒陰冗記	明闌莊	續說郛本之一百三十五	爲一
客座新聞	明沈周	續說郛本之一百三十五	爲一
西樵野記	明侯甸	續說郛本之一百三十八	爲一
嵩陽雜識	闕名	續說郛本之一百二十九	爲一
蓬軒別記	明楊循吉	續說郛本之一百三十九	爲一

蓬窗類記五卷	明黃暐著	涵芬樓祕笈本二集之一		藏二三〇
近峯紀略	明皇甫庸	續說郛本之一百四十		爲一
寓圃雜記	明王錡	續說郛本之一百四十		爲一
吳中故語	明黃暐	說部叢書本之二十六		兩六
陶菴夢憶八卷	明張岱撰	粵雅堂本之二十九		兩二
瑯琊漫抄	明文林	顧氏小說本之五		結二四
又	同上	說部叢書本之七		兩六
戒菴漫筆	明李詡	說部叢書本之十二		兩六
北牕瑣語	明余永麟	說部叢書本之二十四		兩六
翦勝野聞	明徐楨卿	顧氏小說本之一		結二四
病逸漫記	明陸釴	顧氏小說本之三		結二四
縣笥瑣談	明劉昌	顧氏小說本之六		結二四
國寶新編	明顧璘	顧氏小說本之六		結二四
景仰撮書	明王達	顧氏小說本之七		結二四
青溪暇筆	明姚福	顧氏小說本之七		結二四
宋稗類鈔三十六卷	清潘永因編	蔡光祉本	十二冊	露二五
鹿洲公案二卷	清藍鼎元著	鹿洲全集本十六至十七		餘二〇〇
冷廬雜識八卷	清陸以湉著	木刻本	八冊	暑二九六
分甘餘話	清王士禎著	說鈴本一至二		兩一七
又二卷	清王士禎	說部叢書本之二十四		兩六
隴蜀餘聞	清王士禎	說部叢書本之十九		兩六
筠廊偶筆二卷	清宋犖	說鈴本之二		兩一七
又同上	同上	說部叢書本之三十六		兩六
筠廊二筆	清宋犖	說鈴本之二		兩一七
蚓菴瑣語	清李王逋著	說鈴本之九		兩一七
又	清李王逋	說部叢書本之二十一		兩六

甌江逸志	清勞大與著	說鈴本之十一		雨一七
西河雜箋	清毛奇齡著	昭代叢書本之三十四		結一
石里雜識	清張尙瑗著	昭代叢書本之三十五		結一
梅谷偶筆	清陸烜	昭代叢書本之五十三		結一
秋燈叢話	清戴延年著	昭代叢書本之五十三		結一
闘見偶錄	清朱象賢著	昭代叢書本之九十二		結一
東齋脞語	清吳翊鳳著	昭代叢書本之九十三		結一
張氏卮言	清張元賡著	昭代叢書本之一百零五		結一
西神叢話	清黃蛟起著	昭代叢書本之一百四十八		結一
又	同上	聚珍本	一冊	崑一二〇
矩齋雜記	清施閏章著	昭代叢書本之五十一		結一
山齋客譚	清景星杓著	昭代叢書本之一百十二		結一
板橋雜記	清余懷著	昭代叢書本之一百六十二		結一
板橋雜記	清余懷著	說鈴本之九		雨一七
又	同上	香豔叢書本之五十一		雨四
又三卷	同上	龍威秘書本七集之三說鈴攬勝之一		水一七
北窗囈語	清朱燾	說部叢書本之九		雨六
延州筆記	清唐觀	說部叢書本之九		雨六
林下清談	清沈仕	說部叢書本之十八		雨六
觚賸續編四卷	清鈕琇	說部叢書本二十九至三十		雨六
尊前舊話	清陸莘行女士	說部叢書本之三十然脂百一編之一		雨六
遯齋偶筆二卷	清徐昆	說部叢書本之四十八		雨六
殛珅誌略	清 闕名	清人說薈本之二		結三一
潮嘉風月	清俞蛟	清人說薈本之五		結三一
東城雜記	清濮文暹	清人說薈本之六		結三一
續婦人集	清冒丹書著	香豔叢書本之三		雨四

龜台琬琰	清張正茂著	香豔叢書本之四		雨四
過墟志感	墅西逸叟述	香豔叢書本之二十六		雨四
對山餘墨	清毛祥麟	香豔叢書本之六十三		雨四
庸菴筆記六卷	清薛福成	石印本	三冊	崑一二四
隨園軼事六卷	清蔣敦復稿	石印本	二冊	閏二〇一
梅溪筆記	清錢泳著	文藝叢書本之四		雨一八
老殘遊記	洪都百鍊生著	鉛印本	二冊	爲五〇一
哵唎漫記	匏夫撰著	鉛印本	一冊	閏一八二
漢雜事秘辛	漢 闕名	香豔叢書本之十		雨四
又	同上	說郛本之一百十二		爲一
又	同上	津逮秘書本之一百九十三		陽三三二
漢武帝內傳	漢班固	說郛本之一百十三		爲一
又	漢班固著	龍威秘書本一集之六		水一七
趙飛燕外傳	漢伶玄	說郛本之一百十三		爲一
廬陵官下記	唐段成式	說郛本之十九		爲一
南墅閒居錄	闕名	說郛本之十九		爲一
小說舊聞記	唐柳公權	說郛本之四十六		爲一
又	唐柳公權撰	唐代叢書本之五		霜二七三
金華子雜編	唐劉崇遠	說郛本之四十八		爲一
又	同上	說部叢書本之二十三		雨六
又	唐劉崇遠撰	唐代叢書本之四		霜二七三
玉泉子眞錄	唐 闕名	說郛本之四十八		爲一
景龍文館記	唐武平一	說郛本之四十八		爲一
金昌解頤錄	唐包湑	說郛本之五十一		爲一
元嘉起居注	闕名	說郛本之六十一		爲一
大業拾遺錄	杜寶	說郛本之六十一		爲一

大業拾遺記	唐顏師古	說郛本之一百十二	爲一
又	同上	香豔叢書本之十	雨四
南部烟花記	唐馮贄	說郛本之六十八	爲一
又	唐馮贄撰	唐代叢書本之七	霜二七三
楊太眞外傳	唐樂史	說郛本之一百十三	爲一
又	唐樂史	唐代叢書本之十一	霜二七三
又二卷	唐樂史著	龍威秘書本四集之三	水一七
汧國夫人傳	唐白行簡	說郛本之一百十五	爲一
同昌公主傳	唐蘇鶚	說郛本之一百十五	爲一
李林甫外傳	唐 闕名	說郛本之一百十五	爲一
又	闕名	古今說海本之四	結二九
又	闕名	唐代叢書本之十	霜二七三
東城父老傳	唐陳鴻祖	說郛本之一百十六	爲一
東城父老傳	唐陳鴻祖撰	唐代叢書本之十	霜二七三
次柳氏舊聞	唐李德裕撰	唐代叢書本之二	霜二七三
賓客嘉話錄	唐韋絢錄	唐代叢書本之二	霜二七三
開天傳信記	唐鄭棨撰	唐代叢書本之三	霜二七三
廣陵妖亂志	唐羅隱撰	唐代叢書本之十一	霜二七三
御題唐闕史二卷	唐參寥子	龍威秘書本二集之三	水一七
又同上	唐參寥子述	知不足齋本一集之一	水一六
王文正筆錄	宋王曾	說郛本之十八	爲一
丁晉公談錄	宋丁謂	說郛本之十八	爲一
楊文公談苑	宋黃鑑	說郛本之十八	爲一
退齋雅聞錄	宋侯延慶	說郛本之十九	爲一
三柳軒雜識	宋程棨	說郛本之二十六	爲一
幕府燕閒錄	宋畢仲詢	說郛本之四十三	爲一

老學菴筆記	宋陸游	說郛本之四十三	爲一
蓼花洲閒錄	宋高文虎	說郛本之四十三	爲一
又	宋高文虎錄	古今說海本之十一	結二九
宜春傳信錄	宋羅誘	說郛本之四十六	爲一
又	同上	說部叢書本之十九	雨六
鐵圍山叢談	宋蔡絛	說郛本之五十一	爲一
又六卷	同上	知不足齋本九集之二至四	水一六
又	宋蔡絛撰	古今說海本之八	結二九
西臺慟哭記	宋謝翺	說郛本之一百十六	爲一
延休堂漫錄	闕名	續說郛本之一百三十	爲一
續墨客揮犀十卷	闕名	涵芬樓秘笈本二至三	藏二三〇
又	同上	古今說海本之七	結二九
澠水燕談錄十卷	宋王闢之記	知不足齋本二十三集之二至三	水一六
江隣幾雜志	宋江休復	稗海本之五十七	雨二七
珮楚軒客談	元戚輔之	說郛本之二十九	爲一
又	同上	說郛本之二十二	爲一
西湖遊幸記	元周密	香豔叢書本之四十四	雨四
濯纓亭筆記	明戴冠	續說郛本之一百三十	爲一
元氏掖庭記	明陶宗儀	說郛本之一百十二	爲一
煬帝山海記	明吳琯	古今說海本之十	結二九
煬帝迷樓記	明吳琯	古今說海本之十	結二九
天香閣隨筆二卷 附集一卷	明李介撰	粵雅堂本二十九至三十	雨二
閒中古今錄	明黃溥言	說部叢書本之七	雨六
春風堂隨筆	明陸深	說部叢書本之十八	雨六
叩舷憑軾錄	明姜南	說部叢書本之二十一	雨六
瓠里子筆談	明姜南	說部叢書本之二十五	雨六

吳郡二科志	明閻秀卿	顧氏小說本之六			結二四
裴伷光別傳	闕名	古今說海本之四			結二九
簪雲樓雜說	清陳尙古著	說鈴本之九			兩一七
又	清陳尙古	說部叢書本之三十五			兩六
仁恕堂筆記	清黎士宏著	昭代叢書本之七十四			結一
烈女李三行	清胡天游著	香豔叢書本之三十四			兩四
絳雲樓俊遇	清𡑞𡑞子著	香豔叢書本之六			兩四
廣楊園近鑑	清俞樾	春在堂全書本之五十八			水一五
春在堂隨筆八卷	清俞樾	春在堂全書本九十八至一百零一			水一五
王氏復仇記	闕名	香豔叢書本之九			兩四
五石瓠節錄	清劉鑾著	香豔叢書本之三十			兩四
書葉氏女傳	清屈大均	香豔叢書本之三十			兩四
陳張貴妃傳	闕名	香豔叢書本之六十六			兩四

無錫縣立圖書館書目 卷十二子部 小說類 雜事 二十四

吳門畫舫錄	清西溪山人編	香豔叢書本之六十七			兩四
又六卷	同上	鉛印本	四册		麗一〇六
珠江梅柳記	周友良撰	香豔叢書本之七十四			兩四
揚州畫舫錄十八卷	清李斗著	石印本	八册		閏一二二
師竹廬隨筆二卷	竇鎮輯	排印本	二册	曹銓捐	藏四五八
說玄室述聞	匏夫著	鉛印本	一册		閏一八三
三借廬筆談十二卷	鄒弢纂	石印本	四册	鄒翰飛捐	辰一六四
開元天寶遺事	唐王仁裕	說郛本之五十四			爲一
又	唐王仁裕纂	唐代叢書本之二			霜二七三
野雪鍛排雜說	宋許景迂	說郛本之三十四			爲一
老學菴續筆記	宋陸游	說郛本之四十三			爲一
西塘耆舊續聞十卷	宋陳鵠錄正	知不足齋本十九集之三			水一六
遂昌山樵雜錄	元鄭元祐撰	古今說海本之十			結二九

同昌公主外傳	闕名	古今說海本之六			結二九
靖康朝野僉言	闕名	古今說海本之七			結二九
鋤經書舍零墨四卷	清黃協塤	說部叢書本五十至五十一			兩六
消夏閑記摘鈔三卷	清顧公燮撰	涵芬樓秘笈本二集六至八			藏二三〇
右台仙館筆記十六卷	清俞樾	春在堂全書本一百零八至一百十三			水一五
妖婦齊王氏傳	闕名	香豔叢書本之十二			兩四
周櫟園奇緣記	清徐忠著	香豔叢書本之二十一			兩四
冷廬雜識節錄	清陸以湉著	香豔叢書本之二十二			兩四
張靈崔瑩合傳	清黃九烟撰	香豔叢書本之二十七			兩四
貞婦屠印姑傳	清羅有高	香豔叢書本之三十			兩四
吳門畫舫續錄	清箇中生編	香豔叢書本之六十七			兩四
笠翁偶集摘錄	清李漁著	香豔叢書本之七十七			兩四
萩園贅談節錄	清邱煒萲著	香豔叢書本之三十一			兩四

無錫縣立圖書館書目 卷十二子部 小說類 雜事 異聞 二十五

洛陽縉紳舊聞記五卷	宋張齊賢編	知不足齋本四集之三			水一六
又	宋張齊賢	說郛本之四十七			爲一
漢魯元公主外傳載漢宮春色中	闕名	香豔叢書本之二十一			兩四
關隴輿中偶憶編	清張祥河	清人說薈本之三			結三一
滇黔土司婚禮記	清陳鼎著	香豔叢書本之六			兩四
敝帚齋餘談節錄	清沈德符著	香豔叢書本之九			兩四
紀文達筆記類編	清紀昀著 清濟陽破衲編	鉛印本	一册	黃元炳捐	劍二七
張文襄幕府紀聞	漢濱讀易者撰	清人說薈本之六			結三一
寄園寄所寄摘錄	趙吉士輯	香豔叢書本之七十七			兩四
貞烈婢女黃翠花傳	闕名	香豔叢書本之三十八			兩四
漢孝惠張皇后外傳兩篇	晉 闕名	香豔叢書本之二十一			兩四

異聞

水飾	隋杜寶撰	玉函山房本之七十六			水一一

無錫縣立圖書館書目　卷十二子部　小說類　異聞　二十六

鬼董五卷	宋　闕名	知不足齋本十二集之五		水一六
又同上	同上	龍威秘書本五集之五		水一七
語怪	明祝允明	續說郛本之一百六十八		爲一
異林	明徐禎卿	續說郛本之一百六十八		爲一
箕錄四卷	清劉繼增編輯　原署寄漚山人錄	本館鈔本	四冊	寒一九五
山海經	闕名　晉郭璞注	浙江書局本	三冊	宇一
又	同上	湖北書局本	三冊	辰五三
神異經	漢東方朔撰	湖北書局本	一冊	辰五六
又	同上	說郛本之六十八		爲一
又	同上	說部叢書本之七		雨六
又	同上	漢魏叢書本之七十二		水一三
又	同上	龍威秘書本一集之五		水一七
十洲記	同上	龍威秘書本一集之二		水一七
十洲記	漢東方朔著	漢魏叢書本之七十二		水一三
洞冥記四卷	漢郭憲	湖北書局本	一冊	辰五六
又同上	漢郭憲著	漢魏叢書本之七十三		水一三
異物志	漢楊孚撰　清曾釗輯	嶺南遺書本五集之一		水七
錄異記八卷	蜀杜光庭撰	津逮秘書本二百零六至二百零七		陽三三二
元中記	晉郭氏撰	玉函山房本之七十六		水一一
搜神記二十卷	晉干寶撰	湖北書局本	二冊	辰五七
又同上	同上	津逮秘書本二百至二百零四		陽三三二
又八卷	同上	稗海本之四		雨二七
又同上	同上	漢魏叢書本之七十一		水一三
又	同上	龍威秘書本一集之三		水一七
又	同上	說郛本之一百十九		爲一
又	同上	說部叢書本之八		雨六

無錫縣立圖書館書目　卷十二子部　小說類　異聞　二十七

拾遺記十卷	晉王嘉著	漢魏叢書本之六十九		水一三
又同上	晉王嘉	稗海本之三		雨二七
又原署拾遺名山記	同上	說部叢書本之二		雨六
麻姑傳	晉葛洪	說郛本之一百十五		爲一
太淸記	晉王韶之	說郛本之一百二十		爲一
又	同上	說部叢書本之十八		雨六
冥祥記	晉王琰	說郛本之一百二十		爲一
又	同上	說部叢書本之八		雨六
啓蒙記	晉顧愷之撰	玉函山房本之六十二		水一一
發蒙記	晉束皙撰	玉函山房本之六十二		水一一
述異記	梁任昉撰	說郛本之六十七		爲一
又	同上	說部叢書本之八		雨六
又二卷	同上	稗海本之四		雨二七
述異記二卷	梁任昉著	漢魏叢書本之七十		水一三
又	同上	龍威秘書本一集之七		水一七
還冤志	北齊顏之推撰	寶顏堂秘笈本廣集之二		閏三五
又	北齊顏之推著	漢魏叢書本之七十二		水一三
又	北齊顏之推	說郛本之七十四		爲一
又	同上	說部叢書本之二十		雨六
集靈記	北齊顏之推	說郛本之一百二十		爲一
冥通記	梁陶弘景	說郛本之一百十六		爲一
又四卷	同上	津逮秘書本二百十一至二百十二		陽三三二
古鏡記	隋王度	說郛本之一百十六		爲一
又	同上	龍威秘書本四集之八		水一七
又	同上	香豔叢書本之三十八		雨四
前定錄	唐鍾輅	說郛本之七十四		爲一

又	唐鍾輅纂	唐代叢書本之十三	霜二七三
冥音錄	唐朱慶餘	說郛本之一百十六	爲一
又	同上	香豔叢書本之十三	雨四
又	唐朱慶餘撰	唐代叢書本之十五	霜二七三
聞奇錄	唐于逖	說郛本之一百十九	爲一
又	唐于逖輯	唐代叢書本之十四	霜二七三
志怪錄	唐陸勳撰	唐代叢書本之十四	霜二七三
又	唐陸勳	說郛本之一百十九	爲一
又	唐祖台之	說部叢書本之十六	雨六
又	唐祖台之	說郛本之一百十九	爲一
夢遊錄	唐任蕃撰	唐代叢書本之九	霜二七三
又	同上	龍威秘書本四集之六	水一七
又	同上	香豔叢書本之二十八	雨四

夢遊錄	闕名	古今說海本之四	結二九
靈應錄	唐于逖撰	唐代叢書本之十四	霜二七三
又	唐傅亮	說郛本之一百十九	爲一
靈怪錄	唐牛嶠撰	唐代叢書本之十六	霜二七三
幽怪錄	唐牛僧孺	說郛本之一百十九	爲一
又	同上	龍威秘書本四集之八	水一七
又	唐王惲	說郛本之一百十九	爲一
又	唐王惲撰	唐代叢書本之十四	霜二七三
又	同上	龍威秘書本四集之六	水一七
樹萱錄	唐劉燾	說郛本之三十四	爲一
物妖錄	唐徐嶷撰	唐代叢書本之十六	霜二七三
夜怪錄	唐王洙撰	唐代叢書本之十六	霜二七三
窮怪錄	唐 闕名	龍威秘書本四集之八	水一七

又	闕名	說郛本之一百十九	爲一
仙吏傳	唐太上隱者輯	龍威秘書本四集之二	水一七
又	同上	唐代叢書本之十	霜二七三
妙女傳	唐顧非熊撰	龍威秘書本四集之三	水一七
又	唐顧非熊	香豔叢書本之三十四	雨四
又	唐沈亞之撰	唐代叢書本之十	霜二七三
馮燕傳	同上	龍威秘書本四集之三	水一七
又	同上	香豔叢書本之三十	雨四
幻影傳	唐薛昭蘊撰	唐代叢書本之十五	霜二七三
紅線傳	唐楊巨源撰	唐代叢書本之十一	霜二七三
又	同上	龍威秘書本四集之三	水一七
妖妄傳	唐朱希濟撰	唐代叢書本之十六	霜二七三
奇鬼傳	唐杜青荑撰	唐代叢書本之十五	霜二七三

人虎傳	闕名	古今說海本之六	結二九
又	唐李景亮撰	唐代叢書本之十六	霜二七三
柳毅傳	唐李朝威著	龍威秘書本四集之二	水一七
又	唐李朝威撰	唐代叢書本之十	霜二七三
又	唐李朝威	說郛本之一百十五	爲一
靈應傳	闕名	唐代叢書本之十	霜二七三
又	唐 闕名	古今說海本之四	結二九
又	同上	龍威秘書本四集之七	水一七
又	同上	香豔叢書本之二十六	雨四
白猿傳	唐 闕名	說郛本之一百十五	爲一
又	闕名、	唐代叢書本之十六	霜二七三
又	同上	龍威秘書本四集之五	水一七
龍女傳	唐薛瑩撰	唐代叢書本之十二	霜二七三

又	同上	龍威秘書本四集之三	水一七
陶峴傳	唐沈既濟撰	唐代叢書本之十	霜二七三
雷民傳	唐沈既濟撰	龍威秘書本四集之六	水一七
又	同上	唐代叢書本之十二	霜二七三
申宗傳	唐孫頠撰	唐代叢書本之十	霜二七三
神女傳	唐孫頠撰	龍威秘書本四集之三	水一七
又	唐孫頠輯	唐代叢書本之十二	霜二七三
任氏傳	唐沈既濟撰	龍威秘書本四集之五	水一七
又	同上	唐代叢書本之十六	霜二七三
幻異志	唐孫頠撰	唐代叢書本之十五	霜二七三
又	同上	龍威秘書本四集之六	水一七
博異志	唐鄭還古撰	唐代叢書本之十二	霜二七三
又	同上	龍威秘書本四集之一	水一七
博異志	唐鄭還古	說郛本之一百十八	爲一
宣室志十卷 補遺一	唐張讀	稗海本五十一至五十二	雨二七
又	唐張讀編	唐代叢書本之四	霜二七三
集異志四卷	唐陸勳集	寶顏堂秘笈本續集之六	閏三五
又	唐陸勳撰	唐代叢書本之十四	霜二七三
辨疑志	唐陸長源	說郛本之二十五	爲一
鬼塚志	唐褚遂良撰	唐代叢書本之十四	霜二七三
靈鬼志	唐荀氏	說郛本之一百十八	爲一
又	唐常沂撰	唐代叢書本之十六	霜二七三
又	同上	龍威秘書本四集之七	水一七
獨異志三卷	唐李冗	稗海本之八	雨二七
又	宋李元	說郛本之一百二十	爲一
幻戲志	唐蔣防撰	龍威秘書本四集之六	水一七

又	同上	唐代叢書本之十五	霜二七三
離魂記	唐陳元祐撰	唐代叢書本之十五	霜二七三
又	同上	龍威秘書本四集之六	水一七
冤債記	唐吳融撰	唐代叢書本之十五	霜二七三
三夢記	唐白行簡	說郛本之一百十六	爲一
又	同上	香艷叢書本之十三	雨四
又	唐白行簡撰	唐代叢書本之十三	霜二七三
又	同上	龍威秘書本四集之六	水一七
原化記	皇甫氏 闕名	說郛本之二十五	爲一
又	唐皇甫氏	說部叢書本之九	雨六
枕中記	唐李泌撰	龍威秘書本四集之五	水一七
又	同上	唐代叢書本之十二	霜二七三
集靈記	唐 闕名	說部叢書本之十六	雨六
再生記	唐閻選撰	龍威秘書本四集之六	水一七
又	同上	唐代叢書本之十五	霜二七三
報應記	唐唐臨	說郛本之七十四	爲一
獵狐記	唐孫恂撰	唐代叢書本之十六	霜二七三
撫異記	唐李濬編	唐代叢書本之十三	霜二七三
集異記	唐薛用弱	說郛本之一百十七	爲一
又	唐薛用弱撰	唐代叢書本之十四	霜二七三
錄異記	唐杜光庭	說郛本之一百二十	爲一
又	同上	龍威秘書本四集之八	水一七
韓仙傳	唐韓若雲撰	寶顏堂秘笈本彙集之三	閏三五
又	唐韓若雲	說郛本之一百十四	爲一
南柯記	唐李公佐著	唐代叢書本之十二	霜二七三
又	同上	龍威秘書本四集之五	水一七

才鬼記	唐鄭蕡撰	唐代叢書本之十五	霜二七三
又	唐鄭蕡纂	龍威秘書本四集之七	水一七
又	宋張君房	說郛本之一百十八	爲一
玄怪記	唐徐炫	龍威秘書本四集之八	水一七
玄怪錄	唐徐炫	說郛本之一百十九	爲一
開河記	唐韓偓撰	唐代叢書本之六	霜二七三
又	闕名	說郛本之一百十二	爲一
五行記	闕名	說郛本之六十二	爲一
玄中記	郭氏 闕代名	說郛本之六十二	爲一
河東記	闕名	說郛本之六十二	爲一
夜叉傳	唐段成式撰	唐代叢書本之十六	霜二七三
諸皋記	唐段成式撰	唐代叢書本之十三	霜二七三
又	同上	龍威秘書本四集之一	水一七
支諸皋	唐段成式撰	唐代叢書本之十三	霜二七三
異疾志	唐段成式纂	唐代叢書本之九	霜二七三
括異志	宋魯應龍	說郛本之一百十八	爲一
又	宋張師正	說郛本之一百十八	爲一
夷堅志 八十卷	宋洪邁編	十萬卷樓本二十七至三十八	水九
又 五十卷	宋洪邁撰	藜光社本 十六册	露二六
鬼國記	宋洪邁	說郛本之一百二十	爲一
洞微志	宋錢希白	說郛本之四十一	爲一
睽車志	宋歐陽玄	說郛本之一百二十	爲一
又	同上	說部叢書本之三十一	雨六
又	宋郭彖撰	古今說海本之八	結二九
又 六卷	宋郭彖	稗海本五十六至五十七	雨二七
又	同上	說郛本之一百二十	爲一

又	同上	龍威秘書本五集之二	水一七
異聞記	宋何先	說郛本之四十	爲一
甄異記	宋戴祚	說郛本之一百二十	爲一
又	宋戴祚	龍威秘書本五集之二	水一七
徂異記	聶田 闕代名	說郛本之一百二十	爲一
祥異記	闕名	說郛本之一百二十	爲一
又	同上	說部叢書本之十六	雨六
旌異記	宋侯君素	說郛本之一百二十	爲一
又	同上	龍威秘書本五集之二	水一七
纂異記	宋李玫	說郛本之一百二十	爲一
采異記	宋陳達叟	說郛本之一百二十	爲一
近異記	宋劉質	說郛本之一百二十	爲一
又	同上	龍威秘書本五集之二	水一七
廣異記	宋戴君孚	龍威秘書本五集之二	水一七
又	宋戴君孚	說郛本之一百二十	爲一
宣驗記	闕名	說郛本之一百二十	爲一
齊諧記	宋東陽無疑撰	玉函山房本之七十六	水一一
乘異記	宋張君房	說郛本之一百二十	爲一
又	同上	龍威秘書本五集之二	水一七
天定錄	闕名	說郛本之三十六	爲一
幽明錄	宋劉義慶	說郛本之一百十九	爲一
稽神錄	宋徐鉉	說郛本之一百十九	爲一
又	宋徐鉉撰	唐代叢書本之十五	霜二七三
又 六卷 附拾遺一卷	宋徐鉉著	津逮秘書本二百零八至二百十	陽三三二
妖化錄	宋宣靖	說郛本之一百二十	爲一
傳載略	宋釋贊寧	說郛本之三十四	爲一

梁清傳	宋劉敬叔	說郛本之一百十五	爲一
瑯環記三卷	元伊世珍輯	津逮祕書本一百六十八至一百六十九	陽三三一
寶櫝記	明 闕名	說部叢書本之九	兩六
又	同上	顧氏小說本之七	結二四
洞簫記	明陸粲	續說郛本之一百六十五	爲一
又	闕名	香豔叢書本之三十	兩四
庚巳編四卷	明陸粲	說部叢書本之三十八	兩六
又	明陸粲	續說郛本之一百三十六	爲一
續巳編	明郎瑛	續說郛本之一百三十六	爲一
幽怪錄	明田汝成	續說郛本之一百六十八	爲一
醉叟傳	明袁宏道	續說郛本之一百六十五	爲一
物異考	明方鳳著	寶顏堂秘笈本彙集之八	閏三五
又	明方鳳	說郛本之一百二十	爲一
涉異志	明閔文振	續說郛本之一百三十八	爲一
冥報錄二卷	清陸圻編	說鈴本之十	兩一七
信徵錄	清徐慶輯	說鈴本之十一	兩一七
蚍蜉傳	闕名	古今說海本之五	結二九
姚生傳	闕名	古今說海本之五	結二九
顏濬傳	闕名	古今說海本之五	結二九
洛神傳	闕名	古今說海本之四	結二九
崔煒傳	闕名	古今說海本之四	結二九
陸顒傳	闕名	古今說海本之五	結二九
潤玉傳	闕名	古今說海本之五	結二九
小金傳	闕名	古今說海本之六	結二九
薛昭傳	闕名	古今說海本之六	結二九
王賈傳	闕名	古今說海本之六	結二九

張令傳	闕名	古今說海本之六	結二九
李清傳	闕名	古今說海本之六	結二九
侯元傳	闕名	古今說海本之六	結二九
寶玉傳	闕名	古今說海本之六	結二九
花仙傳	闕名	香豔叢書本之三十八	兩四
張老傳	闕名	香豔叢書本之六十六	兩四
碧線傳	闕名	香豔叢書本之六十六	兩四
述異記三卷	泰軒主人	說部叢書本二至三	兩六
王壹記	闕名	古今說海本之五	結二九
魚服記	闕名	古今說海本之五	結二九
白蛇記	闕名	古今說海本之六	結二九
五眞記	闕名	古今說海本之六	結二九
板橋記	闕名	古今說海本之五	結二九
寶應錄	闕名	古今說海本之六	結二九
求心錄	闕名	古今說海本之六	結二九
知命錄	闕名	古今說海本之六	結二九
物妖志	葆光子	香豔叢書本之三十九	兩四
靈物志	闕名	香豔叢書本之四十一	兩四
巫娥志	闕名	香豔叢書本之四十二	兩四
甲癸議	清嚴可均著	香豔叢書本之三十四	兩四
穆天子傳六卷	晉郭璞注	湖北書局本 一冊	辰五八
又同上	同上	龍威秘書本一集之六	水一七
又同上	同上	漢魏叢書本之十九	水一三
又同上	同上	平津館本之七	水一〇
又	古本	說郛本之一百十五	爲一
東方朔傳	漢郭憲	說郛本之一百十三	爲一

西王母傳	漢桓驎	說郛本之一百十五	爲一
搜神後記十卷	晉陶潛撰	湖北書局本 一冊	辰五八
又	晉陶潛	津逮祕書本之二百零五	陽三三二
又	同上	說郛本之一百十九	爲一
又	同上	龍威秘書本四集之八	水一七
又	同上	說部叢書本之八	雨六
續搜神記二卷	晉陶潛著	漢魏叢書本之七十一	水一三
續齊諧記	梁吳均	說郛本之一百十七	爲一
又	梁沈約	漢魏叢書本之七十一	水一三
唐年補錄	唐馬總	說郛本之四十四	爲一
戎幕閒談	唐韋絢	說郛本之四十八	爲一
大唐奇事	唐馬總	說郛本之五十	爲一
續前定錄	唐鍾輅	說郛本之七十四	爲一

梁四公記	唐張說	說郛本之一百十五	爲一
霍小玉傳	唐蔣防	說郛本之一百十四	爲一
又	唐蔣防撰	唐代叢書本之十一	霜二七三
又	同上	龍威秘書本四集之四	水一七
魏夫人傳	唐蔡偉	說郛本之一百十五	爲一
杜蘭香傳	曹毗 闕代名	說郛本之一百十五	爲一
鄴侯外傳	唐李蘩	說郛本之一百十五	爲一
周秦行記	唐牛僧孺	說郛本之一百十六	爲一
又	唐牛僧孺撰	唐代叢書本之十一	霜二七三
續幽明錄	唐劉孝孫	說郛本之一百十九	爲一
續玄怪錄	闕名	龍威秘書本四集之八	水一七
又	唐 闕名	說郛本之一百十九	爲一
續幽怪錄	唐李復言撰	唐代叢書本之十四	霜二七三

又	同上	龍威秘書本四集之六	水一七
又	唐李復言	說郛本之一百十九	爲一
異聞實錄	唐李玖	說郛本之一百十九	爲一
又	同上	說部叢書本之二	雨六
奇男子傳	唐許棠撰	唐代叢書本之十	霜二七三
黑崑崙傳	唐馮延已撰	唐代叢書本之十	霜二七三
蔣子文傳	唐羅鄴撰	唐代叢書本之十	霜二七三
又	闕名	古今說海本之六	結二九
杜子春傳	唐鄭還古撰	唐代叢書本之十	霜二七三
又	同上	龍威秘書本四集之三	水一七
又	闕名	古今說海本之四	結二九
酉陽雜俎二卷	唐段成式撰	唐代叢書本十二至十三	霜二七三
又同上	同上	龍威秘書本四集之一	水一七

酉陽雜俎二十卷	唐段成式	稗海本四十八至五十	雨二七
牛應貞傳	唐宋若昭撰	唐代叢書本之十一	霜二七三
又	同上	龍威秘書本四集之四	水一七
太平廣記五百卷	宋李昉撰	三讓室木刻本 六十四冊	雨七
鬼國續記	宋洪邁	說郛本之一百二十	爲一
搜神祕覽	宋章炳文	說郛本之二十一	爲一
又	同上	龍威秘書本五集之二	水一七
漁樵閒話	宋蘇軾	龍威秘書本五集之一	水一七
奚囊橘柚	闕名	說郛本之三十三	爲一
玄池說鈴	闕名	說郛本之三十三	爲一
三水小牘	宋皇甫牧	說郛本之三十四	爲一
又	同上	古今說海本之八	結二九
林靈素傳	宋趙與時	說郛本之一百十五	爲一

又	闕名	古今說海本之六		結一九
靈異小錄	宋曾忰	說郛本之一百十九		爲一
異聞總錄四卷	宋 闕名	稗海本之四十七		雨二七
金華神記	宋崔公度著	香豔叢書本之三十八		雨四
烏將軍記	闕名	古今說海本之六		結一九
鄭德璘傳	闕名	古今說海本之四		結一九
李章武傳	闕名	古今說海本之四		結一九
唐晅手記	闕名	古今說海本之四		結一九
韋自東傳	闕名	古今說海本之四		結一九
獨孤穆傳	闕名	古今說海本之五		結一九
王恭伯傳	闕名	古今說海本之五		結一九
中山狼傳	闕名	古今說海本之五		結一九
齊推女傳	闕名	古今說海本之五		結一九

洛京獵記	闕名	古今說海本之五		結一九
巴西侯傳	闕名	古今說海本之六		結一九
柳歸舜傳	闕名	古今說海本之六		結一九
柳參軍傳	闕名	古今說海本之六		結一九
馬自然傳	闕名	古今說海本之六		結一九
曾季衡傳	闕名	古今說海本之六		結一九
張遵言傳	闕名	古今說海本之六		結一九
張無頗傳	闕名	古今說海本之六		結一九
前定錄補	明朱佐	續說郛本之一百三十八		爲一
高坡異纂	明楊儀	續說郛本之一百三十九		爲一
又三卷	同上	說部叢書本之二十五		雨六
會仙女誌	明鄺琥撰	寶顏堂秘笈本普集之六		閏三五
聊齋誌異十六卷	清蒲松齡著	鉛印本	八册	露二三

現果隨錄	清僧戒顯記	說鈴本之十		雨一七
諸皐廣志	清徐芳著	昭代叢書本之三十四		結一七
曠園雜志	清吳陳琰著	說鈴本之十一		雨一七
茶餘客話十二卷	清阮葵生著	涵芬樓校刊本	一册	露八一
又	同上	昭代叢書本之三十五		結一
續新齊諧十卷	清袁枚著	隨園全集本三十四至三十五		專一
讀山海經	清俞樾	春在堂全書本之五十四		水一五
鞦韆會記	闕名	香豔叢書本之六十六		雨四
海內十洲記	漢東方朔撰	湖北書局本	一册	辰五六
又	同上	寶顏堂秘笈本廣集之四		閏三五
又	同上	說郛本之六十八		爲一
又	同上	說部叢書本之八		雨六
別國洞冥記	漢郭憲撰	寶顏堂秘笈本普集之一		閏三五

別國洞莫記	漢郭憲	說郛本之六十八		爲一
又	漢郭憲著	龍威秘書本一集之七		水一七
拾遺名山記	晉王嘉	說郛本之六十八		爲一
東陽夜怪錄	唐王洙	說郛本之一百十六		爲一
洛中記異錄	宋秦再思	說郛本之五十一		爲一
江淮異人錄	宋吳淑	說郛本之六十		爲一
又	同上	說部叢書本之二		雨六
又	宋吳淑纂	知不足齋本十二集之二		水一六
又	同上	龍威秘書本二集之一		水一七
閑窗括異志	宋魯應龍	稗海本之二十九		雨二七
搜乘異聞錄五卷	宋宋永亨	稗海本之十九		雨二七
吉凶影響錄	宋岑象求	龍威秘書本四集之一		水一七
鍾呂二仙傳	明黃魯曾	寶顏堂秘笈本彙集之三		閏三五

西玄青鳥記	明茅元儀	續說郛本之一百六十五		爲一
一飄道士傳	明袁中道	續說郛本之一百六十五		爲一
煬帝開河記	明吳琯	古今說海本之十		結二九
少室仙姝傳	闕名	古今說海本之四		結二九
甘棠靈會錄	闕名	古今說海本之五		結二九
震澤龍女傳	闕名	古今說海本之四		結二九
李衛公別傳	闕名	古今說海本之五		結二九
遼陽海神傳	闕名	古今說海本之四		結二九
又	闕名	香艷叢書本之四十三		雨四
山莊夜怪錄	闕名	古今說海本之六		結二九
袁天綱外傳	闕名	古今說海本之六		結二九
韋鮑二生傳	闕名	古今說海本之六		結二九
海陵三仙傳	闕名	古今說海本之六		結二九
果報聞見錄	清楊式傳著	說鈴本之十一		雨一七
看花述異記	清王晫著	香豔叢書本之十一		雨四
月夜彈琴記附對詠三十首	闕名	香豔叢書本之二十三		雨四
七夕夜遊記	清沈逢吉	香豔叢書本之二十五		雨四
玫瑰花女魅	闕名	香豔叢書本之三十		雨四
廣東火刼記	清梁恭辰著	香豔叢書本之三十八		雨四
誌許生奇遇	闕名	香艷叢書本之四十三		雨四
誌舒生異遇	闕名	香艷叢書本之四十三		雨四
玄妙洞天記	闕名	香艷叢書本之四十四		雨四
百花園夢記	闕名	香艷叢書本之四十八		雨四
繪圖澆愁集八卷	鄒弢著	石印本	四册 鄒翰飛捐	辰一六五
記栗主殺賊事	潮聲	香艷叢書本之十九		雨四
雙頭牡丹燈記	闕名	香艷叢書本之三十		雨四

聊齋志異評註十六卷	清蒲松齡著	商務書館石印本	八册	露二三
閱微草堂筆記二十四卷	清紀昀	石印本	六册	月一二一
讀紅樓夢雜記	願爲明鏡室主人撰	香艷叢書本之五十五		雨四
沈警遇神女記	闕名	香豔叢書本之五十三		雨四
蔣孝廉西征述異記	清溪居士	香豔叢書本之二十一		雨四
老狐談歷代麗人記	鴟湖逸士	香豔叢書本之十二		雨四
詳註圖詠聊齋誌異十六卷	清蒲松齡著	鉛印本	八册	露二三

瑣記

笑林	魏邯鄲淳撰	玉函山房本之七十六		水一一
猥談	明祝允明	續說郛本之一百六十八		爲一
又	同上	說部叢書本之二十六		雨六
劇評	明潘之恆	續說郛本之一百六十六		爲一
雅謔	浮白齋主人	說部叢書本之四十六		雨六
妒律	清陳元龍著	香豔叢書本之三		雨四
又	同上	昭代叢書本之一百六十八		結一
黛史	清張芳著	香豔叢書本之一		雨四
一笑	清俞樾	春在堂全書本之六十		水一五
閨律	芙蓉外史戲編	香豔叢書本之十五		雨四
醋說	了緣子	香豔叢書本之二十三		雨四
博物記	漢唐蒙撰	玉函山房本之七十三		水一一
在窮記	孔元舒闕代名	說郛本之六十二		爲一
金樓子	梁蕭繹	說郛本之二十五		爲一
又	梁湘東王繹	龍威秘書本五集之六說郛雜著十種之一		水一七
又六卷	梁孝元皇帝撰	知不足齋本九集一至二		水一六
啓顏錄	唐侯白	說郛本之二十五		爲一
諧噱錄	唐朱揆纂	唐代叢書本之五		霜二七三

又	唐劉納言	說郛本之三十六	爲一
叙小志	唐朱揆	說郛本之七十九	爲一
又	唐朱揆著	香豔叢書本之九	兩四
非烟傳	唐皇甫枚	說郛本之一百十四	爲一
又	唐皇甫枚撰	唐代叢書本之十二	霜二七三
又	同上	龍威秘書本四集之四	水一七
杜秋傳	唐杜牧撰	唐代叢書本之十二	霜二七三
又	唐杜牧	香豔叢書本之三十四	兩四
粧樓記	唐張泌	說郛本之七十九	爲一
又	唐張泌纂	龍威秘書本四集之五	水一七
又	同上	唐代叢書本之八	霜二七三
粧臺紀	唐宇文氏 闕名	說郛本之七十九	爲一
又	唐宇文氏	香豔叢書本之九	兩四
李娃傳	唐白行簡撰	龍威秘書本四集之四	水一七
又	同上	唐代叢書本之十一	霜二七三
小名錄二卷	唐陸龜蒙	稗海本之六	兩二七
又	同上	說郛本之七十九	爲一
又	唐陸龜蒙著	唐代叢書本之九	霜二七三
會眞記	唐元稹	說郛本之一百十七	爲一
又	唐元稹撰	唐代叢書本之十二	霜二七三
又	同上	龍威秘書本四集之五	水一七
錦裙記	唐陸龜蒙撰	唐代叢書本之十五	霜二七三
靚粧錄	唐溫庭筠	說郛本之七十九	爲一
花九錫	唐羅虬	香豔叢書本之十三	兩四
髻鬟品	唐段柯古	說郛本之七十九	爲一
又	同上	香豔叢書本之九	兩四

實賓錄	闕名	說郛本之八	爲一
調謔編	宋蘇軾	說郛本之三十六	爲一
謔名錄	吳淑 闕代名	說郛本之三十六	爲一
軒渠錄	宋呂居仁	說郛本之三十六	爲一
拊掌錄	宋元懷	說郛本之三十六	爲一
又	元 闕名	古今說海本之九	結二九
絕倒錄	宋朱暉	說郛本之二十五	爲一
善謔集	宋天和子	說郛本之三十四	爲一
拙效傳	明袁宏道	續說郛本之一百六十五	爲一
懺母傳	明王鏊著	香豔叢書本之三十三	兩四
湯媼傳	明吳寬著	香豔叢書本之二十一	兩四
曲中志	明潘之恆	續說郛本之一百十六	爲一
課婢約	清王晫	香豔叢書本之四十八	兩四
美人判	清尤侗著	香豔叢書本之十	兩四
恨塚銘	清陸伯周撰	香豔叢書本之二十五	兩四
姍姍傳	黃永著	香豔叢書本之三十八	兩四
娟娟傳	闕名	香豔叢書本之五十三	兩四
悅容編	清衛泳訂	香豔叢書本之二	兩四
又	清衛泳著	昭代叢書本之一百七十	結一
十眉謠	清徐士俊著	香豔叢書本之一	兩四
又	清徐士俊	昭代叢書本之一百六十二	結一
鴛鴦牒	清程羽文著	香豔叢書本之一	兩四
美人譜	清徐震著	香豔叢書本之一	兩四
羣居解頤	唐高懌	說郛本之二十六	爲一
歌者葉記	唐沈亞之撰	香豔叢書本之二十八	兩四
紫花梨記	唐許默撰	唐代叢書本之九	霜二七三

無錫縣立圖書館書目 卷十二子部 小說類 瑣記 四十五

隨園瑣記二卷	清袁祖志著	隨園全集本之五十	專一
邵飛飛傳	清陳鼎著	香豔叢書本之八	雨四
金纏裙記	闕名	香豔叢書本之十三	雨四
河東君傳	清陳玉璂著	香豔叢書本之二十六	雨四
花烏春秋	清張潮	香豔叢書本之四十一	雨四
一歲芳華	清程羽文	香豔叢書本之四十一	雨四
淞濱瑣話十二卷	清王韜著	香豔叢書本之四十五、四十九、五十四、五十八、六十二、六十六	雨四
粉墨叢談	清夢畹生戲編	香豔叢書本之六十八	雨四
泛湖偶記	清繆艮	香豔叢書本之七十四	雨四
小說閒話	張行	文藝叢書本之十二	雨一八
蘇四郎傳	闕名	香豔叢書本之三十	雨四
虞美人傳	沈廷桂	香豔叢書本之三十八	雨四
黃竹子傳	吳蘭修	香豔叢書本之三十八	雨四
太恨生傳	徐瑤著	香豔叢書本之三十八	雨四
侍兒小名錄	宋洪遂	說郛本之七十九	爲一
又	宋張邦畿	說郛本之七十九	爲一
又	宋王銍	說郛本之七十九	爲一
又	宋溫豫	說郛本之七十九	爲一
影梅庵憶語	清冒襄著	香豔叢書本之九	雨四
又	同上	昭代叢書本之一百六十六	結一
補花底拾遺	清張潮著	香豔叢書本之一	雨四
頓子眞小傳	清吳從先著	香豔叢書本之十九	雨四
黑美人別傳	闕名	香豔叢書本之十九	雨四
女俠荆兒紀	闕名	香豔叢書本之十九	雨四
燕臺花事錄	闕名	香豔叢書本之四十七	雨四
俠女希光傳	闕名	香豔叢書本之四十八	雨四

無錫縣立圖書館書目 卷十二子部 小說類 瑣記 四十四

鬱輪袍傳	唐鄭還古	香豔叢書本之三十四	雨四
章臺柳傳	唐許堯佐撰	唐代叢書本之十一	霜二七三
又	同上	龍威秘書本四集之四	水一七
揚州夢記	唐于鄴撰	唐代叢書本之十二	霜二七三
又	同上	龍威秘書本四集之五	水一七
步非烟傳	唐皇甫枚撰	香豔叢書本之二十三	雨四
竹夫人傳	宋張耒著	香豔叢書本之二十一	雨四
俗呼小錄	明李翊	續說郛本之一百四十三	爲一
煮茶夢記	明楊維禎	續說郛本之一百六十五	爲一
女紅餘志	明女士龍輔	續說郛本之一百六十六	爲一
又二卷	女士龍輔編	說部叢書本之五十三	雨六
艾子後語	明陸灼	說部叢書本之二十六	雨六
又	同上	續說郛本之一百六十七	爲一
閒餘筆話	清湯傳楹著	昭代叢書本之一百六十二	結一
花底拾遺	清黎遂球著	昭代叢書本之一百六十二	結一
又	同上	香豔叢書本之一	雨四
半菴笑政	清陳皋謨	說部叢書本之五	雨六
小半斤謠	明黃周星	說部叢書本之五	雨六
王翠翹傳	清余懷著	香豔叢書本之十九	雨四
十美詞紀	清鄒樞著	昭代叢書本之一百六十六	結一
又	同上	香艷叢書本之一	雨四
胭脂紀事	清伍瑞隆著	昭代叢書本之一百六十七	結一
又	同上	香豔叢書本之一	雨四
快說續記	清王晫著	昭代叢書本之一百六十三	結一
顧曲雜言	清沈德符	說部叢書本之二十四	雨六
牘外餘言	清袁枚著	隨園全集本之十九	專一

石頭記評花	闕名	香豔叢書本之五十五			雨四
補侍兒小名錄	宋王銍著	香豔叢書本之三			雨四
又	宋王銍	稗海本之三十二			雨二七
十二月花神議	清俞樾	春在堂全書本之四十八			水一五
又	同上	香豔叢書本之六十			雨四
女俠翠雲孃傳	秋星	香豔叢書本之十九			雨四
餘墨偶談節錄	清孫樗編	香豔叢書本之二十			雨四
夏閨晚景瑣記	湯春生	香豔叢書本之三十四			雨四
侍兒小名錄拾遺	宋張邦畿	稗海本之三十二			雨二七
又	宋張邦畿著	香豔叢書本之三			雨四
續補侍兒小名錄	宋溫豫著	香豔叢書本之三			雨四
又	宋溫豫	稗海本之三十二			雨二七
擬合德諫飛燕書	清吳從先著	香豔叢書本之十九			雨四
三婦評牡丹亭雜記	清吳人著	昭代叢書本之一百六十七			結一
又	同上	香豔叢書本之四			雨四

演義

快心編分初二三編	天花才子編輯	鉛印本	十冊		暑二九五
儒林外史	明吳敬梓	鉛印本	二冊		雲二八三
又	同上	同上	二冊		爲四六六
三國志演義	明羅本撰	石印本	八冊		露五二
紅樓夢廣義四卷	許貞幹編	味靑齋木刻本	二冊	許同莘捐	呂九
石頭記分評	闕名	香豔叢書本之七十六			雨四
海上繁華夢	警夢痴仙編纂	鉛印本	三冊		露二四
繡像水滸全傳	明施耐菴撰後人增像	鉛印本	一冊		露三〇
繪圖說岳全傳八卷	闕名	鉛印本	八冊		露二三
增評補圖石頭記	清曹雪芹刪改後人補圖	鉛印本	二冊		露三一

繡像東周列國志	清蔡元放評點	鉛印本	八冊		露五一
增像全圖東周列國志	清蔡元放評點	鉛印本	八冊		露五一
增像全圖三國志演義	明羅本撰後人增像	鉛印本	十二冊		露五二

類書類

玉海二百零四卷	宋王應麟	木刻本	一百冊	裘廷梁捐	宇四
初學記三十卷	唐徐堅等撰	黃氏家刻本	十六冊		宇三
清異錄四卷	宋陶穀撰	寶顏堂秘笈本彙集之一			閏三五
事類賦三十卷	宋吳淑撰注	崇正書院本	四冊		辰一二八
自號錄	宋徐光溥編	十萬卷樓本之六十七			水九
記事珠十卷	明張以謙	木刻本	十冊		崑一五五
又同上	明張以謙輯清鄭夢明訂	木刻本	六冊	丁福保捐	崑一五五
古事苑十二卷	清鄧志謨編輯	木刻本	十二冊		爲三八八
北堂書鈔一百六十卷	唐虞世南撰	孔氏影宋本	二十冊		宇五
册府元龜一千卷	宋王欽若等編	明刻本	二百四十九冊	秦玉書捐	致一三
太平御覽一千卷	宋李昉等纂	石印本	三十二冊		專四
詩律武庫十五卷	宋呂祖謙撰	退補齋刻本	四冊		冬三九
叙古千文	宋胡寅撰	粵雅堂本之九十二			雨二
小學紺珠十卷	宋王應麟撰	玉海附刻本十二至十五			冬四
又同上	宋王應麟	津逮秘書本五十三至六十一			陽三三二
潛確類書一百二十卷	明陳仁錫纂輯	明刻本	六十冊		宇一三
駢語雕龍四卷	明游日章著	寶顏堂秘笈本普集之六			閏三五
淵鑑類函四百五十卷	清張英等纂	清吟堂木刻本	一百四十冊		宇六
佩文韻府一百零六卷	清張玉書等纂	石印本	六十冊		專二
格致鏡原一百卷	清陳元龍纂	木刻本	二十冊		閏一六
子史精華一百六十卷	清張廷玉等纂	木刻本	四十八冊		宇七
廣事類賦四十卷	清華希閔著	木刻本	八冊		崑一〇九

考古類編十二卷	清柴紹炳纂	木刻本	四册	辰一二七
類書纂要二十四卷	清周魯 侯杲 同輯	木刻本	十六册	崑一四四
藝苑零珠六卷 附經史總論	清李象梓纂輯	木刻本	四册 許同藺捐	調三三四
人壽金鑑二十二卷	清程得齡輯	湖北書局本	六册	麗九七
駢字分箋	清陳際盛著	昭代叢書本之一百四十三		結一
代北姓譜	清周春著	昭代叢書本之六十八		結一
安刻初學記三十卷	唐徐堅等撰	明刻本	八册 丁福保捐	崑八
龍筋鳳髓判四卷 附錄一卷	唐張鷟撰	海山仙館本四十九至五十		陽三三三
錦繡萬花谷四十卷	宋 闕名	秦氏刻本	二十册	崑九
姓氏急就篇二卷	宋王應麟撰	玉海附刻本之十一		冬四
正續事類賦正三十卷 續四十卷	宋吳淑撰注 清華希閔著	舊刻本	八册	崑四四
尚友錄統編二十四卷	錢湖釣徒編	中華書局本	十六册	露一〇
遼金元姓譜	清周春著	昭代叢書本之六十九		結一

說文凝錦錄	清萬光泰著	昭代叢書本之九十一		結一
分門古今類事二十卷	宋委心子	十萬卷樓本一百零四至一百零九		水九
類選苑詩秀句十二卷	明顧起倫銓次	明刻本	六册	崑一四〇
古今圖書集成一萬卷	清蔣廷錫等編	鉛印本	六百二十八册 秦玉書捐	騰一至七
詞林海錯類選四卷	清夏樹芳輯	鶴鳴書屋本	四册	辰四
泰西事物起源	傅運森譯	鉛印本	二册	露三三
片玉山房花箋錄二十卷	清孫兆溎輯	木刻本	六册	麗一四

無錫縣立圖書館書目卷十三

集部

楚辭類

讀楚辭	清俞樾	春在堂全書本之五十四		水一五
楚辭章句十七卷	漢王逸章句	汲古閣本	五册	宿二
楚辭集注八卷 辨正二卷 後語六卷	宋朱熹集注	古逸叢書本之十九		露二
離騷集傳	宋錢杲之集傳	龍威秘書本二集之一		水一七
又	同上	知不足齋本十二集之二		水一六
離騷正義	清方苞著	舊刻本	一册	宿三
屈辭精義六卷	清陳本禮箋訂	邗露軒本	四册	宿四
楚辭通釋十四卷	清王夫之撰	船山遺書本一百零五至一百零八		水一四
楚辭辨韵	清陳昌齊撰	嶺南遺書本五集之七		水七
天問校正	清屈復著	昭代叢書本之一百零四		結一

離騷草木疏四卷	宋吳仁傑	龍威秘書本二集之二		水一七
又同上	同上	知不足齋本七集之六		水一六
楚辭人名考	清俞樾	春在堂全書本之五十六		水一五

總集類

文總集

文選七十卷 附考異	梁蕭統選 唐李善注	胡氏刻本	二十四册	洪一五七
又六十卷	同上 清何焯評	朱墨本	十二册	洪一六〇
古文苑	宋章樵注	江蘇書局刻本	四册	日一六七
又附校勘記	闕名	守山閣本九十七至九十九		麗八四
唐文粹一百卷	宋姚鉉纂	許氏刻本	二十四册	宙二
宋文鑑一百五十卷	宋呂祖謙編	江蘇書局本	二十四册	宙三
赤城集十八卷	宋林逢吉輯	台州叢書本上函七至十		水一
元文類七十卷	元蘇天爵編	江蘇書局本	十册	宙七

宋文選三十卷	明顧宸選輯	原刻本	三十六冊		崑一四六
全唐文一千卷	清董誥等編	原刻本	四百冊	秦玉書捐	宙一一
金文最六十卷	清張金吾輯	江蘇書局本	十六冊		宙六
金文雅十六卷	清莊仲方編	江蘇書局本	四冊		宙五
明文在一百卷	清薛熙纂	江蘇書局本	十冊		宙八
清文滙二百卷	王人等編	石印本	一百零一冊		結五
文館詞林十三卷半	唐許敬宗等撰	古逸叢書本三十至三十一			露二
文苑英華一千卷	宋李昉等編	明刻本	一百冊	秦玉書捐	致一四
文章軌範正續各七卷	正集宋謝枋得批選 續集明鄒守益批撰	日本刻本	六冊		日八三
文章指南不分卷	明歸有光選本	皖江節署本	五冊		洪一六五
經義模範	明朱方刻	木刻本	一冊	許同藺捐	闕六三
明文奇賞四十卷	明陳仁錫評選	明刻本	二十冊		玉一七四
文府滑稽十二卷	明鄒廸光選	明刻本	六冊		崑二一九
古文淵鑑六十四卷	清徐乾學等編注	浙江書局本	三十二冊		洪一七〇
古文眉詮七十九卷	清浦起龍編	三吳書院本	十六冊		崑一八四
古文雅正十四卷	清蔡世遠選評	曾氏刻本	八冊		洪一六三
古文詞畧二十一卷	清梅曾亮輯	學部圖書館鉛印本	五冊	直隸省第一圖書館捐	巨一六九
古文四象四卷	清曾國藩纂輯	鉛印本	四冊		爲三六八
古文一偶三卷	清諸宗洛評選	鉛印本	三冊	許同莘捐	崑四〇七
古文觀止十二卷	清吳乘權手錄	鉛印本	六冊		爲三七六
唐宋文醇五十八卷	清高宗御選	浙江書局本	二十四冊		洪一七三
又同上	同上	同上白連史本	二十冊		洪一七四
清朝文錄八十二卷	清姚椿輯	木刻本	三十冊		結九六
湖海文傳七十五卷	清王昶輯	經訓堂本	二十冊		日五
梁溪文鈔四十卷	清周有壬編 侯學愈重訂	游藝齋聚珍本	十六冊	侯學愈捐	崑二八四
錫山文集二十卷	清王史直等編	親仁堂本	十冊		崑二八三

曆朝賦楷八卷	清王修玉選輯	尙德堂本	六冊		日二五
駢體文鈔三十一卷	清李兆洛編	木刻本	八冊		呂一四七
松陵文錄二十四卷	清淩淦輯	原刻補本	八冊	薛鳳昌捐	麗二一五
續古文苑二十卷	清孫星衍輯	江蘇書局本	六冊		日一五九
又同上	同上	平津館本二十九至三十六			水一〇
文選考異十卷	清胡克家撰	胡氏刻本	四冊		洪一六一
文選箋證三十二卷	清胡紹煐學	聚學軒本九十二至一百			雨一
宋四六選二十四卷	清曹振鏞編	木刻小本	八冊		麗一一六
駢文類編四十六卷	清王先謙纂集	思賢書屋本	二十四冊		冬六五
閒釋萃珍	闕名	香豔叢書本之四十二			雨四
文選音義八卷	清余蕭客輯著	靜勝堂寫刻本	一冊	錢基博捐	麗一九〇
海虞文徵三十卷	邵松年編	鴻文書局石印本	十六冊		日一六
斯文統宗	錢基博纂	油印本	四冊	錢基博捐	崑五八六
錢氏家集三十四卷內缺三卷	錢振鍠輯	木刻本	七冊		玉四七
唐人三家集二十六卷	唐駱賓王 呂溫 李元賓著	石印本	八冊		露九三
古文辭類纂七十四卷	清姚鼐纂輯	掃葉山房本	十二冊		洪一七六
文苑英華選六十卷	清宮夢仁手訂	思敬堂本	二十四冊		洪一七八
中州名賢集二十五卷	清黃舒昺編輯	洛學書院本	十六冊		日三
海虞三陶集十六卷	清陶元淳等著	貴池縣署本	八冊		洪一五九
常州藝文志十二卷	清盧文弨纂定	木刻本	十六冊		藏二七三
淮安藝文志十卷	闕名	木刻本	八冊		結九九
沅湘通藝錄十卷	清江標編	靈鶼閣本三十七至四十六			專一四
梁溪文續鈔六卷	侯學愈編	游藝齋聚珍本	二冊	侯學愈捐	崑二八五
江湖夜雨集四卷	吳貞懿輯	仿宋刻本	二冊	王秋田捐	署一七八
初唐四傑文集二十一卷	唐王勃 盧照鄰 駱賓王 楊炯著	淮南書局本	三冊		洪一六四
又同上	同上	同上	三冊		洪一六四

無錫縣立圖書館書目 卷十三集部 總集類 文總集 四

唐宋六家文略十二卷	明蔡瀛輯	明刻本	六册	許同莘捐	崑一九一
增訂古文覺斯十卷	清過珙評選	木刻本	十八册	許同莘捐	崑二八
評注才子古文二十六卷	清王之績評注	石印本	六册		爲三二七
儲選古文七種三十四卷	清儲欣評	靜遠堂本	二十四册		日一
唐宋八大家文十八卷	清張伯行訂	正誼堂本	十一册	文明書局捐	麗七八
南菁文鈔二集六卷	清黃以周鑒定	木刻本	四册		日八
南菁文鈔三集十六卷	清丁立鈞編	木刻本	六册		日九
八家四六文注八卷	清許貞幹注	木刻本	八册		日七
東甌先生文錄十五卷	清陳遇春編輯	梧竹山房本	十六册		日六
經史百家雜鈔二十六卷	清曾國藩纂	商務書館本	十二册		露六八
續古文辭類纂三十四卷	清王先謙纂輯	掃葉山房本	八册		洪一七七
松陵文集初編四卷	陳去病纂輯	鉛印本	一册	陳去病捐	暑三八
常州駢體文鈔三十一卷	清屠寄編	木刻本	八册		麗九九
古文滑稽類鈔上下二編	顧餘編	中華書局本	一册		調二五六
朝鮮五賢文鈔五卷	韓人王性淳手錄	鉛印本	一册		麗三六
麗朝十家文鈔十一卷	韓人王性淳編	鉛印本	二册		麗三七
唐宋八大家文鈔一百六十四卷	明茅坤批評	康熙年刻本	四十册		洪一六七
唐宋八家文讀本五十卷	清沈德潛評點	原刻本	十二册		日二
醉經樓古文評注十卷	清過珙評錄	廣東刻本	十册		崑二八八
清朝經世文四編五十二卷	清何良棟編	石印本	十二册	徐彥寬捐	爲四三〇
正續古文辭類纂一百零八卷	正編清姚鼐纂續編清王先謙纂	商務書館本	十二册		洪一六九
又同上	同上	同上	十二册		露六九
涵芬樓古今文鈔一百卷	吳曾祺纂錄	商務書館本	一百册		專一三
漢魏六朝名家集一百十家	丁福保輯	鉛印本	三十册	丁福保捐	露八九
明清八大家文鈔	進步書局編	石印本	八册		藏六六
漢魏六朝百三家集一百十八卷	明張溥選	蓉考堂版	一百册		宙一〇

無錫縣立圖書館書目 卷十三集部 總集類 詩總集 五

清朝駢體正宗評本十二卷	清曾燠選	花雨樓校本	六册		日一五七
黎選續古文辭類纂二十八卷	清黎庶昌纂	商務書館本	十二册		露六七
陳太僕批選八家文鈔	清陳兆崙批選	石印本	六册		日四
正續古文辭類纂精華	中華書局編	中華書局本	六册		露七〇
上古三代秦漢三國六朝文	清嚴可均編	廣雅書局本	一百册	杜子擕捐	專一八

詩總集

谷音	元杜本輯	粵雅堂本之十九			雨二
詩緣前編四卷正編十卷	蜀西樵也編	木刻本	四册		麗一五三
才調集十卷	蜀韋縠輯	述古齋木刻本	四册	汪友三捐	閏一六二
又同上	同上	掃葉山房石印本	四册		麗三二
古詩選四卷	清汪國棟學	石印本	一册	許同藺捐	崑六〇二
唐詩紀一百卷	明方一元彙編	明刻本	三十册		日一〇八
全唐詩九百卷	清康熙年編	木刻本	一百二十册		宙一二
唐詩繹三十卷	清楊逢春選輯	緻香書屋本	六册		崑二九四
宋詩鈔	清呂晚村等選	涵芬樓影行本	四十册		麗六八
金詩選四卷	清顧奎光選輯	舊刻本	二册		崑三七六
元詩選七卷	清顧奎光選輯	舊刻本	四册		崑三七五
明詩綜一百卷	清朱彝尊編	吳清來堂本	四十册		日一〇
國朝詩十六卷	清吳翊鳳選	峭帆樓本	六册		玉三七
又同上	同上	同上	六册		日一七
遙集集前後二編　共十六卷	清許貞幹手輯	味青齋刻本	六册	許同莘捐	呂一〇
悅心集四卷	清雍正年輯錄	同文館本	二册	外交部捐	律五三
近光集二十八卷	清汪士鋐編纂	原刻本	八册		宿九二
吾炙集	清錢謙益撰	鉛印本	一册	瞿啓甲捐	餘二二九
從游集二卷	清陳瑚輯	峭帆樓木刻本	一册	趙學南捐	露六二
離憂集二卷	清陳瑚輯	峭帆樓木刻本	一册	趙學南捐	露六三

無錫縣立圖書館書目 卷十三集部 總集類 詩總集 六

可作集八卷	清王慶勳輯	木刻本	四册	許同藺捐	調三一四
憂吁集	張元默校	鉛印本	一册	許同莘捐	日五三
詩苑衆芳	宋劉瑄編	十萬卷樓本之七十			水九
樂府詩集一百卷	宋郭茂倩編次	汲古閣本	二十四册	丁福保捐	玉一七二
洞霄詩集十四卷	元孟宗寶編	知不足齋本五集六至七			水一六
百花鼓吹八卷	明王化醇輯	明刻本	八册		崑一九六
名媛詩歸三十六卷	明鍾惺點次	明刻本	六册		洪六六
列朝詩集八十一卷	清錢謙益選	鉛印本	五十六册		宙一七
唐宋詩醇四十七卷	清乾隆年編輯	浙江書局本	六册		洪一七二
宋詩紀事一百卷	清厲鶚輯	原刻本	二十四册		冬三四
宋詩類選二十四卷	清王史鑑選錄	康熙年刻本	十册		崑二九三
元詩紀事二十四卷	清陳衍輯	石遺室本	六册		日一五
詩林韶濩二十卷	清顧嗣立類選	秀野草堂本	八册		日二四
湖海詩傳四十六卷	清王昶輯	三柳漁莊本	十二册		日二〇
江西詩徵九十四卷	清曾燠編輯	棣華書屋本	六十册		冬六六
江蘇詩徵一百八十三卷	清王豫輯	焦山海西庵本	四十册		冬六八
又同上	同上	同上	四十册		日三五
上虞詩選四卷	清徐幹編輯	木刻本	四册		日二三
梁溪詩鈔五十八卷	清顧光旭集	文苑閣聚珍本	二十四册		崑二八六
又同上	同上	同上	廿四册	顧倬捐	崑二八六
六家詩鈔	清劉執玉選	燕詒堂本	六册		崑二九五
又	同上	同上	六册		日二八
選詩補注	清曹巖選	原稿本	一册	曹衡之捐	崑七四七
粵詩蒐逸四卷	清黃子高撰	嶺南遺書本五集之十一			水七
務滋堂集十五卷	清金文城等著	金氏木刻本	四册	金硯君捐	光九
慧川園集五卷	清唐汝翼等著	木刻本	一册		崑七三〇

無錫縣立圖書館書目 卷十三集部 總集類 詩總集 七

宋詩補鈔	李宣龔選補	涵芬樓校補本	八册		麗六八
瓶社詩錄二卷	張元默校	鉛印本	一册	許同莘捐	日五四
樂府補題	闕名 徐珂校訂	天蘇閣刋叢五種本之一			出五七
中興間氣集二卷	唐齊仲武編	費氏影宋本	二册		調三五五
永嘉四靈詩四卷	宋徐照等著	本館校刋本	二册		閏九六
聖宋九僧詩	宋僧希晝等	㽞學書局聚珍本	一册	丁福保捐	麗一六三
唐百家詩選二十卷	宋王安石編	石印雙清閣本	八册	丁福保捐	藏一五〇
唐詩叩彈集十二卷	清杜詔撰	采山亭本	六册	許同莘捐	崑四〇三
元詩選癸集	清顧嗣立詮次	野秀草堂本	十六册		日一三
唐詩三百首	清蘅塘退士手編	商務書館鉛印本	二册		崑六二一
又	同上	同上	二册		崑六二一
南宋雜事詩七卷	清吳焯等著	木刻本	三册		閏一三
評選古詩源四卷	清沈德潛選	鉛印本	一册	許同藺捐	藏一四七
辟疆園遺集十卷	清顧敏恆等著	木刻本	四册		崑三二六
粵東七子詩六卷	清盛大士輯	屈氏刻本	二册		日二二
今雨舊雨集附倚雲	清方仁淵選	木刻本	一册	方蔚莪捐	藏二一二
京江耆舊集十三卷	清張學仁王豫同輯	木刻本	八册		閏一九
梁溪詩續鈔二十四卷	侯學愈纂	錫成印書局鉛印本	八册	侯學愈捐	崑二八七
太原先德集九卷	王壽慈彙輯	祠堂刻本	三册	陸炳章捐	爲三九七
香咳集選存	許夔臣纂輯	香艷叢書本之三十六			雨四
翦淞留影集	吳芝瑛女士編	小萬柳堂叢刻本			崑二〇二
宋舊宮人詩詞	宋宮人王清惠等著	知不足齋本二十四集之四			水一六
河汾諸老詩集八卷	元房祺編	粵雅堂本之二十			雨二
雲間三子合稿九卷	明夏完淳編錄	峭帆樓木刻本	二册	趙學南捐	露六一
唐人絕句詩鈔	清姚鼐選	石印本	四册		露九六
宋元明詩約鈔二卷	清朱梓編輯 華紱臣注	保墨閣本	一册	孫思贊捐	崑六八四

宋詩紀事補遺一百卷	清陸心源輯	木刻本	廿四册		月一四六
又同上	同上	同上	廿四册		結六
五朝詩別裁集八十卷	清沈德潛選	小石山房本	四十册		洪一六八
國朝詩別裁集三十三卷	清沈德潛纂評	木刻本	十六册		日一八
又三十六卷	同上	木刻本	十八册		冬三五
清朝六家詩鈔八卷	清劉執玉選	詒燕樓本	十二册		崑二九五
勤斯堂詩彙編	清顧森書輯	木刻本	二册	顧玉書等捐	崑四一〇
合肥三家詩錄三卷	清徐子苓等選	半厂叢書本之二十			水六
丹霞四浙客詩	清陳殿桂等著	木刻本	一册	許同藺捐	藏二四九
同岑五家詩鈔十四卷	清曾燠編	木刻本	五册	楊道霖捐	崑四〇九
又同上	同上	同上	五册		崑四〇九
毘陵六逸詩鈔	清惲格等著	本館鈔本	四册		暑一〇九
錫山孫氏詩存	清安念祖輯	木刻本	一册		崑七二七

無錫縣立圖書館書目 卷十三集部 總集類 詩總集 八

錫山秦氏詩鈔十卷	清秦彬等鈔	木刻本	六册		崑三三三
寶山錢氏家集	清錢穀輯	木刻本	一册	許同莘捐	呂一四三
膠山安氏詩集	清安吉編	安氏刻本	一册	安達初捐	崑四〇二
膠山安氏詩補二卷	清安念祖編輯	木刻本	一册	安達初捐	崑七二四
隨園女弟子詩六卷	清席佩蘭女士等著	隨園全集本之四十七			專一
松陵女子詩徵十卷	賈善慶薛鳳昌同編次	鉛印本	四册	薛鳳昌捐	藏三四〇
唐人五十家小集		靈鶼閣影宋本	十六册		雲七
又		同上	十六册		雲七
盛明百家詩後編	明俞憲編	明刻本	二十五册	丁福保捐	崑二九〇
唐詩百名家全集四百卷	明席啓寓編錄	木刻本	六十四册		宙一三
全唐七言律詩注	清曹巘輯注	原稿本	一册	曹衡之捐	崑七四八
西冷五布衣遺著四卷	清金農等著	丁氏刻本	八册		麗九四
五言近體瓣香集十六卷	清許英編著	木刻本	六册	丁福保捐	崑一九五

宛鄰書屋古詩錄十二卷	清張琦編	木刻本	四册		閏五
吳越錢氏傳芳集	清錢泳輯	木刻本	一册	錢基厚捐	崑二二二
又	同上	同上	一册	錢念皓捐	崑二二二
華氏金粟嶺詩存	清華斌編	懷德堂木刻本	一册	孫思贊捐	崑一九三
閨秀正始再續集四卷	單士釐編	仿宋木刻本	六册	楊道霖捐	玉七三
桐城張氏四世詩鈔十卷	清張英等著	木刻本	四册	陸士奎捐	日三四
二柳郚莊吟社詩選	清華文彬等輯	本館鈔本	一册		崑四七五
小石帆亭五言詩續鈔八卷	清翁方綱撰	粵雅堂本七十七至七十八			雨二
全漢三國晉南北朝詩五十四卷	丁福保編纂	丁氏鉛印本	二十册	丁福保捐	崑二五六
京江鮑氏三女史詩鈔合刻十二卷	清戴燮元編	木刻本	二册		調三六一

詞總集

詞律二十卷	清萬樹論次	木刻本	十册		日一四七
又同上 附拾遺補遺	同上	榆園叢刻本二十一至三十六			水四

無錫縣立圖書館書目 卷十三集部 總集類 詩總集 詞總集 九

花間集十卷	唐弘基闕姓	仿宋石印本	一册		月一四八
明詞綜	清王昶纂	木刻本	二册		宙一五
又	同上	同上	二册		月一五〇
七家詞十一卷	清袁通選錄	木刻本	六册		藏四四九
碧雞漫志五卷	宋王灼	知不足齋本六集之七			水一六
詞林萬選四卷	明楊愼選	木刻本	二册		爲三八九
歷朝詞綜三十八卷	清朱彝尊輯	浦氏重修本	十册		宙一五
又同上	同上	同上	十册		月一五〇
今詞初集二卷	清顧貞觀選	木刻本	二册		崑四〇六
國朝詞綜三十八卷	清王昶纂	木刻本	十二册		宙一五
又同上	同上	同上	十二册		月一五〇
詞源斠律二卷	清郭文焯纂	書帶草堂原刻本	一册		調三五〇
詞家玉律十六卷	清王一元纂	原稿本	十二册		崑一八三

塡詞圖譜九卷	清賴以邠著	木刻本	六冊		冬五八
名家詞鈔	清聶先纂定	木刻本	三十六冊		調七
笠澤詞徵三十卷 附刻五種	陳去病錄	鉛印本	八冊	陳去病捐	暑三一
絕妙好辭箋六卷	南宋周密輯	石印本	四冊		月一〇五
二三家宮詞	明毛晉輯	淮南書局本	一冊		麗一三三
白香詞譜箋四卷	清舒夢蘭輯	石印本	四冊		藏一五三
六十一家詞選十二卷	明毛晉選	石印本	四冊		月一二〇
宋六十名家詞九十卷	明毛晉輯	木刻本	三十冊		宙一四
國朝詞綜補編四十卷	清丁紹儀輯	木刻本	八冊		崑二〇六
國朝詞綜補後編	清丁紹儀輯	未刻稿本	四冊		崑五一七
小檀欒室彙刻閨秀詞	清徐乃昌編	木刻本	二十八冊		日四五

別集類

漢

段太尉集	後漢段熲	二酉堂本之五			雨二四
皇甫司農集	後漢皇甫規	二酉堂本之四			雨二四
蔡中郎文集十卷	後漢蔡邕撰	十萬卷樓本之六十九			水九

三國

諸葛武侯文集四卷	蜀漢諸葛亮撰	正誼堂本之四十一			宇二

晉

陸士衡集十卷	晉陸機撰	小萬卷樓本十三至十四			雨二五
陶淵明集十卷	晉陶潛	木刻小本	二冊		爲二
陶靖節詩注	晉陶潛撰宋湯漢注	拜經樓本之一			水三

五代

謝宣城集五卷	南齊謝朓	拜經樓本之二			水三
昭明太子集五卷	梁蕭統	常州先哲遺書本之十			呂一
陰常侍詩集	梁陰鏗	二酉堂本之九			雨二四

庾子山集注釋十六卷	北周庾信撰清倪璠注	木刻本	十二冊		宿六
徐孝穆集箋注六卷	陳徐陵撰清吳兆宜箋	木刻本	六冊		宿五

唐

樊子	唐樊紹述著	木刻本	一冊	樊漱圃捐	玉七六
讒書五卷	唐羅隱	拜經樓本之三			水三
麟角集	唐王棨著	知不足齋本十集之二			水一六
一鳴集十三卷	唐司空圖	劉氏木刻本	四冊	丁福保捐	麗一〇三
薛濤詩	唐女子薛濤著	翠琅玕館本之四十			麗三〇
張說之集二十五卷 附補遺五卷	唐張說	結一廬朱氏木刻本	六冊	丁福保捐	麗九六
李太白集三十六卷	唐李白撰清王琦注	石印本	二十冊		宿九
杜工部集二十卷	唐杜甫撰明王世貞等評	翰墨院木刻本	十冊		宿八
讀杜心解	唐杜甫撰清浦起龍講解	靜寄東軒木刻本	八冊		崑二一七
杜詩注解十七卷	唐杜甫撰清顧宸修注	辟彊園木刻本	六冊		崑二九二
杜詩鏡銓二十卷 附文集注二卷附錄一卷	唐杜甫撰清楊倫編輯	望三益齋木刻本	十冊		麗九八
草堂詩箋四十卷又外集一卷補遺十卷目錄二卷年譜二卷詩話二卷又附傳敘碑銘一卷	唐杜甫撰宋蔡夢弼箋	古逸叢書本三十九至四十四			露二
李元賓集六卷	唐李觀	石研齋本	一冊		宿一八
桂苑筆耕二十卷	唐高麗崔致遠撰	海山仙館本之五十一至五十四			陽三三三
王子安集注二十二卷	唐王勃撰清蔣翊注	雙唐碑館本	六冊		宿七
顏魯公文集三十卷 附補遺一卷	唐顏真卿撰清黃本驥編訂	三長物齋本二十二至二十九			出二
蕭茂挺文集	唐蕭穎士	常州先哲遺書本之十			呂一
杜詩分類集二十四卷	唐杜甫撰明邵寶集注	明刻本	二十四冊		崑二九一
李尙書詩集	唐李益	二酉堂本之十			雨二四
李長吉詩集五卷	唐李賀	石印本	四冊		露七一
又同上	唐李賀撰明徐渭董懋策批注	明刻本	四冊	俞復捐	雨九
白香山詩集四十卷	唐白居易撰	舊刻本	十冊		日一四二

白氏諷諫集	唐白居易撰	費氏影宋本	一册		調三五四
樊紹述集注二卷	唐樊宗師撰 清孫之騄注輯	家刻本	二册		閏一四四
樊南文集補編十三卷	唐李商隱撰 清錢振常注	望三益齋本	四册		宿一五
杜樊川詩集注五卷	唐杜牧撰 清馮集梧注	湖南書局本	六册		宿一三
樊南文集詳注八卷	唐李商隱撰 清馮浩注	德聚堂本	四册		宿一六
玉溪生詩詳注三卷	唐李商隱撰 清馮浩編訂	德聚堂本	四册		宿一七
柳文惠公全集四十七卷	唐柳宗元	柳氏刻本	十二册		宿一二
韓昌黎先生集五十六卷	唐韓愈	江蘇書局本	十一册		宿一四
五百家注韓集	唐韓愈撰 清富仁輯集注	木刻本	二十册		日一六二
樊諫議集附錄	唐樊宗師撰	鉛印本	一册	樊漱圃捐	署一〇四
仇注杜少陵全集二十五卷 附錄二卷	唐杜甫撰 清仇兆鰲注	木刻本	二十八册		宿一〇
宋					
三蘇集一百五十卷	宋蘇洵 蘇軾 蘇轍撰	木刻本	八十册		宿一一四

無錫縣立圖書館書目 卷十三集部 別集類 唐 宋 十二

朱子集一百零四卷	宋朱熹	祠堂刻本	四十册		宿二六
秋堂集三卷	宋柴望撰	宜秋館本	一册		冬二二
蘭皐集三卷	宋吳錫疇著	宜秋館本	一册		冬二三
南陽集六卷	宋趙湘撰	武英殿叢書本八十五至八十六			冬五
學易集八卷	宋劉跂撰	武英殿叢書本八十七至八十八			冬五
文恭集四十卷	宋胡宿撰	武英殿叢書本八十九至九十六			冬五
又同上 附補遺	宋胡宿	常州先哲遺書本十一至十三			呂一
陶山集十六卷	宋陸佃撰	武英殿叢書本一百零一至一百零四			冬五
絜齋集二十四卷	宋袁燮撰	武英殿叢書本一百零五至一百十			冬五
茶山集八卷	宋曾幾撰	武英殿叢書本一百十九至一百二十			冬五
蒙齋集二十卷	宋袁甫撰	武英殿叢書本一百十三至一百十八			冬五
南湖集十卷	宋張鎡著	知不足齋本八集四至七			水一六
百正集三卷	宋連文鳳撰	知不足齋本十三集之七			水一六

逍遙集	宋潘閬著	知不足齋本十三集之七			水一六
灊山集三卷	宋朱翌撰	知不足齋本十八集之七			水一六
斜川集六卷 附錄二卷	宋蘇過撰	知不足齋本二十一集六至七			水一六
齊山集五卷	宋林景熙撰	知不足齋本二十二集七至八			水一六
毘陵集十六卷 附補遺	宋張守	常州先哲遺書本十七至十八			呂一
丹陽集二十四卷	宋葛勝仲	常州先哲遺書本二十五至二十七			呂一
歸愚集十卷	宋葛立方	常州先哲遺書本之二十八			呂一
定齋集二十卷	宋蔡戡	常州先哲遺書本二十九至三十			呂一
雙溪集十五卷	宋蘇籀	粵雅堂本一百零五至一百十			雨二
石屏集十卷	宋戴復古	台州叢書本下函七至九			水一
北湖集五卷	宋吳則禮撰	涵芬樓秘笈本四集六至七			藏二三〇
西渡集	宋洪炎撰	小萬卷樓本之十六			雨二五
東萊詩集二十卷	宋呂本中撰	木刻本	四册		宿三二

無錫縣立圖書館書目 卷十三集部 別集類 宋 十三

徐節孝集三十卷	宋徐積著	徐氏刻本	六册		宿二九
陳後山集二十四卷	宋陳師道	學稼村刻本	四册		宿三四
秦淮海集二十卷	宋秦觀	丁氏刻本	六册		寒四九
象山全集三十六卷	宋陸九淵	祠堂刻本	十二册		月一四〇
文文山集二卷	宋文天祥撰	正誼堂本五十一至五十二			宇二
又二十卷	宋文天祥	景萊書室刻本	十一册	許岡蘭捐	調二九八
文山別集十二卷	宋文天祥	鉛印本	四册		露九五
楊龜山集僅存卷六至卷十九	宋楊時著	閩刻本	二册		崑三五九
又六卷	宋楊時撰	正誼堂本二十至二十一			宇二
蘇詩補注八卷 附志道集一卷	宋蘇軾撰 清翁方綱補注	粵雅堂本七十九至八十			雨二
石徂徠集二卷	宋石介撰	正誼堂本八十八至八十九			宇二
又二十卷	宋石介	張氏刻本	三册	許岡蘭捐	調二九九
北山文稿三十一卷	宋鄭剛中撰	退補齋木刻本	七册		冬四〇

胡敬齋集三卷	明胡居仁	正誼堂本	二册	許同藺捐	藏二四七
陳克齋集五卷	宋陳文蔚	正誼堂本	二册	許同藺捐	藏二四八
金氏小集二十卷	宋金君卿撰	宜秋館刻本	一册		冬一九
天地間集	宋謝翱編	知不足齋本二十四集之四			水一六
謝幼槃集十卷	宋謝薖撰	小萬卷樓本十五至十六			雨二五
周濂溪集十三卷	宋周敦頤撰	正誼堂本二至五			宇二一
二程文集十二卷	宋程顥程頤	正誼堂本六至八			宇二一
張横渠集十二卷	宋張載撰	正誼堂本九至十			宇二一
李延平集四卷	宋李侗撰	正誼堂本之二十五			宇二一
羅豫章集十卷	宋羅從彥撰	正誼堂本二十三至二十四			宇二一
尹和靖集	宋尹焞撰	正誼堂本之二十二			宇二一
朱子文集十八卷	宋朱熹撰	正誼堂本十一至十九			宇二一
張南軒集七卷	宋張栻撰	正誼堂本二十六至二十八			宇二一
黃勉齋集八卷	宋黃榦撰	正誼堂本二十九至三十二			宇二一
陳克齋集五卷	宋陳文蔚撰	正誼堂本之三十三			宇二一
韓魏公集二十卷	宋韓琦撰	正誼堂本四十三至四十六			宇二一
謝疊山集二卷	宋謝枋得撰	正誼堂本之五十三			宇二一
高東溪集二卷	宋高登撰	正誼堂本之九十			宇二一
眞西山集八卷	宋眞德秀撰	正誼堂本九十一至九十二			宇二一
熊勿軒集六卷	宋熊禾撰	正誼堂本九十三至九十四			宇二一
春卿遺稿附補遺	宋蔣堂	常州先哲遺書本之十四			呂一
擒文堂集十五卷	宋慕容彥逢	常州先哲遺書本十五至十六			呂一
梁溪遺稿二卷	宋尤袤	常州先哲遺書本之二十八			呂一
鴻慶集補二十卷	宋孫覿	常州先哲遺書續編本一至二			呂二
后山詩注十二卷	宋陳師道撰	武英殿叢書本九十七至一百			冬五
棠湖詩稿	宋岳珂	咫進齋本之八			水二

書林外集七卷	宋袁彥章著	涵芬樓秘笈本五集七至八			藏二一〇
柳塘外集二卷	宋釋道燦注	木刻本	一册		冬二一
司馬温公集十四卷	宋司馬光撰	正誼堂本四十七至五十			宇二
眞西山全集一百六十八卷	宋眞德秀	木刻本	一百册		藏一
呂東萊文集四卷	宋呂祖謙撰	正誼堂本	二册	文明書局捐	麗七四
李梁溪全集一百八十卷	宋李綱	木刻本	三十六册		崑一八二
王臨川全集一百卷	宋王安石	聽香館本	二十册		宿二二
陳龍川文粹六卷	宋陳亮著 日本佐藤坦校訂	日本刻本	六册		調一九七
葉水心文集四十六卷	宋葉適	孫氏刻本	十六册		宿三〇
藏海居士集二卷	宋吳可撰	宜秋館本	一册		冬二五
陶邕州小集	宋陶弼	宜秋館本	一册		冬二四
黃山谷全集三十七卷	宋黃庭堅	薯易堂仿宋印本	十六册		藏二二二
鉅鹿東觀集十卷補遺一卷	宋魏野撰	峭帆樓刻本	一册		宿三三
鉅鹿東觀集十卷補遺一卷	宋魏野撰	峭帆樓刻本	一册		冬九
大隱居士集二卷	宋鄧深撰	宜秋館刻本	一册		冬二〇
鴻慶居士集四十二卷 補遺二十卷	宋孫覿	常州先哲遺書本十九至二十二			呂一
晁具茨詩集十五卷	宋晁冲之著	海山仙館本之五十七			陽三三三
頤養居士集二卷	宋劉應時	知不足齋本十八集之八			水一六
崔清獻公集五卷	宋崔與之撰	嶺南遺書本三集之一			水七
靜春堂詩集四卷	元袁易	知不足齋本十一集七至八			水一六
趙待制遺稿	元趙雍	知不足齋本二十三集之七			水一六
范文正公集九卷	宋范仲淹	正誼堂本	三册	文明書局捐	麗七六
范文正公全集八十卷	宋范仲淹	歲寒堂本	十册		宿二〇
范忠宣公全集二十五卷	宋范純仁	歲寒堂本	六册		宿二一
蘇詩編注集成一百零三卷	宋蘇軾撰 清王文誥	浙江書局刻本	二十四册		宿二四
黃山谷全集注五十七卷	宋黃庭堅撰 任淵 溫注	祠堂刻本	二十四册		宿一九

宋鄒道鄉公集四卷	宋鄒浩	鄒氏刻本	八册		宿二八
宋王忠文公集五十卷	宋王十朋	海溪書院本	十二册		宿二五
晁具茨詩集箋十五卷	宋晁冲之撰 清王邦采注	三槐堂原刻本	四册		崑六四一
陳龍川文集選	宋陳亮撰 葛麟葛鼐評文	木刻本	一册		宿一
白石道人詩集二卷 附詩說	宋姜夔著	榆園叢刻本之一			水四
岳忠武王全集十卷	宋岳飛著	石印本	四册		餘二五八
評點曾文定公集二十二卷	宋曾鞏	彭氏重刻本	十四册		月一四四
歐陽文忠公全集一百五十八卷	宋歐陽修	滃雅書局本	三十二册		宿一〇九
沈 踐言 持正 先生詩稿	宋沈復 沈躍思著	本館鈔本	一册		崑四六八

金

拙軒集六卷	金王寂撰	武英殿叢書本之一百五十一			冬五

元

黃楊集三卷 補遺附錄各一卷	元華幼武	貽穀堂木刻本	二册	華繹之捐	崑三二七
黃楊集三卷 補遺附錄各一卷	元華幼武	貽穀堂本刻本	二册	錢念岵捐	崑三二七
金淵集六卷	元仇遠撰	武英殿叢書本一百二十至一百二十三			冬五
玉笥集十卷	元張憲撰	粵雅堂本二十三至二十六			雨二
龜巢集二十卷	元謝應芳	常州先哲遺書續編本二十二至二十三			呂二
道園全集七十六卷	元虞集著	木刻本	二十八册		結九二
魯齋全書七卷	元許衡撰 明郝綰編集	明日本木刻本	四册		麗一二四
許魯齋集六卷	元許衡撰	正誼堂本之三十四			宇二
淸閟閣集六卷 附集二卷	元倪瓚撰 清蹇曦編纂	木刻本	四册	倪質夫捐	崑六五
又十二卷	元倪瓚	常州先哲遺書本三十四至三十六			呂一
存復齋集十卷	元朱德潤著	涵芬樓秘笈本五集五至六			藏二三〇
聞過齋集四卷	元吳海撰	正誼堂本之九十五			宇二
湛淵遺稿三卷	元白珽撰	知不足齋本二十三集之七			水一六
牆東類藁二十卷	元陸文圭	常州先哲遺書本三十一至三十三			呂一

灤東雜詠二卷	元楊允孚撰	知不足齋本二十三集之七			水一六
倪雲林詩集六卷	元倪瓚	汲古閣本	五册		崑一五二
竹素山房集五卷	元吾邱衍撰	丁氏刻本	一册		宿三五
純白齋類稿二卷 附錄二卷	元胡助著	退補齋本	四册		冬三二
湛然居士集十四卷	元耶律楚材撰	浙西村舍本	四册	祝心淵捐	日九五
松雪齋全集十三卷	元趙孟頫	楊氏刻本	四册		宿三一
揭曼碩詩集三卷	元揭傒斯著	海山仙館本之五十八			陽三三三
揭文安公文粹二卷	元揭傒斯	粵雅堂本二十一至二十二			雨二
吳淵穎集箋注十二卷	元吳萊撰 清王邦采箋注	退補齋木刻本	四册		崑三七三

明

就正錄	明高攀龍	本館鈔本	二册		崑四三二
巖居稿八卷	明華察	木刻本	二册		宿九九
始豐稿十四卷	明徐一夔著	丁氏刻本	四册		宿四〇
野古集三卷	明龔詡著	趙氏刻本	一册	趙學南捐	宿四七
節菴集九卷	明高得暘	四明刻本	一册		宿四五
雪坡集三十卷	明萬節著	燕翼堂本	二册		宿四三
石臼集十六卷	明邢昉著	木刻本	六册		洪一二二
天游集十卷	明王達著	木刻本	四册	王劍潭捐	崑四二〇
淸湖集四卷	明秦植著	本館鈔本	一册		崑四五九
自問稿	明秦汧	原稿本	一册	秦平甫捐	崑七五三
遼陽稿二卷 別稿一卷	明黃正色	本館鈔本	一册		崑四六〇
墨井集五卷	明吳歷著	土山灣鉛印本	一册	天主堂捐	餘二九〇
水南集十一卷	明張袞	常州先哲遺書續編本之二十六			呂二
荆川集十八卷 補遺一卷	明唐順之	常州先哲遺書本三十八至四十一			呂一
滄螺集六卷	明孫作撰	常州先哲遺書本之三十七			呂一
素蘭集二卷	明翁孺安女士著	鉛印本	一册	瞿啟甲捐	餘二二八

徐文長集三十卷	明徐渭	石印本	八册		露九八
又	同上	同上	八册		露九八
張太岳集四十七卷	明張居正著	木刻本	十六册		宿三九
孫宗伯集十卷	明孫繼皐著	明刻本	十册	孫揆均捐	崑三一七
又同上	明孫繼皐	鼎元堂本	十二册	孫少宰第捐	崑三一七
唐荊川集二十卷	明唐順之	江南書局本	十册		宿三八
天全堂集	明安希范著	安氏刻本	二册		崑四〇四
又	同上	安氏舊鈔本	一册		崑七五一
顧憲副集	明顧可久	本館鈔本	一册		崑四六二
天傭子集十二卷	明艾南英著	舊學山房本	十册		冬一六
東皋詩集十二卷	明秦𤩽	本館鈔本	二册		崑三九二
五峯遺稿二十四卷	明秦夔	本館鈔本	四册		崑五二六
涇皐藏稿二十二卷	明顧憲成著	家刻本	六册		崑一八九
涇皐藏稿二卷　殘本	明顧憲成撰	四庫全書本	一册		崑一八九
東山存稿	明劉大夏著	木刻本	一册	許同藺捐	麗二〇一
學古齋集四卷	明瞿俊著	鐵琴銅劍樓本	一册	瞿啓甲捐	餘二九七
始青閣集二十四卷	明鄒迪光著	明刻本	十册		崑一八八
黃陶菴集二十四卷	明黃淳耀著	木刻本	八册		餘二六九
張蒼水集三卷	明張煌言	鉛印本	二册	祝心淵捐	露五〇
蒼雪詩鈔	明彭淩霄著	石印本	一册	張嘉謀捐	藏三三四
寒螿詩稿	明辛丑年著	辛氏刻本	一册	辛幹捐	崑四二三
枝山文集四卷	明祝允明著	祝氏刻本	二册	祝心淵捐	結一〇
李氏焚書四卷　缺第一卷	明李贄	明刻本	三册		出三八
竹窗存稿	明陳宏著	木刻本	一册		藏二八九
梅花百詠附入百花鼓吹	明王達著　王化醇彙輯	明寫刻本	一册		崑一九六
又	同上	木刻本	一册	王月樵捐	崑二四七

桐庵文稿	明鄭敷教著	趙氏刻本	一册	藏四四五
又	同上	同上	一册	洪一四三
具茨詩集五卷　附錄遺稿各一卷	明王立道撰	本館據四庫全書鈔本	三册	崑五二四
具茨文集八卷	明王立道撰	本館據四庫全書鈔本	五册	崑五二五
薛敬軒集十卷	明薛瑄撰	正誼堂本三十五至三十八		宇二
方正學集七卷	明方孝孺撰	正誼堂本五十四至五十六		宇二
魏莊渠集	明魏校撰	正誼堂本之九十六		宇二
陳剩夫集四卷	明陳眞晟撰	正誼堂本之九十八		宇二
方山文錄二十二卷	明薛應旂	常州先哲遺書續編本二十四至二十五		呂二
賜餘堂集十四卷	明吳中行	常州先哲遺書續編本二十至二十八		呂二
從野堂集八卷	明繆昌期	常州先哲遺書本四十三至四十五		呂一
胡敬齋集三卷	明胡居仁撰	正誼堂本三十九至四十		宇二
楊椒山集二卷	明楊繼盛撰	正誼堂本之五十七		宇二
張陽和集三卷	明張元忭撰	正誼堂本之九十九		宇二
南雷詩歷四卷	明黃宗羲著	梨洲遺書本之六		出二六
南雷文案四卷　附外卷世譜	明黃宗羲著	梨洲遺書本之七		出二六
顧華玉集四十卷	明顧璘	金陵叢書本二十五至三十二		雨二三
甯澹居集	明方大鎮著	桐城方氏本之三		日一四
容春堂前集三十卷	明邵寶著	華氏舊刻本	三册	崑四四八
容春堂續集十八卷	明邵寶著	本館鈔本	八册	崑四四九
容春堂後集十四卷	明邵寶著	本館鈔本	四册	崑四五〇
容春堂別集	明邵寶著	本館鈔本	二册	崑四五一
澹甯居詩集	明馬世奇著	小萬柳堂鈔本	二册	崑二六六
秦修敬封君詩集	明秦旭　秦瀚著	本館據盛明百家詩前編鈔本	一册	崑五三一
王仲山詩選二卷	明王問時著	介福堂本	二册	崑二四一
王舍人詩集五卷	明王紱撰	本館據四庫全書鈔本	四册	崑四八九

寒香館遺稿十卷	明辛陞著	辛氏刻本	四册	辛幹捐	崑四二一
胡蓮渠文集	明胡涍著	本館鈔本	一册		崑三八一
盧忠肅公集十二卷	明盧象昇著	祠堂刻本	八册		宿四一
又同上	同上	同上	八册		宿五七
安大令文集	明安廣居著	原稿本	一册		崑六七五
杏花村詩集二卷	明龔啓	鈔本	一册	南延市立第三校捐	結九〇
沈青門詩集	明沈士撰	西泠印社本	一册	沈駿民捐	露五八
太古圖詩集	明王倜著	木刻本	一册	許同藺捐	調三一五
蓮山堂文集	明陳如松著	鉛印本	一册	陳延香捐	閏一一六
稽古堂文集	明方以智撰	桐城方氏本之七			日一四
青籐書屋集三十卷 附補遺	明徐渭著	海山仙館本五十九至六十四			陽三三三
清溪莊遺集二十卷	明顧可久著	鉛印本	一册	顧麟書捐	崑六六二
譚友夏合集二十卷	明譚元春	舊刻本	十一册		雨一九
落落齋遺集十卷	明李應昇	常州先哲遺書本四十六至四十八			呂一
石居士詩删二卷	明石崑玉著	木刻本	四册		爲三八六
婁羅館逸稿二卷	明屠隆著	寶顏堂本正集之四			閏三五
小辨齋偶存八卷	明顧允成	常州先哲遺書本之四十三			呂一
李氏續焚書五卷	明李贄	明刻本	二册		出三八
高忠憲公詩集	明高攀龍	天爵堂刻本	二册		崑三九五
劉忠宣公遺集十卷	明劉大夏	劉氏刻本	六册		宿二三
堵文忠公全集十卷	明堵允錫	靜日軒刻本	六册		崑四〇一
王文成公全書三十卷	明王守仁撰	木刻本	二十四册		日八五
觀民節霞合刻	明高世觀 陳茂卿著	舊刻本	一册	許同藺捐	崑七五七
邵文莊公佚詩	明邵寶	本館鈔本	一册		崑四六八
顧端文公遺書六十卷	明顧憲成	祠堂刻本	十六册		崑三九四
歸震川先生集四十卷	明歸有光	歸氏刻本	二十册		宿四八

黃忠端公全集五十卷	明黃道周撰	鉛印本	十六册		玉二六
華豫庵先生集	明華啓直	存裕堂刻本	二册	陸士奎捐	崑四三〇
齊蓉川先生集五卷	明齊之鸞著	木刻本	二册		宿四九
蒿子先生遺稿	明芮長恤著	舊刻本	二册	陸士奎捐	宿四六
悟秋草堂詩集	明顧皋著	木刻本	一册		崑三五三
鳥鼠山人遺集四十四卷	明胡纘宗著	明刻原本清補刻本合	二十三册	秦文卿捐	暑七
况太守治蘇集十三卷	明况鍾著	承恩坊本	六册	蔡嶽挺捐	調三五八
羅整庵集存稿二卷	明羅欽順撰	正誼堂本之九十七			宇二
金忠潔公文集二卷	明金鉉	常州先哲遺書本之四十九			呂一
雲鶴先生遺書	明劉元凱著	文藝叢書本之十九			雨一八
南雷文定前集十一	明黃宗羲著	梨洲遺書本一至三			出二六
南雷文定後集四卷	明黃宗羲著	梨洲遺書本之四			出二六
南雷文定三集三卷	明黃宗羲著	梨洲遺書本之五			出二六
華學士臯華類編十卷	明華察	木刻本	四册		崑三五二
薛堆山先生前集鈔	明薛彙	常州先哲遺書本之四十九			呂一
高彙古先生遺集六卷	明高世泰	本館鈔本	一册		崑五二九
錫山幻庵和尚詩集	明釋幻庵	原稿本	一册	許同藺捐	崑六三二

無錫縣立圖書館書目卷十四

別集類

清

海騷十卷	清陳曇著	原刻本	二冊		洪一〇九
菊邊吟	清丁丙	木刻本	一冊		洪一〇五
顧庸集十卷	清方濬	毋不敬齋本十二至十四			日八二
永矢集十卷	清方濬	毋不敬齋本之十五			日八二
疑雨集四卷	清王沄彥著	石印本	二冊		月一〇八
又同上	同上	同上	二冊	郝夢侯捐	爲六
漆室吟八卷	清王柏心	木刻本	二冊		閏二四
柏臺集	清朱棨著	舊刻本	一冊	許同藺捐	爲三九六
湖樓集	清朱琰	武林掌故叢編本之一百三十八			水一二
燕岩集七卷	朝鮮朴趾源著	翰墨林刻本	三冊	郝夢侯捐	生一九七

秋笳集八卷	清吳兆騫著	粵雅堂本一百十三至一百十六			雨二一
三巴集	清吳歷著	小石山房本之十五			雨二六
秋水集	清吳虞	愛智廬木刻本	一冊	許同莘捐	暑一一〇
待堂文附詩	清吳懷珍著	半厂叢書本之二十			水六
吳門集八卷	清李瀚平著	木刻本	二冊		洪一〇八
和林詩	清李文田撰	靈鶼閣本之二十六			專一四
鴻城集三卷	清李超瓊	石船居刻本	一冊		閏二
刻鵠集三卷	沈同芳著	萬物炊累室稿本之三			餘四
澣餘集	清周佩蓀女士著	寫刻本	一冊		崑六一八
靑門集三十卷	清邵長蘅	常州先哲遺書本五十五至五十八			呂一
賓萌集五卷	清俞樾	春在堂全書本之六十一			水一五
鮚軒詩八卷	清洪亮吉著	北江集本二十八至二十九			冬三
畫壁詩	清范承謨著	說鈴本之二			雨一七

衍波詩	清孫蓀意	靈鶼閣本之二十四			專一四
不是集	清補起龍著 原署三山老傖	鈔本	六冊		崑三一九
釀蜜集四卷	清浦起龍著	木刻本	四冊	王蘊章捐	崑四〇五
消閑草	清秦若暘著	舊刻本	一冊		崑七三五
自娛草	清秦玠著	舊刻本	一冊		崑七三六
南齋集六卷 附詞二卷	清馬曰璐	粵雅堂本之一百二十九			雨二
宛鄰集六卷	清張琦	常州先哲遺書續編本之三十七			呂二
秣陵集六卷	清陳文述	淮南書局木刻本	三冊	許同藺捐	麗二〇二
拂珊吟	清陳慧之著	本館鈔本	一冊		崑四五四
測海集六卷	清彭兆升	木刻本	二冊	祝心淵捐	日一〇二
儆居集	清黃式三	木刻本	六冊		露三七
香草箋	黃任作	文藝叢書本之七			雨一八
淚花集二卷	清裘廷楨	聚珍本	一冊	劉書勳捐	藏三六四

板橋集	清鄭燮著	石印本	四冊		麗三一
又	同上	木刻本	四冊		洪一三四
樸齋集七卷	清諸可寶	玉峯官舍木刻本	三冊		冬一三
曉滄集	清潘果	舊鈔本	一冊	丁福保捐	崑四一五
又	同上	本館鈔本	一冊		崑四八八
秋水集十卷 以姓之筆畫爲次不與吳著並列	清嚴繩孫	木刻本	四冊		崑三四五
謝亭集五卷	清謝綸撰	謝亭集本之一			藏二五一
響泉集二十卷	清顧光旭著	家刻本	四冊	顧儀臣捐	崑三二一
又同上	同上	同上	四冊		崑三二一
菰廬吟四卷	清顧錦春	舊刻本	一冊	孫思贊捐	崑六七四
定盦集十三卷	清龔自珍撰	木刻本	四冊		宿九三
借箸錄二卷	清龔禮著	木刻本	二冊	劉石如捐	崑五九八
剪燭錄二卷	清龔禮著	木刻本	二冊	劉石如捐	崑五九七

拜颺集八卷 又名麗體金膏 闕名 龍威秘書本六集一至八 二冊 水一七
北郭詩帳二卷 清丁丙 木刻本 二冊 藏二四一
三塘漁唱三卷 清丁丙 丁氏刻本 一冊 洪一〇六
芳洲詩草 怡石齋詩 合冊 清丁芳洲 丁彥和著 本館鈔本 一冊 崑五一二
尤西堂集五十卷 清尤侗撰 華文堂本 十六冊 宿六五
柏堂文集九十九卷 清方宗誠 木刻本 二十四冊 宿七四
褚堂文集 清方張登著 桐城方氏本之十 藏五
毅齋遺集五卷 清方培濬 柏堂遺書本之五十九 冬二
又同上 同上 同上 專一六
包軒遺編三卷 清方濬 毋不敬齋本之十七 日八二
啖蔗軒集六卷 清方士淦 木刻本 四冊 洪一〇七
王文貞集十四卷 附制義一卷 清王祖畬著 溪山書屋木刻本 六冊 王慧言捐 玉三二
溪山詩存二卷 清王祖畬著 溪山書屋木刻本 一冊 王保譿捐 暑十八二
柳南文鈔六卷 清王應奎 木刻本 一冊 閏六
柳南詩鈔十卷 清王應奎 木刻木 一冊 閏六
薑齋文集 清王夫之撰 船山遺書本一百零九至一百十 水一四
牆東詩遺 清王石尹 盛聖傳著 思益社重刋本 一冊 餘二六六
愼齋詩草附病起預言 清包理 寫刻本 一冊 崑七三四
華陽散稿二卷 清史震林 說部叢書本二十一至二十二 雨六
曝書亭集九十七卷 清朱彝尊 寒梅館本 十六冊 宿六三
祖硯堂集十六卷 清朱人鳳 木刻本 四冊 宿八四
澹菴文存 清朱蔭培著 本館鈔本 一冊 崑五二七
杏林吟草附詞草 清朱錦英著 本館鈔本 一冊 崑四七一
晦餘庵集三十卷 清何栻 木刻本 十二冊 宿八六
墨井詩鈔二卷 清吳歷著 小石山房本之十五 雨二六
定峯文選二卷 清沙張白著 王氏刻本 二冊 錢宗濂捐 調一九九

東莊詩存 清呂留良 鉛印本 一冊 宿九七
笠翁全集十六卷 清李漁著 宏道堂本 十六冊 宿八九
童山遊集十二卷 清李調元著 張懷溎編 木刻本 三冊 麗一五六
南皋詩鈔 清李枚著 本館鈔本 一冊 崑四九二
雲川閣集十八卷 清杜詔 木刻本 七冊 崑一八七
逸軒詩鈔 清杜漢階 本館鈔本 一冊 崑四九一
房仲詩選二卷 清沈心著 姚鼐選 木刻本 一冊 沈祖縣捐 藏四三九
春壺殘滴二卷 清沈祿康著 木刻本 一冊 沈昌直捐 日四九
望月軒稿 清沈英女士 木刻本 一冊 洪一三〇
研經室集五十四卷 清阮元著 原刻本 十六冊 冬三六
犢山類稿六卷 清周鎬學 榮氏木刻本 八冊 崑三二二
止庵遺稿四卷 清周濟 常州先哲遺書續編本之三十八 呂二
松耘文鈔四卷 清季松耘著 木刻本 一冊 太倉圖書館捐 暑二三
享帚集鈔 清屈軼撰 重刻本 二冊 許同藺捐 麗一九九
飲水詩集二卷 清性德著 粵雅堂本之一百零三 雨二
鷺洲詩鈔十二卷 清林蒲封著 掞藻堂本 四冊 洪一一〇
晚翠軒集 清林旭 鉛印本 一冊 祝心淵捐 日三七
艾廬遺稿六卷 清邵曾鑑 木刻本 一冊 許同藺捐 藏二四五
自娛唫草四卷 清金廷桂 鉛印本 一冊 金叔遠捐 玉五四
洗心齋稿 清侯鳳苞著 木刻本 一冊 孫思贄捐 崑七四三
心禪詩稿 清佘一鰲撰 本館鈔本 一冊 崑四九三
螢廬遺集 清俞文祿著 清蔭堂本 一冊 許同藺捐 藏二四三
賓萌外集四卷 清俞樾 春在堂全書本六十二至六十四 水一五
俞樓經始 清俞樾 春在堂全書本之六十 水一五
一枝軒稿八卷 清施晉 木刻本 三冊 崑二六二
更生齋集甲集四卷 乙集二卷 詩八卷 清洪亮吉著 北江全集本十六至二十七 多三

孟和詩草	清范鈞	木刻本	一冊		崑五九六
莘廬遺詩六卷 遺著一卷	清淩泗	木刻本	二冊	沈昌直捐	藏三二三
天眞閣集三十二卷	清孫原湘	徐氏刻本	八冊		調三五三
日新齋集五卷	清孫希朱著	本館鈔本	二冊		崑四八〇
壺園試帖	徐寶善著	木刻本	二冊	許同莘捐	崑六六四
彤芬室文	徐新華	天蘇閣叢刊五種本之一			出五七
岾齋詩存	清秦朝釪著	本館鈔本	一冊		崑四九六
吳門遊草二卷	清秦儀著	寫刻本	二冊		崑三二二
霜傑齋詩二卷 補遺一卷	清秦寶璣	木刻本	一冊	許同藺捐	崑三四二
涵村詩集十卷	清秦文超著	木刻本	五冊	秦銘光捐	洪九三
瓶廬詩鈔六卷	清翁同龢著	鉛印本	二冊		玉一〇一
袁文箋正十六卷	清袁枚著 石韞玉箋	石印本	三冊		麗六
樓居小草	清袁杼女士著	隨園全集本之四十六			專一
繡餘吟稿	清袁棠女士著	隨園全集本之四十五			專一
閨南雜詠	清袁綬女士著	隨園全集本之五十			專一
頌芬詩稿	清高翃著	本館校印本	一冊		崑一二一
陶園全集三十四卷	清張九鉞	賜錦樓本	十六冊		宿八五
旅懷小草	清張應蘭著	鉛印本	一冊	張杏村捐	崑六六一
又	同上	本館鈔本	一冊		崑五〇六
嶧青閣稿	清張應蘭著	鈔本	一冊	秦平甫捐	崑一五九
船山詩鈔二十卷	清張問陶撰	木刻本	四冊		麗一五五
蒿庵文集三卷	清張爾岐著	山東書局本	二冊	許同莘捐	呂七一
張介軒集二十卷	清張振夔著	木刻本	六冊		洪一〇二
茗柯文編五卷	清張惠言著	木刻本	二冊		宿七六
樸巢詩選	清張明弼等評選	木刻本	二冊	祝心淵捐	日九六
暢園遺稿	清張邁	木刻本	一冊	沈仲毅捐	調二一一

悔庵詩存二卷	清張寶森	鉛印本	二冊	張緯庵捐	麗二一九
曉帆詩草	清張乃勳	木刻本	一冊		洪一三六
銘經室集四卷	清張燮承譔	木刻本	一冊	張季庸捐	藏四六〇
寫心偶存	清張溍	鉛印本	一冊	孫思贊捐	冬五〇
谷盦燹賸	清張鴻猷	木刻本	一冊	張曾慮捐	崑三七二
端甫遺稿	清張岳駿著	本館鈔本	一冊		崑四八一
又二卷	同上	禮讓室鉛印本	一冊	吳日永捐	崑一三三
虛一齋集五卷	清莊培因	莊氏木刻本	二冊	莊先識捐	閏一三二
復庵遺集二十四卷	清許玨	鉛印本	八冊	許同藺捐	崑二一五
陳檢討集三十四卷	清陳維崧譔	木刻本	八冊		宿五六
學文堂集二十四卷	清陳玉璂	常州先哲遺書本五十九至六十四			呂一
還山文稿	清陳衍虞著	寫刻本	三冊	許同藺捐	調三一六
憶園詩鈔六卷	清陳燮	聽雨樓本	二冊		宿一〇二
平綺遺稿 鐵山情譜 鐵山情類 合冊	清陳伯瑒撰	木刻本	一冊	陳烈捐	崑七三八
太炎文錄初編 附別錄	章炳麟著	章氏叢書本二十至二十四	一冊	錢基博捐	暑一五六
鐵莊文集十二卷	清陸楫著	木刻本	四冊		崑五九九
陸稼書集二卷	清陸隴其撰	正誼堂本之一百零一			宇二
陸子全書	清陸隴其撰	木刻本	三十六冊		藏三
筱雲詩選二卷	清陸應宿著	隨園全集本之四十四			專一
湄君詩選二卷	清陸湄君	隨園全集本之四十四			專一
陸陳文鈔十二卷	清陸世儀 陳瑚著 葉裕仁編次	安道書院木刻本	四冊		冬七
灌花居詩二卷	清陸光洙	舊刻本	一冊	許同藺捐	麗一八〇
北廬詩鈔二卷	清陸毅著	石印本	二冊	陸遵羲捐	玉一二四
庚星遺稿二卷	陸咸清著	木刻本	一冊	陸次雲捐	雨二〇
南昀文稿十二卷	清彭定求著	精刻本	六冊		玉一六九

借柳軒詩十二卷	清鄒升恆	精刻本	八册	許同藺捐	昆一九八
明秋館集四卷	清裘凌仙女士	鉛印本	二册	秦亞甫捐	昆四三八
燕石詩鈔四卷	清虞書著	木刻本	二册	楊錫類捐	餘一九八
微泉閣集三十卷	清董文驥	常州先哲遺書續編本二十九至三十三			呂二一
究仙遺稿	清葉同春	石印本	一册	葉伯元捐	玉一九〇
蟄盦文存二卷	清楊模纂	鉛印本	二册	楊模捐	昆三六〇
楊伯夔詩	清楊夔生	鈔本	一册	俞夢齡捐	昆七四四
京江遊草	清楊紹基著	木刻本	一册		昆三四九
適園文鈔	清楊金監撰	木刻本	一册		藏四四三
雲邁樓集	清楊度汪	木刻本	二册		昆三二〇
四園詩鈔二卷	黃榮康	木刻本	一册	黃任恆捐	玉一一六
藝庵遺詩	清黃彥	小石山房叢書之十六			兩一六二
兩當軒集二十六卷	清黃景仁	木刻本	六册		宿八一二

無錫縣立圖書館書目 卷十四 集部 別集類 清 七

兩當軒集二十六卷	清黃景仁著	木刻本	八册		宿八二〇
顯志堂集十二卷	清馮桂芬	木刻本	八册		宿九二一
梅花百絕	清華文模	石刻本	一册	談秦三捐	昆七五〇
弟禾吟草	清華夢錄存	本館鈔本	一册		昆四六九
左之詩草六卷	清華宜	本館鈔本	一册		昆四五三
亦人詩草	清華有著	本館鈔本	一册		昆四七〇
旅遊小草二卷	清華振著	木刻本	二册	侯鴻鑑捐	昆六九一
濟園文集五卷	清華玉淳著	本館鈔本	一册		昆五〇二
湯潛庵集二卷	清湯斌撰	正誼堂本之一百			宇二一
松崖文鈔二卷	清惠棟撰	聚學軒本之三十六			兩一
蕙園文略二卷 附事略	清楊鍾羲盛宗蘊丞昱等著	金陵木刻本	一册	許同莘捐	藏四六六
二林居集二十四卷	清彭紹升著	木刻本	六册	沈祖謙捐	麗六三八
南畇詩稿	清彭定求著	精刻本	六册		玉一六八

秋水文集二卷	清嚴繩孫	舊鈔本	一册		昆三二八
莽蒼齋詩二卷	清譚嗣同	譚氏叢書本之三			餘二一一
復堂類集二十一卷	清譚獻撰	半厂叢書本十三至十九			水六一
魏季子詩二卷	清魏禮著	木刻本	一册	許同藺捐	調三一三
鹿洲文集二十卷	清藍鼎元著	鹿洲全集本一至十五			餘二四六
遯菴文集十二卷	清儲方慶著	祠堂刻本	六册		宿八七一
蓮絜續集	清謝綸撰	謝亭集本之三			藏二五一
蓮絜詩存	清謝綸撰	謝亭集本一至二			藏二五一
庸盦全集四十七卷	清薛福成	木刻本	四十六册		昆一四五
敬孚類稿十六卷	清蕭穆	木刻本	四册		洪一一二
十峯詩集七卷	清錢肅潤著	本館鈔本	一册		昆四一九
十峯文集	清錢肅潤著	本館鈔本	一册		昆四七七
牧齋全集一百六十三卷	清錢謙益撰	中華書局	四十册		露一〇〇

無錫縣立圖書館書目 卷十四 集部 別集類 清 八

蘇鄰遺詩二卷	清黎世昌	黎氏刻於日本	一册		洪一一五
蘿庵遺稿	鄭澤	鉛印本	一册	鮑君劍捐	玉一八二
豫遊小草四卷	清鄒繼善	鈔本	四册		昆七四二
芸谷詩草	清鄒綸芳	寫刻本	一册	王吉人捐	藏三二八
丹棱遺藁四卷	清蔣彤	常州先哲遺書續編本之二十九			呂二一
忠雅堂集三十卷	清蔣士銓	木刻本	十册		宿六一
寄漚文稿	清劉繼增撰	本館鈔本	一册		昆四八二
尙絅堂集五十六卷	清劉嗣綰	木刻本	一册		宿八三一
播川詩鈔六卷	趙旭	木刻本	二册		玉五二一
甌北詩鈔	清趙翼	壽考堂本	十册		宿六一
拜經文集	清臧庸著	皇清經解本之二百八十九			天四
緘餘小草	清鄒佩蘭女士	木刻本	一册	嚴會燕捐	昆三四八
午風堂集六卷	清鄒炳泰著	原刻本	二册		昆一九九

又	同上	本館鈔本	一册		崑二三八
稱漁文集 澄雪齋集 合刻	清嚴繩孫 顧岱	鈔本	一册		崑二六九
海珊詩鈔	清嚴遂成著	小石山房本之十五			雨二六
盧閣遺稿六卷	清嚴玉森著	鉛印本	一册	錢基厚捐	藏四四六
燹餘吟稿	清資承焯著	木刻本	一册	顧儀臣捐	崑七一八
亭林文集六卷	清顧炎武著	亭林遺書本十一至十二			水一八
又同上 附餘集一卷	清顧炎武撰	學古齋本一至三			專九
亭林詩集五卷	清顧炎武著	亭林遺書本十三至十四			水一八
亭林餘集	清顧炎武著	亭林遺書本之十四			水一八
亭林佚詩	清顧炎武著	亭林遺書本之十四			水一八
素心簃集六卷 附錄一卷	清顧蓮著	高氏木刻本	四册	松江圖書館捐	麗二二一
顧雙溪集九卷	清顧奎光著	木刻本	二册	顧玉書等捐	崑四〇八
孟晉齋集五卷 附周烈士傳	清顧壽楨	木刻本	四册	顧祖香捐	日一〇〇
蓉莊遺稿	清顧鈺	本館鈔本	一册	顧石仲捐	崑六六三
金粟盦詩	清顧翃	本館影鈔本	一册		崑四
鶴巢詩存 附介卿遺草	清顧淳慶 顧家樹著	木刻本	一册		暑一〇六
靜園詩鈔	清飛鎮湘存稿	鉛印本	一册	陸士奎捐	洪一三〇
西溪詩成	清釋觀我	鈔本	一册	許同藺捐	調二八九
松夢寮詩稿六卷	清丁丙	木刻本	二册		洪一〇四
蛾術齋詩草七卷	清丁杰著	廣州木刻本	二册		調三三五
丁叔雅遺集	清丁惠康	文藝叢書本之十八			雨一八
丁子居賸草	清丁三在	仿宋刻本	一册	徐仲可捐	玉一〇二
心白日齋集六卷	清尹耕雲	木刻本	四册	陸士奎捐	洪一四四
柏堂集前編十四卷	清方宗誠	柏堂遺書本三十五至三十七			冬二
又同上	同上	同上			專一六
柏堂集次編十三卷	清方宗誠	柏堂遺書本三十八至四十			冬二

又同上	同上	同上			專一六
柏堂集續編二十二卷	清方宗誠	柏堂遺書本四十一至四十八			冬二
又同上	同上	同上			專一六
柏堂集後編二十二卷	清方宗誠	柏堂遺書本四十九至五十四			冬二
又同上	同上	同上			專一六
柏堂集餘編八卷	清方宗誠	柏堂遺書本五十五至五十七			冬二
又同上	同上	同上			專一六
柏堂集外編十二卷	清方宗誠	柏堂遺書本六十至六十一			冬二
又同上	同上	同上			專一六
柏堂集補存三卷	清方宗誠	柏堂遺書本之五十八			冬二
又同上	同上	同上			專一六
汗青閣文集二卷	清方中履著	桐城方氏本八至九			日一四
春融堂全集六十八卷	清王昶	文彬齋木刻本	二十册		宿七〇
紅棠閣文鈔六卷	清王芝林	木刻本	二册	王劍潭捐	崑四二三
紅棠閣詩鈔七卷	清王芝林著	木刻本	二册	孫思贊捐	崑四二二
絳雪齋文稿	清王家仕著	木刻本	一册		閏二五
彤雲閣遺詩二卷	清王家仕著	木刻本	一册		閏二五
百柱堂詩稿八卷	清王柏心	木刻本	二册		閏二三
王夢樓絕句	清王文治	文藝叢書本之八			雨一八
船山鼓棹集二卷	清王夫之撰	船山遺書本之一百十四			水一四
緩雅堂駢文八卷	清王詒壽著	榆園叢刻本十三至十四			水四
讀選樓詩稿十卷	清王采蘋女士	督署刻本	二册	陸士奎捐	洪一二九
長離閣詩集	清王采薇女士著	平津館本之五十			水一〇
三省樓賸稿	清王張婉女士	鉛印本	一册	王保讓捐	藏四三七
愼庵詩文鈔四卷	清左宗植著	木刻本	四册		宿七五
清芬樓遺集四卷	清任啓運	常州先哲遺書續編本三十五至三十六			呂二一

全謝山文鈔十六卷	清全祖望著	鉛印本	八册	楊道霖捐	玉三四
飛香圃文集四卷	清安詩	本館鈔本	一册		崑五一八
飛香圃詩集四卷	同上	木刻本	一册		崑四二九
安孟公遺集	清安璿著	原稿本	一册		崑七四一
安蘭巖詩鈔附詞草	清安全	本館鈔本	一册		崑五一九
朱止泉文集八卷	清朱澤雲	木刻本	四册	朱昆池捐	呂三
朱竹垞文粹六卷	清朱彝尊著 日本村瀨海編次	日本舊刻本	六册		調一九八
朱懷大遺稿	朱允文	錫成鉛印本	一册	縣立第四高等小學捐	來七六
炳燭室雜文	清江藩	積學齋本之十六			結一一
義門先生集十二卷附錄姓氏錄各一卷	清何焯	吳氏刻本	四册		藏二九四
何南園詩選二卷	清何頤士著 袁枚選	隨園全集本之四十三			專一
尊小學齋集附年譜	清余治	見得齋刻本	四册		崑二一四
又	同上	藏棱齋木刻本	二册	許同藺捐	崑二一四
吳梅村文集十卷	清吳偉業著	鉛印本	四册		宿五〇
吳梅村詩集二十卷	清吳偉業	凌雲亭本	十五册		宿五二
三恥齋初編十卷	清吳坤修	木刻本	二册	陸士奎捐	洪一四五
徐烈婦詩鈔	清吳宗愛女士著	雲鶴仙館本	二册	陸士奎捐	洪一四五
呂晚村詩集	清呂留良	石印本	四册		露七二
樹蕙齋文賸	清呂伯平	四本軒本	一册	王典章捐	藏四六三
凌雲堂賸稿	清宋道南	木刻本	一册		洪一三三
李二曲全集二十四卷	清李顒	木刻本	四册		宿六四
受祺堂詩集三十五卷	清李因篤著	原刻本	十册		宿五三
石船居詩集十二卷	清李超瓊	木刻本	四册		宿一一三
白石山房稿十二卷	清李振裕著	木刻本	五册	許同藺捐	麗一六九
龔川先生集	清李晴峯著	鉛印本	一册	瞿啓甲捐	餘二二七
校經廎文稿十八卷	清李富孫	讀書臺本	六册		麗九一

小樊川詩鈔二卷	清杜雋	本館鈔本	一册		崑七一一
汪堯峯文集十六卷	清汪琬著	鉛印本	八册	錢基博捐	陽二七九
秋影樓詩集九卷	清汪繹	鐵琴銅劍樓重刻本	二册	瞿啓甲捐	餘二九八
汪穰卿遺著八卷	清汪康年著	鉛印本	四册	汪詒年捐	麗二二〇
又同上	同上	同上	四册	同上	麗二二〇
怡雲堂全集	清沈保靖	家刻本	一册	況蘇民捐	藏四九六
吟梅仙館詩	清沈方女士著	家刻本	一册	趙學南捐	露六五
玉山閣詩選八卷附刻二種	清沈雲台選	木刻本	二册		昆一八六
清閟齋詩存三卷	清周鼎樞	咫進齋本之二十四			水二
玉芝堂文集六卷	清邵齊燾	木刻本	二册		麗九五
思復堂文集十卷	清邵廷采稿	紹興先正遺書本三十八至四十			水五
邵銘甫遺稿	邵勳著	鉛印本	一册	楊錫類捐	冬五九
豸華堂文鈔二十卷	清金應彝	木刻本	四册		洪一一八
天放樓詩集	金天羽著	鉛印本	二册	高吹萬捐	玉六〇
壯悔堂文集十卷	清侯方域	侯氏刻本	六册		宿五一
四憶堂詩集六卷	清侯方域著	木刻本	二册		宿五四
壯悔堂全集十六卷	清侯方域著	鉛印本	四册		露八五
春在堂雜文二卷	清俞樾	春在堂全書本之六十五			水一五
春在堂詩編二十三卷	清俞樾	春在堂全書本八十九至九十六			水一五
慧福樓幸草	清俞繡生女士著	春在堂全書本一百五十七			水一五
惜抱軒全集八十五卷	清姚鼐	省心閣堂刻本	十册		調三〇六
又同上	清姚鼐著	重刻本	十六册		調三〇六
春草堂遺稿	清姚陽元	咫進齋本之八			水二
敬業堂詩稿五十卷	清查愼行	木刻本	六册		麗八〇
卷施閣文集甲集四卷詩二十卷乙集二卷	清洪亮吉著	北江全集本二至十五			冬三
石笥山房集二十一卷	清胡天游著	木刻本	十册		宿六九

碧股齋詩存八卷	清胡德琳著	隨園全集本之四十三			專一
溉泉樓文集四卷	淩學敀撰	鉛印本	一册	侯學愈捐	崑二六四
溉泉樓詩集三卷	同上	同上	一册	同上	崑二六四
唐中丞遺集二十八卷	清唐訓方	歸吾廬木刻本	十册		麗一五七
寶嚴堂詩集四卷	清孫永清	精鈔本	一册	孫思贇捐	崑四一一
又同上	同上	鉛印本	一册	孫應臯捐	崑四一一
芳茂山人集十二卷	清孫星衍撰	朱氏刻本	十册		冬一八
泰雲堂全集二十五卷	清孫爾準	木刻本	四册	少宰第捐	崑一九二
又同上	同上	同上	六册	許同莘捐	崑一九二
二知齋遺稿	清孫贊堯著	鈔本	一册	孫獻香捐	崑七五二
妙香居遺稿	清孫顯	鉛印本	一册	孫思贇捐	崑三六九
經雅堂遺稿	清孫慧良著	孫氏刻本	一册	許同藺捐	崑七二八
問字堂文集六卷 附贈言	清孫星衍撰	槐廬叢書本二十七至二十八			露五

岱南閣文集二卷	清孫星衍撰	槐廬叢書本之二十九			露五
平津館文稿二卷	清孫星衍撰	槐廬叢書本三十至三十一			露五
五松園文稿	清孫星衍撰	槐廬叢書本之三十二			露五
嘉穀堂文集	清孫星衍撰	槐廬叢書本之三十二			露五
分綠軒文集	清徐聯蓉	鉛印本	一册	徐修五捐	露九七
綠瀛軒詩集	清徐珽	木刻本	一册	許同莘捐	崑一五一
話雨樓遺詩	清徐濤	鉛印本	一册	沈昌直捐	藏三三五
徐粟香詩稿	清徐大亨著	木刻本	一册	徐兆希捐	玉一二一
息養廬詩集五卷	清徐錦華著	木刻本	一册	衛彬捐	藏三三五
鬘華室詩選	清徐曼仙女士	香豔叢書本之二十四			雨四
養眞堂文鈔附外編一卷	清秦榮光	木刻本	一册	秦錫田捐	藏三六〇
養眞堂詩鈔二卷 附外編一卷	清秦榮光	木刻本	一册	秦錫田捐	藏三六一
冷紅館賸稿四卷 附刻三種	清秦臻	木刻本	三册	秦寶瓚捐	崑三三九

蒼峴山人集五卷	清秦松齡著	本館鈔本	一册		崑四九四
劍霜龕吟稿	清秦寶鑑	鉛印本	一册	徐彥寬捐	崑三六三
又	同上	同上	一册	同上	崑三六三
竢實齋文稿二卷	清秦寶璣著	木刻本	一册	孫思贇捐	崑七二五
微雲樓詩集四卷	秦昌焯	木刻本	一册		崑四〇〇
盈書閣遺稿	清袁棠女士著	隨園全集本之四十五			專一
湘痕閣詩稿二卷	清袁嘉女士著	隨園全集本之四十五			專一
瑤華閣詩草	清袁綬女士著	隨園全集本之四十六			專一
邃懷堂全集三十七卷	清袁翼	木刻本	二十册		宿七九
翊翊齋遺書	清馬翮飛	木刻本	一册	陸士奎捐	洪一三九
高陶堂遺集七卷	清高心夔編	木刻本	四册		宿一〇六
醉墨軒詩鈔二卷	清張步瀛	鈔本	三册	孫靜菴捐	崑六三一
醉墨軒遺文	清張步瀛著	本館鈔本	一册		崑四九〇

退思軒詩集六卷	清張百熙	鉛印本	二册	許同莘捐	呂二二
悔昨齋詩錄四卷	清張深	木刻本	二册		洪一五六
聽松廬詩鈔十六卷	清張維屏	木刻本	四册		洪一二六
船山詩草選六卷	清張問陶著	士禮居叢書本之三十			玉七
正誼堂文集十二卷	清張伯行撰	正誼堂本一百四十二至一百四十三			宇二
正誼堂續集八卷	清張伯行撰	正誼堂本一百四十四至一百四十八			宇二
廣雅堂詩集	清張之洞	鉛印本	二册		呂二五
又	同上	同上	二册	許同莘捐	呂二五
紅葉村詩稿	清梁逸著	又滿樓本	一册	趙貽琛捐	玉七一
梅伯言全集十九卷	清梅曾亮	石印本	八册		宿一一
思娛齋詩鈔二卷	清章簡	木刻本	一册	章履平捐	崑三六四
珍藝宧詩鈔二卷	清莊述祖	莊氏刻本	一册	莊先識捐	調一一二
復庵詩文集五卷	清許玨	鉛印本	二册	許同藺捐	崑二一六

靈芬館雜著二卷	清郭麐	張氏刻本	二冊		洪一一六
噫餘室詩鈔	清郭韵芳女士著	石印本	一冊	江西沈穀學校捐	暑三四七
湖海樓全集五十四卷	清陳維崧撰	患立堂本	十二冊		宿五八
蓮山續文稿三卷	清陳衍虞著	寫刻本	一冊	許同藺捐	調三一七
湖山懷古集	清陳時	武林掌故叢編本之九十六			水一二
渼學室文鈔四卷 附補遺	清陶方琦著	紹興先正遺書本四十五至四十七			水五
寶學堂存稿	清陶黼升著	鉛印本	一冊	陶守恆捐	崑六六八
崇百藥齋集二十卷	清陸繼輅	木刻本	十二冊		餘二六四
讀秋水齋詩十六卷	清陸獻恩	木刻本	四冊	陸怡庵捐	麗九三
灌園未定稿二卷	清傅懷祖	木刻本	二冊		洪一二七
惺惺齋存稿十卷	清喻長霖	鉛印本	六冊	許同藺捐	調三三六
抱犢山房集六卷	清嵇永仁撰	木刻本	二冊	陸士奎捐	崑三四六
錫慶堂詩集八卷	清嵇璜著	木刻本	二冊	陸士奎捐	崑四一三

無錫縣立圖書館書目 卷十四集部 別集類 清 十五

瓊州雜事詩	清程秉釗	靈鶼閣本之二十四			專一四
閑吟處詩鈔四卷	清華文桂	木刻本	一冊		崑六八〇
怡安室詩稿	清華韞玉女士著	舊刻本	一冊	秦平甫捐	崑六四二
匪石山人詩	清鈕樹玉	靈鶼閣本之二十四			專一四
知止庵文集四卷 附補遺	清黃宗起著	鉛印本	二冊	黃廣孫捐	餘二三一
知止庵詩集六卷 附錄一卷	清黃宗起	木刻本	二冊	黃廣孫捐	餘二三二
天韵閣詩存	黃箴女士著	木刻本	一冊		呂一三〇
茶香閣遺草附一卷	黃婉璚女士著	三長物齋本之四十七			出一一
南湖東游草	廉泉著	小萬柳堂叢刻本	一冊		崑二〇二
澶柘紀游詩 附集古詩	廉泉著	小萬柳堂叢刻本	一冊		崑二〇二
況梅齋詩鈔 闕卷下	清楊紹基著	木刻本	一冊		崑三四九
春草軒詩存四卷	清楊掄著	本館鈔本	二冊		崑五二二
選雲樓詩鈔	清楊婉女士著	本館鈔本	一冊		崑四七八

曉霞閣詩草	清楊鳳祥女士著	鈔本	一冊	余夢齡捐	崑七四五
吟香室詩草二卷 附二卷	清楊蘊輝女士著	木刻本	二冊	余夢齡捐	崑三七九
又同上	同上	同上	二冊	同上	崑三七九
岱吟樓遺稿	清溫倩華女士著	木刻本	一冊	過暢侯捐	崑二一三
正誼堂文集二十六卷	清董以甯	常州先哲遺書續編本三十四至三十五			呂二
裘文達公集六卷	清裘日修	原刻本	六冊	許同莘捐	呂一七九
寶素齋詩鈔九卷	清鄒鳴鶴	木刻本	一冊		崑五九四
鄒叔子遺詩十種	清鄒漢勳	木刻本	十二冊	祝心淵捐	藏六
斅藝齋文存八卷	清鄒漢勳撰	鄒叔子遺書本九至十			藏六
斅藝齋詩存二卷 附外集一卷	清鄒漢勳撰	鄒叔子遺書本之十二			藏六
三借廬賸稿	鄒弢輯	鉛印本	二冊	鄒翰飛捐	崑三〇〇
又	同上	同上	二冊	同上	崑三〇〇
半讀齋賸稿	清樂汝梅著	本館鈔本	一冊		崑四六一

無錫縣立圖書館書目 卷十四集部 別集類 清 十六

恥不逮齋集五卷	清熊其英	原刻本	四冊	陸士奎捐	洪一二〇
二熊君詩賸	清熊其光 熊其英	鉛印本	一冊	陸士奎捐	日三二
因寄軒文集十八卷	清管同著	木刻本	四冊		宿一〇八
齊召南外集十二卷	清齊召南撰	石印本	二冊		餘二五九
思補齋文集四卷	清劉星煒	重刻本	四冊		洪一四二
劉孟塗文集十二卷	清劉開	黃氏刻本	四冊		宿一〇七
又十卷	同上	姚氏刻本	二冊		呂一四五
梧孫行吟草十四卷	清劉輿樾	種星草堂本	六冊		調一三五
寄漚詩文鈔六卷 附詞一卷	清劉繼增著	本館仿宋本	三冊		崑二九六
一家詩詞草	清滕元鑑 滕楷膺著	木刻本	二冊		崑三七四
又	同上	同上	二冊	薛鎔臣捐	崑三七四
存眞意文集	清潘世恩撰	家刻本	一冊		閏七一
潘書堂詩鈔六卷	清潘錦	陶氏木刻本	二冊		崑七二九

愛吾廬詩鈔六卷	清蔡兆華	木刻本	二冊		洪一一九
樫竹齋詩鈔附詞草	清蔡濬	本館鈔本	一冊		崑四五五
拙存堂文集七卷	清蔣衡著	鉛印本	一冊		崑六三三
雙桂軒詩稿	清鄧登瀛著	原稿本	一冊		崑七四九
鄭小谷全集四十七卷	清鄭獻甫著	木刻本	三二冊	大公圖書館捐	暑一
類谷居文稿	清諸洛著	本館鈔本	一冊		崑五三〇
牧齋晚年文	清錢謙益	鉛印本	一冊	許同莘捐	藏四六七
牧齋集外詩	清錢謙益著	鉛印本	一冊	鄒啓甲捐	餘二二五
甘泉鄉人稿二十八卷	清錢泰吉	木刻本	七冊		宿一一〇
庸盦文別集六卷	清薛福成著	石印本	六冊	胡介昌捐	崑四四六
小林寥詩草九卷	清鍾鼎著	木刻本	四冊		閏二一
存研樓文集十六卷	清儲大文著	靜遠堂本	十冊		宿八八
寒松堂全集十二卷	清魏象樞著	舊刻本	十三冊	許同莘捐	呂九四

粵臺徵雅錄	清羅元煥撰 陳仲瑀注	嶺南遺書本四集之十四			水七
寥天一閣文二卷	清譚嗣同	譚氏舊學本之一	四冊		餘二一一
濟遠軒文集	清寶士鏞著	鉛印本	一冊		崑三五七
綺雲樓雜著	清寶士鏞著	鉛印本	一冊		崑三五八
篁韻庵詩稿六卷	清顧森書	鉛印本	二冊	顧叔嘉捐	崑三六一
錫山龔氏詩	清龔愷 龔鈐著	木刻本	一冊	龔毅成捐	崑三八二
龔定庵全集十八卷	清龔自珍撰	萍溪齋本	七冊		宿一〇三
盧白室詩文鈔十八卷	清方昌翰	木刻本	六冊	陸士奎捐	洪一三七
醉經草堂全集二十卷	清王鎰著	本館鈔本	六冊		崑四九五
薑齋詩編年稿	清王夫之撰	船山遺書本之一百十八			水一四
薑齋詩分體稿四卷	清王夫之撰	船山遺書本之一百十九			水一四
薑齋文集補遺二卷	清王夫之撰	船山遺書本之一百二十			水一四
樂草山堂詩稿	清王會汾著	鈔本	四冊		崑四三四

又殘本	同上	鈔本	二冊		崑六八三
安褧古詩文稿	清安吉	原稿本	二冊		崑四三四
東里草堂詩鈔	清朱壽清	本館鈔本	一冊		崑四七四
梅村詩集箋注十八卷	清吳偉業著 清吳翌鳳箋注	滄浪吟榭木刻本	十冊		出三五
盉羹書屋遺詩	清吳鴻鈞	鉛印本	一冊	沈昌直捐	藏三二六
有正味齋全集二十五卷	清吳錫麒	木刻小本	六冊		宿六八
吳學士詩文集九卷	清吳翬	江甯藩署本	六冊		洪一四一
鞠隱山莊遺詩	吳寶三著	小萬柳堂叢刻本	一冊		崑二〇二
冬心草堂詩選二卷	李恩綬著	鉛印本	二冊	陸士奎捐	洪一二一
養一齋詩文集二十四卷	清李兆洛著	木刻本	十冊		宿八一
望月軒詩詞稿二卷	清沈英女士	本館鈔本	一冊		崑五一〇
漁洋精華箋注十二卷	清林始注	欽定本	十冊	許同莘捐	律七二
雲左山房文鈔四卷	清林則徐著	廣益書局石印本	四冊		爲三五九

碧螺山館詩草	清金蘭著	木刻本	一冊	趙學南捐	暑一七七
古杼秋館遺稿	清侯楨著	禮讓堂本	二冊		崑三九九
又	同上	同上	二冊	侯學愈捐	崑三九九
古杼秋館詩鈔四卷	清侯楨著	原稿石印本	一冊	吳日永捐	崑一一二
又同上	同上	同上	一冊	同上	崑一一二
復莊駢儷文榷八卷	清姚燮	大梅山館本	二冊		洪一三五
雲芝仙館詩鈔十二卷附詞鈔	清胡念修著	劉鶚齋木刻本	四冊		閏四
施愚山先生集四十卷	清施閏章著	舊刻本	七冊		宿六六
敬業堂集補遺	清查慎行原著 張元濟補遺	涵芬樓秘笈本四集之八			藏二三〇
紀文達公遺集三十二卷	清紀昀	原刻本	十四冊	徐薇生捐	宿五九
覺顛冥齋內言四卷	唐才常著	木刻本	四冊		出五一
芳茂山人詩集九卷	清孫星衍著	平津館本之四十九			水一〇
四槐奇廬類稿	清孫鼎烈著	本館鈔本	四冊		崑四六三

次皙次齋遺文	清孫振烈著	鉛印本	一册	孫肇圻捐	崑三八四
十笏山房詩集二卷	清徐鴻吉	木刻本	一册	陸士奎捐	洪一二八
善思齋詩文鈔二十二卷	清徐宗亮	木刻本	四册	陸士奎捐	洪一三一
又 文鈔九卷詩鈔七卷	同上	同上	二册		麗一五四
玉山閣古文選四卷	清徐榮慶	木刻本	一册		崑一八六
靈洲山人詩錄六卷	清徐顥	學壽堂本之十二			水八
絜香吟館詩稿	清烏佳齡文女士著	木刻本	一册	陸士奎捐	宿一〇一
城西草堂詩集四卷	清秦緗武	家刻本	一册	顧少泉捐	崑二六〇
又同上	同上	本館影鈔本	一册		崑四一八
虹橋老屋遺稿	清秦緗業	木刻本	二册		崑三四三
竹外山房詩集二卷	清秦湖	舊刻本	一册	秦毓鈞捐	崑二三九
小峴山人詩集二十六卷	清秦瀛	原刻本	八册		崑三三五
小峴山人全集三十五卷	清秦瀛	城西草堂原刻本	十册		崑三三六

無錫縣立圖書館書目　卷十四集部　別集類　清　十九

碧梧桐館詩存	清秦欅	本館鈔本	一册		崑五〇五
小睡足寮詩集四卷	清秦敏時	木刻本	一册	許同藺捐	藏二五〇
微雲山館詩集	清秦裔章	本館鈔本	一册		崑五二八
小倉山房文集三十五卷	清袁枚著	隨園全集本一至六			專一
小倉山房外集八卷	清袁枚著	隨園全集本七至八			專一
小倉山房詩集三十六卷	清袁枚著	隨園全集本九至十六			專一
紅豆村人詩集十四卷	清袁樹著	隨園全集本四十一至四十二			專一
瑤華閣詩詞鈔	清袁綬女士著	木刻本	四册		洪一〇三
素文女子遺稿	清袁機女士著	隨園全集本之四十六			專一
沙河逸老小稿六卷附嶰谷詞一卷	清馬曰琯	粵雅堂本一百二十八至一百二十九			雨二
楊園先生全集五十四卷	清張履祥	江蘇書局本	十六册		宿四二
張文達公遺集	清張之萬	同文館本	二册	許同莘捐	呂三一
張南湖詩詞存	清張應蘭著	木刻本	一册	張鑑捐	崑一六〇

綠槐書屋詩稿二卷	清張綸英女士	木刻本	一册	孫雨蒼捐	呂一三八
四焉齋詩文集文八卷詩四卷	清曹一士著	家刻本	六册		閏一二〇
靈巖山人詩集四十卷闕第四册	清畢沅	經訓堂本	十一册		宿六七
桐鄉畢氏遺著三卷	清畢灝著	木刻本	一册		日九〇
許文肅公外集六卷	清許景澄著	鉛印本	四册	唐文治捐	玉一六
陳文肅公遺書四卷	清陳大受	鉛印本	四册		宿七二
澹遠山房詩鈔二卷	清陳曦	本館鈔本	一册		調二一五
小迦陵館文集	清陳寶著	鉛印本	一册	許同藺捐	調二〇二
碧城仙館詩鈔八卷	清陳文述	靈鶼閣本十七至二十			專一四
春暉草堂遺稿	陸龍著	鉛印本	一册	陸緒卿捐	署四三
冷雲齋冰燈詩	清傅山著	昭代叢書本之一百六十九			結一
秋士先生遺集六卷	清彭績	木刻本	二册		洪一二五
彭剛直公詩集八卷	清彭玉麐	俞樓木刻本	二册		藏二七四

無錫縣立圖書館書目　卷十四集部　別集類　清　二十

筆花書屋詩鈔	清嵇文駿	錫慶堂木刻本	二册		崑四一二
曾文正公全集一百五十卷	清曾國藩	傳忠書局本	一百四十四册		冬一
賞雨茅屋外集	清曾燠	金峨山館木刻本	一册		閏一〇
欒薖紀事初稿四卷	清湯紀尚著	木刻本	二册		洪一二三
荔雨軒詩文集十一卷	清華翼綸	木刻本	四册		崑三四一
又五卷	同上	同上	二册		崑二六一
行素軒詩文存	清華蘅芳撰	木刻本	一册	張曾慰捐	崑二四〇
垂老讀書廬詩二卷	清黃定齋著	家刻本	二册	許同藺捐	藏二五三
大潙山房遺稿九卷	清黃湘南著	三長物齋本四十一至四十二			出二
三長物齋文畧六卷	清黃本驥著	三長物齋本之五十八	十册		出二
三長物齋詩略五卷附夏小正試帖	清黃本驥著	三長物齋本五十六至五十七			出二
芙蓉山館全集二十卷	清楊芳燦	木刻本	八册		崑三五四
桐華吟館詩稿二卷	清楊掞著	木刻本	二册	祝心淵捐	崑四二六

綠雲吟館詩鈔	清楊英燦著	本館鈔本	一册		崑五二一
遲鴻軒詩文集六卷	清楊峴	木刻本	二册		宿一一二
問鸛山館詩鈔	清楊炳勳著	木刻本	三册	許同藺捐	調二八二
夢梅吟館 綠蔓軒 合草	清楊蘊女士 楊志溫女士著	木刻本	一册	竇鎮捐	崑三九〇
潛廬先生文集十五卷	清戴名世著	木刻本	八册		宿九八
劉葆眞太史集二卷	清劉可毅	木刻本	一册	陸士奎捐	洪一二四
烟霞草堂文集十卷 附錄一卷	清劉光蕡	思過齋精刻本	六册	王典章捐	藏四五九
大濬山房詩集	清劉銘傳著	木刻本	一册	孫思贊捐	崑二九九
三徑草堂詩鈔四卷	清蔣師軾著	木刻本	一册	許同藺捐	藏二四六
扃善齋詩文存	清鄧嘉緝	木刻本	三册		洪一四六
諫果書屋遺詩二卷	清鄭恭和	鉛印本	一册	沈昌直捐	藏三二四
潛研堂詩文集十五卷	清錢大昕	原刻本	十四册		宿六〇
衎石齋紀事稿二十六卷	清錢儀吉	木刻本	十二册		宿一〇四

玉山草堂續集六卷	清錢林撰	粵雅堂本之八十六	二册		雨二
示樸齋駢體文六卷	清錢振倫	木刻本	二册		閏八
丹魁書屋賸稿	清錢福煒著	木刻本	一册		崑三五六
青萍軒詩文錄三卷	清薛福保	木刻本	二册	孫思贊捐	崑七三一
浣花小吏存稿	清韓天驥	家刻本	一册	許同藺捐	爲三九四
在陸草堂文集六卷	清儲欣著	祠堂刻本	六册		宿九五
瞿文愼公詩選	清瞿鴻禨著	石印精本	四册	長沙瞿氏捐	餘二七二
寄嶽雲齋初稿十卷 附補遺	清聶銑敏著	經國堂木刻本	四册	徐薇生捐	爲四二八
古微堂內外集十卷	清魏源著	淮南書局本	四册		宿九六
遠遺堂集外文	清譚嗣同	譚氏舊學本之四			餘二一一
寶曉湘先生集	清竇士鏞著	鉛印本	四册	竇宗濂捐	崑二三七
武陵山人雜著	清顧觀光撰	小萬卷樓本之十一			雨二五
靑環玕館遺稿	清顧濟	木刻本	一册	顧玉書等捐	崑三九六

存敬畏齋文草三卷	清顧森書	本館鈔本	一册		崑五一六
虞東先生文集八卷	清顧鎭著	小石山房本十七至十八			雨二六
玉笥山房要集	清顧廷綸著	木刻本	一册	顧鼎梅捐	暑一〇五
聽鶴山房吟稿	清龔桐	舊刻本	一册	龔海臣捐	藏三三九
又	同上	同上	一册		崑四五七
愼思草堂吟稿附家譜世系	清龔汝直	舊鈔本	一册	龔海臣捐	藏三三八
又同上	同上	同上	一册		崑四五七
定庵文集補編四卷	清龔自珍	木刻本	二册		宿九四
秋碧吟廬詩鈔六卷	日本久保得二	日本鉛印本	二册	徐珂捐	暑一五〇
薑齋五十自定稿	清王夫之撰	船山遺書本之一百十一			水一四
薑齋六十自定稿	清王夫之撰	船山遺書本之一百十二			水一四
薑齋七十自定稿	清王夫之撰	船山遺書本之一百十二			水一四
烟霞萬古樓文集六卷	清王曇	木刻本	二册		洪一四七

吳梅村詩集補鈔	清吳偉業著	思益社叢刊本	四册		崑二六六
求自得之室文鈔九卷	清吳嘉賓	廣州木刻本	四册		洪一四〇
桐城吳先生文集四卷	清吳汝綸	吳氏精刻本	四册		宿七八
曼陀羅花室全集九卷	清吳翊寅	廣雅書局本	五册	許同藺捐	藏二五二
汪容甫先生詩集五卷 附補遺	清汪中著	述古齋木刻本	一册	汪三友捐	閏一六一
落帆樓文集賸稿二卷	清沈垚撰	聚學軒本之一百			雨一
醉花陰軒詩文鈔	清侯星聯著	鉛印本	二册	侯鴻鑑捐	崑七三三
春在堂雜文續編六卷	清俞樾	春在堂全書本六十六至六十八			水一五
春在堂雜文三編四卷	清俞樾	春在堂全書本六十九至七十			水一五
春在堂雜文四編八卷	清俞樾	春在堂全書本七十至七十四			水一五
春在堂雜文五編八卷	清俞樾	春在堂全書本七十五至七十七			水一五
春在堂雜文六編十卷	清俞樾	春在堂全書本七十八至八十四			水一五
六有書齋詩文集	清施建烈	鈔本	二册		崑三五〇

孫仰晦先生文集	清孫希朱	木刻本	二册		崑一六
師鄭堂駢體文存二卷	清孫同康撰	木刻本	一册	許同莘捐	藏四六二
桂伯華先生遺詩	桂念祖	鉛印本	一册	黃元炳捐	暑三一八
端虛勉一居文集	清張成孫	常州先哲遺書續編本之四十			呂二
張文襄公駢文箋二卷	清張之洞撰 郭中廣箋注	鉛印本	二册		閏六八
聽香仙館詩詞鈔	清道士許巨楫	鉛印本	四册	虞仲良捐	崑六一六
又	同上	同上	四册	劉書勳捐	崑六一六
散原精舍集外詩	陳三立	文藝叢書本之二十三			雨一八
小書巢詩賦存稿十一卷	清陸以莊	原刻本	四册		洪一一三
讀秋水齋詩文集二十二卷	清陸繼恩著	木刻本	五册	陸怡庵捐	麗九三
小謨觴館詩文集十六卷	清彭兆蓀	木刻本	六册		宿七七
彭剛直公詩文集各八卷	清彭玉麐	木刻木	八册		月二七
悔餘吟社詩詞稿	清華汝楫著	本館鈔本	一册		崑五一一

無錫縣立圖書館書目 卷十四集部 別集類 清 二十三

三十六灣草廬稿十卷	清黃本驥著	三長物齋本四十五至四十七			出二
陸陳二先生文鈔二十九卷	葉裕仁編	木刻本	八册	太倉圖書館捐	暑二二
熊愚齋先生文集八卷	清熊賜履	正誼堂本	八册	文明書局捐	麗七五
樊榭山房遊仙集三卷	清厲鶚稿	木刻本	一册		爲三九四
樊榭山房集外詩	清厲鶚	說部叢書本之三十九			雨六
青芝山館駢體文二卷	清樂鈞	金峨山館木刻本	一册		閏一一
荃察余齋詩文存	鄧鎔	仿宋刻本	二册	許同莘捐	日七九
五百四峯堂詩鈔二十五卷	清黎簡撰	原刻本	八册		洪一一四
高子水居菁華錄	錢基博選纂	鉛印本	一册	錢子泉捐	崑七五四
篁韵龕駢文草稿	清顧森書	本館鈔本	一册		崑五一五
綠棋影樓詩詞存	清顧翎女士著	木刻本	一册	楊志濂捐	崑六七八
有正味齋駢體文箋二十四卷	清吳錫祺著 王廣業注	文彬齋本	八册		宿七一
蘦蒔山莊駢散文存	吳修祜	木刻本	一册	吳巳達捐	調二一〇

七二青芙蓉館詩集	清沈鎣著	本館鈔本	一册		崑四八四
小倉山房詩集補遺二卷	清袁枚著	隨園全集本之十六			專一
小謨觴館文集箋注六卷	清彭兆蓀撰 孫元培箋注	木刻本	三册		宿七三
拜石山房未刻詩稿	清顧瀚著	本館鈔本	一册		崑四八五
漁洋山人精華錄訓纂十卷	清王士禎著 惠棟訓纂	徐氏木刻本	十六册		宿五五
香珊瑚書屋駢體文稿	清周有壬	本館鈔本	一册		暑一八三

詞曲類

詞源二卷	宋張炎撰	守山閣本之一百			麗八四
又同上	同上	榆園叢刻本之五			水四
詞品	元涵虛子	說郛本之八十六			爲一
又	郭麟	文藝叢書本之二十二			雨一八
詞旨	元陸輔之述	文藝叢書本之一			雨一八
又	元陸輔之	說郛本之八十六			爲一

無錫縣立圖書館書目 卷十四集部 詞曲類 二十四

詞評	明王世貞著	小石山房本之十五			雨二六
老圃	清俞樾	春在堂全書本之四十八			水一五
詞續四卷	清譚獻纂錄	半厂叢書本十至十二			水六
漁歌記	唐李德裕	說郛本之一百零二			爲一
陽春集	南唐馮延巳撰	寄漚書巢木刻本	一册	周夢坡捐	麗二一七
又	宋米友仁	知不足齋本二十三集之八			水一六
斷腸詞 漱玉詞 合刻	宋李清照	石印汲古閣本	一册		月一〇九
花外詞	宋王沂孫	知不足齋本二集之四			水一六
信齋詞	宋葛郯	常州先哲遺書本之二十八			呂一
石湖詞	宋范成大著	知不足齋本二集之四			水一六
草窗詞二卷 補二卷	南宋周密	知不足齋本二十三集之八			水一六
貞居詞	元張天雨	知不足齋本十三集之八			水一六
蛻巖詞二卷	元張翥著	知不足齋本六集之八			水一六

眞眞曲	明貝瓊著	香豔叢書本之三十三			雨四
元曲選十集	明臧晉叔	涵芬樓鉛印本	四册		閏一七三
燕子箋	明百子山樵撰	懷遠堂本	二册		日一〇五
還魂記二卷	碩園删定	舊刻本	二册	許同藺捐	稱六〇
春蕪記二卷	闕名	木刻本	一册	許同藺捐	稱六一
洞仙詞六卷	清陳星涵	沙氏刻本	二册		閏三
衍波詞二卷	清王士禎著	楡園叢刻本之五			水四
納蘭詞五卷	清性德著	楡園叢刻本之六			水四
考功詞	清鄭守廉	木刻本	一册	許同莘捐	呂一四二
玉淦詞	清潘曾瑋	寫刻本	一册	許同藺捐	藏四五一
鶴緣詞	清呂耀斗撰	敬止堂本	一册	沈奉江捐	調二〇〇
秋水詞二卷	清嚴繩孫	本館鈔本	一册		崑四六七
亦云詞	清余一鼇著	本館鈔本	一册		崑四七九
覺夢詞	清余一鼇	木刻本	一册	余夢齡捐	崑四二四
藝雲詞四卷	清俞敎培塡詞	木刻本	一册	俞鴻烈捐	崑五九二
春鸝詞二卷	清葛湘撰	舊刻本	一册	徐徵生捐	稱七〇
彈指詞三卷	清顧貞觀著	枕經胙史齋刻本	一册	顧少泉捐	崑六六五
澹雪 雨花 詞合册	清顧岱	孤雲軒鈔本	一册	王蘊章捐	崑二五〇
小忽雷二卷	清顧彩塡詞	嗳紅室精刻本	二册		崑二〇一
寄漚詞	清劉繼增	鈔本	一册	劉書勳捐	崑一九三
蘅夢詞二卷	清郭麐著	楡園叢刻本之七			水四
爨餘詞	清郭項著	楡園叢刻本之八			水四
憶雲詞四卷	清顧廷紀著	楡園叢刻本之十			水四
微波詞	清錢枚著	楡園叢刻本之十一			水四
笙月詞五卷	清王詒壽著	楡園叢刻本十五至十六			水四
花影詞	清王詒壽著	楡園叢刻本之十六			水四

篋中詞六卷	清譚獻纂錄	半厂叢書本八至十			水六
鶴緣 紅蕉 詞	清呂耀斗 袁寶璜	江氏刻本	一册	祝心淵捐	日一〇三
梨花雪	清徐午閣塡詞	石印本	三册	黃元炳捐	閏四七
白頭新	清徐午閣塡詞	石印本	一册	黃元炳捐	閏四八
百空曲	清俞樾	春在堂全書本之四十八			水一五
驪山傳	闕名	春在堂全書本之一百六十			水一五
梓潼傳	闕名	春在堂全書本之一百六十			水一五
梅喜緣	清陳烺塡詞	香豔叢書本之五十三			雨四
桂枝香	清王先謙	香豔叢書本之四十八			雨四
薄命曲	孫學勤	香豔叢書本之三十八			雨四
盤珠詞	清莊蓮佩女士	香豔叢書本之二十四			雨四
唐樂曲譜	宋高似孫	說郛本之一百零二			爲一
日湖漁唱附補遺續補遺各一卷	宋陳允平	粵雅堂本之一百十一			雨二
和石湖詞	宋陳三聘	知不足齋本二集之四			水一六
張子野詞二卷補遺二卷	宋張元	知不足齋本十三集之八			水一六
升庵詞品	明楊愼	續說郛本之一百五十五			爲一
花草蒙拾	清王士禎著	昭代叢書本之八十二			結一
清代樂府	清尤侗等著	舊鈔本	二册		閏八四
製曲枝語	清黃周星著	昭代叢書本之四			結一
又	同上	美術叢書本之六			藏五
西河詞話	清毛奇齡	昭代叢書本之三十八			結一
海鷗小詞	清趙執信著	昭代叢書本之七十			結一
懺餘綺語二卷	清郭麐著	楡園叢刻本之八			水四
浮眉樓詞二卷	清郭麐著	楡園叢刻本之七			水四
船山鼓棹二集	清王夫之撰	船山遺書本之一百十四			水一四
瀟湘怨詞	清王夫之撰	船山遺書本之一百十五			水一四

紅雪詞鈔四卷 附錄二卷	清黃湘南著	三長物齋本四十三至四十四			出二
飲水詞集二卷	清性德著	粵雅堂本一百零三至一百零四			雨二
飲水詞鈔二卷	清性德著 袁通選錄	隨園全集本之四十八			專一
箏船詞選二卷	清劉嗣綰著	隨園全集本之四十八			專一
金粟詞話	清彭孫遹著	美術叢書本之六			藏五
半篋秋詞	清張子馥撰	鉛印本	二冊		露七三
眞松閣詞六卷	清楊夔生	原刻本	一冊	孫思贊捐	崑四二七
又同上	同上	心禪室刻本	一冊	余夢齡捐	崑四二七
又同上	同上	同上	一冊	許同藺捐	崑四二七
靜園詩餘	清饒鍇湘存稿	鉛印本	一冊	陸士奎捐	日八九
詞林正義	清戈載	木刻小本	二冊		日五一
鐔仙詞稿四卷	清吳寶書	木刻本	一冊		崑六七六
菊素庵詞四卷	清姚輝第著	木刻本	一冊	孫思贊捐	冬五一
花間小草	清嵇蓉	本館鈔本	一冊		崑四八六
迎鑾新曲二卷	清吳城 厲鶚同塡	武林掌故叢編本之一百七十			水一二
同功璽詞	清洞陽山人塡	文藝叢書本之三十六			雨一八
正味遺音	清洞陽山人塡	文藝叢書本之三十六			雨一八
神山引曲	清玉泉子塡詞	香豔叢書本之二十七			雨四
純飛館詞	徐珂	天蘇閣叢刊五種本之一			出五七
栖香閣詞二卷	清顧文婉女士著	聚珍本	一冊		崑三四〇
琴淸閣詞 蒔香詞鈔 合冊	清顧楊芸女士 顧領女士著	本館鈔本	一冊		崑五二〇
含烟閣詞	清堵霞女士著	本館鈔本	一冊		崑四八三
碣石調幽蘭	唐丘公傳	古逸叢書本之四十七			露二
山中白雲詞八卷	宋張炎撰	榆園叢刻本三至四			水四
蘋洲漁笛譜二卷	南宋周密	知不足齋本八集之八			水一六
更生齋詩餘二卷 凡兩種	清洪亮吉著	北江全集本之三十			冬三

唐宋小樂府	清洪亮吉著	北江全集本之三十			冬三
小書舟樂府三卷	清程定謨著	木刻本	一冊		閏九
白香詞譜箋四卷	清舒夢蘭輯 謝朝徵箋	半厂叢書本六至七			水六
第十一段錦	清顧彩著	昭代叢書本之一百六十三			結一
龍舟會雜劇二卷	清王夫之撰	船山遺書本之一百十六			水一四
玉山堂詞選	清汪度著	隨園全集本之四十九			專一
春在堂詞錄三卷	清俞樾	春在堂全書本之九十七			水一五
七頌堂詞繹	清劉體仁	美術叢書本之四			藏五
皺水軒詞筌	清賀裳著	昭代叢書本之九十六			結一
西湖秋柳詞	清楊鳳苞	說部叢書本之三十三			雨六
拜石山房詞四卷	清顧翰著	榆園叢刻本之九			水四
納書楹曲譜	清葉堂訂譜	原刻本	二十冊		宙一六
庶幾堂今樂二十八種	清余治編著	舊刻本	十冊		崑一四二
蔣氏九種曲	清蔣士銓塡詞	紅雪樓刻本	十冊		日一〇四
茂林秋雨詞四卷	清王錫振	木刻本	一冊		日九七
秋夢盦詞鈔三卷	清葉衍蘭著	羊城木刻本	一冊	陸士奎捐	日九九
汨羅沙傳奇	清胡盍朋	鉛印本	一冊	吳日永捐	調二八一
桃花扇傳奇	清孔東塘	蘭雪堂精刻本	五冊	俞復捐	崑二一八
又	云亭山人著 考定爲顧彩撰	鉛印本	一冊		岡二六一
又	錢基博考定 爲顧彩撰	同上	一冊	錢基博捐	岡二六一
楊州夢傳奇二卷	清嵇永仁塡詞 原署抱犢山農	舊刻本	二冊		崑三九一
吟風閣傳奇	清楊潮觀撰	寫韵樓鉛印本	四冊	王蘊章捐	崑五四六
紅樓夢傳奇八卷	清陳鍾麟塡詞	鉛印本	二冊		閏二〇〇
太素齋詞鈔二卷	清勒方錡	陳氏重刻本	一冊		調三六四
聽秋聲館詞二十卷	清丁紹儀	原刻本	四冊		崑一九七
蓮子居詞話四卷	清吳衡照	說部叢書本之四十九			雨六

無錫縣立圖書館書目　卷十四集部　詞曲類　二十九

春草軒詩餘	清楊掄	本館鈔本	二冊		崑五二二
捧月樓詞選	清袁通著	隨園全集本之四十九			專一
白雨齋詞話八卷 附詞存詩鈔各一卷	清陳廷焯著	木刻本	四冊		調二七九
茯苓仙傳奇	玉泉樵子	香豔叢書本之三十五			雨四
姽嫿封傳奇	闕名	香豔叢書本之四十三			雨四
桃花夢傳奇四卷	陳蝶仙塡詞	鉛印本	四冊		爲四二四
湘痕閣詞稿	清袁嘉女士著	隨園全集本之四十五			專一
瑤華閣詞鈔	清袁綬女士著	隨園全集本之四十六			專一
樂府古題要解二卷	唐吳兢撰	明鈔本	二冊		閏八三
又同上	同上	津逮秘書本之二百六十			陽三三二
又同上	唐吳兢	歷代詩話續編本之一			崑二五八
南唐二主詞箋	中主李璟後主李煜撰清劉繼增箋校	寄漚書巢原刻本	一冊	周夢坡捐	崑三五五
又	同上	寄漚書巢朱刻本	一冊		崑三五五
白石道人歌曲四卷 別集一卷	宋姜夔著	檢閱叢刻本之二			水四
陽關三叠圖譜	明田藝衡	續說郛本之一百五十四			爲一
碧梧山館詞選二卷	清汪世泰著	隨園全集本之四十九			專一
綠秋草堂詞選	清顧翰著	隨園全集本之四十九			專一
崇睦山房詞選	清汪全德著	隨園全集本之四十九			專一
過雲精舍詞選	清楊夔生著	隨園全集本之四十九			專一
南州草堂詞話	清徐釚輯	昭代叢書本之二十五			結一
南曲入聲客問	清毛先舒著	昭代叢書本之十五			結一
留漚吟館詞存	清沈鑒	木刻本	一冊	祝心淵捐	崑一一五
聽雨小樓詞稿二卷	清楊英燦著	木刻本	一冊	余夢齡捐	崑三六八
拜石山房詞鈔四卷	清顧翰	心矩室木刻本	二冊	孫思贊捐	崑三九三
翠寒集體物詞二卷	清洞陽山人撰	文藝叢書本之三十六			雨一八
奢摩他室曲叢	清薇隱主人著	木刻本	二冊	祝心淵捐	日二六

無錫縣立圖書館書目　卷十四集部　詞曲類　三十

論嶺南詞絕句	潘飛聲	文藝叢書本之五	一冊		雨一八
女才子記傳奇	蘇門嘯侶著	鉛印本	一冊		爲三二九
五十絃錦瑟樓詞	清郭寶珩	鉛印本	一冊	許同莘捐	呂八
留雲借月菴詞鈔八卷	清劉炳照	原刻本	二冊		冬四三
吹月塡詞館賸稿 鐵琴銅劍樓詞草 合刻	清瞿紹堅瞿鏞著	鉛印本	一冊	瞿啟甲捐	餘二二六
擬兩晉南北史樂府二卷	清洪亮吉著	北江全集本之三十			冬三
漢鐃歌十八曲集解	清譚儀纂	靈鶼閣本之十七			專一四

無錫縣立圖書館書目卷十五

詩文評類

詩品三卷	梁鍾嶸	說郛本之八十一	爲一
又同上	梁鍾嶸著	漢魏叢書本之六十八	水一三
又同上	同上	龍威秘書本一集之八	水一七
又二卷	梁鍾嶸撰	津逮秘書本之一百三十二	陽三三二
詩式	唐釋皎然	說郛本之八十一	爲一
又	唐釋皎然撰	十萬卷樓本之一百十	水九
文則二卷	宋陳騤著	寶顏堂秘笈本廣集之二	閏三五
又同上	同上	台州叢書本下函之十	水一
又	宋陳騤	說郛本之八十一	爲一
文錄	宋唐庚	說郛本之八十一	爲一
詩論	宋釋普聞	說郛本之八十一	爲一

詩譜	元陳繹曾	說郛本之八十一	爲一
詩談	明徐泰	續說郛本之一百五十六	爲一
又	同上	說郛本之八十一	爲一
原詩	清葉燮著	昭代叢書本之八十四	結一
又	同上	清詩話本之十一	崑二五七
詩譯	清王夫之撰	船山遺書本之一百十五	水一四
文譜	清安吉編	乘香閣木刻本 一册 安達初捐	崑七二六
文頌二卷	清馬榮祖著	昭代叢書本之八十四	結一
文則	胡懷琛著	文藝叢書本之二十四	雨一八
本事詩	唐孟棨	歷代詩話續編本之一	崑二五八
又	同上	說郛本之八十二	爲一
又	唐孟啓撰	龍威秘書本三集之一	水一七
又	同上	唐代叢書本之七	出二七

又	唐孟啓傳	津逮秘書本之一百六十	陽三三二
餘師錄四卷	宋王正德撰	守山閣本九十九至一百	麗八四
續詩話	宋司馬光撰	津逮秘書本之九十一	陽三三二
歸潛志十四卷	金劉祁記	知不足齋本五集一至三	水一六
談藝錄	明徐禎卿	續說郛本之一百五十五	爲一
又	同上	顧氏小說本之四	結二四
國雅品	明顧起綸	歷代詩話續編本之十九	崑二五八
詩本事	程羽文	說部叢書本之三	雨六
談龍錄	清趙執信	說部叢書本之三十三	雨六
又	清趙執信著	清詩話本之六	崑二五七
聲調譜	清趙執信	說部叢書本之三十三	雨六
又	趙執信著	清詩話本之六	崑二五七
遼詩話	清周春著	昭代叢書本之八十一	結一

遼詩話	清周春輯	清詩話本之十五	崑二五七
續詩品	清袁枚著	昭代叢書本之五十八	結一
又	同上	清詩話本之二十	崑二五七
文心雕龍十卷	梁劉勰著	漢魏叢書本之六十七	水一三
雲溪友議	唐范攄編	龍威秘書本三集之一	水一七
風騷旨格	唐釋齊己	說郛本之八十二	爲一
又	唐齊己	說部叢書本之十六	雨六
又	同上	歷代詩話續編本之二	崑二五八
又	唐齊己撰	津逮秘書本之一百三十六	陽三三二
碧雞漫志	宋王灼	說郛本之二十一	爲一
又	同上	說部叢書本之三十九	雨六
續本事詩	聶奉先嗣代名	說郛本之八十二	爲一
深雪偶談	宋方嶽	說郛本之二十二	爲一

六一詩話	宋歐陽修撰	津逮秘書本之八十七		陽三三二
詩病五事	宋蘇轍	說郛本之八十一		爲一
韻語陽秋二十卷	宋葛立方	常州先哲遺書本之五十		呂一
又	宋葛立方	說郛本之八十二		爲一
藝苑雌黃	宋嚴有翼	說郛本之八十二		爲一
譚苑醍醐	闕名	說郛本之八十二		爲一
竹林詩評	闕名	說郛本之八十二		爲一
謝氏詩源	闕名	說郛本之八十二		爲一
潛溪詩眼	宋范温	說郛本之八十二		爲一
環溪詩話	宋吳沆	說郛本之八十三		爲一
東坡詩話	宋蘇軾	說郛本之八十三		爲一
西清詩話	宋蔡絛	說郛本之八十三		爲一
又	同上	說部叢書本之二十一		雨六
艇齋詩話	宋曾季貍	說郛本之八十三		爲一
又	同上	歷代詩話續編本之五		崑二五八
梅磵詩話	宋韋居安	說郛本之八十三		爲一
又	同上	說部叢書本之三		雨六
藏海詩話	宋吳可	歷代詩話續編本之五		崑二五八
後村詩話	宋劉後村	說郛本之八十三		爲一
漫叟詩話	闕名	說郛本之八十三		爲一
桐江詩話	闕名	說郛本之八十三		爲一
蘭莊詩話	闕名	說郛本之八十三		爲一
迂齋詩話	闕名	說郛本之八十三		爲一
金玉詩話	闕名	說郛本之八十三		爲一
漢皋詩話	闕名	說郛本之八十三		爲一
玄散詩話	闕名	說郛本之八十三		爲一

碧溪詩話	宋黃徹	說郛本之八十三		爲一
又十卷	同上	歷代詩話續編本之六		崑二五八
又同上	宋黃徹撰	武英殿叢書本之一百二十七		冬五
貢父詩話	宋劉攽	說郛本之八十四		爲一
滄浪詩話	宋嚴羽	說郛本之八十五		爲一
又	宋嚴羽撰	津逮秘書本之八十七		陽三三二
林下詩談	闕名	說郛本之八十六		爲一
石林詩話三卷	宋葉夢得	說郛本之八十五		爲一
誠齋詩話	宋楊萬里	歷代詩話續編本之二		崑二五八
又同上	同上	說部叢書本之三十二		雨六
又	宋葉少蘊撰	津逮秘書本之九十		陽三三二
草堂詩話二卷	宋蔡夢弼	歷代詩話續編本之三		崑二五八
烏臺詩案	宋朋九萬	說郛本之八十五		爲一
庚溪詩話	宋西郊野叟	說郛本之八十五		爲一
又二卷	宋陳巖肖	歷代詩話續編本之三		崑二五八
紫薇詩話	宋呂本中撰	津逮秘書本之八十九		陽三三二
又	宋呂伯恭	說郛本之八十六		爲一
四六餘話	宋相國道	說郛本之八十六		爲一
全唐詩話六卷	宋遂初堂主人	津逮秘書本八十一至八十六		陽三三二
又同上	尤袤著	石印本	六册	崑六三〇
又同上	同上	同上	六册	崑六三〇
唐詩紀事八十一卷	宋計有功	丁氏鉛印本	十册 丁福保捐	爲四一三
后山詩話	宋陳師道	稗海本之六十六		雨二七
又	宋陳師道撰	津逮秘書本之八十八		陽三三二
彥周詩話	宋許顗撰	津逮秘書本之八十八		陽三三二
中山詩話	宋劉邠撰	津逮秘書本之九十一		陽三三二

竹坡詩話	宋周紫芝撰	津逮秘書本之九十一	陽三三二
臨漢詩話	宋魏泰	龍威秘書本三集之八	水一七
對牀夜語五卷	宋范晞文著	知不足齋本三集之二	水一六
又同上	宋范晞文	歷代詩話續編本之七	崑二五八
觀林詩話	宋吳聿撰	守山閣本之九十九	麗八四
又	宋吳聿	歷代詩話續編本之二	崑二五八
滹南詩話三卷	宋王若虛著	龍威秘書本三集之八	水一七
又同上	金王若虛	說部叢書本之五十一	雨六
又同上	同上	歷代詩話續編本之九	崑二五八
又同上	王若虛著	知不足齋本五集之四	水一六
樂府指迷二卷	宋張玉田纂 元陸輔之著	寶顏堂秘笈本續集之五	閏三五
詩話雋永	元喻正己	說郛本之八十六	爲一
詩詞餘話	元俞焯	說郛本之八十六	爲一
青瑣詩話	元劉斧	說郛本之八十三	爲一
作義要訣	元倪士毅撰	十萬卷樓本之七十	水九
梅磵詩話三卷	元韋居安	歷代詩話續編本之十	崑二五八
藝圃擷餘十卷	明王世懋	寶顏堂秘笈本普集之四	閏三五
又	同上	續說郛本之一百五十五	爲一
又	同上	文藝叢書本之一	雨一八
藝園卮言八卷	明王世貞	歷代詩話續編本十六至十八	崑二五八
詩文浪談	明林希恩	續說郛本之一百五十五	爲一
歸田詩話	明瞿佑	續說郛本之一百五十五	爲一
又三卷	同上	歷代詩話續編本之二十二	崑二五八
又同上	同上	說部叢書本之四十三	雨六
又同上	明瞿佑著	知不足齋本三集之三	水一六
又同上	同上	龍威秘書本三集之七	水一七

南濠詩話	明都穆	續說郛本之一百五十五	爲一
又	同上	歷代詩話續編本二十三	崑二五八
又	明都穆撰	知不足齋本三集之四	水一六
蓉塘詩話	明姜南	續說郛本之一百五十五	爲一
敬君詩話	明葉秉敬	續說郛本之一百五十五	爲一
蜀中詩話	明曹學佺	續說郛本之一百五十五	爲一
升菴詩話	明楊慎	歷代詩話續編本十二至十五	崑二五八
千里面談	明楊慎	續說郛本之一百五十六	爲一
閑書杜律	明楊慎	續說郛本之一百五十六	爲一
香宇詩談	明田藝蘅	續說郛本之一百五十六	爲一
西園詩塵	明張蔚然	續說郛本之一百五十六	爲一
四溟詩話卷四	明謝榛撰	海山仙館本之七十六	陽三三三
又同上	明謝榛	歷代詩話續編本二十至二十一	崑二五八
詩家直說	明謝榛	續說郛本之一百五十六	爲一
麓堂詩話	明李東陽撰	知不足齋本三集之四	水一六
又	明李東陽	說部叢書本之四十四	雨六
又	同上	歷代詩話續編本之二十四	崑二五八
詩紀匡謬	明馮舒撰	知不足齋本十九集之二	水一六
山樵暇語十卷	明俞弁撰	涵芬樓秘笈本二集二至三	藏二三〇
明詩輯評	明馮惟訥彙編	文藝叢書本之三十一	雨一八
歷代詩話	明何文煥編	石印本 十六册	結四
古今詩話	明陳繼儒輯	明刻本 二十册	結九三
詩鏡總論	明陸時雍	歷代詩話續編本之二十四	崑二五八
而菴詩話	清徐增著	昭代叢書本之四	結一
又	同上	清詩話本之八	崑二五七
薑齋詩話二卷	清王夫之著	清詩話本之一	崑二五七

南窗漫記	同上	船山遺書本之一百十六	水一四
燃脂集例	清王士祿著	昭代叢書本之十四	結一
漫堂說詩	清宋犖著	昭代叢書本之十四	結一
又	同上	清詩話本之八	崑二五七
伯子論文	清魏際瑞著	昭代叢書本之十五	結一
論文四則	清楊繩武著	昭代叢書本之五十八	結一
日錄論文	清魏禧著	昭代叢書本之十五	結一
文章薪史	清方以智著	昭代叢書本之五十七	結一
西河詩話	清毛奇齡著	昭代叢書本之二十五	結一
蘐齋詩話	清施閏章著	昭代叢書本之六十四	結一
又	同上	清詩話本之七	崑二五七
漢詩總說	清費錫璜著	昭代叢書本之一百零八	結一
又	同上	清詩話本之十八	崑二五七
蓮坡詩話三卷	清查爲仁	龍威秘書本三集之六	水一七
又	清杳爲仁著	昭代叢書本之一百六十	結一
又	同上	清詩話本之九	崑二五七
野鴻詩的	清黃子雲著	昭代叢書本之一百三十六	結一
又	同上	清詩話本之十六	崑二五七
詩學纂聞	清汪師韓著	昭代叢書本之八十一	結一
又	清汪師韓著	清詩話本之八	崑二五七
蘭堂夕話	清張次仲著	昭代叢書本之八十九	結一
寒廳詩話	清顧嗣立著	昭代叢書本之一百三十六	結一
又	同上	清詩話本之二	崑二五七
一瓢詩話	清薛雪著	昭代叢書本之一百五十九	結一
又	同上	清詩話本之十三	崑二五七
消寒詩話	清秦朝釪著	昭代叢書本之一百六十	結一

又	同上	清詩話本之二十	崑二五七
鈍吟雜錄	清馮班著	清詩話本之一	崑二五七
梅村詩話	清吳偉業著	清詩話本之二	崑二五七
茗香詩論	清宋大樽著	清詩話本之二	崑二五七
又	同上	知不足齋本二十集之八	水一六
漁洋詩話三卷	清王士禎	木刻本 一冊	日四〇
五代詩話十卷	清王士禎原編 鄭方坤補	粵雅堂本三十八至四十四	雨二一
律詩定體	清王士禎著	清詩話本之三	崑二五七
又	清王士禎	說部叢書本之三十三	雨六
然燈紀聞	清何世璂述	清詩話本之三	崑二五七
又	清何世璂	說部叢書本之三十三	雨六
漁洋詩話三卷	清王貽上撰	清詩話本之四	崑二五七
說詩晬語二卷	清沈德潛著	清詩話本之十	崑二五七
唐音審體	清錢木菴著	清詩話本之十五	崑二五七
秋窗隨筆	清馬位著	清詩話本之十六	崑二五七
履園談詩	清錢泳輯	清詩話本之十七	崑二五七
說詩管蒯	清吳雷發著	昭代叢書本之三十七	結一
又	同上	清詩話本之十七	崑二五七
峴傭說詩	闕名	清詩話本之十九	崑二五七
揮麈詩話	清王兆雲撰	清詩話本之二十	崑二五七
榕城詩話三卷	清杭世駿撰	知不足齋本二集之八	水一六
石洲詩話八卷	清翁方綱	粵雅堂本八十一至八十三	雨二一
北江詩話六卷	清洪亮吉著	粵雅堂本八十四至八十五	雨二一
又同上	同上	北江全集本之三十二	冬二一
宋四六話十二卷	清彭元瑞定本	海山仙館本七十七至七十九	陽三三三
詞苑叢談十二卷	清徐釚編輯	海山仙館本八十至八十三	陽三三三

明人詩品	清杜蔭棠輯錄	小石山房本之十六			雨二六
隨園詩話十六卷	清袁枚著	隨園全集本二十至二十三			專一
隨園詩話批本	冒廣生著	鉛印本	二冊	圖書公司捐	藏一五六
文章本原三卷	清方宗誠述	柏堂遺書本十九至二十			冬二
又	同上	同上			專十六
陶詩眞詮	清方宗誠述	柏堂遺書本之二十六			冬二
又	同上	同上			專十六
古文緒論	清吳仲倫	常州先哲遺書續編本之四十			呂二
聲調三譜	清王祖源	木刻本	二冊		日四一
碩潭詩話二卷 補遺附錄各一卷	清陳瑚輯	峭帆樓木刻本	二冊	趙貽琛捐	閏六〇
廣陵詩事十卷	清阮元記	木刻本	二冊		日四三
星淵詩話二卷	清徐傳詩撰	峭帆樓木刻本	一冊		日四四
林下詩談	闕名	香豔叢書本之六十			雨四
海天詩話	胡懷琛	文藝叢書本之十八			雨一八
三唐詩品三卷	宋育仁	文藝叢書本之五			雨一八
論文聯珠	唐才常	文藝叢書本之四			雨一八
然脂餘韵六卷	王蘊章輯	鉛印本	三冊	王蘊章捐	調二四一
閨秀詩話四卷	苕溪生輯	鉛印本	一冊		藏三二一
二十四詩品	唐司空圖撰	唐代叢書本之七			出二七
又	同上	龍威秘書本三集之一			水一七
又	唐司空圖	說郛本之八十一			爲一
又	同上	津逮秘書本之一百三十二			陽三三二
詩人主客圖	唐張爲	歷代詩話續編本之一			崑二五八
風月堂詩話二卷	宋朱弁撰	寶顏堂秘笈本廣集之二			閏三五
陳輔之詩話	宋陳輔之	說郛本之八十三			爲一
敖器之詩話	敖器之闕代名	說郛本之八十三			爲一

潘子眞詩話	宋潘子眞	說郛本之八十三			爲一
優古堂詩話	宋吳幵	歷代詩話續編本之四			崑二五八
許彥周詩話	宋許顗	說郛本之八十四			爲一
又	同上	稗海本之六十六			雨二七
歲寒堂詩話二卷	宋張戒撰	武英殿叢書本之一百二十六			冬五
又同上	宋張戒	歷代詩話續編本之八			崑二五八
又	同上	說郛本之八十六			爲一
二老堂詩話	闕名	說郛本之八十六			爲一
又	宋周必大撰	津逮秘書本之八十九			陽三三二
娛書堂詩話	宋趙與虤	說郛本之八十六			爲一
又	同上	歷代詩話續編本之九			崑二五八
又	闕名	續說郛本之一百五十五			爲一
比紅兒詩評	馮曾闕代名	說郛本之八十六			爲一
珊瑚鉤詩話三卷	宋張表臣	說郛本之八十五			爲一
吳禮部詩話	元吳師道	歷代詩話續編本之十一			崑二五八
夷白齋詩話	明顧元慶	續說郛本之一百五十五			爲一
又	同上	顧氏小說本之二			結二四
存餘堂詩話	明朱承爵	續說郛本之一百五十五			爲一
又	同上	常州先哲遺書本之五十			呂一
又	同上	顧氏小說本之三			結二四
懷麓堂詩話	明李東陽	續說郛本之一百五十五			爲一
師友詩傳錄	清郎廷槐	說部叢書本之五十五			雨六
秋星閣詩話	清李沂著	昭代叢書本之四			結一
又	同上	清詩話本之十八			崑二五八
玉谿生詩說二卷	清紀昀編	槐廬叢書本四十七至四十八			露五
夢曉樓隨筆	清宋顧樂著	小石山房本之十七			雨二六

貞一齋詩說	清李重華著	昭代叢書本之一百三十六			結一
又	同上	清詩話本之十八			崑二五七
師友詩傳錄	清王士正答	清詩話本之三			崑二五七
古詩平仄論	清翁方綱著錄	清詩話本之五			崑二五七
聲調譜拾遺	清翟翬編	清詩話本之七			崑二五七
拜經樓詩話四卷	清吳騫輯	清詩話本之十四			崑二五七
山靜居詩話	清方熏著	清詩話本之十九			崑二五七
涵芬樓文談	吳曾祺編纂	商務書館本	一冊		藏八八
文學研究法二卷	姚永樸	商務書館本	四冊		爲三七七
操觚十六觀	陳鑑	文藝叢書本之十三			雨一八
在山泉詩話合六卷	潘飛聲撰	文藝叢書本十六至十七又二十三又三十			雨一八
六一居士詩話	宋歐陽修	說郛本之八十四			爲一
後山居士詩話	宋陳師道	說郛本之八十四			爲一
江西詩派小序	宋劉克莊	歷代詩話續編本之八			崑二五八
又	同上	知不足齋本十集之十八			水一六
司馬溫公詩話	宋司馬光	說郛本之八十四			爲一
苕溪漁隱叢話前集六十卷後集四十卷	宋胡仔	海山仙館本六十六至七十五			陽三三三
又	同上	說郛本之八十六			爲一
臨漢隱居詩話	宋魏泰	知不足齋本五集之四			水一六
又	同上	說郛本之八十六			爲一
又	同上	說部叢書本之九			雨六
文苑英華辨證十卷	宋彭叔夏	知不足齋本十九集之一			水一六
又同上	宋彭叔夏撰	武英殿叢書本一百二十四至一百二十五			冬五
竹坡老人詩話	周少隱	說郛本之八十六			爲一
又	同上	說部叢書本之十七			雨六
國朝詩人徵略六十卷	清張維屏輯	原刻本	十冊		日二六

答萬季埜詩問	清吳喬著	清詩話本之一			崑二五七
師友詩傳續錄	清王士正答	清詩話本之三			崑二五七
又	清劉大勤	說部叢書本之五十五			雨六
全唐詩話續編二卷	清孫濤輯	清詩話本之十二			崑二五七
夕堂永日緒論內外篇各一卷	清王夫之撰	船山遺書本之一百十五			水一四
讀昌黎先生集	清俞樾	春在堂全書本之五十四			水一五
隨園詩話補遺十卷	清袁枚著	隨園全集本二十四至二十五			專一
西泠十子詩評	清毛稚黃著	文藝叢書本之三十五			雨一八
閩川閨秀詩話	清梁章鉅撰	香豔叢書本之六十二			雨四
清朝論詩絕句	蔣士超	文藝叢書本之十二			雨一八
張氏論文約旨	清張泰開撰	木刻本	一冊	劉書勳捐	崑二二〇
續杜工部詩話二卷	蔣瑞藻述	文藝叢書本之二十四			雨一八
韓柳文研究法	林紓著	商務書館鉛印本	一冊		藏七三
實用文章義法	謝無量著	鉛印本	二冊		陽三二四
五言詩平仄舉隅	清翁方綱小石帆亭著錄	清詩話本之五			崑二五七
七言詩平仄舉隅	清翁方綱小石帆亭著錄	清詩話本之五			崑二五七
七言詩三昧舉隅	清翁方綱小石帆亭著錄	清詩話本之五			崑二五七
蘭茗館論詩百首	許奉恩著	文藝叢書本之三十五			雨一八
趙秋谷所傳聲調譜	清翁方綱小石帆亭著錄	清詩話本之五			崑二五七
淮海先生詩詞叢語	秦國璋輯	家刻本	一冊	秦國璋捐	崑七二〇

書牘類

見心集	清張瑛著	木刻本	二冊		崑四四五
瑤華集	清張邁輯錄	木刻本	一冊	沈仲愚捐	調二七六
內簡尺牘十卷	宋孫覿	蘇氏寫刻本	六冊		崑三三〇
明賢尺牘二卷	清李經畬輯	正覺樓本之十			藏二〇四
弢園尺牘十二卷	清王韜	鉛印本	四冊	許同莘捐	日五二

惜抱尺牘八卷	清姚鼐	小萬柳堂重刻本	四冊	慶泉捐	麗一七一
寄漚尺牘	清劉繼增	本館鈔本	一冊		崑五〇九
晚香書札二卷	清潘道新著	嶠帆樓木刻本	一冊	趙貽琛捐	出四七
尺牘新鈔十二卷	清周亮工輯	海山仙館本八十七至九十一			陽三三三
書簡規範	李希文編纂	鉛印本	一冊	李玉彬捐	結一六〇
蘇東坡尺牘四卷	宋蘇軾著	鉛印本	四冊	女子師範捐	暑一二五
歸震川書牘	明歸有光著	鉛印本	二冊	女子師範捐	暑一二六
孫宗伯尺牘	明孫繼皋	木刻本	一冊	少宰第捐	崑三一六
熊襄愍尺牘	明熊廷弼	鉛印本	一冊		露九二
黃石齋書牘	明黃道周	鉛印本	一冊		露九一
明尺牘墨華三卷	清黃本驥編	三長物齋本之三十八			出二
顧亭林尺牘	清顧炎武	鉛印本	一冊	丁福保捐	露七六
周文忠尺牘三卷	清周天爵	木刻本	一冊	祝心淵捐	日九二

無錫縣立圖書館書目　卷十五集部　書牘類　十三

吳穀人尺牘	清吳錫麒	鉛印本	一冊	丁福保捐	露七八
張嘯山尺牘	清張文虎	鉛印本	一冊	丁福保捐	露七五
劉芙初李申耆尺牘	清劉嗣綰 李兆洛	鉛印本	一冊	丁福保捐	露七四
管異之梅伯言尺牘	清管異之 梅伯言	鉛印本	一冊	丁福保捐	露八二
洪稚存楊蓉裳尺牘	清洪亮吉 楊芳燦	鉛印本	一冊	丁福保捐	崑六二六
陳其年尤西堂尺牘	清陳維崧 尤侗	鉛印本	一冊	丁福保捐	露七九
何義門家書四卷	清何焯	廣東木刻本	四冊		藏二九五
春在堂尺牘六卷	清俞樾	春在堂全書本一百零二至一百零三			水一五
惲子居張廉卿尺牘	清惲敬 張裕釗	鉛印本	一冊	丁福保捐	露八〇
許侍郎尺牘	清許景澄	石印本	二冊	祝心淵捐	歲八
朱鼎甫尺牘	清朱次琦	鉛印本	一冊	丁福保捐	露七七
盧受堂尺牘二卷	清王先謙	石印本	二冊		調二九〇
袁太史尺牘八卷 音注	清袁枚著	石印本	四冊	女子師範捐	暑一二四

浦二田尺牘二卷	清浦起龍著	文瑞樓石印本	二冊		結一五九
湘綺樓箋啓八卷	清王闓運著	木刻本	四冊		宿一一一
得月軒尺牘八卷	孫方增	木刻本	八冊		日三九
內簡尺牘編注十卷	宋孫覿	常州先哲遺書本二十三至二十四			呂一
盧史二公書牘	明盧象昇 史可法	鉛印本	一冊		露九〇
顏氏家藏尺牘四卷 附姓氏考	清顏光敏	海山仙館本九十二至九十六			陽三三三
芙蓉山館尺牘十六卷 附編年目錄各一卷	清楊芳燦著	本館鈔本	九冊		崑四六四
芸香閣尺一書二卷 附第一集	清朱蔭培著	舊刻本	一冊	許同藺捐	崑六二二
小倉山房尺牘十卷	清袁枚著	隨園全集本十八至十九			專一
曾文正公家書十卷 附大事記家訓	清曾國藩著	鉛印本	八冊		結二一
又十六卷	清曾國藩	鉛印小本	八冊	女子師範捐	結二一
歷代名人小簡	吳曾祺輯	商務書館本	二冊		露八七
歷代名人書札	吳曾祺輯	鉛印本	六冊		露八八

無錫縣立圖書館書目　卷十五集部　書牘類　十四

歷代女子手簡	明明學社編	鉛印本	二冊		露八六
國朝名人書札	醫學書局編	鉛印本	二冊	丁福保捐	露九四
培遠堂手札擷要	清陳宏謀	國光書局本	一冊		結一二九
徐子容尺牘雜著	清徐廣緒	國光書局本	一冊	吳日永捐	調二八〇
芙蓉山館師友尺牘 王眉叔	清王詒壽	鉛印本	一冊	丁福保捐	崑六二七
明季百廿名人尺牘四卷	清王元勛編	南洋官書局	四冊		日三八
巴湘権舍駢體尺牘三卷	清徐炳倬著	木刻本	一冊		藏四三二
海棠秋館尺牘稿本	清裘廷楨	原稿本	二冊	龔念劬捐	麗一七八
賴古堂尺牘新鈔二選藏弆集十六卷	清周在浚等著	賴古堂本	四冊		日八八

無錫縣立圖書館書目卷十六

雜著類

麟書	宋汪若海	說郛本之一百零九		爲一
又	同上	寶顏堂秘笈本彙集之三		閏三五
七釋	清尤侗著	昭代叢書本之十		結一
七招	清洪亮吉著	昭代叢書本之九十五		結一
七娛	清沈清瑞著	昭代叢書本之九十五		結一
憶得	清王夫之撰	船山遺書本之一百十六		水一四
酒約	清吳肅公	說部叢書本之三		雨六
佚文	清俞樾	春在堂全書本之五十七		水一五
佚詩	清俞樾	春在堂全書本之五十八		水一五
銘篇	清俞樾	春在堂全書本之五十八		水一五
輓言	清俞樾	春在堂全書本之一百零七		水一五

宮詞	清徐昂發著	香豔叢書本之十二		雨四
又	同上	昭代叢書本之九十五		結一
婚啓	陳著著	香豔叢書本之四十二		雨四
臆語	清王邦寀	本館影鈔本	一册	崑七四六
儒棋格	魏侍中邯鄲如	說郛本之一百零四		爲一
蘭亭集	晉王羲之等	說郛本之七十七		爲一
又	同上	文藝叢書本之二十五		雨一八
錦帶書	梁昭明太子	說郛本之七十八		爲一
又	梁昭明太子蕭統撰	津逮秘書本之三百十四		陽三三一
輞川集	唐王維	說郛本之七十七		爲一
漁具詠	唐陸龜蒙	說郛本之一百零九		爲一
耕穢藁	宋胡錡	說郛本之七十八		爲一
杜詩箋	宋黃庭堅	說郛本之八十一		爲一

四幷集	宋張鎡	文藝叢書本之二十六		雨一八
錢塘賦	宋葛澧	武林掌故叢編本之六十五		水一二
禪本草	宋慧日禪師	說郛本之七十八		爲一
奉使錄	明張寧撰	寶顏堂秘笈本彙集之六		閏三五
畫舫約	明李日華	續說郛本之一百五十		爲一
浣俗約	黃汝亨 一作汪汝謙	續說郛本之一百五十一		爲一
運泉約	明李日華	續說郛本之一百五十一		爲一
唾餘集	清韓步鰲纂輯	修竹軒寫刻本	六册	閏一四〇
鶴和集	清沈鏗	鉛印本	一册	許同蘭捐 爲二九六
悼紅吟	清管秋初	管氏木刻本	一册	水一九
詠物詩	清俞樾	春在堂全書本之五十九		水一五
樂府釋	清蔣衡	文藝叢書本之七		雨一八
愚鼓辭	清王夫之撰	船山遺書本之一百零四		水一四

遣興詩	清王夫之撰	船山遺書本之一百十三		水一四
柳岸吟	清王夫之撰	船山遺書本之一百十二		水一四
落花詩	清王夫之撰	船山遺書本之一百十三		水一四
仿體詩	清王夫之撰	船山遺書本之一百十四		水一四
嶽餘集	清王夫之撰	船山遺書本之一百十四		水一四
雁字詩	清王夫之撰	船山遺書本之一百十四		水一四
百哀篇	清俞樾	春在堂全書本之五十九		水一五
四書文	清俞樾	春在堂全書本之一百零七		水一五
袖中書二卷	清俞樾	春在堂全書本之一百五十五		水一五
西征賦	清李祖惠著	昭代叢書本之十		結一
廣連珠	清陳濟生著	昭代叢書本之九十一		結一
悼亡詞	清沈星煒著	香豔叢書本之三十四		雨四
苗妓詩	清貝青喬	香豔叢書本之二十一		雨四

竹連珠	清鈕琇著	昭代叢書本之九十七		結一
又	清鈕琇	說郛叢書本之三		雨六
明宮詞	清程嗣章	香豔叢書本之六十四		雨四
戒賭文	清尤侗著	昭代叢書本之一百六十三		結一
彩雲曲	清樊增祥	香豔叢書本之二十一		雨四
韵蘭序	清梁紹壬著	香豔叢書本之二十二		雨四
清宮詞	清九鐘主人撰	清人說薈本之四		結三一
又	同上	鉛印本	一册	麗一三二
武林草附刻一卷	清趙士麟著	武林掌故叢編本之五十一		水一二
蘭因集三卷	清陳文述編	武林掌故叢編本之六十		水一二
西湖詩	清汪志伊撰	武林掌故叢編本之一百二十八		水一二
湖舫詩	清沈奕琛	武林掌故叢編本之一百六十九		水一二
玩月約	張潮	說郛叢書本之五		雨六
春人賦	易順鼎著	香豔叢書本之三十八		雨四
瓊花集五卷	曹璿纂	香豔叢書本之四十四		雨四
南澗行	李煊著	香豔叢書本之五十八		雨四
百衲琴	秦雲 秦敏樹同撰	文藝叢書本之十四		雨一八
六憶詞	徐珂	香豔叢書本之八十四		雨四
十美詩	鮑皋	香豔叢書本之六十四		雨四
琴譜序	清王錦女史著	香豔叢書本之二十二		雨四
張太常集	後漢張奐	二酉堂本之五		雨二四
李嶠雜詠二卷	唐李嶠	三長物齋本之九		出二
比紅兒詩	唐羅虬著	唐代叢書本之七		出二七
貞娘墓詩	聶奉先名闕代	說郛本之八十六		出二七
月泉吟社	宋吳渭	粵雅堂本之十八		爲一
又	同上			雨二

義莊規矩	宋范仲淹	說郛本之七十三		爲一
驃國樂頌	闕名	說郛本之一百零二		爲一
海棠譜詩	宋陳思	說郛本之一百零五		爲一
桂隱百課	宋張鎡	文藝叢書本之二十五		雨一八
西湖百詠二卷	宋董嗣杲作 明陳贄和	武林掌故叢編本之三十三		水一二
樂府指迷	明張玉田	續說郛本之一百五十六		爲一
黃山六頌	明吳士權	續說郛本之一百四十六		爲一
林間社約	明馮時可	續說郛本之一百五十一		爲一
紅雲社約	明徐渤	續說郛本之一百五十一		爲一
紅雲續約	明謝肇淛	續說郛本之一百五十一		爲一
讀書社約	明丁奇遇	續說郛本之一百五十一		爲一
又	明丁奇遇著	武林掌故叢編本之七十六		水一二
愚公谷乘	明鄒廸光	本館鈔本	一册	崑四六六
明經會約	明林希思	續說郛本之一百五十一		爲一
生日會約	明高兆麟	續說郛本之一百五十一		爲一
種桃柳議	明閻啓祥	續說郛本之一百六十二		爲一
廣寒殿記	明宣宗御製	續說郛本之一百六十五		爲一
不繫園集	明汪汝謙著	武林掌故叢編本之三		水一二
西湖韵事	明汪汝謙著	武林掌故叢編本之三		水一二
西湖冶興二卷	明王瀛撰	武林掌故叢編本之一百四十七		水一二
西湖游詠	明田汝成 黃省曾撰	武林掌故叢編本之一百三十七		水一二
燕市雜詩	明于燕方著	寶顏堂祕笈本彙集之八		閏三五
陽山新錄	明顧元慶	顧氏小說本之四		結二四
今雨瑤華	明岳岱	顧氏小說本之五		結二四
太湖新錄	明文徵明 徐禎卿	顧氏小說本之八		結二四
樂府補題	闕名	知不足齋本六集之八		水一四

華夷譯語二卷	明火源潔譯	涵芬樓秘笈本四集二至三			藏二三〇
重陽庵集十卷	明道士梅志暹編輯	武林掌故叢編本之十二			水一二
西溪百詠二卷	明釋大善著	武林掌故叢編本之七十七			水一二
讀書隨記	清王邦寀著	本館影鈔本	一册		崑七四六
讀書續記	清王邦寀	本館影鈔本	一册		崑七四六
楹聯集古	清楊調元	鉛印本	二册	少宰鎔捐	露七四
酒令叢鈔四卷	清俞敦培輯	藝雲軒刻本	二册	俞杏曙捐	崑六一九
制義叢話二十五卷	清梁章鉅撰	福州原刻本	六册	龔啓甲捐	調三三三
璿璣碎錦	清萬樹著	似靜齋木刻本	二册		冬一四
又	同上	昭代叢書本之三十八			結一
吟花新編	清顧森書等著	木刻本	一册	孫思贊捐	崑三八七
輶下吟編附吳趨詞鈔	清吳繡虎	木刻本	一册	吳巳達捐	調二〇九
風月寶鑑	清姜祺稿	原刻本	一册		藏二七一

醉鄉約法	清葉奕苞著	昭代叢書本之二十五		結一
聖節會約	清郭有會著	昭代叢書本之二十二		結一
古豔樂府	清楊淮著	昭代叢書本之三十七		結一
又	同上	香豔叢書本之十一		雨四
崇禎宮詞	清王譽昌著	昭代叢書本之五十八		結一
樂府傳聲	清徐大椿著	靈胎八種本之十四		辰一一九
樂府牋題	清劉獻廷著	舊鈔本	二册	閏九七
靑綃樂府	清王時翔墳	思益社叢刻本		餘二六六
衍琵琶記	清曹秀先著	昭代叢書本之五十八		結一
又	同上	香豔叢書本之六		雨四
畫羅漢頌	清廖燕著	昭代叢書本之六十		結一
天啓宮詞	清陳悰	昭代叢書本之三十七		結一
又	清蔣之翹著	昭代叢書本之八十一		結一

又	同上	香豔叢書本之十二	雨四
集世說詩	清李鄴嗣著	昭代叢書本之九十五	結一
詠物十詞	清曹貞吉著	昭代叢書本之一百零九	結一
十國宮詞	清孟彬著	昭代叢書本之一百三十五	結一
又	同上	香豔叢書本之七	雨四
又	清吳省蘭著	昭代叢書本之一百三十五	結一
十國宮詩	清秦雲	香豔叢書本之二十一	雨四
回疆雜詠	清王曾翼著	昭代叢書本之一百五十八	結一
百花彈詞	清錢濤著	昭代叢書本之一百六十五	結一
又	同上	香豔叢書本之八	雨四
啓禎宮詞	清高兆著	昭代叢書本之一百五十一	結一
又	同上	香豔叢書本之十二	雨四
又	清劉城著	香豔叢書本之七	雨四

南屏百詠	清張炳	武林掌故叢編本之十六	水一二
湖墅雜詩二卷	清魏標	武林掌故叢編本之二十四	水一二
養素園詩四卷	清王德溥編	武林掌故叢編本之三十五	水一二
西泠仙詠三卷	清陳文述撰	武林掌故叢編本三十七至三十八	水一二
西溪雜詠	清陳文述	武林掌故叢編本之一百六十五	水一二
西泠閨詠十六卷	清陳文述著	武林掌故叢編本六十九至七十二	水一二
五代花月	清李調元著	香艷叢書本之三十三	雨四
西湖雜詩	清蔣坦	武林掌故叢編本之四十	水一二
孝慈庵集	闕名	武林掌故叢編本之五十	水一二
里居雜詩	清朱樟	武林掌故叢編本之五十一	水一二
紫陽庵集	清丁午	武林掌故叢編本之六十四	水一二
湖山雜詠	清王緯著	武林掌故叢編本之一百十	水一二
西湖雜詠	清陳若蓮著	武林掌故叢編本之一百十一	水一二

無錫縣立圖書館書目　卷十六集部　雜著類　七

東湖櫂歌	清姚思勤	武林掌故叢編本之一百三十六			水一二
錢塘百詠	清楊象濟	武林掌故叢編本之一百六十六			水一二
西谿聯吟	清吳祖校 陳如松	武林掌故叢編本之一百九十六			水一二
三塘漁唱三卷	清丁丙	武林掌故叢編本之二百			水一二
北郭詩帳二卷	清丁丙	武林掌故叢編本二百零七至二百零八			水一二
俞樓詩記	清俞樾	武林掌故叢編本之七十二			水一二
玉堂舊課	清俞樾	春在堂全書本之五十八			水一五
楹聯錄存六卷	清俞樾	春在堂全書本一百零四至一百零十			水一五
小蓬萊謠	清俞樾	春在堂全書本之一百五十五			水一五
東瀛詩紀二卷	清俞樾	春在堂全書本之一百五十六			水一五
瓊英小錄	曲園居士	春在堂全書本之一百五十九			水一五
廖西課存	清方濬	毋不敬齋本之十六			日八二
洄溪道情	清徐大椿著	靈胎雜著本之十三			辰一一九
看花雜詠	清歸莊著	小石山房本之十四			雨二六
藏書紀要	清孫慶增著	士禮居叢書本之二十			玉七
同志贈言	清沈岱瞻纂	亭林遺書本之十五			水一八
池上小集附小集	清譚獻編	半厂叢書本之二十			水六
續同人集四卷	清袁枚輯	隨園全集本三十七至三十九			專一
袁太史稿	清袁枚著	隨園全集本之十七			專一
長安宮詞	清胡延記	清人說薈本之四			結三一
洞庭秋詩	清王夫之撰	船山遺書本之一百十四			水一四
管情三義八卷	清包世臣著	安吳四種本九至十			日八六
病約三章	清尤侗	說部叢書本之五			雨六
海鷗小譜	清趙執信著	香豔叢書本之八			雨四
百花扇亭	清趙杏樓著	香豔叢書本之八			雨四
玉棋後詞	清龍玉梅	香豔叢書本之三十			雨四

無錫縣立圖書館書目　卷十六集部　雜著類　八

湘烟小錄	清陳孟楷輯	香豔叢書本之四十六			雨四
花燭閑談	清于鬯	香豔叢書本之五十八			雨四
紅樓夢賦	清沈謙著	木刻本	一册	曹景范捐	玉一一五
又	同上	香豔叢書本之五十五			雨四
楹聯存稿	清劉繼增撰	本館鈔本	一册		崑五〇八
圖詠遺芬六卷	清俞旦輯	清蔭堂木刻本	一册	許同藺捐	藏二四二
壓線偶存	清趙嵩芝	石印本	一册	楊錫類捐	生一四三
秀華續詠	黃金石	香豔叢書本之八十			雨四
春閨雜詠	許雷地	香豔叢書本之八十			雨四
吳社詩鐘	易順鼎原輯 沈宗畸選	文藝叢書本之十			雨一八
絜園詩鐘	清蔡乃煌	文藝叢書本之十一			雨一八
頤和園詞	王國維	文藝叢書本之十五			雨一八
陶廬集唐	顧湄集	思益社叢刊本			餘二六六
隨軺日記	清蔣大鏞著	鉛印本	一册	蔣遇春捐	崑七五五
復庵書札六卷	清許珏	同上	二册	許同藺捐	崑二一六
王風箋題	丁立誠撰	仿宋聚珍本	一册	徐仲可捐	玉一〇五
與堺遺言	黃保康撰	靈鶼遺著本之三			玉一四〇
廬山草堂記	唐白居易	說郛本之七十			爲一
洛中九老會	唐白居易	說郛本之七十七			爲一
洛陽耆英會	宋司馬光	說郛本之七十七			爲一
水族加恩簿	宋毛勝	說郛本之七十八			爲一
三續千文注	宋葛剛正	常州先哲遺書本之三			呂一
山游倡和詩	宋釋契嵩編	武林掌故叢編本之六十五			水一二
古杭雜詩集四卷	元闕名	武林掌故叢編本之二			水一二
西湖竹枝集	元楊維楨	武林掌故叢編本之四十一			水一二
夜山圖題詠	元吳福生編	武林掌故叢編本之一百六十九			水一二

誠意伯連珠	明劉基著	寶顏堂秘笈本彙集之四			閏三五
西湖月觀記	明陳仁錫	武林掌故叢編本之四十九			水一二
錫山攬袂集二卷	明王問等爲邑令王其勤去思之作	木刻本	一冊	高鏻泉捐	崑六〇一
鼇峯倡和詩	明道士范志毓編	武林掌故叢編本之四十九			水一二
江鄉節物詩	清吳存楷	武林掌故叢編本之六十			水一二
清朝館閣賦十二卷	清程珣	困學齋本	六冊		日二七
欽定四書文	清高宗定	湖北崇文書局本	二十四冊	秦毓鎏捐	藏二六一
小滄浪筆談四卷	清阮元記	江蘇書局本	二冊	許同莘捐	呂二〇
津門徵獻詩八卷	清華鼎元	木刻本	四冊		雨四二
濠州去思集	清裕筱鵬	油印本	一冊	陸士奎捐	呂一三五
富陽驪唱錄	李鍾鈺等	家藏本	一冊	許同藺捐	藏二四四
梧笙唱和詩	清李星沅郭潤玉女士	原刻本	二冊		日三〇
芙蓉湖櫂歌	清楊掄	萱蔭堂木刻本	一冊	余夢齡捐	崑二四四
塵遠齋賦賸	清顧瓚	木刻本	一冊		崑六七七
四庫全書序	闕名	木刻本	一冊		暑六
天問堂課藝四卷	清楊兆鋆鑒定	同文館本	四冊	許同藺捐	調二九五
高氏餘芬集二卷	清高鏻泉輯	木刻本	一冊	許同藺捐	崑七一九
還樂軒雜著五卷	清范鑄錄	鉛印本	一冊	范壽康捐	崑三八三
西湖修禊詩	清鄂敏	武陵掌故叢編本之十五			水一二
西湖秋柳詞	清楊鳳苞撰　楊知新注	武陵掌故叢編本之七十九			水一二
西湖竹枝詞	清陳璨著	武陵掌故叢編本之一百三十六			水一二
西湖遺事詩	清朱彭	武林掌故叢編本之一百七十			水一二
南湖倡和集	清章世豊輯錄	武林掌故叢編本之二十三			水一二
吳山遺事詩	清朱彭	武林掌故叢編本之十六			水一二
寒山舊廬詩	清陸森編	武林掌故叢編本之一百五十			水一二
金牛湖漁唱	清張雲璈	武林掌故叢編本之三十一			水一二

湖上青山集	清陳時	武林掌故叢編本之一百十二			水一二
錢塘懷古詩	清王德璘著	武林掌故叢編本之一百四十八			水一二
續東河櫂歌	清丁丙	武林掌故叢編本之一百六十八			水一二
皋亭倡和集	清阮亨編	武林掌故叢編本之一百七十七			水一二
武林雜事詩	清丁立誠	武林掌故叢編本之一百九十二			水一二
杭城治火議	清毛奇齡稿	武林掌故叢編本之一百三十八			水一二
外國竹枝詞	清尤侗著	昭代叢書本之三			結一
又	清尤侗譔	龍威祕書本九集之六			水一七
東郊土物詩	清朱點	武林掌故叢編本之六十			水一二
盛湖竹枝詞二卷　附雜錄	沈雲輯	鉛印本	一冊	沈昌直捐	藏三二二
黔苗竹枝詞	清舒位著	昭代叢書本之一百五十九			結一
又	清舒位	香豔叢書本之十九			雨四
又	王貴銘	文藝叢書本之九			雨一八
十國詞箋略	清錢載	昭代叢書本之十			結一
哀江南賦注	清徐樹穀　徐烱同纂	昭代叢書本之三十三			結一
金陵古樂府	闕名	精鈔本	一冊	侯鴻鑑捐	玉一〇六
種墨亭啓集	清陳衍虞	世馨堂本	一冊	許同藺捐	調三四九
伏羌紀事詩	清楊芳燦著	俞氏刻本	一冊	許同藺捐	崑四一四
可園十六詠	清楊殿奎稿	木刻本	一冊	孫思贊捐	崑五九三
靈蘭館律賦	清王禮甲	鈔本	一冊	秦毓鈞捐	崑六二〇
比紅兒詩注	清沈可培著	昭代叢書本之八十			結一
又	同上	香豔叢書本之十二			雨四
焦山記遊集	清馬曰琯等編	粵雅堂本之一百二十七			雨二
林屋唱酬錄	清馬曰琯等編	粵雅堂本之一百二十七			雨二
百宋一廛賦	清顧廣圻撰　黃丕烈注	士禮居叢書本之二十八			玉七
同人唱和詩即夢壇圖唱和詩集	清黃丕烈等	士禮居叢書本之三十			玉七

無錫縣立圖書館書目　卷十六集部　雜著類　十一

吳中唱和詩	清俞樾	春在堂全書本之四十七			水一五
集千字文詩	清俞樾	春在堂全書本之四十八			水一五
曲園自述詩	清俞樾	春在堂全書本之一百五十八			水一五
東海投桃集	曲園居士編	春在堂全書本之一百五十九			水一五
冬心齋研銘	清金農	文藝叢書本之二			雨一八
集美人名詩	清冒襄著	香豔叢書本之四十三			雨四
石頭記評贊	清王雪香	香豔叢書本之五十五			雨四
又	闕名	香豔叢書本之七十五			雨四
南宋雜事詩七卷	陳芝光撰	淮南書局本	二册	許同莘捐	呂二一
日本雜事詩二卷	黃遵憲著	鉛印本	二册	許同莘捐	呂六四
紅樓百美詩	清潘蓉卿著	香豔叢書本之八			雨四
天南同人集三卷	清姚文棟輯	南棲四種本之五			藏七
吟梅閣集唐二卷	清何鈺麟	文藝叢書本七至八			雨一八
師竹廬聯話十二卷	竇鎮編	木刻本	二册	竇鎮捐	署一七六
山林經濟策	陸次雲	說部叢書本之三			雨六
湘煙閣詩鐘	王以敏原輯 李盛基選本	文藝叢書本之四			雨一八
續豔體連珠	闕名	香豔叢書本之十五			雨四
香畹集選存	許夔臣纂輯	香豔叢書本之三十二			雨四
清谿惆悵集	悔庵居士	香豔叢書本之六十			雨四
圭塘唱和詩	袁克文錄	石印本	一册	曹衡之捐	玉一六七
近科通雅集	吳稚暉輯	木刻本	三册	丁寶書捐	麗七一
蘇若蘭璇璣金雲門廻文圖		寄漚書巢刻本	二幅	劉書勳捐	岡二〇七
絳守居園池記張注	唐樊紹述撰 清張子特注	木刻本	一册	樊鎮捐	闕三七
平泉山居雜記	唐李德裕	說郛本之七十			爲一
終南草堂十志	唐廬鴻	說郛本之七十			爲一
錢塘西湖百詠附原唱	宋郭祥正著	武林掌故叢編本之二			水一二

無錫縣立圖書館書目　卷十六集部　雜著類　十二

荆南唱和詩集	元周砥撰	本館鈔本	一册		崑四九九
西湖八社詩帖	明 闕名	武林掌故叢編本之三十四			水一二
七人聯句詩記	明都穆	顧氏小說本之六			結二四
澹生堂藏書約附刻一種	明祁承㸁著	知不足齋本五集之六			水一六
格致書院課藝	清王韜輯	石印本	十五册	徐彥寬捐	爲四三一
台州文徵叙例	清王舟瑤纂	鉛印本	一册	臨海圖書館捐	藏二八七
春秋經傳類聯	清王繩曾編	木刻本	二册	陶守恆捐	崑七二二
春秋左傳類聯	清陸桂森著	昭代叢書本之一百六十九			結一
同館詩賦題解十二卷	清魏茂林輯	有不爲齋刻本	八册	許同藺捐	藏二二五
于制府德政詩一名東南輿誦	清葉映榴等撰	原刻本	一册	許同藺捐	調二九七
安繼勳時文稿	清安經傳	原稿本	一册	丁福保捐	崑六八五
惠山竹爐圖詠四卷	清劉繼增輯	本館鈔本	一册		崑三八六
勺湖蓮隱圖詠	清周石君等撰	木刻本	一册		呂一二三
王武愍公遺文	清王恩綬著	木刻本	二册	陸士奎捐	崑三八八
攟錄金陵迹古	清吳竹如著	手寫本	一册	侯鴻鑑捐	玉一〇六
柴氏西湖百詠二卷	清柴杰	武林掌故叢編本之五十八			水一二
武林新年雜詠	清吳錫麒編	武林掌故叢編本之二十九			水一二
梅竹山莊圖詠	清章黼	武林掌故叢編本之一百六十五			水一二
風木庵圖題詠	清丁丙編	武林掌故叢編本之一百九十二			水一二
南宋宮闈雜詠	清趙棻	武林掌故叢編本之一百九十七			水一二
又	清趙棻	香豔叢書本之七十四			雨四
金陵紀事雜詠	清吳家楨	清人說薈本之三			結三一
和梅花百詠詩	清王夫之撰	船山遺書本之一百十三			水一四
都門紀變百詠	清復儂氏杞廬氏同著	清人說薈本之四			結三一
復園紅板橋詩	清吳修	武林掌故叢編本之六十			水一二
雪莊西湖漁唱七卷	清許承祖著	武林掌故叢編本之九十一至九十二			水一二

重集列女傳例	清魏于雲著	昭代叢書本之三十六			結一
春秋詠史樂府	清舒位著	昭代叢書本之一百三十五			結一
曲園自述詩續	清俞樾	春在堂全書本之一百五十八			水一五
隨園八十壽言六卷	清袁枚輯	隨園全集本四十至四十一			專一
南海百詠續編四卷	清樊封	翠琅玕館本十七至十八			麗三〇
四十初度述懷	清吳寶儉著	牛厂叢書本之二十			水六
揚州鼓吹詞序	清吳綺著	說鈴本之七			雨一七
又	同上	龍威秘書本七集之三說鈴攬勝之一			水一七
上海縣竹枝詞	清秦榮光撰	鉛印本	一冊	秦錫田捐	藏三六〇
多青舘古宮詞三卷	清張鑑	香豔叢書本之五十			雨四
紅樓夢竹枝詞	清盧先駱著	香豔叢書本之五十五			雨四
金粟閨詞百首	清彭孫遹著	香豔叢書本之五十二			雨四
西泠閨詠後序	清董壽慈撰	香豔叢書本之八十			雨四
西湖六橋桃評	曹之璜	香豔叢書本之四十四			雨四
門存唱和詩鈔五卷	陳伯嚴著	木刻本	二冊	陸士奎捐	呂一四〇
松陵酬唱詩存	翁有成等著	鉛印本	一冊	華山捐	麗一八五
樊園戰詩續記	樊增祥	文藝叢書本之十			雨一八
鵲華行館詩鐘	趙國華	文藝叢書本之十三			雨一八
絜園詩鐘續錄	蔡乃煌	文藝叢書本之十五			雨一八
虞山送別詩稿	楊夢齡輯	鉛印本	一冊	楊夢齡捐	調二七五
陸稻庵蹈海錄四卷	徐良弼	鉛印本	二冊		玉一五〇
古今聯語彙選初二集	胡君復輯	鉛印本	八冊		藏三〇三
齊太翁壽言錄十四卷		鉛印本	十冊	江蘇督軍署捐	玉一七
韜光庵紀遊集二卷	清釋山止編	武林掌故叢編本之四十四			水一二
平泉山居草木記	唐李德裕	說郛本之七十			爲一
絳守居園池記注	唐樊宗師撰 元趙仁舉等注	蘇絳書屋重刊本	一冊	樊漱圃捐	麗二〇六

武林怡老會詩集	明張瀚	武林掌故叢編本之四十九			水一二
漁洋感舊集小傳	清王士正	鉛印本	二冊		呂一五三
慕萊堂詩文徵存十卷	清李維瀚	木刻本	四冊	陸士奎捐	日一一
靜園八景圖題詠	清龔鎮湘等撰	鉛印本	一冊	陸士奎捐	日三三
九疊山房和陶詩	清趙仁基	木刻本	一冊		洪一五二
仙緣留詠唱和集	清龔鎮湘等撰	鉛印本	一冊	陸士奎捐	呂一一九
小書巢詩賦存稿	清陸以莊	原刻本	四冊		洪一一三
賓蛾臺題詠殘本	清安紹傑著	舊刻本	一冊	安逵初捐	崑三三四
清朝應制琳瑯集十卷	清鄒一桂選	舊刻本	八冊	許同莘捐	崑三一八
願學齋大小題文	清侯桐著	木刻本	五冊	侯冠清捐	崑三九八
明季詠史百一詩	清張篤慶撰	說部叢書本之四十四			雨六
乾嘉詩談點將錄	清舒位	清人說薈本之三			結三一
松吹讀書堂題詠附錄一卷	清杭棫編	武林掌故叢編本之一百四十八			水一二
橫橋吟館圖題詠	清許乃穀編	武林掌故叢編本之一百五十			水一二
西湖臥遊圖題跋	清李流芳	美術叢書本之三十九			藏五
多心先生三體詩	清金農著	小石山房本之十四			雨二六
梁巨川先生遺筆	清梁濟	山西洗心社鉛印本	一冊	山西圖書館捐	暑八一
懷芬社大小題稿	清華鴻模編	木刻本	四冊	孫光斗捐	崑五四一
歷代詩人祠堂記	李恩綬	多心齋本	一冊	陸士奎捐	日四二
五色煉石廬詩鐘	五色煉石廬主人輯	油印本	一冊	徐彥寬捐	玉一六四
小螺菴病榻憶語	清孫道乾著	香豔叢書本之二十八			雨四
飯後社叢刻詩鐘	大至編	鉛印本	一冊	許同藺捐	麗一九二
西湖十景春遊曲	董劍菴編纂	新華書社鉛印本	一冊	新華書社捐	爲四〇
樊園五日戰詩記	樊增祥	文藝叢書本之五			雨一八
絳守居園池記句讀	唐樊宗師撰 元趙仁舉句讀	木刻本	一冊	樊鎮捐	闕三七
絳守居園池記趙注	唐樊紹述撰 清趙師尹注	木刻本	一冊	樊鎮捐	闕三七

松鶴介壽圖唱和詩二卷	清劉繼增等撰	石印本	一册	劉書勳捐	崑三五九
錫麓歸耕圖唱和詩	清趙起鵬等撰	木刻本	一册	陸士奎捐	崑六八六
增注七家試帖詩鈔七卷	清張熙宇等輯錄	鉛印本	一册	錢宗濂捐	藏一六二
楓江漁父小像題詠	清徐電發	美術叢書本之二十二			藏五
玉鉤斜哀隋宮人文	清姚燮	香豔叢書本之三十			雨四
東林書院重整規條錄	清鄒鳴鶴編	舊刻本	一册	許同藺捐	崑八〇
秦亭山民移居唱和詩	清周三燮等	武林掌故叢編本之一百九十二			水一二
鑒公精舍納涼圖題詠	清朱文藻編	武林掌故叢編本之一百四十七			水一二
張憶娘簪花圖卷題詠	清蔣深等題	藝術閣本之二十八			專一四
問源草廬十六景題詠	王穎鋭等注	木刻本	一册	王劍潭捐	崑二四八
讀曾文正公家書札記	嚴渭漁著述	鉛印本	一册		藏三四四
千春一恨集唐詩六十首	清黃周星	香豔叢書本之四十一			雨四
唐樊諫議附祀西湖白文公祠詩	陶鏞	石印本	一册	樊漱圃捐	呂一三七

叢書部

彙刻之屬

說郛一千八百十九種	明陶宗儀纂 明陶珽重輯	原刻本	一六八册	理科會捐	爲一
稗海七十四種	明商濬輯	木刻本	七十二册		雨二七
說鈴五十一種 闕一種	清吳震方輯	原刻本	十二册		雨一七
九經九種	清秦璞訂正	秦刻仿宋巾箱本	十册		崑七八
區種五種	趙夢齡輯	鉛印本	一册	周清捐	麗二一二
清詩話四十六卷	丁福保編訂	鉛印本	二十册	丁福保捐	崑二五七
玉海附刻十三種	宋王應麟輯	浙江書局本	二十册	裘廷梁捐	冬四
漢魏叢書八十六種	明何允中輯	原刻本	八十册		水一三
津逮秘書一百四十五種	明毛晉輯	汲古閣本	三百廿册	理科會捐	陽三三二
古今說海一百三十五種	明陸楫輯	中華圖書館鉛印本	十二册		結二九
古逸叢書二十六種	清黎庶昌輯	黎氏本	四十九册	裘廷梁捐	露二
昭代叢書正集五百種 別集六十種	清張潮輯 楊復吉 沈楙德續輯	世楷堂本	一百七十二册		結一
嶺南遺書四十五種 闕第二集	清伍崇曜輯	木刻本	五十六册		水七
龍威秘書一百六十八種	清馬俊良輯	木刻小本	八十册		水一七
唐代叢書一百六十五種	清陳蓮塘輯	石印本	十六册		出二七
又同上	同上	石印本	十二册		結一三八
槐廬叢書五十四種	清朱記榮輯	朱氏刻本	八十册		露五
半厂叢書初編十種	清譚獻	木刻本	二十册		水六
台州叢書七種	闕名	宋氏重刻本	二十册		水一
榆園叢書二十九種	清許增輯	娛園刻本	二十册		水四
皇清經解一百八十種	清阮元輯	廣東書局本	三百六十册		天四
欽定七經七種	康熙年欽定	湖北書局本	一百二十册		天三
經學輯要二十三種	清蔡啓盛等輯	點石齋石印本	三十二册		露五四
美術叢書一百零四種	清鄧實輯	神州國光社鉛印本	四十册		藏五

金陵叢書六種	蔣國榜輯	蔣氏刻本	三十二册	兪 復捐	雨二三
香豔叢書三百四十四種	國學扶輪社輯	鉛印本	八十册		雨四
清人說薈二十種	雷瑨輯	掃葉山房石印本	六册		結三一
大乘法寶十種	闕名	金陵刻經處本	十册		閏一一七
佛學叢書十種	丁福保箋輯	丁氏鉛印本	十册		崑二五四
寶顏堂祕笈二百十一種共分六集	明陳繼儒輯	石印本	四十册		閏三五
正誼堂全書六十三種	清張伯行輯	正誼書院本	一百四十六册		宇一
二酉堂叢書二十種	清張澍輯	木刻本	十册		雨二四
粵雅堂叢書前十集六十種	清伍崇曜輯	原刻本	一百四十八册		雨二〇
平津館叢書四十二種	清孫星衍輯	朱氏刻本	五十册		水一〇
士禮居叢書二十種	清黃丕烈輯	醫學書局石印本	三十册	丁福保捐	玉七
咫進齋叢書三十八種	清姚覲元輯	姚氏刻本	二十四册		水二
聚學軒叢書六十種	清劉世珩輯	劉氏刻本	一百册		雨一

守山閣叢書一百十種	清錢熙祚輯	鴻文書局石印本	一百册		麗八四
十三經注疏十三種	清阮元輯	阮氏刻本	一百八十二册		天一
又同上	同上	石印本	三十二册		洪九〇
武英殿叢書五十五種	清紀昀等輯	江西書局本	一百零八册		冬五
拜經樓叢書七種	清吳騫輯	章氏刻本	六册		水三
敏果齋叢書七種	清許乃釗輯	木刻本	二十四册		巨七四
正覺樓叢書二十六種闕十三種	闕名	武昌書局刻巾箱本	十八册		藏二〇四
漸學廬叢書十一種	闕名	石印本	四册		藏八
積學齋叢書二十種	徐乃昌輯	木刻本	十六册		結一一
涵芬樓祕笈二十七種共分五集	涵芬樓輯	商務書館本	四十册		藏二三〇
道藏精華錄一百種	守一子編纂	醫學書局鉛印本	十二册	金紹開捐	巨七五
陰陽五要奇書	樂眞堂輯	木刻本	十册		閏三一
知不足齋叢書一百七十三種	清鮑廷博輯	木刻小本	一百九十二册		水一六

海山仙館叢書五十六種	清潘德畬輯	廣東木刻本	一百三十册		陽三三三
十萬卷樓叢書五十種	清陸心源輯	陸氏刻本	一百十册		水九
小萬卷樓叢書十七種	清錢培名輯	木刻本	十六册		雨二五
三長物齋叢書二十八種	清黃本驥輯	粵刻本	五十八册		出二
翠琅玕館叢書五十七種	丁氏輯	木刻本	四十册		麗三
小石山房叢書四十一種	清顧湘輯	顧氏刻本	十八册		雨二六
武林掌故叢編一百八十七種	清丁丙輯	嘉惠堂刻本	二百零八册		水一二
常州先哲遺書四十種	清盛宣懷等輯	盛氏刻本	六十四册		呂一
紹興先正遺書十二種闕一種	清徐友蘭輯	徐氏刻本	四十八册		水五
四書五經集注九種		浙江書局本	四十册		天二
中西算學叢書三十四種	求敏齋彙輯	鴻寶齋石印本	四十册		水二〇
翠微山房數學三十二種	清張作楠學	息園木刻本	十六册	丁寶書捐	辰一四六
月河精舍叢鈔五種	丁氏輯	丁氏精刻本	二十四册		出一一

皇清經解續編二百零九種	清王先謙輯	石印本	三十二册		天五
南菁書院叢書四十一種	清王先謙輯	木刻本	三十一册		露一
美術叢書續集七十一種	鄧實輯	神州國光社鉛印本	四十册		藏五
歷代詩話續編七十七卷	丁福保訂	鉛印本	二十四册	丁福保捐	崑二五八
古今文藝叢書八十七種	何藻輯	鉛印本	三十六册		雨一八
古今說部叢書二百六十六種	王文濡輯	鉛印本	六十册		雨六
小萬柳堂叢刊四種	吳女士芝瑛輯	仿宋聚珍本	四册	廉 泉捐	崑一〇二
顧氏四十家小說四十種	明顧元慶輯	國學扶輪社鉛印本	八册		結二四
玉函山房輯佚書原六百零一種闕三十四種補二十種附錄一種	清馬國翰輯	嫏嬛館補校本	一百册		水一一
白芙堂算學叢書四十三種	清丁取忠輯	長沙丁氏刻本	三十六册	丁福保捐	辰一六八
又同上	同上	同上	三十二册	王鏡藻捐	月一四一
學古齋金石叢書十二種	清董金甌輯	董氏刻本	二十四册		專九

有福讀書堂叢刻四種	清許玨選輯	木刻本	二册	許同藺捐	雨四三
思益旬刊社叢刊五種	思益旬刊社編	鉛印本	五册	俞丹石捐	餘二六六
常州先哲遺書續編二十九種	清盛宣懷等輯	盛氏刻本	四十册		呂二
桐城方氏七代遺書二十種		方氏刻本	十册	陸士奎捐	日一四

一人著述之屬

謝亭集五種	清謝掄著	毓芝堂本	四册	許同藺捐	藏二五一
梅氏叢書二十四種	清梅文鼎著	舊刻本	二十四册	王鏡瀛捐	月六一
鹿洲全集七種	清藍鼎元著	閩刻本	三十二册	許同藺捐	餘二四六
隨園全集三十六種	清袁枚著	中華書局本	五十册		專一
東塾遺書四種	清陳澧著	木刻本	二册		呂七二
范氏三種	清范家相著	范氏刻本	八册		露七
安吳四種	清包世臣著	木刻本	十六册		日八六
李氏五種	清李兆洛著	合肥重刻本	十册		藏四

南樓四種原二十四種現存四種	清姚文棟著	鉛印本	五册		藏七
柏堂遺書三十種	清方宗誠著	家刻本	六十四册		冬二
又同上	同上	同上	五十册	方孝深捐	專一六
黃氏醫書八種	清黃元御著	燮和精舍木刻本	十二册	丁寶書捐	辰一四〇
陳氏算學七種	清陳志堅學	嵇文墨齋本	三册		辰一三九
譚氏舊學四種	清譚嗣同著	石印本	四册	祝心淵捐	餘二一一
雪鸝遺著五種	黃保康著	木刻本	三册	黃任恆捐	玉一四〇
濱虹雜著三種	黃質著	鉛印本	一册		麗二一三
又同上	同上	同上	一册		麗二一三
章氏叢書十二種	章炳麟著	古文社鉛印本	二十四册		麗四〇
黃梨洲遺書十種	清黃宗羲著	神州圖書局鉛印本	十二册		出二六
王船山遺書五十九種	清王夫之著	金陵書局本	一百二十册		水一四
味經堂遺書十五種闕四種春秋僅存一葉	清莊存與著	莊氏刻本	十册		閏一三四

徐靈胎醫書八種闕一册	清徐大椿著	掃葉山房木刻本	十二册		辰一一九
洪北江全集十五種	清洪亮吉著	授經堂本	八十四册		冬三
陳修園醫書二十一種內闕二册	清陳念祖著	敦厚堂木刻本	四十八册	丁寶書捐	辰一五五
春在堂全書一百四十一種	清俞樾著	木刻本	一百六十册		水一五
鄒叔子遺書七種	清鄒漢勛著	木刻本	十二册		藏六
學壽堂叢書十二種	徐灝同子紹楨著	廣東木刻本	二十六册		水八
天蘇閣叢刊五種	徐珂同女新華著	商務書館鉛印本	一册	王蘊章捐	出五七
亭林遺書彙輯二十三種	清顧炎武著	朱氏校經山房本	二十册		水一八
毋不敬齋全書六種	清方濬著	木刻本	十七册		日八二
武陵山人遺書十二種	清顧觀光著	木刻本	八册	張良朔捐	麗一三四
潛齋醫學叢書八種	清王學權著	鉛印本	四册	顧大奎捐	露三九
十閒堂閒情叢刻五種	明華淑著	明刻本	二册		崑七三二
萬物吹累室類稿五種	清沈同芳著	鉛印本	五册		餘四

勘誤記

卷一　第一頁明刻本下三字衍
又　第二頁味經堂遺書下脫本字
又　第三頁說郛本之四說誤設
又　第八頁同文書局鉛印本下八字衍
又　第十三頁古杼秋館杼誤抒
又　第十五頁詩類誤經類
卷二　第十八頁漢劉歆撰歆誤韻　許氏注誤許注氏
卷三　第二頁元胡炳文下通字衍
又　第四頁梁太史叔明太誤本
又　第十頁析疑誤折疑
又　第十三頁五經異義誤經異五義
又　第二十五頁揚雄誤楊雄

卷四　第十一頁招捕誤招補
卷五　第二頁摶沙誤搏沙
又　又　蘄治荆誤蘄治荆
又　第四頁百越誤百樾
卷六　第七頁梁越馨誤梁悅馨
又　第二十四頁歙間誤歙間
又　第二十九頁滬城備考下脫錢宗濂捐四字　定鄉雜誌下錢宗濂捐四字衍
卷七　第五頁大清誤太清
又　第十頁宗濂上脫錢字
卷八　第五頁貽穀誤昭穀
又　第二十七頁黃氏誤黃黃
又　第四十三頁竢實誤竣實
卷九　第十五頁徐廣誤徐慶

卷十　第十二頁陸熠誤陸耀
又　第十六頁兵仗誤岳仗
又　第十七頁相手板誤相手扳　文震亨誤文震享　勇盧閒詰誤勇廬閒詰
卷十一　第二頁北齊誤北齋
又　第三頁北齊誤北齋
又　第八頁揚雄誤楊雄
又　第九頁鬩思室誤駉思室
又　第三十頁淸張蓋誤漢張蓋
又　第三十四頁憚敬誤惲敬
卷十二　第三頁叢書誤叢本　翻風小傳脫小字
又　第八頁斐子誤裴子
又　第三十九頁洞冥誤洞冥
又　第四十八頁起綸誤起倫

卷十三　第二頁一隅誤一偶
又　第三頁歷朝誤曆朝
又　第十九頁王問下時字衍
卷十四　第二頁以姓之先後爲次不與吳著並列十三字衍
又　第十頁緝雅堂誤緝稚堂
又　第十四頁恩誤誤思娛　彥寬上脫徐字
卷十五　第五頁宋王若虛誤金王若虛
卷十六　第十頁黔苗誤黔苗

無錫縣立圖書館歷年概况

（民國）秦毓鈞 編

《無錫縣立圖書館歷年概況》，(民國)秦毓鈞編，民國十七年(一九二八)無錫縣立圖書館鉛印本。

秦毓鈞(一八七三—一九四二)，字祖同，號平甫。早年留學日本，後任上海申報主編。民國七年(一九一八)，回錫創辦無錫新聞，不久停刊。後任無錫縣立圖書館第三任館長。是書嚴格遵照圖書館的業務特色，詳盡介紹無錫縣立圖書館的沿革、組織系統、經費收支、圖書手迹、編目方式、服務概況、收費規定。其中有圖書館外景照片、黨義室照片、藏書室照片，完整記録了一九二七年時無錫縣立圖書館的概况。當時藏書，有古書三萬餘册，新書近兩萬册。其中三分之一爲邑人所捐贈，其中不乏善本。附録部分包括：鄉賢書續目、保存部收藏的金邑廟楹聯原件、從北京内閣大庫而來的無錫先賢殿試試卷真迹、清代的奏折。還保存了明代嘉靖守城信票一幅，清代遺留下來的光緒縣志、高子遺書、東林書院志等幾千塊木刻書板，以及好幾塊古碑。附録中當時存在的許多文物，今天已不知下落。

本書據民國原刊本影印。

(徐志鈞)

敍

縣立圖書館館長秦平甫先生將刊圖書館歷年概況。索余弁言簡端。余以先生之雅意勝情。得與於諮詢之末。大愧無以相益。獨念江蘇六十縣。無錫號爲壯縣。而就圖書館而論。亦以無錫爲巨擘。經始於秦君玉書顧君倬。繼成之於侯君鴻鑑。而編集、目錄、表章、鄉賢、文獻、所繫、規橅、漸定、劉君書勳之所草創、其功亦不可沒、今先生恢張前緒。益宏遠矣。語曰。作始也簡。將畢也鉅。言草創者難、爲力、繼事者、易、有功也、又曰、靡不有初。鮮克有終。言始、謀者、奮、以振、而守、成者、墮、於懈、也、余誦先生是編將以監。始事之不易。圖式。廓於方來。不懈以奮。宏昭前休。姑書此言。以爲左劵。云中華人民造國之十有七歲八月十五日邑人錢基博。

無錫縣立圖書館歷年概況

無錫縣立圖書館歷年概況

無錫縣立圖書館歷年概況

目錄

無錫縣圖書館前場圖

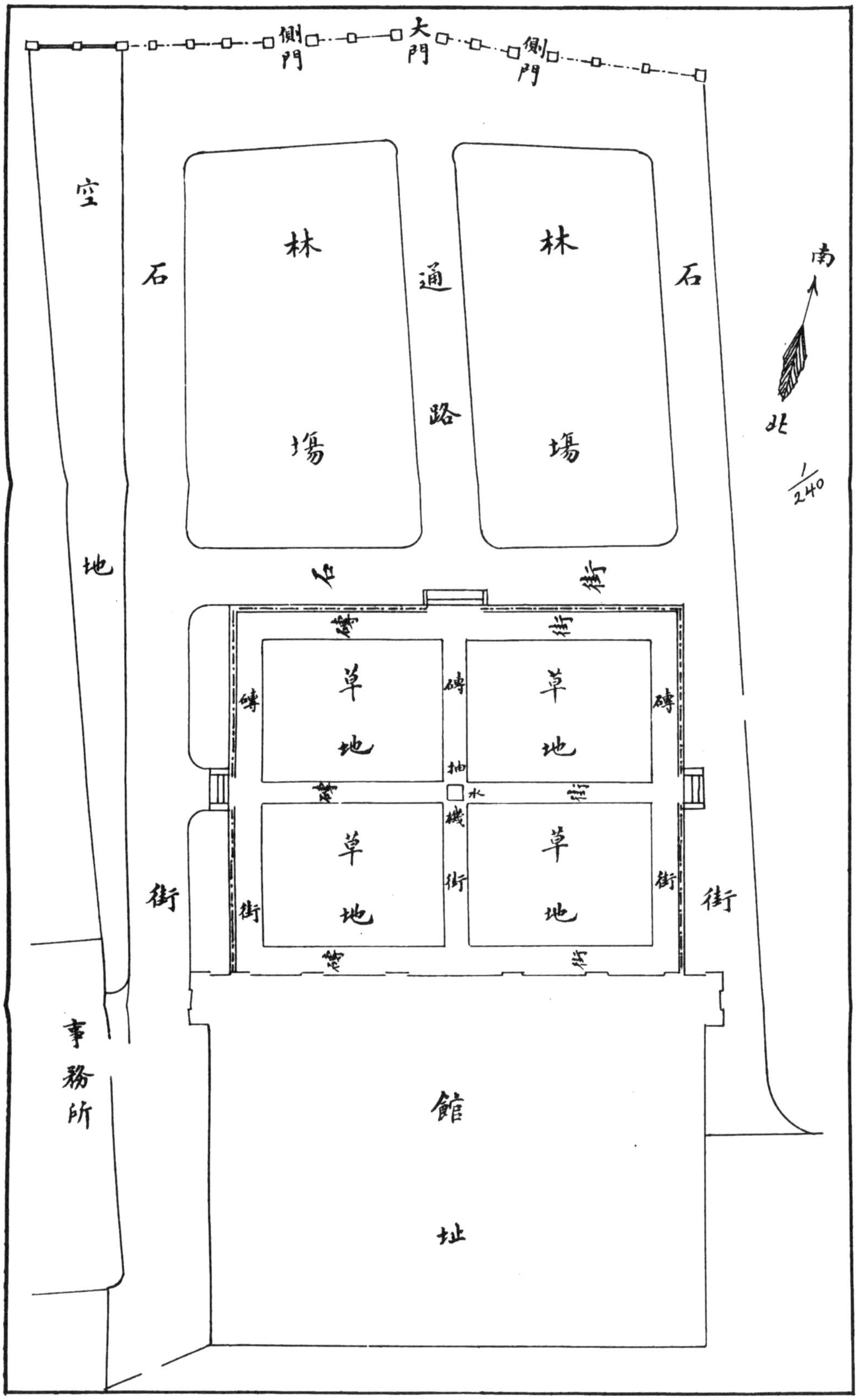

一樓剖面圖

1:120

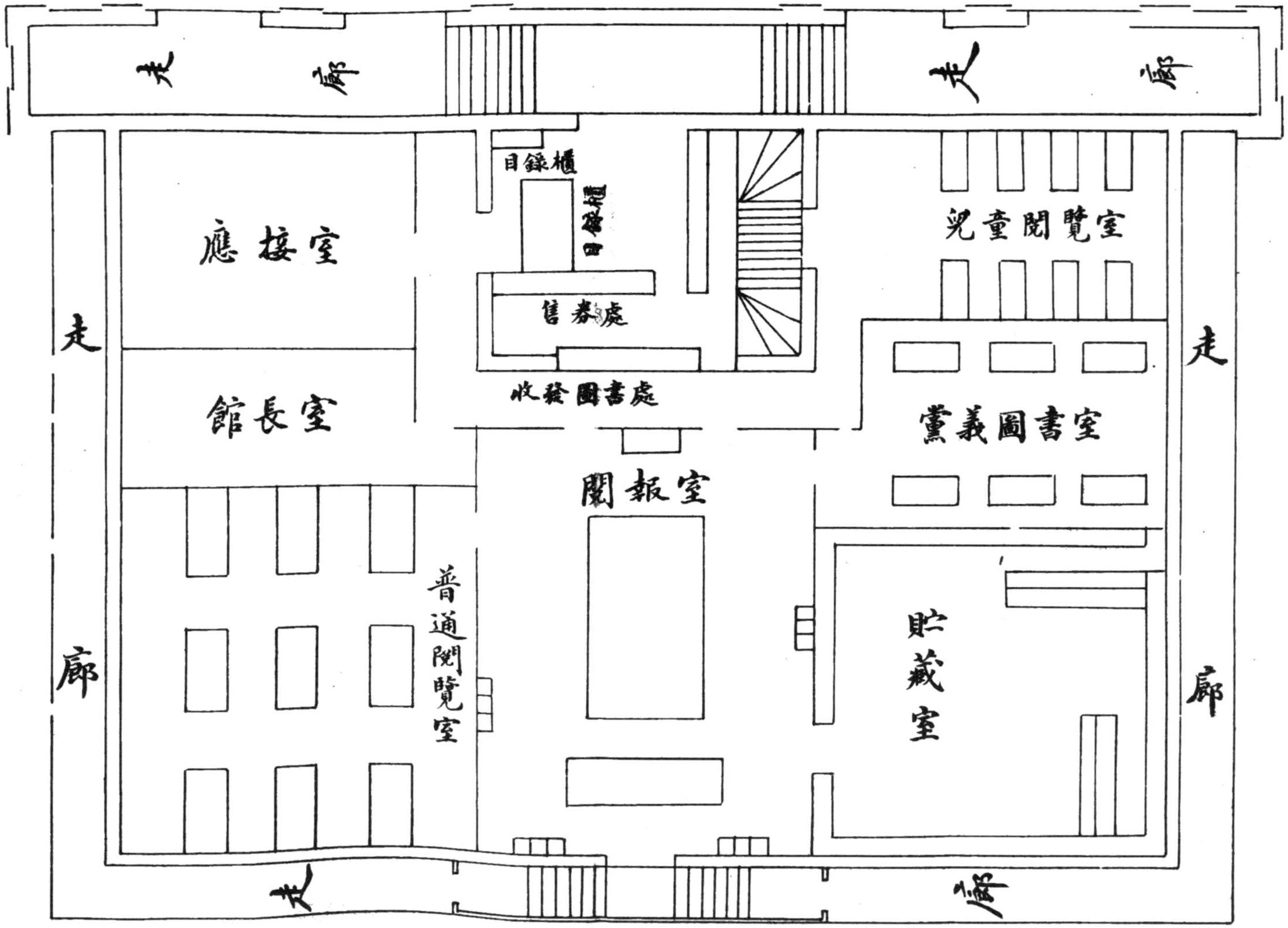
走廊
走廊
目錄櫃
應接室
售券處
收發圖書處
兒童閱覽室
館長室
黨義圖書室
閱報室
普通閱覽室
貯藏室
走廊
走廊
走廊
走廊

二樓剖面圖

1:120

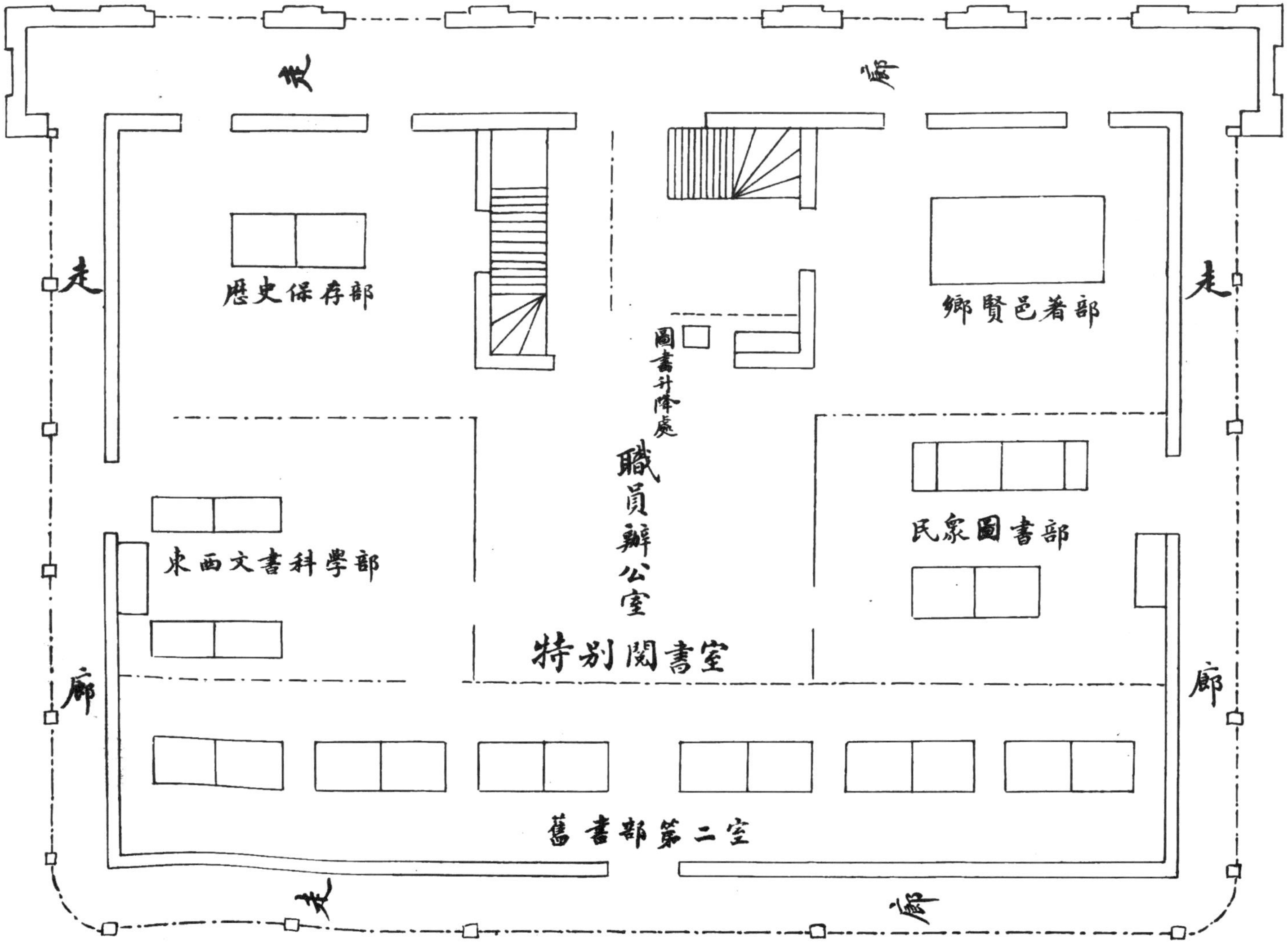
走
廊
走
走
廊
走
歷史保存部
鄉賢邑著部
圖書升降處
職員辦公室
民衆圖書部
東西文書科學部
特別閱書室
舊書部第二室
廊
廊
走
廊

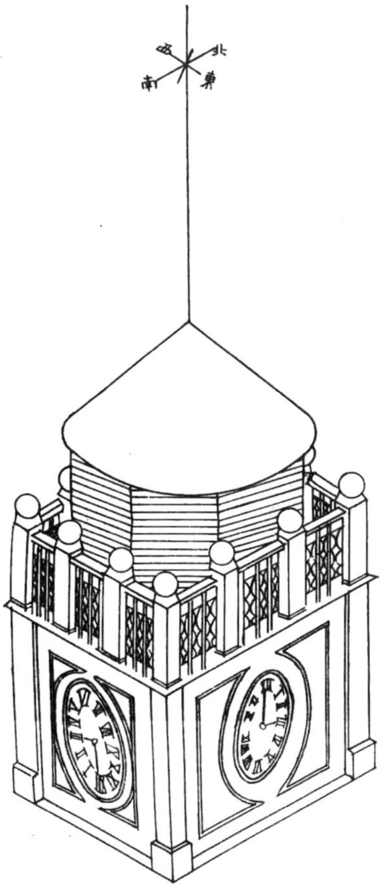

四樓五樓立體圖

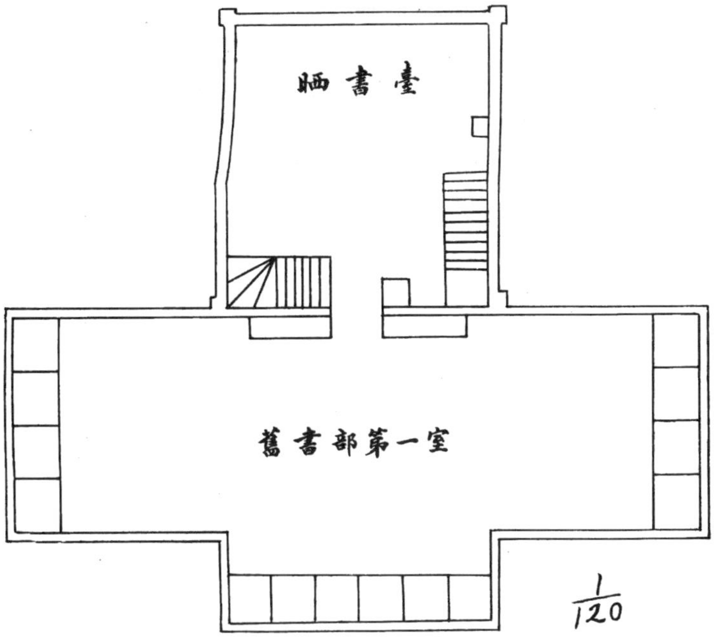

三樓剖面圖

無錫縣立圖書館全景攝影

中文藏書室攝影

黨義室攝影

東西文藏書室攝影

概况

吾錫號爲蘇省壯縣據最近統計全邑之圖書館凡五本館而外曰大公曰天上市曰泰伯市曰涇濱而溯其設置之先河則莫早於縣立圖書館收藏較富用欵最多其間歷年經過之概況有可得而詳者毓鈞不材承乏館事三易寒暑矣尸位素餐自愧公僕踵蕭規曹隨之後抱知新溫故之心業業兢兢不遑暇逸稽成案徵舊聞參以近事分門綴緝就正邦人其當時與我共甘苦者比事屬辭繪圖列表則以丁君慕禹顧君海容龔君宜修助發之力爲多語曰與其過而廢諸也毋寧過而存諸　大雅君子幸賜教焉民國十有七年新曆六月平甫秦毓鈞謹識

組織概況

民國元年四月邑人丁寶書林志熙華文川秦玉書吳學萊蔡文森顧倬侯鴻鑑曹銓黃龍驤

秦振鎬陶守恆等聯名呈請無錫軍政分府秦毓鎏就三清殿舊址撥欵籌辦圖書館由軍政分府照會顧倬秦玉書爲經董秦董主建築工程顧董主購辦圖書籌備館事三年二月顧秦兩董辭職四月由縣照會侯鴻鑑爲經董籌欵完工訂定各項章則呈縣詳部備案四年一月一日實行開幕八月以劉書勳爲本館主任訂定職務爲主任一人辦事員兩人助理員一人七年六月由縣添委錢基博爲本館經董八年四月縣委秦玉書爲本館經董襄同侯董處理館務九年十二月裁撤三董事改任館長縣署趙知事委劉主任爲館長館長而下辦事員二人助理員一人仍率其舊十一年七月劉館長辭職縣勸學所延嚴堯欽代之十四年七月嚴館長辭職縣教育局延秦毓鈞代之十六年三月國軍入境秦館長卸職延吳會豐爲主任甫及一月秦館長奉局函敦促復職添置黨義圖書室宣揚三民主義延黨義兼兒童指導員一人而辦事員二人助理員一人仍率其舊十二月黨義主任由館長自兼指導員專管兒童部事十七年二月由館長會同教育局長聘定委員組織改進委員會三月闢置民衆圖書室擴充普及教育此歷年組織之大畧也系統及概況列表如左

甲 組織系統表

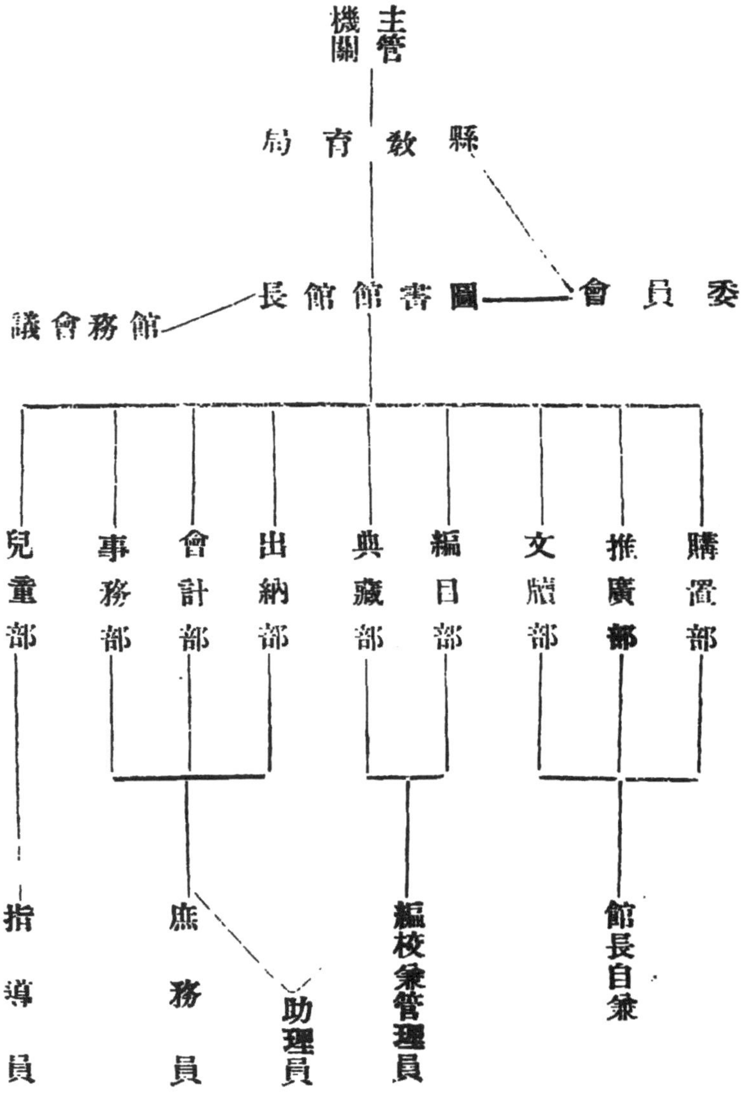
主管機關
縣教育局
委員會
圖書館館長
館務會議
購置部
推廣部
文牘部
編目部
典藏部
出納部
會計部
事務部
兒童部
館長自兼
編校兼管理員
助理員
庶務員
指導員

組織概況

乙 概況一覽表

- 名稱—無錫縣立圖書館
  - 建築圖式—西式樓房三層 鐘樓一座—閱書室
    - 黨義圖書室
    - 兒童閱覽室
    - 普通閱覽室
    - 特別閱覽室
    - 閱報室
  - 經費總數—本年度經臨兩項 約計三三三六・〇〇
  - 主管機關—縣教育局—職員—館長
    - 編校兼管理員
    - 兒童指導員
    - 庶務員
    - 助理員
  - 籌備時期—民國元二三年
  - 開館時期—民國四年一月一日—藏書室
    - 舊書 32716冊
      - 第一圖書室、第二圖書室—依四庫法分類
      - 善本保存室、鄉賢邑著室—依姓氏分類
    - 新書 19246冊
      - 黨義圖書室、民衆圖書室、東西文科學室—依十進法分類

四

經濟概況

本館經費籌備時代軍政分府于封存公欵內撥用二次革命公欵中輟由侯董呈縣籌撥藏捐結束工程總計銀二萬四千八百八十七圓列表如左

類別 年月	民國元年一月至二年十一月	三年四月至三年十二月	合計	備註
建築工程	一六五九九・〇〇	一八一九・〇〇	一八四一八・〇〇	
購置圖書	一八一二・〇〇	二〇七四・〇〇	三八八六・〇〇	
購置器具		一〇一二・〇〇	一〇一二・〇〇	
購置陳列品	一〇四・〇〇	五五・〇〇	一五九・〇〇	
雜項開支	一〇六二・〇〇	三五〇・〇〇	一四一二・〇〇	
統計	一九五七七・〇〇	五三一〇・〇〇	二四八八七・〇〇	

四年開幕後就縣教育費撥欵應用與通俗教育館公共體育場同爲本邑社會教育事業歲需經臨兩欵三千餘元自四年度起其歷年支出經臨兩門列表如左

經濟概況

六

歷年支出經常費比較表

年分 \ 欵別	職員俸	館役工資	膳食	工程物品	雜費	分年總計
民國四年	七二三·〇〇〇	六〇·五〇〇	二六六·二四〇	六一·五二四	二七一·二九四	一三七二·五五八
民國五年	六九六·〇〇〇	六〇·〇〇〇	二四八·二四〇	五八·五九三	三九六·六九九	一四五九·五三二
民國六年	六九四·〇〇〇	五二·四三〇	二四一·五六〇	五一·七〇三	四二五·〇三八	一四六四·七三一
民國七年	七一八·〇〇〇	六二·四〇〇	二三〇·八〇〇	四二·八六〇	四二一·八〇六	一四七五·八六六
民國八年	六九七·五〇〇	六二·四〇〇	二二九·八二〇	一七·三九七	四〇八·〇一四	一四一五·一三一
民國九年	六七五·〇〇〇	六一·二〇〇	二五一·二八五	四二·一一〇	三三九·〇二一	一三六八·六一六
民國十年	七〇八·〇〇〇	七二·〇〇〇	二六四·〇〇〇	二四七·一八四	四〇七·五八七	一六九八·七七一
民國十一年	九一六·〇〇〇	七二·〇〇〇	二六四·〇〇〇	一七八·〇〇九	三六七·九五〇	一七九七·九五九
民國十二年	九四八·〇〇〇	七二·〇〇〇	三〇〇·〇〇〇	一三七·一一七	三九〇·五七四	一八四七·六九一
民國十三年	九五二·〇〇〇	七二·〇〇〇	三〇四·五〇一	一二七·八五九	二六五·三二九	一七二一·六八八
民國十四年	九六二·〇〇〇	七二·〇〇〇	三一一·〇〇〇	二六一·四九四	三二一·四六四	一九二七·九五八
民國十五年	九九七·〇〇〇	八六·〇〇〇	三四七·三九五	三七五·八九一	四四八·五四九	二二五四·八三五

歷年支出臨時費比較表

年分＼款別	添置圖書	添置物品	修理費	印刷費	特別費	分年總計
民國四年	六三六·一三六	七一·二四〇	八三·六九〇	三四·六三〇		八二五·七一六
民國五年	七四一·九九三				一一〇·〇〇〇	八五一·九九三
民國六年	六一七·五七一	一〇·七五〇	二四·二七五	一四·四〇〇	一八·〇〇〇	六八四·九九六
民國七年	五九九·五七一				四·〇〇〇	六〇三·五七一
民國八年	六五二·九五九	一二·〇〇〇	二五四·〇〇〇	八四·八〇〇	一·四三五	一〇〇五·一九四
民國九年	五七五·〇一一	二二·〇〇〇	一〇七·五〇〇	六二·〇〇〇		七六六·五一一
民國十年	四四三·九三六	三一·九四〇	一一七·一七三	一二八·七二〇		七二一·七六九
民國十一年	九五·七九一	三二·一〇〇	四四一·九八〇	·六四〇		五七〇·五一一
民國十二年	一二三·六四五	八六·〇一一	五九·三五〇			二六九·〇一五
民國十三年	一四八·八六五	五八·〇〇〇				二〇六·八六五
民國十四年	三六九·九六四	五〇·五三八	三六九·七三三			七九〇·二三四
民國十五年	三三二·九〇〇	三六·二〇〇	二九四·六八五	一九五·四三〇	三〇九·八六〇	一一五九·〇七五

收藏概況

本館收藏圖書逐日登記裒然成帙自民國元年一月起至四年一月實行開幕止在籌備期內共得八千七百零五種二萬二千二百八十册四年一月起至十五年七月止先後陸續添置各書共得一萬五千三百六十六種二萬六千四百六十八册當經秦館長函請教育局派員檢查備案查得中文部舊籍一萬八千三百七十八種三萬二千二百九十八册又新籍四千四百六十五種一萬三千八百零一册東文書七百五十九種一千一百四十七册西文書四百六十九種一千五百零二册共計二萬四千零七十一種四萬八千七百四十八册據最近統計自教育局檢查後扣至十七年五月止續得新書六百十種二千七百九十六册舊書一百十七種四百十四册先後合併統計館內收藏各書都共二萬四千七百九十八種五萬一千九百五十八册以新舊分之新書收藏六千三百零三種一萬九千二百四十六册舊書收藏一萬八千四百九十五種三萬二千七百十六册至收藏之法大約不外購置捐贈寄附三種其間概況可得而言

民國四年一月開幕後侯董綜前後所得各書按部別居至七月中草訂目錄一次共得八千

七百零五種二萬八千二百八十册油印分送此爲第一屆四年八月以後至十年六月止劉館長復綜前後歷年收藏各書共得一萬三千二百八十八種一萬一千二百八十册編輯第二次目錄油印分送此爲第二屆迨十一年八月劉館長解任復綜一年內前後所得各書爲第三次目錄共得七百十三種三千一百七十五册此爲第三屆都共二萬二千七百零六種四萬二千七百三十五册列表如左

類別	第一屆 種	第一屆 册	第二屆 種	第二屆 册	第三屆 種	第三屆 册	總數 種	總數 册
經	五六三	一七三五	一一九	四〇八	二〇	四四	七〇二	二一八七
史	三八七	六九五五	三六八	二六八九	五八	六六七	八一三	一〇三一〇
子	二二二三	三二五九	二二五	一一五六	八六	三一二	二五三四	四七二七
集	四一一	三五八三	六五一	二九六六	六二	一二六	一一二四	六六七五
金石書畫	三四八	五五七	一九九	三七三	六四	一一二	六一一	一〇五二
叢書	七六二五	二九三二	五四三二	一四六三	一	四八	一三〇五六	四四四三

收藏概況　九

政部	三九三	一一一二	三五一	五六〇	一八	三七	七六二	一七〇九
事政	一三六	二三四	一〇四	二五三	二	二	二四二	四八九
學部	一五七五	四〇〇二	五二四	八七四	二一四	三九四	二三一三	五二七〇
文部	四二五	九一二	三四三	八〇三	五三	九六	八二一	一八一一
報章雜誌	八七	八四六	二二七	一九八三	一二三	一三三七	四三七	四一六六

嚴館長在任三年先後添置各書計得五百六十種二千九百五十二冊編目庋藏合爲一集以新舊分之列表如左（自十一年八月起至十四年七月止）

類別	經		史		子		集		叢書		金石書畫	
	種	冊	種	冊	種	冊	種	冊	種	冊	種	冊
舊書	二〇	六二	七三	四四二	七九	二四四	八一	四三九	三	二七七	四五	二七六

類別	政部		事部		學部		文部		雜誌	
	種	冊	種	冊	種	冊	種	冊	種	冊
新書	三〇	三六	一〇二	一二九	九六	一五五	三一	六五		八二四

秦館長繼任添置各書綜一年爲一集在任三年都共一千七百十九種六千五百五十八冊以新舊分之計得新書一千四百二十六種五千二百八十二冊舊書二百九十三種一千二百七十六冊列表如左(自十四年八月起至十七年五月止)

類別	第一年度		第二年度		第三年度		總數	
	種	冊	種	冊	種	冊	種	冊
經	一八	一〇四					一八	一〇四
史	五四	三〇一	一六	一九	九	九〇	七九	四一〇
子	二八	八九			八	二五	三六	一一四
集	八二	二九二	二三	八三	一九	五五	一二四	四三〇
叢書	八	一三一					八	一三一
金石書畫	一八	六八	七	一五			二五	八三
兒童	一七九	二〇三	二三	二六	七八	三七一	二八〇	六〇〇
民衆	二六二	六八七	四九	二一二	一八二	五七二	四九二	一四七一

收藏概況

收藏概況　十二

科學	七七	一一八	九九	一八八	六五	七四	二四一	三八〇
雜誌	七五	二一四九			六四	一三五二	一三九二	五〇一
黨義			一八	四一	六九	七九	八七	一二〇
英文	一〇	一三	五	五			一五	一八
東文	一六九	一八九			三	三	一七二	一九二

甲　購置

購置書籍自民國元年四月顧秦二董開辦起至三年二月止共支購書費銀一千八百十二元有奇俟董接收後籌備期內支書費銀三千八百八十五元自是以後陸續添置五年度書費銀七百四十一元六年度書費銀六百十七元七年度書費銀五百九十九元八年度書費銀六百五十二元九年度書費銀五百七十五元十年度書費銀四百四十三元是爲侯劉經手時代十一年度嚴館長繼任添置書籍費銀九十五元十二年度書費銀一百二十三元十三年度書費銀一百四十八元是爲本館節儉時代十四年度毓鈞接任後略事增加添置書籍費銀三百六十九元十五年度書籍費三百二十二元十六年度尚未終結俟後續報共收

藏之總數約佔全數三分之二都共二萬六千四百十三種計四萬零二百三十四册

乙 捐贈

捐贈書籍自民國二年二月份起積至今日源源而來約佔全數三分之一擇要題名以誌高誼

裘葆良先生捐贈大版九通玉海古逸叢書東華錄等及東文科學書籍約共一百八十種計二千一百五十餘册

秦琢如先生捐贈古今圖書集成册府元龜文苑英華全唐文等書四種有二千册之多

許溯伊先生捐贈新舊各種書籍二百十餘種七百三十餘册名目繁多不及備載

丁仲祜先生所捐書籍以鄉賢撰著爲多大半單行孤本價值昂貴者先生所自著各種醫書及編輯各種詩文集等亦隨時寄贈共計二百五十餘種五百餘册

許仲威先生以家藏書籍捐贈共二百二十餘種七百餘册

顧石仲叔嘉季欽三先生捐贈家藏書籍共五十餘種一百五十餘册大半通志堂刊本最多

俞仲還先生捐贈書六種一百四十八册其中以李文忠公全集册數最多

陸燿星先生捐贈家藏書籍五十餘種一百三十二册
杜子撝先生捐贈全上古漢魏六朝文一部王奎元先生捐贈陝西通志一部各一百册此皆需要之書而一時不易購置者
北京外交部捐贈大淸會典平定捻粤回疆等方略及製造局方言館各種輯譯書共一百十六種一千二百十五册皆大板精印此項書籍係許溯伊先生在京爲本館設法請求得來
理化研究會以會中餘欵三百元購得汲古閣津逮秘書及正續說郛各一部捐贈本館計四百八十八册又捐贈東文理科書九十種一百八十册
西溪濬智學社以社中所藏書捐贈共五十四種一百三十二册
以上畧舉捐助本館書籍之册數最多價值最鉅者此外如吳念岵華純甫陶仞千徐薇生楊仁山祝心淵諸先生捐贈亦各有百十册不及備詳
京外各官廳機關及本外部各學校團體所寄贈新出雜誌報告圖册者不下百餘處約得二百三十餘種八百二十餘册天津社會教育社刊行星期報一種自民國五年以來按期郵寄至今弗衰猶爲難得

上海各大書局亦多以新出書籍寄贈而商務印書館及中華書局以各種雜誌按期寄贈已歷多年商務印書館於本館開辦之初特捐書籍價値一千元之鉅尤爲慷慨（此項書籍得陸續採取惟以國民學校用書爲限故至今尙未收齊）此外如文明書局醫學書局圖書公司等亦均有寄贈

此侯劉時代之大畧也嚴任三年囿于見聞礙難臆斷秦館長接任後蒙邑中父老海內名流時以書籍見貺更僕難數茲舉其最著者言之

南潯劉翰怡先生先後兩次捐贈七十八種三百八十五册皆大本巨製爲吳興劉氏自刊佳本各書中有印留餘草堂叢書者印求恕齋叢書者印嘉業堂叢書者印吳興叢書者名各不一蔚爲巨觀

泰興韓紫石先生惠贈海陵文徵海陵叢刊二十一種七十九册備一方文獻

常州趙叔雍先生惠贈夢窗詞稿八種二三十册皆詞學精品

南京蔣仲翔先生捐贈金陵詩徵等七種三十五册

曹血俠先生先後惠贈河南山東縣志十數種不下四五十册

收藏概況

顧叔惠先生惠贈廣西平樂縣志浙江太平縣志農學叢書及醫藥書科學書等三十種一百餘册

顧震吉先生捐贈東文科學書四十一種四十七册西文科學書九種十二册中文最新書籍十八種九十四册

理科研究會惠贈理科書籍十八種三四十册

此外如趙學南薛明劍曹衡之徐理齋各先生均時有捐存諸難殫述毓鈞亦附贈東文書籍一百十種一百十八册

海上大書局商務中華世界等先後三年中惠贈教科各書爲學生模楷計商務一百二十五種三百三十二册中華一百十二種三百三十册世界六十二種三百餘册錫我百朋誼薄雲天矣

丙　寄附

寄附圖書本館最少今著錄者僅裘昌運先生之英文書二百二十一種計八百八十六册劉素訓先生之中文書八十二種計六百六十册吳玉書先生之尊小學齋集一種計四册裘書

吳書供人閱覽劉書不供人閱覽其餘若趙稚鴻先生寄存乃翁所有琴書三十八種計一百四十八册徐薇生先生寄存七十五種計三百九十三册楊小荔先生寄存之韻典釋要原稿一種計三十册均於十六年三月徐夢影接收時代取去云

登記概况

本館舊有登記格式系用簿式分書名册數著者姓名出版塲所購置年月等項由館長登記簽名送交編管部核收分類編號彙記于簿製就卡片付目錄櫃以供衆覽現有藏書計分舊書新書兩大部舊書分第一部第二部歷史保存部鄉賢邑著部新書分黨義部兒童部民衆部科學部東西文部

舊書第一部

天地玄黃宇宙洪荒日月盈昃辰宿等號

舊書第二部

冬藏閏餘歲呂調陽雲騰致雨露結霜金麗水玉出等號

鄉賢邑著部

登記概況

崑岡二號
歷史保存部
保字專號
新書黨義部
黨字專號
新書兒童部
兒字專號
新書民衆部
列張寒來暑往秋收珠稱夜光等號
新書科學部
菜重芥薑等號
新書東西文部
劍號巨闕果珍等號

登記簿式

圖書名目	冊數	定價	實價	來自何處	月日捐購寄	編號	備注

編號簿式

字號	圖書名	冊數	編譯人	版本	部	類	屬	價格	購置捐贈年月

目錄片式

登記概況

部		類		屬	
字第　　號		冊	著作人	版本	價值

分類概況

本館於民國初元籌備建築購訂書籍由顧秦兩董主政編輯第一次圖書目錄例言如左

一　本館圖書分爲六部一經部二史部三子部四集部五叢書部六科學書部

一　部以下分爲類類以下再分各細目

一　東西文書籍不另編目即與華文書同編入各部類以歸簡易

一　各圖書均注明撰人姓名並其時代國別其有編目人所未悉者則暫闕之

一　古書動稱若干卷今爲便於翻檢起見祇詳本數不詳卷數其附入叢書或總集內者則注明某某本以便檢取

一　本館圖書現祇畧備規模將來必須陸續添置所有添置各書當隨時編目以供衆覽

侯董延劉書勳爲主任增置書籍四年元旦實行開幕復延徐徵生協編書目草訂體例分舊時圖書近時圖書二大類畧舉如左

舊時圖書

舊時圖書皆舊學書仍用五部分次每部子目亦係酌按四庫舊例及書目答問之說釐定

經部之目十

易類一　書類二　詩類三　禮類四　樂類五　春秋類六　孝經類七　四書類八

分類概況　二十二

小學類九　經解類十

史部之目十一

正史類一　編年類二　紀事本末類三　別史類四　雜史類五　傳記類六　地理類七　政書類八　史鈔類九　史評類十　目錄類十一

子部之目十三

儒家類一　兵家類二　法家類三　農家類四　醫家類五　天文算學類六　術數類七　藝術譜錄類八　雜家類九　小說家類十　釋家類十一　道家類十二　類書類十三

集部之目六

楚詞類一　別集類二　總集類三　詩文評類四　詞曲類五　雜著類六

金石書畫部之目二

法書類一　名畫類二

叢書部之目二

彙刊類一　一人自著類二

近時圖書

光宣出版各書除性質完全屬舊集方面者仍隸入舊時圖書五部外其他編著迻譯之書種類政繁決非舊日四部可以强賅今列以政事學文四欄分繫滕以報章亦適五部便宜編制非曰已是敬竢目錄鉅子他時論定新制獲矩依焉

政部之目八

內務類一　外交類二　財政類三　海陸軍類四　司法類五　教育類六　農工商類七　交通類八

事部之目三

歷史類一　輿地類二、人事類三

學部之目七

倫理學類一　哲學類二　宗教類三　數學類四　格致類五　醫學類六

教科書類七

文部之目五

近人著集類一　小說類二　字典文典類三　圖書類四　外國文書類五

報章部之目二

雜誌類一　日報類二

民國九年劉主任改充館長草訂鄉賢書目依姓氏序次附閨秀方外金石三種列目如左

丁氏七種二十三冊　尤氏六種二十三冊　王氏三十四種一百十七冊

包氏二種二冊　朱氏六種十二冊　安氏二十種三十五冊

江氏一種一冊　吳氏十六種三十四冊　杜氏六種十九冊

李氏十種七十七冊　汪氏一種一冊　余氏六種二十冊

沈氏六種三十一冊　辛氏二種五冊　邵氏十二種五十九冊

周氏九種五十冊　季氏二種二冊　胡氏一種二冊

范氏二種二冊　施氏三種四冊　計氏三種三十二冊

柯氏一種一冊　俞氏四種二十九冊　秦氏四十五種二百冊

浦氏八種七十七册
倪氏五種二十册
高氏二十三種九十一册
馬氏一種二册
唐氏五種五册
袁氏一種五册
徐氏二十九種一百零八册
侯氏七種三十三册
孫氏二十八種八十一册
章氏二種三册
張氏九種三十二册
陸氏一種四册
陳氏五種五册
許氏七種二十三册
堵氏一種六册
曹氏二種二册
莫氏一種一册
華氏六十種二百廿五册
費氏五種十四册
過氏三種三十八册
稽氏七種十六册
傅氏一種一册
黃氏七種十八册
楊氏三十一種七十五册
裘氏二種三册
鄒氏十九種九十六册
齊氏一種一册
趙氏二種二册
榮氏二種一册
潘氏三種五册
談氏一種三册
劉氏十一種三十二册
蔣氏三種三册
蔡氏四種十五册
鄧氏二種五册
鄭氏二種十册
滕氏二種四册
錢氏十四種二十九册
薛氏九種六十六册

分類概況

羅氏一種一册　嚴氏六種十九册　寶氏六種九册

顧氏六十四種二百九十五册　龔氏六種十二册

附閔秀二十八種四十册　方外五種二十一册　金石一百零三種一百五十册

秦館長接任後因時制宜三年以來於舊書闢置歷史保存室於新書特分黨義民衆兒童科學四大類用十進分類法歸納之列目如左

歷史保存部

書籍圖畫類第一

書版類第二

碑石類第三

新書部

總類〇〇〇

書目〇一〇

圖書館學〇二〇

叢書〇三〇
報章雜誌〇四〇
哲學一〇〇
概論一〇一
中外哲學一一〇
格言一二〇
性教育一三〇
倫理學一四〇
論理學一五〇
健康術一六〇
催眠術一七〇
心理學一八〇
宗教一九〇

分類概況

社會科二〇〇
概論二〇一
黨化二一〇
政治二二〇
經濟二三〇
法律二四〇
行政二五〇
風俗二六〇
商業二七〇
教育三〇〇
教育學三一〇
教科三二〇
自然科四〇〇

算學四一〇
天文四二〇
化學四三〇
生物學四四〇
物理學四五〇
礦物學四六〇
應用科五〇〇
醫學五一〇
衛生五二〇
實業五三〇
工程五四〇
路政五五〇
家政五六〇

分類概況

分類概況

農學五七〇
藝術科六〇〇
游藝六一〇
攝影六二〇
雕版六三〇
相術六四〇
書畫六五〇
音樂六六〇
文學七〇〇
中國文學七一〇
各國文學七二〇
語言學七三〇
戲曲七四〇

文典七五〇
字典七六〇
詞典七七〇
小說七八〇
歷史八〇〇
概論八〇一
世界史八一〇
中國史八二〇
傳記八三〇
地理九〇〇

分類概況

三十一

世界地理九一〇
中國地理九二〇
游記九三〇

閱覽概况

本館閱覽人數民國四年初開幕時全年四千一百零四人每日平均得十一人逐年增加至十一年劉前館長卸任止全年共有六千一百五十四人每日平均可得十七人自十一年八月起至十四年七月止嚴前館長任内最多數全年七千二百十二人每日平均可得十九人零秦館長自民國十四年八月繼任至今最多數全年共有一萬一千八百八十人每日平均可得三十三人零以現今閱覽人數較之初開辦時實已增進十分之七雖於東西各國圖書館增進之數不敢比美然歷十四年來之歲月有日進無日退矣列表如左

歷年閱覽人數每天平均比較表

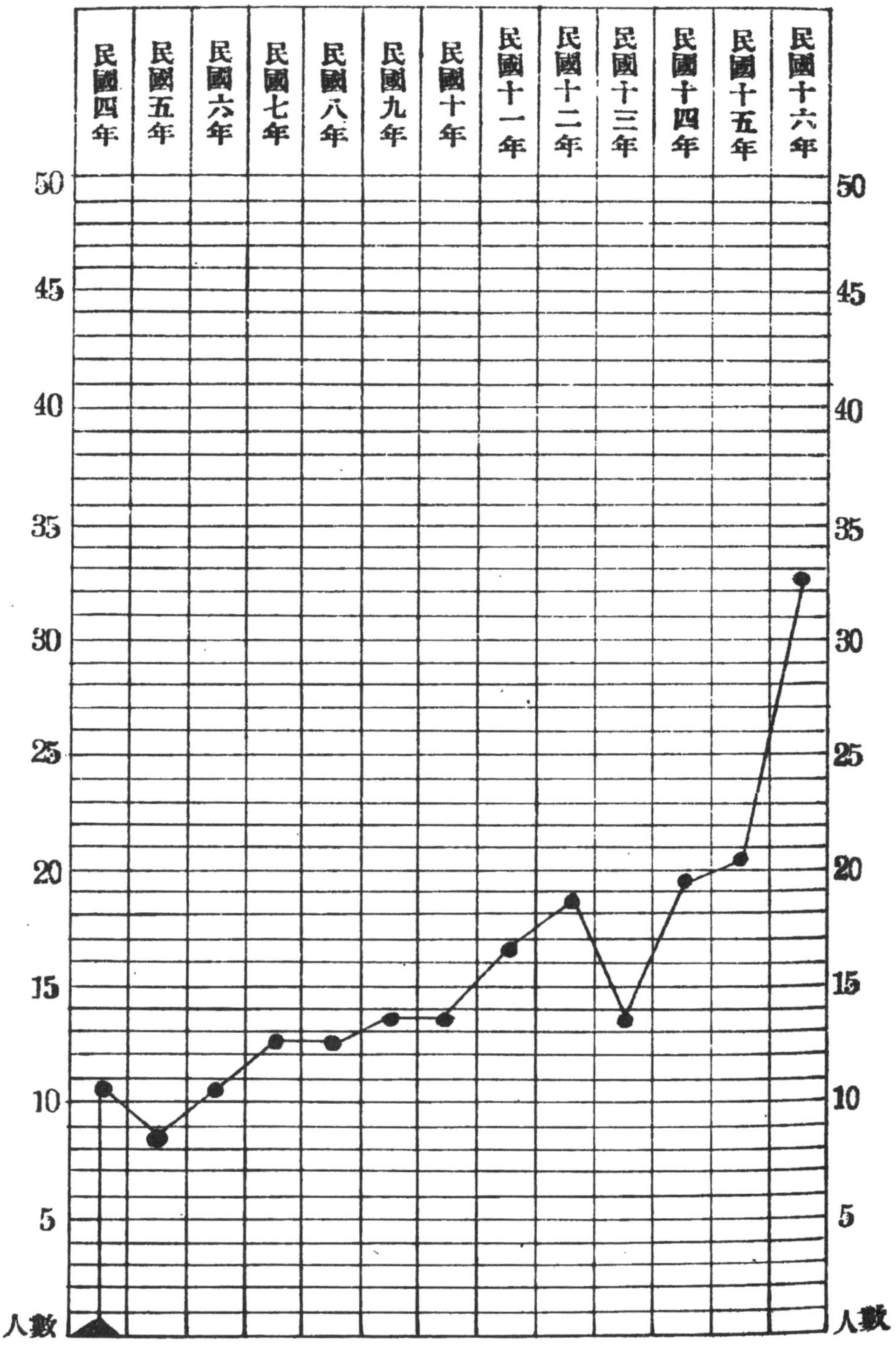

民國十五年十六年度學齡兒童閱書按月人數比較表

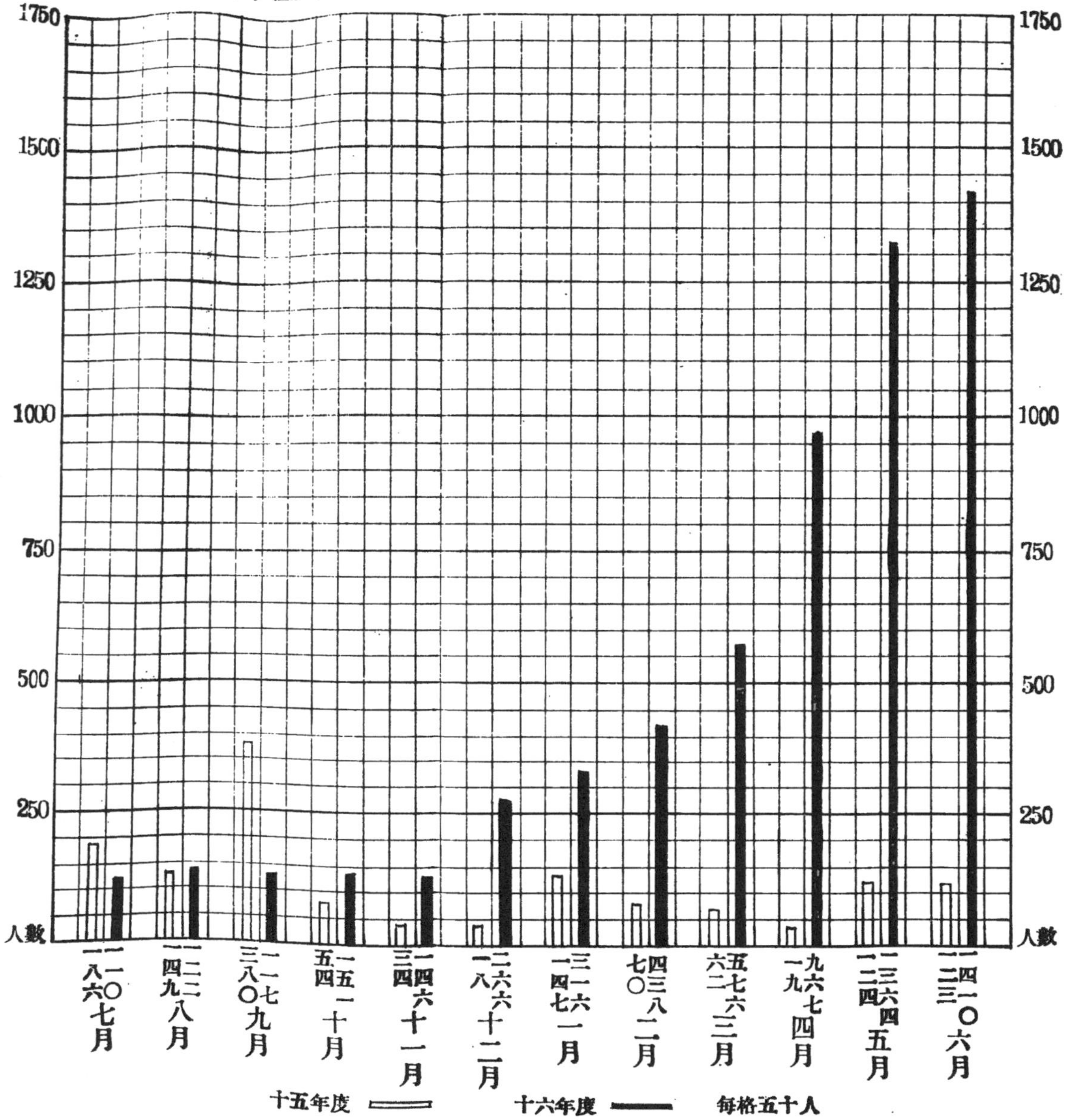

歷年閱覽圖書部目冊數總表

年份＼部目	經	史	子	集	叢	鄉賢	金石	文	科學	教科	小說	雜誌	圖書	每年總計	每日平均
民國四年	三九五	一七五六	一四四五	一八四七	二一六			二八六	四〇七	一二六八	二二八五	四二四四	七六五	二〇四四三	五六·四七
民國五年	二七七	一七八一	一三〇六	一三四六	九六七	三三三	一七三九	四五三	一三八三	八三五	二三〇九	三四七四	七六四	一六七六六	四六·一九
民國六年	二〇九	二一七〇	一五八一	一八九六	一一九四	一八八	一六〇〇	三三六	一六八二	九三五	二七四二	四九二五	八九二	二〇三五〇	五六·〇六
民國七年	三三四	一七九三	二一一三	二三七五	四三七	七一四	一一〇一	一〇一三	一四八一	八四六	三六四九	八四七四	一〇五八	二六二八五	七二·八一
民國八年	四一八	一三〇九	一八五四	一一九六	六八五	九八六	八四九	一四二三	二二二九	一三〇〇	五〇四七	六一七四	九三〇	二四一〇〇	六六·〇三
民國九年	二八六	一四五〇	一六四九	一一三六	二三六	四七八	一〇九四	六四〇	二二三八	一〇一七	六二九五	五八五八	一一三	二三三九九	六四·六三
民國十年	六五	一九五九	二三四二	一八五八	一九五九	二一四	二一一八	八九七	二〇三五	七二一	五九〇九	六二八七	四九九	二八二四六	七八·〇三
民國十一年	五一七	二〇七六	一四九三	一八三三	一四三一	四〇四	一七六二	八二七	二三五三	八五五	九九四八	九二七二	五一八	三三二八九	九一·九六
民國十二年	四一四	一八九六	一八八〇	一七六九	六八〇	五四四	二二六〇	四二四	三三〇一	一〇八九	九二四七	六九〇三	七〇一	三〇〇〇八	八五·六六
民國十三年	六九九	二〇七二	一九五九	二五一四	六五九	五一七	一四三三	五八五	一九一八	八八二	七二八九	八七八一	四五一	二九七五八	七二·九一
民國十四年	一一六三	四三五〇	一三八二	五〇〇三	一四三三	三五〇	一五八八	六九〇	一七〇三	四六九	七五七三	一六七九四	三五〇	四二八五七	一一七·四二
民國十五年	七一一	三三九五	三二三九	三三七〇	一〇〇八	一二四	一一〇七	五五二	一六三一	六六六	一〇一四七	一二五四五	三六〇	三五六五五	九八·一五

閱覽概況

印刷概況

本館自四年開幕油印書目一次計五册五年六年各出週年報告一册將一年來大事報告公衆意至善也五年五月商請恆善堂將縣志版片捐歸本館重印發售六年八月刊印嚴秋水集三百部爲本館刊行鄉先哲遺集之始七年一月校印施建烈縣城失守本末四劵十一月刊印劉繼增南塘二主詞箋校印高翊頌菴詩稿八年三月錢董草定徵刊錫山先哲叢書計劃書九年六月輯錄本館鄉賢書目編製本館第一次彙刊並編輯本館等二次書目油印四册十一年由侯前董商撥本館節省項下百五十元糾集邑中同志陶達三許溯伊汪贊卿俞仲還等合貲校印先哲叢刊第一輯爲元無錫縣志愚公谷乘秋水文集竹爐圖詠四種十二年六月續印浦舍人詩集王舍人詩集澹寧居詩集三種爲第二輯現方從事于第三輯爲樂皐山堂詩稿邵文莊公年譜等三種毓鈞接任時校印嚴前館長編著之舊書目錄五卷新書目錄刻在續編中十五年十月編輯巡迴文庫書目一册油印後分贈同人云

文庫概況

巡迴文庫創始於民國七年一月訂定章程置大文庫兩具函請各市鄉學委兼理按區遞送

以一個半月爲限巡迴十六市鄉週而復始劉館長卸任由嚴館長接辦改訂章程由通俗教育館巡迴講演員帶鄉酌量委托各地學務人員代行保管按時收回由講演員負責十四年八月秦館長繼任後添購各書以兩大文庫取携不便改置小文庫十具交由管理員分區巡迴每一市鄉以一月爲限館中特設主管一員於寒暑假前收回整理檢查一次書籍分學校用書一般用書兩大類前後共得七百二十一種一千一百五十四册十七年三月接收通俗教育館移交通俗書籍一千一百五十四種二千一百五十册現正合併組織推廣部草擬規程歲時以一部份巡迴各市鄉外其餘供無錫市民衆借貸閱覽之用

規劃概況

本館創設於民國元年秦毓鎏錫金軍政府任內當時建設新無錫計劃有三曰光復門曰公園其一卽本館也秦顧二董主館政由軍政分府撥給公欵就三清殿舊址規劃三層西式大樓一座中建鐘樓爲全邑較定時刻標準外圍以牆設三門以通出入與公園並建旁爲事務所卽三清殿旁祖師殿也二次革命公欵中輟三年四月鄧前知事照會侯董繼任修築未完工程籌備開館五年十二月縣通俗教育館成立本館將歷年收集之標本模型移交該館陳

列並將本館之教育品陳列室撤除以專職守六年四月清明植樹節楊前知事會同本邑書紳在本館前場種植苗圃七年一月改教育品陳列室爲鄉賢著述陳列室分經史子集墨跡總集雜著纂輯校刊等九部都五百種備衆觀覽是爲本館闢鄉賢專室之始六月縣勸學所成立縣屬教育事業由所長協同三科秉承縣知事分別辦理十一月本館碑記及公園記光復門記泐石工竣嵌置本館應接室凡三石爲秦前軍政分府發揚新無錫紀念十年八月奉令縣屬教育費向由三科經放一律改歸勸學所發付十二年九月縣勸學所改組縣教育局十二月由教育局長函知本館收支月報自十一月起改送教育局覆核其先後一切規劃情形均經歷任館董暨劉嚴兩館長悉心綜理協力進行得臻盡善十四年秦館長繼任翌年一月將規劃館事進行四大端函局報告十月將一年來辦理情形報告蔣前局長先後油印分送各機關綜其大略可得而言

第一次原函

逕啟者毓鈞自上年八月一日接辦後倏已半年着手清理先後檢點書籍入手知前次偕嚴館長會報書數微有不符就劉嚴兩任移交各册實行檢點除缺去三十種外計共接收二萬

三千二百六十六種四萬五千六百另二册次點巡廻文庫各書查劉任置書四百七十二種八百三十五册今缺九十七種三百五十一册嚴任續置五十一種一百另五册今缺四十六種七十七册此外又檢到文藝雜誌等七十一種一百另九册列入巡廻文庫書目其保存寄存各書向無專册鈜鈞當商之薛館員英范館員壽仁創立專册分類保存甲書籍圖書類計共六十九種二百八十一册乙書版類計十三種共一千九百七十九塊丙器物模型類共計十四種另闢保存專室以次收藏本館開辦業逾十年館中各擋案零星儲存向無彙總專册以資稽核鈜鈞近與顧館員淦薛館員英會同檢點另立檔案總册使人一覽而知合併鈔呈總數以備稽核至圖書館之設含有兩種性質一爲保存舊書籍一爲灌輸新知識鈜鈞接任半年因館費支絀採辦書籍除鄉賢各書擇要添置外以雜誌教科書爲大宗雜誌分補舊添新兩門查在館存各雜誌有劉任時代購置而嚴任中闕者特行一律補購計約五百册以求首尾貫注外此則學問之道日出不窮其新出各雜誌長期訂購約計十五種或因版無定期應隨時按册分購者亦有五六種均分門別類編目儲藏教科書自民國四年開辦時由各書局捐送外歷年並未購置殊屬缺點鈜鈞接任後迭向商務中華書局函請捐助當蒙一致寄

贈計商務書館贈送八十五種二百三十六册中華書局贈送八十種一百八十九册世界書局贈送二十五種一百二十四册合共一百九十種五百四十九册惟自民國四年以後至十四年止各局教科書不無更改現在無從購買擬查明書數向私家收買俾閱覽者可以觀教育之變遷於歷史上不無小補此整理圖書之大略也館中三層樓舊有氣窗依時啟閉然每每鳥雀攸居糞穢狼藉 毓鈞 接任後招匠添置鐵網凡遇鳥雀出入之口一律密佈鐵網藉便清潔館樓舊有大鐘一座雇匠修理歲費二十元近年生活程度日高匠役不肯時至鐘點往往不准 毓鈞 商同顧館員淦歲加四元合爲二十四元以資獎勵館前舊爲縣苗圃草木暢茂無人經理長此以往殊屬有礙觀瞻且妨衛生 毓鈞 稍事剪伐時飭館役就苗圃地面從事掃除自本年起擬築籬芟樹改良排植庶可嘉樹成蔭憩息有資惟一切整理需費不貲而隨時掃除尤當另雇丁役一名以專責成館旁舊有火神長生諸殿羽流所居時向館中作踐每遇鎖門後糞穢現擬於左側自接連事務所起至館前鐵栅門爲止共計一百四十七尺倣照右側亦築圍牆旁留夾衖一道以便羽流出入左右庶可一律既壯觀瞻又便清潔似亦今日當務之急館東之路本爲車行通道過客繁多地面污穢經 毓鈞 商同市公所暫于門首加一

鐵柱使車輛不能自由出入而館後亦擬改築墩牆西起教育會東至小洋貨店為止除現有之牆不計外約共一百四十餘尺現因經費不敷暫用竹籬壠隔並牌示禁止車輛出入庶幾來閱者可得清靜自修之益此整理館務之大略也自來收藏圖書其效用至大首在表章散佚鄉哲遺書零篇斷簡或為人間孤本或且並未刻布而鈔本流傳尤宜廣為搜羅以資儲藏現擬酌雇鈔書員一人向私家指借鈔存館中以不歿先哲著述之苦心其宜策劃進行者一館中書籍舊分藏書巡回文庫兩種藏書供人取閱巡回文庫則由通俗講演員兩人專管館內無人管理近來散佚甚多且更有檢出目外書籍殊屬駭人聽聞現擬請范助理員專使其事每年於暑假寒假前收回兩次暑假以端節寒假以臘月由范助理員檢存開課出發時仍交由演講員領去以供巡回借閱之用其藏書樓各書歷年僅司收藏向未檢點必待館長接替始行點交亦非慎重保存之道現擬請貴局長派員每年於夏歷八月檢查一次有缺則責令追賠館長編校助理共同負責其宜策劃進行者二館中印刷品自第一二周年各刊報告外僅祗民國九年刻彙一種現已分送將罄亟宜彙合九年以後館中經過事實輯第二期彙刊於暑假前籌款付印以資比較其書目一種業由嚴前館長督同黃編校員編就經史子集

十六卷現在印刷中其政事學文報章雜誌及金石書畫目錄當商同薛館員英俟館書整理就緒從事編纂以幾完善其宜策劃進行者三惟館中各事隨在需人隨在需欵目下情形成一人財兩空之現狀查開辦之初本有職員五人急宜規復原制酌添練習生以資襄理查添設練習一節前嚴館長已屢屢言之當因經費關係未蒙允准毓鈞接事後酌度情形似有不能不添之勢至經費一節則添人需欵築牆需欵添雇工役亦需欵其應如何籌措之處非毓鈞所能擅擬一言以蔽之曰無財不可以爲悅而已其宜策劃進行者四所有毓鈞接任以來辦理情形及本年整理計劃理合備文呈報仰祈貴局長鑒核轉報縣公署備案列入地方學事年報實爲公便

第二次原函

逕啟者毓鈞接事後先從整理書籍入手曾於一月間將進行計劃函達貴局長在案計自接事日起扣至十五年七月三十號止倏屆一年尸位素餐中心負疚費三百六十五日之光陰僅將移交冊檢點藏書編號簿一過及商仝館中職員將前任移交各書登號而未及編號者百數十種一律編號隨到隨編以免積壓復將編號簿持對各書尙屬大致相符至目錄櫃片

日久積壓往往有目無書或一書兩目且并片目而無之者因礙於開館未及通體檢查偶一發見隨時抽補查教育部圖書館規程第七條圖書館館員每屆年終應將辦理情形報告於主管公署列入地方學事年報等語茲將一年間辦理情形及本年度進行計劃一一爲貴局長陳之

(甲)藏書之購置　查圖書館之設含有保存舊籍灌輸新知兩大主義（毓鈞）接事後確定採辦書籍宗旨除鄉賢各書酌事搜羅外新出各籍以雜誌教科兒童用書爲大宗計自上年八月起至本年七月止續添新舊各書除英日各籍概出捐贈外中文書新籍捐購統計實占全數十分之七舊書除購置鄉賢遺著十數種外餘皆出自捐送即以接收劉嚴兩任歷年所置之四萬五千六百另二册而論其號爲新籍之政事學文四大部并報章統計亦占一萬四千二百五十九册之多事實昭然俱可覆案論者嗤爲偏於舊而忽於新誠不知何所見而云然竊思館非純粹通俗理宜兼收並蓄況舊書強半出自捐置其中南潯劉翰怡君捐贈七十二種三百五十五册泰州韓省長捐贈二十一種七十九册類係木版巨册占本年捐書之最多數外此友朋郵寄數亦不少南潯得自韞明族弟之介紹泰州得自蔡君子平之說項諸君風

義尤爲可敬可感惟一人心思材力究覺有限而俗好似亦不得不徇本學年除仍秉前旨量力進行外並組織圖書討論會延請邑中老成碩望洞貫中西具有經驗者爲會員各舉所知隨時函告以匡不逮

(乙)閱覽之人數　上年度來館閱覽者全年統計七千二百十二人較之十三年度僅得五千三百八十四人十二年度僅得五千九百四十五人者幸占多數就閱覽人職業分之商界最多兒童次之學生教員又次之其各書閱覽實以雜誌爲大宗全年統計約得一千六百九十四人之數小說次之集部史部科學又次之而教科鄉賢書實占少數嗣後宜商同館員對於來館人妥爲接應竭誠招待圖書則隨時檢付目錄則協助繙查不厭繁瑣不辭勞瘁以迎合閱覽人之心理藉便日形發達惟照圖書館管理法閱覽室應有監視員以維持秩序防止遺失汚毀等事本館現以人少未之能行失衣失物屢次見告今姑先將閱報室閱書室通路堵斷以免混雜閱覽劵售出時由收發員一律請來閱者詳註姓名地址以資稽核嗣後經費擴充再行設立專員改良辦法積極進行

(丙)巡廻文庫之整理　查劉前任時特設甲乙丙文庫請各鄉學委分任其事嗣因遞寄不

便改請通俗演講員兼管嚴任一仍其舊添小文庫四具以資應用 鍍鈎 接事後察度情形館中無責任之人書籍不免有遺失等弊特請助理員主管收發每學年於暑假寒假前收回檢查下學期出發時再行向館領取並以兩管理員分巡各市鄉週而復始其有上學期借出書籍未及歸還者即移交下學期巡迴該地之管理員負責索取以資互助

（丁）善本書室之準備　館中經費竭蹶雖無宋版殿本各書而明版及初印精本亦間有之急宜另闢一室以資保存擬即以現有之特別閱書室改裝書櫥組織善本書室先從鑒別印本入手而另改特別閱書室於二層中樓職員辦事所後方憑窗臨風空氣光線兩者俱足且便監視與舊室之日斜西曬僻在一隅不便監察者似尚此優於彼當循序佈置以冀完善

（戊）兒童圖書之擴充　社會教育最重普及而兒童圖書亦占社會教育之一部近者通人達士提議及此查此項館書約有五六百種此後更宜逐漸增置於寒暑兩假內發購蘽券與各校約定廉價出售備充獎品可以引起兒童來閱之興味以冀教育之普及

（己）重書之抽提　館書向有捐贈一途以致各書往往有既購而復捐者至再至三層見疊出編號儲列既非藏於一處管理人耳目所不及遂往往因以遺失爲懲前毖後計擬一律提

存館長室設法封存酌量配置於巡迴文庫既便鄉僻之流覽而免書籍之散失

此外若二次彙刻之編輯新書目錄之補編圖書館協會之組織皆在依次進行之中惟其間有不得不預爲聲明者本學年臨時收入局册雖列一千元有零然上年度因整理前場修理鐘樓兩項爲預算所未列僅就局撥各項酌量融支約費去一百三四十元待會計年度告終預算無可追加勉求適合酌留已支各欵於本年度開報是此項收入明爲千元而實數僅八百數十元較之上年所增無多此其一也整理前場一項原預算開六十八元而局册僅列二十四元刈草植樹在在需費斷非是戔戔者足敷開支勢不得不暫借別欵通融支付總之爲公事計祇求欵不虛糜斷不敢因陋就簡削足適履此其二也上年度修理房屋已費巨欵本學年原擬不動水作祇施漆工無如水落不通因修理而壞及屋簷不能坐觀所費且至四五十工之巨加以事務所方面日中無人失物屢見雨後則積水沒脛寸步難行先開後門次築陰溝水木兩作工亦不在少數是皆超出預算以外而鐘樓皮線雨淋日炙僅言更換已費不貲至燈光加倍積日累月電度更當加增一時驟難計數訂書員薪膳局册僅列半年然體察館中情形恐至臘底萬萬不能竣事暫不得不延長數月以竟全功要之各項皆在預算以外

爲事前所未能臆測者（毓鈞）綜理館務固不欲踵事增華亦不敢因噎廢食惟有就現列各欵勉求因應而已此其三也大鐘時刻四面不齊此尙人所知者而時針與鐘鳴往往相差至二三十分之多上半年猶可近且益甚錫邑無人任修現招滬上原裝人史維記來錫察視病源設法補救恐非數十元所能了事臨時各項萬難融支將來實用若干應請貴局於圖書館積聚金中動用不足另行請爲設法總之可省則省而已此其四也至用人方針（毓鈞）竊謂圖書館與他處不同應取廉潔有守勤懇耐勞公而忘私而無習氣無火氣者爲合格務令延一人可得一人之用以上各項相應函請貴局長察核並希轉達主管官廳列入地方學事年報實爲公便

十六年三月國軍抵境秦館長奉文卸職五月一日復承局聘重長館事一年以來先將雜居之火神殿長生殿各道房函達縣政府促令改道從南方出入於是館門以內始告統一館前鋪築甬道以達大門館後建築衝天牆並後門一座依時啓閉而本館工程始告完竣其購置圖書情形新舊比較與第一屆不甚相遠其他如闢黨化室宣傳三民主義指導一職前請專員現由館長兼任擴充兒童部延聘指導專員一人每星期三演講故事一次鼓舞兒童興

趣組織民衆圖書部以小說新文化教科雜誌取一般人之普通易解者爲普及教育之基礎接收通俗教育館書籍改組借書部今方從事添置惟善本書室之準備重書之抽提則以因時制宜而亟其所需尙未及佈置爲兩年以來之遺憾耳茲草呈最近之整理本館及擴充計劃　大雅君子幸賜教焉

民主教育之精神不僅在提高而在普及圖書館者所以補助學校教育之不及繼續滿足社會一般人民智識的欲望引起研究的興趣換言之即人類終身之學校也本館開辦十有二年說者謂尙襲前淸藏書樓之舊與各國圖書館相去甚遠毓鈞以爲相去甚遠誠有之蓋凡事非財不舉本館經費限於縣範圍財力不充空穴來風固自有其致之之道借書部未實行也演講會未設立也東西新籍不能廣購也編纂書目不盡合法也館員養成所不能附設也巡迴文庫不能實踐擴充也凡此皆所以不能滿足社會之慾望者毓鈞兩次承乏時近三年僅僅以三千元之歲費三四人之精力注意於整理前場修補房屋鞏固基礎分部儲書改良編目諸大端迄於今前場幸告廓清房屋幸免滲漏改進委員會幸告成立儲書分黨化鄉賢科學民衆各部編目始就科學各書依十進分類歲除經常各欵外買書費不過四五百元綽

漏補苴顧此失彼購置需費借鈔需費修補書籍又需費撫心自問固不足以對付託之民衆然辦事困難今古一轍果爲得人人而悅之(毓鈞)惟有秉良心之主張此後一切宜注重於社會化平民化不拘拘於保存而注意於宣傳使社會實際享受利益鼓勵學生自修之精神增進教師授課之效能應社會之所需於普通主要各書多購一分以待閱覽人之來借聯絡各縣圖書館互通聲氣互相比較組織促進會以交換管理上及推廣上之智識東西新籍種類繁多以本館區區經費斷不能盡購而得之此後應當內審地方之需要外參世界之潮流要以適合大多數人之心理而供給大多數之享用合全縣之力養成圖書館人才介紹一切最新科學的管理法於縣屬境內之圖書館設法聯絡之擴充之以同進于一途目錄宜於卡片編號外書名著者分類件名各目錄一一俱備以引起讀者之興味而指示其門徑巡迴文庫宜注意於農村書籍兒童讀物擴而充之爲流行圖書館農村圖書館以增進教育之價值要而言之本流通之方法以活動其圖書之作用依次遞進逐年分舉於現有經費外非歲增數千元不爲功雖然言之匪艱行之惟艱此後本館之如何進行亦惟仰望于縣教育當道之力爲主持云爾

規劃概況

規程

無錫縣立圖書館規程民國十七年六月修改

第一章　總則

一　本館爲社會教育起見儲集各種圖書供公衆之閱覽以表章文化發揚國光灌輸常識啓迪國民爲主旨

二　本館爲無錫縣社會教育事業其經費由縣教育費項下支撥定名爲無錫縣立圖書館

三　本館設館址於本縣無錫市公園前圖書館路建築西式三層樓房一座內分黨義室閱覽室藏書室應接室辦事室等各有定所

四　本館收藏新舊圖書分購置捐助寄存三種購置圖書視經費之盈絀隨時酌量蒐集按月報銷捐助圖書及寄存圖書另以章程定之

五　本館每日下午一時開館五時閉館星期日上午九時開館十二時閉館下午照常閱覽四月一日至八月三十一日下午延長至六時閉館

六　本館在開館時間無論本籍外籍各界人士均得來館閱覽但須守本館閱覽規則（閱覽規則另詳）

七　本館收閱覽費五種如左

1 黨義閱覽　不收券資

2 兒童閱覽　每人銅元一枚

3 普通閱覽　每人銅元二枚

4 特別閱覽　每人銅元四枚

5 閱覽報章　每人銅元一枚

收費類別另詳閱覽規則

八　普通閱覽特別閱覽閱覽人借閱圖書中裝以三種十二册爲限洋裝以三册爲限兒童閱覽以一種三册爲限如册幅過巨或整套裝函者本館得隨時增減其册數

九　本館除巡廻文庫出借書籍另有專章外館中無論何種圖書概不借出館外

十　本館設館長一人總攬全館事務由縣教育局長審查資格呈由江蘇大學核准後聘任之下設館員若干人由館長呈准縣教育局長聘任之分司職務如左列

館長　率同館員各司厥職及收集圖書執掌文牘簿册編製預算决算等事對於主管公署有承受及陳報之義務并督察館員之勤惰而黜陟之

館員　編校員專任審查圖書分類編目並繕寫校勘等事　管理員專任整理檢查保守儲藏等事　庶務員專任收發圖書並收支銀錢繕寫文件整理器具稽查館役等事　指導員專任指導閱覽質題疑難各事各館員除專任職務之外得兼任本館他項職務並得招收練習生若干人隨同館員襄理館務（館員服務規則另詳）

十一　本館館長及館員須常川駐館設事務所以備膳宿之處（事務所規則另詳）

十二　本館開幕紀念日（一月一日）國慶紀念（十月十日）先總理誕辰（十一月十一日）以上各停止一天　陽曆元旦停止三天　夏曆除夕及元旦停止五天

十三　本館設置巡廻文庫選購通俗圖書配置書箱若干具分送各市鄉傳遞閱覽另以章

程定之

十四　本館組織借書部暫以民衆教育爲限（章程另訂）

第二章　徵集圖書章程

一捐贈

凡藏書家有願將圖書捐助本館者無論多少先將所有圖書名目册數及原購實價詳細開列函致本館經本館審定後通知本人將圖書送來隨給收據爲憑

捐助圖書價値滿五十元以上者本館贈以半年常期閱覽劵一張滿百元以上者贈以一年常期閱覽劵一張倘捐助過多當另商從優酬報五十元以內者贈以一月劵或酌贈零劵

凡捐贈圖書無論多寡既行捐贈永爲本館所有凡經捐助本館圖書者本館將捐助人姓名永誌刊目以彰公益

二寄存

如有家藏圖書自願寄存本館供衆閱覽者可將圖書目錄册數原價及寄存年限詳細開

列函知本館經本館審定後復函通知將寄存圖書送來隨給本館收據爲憑

凡寄存圖書必須加蓋本人圖章如無圖章本館當代爲簽貼標識

寄存本館圖書無論多寡須滿二年以上既滿期限可將本館原收據來館領取

寄存圖書如已滿期仍願寄存者當將原收據來館聲明展期

寄存圖書一經本館收到當負完全保管之責

寄存圖書如有原來破損不堪翻閱必須糊補重裝者由本館通知本人代爲修理該費由本人任之如本人不願出費當將該書送還

三借鈔

如有家藏舊刻秘本鈔本願流傳於世而不便寄存在外者可由本人函知本館經本館認爲必備圖書卽行函知將原書借鈔約期奉還如有遺失汚損等事本館當負完全責任

第三章　改進委員會章程

一　本委員會職務在改善圖書館原定辦法並指導督促今後一切設施之改進其重要者如下

規　　程　　五十三

1介紹新出版圖書
2協同搜採鄉賢書籍
3規定最妥善的分類編目方法
4改良館內各種設備
5注意保管圖書方法
6檢查所藏圖書

二　本委員會會員定十一人至十五人由縣教育局局長圖書館館長就左列三項人材連聘任之

1富有學識經驗且熱心地方公益者
2專究圖書館學者
3與本館歷史上有密切之關係且著有勞績者

三　本委員會另設常務委員三人代表本委員會負一切進行專責由全體委員互選之

四　會期分常會臨時會兩種常會每學期舉行一次(二月八日)臨時會無定期均由首席

常務委員召集之

五　委員會開會時教育局局長擴充教育科長圖書館館長均須出席

六　本會委員均爲義務職惟在外埠者得酌送到會旅費

七　本會會所卽設於縣圖書館內

八　本規程有未盡善處得由委員會提出經縣教育局長之同意修改之

第四章　館務會議

一　本館館務會議以館長爲主席全體職員均得列席

二　會議事件(一)關於學術問題(二)關於事業問題

三　館務會議每月開常會一次但遇有重要事項發生時得由館長召集臨時會議

四　會議列席職員如有事故缺席時得用書面提出意見先期通知由主席於會議時提出

並記入紀事錄

五　館務會議議決事項以出席過半數決定於同數時由主席決定

六　館務會議紀事錄之記載及保存由館長指定館員辦理

第五章　巡迴文庫章程

一　本館依最近學區分置小文庫八具由館備函將書箱簿册等件送交各該區中心小學代爲保管收到後由該小學指定保管員一人出具收據寄存本館交由各該區繁庶市鎭或學校公處等巡迴借貸分兩項辦法（一）設閱覽所招人定時閱覽（一）定借書章程出借與人閱覽

二　收發各書館中特設主管一人每學年於暑假寒假後將各文庫整理一次編明號數每具各備書目簿一借書簿一交由各區中心小學巡回閱覽以四個月爲限端節冬節後十日仍由該小學指定保管員負責將書籍檢齊封鎖交還本館歸主管收回檢查一次如有缺失汚損不符等事由主管向各區保管員立時檢查以清手續惟主管員於文庫發出時應另備同樣書目一分交館長備查

三　各文庫在各該區巡迴時應如何設置閱覽地方並代爲收管等事概由各該小學保管員負責

四　每一學區閱覽期滿由該區保管將本學期閱覽人數及所閱何種書籍册數等登明借

書簿送交本館彙編總表報告教育局備查

五　本章程如有未盡善事宜應行改良之處由各區保管員隨時通知本館酌量修改以期完善

第六章　館員辦事細則

一　駐館辦事員對於閱覽人均有引進指導之責對於館藏圖書均有護持保管之責

二　駐館辦事員常駐館中以上午九時至下午閉館後爲辦公時間但除開館時間外亦得在本館事務所辦理公務（事務所別以規約定之）

三　駐館辦事員除本館例定休假日外非必要時不得告假告假必請相當之人代行職務（特別訂定兼職者不在此例）

館長

1 總攬全館事務率同館員各司厥職負有館內一切事務之責

2 酌量經費添購圖書及收受捐贈圖書隨時錄簿登記送交編輯

3 執掌文牘簿册

4 印製閱覽券
5 查核會計出納
6 招待參觀人及答覆外埠函詢事件

編校員

1 負有保管圖書之責
2 每日添進圖書當審定其內容性質區分部類登入添書簿並用度適宜之橱櫃而庋藏之登入編號簿同時繕寫標簽及片目俾閱覽得早檢查不得停閣
3 每届年終將全年添書簿重行整理繕定正本爲本館某年度續增書目以一月內告成
4 凡閱三年增訂全館書目一次彙集三年內續增書目編入舊印目錄成本館全館書目交付鉛印儘次年六月以前出版
5 校讎本館借鈔各種書籍並隨時指示繕寫員勿令錯誤
6 協助管理員整理藏書隨時檢查有無淩亂遺失等事
7 每日開館時間協助管理員收發書籍注意有無舛誤等事

8 藏書處編定號數遇有不適當處或爲便利計必須移置更改字號者須將分類簿編號簿標簽片目等一律更改並須先得主任員同意

9 遇館長有事告假時得代行館長職務

管理員

1 執掌藏書鎖鑰共同編校員負有保守圖書之責

2 每日上午按照編號簿逐櫥依號核對有無錯誤淩亂等事至少在一櫥以上依次輪流

3 開館時間接收庶務員所交閱覽書單立時查取發交不得遲延至收回時按照存根覆點無誤歸入原處不得停閣

4 藏書處書籍務須常時整齊勿使參差欹斜

5 發現破損斷線及封簽脫漿標簽遺失等事隨時黏補如有過甚者當雇工修理

6 每屆月終將本館所閱各種日報排比裝訂成册編號儲藏

7 每屆年終將全年閱覽存根簿彙交主任室藏之

8 春秋兩季分行曝書兩次以風日晴和之日爲之每日以一櫃至兩櫃爲度自五月至十月

爲限

推廣員

1專司館務之分設及巡迴文庫等事
2專司圖書之借出及收回等事
3本館未延專員時得由館長自兼或委托館員兼理

指導員

1解說館中目錄指示閱覽人參考方法
2襄助館長答覆參考問題並介紹採購應用書籍
3兒童指導員專司陳列兒童書籍注意室內之陳設務須適合兒童心理並隨時開談話會或演講故事喚起兒童興趣
4凡有爲研究問題向本館諮詢意見徵集資料者當盡所知以答并代爲搜尋材料解釋疑問得用口頭或書面答覆

庶務員

1 發售閱覽劵對於閱覽人有引進指導之責
2 收發閱覽圖書有防護遺失汚損之責
3 注意出入人
4 每日將新添片目按類分納各櫃中並隨時整理之
5 每日核算收入劵資及閱覽人數書籍等塡寫日記表每屆月終總結而揭示之
6 每屆年終將全年閱覽劵彙交主任室藏之
7 繕寫本館一切函牘
8 書寫新添書籍於揭示版
9 收支欵項造送報銷凡屬會計一切事務
10 購辦物件整理器具稽查館役凡屬普通庶務一切事件

助理員

1 負整理圖書檢查圖書曝晒圖書之責
2 襄同編校員處理新添書籍編號寫簽蓋印等事

規　程

3襄同庶務員收發書籍兼招待閱覽人及售劵等事

第七章　練習生暫行規則

一主旨　練習生應遵守本館章程實習本館各項職務並聽受各館員指導一切

二整理圖書　每日上午九時到藏書處隨帶編號簿將當日應行整理之書籍逐號核對注意遺誤凌亂之處遇有標簽之破損或遺失者隨手黏貼或補寫並將櫥内灰塵拂拭淨盡如有虫蝕損傷之處隨登日記簿以便修補上項手續每日至少以一櫥至二櫥爲度依照編號次序輪轉惟星期日停止整理（晒書期内適用本規程第三條）

三晒書　自五月至十月爲晒書期每日上午九時將當日應行晾晒之書籍取出排置有日光處攤陳晾晒三層樓書籍移至外間開窗晾晒隔宿收藏二層樓書籍移至回廊下晾晒當日下午四時收藏遇陰雨及星期日均停止晾晒但須將隔宿所晒之書收藏其整理方法悉照本規程第二條爲之每日一櫥至二櫥爲度依照編號次序輪轉（晒書期内即以本規程第二條之時間爲之）

四檢查圖書　每日開館時間常駐藏書處檢查書籍及塡寫存根等事（同時有閱覽劵三

張以上得由編校員帮理以免停擱）務以迅速而無錯誤並不汚損書籍爲主要閉館時將當日閱覽劵檢齊送交庶務員核對存査

五編目　隨同編校員將逐日新添書籍編號寫簽蓋印等事

六庶務　隨同庶務員收發書籍並招待閱覽人及售劵等事巡視各室整齊清潔

七日記　每日晚間作日記將本日所行各事詳載日記簿送交編校員閱改每星期一並送主任閱看

日記作法（一）當日所整理書籍之編號起訖並發見外誤汚損等（二）本日閱覽之人數（三）編目庶務等事（四）鈔寫文件（五）本館特別事件（六）自己扎記以上種種宵詳毋畧

八鈔寫　承受各館員所交鈔寫各件

九練習校對　編校員將未經校過之寫本書籍交付練習生交對將錯誤另紙作校勘表並送編校員閱改（每日校對若干頁編校員臨時限定）

十閱看書籍之順序　（一）本館各種章程（二）編號簿（三）目錄櫃（四）本館圖書目錄（五）各省縣圖書館書目（六）關於中外圖書館各種書籍（七）書目問答（八）四庫全書

提要(九)新舊藏書家目錄及經集藝文各志

十一習字　每日習字若干送編校員閱改

十二告假　平時無故不得告假如有要事在上午將應行職務完畢或下午閉館後方得出外但須告之主任或其他館員(閉館後晚餐前如在左近處散步可免告假)

十三禁例　不得招留館外人在辦事處久坐閑談如有親友過訪可至事務所或應接室招待

第八章　事務所規約

早餐　四月至八月上午七時三十分　十月至二月上午八時三十分　三月九月上午七時三十分至八時三十分之間

午餐　十二時

晚餐　四月至八月下午七時　十月至二月下午六時　三月九月下午六時至七時之間

以上會餐過時不候

下午十時關鎖大門如有特別事故出外不能准時回館者當先預告門房

晚間出外時將房內燈火熄滅

就寢後即息燈

翻閱報紙閱過仍宜疊置一處免得散亂滿檯

謝絕親友之寄宿或膳食（與本館有特別關係者不在此例但所添客膳即由招待人另行算還廚房）

第九章　館員借閱書籍規約

本館爲便利各職員檢閱書籍並共同保護起見特定規約如左

一　各職員借閱書籍如當日不能交還須帶至事務所閱看者當先塡寫館員借書單交由管理人夾入原書編號內以便檢查時注意

二　借閱書籍每次以三種爲限

三　借閱書籍每遇星期日開館時必須交還藏書處或帶至館中辦事處閱看以備隨時檢取

四　各職員告假在一日以上者須先將所借書籍一律交還藏書處

五　借閱書籍無論何種不得帶回家中及轉借與館外人

第十章　附則

一　本章程或有改良及推廣之處得由館長酌量修改商承主管公署施行

附錄

無錫縣立圖書館鄉賢書續目

甲　著述

鄉賢圖書劉先生裒錄八百餘種印目刊行詳且備矣歷年以來續有所得或轉鈔或價購其由各處捐贈者數亦不少彙而錄之以踵劉先生後編輯一遵曩例生存人不錄猶劉志也閨秀不另列各繫于本姓後已適人者互見兩姓捐贈人姓氏附載書後永誌高誼惟先後餘經三任囿于見聞挂一漏萬自知不免大雅君子幸賜指教異日敬當改正焉民國十七年秦毓鈞識

王　朱　安　吳　杜　余　沈林　邵　周　季　胡　俞

姚　秦　徐　侯　陸　陳　陶　高　凌　章　張　許

附錄　六十八

曹　華　過　嵇　黄　强　楊　温　劉　蔣　諸　鄧

錢　薛　嚴　顧　竇　龔

王氏

春秋經傳類聯二册清梁溪王武沂　木刻本　陶守恆捐

楚三閭大夫賦箋註六册清王邦采著　木刻本

吳淵潁先生集箋注五册清王邦采繩曾箋　原刻本　前目已著錄今又續得原刻一部並錄之

詩經比義述三册清金匱王千仞　木刻本

茹古集二册清金匱王禮甲　木刻本　薛馥佩捐

靈蘭館律賦一册清金匱王禮甲　鈔本　秦毓鈞捐

養閒齋詩鈔一册清無錫王世忠著　鉛印本　侯伯文捐

朱氏

澹庵文存一册清無錫朱蔭培　本館鈔本

三君事述一册清無錫朱培年　木刻本　秦毓鈞捐　三君者龔孟暘李仲謙王樂山也

安氏

孟公不在茲集四册清梁溪安璿　舊鈔本　楊壽枬捐

六書韻徵六册錫山安吉著　木刻本

吳氏

考律緒言一册清金匱吳鼎　本館鈔本

杜氏

小樊川詩鈔一册清無錫杜雋　本館鈔本

余氏

楊蓉裳先生年譜一册清無錫余一鼇　木刻本　王艾耆捐

沈林

五洲屬國紀略四册清沈林一　鉛印本　許仲威捐　一原名志毅林祖述長子爲姑母沈氏後光緒乙酉舉人

邵氏

邵二泉詩卷眞蹟一册明邵寶　本館鈔本

附錄　六十九

附錄

容春堂別集二册明邵寶　本館鈔本

周氏

香珊瑚書屋駢文稿一册清金匱周有壬　本館鈔本

考察日本校務記一册清無錫胡周輝女士　油印本　胡雨人捐　輝雨人室互見胡氏

季氏

蓉洲詩文稿六册梁溪季麒光著　木刻本

胡氏

辛亥水利調查筆記一册清無錫胡雨人　鉛印本　秦毓鈞捐

十年水災調查報告一册清無錫胡雨人　鉛印本

太湖工程報告一册清無錫胡雨人　鉛印本

無錫全縣救治旱潦之計劃書一册清無錫胡雨人　鉛印本

考察日本校務記一册清無錫胡周輝女士　互見周氏

俞氏

俞肯堂詩六首文三首俞肯堂　鈔本　俞彬蔚

姚氏

圓明園正大光明殿覆試日記一册清姚熙績　鈔本　姚起麟捐

秦氏

東皋詩集二册明無錫秦瑶　本館鈔本

自問稿一册明梁溪秦汧　本館鈔本

自問稿選一册明梁溪秦汧　鈔本　秦毓鈞捐

毛詩日箋四册清秦松齡　尊賢堂寫刻本　許卓然捐　前目已著錄今續得康熙原版一部並錄之

五經類纂十六卷四册清秦伯龍秦躍龍等　木刻本

補念詩稿附秀野堂集一册清秦鉽秦宏鈞　本館鈔本

粵游吟草一册清秦大受　鈔本

楞香臏鈔一册清金匱秦大光　本館鈔本

溹漁詩存清金匱秦琦　本館鈔本

附　錄

七十一

附錄

留雲仙館詩文鈔一册 清金匱秦樹 本館鈔本
微雲山館詩集一册 清秦嵡章 本館鈔本
水竹軒詩鈔一册 清秦煥 仿宋本
恰好室文存一册 清秦芝清 本館鈔本
芝蘭室語一册 清無錫秦鳳翔 鉛印本 秦中穀捐
淮海先生詩詞叢話一册 清無錫秦國璋 家刻本
無錫藏書攷一册 清無錫秦國璋 鈔本
滌塵雜記一册 清無錫秦國璋 稿本
滌塵文集一册 清無錫秦國璋 鈔本
寄暢園志一册 清無錫秦國璋 鈔本
戢寒齋文鈔一册 清無錫秦堅 鈔本
後樂軒遺稿一册 清無錫秦森源女士 鈔本 秦毓鈞捐 森源毓鈞長女

徐氏

綠瀛軒詩集一册清錫山徐珽　康熙年刻本　丁福保捐

侯氏

古杼秋館詩鈔一册清金匱侯子勤　石印本

陸氏

陸龍岡先生不負草堂詩稿一册清金匱陸慶元　鉛印本　陸鳴叔捐

政學錄初稿八册清無錫陸言輯　木刻本　許同莘捐

陳氏

東林列傳八册清陳鼎　本館鈔本　鼎江陰人因屬地主義列之

陶氏

寶善堂存稿一册　金匱陶黼昇　鉛印本　陶守恆捐

高氏

高子別集三册明梁溪高攀龍　木刻本

周易孔義一册明梁溪高攀龍　木刻本　王典章捐

程子節錄一册明梁溪高攀龍　鈔本

錫金游庠續錄一冊 清梁溪高鑅泉 鈔本

凌氏

漑泉樓詩文集二冊 無錫凌學攽 鉛印本 侯伯文捐

章氏

衢冠怒傳奇一冊 梁溪章履平 鉛印本

張氏

論文約指一冊 清無錫張泰開 木刻本 劉書勛捐

周易本解一冊 清梁溪張道義 石印本

張聿青先生無錫醫案六冊 清江陰吳文涵輯無錫張克成參訂 鉛印本 秦頌石捐

許氏

復庵遺集八冊 清無錫許珏 鉛印本 許仲威捐

復庵詩文書札四冊 清無錫許珏 鉛印本 許仲威捐

曹氏

金剛經句解一冊明梁溪曹亢相　木刻本　楊錫類捐

華氏

四勿齋鵝湄鈔二冊清華爾行著　手鈔本

御風要術二冊清金匱華蘅芳　木刻本　侯鴻鑑捐

決疑數學二冊清金匱華蘅芳　石印本

旅遊小草二冊清錫山華振　木刻本

過氏

增訂古文覺斯讀本十八冊清錫山過珙評　木刻本　許同莘捐

四子棋譜一冊清錫山過伯齡　木刻本　陶守恆捐

過氏醫案一冊清金匱過鑄　木刻本　顧叔惠捐

增訂治疔彙要四冊清金匱過鑄　木刻本

黛吟樓遺稿一冊清梁溪過溫倩華女士　仿宋鉛印本　互見溫氏

嵇氏

雙報應傳奇二册 抱犢山農塡詞　影寫本

黃氏

禮樂合編十六册 明錫山黃廣　原刻本

强氏

邯山遺稿一册 强恂　鈔本　恂崇禎癸未進士富陽縣知縣

楊氏

楊龜山先生集二十册 宋楊時　閔刻本

雙梧桐館集十册 清金匱楊揩　木刻本

楊伯夔詩一册 清金匱楊夔笙　鈔本

綠梅影樓詩詞存一册 清無錫楊顧翎女士　鉛印本　互見顧氏

溫氏

地理辨正續解四册 清錫山溫榮鑣　木刻本

黛吟樓遺稿一册 清梁溪過溫倩華女士　仿宋鉛印本　過暢侯捐　倩華暢侯室互見過氏

劉氏

東林本末一册清劉世珩校刊　木刻本　世珩貴池人因屬地主義故附於此

蔣氏

拙存堂文集一册清蔣衡　鉛印本

說文字源集註四册清錫山蔣和　木刻本

古篆古義一册清錫山蔣和　木刻本　許同藺捐

西遊日記一册清無錫蔣煦　鉛印本

隨軺日記一册清無錫蔣大鏞　鉛印本　蔣遇春捐

諸氏

類谷居文稿一册清錫山諸洛　本館鈔本

鄧氏

韻府約編十二册清錫山鄧愷　舊刻本

奕潛齋集譜十四册清錫山鄧元𨩆輯　精刻本　鄧傳若捐

附錄

鄧氏一家集一册清鄧恩錫鄧溱鄧濂等　鈔本

錢氏

薇堂詩稿二册清梁溪錢春臺　鉛印本

薛氏

庸庵文別集六册清無錫薛福成　鉛印本　胡介昌捐

滇緬劃界圖說一册清無錫薛福成　石印本　秦毓鈞捐

嚴氏

嚴廉訪遺稿四册清無錫嚴金清　鉛印本　嚴壽民捐

二嚴先生詩一册清金匱嚴文沅嚴文波等　鉛印本　嚴小蘭捐

顧氏

桃花扇一册清無錫顧彩　鉛印本

王荆公年譜二册清錫山顧棟高　吳興劉氏刻本　許同藺捐

尚書質疑一册清錫山顧棟高　鈔本　嚴小蘭捐

列女樂府四册清梁溪顧斗光　木刻本
蓉莊遺稿一册清金匱顧鈺　鉛印本
塵遠齋賦賸一册清無錫顧瓚　木刻本
篁韻庵駢文草稿一册清金匱顧森書　鉛印本　顧叔嘉捐
儲業瑣言一册清無錫顧叔嘉　鉛印本
訥庵叢稿六册清無錫顧鳴鳳　木刻本　著者贈
綠梅影樓詩詞存一册清無錫楊顧翎女士　鉛印本　翎楊毓勳室互見楊氏　楊筱蓀捐

竇氏

小綠天盦詩詞草一册清錫山竇鎮　木刻本　著者捐
小綠天庵文稿二册清錫山竇鎮　木刻本　著者捐
清朝書畫錄四卷四册清錫山竇鎮　木刻本　著者捐
師竹廬隨筆二卷二册清錫山竇鎮　木刻本　著者捐
師竹廬聯話二卷二册清錫山竇鎮　木刻本　著者捐

忠節祠祀位錄一册清錫山龔鎮　木刻本　著者捐

錫金續識小錄二册清錫山龔鎮　木刻本　著者捐

名儒言行錄二册清錫山龔鎮　木刻本　著者捐

龔氏

橙園四種七册清金匱龔禮　木刻本　黃霞峯捐

錫山龔氏遺稿一册清錫山龔愷　木刻本　龔縠成捐

乙　印刻

安刻初學記八册明嘉靖間錫山安國刻本　丁福保捐

秦刻錦繡萬花谷二十册明嘉靖錫山秦汴刻本　丁福保捐

秦刻九經訂正十册明秦㸚　仿宋巾箱本

丙　金石

唐蔣廣墓誌銘唐文宗太和四年　墨拓本　曹銓捐　民國壬戌春日無錫北鄉出土旋爲某氏所得甚珍秘之

宋李忠定草倉祠題句宋紹興二年樵川李綱書　墨拓本　楊仁山捐

無錫縣北禪壽聖禪院重開山圓禪師碑宋紹興十六年丙寅　墨拓本　碑藏中市橋巷黃氏

元北禪壽聖禪寺重建山門題名碑至治二年　墨拓本

明吳孺人鄧氏墓表洪武四年

明義官養眞子墓表天順六年

侯室華碩人墓誌銘明嘉靖戊申萬象春撰　墨拓本　侯伯鞏捐

龔毅所墓誌銘明萬歷間施策撰文張南翀丹嘉善沈道源書　墨拓本　龔道寸捐

留馨亭墨拓明邵寶題句並書焦竑跋馬大壯和韻鄒迪光記　曹銓捐　石藏西鄉榮氏

高氏三世誦芬帖明高材高攀龍高世泰等　石印本　高印川捐

秦氏旣翕堂文獻帖明秦瀚秦梁秦鏞等　墨拓本　秦琢如捐

張淳齋墓誌銘明崇禎二年朱國禎撰顧大章書　墨拓本

重修藥師禪院碑記康熙乙卯秦鉷撰嚴綑孫書　墨拓本　秦琢如捐

秦氏撫宋本九成宮殘刻清乾隆間秦文錦上石　墨拓本

御賜三希堂帖撫本六册清嘉慶四年秦震鈞上石　墨拓本　秦琢如捐

寄暢園帖六冊、清嘉慶六年秦震鈞上石　墨拓本　秦琢如捐
顧光旭新輯依庸堂感賦示同學諸子裘可桴跋　墨拓本　辛柏生捐
重修錫金會館記清道光二十七年薛曉驅撰王恩綬書　墨拓本　楊仁山捐
馬貞女墓碑光緒甲申潘祖蔭撰書　墨拓本　周莘農捐
元倪瓚溪亭山水畫元倪瓚　珂羅版本
秦誼庭山水冊民國乙丑　石印本　秦申潔捐
竇拙翁漢隸三種清宣統三年竇鎮臨　石印本　書者捐
竇拙翁書詩品民國丙辰　石印本　書者捐
竇拙翁千字文秋興詩合刻民國庚申　石印本　書者捐
竇拙翁大小楷三種民國辛酉　石印本　書者捐
張潛園書廣雅相國奏議函電附　清張曾疇

無錫縣圖書館歷史保存部目録

甲　書籍圖畫類

邵蔭軒山水　一幅　墨拓黃文節幽蘭賦　十二幅

龔半千山水　一幅　呂庭芷對聯　一幅

趙雲九字　一幅　潘曾瑋對聯　一幅

朱遜甫松鶴圖　一幅　馮桂芬對聯　一幅

諸海蘋畫　一幅　張竹坪對聯　一幅

沈濟臣書　一幅　諸海蘋畫　四幅

尤遂安字　一幅　朱毫然字　四幅

華海初大假山　一幅

以上金邑廟楹聯十五種三十六幅係民國四年一月秦琢如君送來當時作爲寄存物

曾編號後經言明捐入本館合亟補編著錄永遠入保存類

無錫先賢殿試策眞蹟　三十卷附函牘題記一卷

目次另具

清代奏摺　十四册

附錄

附錄

日照縣呂補袞奏摺朝覲事　順治九年

大學士金之俊 禮部侍郎胡兆龍 奏摺特疏糾舉事　順治十二年

大學士張廷玉等題本查參事　雍正七年

總督田揭帖酌撥兵餉事　雍正九年

大學士史貽直等題本修葺營房事　乾隆十五年

附卞塔海題名一紙

大學士鄂彌達等題本呈報事　乾隆二十四年

禮部阿爾袞等題本禮儀事　乾隆三十年

陝西巡撫畢沅題本慎刑重命事　乾隆四十九年

浙江巡撫阮元題本報明事　嘉慶十四年

閩浙總督汪志伊題本修船工料事　嘉慶十八年

吏部英和等題本題升要缺事　嘉慶二十六年

吏部文孚等題本查議具題事　道光十一年

八十四

工部穆彰阿題本修船工料事　道光二十一年

廣東巡撫勞崇光題本慶賀事　咸豐九年

以上兩種民國十年六月由教育部歷史博物館捐贈今編入保存類

湯文正公館課墨蹟　一本俞丹石捐贈

江寧布政使刊發違礙書目通札　一册許仲威捐贈

嘉靖守城信票　一幅丁梅軒捐贈

清光緒帝診病脈案　一册王艾耆捐贈

高忠憲公詩鈔手書眞蹟　三册裘可桴捐贈

孫中山委任范鴻仙狀　一幅丁梅軒捐贈

洪憲國璽印　一幀余小禪捐贈

洪憲元年月份牌　一軸侯葆三捐贈

宋案偵查應狀函電報告　一册

黃陂二次出走時政府公報　一册

臨時政府公報　　四册

以上三種係蘇州汪伯軒先生捐贈由俟保三先生交來前兩册係十五年一月所捐後四册則五年一月所捐今一併入保存類

乙　書版類

光緒錫金縣志	二架	七百九十一塊	恒善堂捐
高子遺書	二架	四百六十塊	高映川捐
東林書院志	三架	三百十五塊	趙瑞九捐
周易孔義		五十一塊	王典章捐
錫金游庠錄		六十五塊	趙瑞九捐
五經贊		六塊	李靜庵捐
敎女遺規		四十八塊	李靜庵捐
同岑詩鈔		一百十六塊	

丙　碑石類

宋張太常墓碑治平三年　碑石原在東林書院今移歸本館
附清裘廷梁劉繼增題跋

宋祠山宮石籤筒面咸淳三年　籤筒原在南門祠山宮今移歸本館

宋林性等九先生祠碑寶祐六年　碑石原在學前崇正書院廢址今移歸本館

明賴瑛等先賢祠碑成化七年　仝上

玉皇殿道士施主碑弘治壬戌十五年

明邵寶五賢祠碑正德十二年　碑石原在學前崇正書院廢址今移歸本館

明鄧繼曾七賢祠碑嘉靖八年　仝上

眞應道院重修正殿記碑康熙十五年

清竇熺等塑造祖師聖像金童玉女碑康熙五十七年

清顧棟高重修洞虛宮三清殿碑記乾隆九年

眞應道院重建大殿記碑乾隆四十年

玉霄散吏老鈍像贊無姓氏年月　光緒間無錫鐵路站旁出土今歸入本館

無錫縣立圖書館儲藏鄉先達殿試策記

鄉先達殿試策三十卷向係北京大內所藏遜清讓國自大內散出歸歷史博物館保存民國十年顧侯兩前館董劉前館長商之旅京同鄉族叔湘臣先生丐乞以歸存先輩之典型示莊嚴之帝制當時幾經交涉始得如願至不易也撮叙顛末用告來哲民國十七年秦毓鈞敬誌

目錄　鄉先達殿試卷自順治丁亥迄道光丁未綜若干科凡得三十卷目次如左

許　襄順治丁亥	侯　杲順治乙丑	孫仁溶順治壬辰	嵇永福順治乙未	林　鍾康熙庚戌
侯麟勳康熙己未	李廷樞康熙辛未	秦源寬康熙癸未	曹思義康熙丙戌	秦靖然康熙壬辰
王　賚康熙癸巳	顧維鑄雍正甲辰	侯嗣達雍正庚戌	秦莘田雍正癸丑	華　栻乾隆丙辰
王會汾乾隆丁巳	鄒有譽乾隆己未	秦朝釪乾隆戊辰	秦雄飛乾隆甲戌	鄒夢皋乾隆庚辰
薛科聯乾隆辛巳	秦　泉乾隆己丑	鄒炳泰乾隆壬辰	薛凝度嘉慶辛酉	鄒植行嘉慶乙丑
黃揚鑣嘉慶辛未	侯　桐嘉慶庚辰	安　詩道光癸巳	蔣大鏞道光甲辰	楊延俊道光丁未

秦跋　光緒末年內閣修理大庫以所儲殿卷移存學部鼎革後復由部移存歷史博物館並由館員依次編目敦世以太學題名碑錄校之起順治丙戌訖光緒甲辰凡一百十三科約存

十之六七而錫籍之存者約九十有七卷其中秦氏則十二卷焉亟請於當事取三十卷而歸儲無錫圖書館以存先輩之典型備一邑之掌故甚盛事也竊觀太學題名碑錄有清赫然一代之人物皆在焉乃一考之歷科鼎甲以及文章事業彰彰在人耳目者曾邈不可覯頗以散失過多爲惜不知無庸惜也蓋人人所爭先欲得者必藏名山而傳其人皆有千秋萬古之想朱子文山之登科錄後人尙且寶之况颺言之對策乎此固非一家一邑所能私也而其所能私者由一家一邑觀之皆鳳毛麟角於以見滄桑文獻之流傳亦隱寄喬木世家之感想不可謂非厚幸也抑敎世尤有感者此三十卷雖各爲一科猶不及全科三分之一而後人之最盛者乃多至二十三科科以人重獨非吾邑之光乎此亦論世知人者所宜知也今試舉其犖犖者言之順治壬辰之湯斌耿介己丑之曹本榮康熙庚戌之李光地陸隴其張烈辛未之楊名時皆昌明正學作元氣而開太平崧生嶽降間世一出之人也而趙申喬郭琇邵嗣堯等各以其風節震一時尤庚戌之卓然可傳者順治丁亥之馮溥李之芳乙未之楊自西康熙庚戌之張鵬翮癸巳之孫嘉淦雍正甲辰之劉統勳癸丑之鄂容安乾隆戊辰之朱珪辛巳之孫士毅王杰壬辰之百齡嘉慶辛未之林則徐道光丁未之李鴻章皆經猷弘遠國家之柱石也順治

己丑之施閏章乙未之汪琬康熙庚戌之徐乾學己未之趙執信癸未之查愼行何焯雍正甲辰之汪由敦乾隆丙辰之金祖望己未之裘曰修沈德潛袁枚甲戌之王鳴盛王昶錢大昕紀昀朱筠庚辰之畢沅王文治嘉慶乙丑之李兆洛皆碩學鴻儒扶輪大雅之異才也而吾邑之傑出其中者則順治壬辰之鄒忠倚康熙丙戌之王雲錦嵇曾筠己未鴻博之先宮詹松齡雍正庚戌之嵇璜乾隆丙辰之先文恭蕙田嘉慶辛酉之顧皋乙丑之孫爾準其尤著者也烏虖人才實應運而興創業垂統自有風虎雲龍之盛迨甄陶涵育之已久而文采風流猶足以輝映百世甚至中興將帥多出甲乙之科雖有賈董下第鍾王登科之誚固不盡由科目之能得人也而科目之得人者有如此覩今之拔本塞源者爲何如也謹泚筆而書之俾知敎世之文無足輕重而吾先輩之靈實式憑之矣辛酉五月秦敦世謹書

侯跋　鴻鑑年來搜羅鄉先賢遺墨雖片紙零縑千萬里外未敢或弛茲者旅食京師偕秦湘臣先生向敎育部歷史博物館領取鄉先賢殿試策三十本從當事者疊經商榷始允取出既而鴻鑑賫回藏諸邑圖書館爰附一言以備參考之資昭愼重之意云一考淸代典制寬嚴之不同也清初開科注重文藝不限程式得人之盛隆於一時如順治四年之許先生襄策中添

注塗改形式不拘六年之先族祖霓峯公杲讜言偉論不避忌諱且有皇父攝政王之稱尤可證一代之掌故八年之孫先生仁溶洋洋灑灑不拘行格後此則講求程式忌諱日多典制寬嚴前後互異此可考者一一攷淸代經學盛衰之不同也按順康雍乾四朝殿策開卷必書明所習經書想見臨軒策士經濟文章必原於經義自嘉道而下則策前履歷無習經字樣如許先生襄以下二十三卷至鄒先生炳泰皆書習經薛先生凝度以下之七卷皆不書習經此經學盛衰之不同可資攷證者二一攷卷册印鑄大小式樣之不同也順康雍乾四朝之卷册皆紙厚而行格寬長嘉道而下則紙色佳潔行格狹短印卷官之列名者順治朝則一人或二人康雍乾三朝則三人自乾隆三十七年後則列名者均二人此卷式印鑄前後互異可資攷證者三一考書法之變遷也順康兩朝之殿試書法類宗鍾王字畫多倣帖體雍乾兩朝之書法則臨小唐碑者多間及歐顏二體嘉道以下則宗顏柳者多間及歐體此書法因時代而變遷可資考證者四一攷房官及主試寬嚴不同並每卷房官評閱人數之多寡不同也房官評閱擬定名次主試者無甚變更大都順康雍三朝主寬朝代愈近考官愈嚴如評語之多有可考者鄒先生夢皋秦先生朝釪二卷也至房官閱卷之人數普通以八人爲限薛先生科聯補應

殿試之一卷房官則有九人鄒先生夢皋之一卷房官有十四人之多此房官評閱寬嚴人數多寡可資攷證者五一攷鄉先賢歷史概略之彪炳也秦先生朝釪儒林重望文學之宗秦先生雄飛忠義著聲秦先生源寬孝友有傳鄒先生夢皋文學著名鄒先生炳泰以冢宰之高華著勳望於昭代文章經濟炳蔚國史者也孫先生仁溶一時文物之華所謂清初四大家之一許先生襄秘先生永福先族祖霓峯公杲年方弱冠而蜚聲闈苑先吏部漢儀公麟勳歷官郎署而文苑蜚英秦先生泉薛先生凝度宦望著譽先外祖舅蔣先生大鏞塞北青天畿輔名宦曹先生思義秦先生靖然王先生賚秦先生莘田安先生詩楊先生延俊皆文學著名於邑乘史才聞譽於京華林先生鍾鄒先生植行木天清品洗馬馳聲王先生會汾與先族叔曾祖葉唐公桐朝野耆宿鄉閭碩望李先生廷樞顧先生維鑄侯先生嗣達華先生栻鄒先生有譽薛先生科聯黃先生楊鑣皆文章清貴卓著政聲者也此鄉先賢之畧史可攷而知之者六抑鴻鑑又有慨者科舉之弊固有阻阨人才之歎然綜二百餘年來書生獻策廷對直言者未嘗無人迄今盱衡時局選舉亡國之痛有不禁太息憤慨之思縈繞於毫端者夫豈徒文獻凋零國故闃寂之歎喟於無窮乎哉三十家之子若孫如能將此殿策付諸石印以廣流傳亦保藏遺

墨不墜先緒之方歟民國十年夏六月邑子侯鴻鑑題記

歷史博物館來函　逕啟者前月奉到尊函並書兩册照收兹檢出殿卷三十本紅本十五件奉託貴處侯葆三先生擕錫即請查收乞付一收據寄交本館爲荷此復祇請台安歷史博物館啓

秦湘臣來函　述之素勳先生均鑒疊奉惠書並公函各件業經代遞矣博物館前由內閣大庫移交殿試卷數箱弟特檢查鄉先輩遺墨居然得有數十卷之多弟即倡議移交本邑圖書館以存名迹而備觀摩頗爲當事者所樂許不意部中有持異議者謂各處如紛紛援例勢難應此却彼祇可檢擇數卷略存先輩典型而已弟以去留頗難以此遲遲未決兼以部長虛懸諸事高閣此更無論矣擬稍緩再籌辦法可也專此布復祇請台安弟敦世啓上

秦湘臣來函　素勳先生台鑒前復一書想可詧及殿卷頗有爲難者經再四磋商始得由弟選檢三十卷於插架充棟之中檢取已極不易而科分不欲其複姓氏略須配置經營者幾及半月有餘并爲文以述其梗概以葆三先生言旋有期匆促寫錄另紅本十五卷均已檢交葆三先生擕錫殿卷內有二卷破碎者一卷摺皺而揭不開者似須付裝潢家一收拾也專此祇

請台安逃之先生均此致意弟敦世敂
毓鈞案書中有紅本十五卷語殆即館存之淸代奏摺十四本也其曰十五卷或以卡塔
海摺尾題名一紙而誤傳歟今入保存類裝潢成帙目另見

勘誤表

第十四頁第五行	本誤木
第二十六頁第三行	閏誤閠
第三十四頁第三行	卷誤劵
第三十四頁第四行	唐誤塘
第三十四頁第十行	二誤三
第三十七頁第四行	畫誤書
第三十八頁第十一行	檣誤牆下脫狠藉二字
第四十頁第十二行	未誤來
第四十二頁第十三行	兩誤內
第五十一頁第八行	問誤題
第六十三頁第十行	校誤交
第六十三頁第十三行	答問誤問答

勘誤表

第七十四頁第九行	無錫二字衍
第八十三頁第二三四五行	下排幅字俱副字之誤
第九十頁第二行	全誤金
第九十四頁第二行	卞誤卡

無錫縣立圖書館善本書目

（民國）秦毓鈞 編

《無錫縣立圖書館善本書目》，（民國）秦毓鈞編，民國十八年（一九二九）鉛印本。

秦毓鈞，無錫縣立圖書館第三任館長，曾印行前館長嚴毓芬所編縣圖書館書目五册，輯印《錫山秦氏文鈔》十二卷。在任縣立圖書館館長期間，編成此善本書目。無錫縣立圖書館成立於民國元年（一九一二），經過近二十年的努力，藏書數量已相當可觀。雖無宋版元刻，然而明清以來的古籍，特别是無錫人之著述已有相當的收藏。秦毓鈞當時即意識到這些邑人的原刊本書籍，雖然常見，卻是最易失傳的地方資料，應該作爲善本提取另藏。這份目録即是當時成立善本室後的編目。全目仿四庫，分經、史、子、集四大類，下設子目，是一部分類目録。從這部目録中可看到無錫文化的源遠流長及豐厚的底藴。此目不同於一般的善本概念，其實它是一部無錫地方文獻與著述的目録。通過該目録可瞭解到當時地方史籍的收藏情況，一些稀見書籍，已在社會動蕩中丢失。

本書據民國鉛印本影印。

（徐志鈞）

叙

毓鈞待罪縣圖書館四閱寒暑矣接任之初即有提存善本之議吾友俞君仲還閎而大魋之力促其成會以致力於整理前場堵塞廟門增築後牆疲精勞神致乖初願每一念及心焉滋疚去夏有歷年概况之輯外觀稍適從事徵文其附錄刊行者曰鄉賢書續目曰歷史保存部目錄曰儲藏鄉先達殿試策記皆毓鈞追隨諸君子後歷年捜輯以分別部居者論者許爲恢張前緒益宏遠矣不幸遭駐兵損失而善本提存之議邦人君子督促益力客秋委員會規定三層樓前楹闢室保存遵卽與在館同人規畫布置亡羊補牢今年一月委員會席上遂以提存手續見囑會頌石族弟銘光家居多暇來館襄助雪鈔露纂不五月而目成攷其事實次其時代辨板本之異同別收藏之源委捐贈人姓氏謹就所知一一附載間有遺漏亦所不免倘承繩愆當予改正昔汲古閣毛

晉自叙重鐫十三經十七史緣起云毛晉草莽之臣檮昧之質何敢從事經史二大部今剞劂告成或有獎我爲功臣者或有罪我爲僭分者因述重鐫始末藏之家塾示我子孫之能讀我書者某也不敏竊附此旨以就正於邑人

提存之旨有五一曰舊刻宋槧元刊流傳絕少本館成立既晚又乏巨貲從事購置間有明本亦大抵在嘉靖以後然閱時愈久流傳愈稀歷淸陟明已五百有餘歲或阨於兵或燬於火其免於刦而幸存者偶得一二固宜球圖視之此其一也一曰精本書雖晚出雕刻務求其精校刊務求其適若者正文補註有裨於後生若者朱墨爛然爲藝林至寶得之既屬不易薈之實爲鉅觀此其二也一曰孤本雕刻印行當日無多流傳既久十九湮沒其幸有孑遺者又復藏書家秘不示人著錄家亦未寓目更歷歲年有百損無一增例諸充倉之富斯誠饋貧之糧此其三也一曰鈔本文人著作類飽鼠蟫能鏤板者百無一二以故名家儲藏半重鈔本其尤精者則曰影鈔行格字數既概焉從同魚豕魯亥或免於遺誤本館歷年鈔存不少而精力所萃每留意於鄉人愛日精廬間收當代未刻之籍善本書室注意蒐輯鄉先遺存雖一卷半帙亦皆先哲心血所留他年賢子孫敏求先集可望傳播以免散遺此其四也一曰重本此類各書本非所重第本館開辦有年購置捐贈層見提出先後積存至於再至於三如梁溪詩鈔常郡藝文志江蘇詩徵館存不一耳目所及類予提存以資保守求諸全國亦有先例如江南第一圖書館提取重本分儲於半邊街通俗圖書館如浙江省立圖書館提取重本別儲於大方伯分館主善爲師非敢創制此其五也凡若此者皆在保存範圍之列鄙人就各本中一一提出什襲而藏之定爲善本囑頌石弟釐目分排次第卷列上下上卷掇拾鄉先輩之叢殘搜采務求其博雖尋常板本亦必酌量提存下卷以精爲主寧闕毋濫寧遺毋雜挂一

漏萬吾知不免雖不敢比附秣陵希蹤浙水藉此善本之提存保守東南之文獻薈而萃之洵吾邑之鉅觀矣

目錄之學肇自西京更生撰別錄於前子駿成七略於後班氏藝文因之成志條流派別衍爲四庫歷隋至唐斯論大定有淸中葉叢書雲興別撥一門以殿四部海通而後科學繁興而杜威十進法浮海東來人著一書家自爲說前喁後于靡然從風幾若不達斯旨即不足廁專家之列嗚呼烈矣本館書目創自徐薇生君析爲經史子集政事文學八大綱傳以叢書殿以金石囊括乎中西包孕乎新舊雖不能自詡中外一貫幸或免於削足適履之誚是編薈萃善本義主乎舊譬滄海之一勺本無取乎兼綜一卷奉持半壁書城留雪泥偶存之遺跡徵歷任館董館長之辛勤得之匪易護之宜殷踵徐君之後廑輯叢殘之四庫叢書金石一仍其舊並世通儒倘或閔其癖好而糾其謬誤則大幸已

方今民衆教育盛行士林中厭故喜新爭尚趨時今乃自詡所儲整比朗列若者宋明舊刋若者精鈔孤行若者經某舊家珍藏若者爲某名家校勘毋乃急人所緩而無裨於時不知圖書館雖屬社會教育當爲普通人士購通俗刋物濬其靈源增進常識然圖書之需要本無分專門與普通兼綜並收乃其常軌日本維新士苴一切明治末葉追悔莫及彼邦學者且深以購得吾國百宋樓藏書爲足洗當年黎星使古逸叢書之恥列强如英法彼邦嗜古之士汲汲不遑保存國粹外旁涉吾國文獻敦煌石室之遺經聯翩爲其捆載以去今吾國號圖書館者何限而圖書館之提善本書者全國中殊不多見以區區一縣之物力十數年來歷任館董館長之收藏當此風瀟雨晦之秋幾蹈覆瓿代薪之懼披展所存猶得肩隨秣陵之江諸名館㕑櫥櫛比特別保存未始非斯文之一線邑中諸先輩之靈實式憑之矣况自古藏書家鮮有傳及三世者以趙清常之脈望館錢遵王之絳雲樓名重一時傲視儕輩清常歿而藏書盡歸魚山遵王及身且舉家藏宋刻之重複本胸中茫茫然意中惘惘然折閱售之泰興季氏今以全縣之人護持全縣之物其收效必有倍於個人其歷時必不僅傳三世所冀後之來者就今日提存各書而廣大之流通之另闢專室供人瀏覽釐訂章程汲汲焉爲未雨之綢繆毋如余之臨渴而掘井焉斯可矣

室隘不及備提曩所號爲歷史保存部者亦舉而收藏於其中目詳去歲所輯之歷年概况茲不復述至本館藏書尚有歷年購置捐贈之說郛正續合刻明刋本以及漢魏叢書古逸叢書靈鶼閣叢書昭代叢書武英殿聚珍版叢書與夫北京外交部捐贈之殿版大清會典事例圖說平定粤捻苗回方略晚清製造局方言館輯譯各種皆大版精印急欲提存而預定之室寔不能容附目於此以俟異日之議續提者民國十八年己巳六月平甫秦毓鈞謹識

無錫縣立圖書館善本書目上

經部

易類

周易孔義三卷 明梁溪高攀龍注 秦𢕟編輯 本館鈔本 二册

象像述夢五卷 明萬歷間無錫吳桂森著 載明史藝文志 本館鈔本 五册

統天易說不分卷 清順治間梁溪費國暄著 本館鈔本 一册

爻辭玩占錄二卷 清光緒間錫山秦棠著 本館鈔本 一册

易問不分卷 清乾隆間金匱吳鼎著 舊鈔本 書爲鄉先賢鄒敬甫先生所遺 有梁溪鄒氏延喜樓藏書印樓係缸尖鄒氏藏書處此 三册

周易通解二卷 清同光間金匱楊以迴著 原刋本 五册

書類

禹貢注 明季無錫胡之竑輯 通行坊本 之竑入邑志宦望傳 一册

尚書質疑三卷 清康乾間無錫顧棟高著 本館鈔本 又嚴肯蘭捐贈本 一册

詩類

毛詩日箋六卷 清順康間勾吳秦松齡著 原刻本 許修直捐 四册

毛詩訂詁八卷 清康乾間錫山顧棟高著 光緒丙申江蘇書局刋本 棟高入清史儒林傳 裘廷梁捐 四册

詩經比義述八卷 清乾隆間金匱王千仞著 乾隆壬子刋本 三册

讀詩管見一卷 清道咸同間金匱龔灼纂 原稿本 一册

讀詩管見一卷 清道咸同間金匱龔灼纂 本館鈔本 一册

禮類

二禮集解十二卷 明嘉靖間錫山李黼著 明嘉靖十六年常州府刋本 十六册

禮樂合編三十卷 明季錫山黃廣纂 書即纂者所藏無疑 明崇禎刋本 有玉磬齋印 考玉磬齋係纂者著書處此 十六册

五禮通考二百六十二卷 清乾隆間金匱秦蕙田輯 乾隆原刋本 一百册

周禮集解六卷 清雍乾間錫山高愈鄧愷纂訂 原刋本 愈入清史儒林傳 二冊
禮記章節不分卷 清同光間秦復培著 本館鈔本 一冊

樂類

考律緒言四卷 清乾隆間金匱吳鼎著 舊抄本 有梁溪鄒氏延喜樓藏書印樓係缸尖鄒氏藏書處 此書係鄉先輩鄒敬甫先生所遺 一冊
考律緒言摘鈔不分卷 吳鼎著 鈔本 一冊

春秋類

春秋孔義十二卷 明梁溪高攀龍注 秦堈編輯 本館抄本 四冊
春秋大事表五十卷 清康乾間錫山顧棟高輯 乾隆十三年萬卷樓原刋本 棟高入清史儒林傳 十六冊
春秋隨筆二卷 清無錫顧奎光撰 本館據四庫全書抄 一冊
三正攷二卷 清乾隆間無錫吳鼐撰 本館抄本 一冊

四書類

無錫善本書目　經部　二　無錫縣立圖書館

讀論管見一卷 清道咸同間金匱龔灼纂 原稿本 一冊
讀論管見一卷 清道咸同間金匱龔灼纂 本館抄本 一冊
論語要略不分卷 清同光間無錫許珏著 原刋本 一冊

小學類　字書

說文字源集註十六卷 清乾隆間無錫蔣和著 原刋本 四冊
古篆古義不分卷 清乾嘉間無錫蔣和著 嘉慶丁巳刋本 一冊
六書韻徵十六卷 清嘉道間錫山安吉輯 原刋本 六冊

小學類　韻書

古韻溯源八卷 清嘉道間金匱安念祖華湛恩輯 道光己亥鵝湖華氏親仁堂原刋本 八冊
字類標韻六卷 清錫山華綱輯 翰苑分書精刻本 光緒元年王氏刋 二冊

經解類

九經不分卷 清錫山秦璞訂正 秦氏仿宋巾箱去本 十冊
泉齋簡端錄十二卷 明無錫邵寶著 明史著錄 清雍正間重刋本 二冊
易堂問目四卷 清乾隆間金匱吳鼎輯 舊刻本 按吳鼎入清史文苑傳 四冊
夏時攷五卷 清乾嘉間金匱安吉著 原稿本 丁福保捐 二冊

史部

雜史類

明季南略十六卷 九峯居士輯 舊抄本 按康熙坊間本署錫山計六奇著書共十八卷文字目次互有出入此本殆係初稿九峯居士疑是計六奇別號 許同莘捐 八冊
明季遺聞四卷 清初梁溪鄒漪著 東洋舊刋本 孃華書局藏版 二冊
爝火錄二十二卷附錄一卷 清無錫李天根纂 本館抄本 原稿藏鵝湖華氏 十六冊

傳記類

戰國人才言行錄十卷 明無錫秦淪輯 嘉靖刋本 有戴震東原兩印 四冊

無錫善本書目　史部　三　無錫縣立圖書館

三楚文獻錄十六卷 明季錫山高世泰纂 世泰入清史儒林傳 明刻本 八冊
東林列傳二十四卷 清江陰陳鼎輯 本館據康熙辛卯(五十年)鐵肩書屋原刻本抄藏 八冊
道南淵源錄十二卷 清道咸間無錫汪士侃發凡鄒鳴鶴彙輯 道光戊申道南祠原版 六冊
清賢記六卷 明無錫尤鏜著 張氏適園本 二冊
邵文莊公年譜不分卷 明無錫邵魯吳道成編 本館抄本 一冊
葬錄不分卷 明無錫安希范著 萬歷刋本 丁福保捐 一冊
雲川行述不分卷 清康乾間無錫華希閔潘果撰 抄本 一冊
楊菑裳先生年譜不分卷 清乾嘉間金匱楊芳燦編 光緒五年己卯刋本 一冊
安春臺先生傳誌題贈彙刻不分卷 清道光間安氏刋本 一冊
梓里錄不分卷 清咸同無錫秦煥輯 原稿本 秦毓鈞捐 一冊
讀史桑梓錄不分卷 清乾隆間無錫安經言輯 原稿本 五冊

竢實學堂最初史不分卷 民國六年丁福保著　抄本　一冊

錫金學校重興記二卷 清季不署名　鉛印本　一冊

錫金學務處收支清册不分卷 清光緒三十年九月至民國三年二月石印　及鉛印本　十一冊

地理類　總志

讀史方輿紀要一百三十卷圖四卷 清初無錫顧祖禹著　光緒廿五年新化刊本　六十冊

地理類　都會郡縣

元無錫縣志四卷 不著撰人名氏考千頃堂目有元王仁輔無錫縣志二十八卷與此本卷數不符蓋別一書清乾隆朝總纂紀昀等提要所載如此本館據四庫全書本抄　三冊

明無錫縣志三十四卷 明弘治年邑人吳鳳祥李舜明修本館據原刻本影抄　有滄葦及季印振宜兩印按季氏係清順治間泰興藏書家　朱尚友堂捐　一冊

康熙無錫縣志四十二卷 清康熙二十九年邑人嚴繩孫秦松齡修　原刻本　十冊

乾隆無錫縣志四十二卷 清乾隆十五年邑人華希閔等修　原刻本　十六冊

乾隆無錫縣志四十二卷 配補本　孫靜庵捐　十八冊

乾隆金匱縣志二十卷 清雍正末至乾隆七年邑人華希閔等修　原刻本　陳協恭捐　八冊

嘉慶無錫金匱縣志四十卷 清嘉慶十八年邑人秦瀛修　原刊本　有巢湖程氏守箴堂藏印　十六冊

道光錫金續志十卷 清道光二十年邑人楊熙之等修　原刊本　四冊

無錫新志目說明書不分卷 今人錢基博著　聚珍本　一冊

續修江蘇通志無錫徵訪類稿 民國二年至七年調查抄本　錢基博捐　一冊

地理類　雜地志

錫山補志稿不分卷 清乾嘉間金匱錢泳編安念祖校　原稿本　一冊

錫金志補不分卷 缺名　鈔本　一冊

錫金志外五卷 清嘉道間金匱華湛恩纂　本館鈔本　四冊

錫金考乘十四卷 清嘉道間勾吳周有壬著　聚珍本　四冊

地理類　水道

咸豐郡縣水利志不分卷 清道咸間金匱唐汝翼撰　本館抄本　一冊

地理類　山川古蹟

錫山景物略十卷 明無錫王永積著　通行本　王福庚捐　五冊

惠山古今考七卷 明無錫談修輯　本館抄本　三卷

瞻橋小志七卷 清康乾間錫山王鑑編　原刊本　一冊

酌泉錄四卷 清康乾間錫山黄印　梁溪高學濂著　鉛印本　一冊

錫山梅里志不分卷 清道光間金匱安起東浦傳桂輯　原稿本光緒中葉知金匱縣事永昌吳熙屬邑人劉繼增等重加删訂刋行變更體例此其本來面目可寶也　八冊

忍草庵志四卷 清同光間無錫劉繼增著　聚珍本　一卷

寄暢園志七卷 清光緒間無錫秦國璋輯　抄本　一冊

政書類

俞東躔奏稿 清乾嘉間金匱俞肯堂著　抄本　一冊

東林書院重整規條不分卷 清道光時人不署名　原刊本　一冊

金匱賦役全書不分卷 不署名　抄本　一冊

治蝗全書四卷目錄一卷 清道咸間金匱顧彥輯　光緒戊子刊本　一冊

無錫消弭學潮存牘不分卷 今人錢基厚著　聚珍本　一冊

道齊正軌二十卷 道咸間鄒鳴鶴纂　原刊本　八冊

史鈔類

三通典要不分卷 不著撰人名氏　積書巖精抄本　蓋有顧鍾珂藏書印　考積書巖爲清初邑人顧貞觀梁汾藏書之所　二冊

史評類

學史十二卷 明無錫邵寶著　明史著錄　本館抄本　二冊

讀史論略不分卷 清康雍間無錫杜詔撰　雍正己酉雲川閣原刊本　一冊

左鑑十卷 清雍乾間梁溪楊潮觀著　原刊本　二冊

目錄類

高子遺書節抄目不分卷 清咸同光間金匱許玨輯 石影本 一冊

無錫藏書攷不分卷 清光緒間無錫秦國璋著 抄本 著者捐 一冊

子部

儒家類

正蒙釋四卷 明無錫高攀龍集注 原刻本 四冊

就正錄二卷 明無錫高攀龍著 明史著錄 本館抄本 二冊

高忠憲公講義一卷 明無錫高攀龍著 本館抄本 一冊

程子節錄四卷 明無錫高攀龍輯 抄本 許同藺捐 一冊

維閩源流錄十九卷 清康熙間無錫張夏纂 本館抄本 八冊

景行錄二卷 清乾嘉間秦[illegible]鈞著 本館影抄本 一冊

舜山學約不分卷 清乾隆間陽湖是鏡撰 按舜山學約即共學山居學約地在錫山東麓西門外與隆橋左近康熙三十年邑人顧培及武進金敞築以爲講學之所其規條悉仿東林以繼東林之後 道光刊本 一冊

讀書劄記二卷 清道咸間梁溪孫希朱著 本館抄本 一冊

勸戒贅言二卷 清道咸間梁溪孫希朱著 本館抄本 一冊

省身格三卷 清道咸間梁溪孫希朱編 抄本 一

釋家類

金剛經句解 明梁溪曹元相註 崇楨辛巳刊本 楊錫類捐 一冊

道家類

南華發覆八卷 明梁溪釋性通註 舊刊本 六冊

南華發覆 同上 本館鈔本 六冊

術數類

箕錄四卷 清同光間無錫劉繼增輯 鈔本 四冊

撲方編不分卷 清同光間金匱楊以迴著 本館鈔本 一冊

藝術類　譜錄

四子棋譜殘本不分卷 錫山康熙間過文年著 原刊本 一冊

弈潛齋集譜不分卷 清光緒間無錫鄧元鏸輯 鄧氏奕潛齋原刊本 十四冊

王孫經補遺(秋興必覽)不分卷 清咸光間錫山秦恩延著 原刊本 一冊

雜家類　雜說

讀書隨記一卷續記一卷剩語一卷 清康雍間無錫王邦采著 抄本 一冊

履園叢話二十四卷 清乾嘉間金匱錢泳編 同治九年補刊 原刊本 十二冊

匏園掌錄二卷 清嘉道間金匱楊夔生著 光緒五年仁和葛氏刊本 一冊

正大光明殿覆試日記不分卷 清咸同間金匱姚熙績著 原稿本 一冊

星軺便覽不分卷 清咸同間無錫王繹著 抄本 一冊

雜家類　雜纂

筠齋漫錄殘本三卷 原十卷今存八九十三卷 明嘉靖間錫山黃學海輯 本館抄本 一冊

身範十三卷 清道咸間梁溪孫希朱輯 清史藝文著錄 禮社薛氏刊本 四冊

金箱薈說八卷 清乾嘉間金匱楊芳燦著 本館抄本 四冊

筠莊漫草三卷 清雍乾間梁溪周永棠著 本館抄本 一冊

雲陽紀事一卷附覺夢詞 清乾嘉間浙江開化余紹元著 附詞清同光間無錫余一鼇著 聚珍本 一冊

十閒堂閒情刊五卷 明季無錫華淑著 原刊本 二冊

小說類　雜事

蓉湖春色不分卷 清同光間無錫竇鎮著 抄本 一冊

類書類

五經類纂十六卷 清康雍間梁溪秦伯龍秦躍龍輯 原刊本 四冊

春秋經傳類聯不分卷 清雍正間梁溪王武沂著　甲寅刊　陶守恆捐　二册

安刻初學記三十卷 唐徐堅輯著　明嘉靖間錫山安國校刊本　丁福保捐　二册

錦繡萬花谷前集四十卷後集四十卷 宋佚名　明嘉靖間秦氏刊本　二十册

集部

楚詞類

楚三閭大夫賦箋注不分卷 清康雍間錫山王邦采注　原刊本　六册

總集類

唐宋六家文略十二卷 明武進唐順之纂　無錫蔡瀛輯　萬歷刊本　許同莘捐　六册

文府滑稽十二卷 明梁溪鄒迪光編　明萬歷刊本　六册

全唐七言律詩注不分卷 明無錫曹巖選　原稿本　曹銓捐　一册

選詩補注不分卷 明無錫曹巖選　原稿本　曹銓捐　一册

盛明百家詩前編一百五十三卷 內配補總目及鄉賢九卷 缺九十六卷　明嘉靖間無錫俞憲編　嘉靖隆慶刊本　二十一册

盛明百家詩後編一百零三卷 內配補鄉賢四卷 缺四十七卷　明嘉靖間無錫俞憲編　嘉靖隆慶刊本　後編一至廿五册丁福保捐　三十三册

明人小集十五卷 盛明百家詩後編重出本　嘉靖間無錫俞憲編　嘉靖隆慶刊本　八册

類選苑詩秀句十二卷 明勾吳顧起綸編　萬歷刊本　六册

百花鼓吹十五卷 明梁溪王化淳編　明萬歷刊本　八册

辟疆園宋文選三十卷 清初梁溪顧宸輯　順治原刊本　三十六册

宋詩類選二十四卷 清康熙間吳郡(無錫)王史鑑撰錄　康熙刊本　有吳興碧落壺藏印　十册

金詩選四卷 清雍乾間無錫顧奎光輯　原刊本　二册

元詩選六卷補遺一卷 清雍乾間無錫顧奎光輯　原刊本　四册

清六家詩鈔八卷 清康乾間錫山劉執玉選　許庭堅鄒容成參閱　乾隆丁亥　原寫刊本　十二册

錫山文集二十卷 清康熙間無錫王史直輯　道光二十年鵝湖華氏親仁堂原刊本　二十册

唐詩叩彈集十二卷 清康雍間錫山杜詔輯　采山亭本　許同莘捐　六册

古文眉詮八十卷 清乾隆間金匱浦起龍編　三吳書院刊本　十六册

瓣香集十六卷 清乾隆間金匱許英編　乾隆刻本　六册

梁溪詩鈔五十八卷 清乾隆間梁溪顧光旭輯　宣統辛亥重刊　聚珍本　二十四册

二柳村莊吟社詩選不分卷 清嘉道間金匱華文彬文模輯　本館抄本　一册

膠山安氏詩補不分卷 清嘉道間金匱安念祖編　原刊本　一册

慧川園集

湖上紀遊一卷 清嘉道間金匱唐汝翼編　一册

樹滋堂遺草一卷 無錫唐棟著　汝翼祖

丙辰編一卷 無錫唐文瀾著　汝翼父

問月閣草一卷 汝翼著　慧川園原刊本

同岑詩鈔五種　原刊本　五册

樂潛堂集二卷 清嘉道間金匱趙函著

拜石山房集四卷 同上　無錫顧翰著

金粟荓集二卷 同上　無錫顧翃著

壺園集四卷 同上　金匱徐寶善著

眞松閣集二卷 同上　金匱楊夔生著

別集類

楊龜山集 卷六至卷十九　宋楊時著　閩刻本　二册

荆南倡和詩不分卷 元至正間勾吳周砥宜興馬治同撰　本館據四庫全書抄　一册

雲林詩集六卷附錄一卷 元無錫倪瓚著　汲古閣本　五册

黃楊集四卷附錄一卷 元無錫華幼武著　清同治甲戌重刊本　二册

杜詩分類集註二十三卷 明無錫邵寶集註 明刊本 二十四冊
容春堂集二十卷 明無錫邵寶著 明史著錄 清雍乾間華氏刊配補本 四冊
容春堂別集九卷 仝上 本館抄本 二冊
容春堂續集十八卷 同上 同上 八冊
容春堂後集十四卷 同上 同上 四冊
秦修敬封君集不分卷 明無錫秦旭著 秦瀚 本館抄本 一冊
顧憲副集不分卷 明無錫顧可久著 本館抄本 一冊
高忠憲公詩集二卷 明無錫高攀龍著 鈔本 二冊
高子遺書十二卷附錄一卷年譜一卷 明無錫高攀龍著 明史著錄 光緒間東林書院刊本 八冊
涇皐藏稿二十二卷 明無錫顧憲成明 家刻本 六冊
涇皐藏稿殘本一二兩卷 明無錫顧憲成著 清四庫藏本首末頁鈐有乾隆御寶並列參校諸臣姓名 一冊

天全堂集四卷 明無錫安希范著 乾隆安氏刊本 二冊
天全堂集一卷附贈族錄 同上 安氏舊鈔本 一冊
始青閣集二十四卷 明梁溪鄒迪光著 明天啟刊本 十冊
愚公谷乘文一卷 明萬歷間梁溪鄒迪光著 本館抄本 一冊
孫宗伯集十卷 明無錫孫繼臯著 明刻配補本 孫揆均捐 十冊
具茨詩五卷附錄一卷遺稿一卷 明嘉靖間無錫王立道著 據四庫全書抄本 三冊
具茨文集八卷 同上 五冊
清湖集四卷 明梁溪秦植著 著館抄本 原稿藏山陰傅氏 二冊
東臯詩集十二卷 明無錫秦璠著 本館據原刻影寫本 二冊
遼陽稿二卷別稿一本 明無錫黃正色著 本館抄本 一冊
五峰遺稿二十四卷 明無錫秦夔撰 本館抄本 四冊

胡蓮渠文集不分卷 明嘉靖間無錫胡浡著 舊抄本 一冊
王舍人集五卷 明無錫王紱著 本館據四庫全書抄 四冊
觀民節霞詩合刻不分卷 明錫山高世觀陳卿茂著附梁溪顧華文草廬詩 原稿本 一冊
安大令文集不分卷 明季無錫安廣居著 抄本 一冊
澹寧居詩集二卷 明季梁溪馬世奇著 小萬柳堂抄本 廉泉捐 二冊
高彙旃先生遺集六卷 明季無錫高世泰著 本館抄本 一冊
邯山先生遺稿不分卷 明季無錫強恂著 本館抄本 二冊
自問稿不分卷 明季梁溪秦洴著 抄本 一冊
悟秋草堂詩集十卷 明季梁溪顧杲著 配補本 二冊
辟疆園杜詩註解十七卷 清初梁溪顧宸注 順康間原刻本 六冊
秦補念詩集不分卷 清順康間無錫秦鉽著 附六世孫宏鈞秀墅堂遺稿 抄本 一冊

蒼峴山人集五卷詞一卷 清順康間勾吳秦松齡著 本館抄本 一冊
蒼峴山人文集六卷 清順康間無錫秦松齡著 原刊本 一冊
抱犢山房集殘本四五兩卷附錄一卷 清順康間無錫嵇永仁著 有乾隆御寶並列參校諸臣姓名 清四庫藏本首末頁鈐 一冊
季蓉洲詩文稿六卷 清順康間梁溪季麒光著 舊刊本 六冊
爲文堂集十一卷 清順康間無錫黃家舒著 原抄本 二冊
安孟公遺稿不分卷 清順康間無錫安璿著 原稿本 二冊
不在茲集不分卷 同上 四冊
雲川閣集十八卷 清康雍間無錫杜詔著 原刻配補本 杜詔入清史文苑傳 七冊
秋水文集二卷 清康熙間無錫嚴繩孫著 舊抄本 有靜巖秘玩一經後人范文安 珍藏等印 一冊
師善堂詩集十卷 清康乾間無錫嵇曾筠著 本館抄本 四冊
借柳軒詩十四卷 清康乾間梁溪鄒升恆著 乾隆癸亥刊本 許同藺捐 八冊

樂皐山堂詩稿八卷 清雍乾間金匱王會汾著 舊鈔本 四册
岵齋詩存二卷 清雍乾間梁溪秦朝釪著 本館抄本 一册
綠瀛軒詩集不分卷 清康熙間錫山徐珽著 原刻本 許同莘捐 一册
類谷居文稿不分卷 清康熙間無錫諸洛著 本館抄本 一册
澹園文集不分卷 清康乾間無錫華玉濘著 本館抄本 一册
十峰詩選七卷 清康熙間無錫錢肅潤著 本館抄本 一册
十峰文集不分卷 清康熙間無錫錢肅潤著 本館抄本 一册
南皐詩鈔不分卷 清康熙間錫山李枚著 本館抄本 一册
四勿齋鶺淐詩鈔四卷 清康熙間金匱華爾行著 原抄本 二册
醉經草堂前集二十卷 清康熙間錫山王鑑著 本館抄本 六册
曉滄集不分卷 清康雍間無錫潘果著 本館抄本 一册

曉滄集不分卷 同上 原抄本 一册
晁具茨詩集箋注十五卷 清康雍間無錫王邦采注 三槐堂原刊本 四册
吳淵穎集箋注十二卷 清康熙間錫山王邦采王繩曾箋 原刊本 四册
竹外山房集二卷 清乾嘉間無錫秦潮著 乾隆間原刻本 秦毓鈞捐 一册
楞香賸鈔不分卷 清乾嘉間金匱秦大光著 抄本 一册
漆漁詩存四卷 清乾嘉間梁溪秦琳著 本館抄本 一册
小峴山人詩集二十八卷 清乾嘉間無錫秦瀛著 原刊本 八册
小峴山人全集 詩二十八卷文六卷續集二卷補編一卷清乾嘉間無錫秦瀛著 原刊本 十册
午風堂集詩六卷叢談八卷 清乾嘉間無錫鄒炳泰著 原刊本 六册
寶巖堂詩集四卷 清乾隆間金匱孫永清著 抄本 一册
泰雲堂集 文四卷詩十八卷詞六卷 清乾嘉間金匱孫爾準著 舊刻本 許同莘捐 六册

芳洲詩鈔 清乾嘉間無錫丁芳洲著 本館抄本 一册
怡石齋詩稿 清嘉道間無錫丁彥和著 本館抄本 一册
芳洲詩鈔 清乾嘉間無錫丁芳洲著 原稿本 一册
怡石齋詩稿 清嘉道間無錫丁彥和著 原稿本 一册
春草軒詩存四卷 清乾嘉間金匱楊掄著 本館抄本 二册
雙梧桐館集二十卷六 清乾嘉間金匱楊揩著 士棻字重叔印 原刊本 有忠州李芋仙隨身書卷印及忠州李 十册
綠雲吟館詩稿不分卷 清乾嘉間金匱楊英燦著 本館抄本 一册
粵中吟草不分卷 清乾嘉間無錫秦大受著 本館抄本 一册
安蘭巖詩鈔不分卷 清乾嘉間金匱安全著 抄本 一册
安彙占詩文鈔不分卷 清乾嘉間金匱安吉著 原稿本 二册
十二山人文集十二卷 清乾嘉間金匱安吉著 本館抄本 四册

響泉集詩十七卷文一卷詞二卷 清乾隆間金匱顧光旭著 聚珍本 四册
列女樂府五卷 清乾隆間梁溪顧斗光著 僅三卷補遺二卷 乾隆乙卯刊本 邑志藝文著述存目列女樂府八卷是編 四册
不是集六卷 清乾隆間金匱浦起龍著自署三山老倫 孫等印 按起龍入清史文苑傳 抄本 有雲輪閣埜 六册
逸軒詩草不分卷 清乾嘉間勾吳杜漢階著 本館抄本 一册
菰蘆吟四卷 清乾隆間錫山顧錦春著 原刊本 一册
弟禾吟草不分卷 清乾嘉間金匱華蕚著 本館抄本 一册
鐵山情響情籟不分卷 清乾嘉間金匱陳伯瑒著 原刊本 一册
幻庵和尚詩集不分卷 清乾隆間無錫釋幻庵著 原稿本 許同藺捐 一册
香珊瑚書屋駢體文稿不分卷 清嘉道間金匱周有壬著 抄本 一册
城西草堂詩集四卷 清嘉道間金匱秦緗武著 同治戊辰刊本 一册
選雲樓詩鈔不分卷 清嘉道間金匱楊琬著 本館抄本 一册

楊伯夔詩不分卷　清嘉道間金匱楊夔生著　抄本　一冊

拜石山房未刻詩稿不分卷　清嘉道咸間金匱顧翰著　本館抄本　一冊

飛香圃文集四卷　清嘉道間金匱安詩著　本館抄本　一冊

慎思草堂吟稿　清乾嘉間金匱龔汝直著　本館抄本　一冊

聽鶴山房吟稿　清乾嘉間金匱龔桐著　本館抄本　原稿未刻藏龔氏　一冊

慎思草堂吟稿　清嘉道間金匱龔汝直著　抄本　一冊

聽鶴山房吟稿　清嘉道間金匱龔桐著　抄本　一冊

留雲仙館詩文鈔不分卷　清道咸間金匱秦樹著　抄本　一冊

秦誼亭先生遺詩不分卷　清道咸間無錫秦炳文著　本館抄本　一冊

冷紅館賸稿四卷補遺二卷偶存一卷詞一卷　清道咸同間金匱秦臻著　聚珍本　三冊

冷紅館賸稿四卷補遺二卷偶存一卷　清道咸同間金匱秦臻著　抄本　三冊

谷龠甆賸二卷　清道咸間無錫張鴻猷著　光緒甲午刊本　一冊

谷龠甆賸二卷　清道咸間無錫張鴻猷著　光緒甲午刊本　一冊

旅懷小草不分卷　咸同間金匱張應蘭未定稿　本館抄本　一冊

嶧青閣稿不分卷　清道咸同間梁溪張應蘭著　抄本　秦毓鈞捐　一冊

金粟龕詩稿二卷　清道咸間顧翃著　本館據手抄影寫本　一冊

六有齋集文一卷詩二卷　清咸同間金匱施建烈著　抄本　二冊

七二青芙蓉館詩三卷　清道咸間無錫沈鎣著　本館抄本　一冊

端甫遺稿不分卷　清道光間張岳駿著　本館抄本　一冊

拂珊吟不分卷　清道咸間金匱陳樊著　本館抄本　一冊

醉墨軒遺文不分卷　清道咸間金匱張步瀛著　本館抄本　一冊

醉墨軒詩鈔四卷　清道咸間金匱張步瀛著　錢朝鈞鈔本　孫寰鏡捐　三冊

左之詩草六卷　清道光間金匱華宜著　本館抄本　一冊

亦人詩鈔不分卷　清道光間金匱華有著　本館抄本　一冊

日新齋文集四卷詩一卷　清道咸間錫山孫希朱著　本館抄本　二冊

小樊川詩鈔二卷　清道咸間無錫杜雋著　抄本　二冊

雙桂軒詩不分卷　清道咸間金匱鄧登瀛著　原稿本　一冊

杏林吟草不分卷　清道咸間金匱朱錦英著　本館抄本　一冊

檉竹齋詩詞鈔不分卷　清道咸間錫山蔡潞著　劉繼增輯　本館抄本　一冊

曉霞閣詩草不分卷　清道咸間金匱楊鳳祥著　抄本　一冊

花間小草不分卷　清道咸間無錫嵇容著　原抄本　一冊

豫游小草四卷　清道咸間無錫鄭纖善著　原稿本　四冊

怡安室遺稿不分卷　清道咸間錫山華韞珣著　抄本　一冊

恰好處文存不分卷　清咸光間金匱秦芝清著　本館抄本　一冊

望月軒詩詞稿二卷　清咸同間無錫沈英著　本館抄本　一冊

東里草堂詩鈔不分卷　清咸同間朱壽清著　本館抄本　一冊

半讀齋賸稿不分卷　清咸同間無錫榮汝楫著　本館抄本　一冊

鄧氏一家集不分卷　清可亭詩草　夢鶴軒詞草　南雅堂詩集　清咸同間鄧恩錫　鄧濂　鄧濂著　本館抄本　一冊

悔餘吟社詩詞稿　清咸同間梁溪華汝楫著　本館抄本　一冊

澹慮軒詩鈔不分卷　清咸同間諸顧氏著　本館抄本　宋劉稿　藏楊亭諸氏　一冊

吟香室詩草二卷　清咸同間金匱楊蘊輝著　光緒丁酉刊本　二冊

微雲山館詩集不分卷　清同光間無錫秦翥章著　本館抄本　一冊

寄漚文稿不分卷　清同光間無錫劉繼增著　本館抄本　一冊

復庵先生集九卷　清同光間無錫許珏著　聚珍本　一冊

戢寒齋文鈔不分卷 清同光間無錫秦壑著 抄本 一冊

四槐寄廬類稿七卷 清同光間無錫孫鼎烈著 本館抄本 四冊

存敬畏齋文鈔不分卷 清同光間金匱顧森書著 本館抄本 二冊

篁韵龕駢文草稿不分卷 清同光間金匱顧森書著 本館抄本 一冊

心禪詩稿不分卷 清同光間無錫余一鼇著 本館抄本 一冊

澹庵文存不分卷 清同光間錫山朱蔭培著 本館抄本 一冊

滌塵文集不分卷 清光緒間無錫秦國璋著 抄本 一冊

詞曲類

詞家玉律十六卷 清康熙間梁溪王一元著 原抄本 十二冊

今詞初集二卷 清康熙間無錫顧貞觀長白成德編 光緒丁酉無錫張鋆重刊本 二冊

清詞綜補四十卷 清道咸同間無錫丁紹儀輯 同治原刻本 八冊

清詞綜補後編五卷 同上 未刻稿 本館抄本 四冊

南唐二主詞箋不分卷 清同光間無錫劉繼增輯 聚珍本 一冊

澹雪詞雨花詞不分卷 清順康間秦湖顧岱著 抄本 王蘊章捐 一冊

含烟閣詞不分卷 清順康間堵霞著 本館抄本 一冊

秋水詞二卷 清康熙間無錫嚴繩孫著 本館抄本 一冊

春草軒詩餘四卷 清乾嘉間金匱楊掄著 本館抄本 二冊

眞松閣詞不分卷 清嘉道間金匱楊夔生著 原刊本 一冊

眞松閣詞 同上 同上 二冊

琴清閣詞 清嘉道間金匱楊芸著 本館抄本 一冊

茝香詞鈔 清嘉道間金匱顧翎著 抄本 一冊

冷紅詞不分卷 清道咸同間金匱秦臻著 抄本 一冊

寄漚詞不分卷 清同光間無錫劉繼增著 本館抄本 一冊

亦云詞不分卷 清同光間無錫余一鼇著 本館抄本 一冊

覺夢詞一卷 雲陽紀事附刊 清同光間余一鼇著 聚珍本 一冊

桃花扇五卷 清康熙間無錫顧彩著 光緒乙未刊本 五冊

小忽雷傳奇二卷 清康熙間無錫顧彩著 清季暖紅室精刊本 二冊

紅羊刼傳奇不分卷 不署著者姓名僅有甲子夏四月寄秋庵生錄十字蓋有冰心及世居梁溪北郭小印其爲邑人手錄無疑 一冊

詩文評類

聽秋聲館詞話二十卷 清道咸同間無錫丁紹儀著 同治原刻本 四冊

雜著類

宋孫仲益內簡尺牘注十卷 宋李祖堯注 清乾隆間錫山蔡焯蔡龍孫增訂 乾隆丁卯寫刻本 江陰繆氏藏書 六冊

芙蓉山館尺牘十六卷編年目錄一卷 清乾嘉間楊芳燦著 本館抄本 九冊

芸香閣尺一書二卷 清咸同間錫山朱蔭培著 原刊本 許同藺捐 一冊

寄漚尺牘不分卷 清同光間無錫劉繼增著 本館抄本 一冊

海棠秋館尺牘不分卷 清同光間秦湖裘廷楨著 原稿本 二冊

賓娥臺題詠一卷 清康雍間無錫安紹傑輯 原刊本 一冊

伏羌紀事詩一卷 清乾嘉間金匱楊芳燦著 光緒壬辰刊本 一冊

芙蓉湖櫂歌不分卷 清乾嘉間金匱楊掄著 光緒十年刊本 一冊

靈蘭館律賦不分卷 清道光間無錫王繼甲著 舊鈔本 一冊

金陵述古不分卷 清咸同間吳竹如著 無錫王傳聯鈔本 一冊

安儼動時文稿不分稿 清雍乾間金匱安經傳著 舊鈔本 一冊

惠山竹爐圖詠四卷 清同光間無錫劉繼增輯 本館抄本 一冊

璇璣回文圖不分卷 清同光間無錫劉繼增著 本館抄本 一冊

楹聯存稿不分卷 清光緒間無錫劉繼增著 本館抄本 一冊
滌塵雜記不分卷 清光緒間無錫秦國璋著 著者手抄本 一冊
近科通雅集 今人吳敬恆編 清光緒甲午刊本 一冊
吳稚暉先生南菁課藝不分卷 今人吳敬恆著 原課卷 一冊

叢部

本館叢鈔
江陰繖墩曹氏譜錄 今人孫揆均輯
邵文莊公佚詩附題跋 明無錫邵寶著
沈持正詩稿 宋無錫沈躔思著
臺疆小志 清邑人盧白主人著
江氏上卿奕光錄選錄 清無錫江祚錫增訂
安桂坡傳 吳郡黃省曾撰
沈踐言詩稿 宋無錫沈復著

金石類

寄漚書巢二石本 一冊
漢梭官碑縮本 光和四年
唐海禪師墓誌 顯慶三年
唐惠山寺尊勝陀羅尼經石幢 乾符三年丙申白鹿山人李端符書 石在惠山寺山門右 一冊
宋惠山寺大白傘蓋神咒石幢 熙寧三年庚戌 石在惠山寺山門左 墨拓本
宋燦山明陽觀額牒碑記 宋大觀元年牒 慶元六年勒石 許鑒書 知觀事周觀復石立在燦山明陽觀 墨拓本 一冊
北禪寺重開山明口圓禪師碑 宋紹興丙寅立 石在中市橋巷黃氏 一冊
資福庵觀音記 宋淳祐八年戊申惠山月印沖希撰書 石在富安鄉歸山資福庵 墨拓本 一冊

鄧公去思碑 愛民父母鄧候去思碑九字三行篆文形如碑額在舊錫署譙樓下樓爲元大德中重建當時殆取此不以多樓則此石在元以前無疑 墨拓本 一冊
北禪壽聖禪寺重建山門題名碑 元至治二年住持海翁立 石在北禪寺 墨拓本 一冊
明顧九華石峰題名 明嘉靖己亥邑人顧起綸爲周會甫撰書 石在惠山谿淵堂 墨拓本 一冊
宋勅賜錫山王靈護廟額牒 宋紹定三年牒 明永樂二十年重勒石 邑人倪峻題記 石在惠山東嶽廟 墨拓本 一冊
義官養眞子墓表 明天順六年蜀人周洪謨撰 毘陵吳潤書邑人周清篆額 石在富安鄉閭江 墨拓本 一冊
吳孺人鄧氏墓表 明弘治辛亥河東儲巏撰 晉陵唐貴書邑人羅柔篆額 石在富安鄉閭江 一冊
華時禎配張孺人墓志銘 明嘉靖初莆田林俊撰長洲文徵明書 墨拓本 一冊
倪雲林墓碑 明萬歷辛亥雲間陳繼儒撰 倪鈫立石 石在雲林墓 墨拓本 一冊
龔毅所先生墓志銘 明萬歷間邑人施策撰 墨拓本 一冊
候室華碩人墓志銘 明萬歷間邑人萬象春撰 周子文書篆蓋 墨拓本 一冊
冉涇承賢橋四面碑 石在承賢橋 墨拓本 一冊
冉涇河序 明萬曆庚戌古杭許令典撰 里人袁儒書
冉涇箭河碑記 同時邑人顧憲成撰 吳三長書
承賢橋題名 同時邑人高攀龍撰 許汝達書
冉涇里承賢橋記 萬歷三十七年己酉邑人劉元珍撰 河間俞寬儒書
重修北禪寺殘碑 澄江張有譽撰 文載梁溪文鈔辛卯歲勒石考辛卯係清順治八年有譽本邑之玉祉人徙江陰者 石在縣志女學 墨拓本 一冊
靜慧寺重建大雄寶殿記 清光緒十六年庚寅邑人秦臻撰子寶璣書 石在崇安寺大雄寶殿 墨拓本
靜慧寺重建大雄寶殿記 同上 與秦伯梅里志記合冊
春草軒記 元張翥撰嘉靖癸巳文徵明書清康熙乙卯邑人華章志跋 古華章昆集歐陽摯更書并刻石 墨拓本 一冊
重修藥師禪院碑記 清康熙乙卯邑人秦鉽撰 嚴繩孫書 石在藥師庵 墨拓本 一冊
修復東林書院碑記 清康熙三十三年宋犖撰 石在東林 墨拓本 一冊
東林從祀勒石 清康熙三十三年知縣徐承言等奉蘇撫檄立 石在東林 墨拓本 一冊

聽松山人滌硯潭石刻 清康雍間邑人榮漣書　石在錫山龍光寺山門內　墨拓本　一冊
撫宋本九成宮醴泉石殘本 清乾隆間邑人秦文錦以家藏宋拓本鈎摹上石　光緒三年秦臻跋石藏秦氏　墨拓本　一冊
惠山祠樓記 清乾隆間邑人顧光旭撰書　墨拓本
五賢遺像跋 清乾隆壬子邑人邵綸錦顧光旭撰書　墨拓本　一冊
楊紫淵墓志銘 清乾隆間邑人蔣衡撰書　石在管社山楊墓　墨拓本　一冊
商賢膠鬲墓碣 清嘉慶十六年闕德璋立　一冊
豐樂橋銘 清嘉慶二十二年丁丑陽湖惲敬撰　長洲顧元熙書　石在望亭　墨拓本　一冊
重修錫金會館記 清道光二十七年邑人華湘撰　光緒十二年邑人孫鼎烈雙鈎付梓並識　版在北平錫金會館　墨拓本　一冊
重建超然堂記 清道光壬寅邑人邵涵初撰并篆額　王言鑄書　墨拓本　一冊
馬貞烈女墓碑 清光緒十四年甲申吳縣潘祖蔭撰書　墨拓本　一冊
秦伯梅里志記 清光緒二十三年保山吳熙撰　墨拓本　與靜慧寺大雄寶殿記合冊　一冊

無錫善本書目　金石　二十　無錫縣立圖書館

通惠路記 民國八年邑人秦毓鎏撰　華綰言書　墨拓本　一冊
唐宋叢拓　墨拓本　一冊
李文莊七星巖題名 唐寶歷元年邑人李紳書　摩崖在廣東高要縣金石家著錄
蔣廣墓志銘 唐大和四年　壬戌春無錫北鄉出土
南門祠山宮石籤筒題記 宋咸淳三年石藏縣圖書館
李忠定草倉祠題句 宋紹興二年邑人李綱書　清道光十四年李朝欽撫勒並跋　在惠山忠定祠
惠山題字叢拓　墨拓本　二冊
聽松 唐李陽冰書
聽松 清道光間邑人邵涵初書
羅漢泉摩崖 無年代題識一說係清康熙間邑人侯晰書
萬壽無疆 無年代題識一說係明邑人邵寶書

太極石 無年代題識
漪瀾堂石峰題名 明嘉靖己亥邑人顧起綸撰書
天下第二泉題額石刻 元趙孟頫正書
二泉石刻題記 清嘉慶八年邑人顧皋記孫爾準書
天下第二泉說 無年月宋之普題
修泉亭記 明萬歷丙子永嘉王叔杲撰　吳郡周天球書　臨川周邦傑立石
重修泉亭記 清雍正八年庚戌邑人杜詔記　王澍書　以上五種在泉亭
松泉題字 無年月　邑人王澍書　在惠山竹罏山房
錫山叢拓　墨拓本　三冊
忠靖景佑眞君碑 元至順四年癸酉　王克敬撰書　明天順七年癸未重刊邑人余睦跋施謙書
重建忠靖王廟迎享送神辭 元元統元年邑人倪瓚撰　明天順七年癸未邑人殷義重書勒石　吳謙跋

無錫善本書目　金石　二十一　無錫縣立圖書館

唐張中丞廟靈泉記 明洪武己巳邑人王達撰廬陵李孟昭跋永樂乙未邑人唐文昌刻石　正統壬戌文昌子玘重立
唐張中丞廟靈泉記 王達撰文同上邑人孟叔敬篆書閩建蕭訥跋　明正統八年癸亥錫山胡濱立
唐張中丞靈泉活人記 明景泰六年乙亥邑人張思安撰陸勉書
景祐眞君靈應記 明景泰六年邑人余季樞撰彭哲書張思義立
尤文簡公手牘 宋邑人尤袤書　後有北平翁方綱暨邑人秦瀛顧皐孫爾準諸跋　清嘉慶丙子尤氏刻石
高忠憲公遺墨 明邑人高攀龍書　遺表　別友東　山居示子
黃石齋夫人手書侯太孺人遺詩并詩殘刻　清順治庚寅
侯濬泉華安人壙志銘 清順治己亥邑人秦鏞撰孫鉉禾書
寄暢園記 明萬歷己亥王穉登撰書　石在園內
寄暢園記 明屠隆撰　章藻書　石在園內
重葺邵文莊公祠堂記 清乾隆己酉顧光旭撰書

惠山五中丞祠記 清道光二十六年邑人鄒鳴鶴撰竇承焯書
尊賢祠大門記 清道光乙未邑人杜紹祁撰　竇承焯書　民國庚申資鎮重刻
顧母過太恭人家傳 清乾隆間滇南尹壯圖撰錢唐梁同書書
秦順卿先生墓誌銘 清光緒十三年胞弟復培撰族弟寶瓚書
恤嫠會序 清道光四年邑人敖維翰撰　石在恆善堂
恆善堂記 清道光二十一年邑人杜紹祁撰　顧蕙生書　石在恆善堂
光復門碑記 民國元年邑人錢基博撰孫揆均書　石在縣圖書館
無錫圖書館碑記 民國二年邑人錢基博撰俞復書　石在縣圖書館
無錫公園創制記 民國六年邑人錢基博撰華綰言書　石在縣圖書館
侯濟泉先生祠記 民國四年邑人錄基博撰
重新南國杏壇記 民國四年邑人錢基博撰楊建綸書　石在舊東林書院
孔子廟碑 石在文廟　墨拓本　二冊
無錫重修縣學記 宋嘉定十年鄭子恭撰凌遹書
余公興學記 元至元六年李臺山撰張釆書
元世祖諭碑 元至三十一年
重修無錫州儒學記 元至正二年孟瀧撰書黃十篆額
無錫州儒學教授題名記 元至正七年尤良撰孟瀧篆題并書
邵文莊公文廟歌詩 明庚辰（正德十五年）邑人邵寶撰書張珏題識
崇正叢拓 石在縣圖書館　墨拓木　一冊
無錫縣新建九先生祠堂記 宋寶祐戊午　閩越林性翁撰書　唐大亨篆額
無錫縣儒學復五賢祠記 明正德十三年七月邑人邵寶撰　莫止書　陸寬篆額
錫山儒學先賢祠記 明成化七年春正月　東海徐有貞撰　吉水龍晉篆額

七賢祠碑 明嘉靖八年己丑九月　資中鄧繼曾撰
東林叢拓 石在舊東林書院　墨拓本　二冊
重修東林書院記 萬歷甲辰歐陽東鳳撰
依庸堂記 萬歷丙午鄒元標撰
重修東林書院記 乾隆五年邑人華希閔撰
重修道南祠記 乾隆四十年邑人薛田玉撰
重修東林書院記 嘉慶七年邑人秦震鈞撰
道南祠祭田並重修紀事 嘉慶十八年邑人秦瀛撰
重興東林書院記 道光二十六年郭熊飛撰邑人秦燮曦書
重興東林書院記 同時鄒鳴鶴撰　附規條捐數
重建東林報功祠記 道光丁未邑人鄒鳴鶴撰鄒安鹵書
重建道南祠記 同治八年己巳邑人丁培撰張宗沂書
重建三公祠記 同治十年辛未邑人侯鋥撰裘蔭梧書
重新南國杏壇記 民國八年今人錢基博撰楊建綸書
顧光旭新葺依庸堂示同學詩 今人裘可桴跋附
陶齋記 甲子今人唐文治撰秦寶瓚書
格言石刻 正書　清光緒丙子巴江廖綸書留贈東林諸董事　一冊
碧山吟社叢拓 石在惠山小學　墨拓本　一冊
碧山吟社始末略 己未今人秦郊農撰書
無錫市立第八國民學校落成記 民國八年己未今人侯鴻鑑撰　句容王本倬書
碧山吟社刻石記 辛酉（民國十年）今人唐文治撰蔡樾書
錫城叢拓 墨拓本　一冊

金匱修城記 清光緒十一年乙酉邑人秦臻撰子寶瓚書 在崇安寺碑亭
重建無錫南水關橋碑記 清光緒十五年己丑 今人秦寶瓚撰 秦寶瓚書 石在南水關橋
錫署叢拓 石在舊錫署 墨拓本 三册
無錫州官題名錄 元至治甲子即泰定元年
重建無錫州治記 元順帝至元元年乙亥
常州路無錫縣題名記 元始祖至元二十三年丙戌
無錫縣縣官題名記 明弘治二年己酉榮華撰邑人陸勉書
無錫縣重修廳事記 明弘治二年己酉邑人秦夔撰陸勉書
無錫修縣治記 明正德元年丙寅 邑人邵寶撰王輝書
重建同心堂記 明嘉靖元年壬午 邑人邵寶撰秦金書
無錫縣奉旨旌善碑 清雍正十一年癸丑吳翼祖撰 邑人蔣衡書

錫廟叢拓 石在錫邑廟 墨拓本 一册
重修城隍廟記 明弘治三年庚戌 清苑何珵等立
又 明嘉靖甲子 邑人談愷撰 朱經書
又 明天啓丁卯 邑人何棟如撰
又 清康熙十年辛亥 山陰吳興祚撰書
胡公重修無錫縣城隍廟開濬廟河碑記 清雍正十一年癸丑紳士爲知縣山陰胡廷琦立
重建無錫縣城隍廟碑記 清乾隆甲午 郭本才撰
祭告文 明萬曆十八年 王好義撰
保存廟田告示 清乾隆五十一年 南豐邱漣給
金剛經殘拓 宋蘇軾書 明天啟三年楊氏重刻 石在開化鄉長泰寺 墨拓本 一册
留馨亭墨拓 明邑人邵寶書 榮氏鉤摹上石 題跋四末爲明邑人鄒迪光題 此册舊藏南門保安寺今歸開原 一册

眞賞齋帖三卷 明嘉靖元年邑人華夏模勒上石 墨拓本 一册
蘭亭叙 徐鳳甲書 石原在老湖橋徐氏今在蕩口華氏 墨拓本 一册
停雲館殘拓 石藏邑中竇趙二氏竇十四石趙十六石 載邑志 墨拓本 二册
王良常篆書千字文 清雍正六年王澍書 墨拓本 一册
邵文莊公墨蹟五種 附名人和韵二種明邑人邵寶書 墨拓本 一册
周文襄公頌 無年月
題十賢祠詩 無年月附清咸豐辛亥元年邑人潘文楨跋
海天亭記 明正德丁丑
松壇銘 無年月
石床行 明正德己卯書
西湖岳廟零拓 墨拓本 一册

謁岳王祠墓詩 清康乾間梁溪嵇曾筠題
次原韻滿江紅詞 乾隆庚申武陵沈芳題邑人蔣衡書
七言古詩 嘉慶元年無錫秦瀛題
岳氏銅爵記附詩 嘉慶二年無錫秦瀛撰
宋敕一道 嘉慶四年無錫華瑞潢摹勒幷識
宋敕一道 嘉慶九年錢唐陳浤識
三希堂帖摹本 清乾嘉間邑人秦震鈞摹勒 石藏秦氏 墨拓本 六册
寄暢園帖 清乾嘉間邑人秦震鈞勒石 石藏秦氏 墨拓本 六册
寄暢園帖續刻 同上 三册
攀雲閣臨漢碑 清嘉慶十三年邑人錢泳書 墨拓本 十六册
攀雲閣臨漢碑 同上

梅花溪居士縮本唐碑 清嘉慶元年至二十四年邑人錢泳書原碑一百二十八種嘉慶己卯鮑氏刻石揚州經亂散失同治癸酉江淸驥以搜得之四十種並題首三跋尾八歸杭州詁經精舍　四册

孫文靖遺墨 淸乾嘉間邑人孫爾準書　石印本　一册

湹陽尚書畫象石刻 淸宣統三年辛亥　邑人揚模記孫揆均書　李槐繪　考湹陽尚書卽故兩江總督端陶齋先生方謚忠愍　墨拓本　一册

無錫縣立圖書館善本書目下

經部

易類

漢上易傳十一卷附易卦圖三卷 宋朱震著　通志堂本　顧玉書等捐　五册

易璇璣三卷 宋吳沆著　通志堂本　顧玉書等捐　一册

復齋易說六卷 宋趙彥肅著　通志堂本　顧玉書等捐　一册

水村易鏡一卷 宋林光世著　通志堂本　顧玉書等捐　一册

大易輯說十卷 元王申子著　通志堂本　顧玉書等捐　六册

讀易私言一卷 元許衡著　通志堂本　顧玉書等捐　一册

易本義附錄纂注十五卷 元胡一桂著　通志堂本　顧玉書等捐　四册

周易本義通釋十卷 元胡炳文著　通志堂本　顧玉書等捐　四册

書類

傅氏禹貢集解二卷 宋傅寅著　通志堂本　顧玉書等捐　二册

尚書表注二卷 宋婺州金履祥表注　通志堂本　顧玉書等捐　一册

尚書纂傳四十六卷 元王天與纂　通志堂本　顧玉書等捐　四册

書傳六卷 元董鼎輯注　通志堂本　顧玉書等捐　四册

今文尚書纂言四卷 元臨川吳澄纂　通志堂本　顧玉書等捐　二册

尚書句解十三卷 元廬陵朱祖義著　通志堂本　顧玉書等捐　一册

尚書集傳纂疏六卷 元新安陳櫟纂疏　通志堂本　顧玉書等捐　四册

詩類

毛詩名物解二十卷 宋蔡卞著　通志堂本　顧玉書等捐　一册

逸齋詩補傳三十卷 宋范處義著　通志堂本　顧玉書等捐　六册

詩集傳名物鈔八卷 元許謙著 通志堂本 顧玉書等捐 四册

詩集傳名物鈔八卷 元許謙著 通志堂本 四册

詩經疑問七卷 元朱倬著 通志堂本 顧玉書等捐 一册

春秋傳

春秋劉氏傳十五卷 宋劉敞著 通志堂本 顧玉書等捐 二册

陳氏春秋後傳十二卷 宋陳傅良著 通志堂本 顧玉書等捐 四册

春秋左傳事類始末五卷 宋章沖著 通志堂本 顧玉書等捐 三册

春秋王霸列國世紀編三卷 宋李琪著 通志堂本 顧玉書等捐 二册

春秋張氏集注十一卷綱領一卷 宋張洽著 通志堂本 顧玉書等捐 三册

讀春秋編十二卷 宋陳深著 通志堂本 顧玉書等捐 二册

春秋諸國統紀六卷 元齊履謙著 通志堂本 顧玉書等捐 二册

程氏春秋或問十卷 元程端學著 通志堂本 顧玉書等捐 三册

春秋左傳補注十卷 元趙汸著 通志堂本 顧玉書等捐 一册

春秋諸傳會通二十四卷 元李廉著 通志堂本 顧玉書等捐 五册

春秋集傳釋義大成十二卷 元俞皋著 通志堂本 顧玉書等捐 五册

禮類

禮經會元四卷 宋葉時著 通志堂本 顧玉書等捐 二册

太平經國之書十一卷 宋鄭伯謙著 通志堂本 顧玉書等捐 一册

夏小正解四卷 宋傅崧卿著 通志堂本 顧玉書等捐 一册

儀禮集說十七卷 元敖繼公著 通志堂本 顧玉書等捐 七册

四書類

四書纂疏十九卷 宋趙順孫著 通志堂本 顧玉書等捐 八册

論語通十卷 缺四至七 元胡炳文著 通志堂本 顧玉書等捐 二册

孟子通十四卷 元胡炳文著 通志堂本 顧玉書等捐 三册

四書通旨六卷 元朱公遷著 通志堂本 顧玉書等捐 二册

大學中庸集說啓蒙不分卷 元景星著 通志堂本 顧玉書等捐 一册

經解類

經典釋文不分卷 唐陸德明著 通志堂本 顧玉書等捐 十册

七經小傳三卷 宋劉敞著 通志堂本 顧玉書等捐 一册

十一經問對五卷 元何異孫著 通志堂本 顧玉書等捐 二册

通志堂經解原刻一千八百十三卷清徐乾學編署名納蘭成德康熙癸丑刻本書共三百册計易類三十九種書類十九種詩類十一種春秋類三十三種禮類十二種孝經類四種論孟四書類十三種羣經總義七種總凡一百三十六種南京國學圖書館浙江省立圖書館皆有之詳見浙館保存類書目本館承先哲顧石仲先生捐贈共四十三種雖非全璧然皆清初精槧可寶也

易類

周易義海撮要六卷 原十二卷缺七至十二 宋李衡著 舊鈔本 三册

生生篇不分卷 明萬曆間晉江蘇濬著 明刻本 三册

書類

禹貢譜二卷 缺名 舊刻本 一册

詩類

詩故考異三十二卷 清徐華嶽輯 原刊 十二册

詩所五卷 原八卷缺六至八 清康熙間安溪李光地著 雍正丁未刊本 蓋有國子監印 許同藺捐 三册

詩經傳說彙纂二十一卷 清康熙間華亭王鴻緒等奉敕纂 原刊本 二十三册

禮類

周禮注疏删翼三十卷 明王志長輯 原刊本 十二册

周官集注十二卷 清康熙間桐城方苞纂 舊刻本 六册

讀禮通考一百二十卷 清康熙間崑山徐乾學輯 康熙原刊本 二十四册
儀禮義疏四十八卷 清乾隆間鄂爾泰張廷玉等纂 原刊本 二十六册
春秋類
春秋傳說彙纂三十八卷 清康熙間王掞等奉敕纂 原刊本 二十册
四書類
四書改錯二十二卷 清康熙間蕭山毛奇齡著 嘉慶辛未重刊本 四册
小學類 字書
字林異同考四卷 清乾嘉間甬江湯容湯炳輯 嘉慶丁巳刊本 四册
小學類 韻書
古今韻略五卷 清康熙間武進邵長蘅纂 原刊本 四册
古今韻略五卷 清康熙間武進邵長蘅纂 原刊本 十册

音韻闡微十八卷 清康熙間安溪李光地等著 雍正間刊本 十六册
韻雅五卷 清康熙間蘇州施何牧編 原刊本 五册
石經類
唐石經不分卷 許同藺捐 一百三十册
周易五册 尚書六册 詩經八册
儀禮十二册 周禮十二册 禮記二十册
左傳三十册 公羊傳十册 穀梁傳十册
爾雅三册 孝經一册 論語五册
孟子八册
考四庫全書總目不載石經張之洞書目答問始以石經之屬別爲一類載唐石經開成二年西安府學石本乾符修改後梁補劉明王堯惠補缺十三經無孟子明人補刻云

史部
紀事類
十六國春秋一百卷 魏崔鴻著 舊刻本 十四册
雜史類
綏寇紀略十二卷補遺三卷 清初太倉吳偉業著 嘉慶甲子刊本 二十册
綏寇紀略不分卷 清初太倉吳偉業著 舊抄本 蓋有歙西鮑氏知不足齋藏書印 一册
傳記類
姑蘇名賢小說二卷 明萬曆間長洲文震孟著 抄本 一册
地理類 總志
地圖綜要不分卷 明吳學儼朱紹本朱國達朱國幹編輯 明刻本 俞復捐 四册
地理類 都會郡縣

咸淳毗陵志三十卷 宋咸淳四年四明史能之修 嘉慶二十五年重刊 吳敬恆捐 八册
清史館採訪江蘇藝文通札不分卷 光緒七年九月 本館抄本 一册
地理類 山川古蹟
廬山志十五卷 清康熙間鄞縣毛德琦等編纂 舊刊本 十四册
西湖志纂十二卷 清乾隆間長洲沈德潛等纂 乾隆間刊本 八册
唐土名勝圖會不分卷 日本玉山尙友等編 日本文化二年刊本 六册
地理類 雜地志
日下舊聞四十二卷 清康熙間秀水朱彝尊編 舊刻本 十八册
藏事輯要二十三卷 清季祥符張其勤輯 油印本 外交部捐 二十三册
地理類 游記
名山記不分卷 不署名 據明何鏜嚴本編 崇禎間刊本 四十册

地理類　外紀

日本國考略不分卷 明定海薛俊纂　明嘉靖庚寅刋本　一册

皇明象胥錄八卷 缺五六兩卷　明萬歷間歸安茅瑞徵著　明刻本　三册

政書類　政制

爵秩全覽不分卷 清雍正辛亥北京琉璃廠刋本　許同藺捐　四册

會試錄不分卷 清光緒甲午科　陶守恆捐　一册

政書類　附錄

況太守治蘇集十六卷續集十二卷 明況鍾著　清乾隆間刋本　六册

洋務輯要 學校類四卷　工作類六卷　商務類六卷　軍制類十卷　邦交類五六兩卷　清光緒間王鏡瑩輯　原稿本　二十八册

史鈔類

詞林典故八卷 清乾隆間桐城張廷玉等撰　原刋本　八册

槐廳載筆二十卷 清乾嘉間長白法式善編　精刋本　許同藺捐　十册

目錄類

四庫全書目不分卷 各目僅著撰人名氏　舊抄本　四册

子部

儒家

朱子遺書 近思錄十四卷　中庸輯略二卷　論語或問二卷　孟子或問二卷　孟子精義十四卷　伊雒淵源錄十四卷　上蔡語錄三卷　宋新安朱熹纂　舊刻本　十二册

薛文清公讀書錄十二卷 明永樂間河津薛瑄著　舊刻本　三册

士翼三卷 明嘉靖間祖臺崔銑著　萬歷辛巳崔氏刋本　三册

四禮翼不分卷 明萬歷間呂坤著　清同治二年刋本　一册

啇庵隨筆七卷 明清間吳江陸文衡著　清光緒間刋本　四册

續近思錄十四卷 清康熙間儀封張伯行集解　康熙四十九年正誼堂刋本　文明書局捐　四册

家規類編八卷附輯略 清康熙間儀封張伯行纂　輯略同時遂甯張鵬翮纂　康熙四十六年正誼堂刋本　二册

醒齋閒話不分卷 清乾隆間姚大勳著　抄本　一册

雜考

義門讀書記不分卷 清康熙間長洲何焯著　乾隆間刋本　十二册

汪容甫舊學蓄疑不分卷 清乾隆間江都汪中著　鈔本　汪友三捐　一册

雜說

改正湘山野錄三卷續錄一卷 宋吳僧文瑩著　鐵琴銅劍樓影鈔本　四册

浪跡叢談十一卷續談八卷 清嘉道間福州梁章鉅著　原刋本　許同莘捐　八册

歸田瑣記八卷 清嘉道間福州梁章鉅著　原刋本　四册

雜纂

情史二十四卷 詹詹外史輯　舊刻本　王吉人捐　十四册

術數

陰陽五要奇書十卷 明江之棟輯　乾隆庚戌重刋　姑蘇六眞堂藏板　十六册

譜錄

洛陽花木記不分卷 宋元豐間鄞江周師厚著　舊鈔本　一册

金章蘭譜不分卷 宋紹定間趙時庚著　舊抄本　一册

茶錄不分卷 宋蔡襄編　舊抄本　一册

蘭蕙小史三卷 今人仁和吳恩元輯　十八年癸亥中華書局精影　三册

帖考二種 抄本　一册

翰墨志 宋高宗著

閒者軒帖考 燕邱孫承澤述

翁覃溪帖考三種不分卷 清乾隆大興翁方綱著　本館抄本　一册

鳴野山房彙刻帖目不分卷 清嘉道間山陰沈復粲著 本館抄本 四册
七星聚會(象棋譜)不分卷 不著撰人名氏 鈔本 一册
選佛譜六卷 明萬曆間釋智旭著 舊刻本 二册

類書

古事苑十二卷 清康熙間饒安鄧志謨編 康熙刊本 十二册
潛確類書一百二十卷 明天啟間長洲陳仁錫著 明刊本 六十册

集部

楚詞類

楚詞章句十七卷 漢王逸著 汲古閣本 五册
離騷正義不分卷 清康熙間桐城方苞著 舊刻本 一册
屈詞精義六卷 清嘉慶間江都陳本禮箋訂 嘉慶間原刊本 四册

總集類

六臣註文選六十卷 梁蕭統選 唐李善呂延濟劉良張銑李周翰呂向註 舊刻本 二十四册
樂府詩集一百卷 宋郭茂倩編 汲古閣本 丁福保捐 二十四册
明文奇賞四十卷 明天啟間長洲陳仁錫評選 明刻本 二十册
唐宋八大家文鈔一百六十四卷 明歸安茅坤編 清康熙四十二年刊本 四十册
唐宋八大家文十九卷 清康熙儀封張伯行訂 康熙四十八年正誼堂刊本 十一册
唐宋文醇五十八卷 清乾隆間張照等編 光緒三年浙江書局重刊本 二十册
駢體南鍼十六卷 清道咸間漢陽汪傳懿輯 同治五年刊本 八册
唐詩紀初唐六十卷盛唐一百十卷 明漳浦吳琯編卷首題濮陽方一元彙編 萬曆間刊本 三十册
唐雅二十六卷 明嘉靖間華亭張之象編 嘉靖三十一年刊本板置無錫縣 十册
名媛詩歸三十六卷 明鍾惺編 明刻本 六册

樂府古題要解二卷 吳兢著 明崇禎元年戊辰馮舒據虞山安漁玉氏本鈔 二册
明清樂府不分卷 不署編輯姓名 舊抄本 二册
樂府箋題不分卷 清劉獻廷著 舊抄本 一册
毘陵六逸詩鈔不分卷 本館據寄漚書巢影抄本覆寫 四册
南田詩鈔五卷 清順康間武進惲格著
白雲樓詩鈔一卷 清順康間武進楊宗發著
香草堂詩鈔五卷 清順康間武進胡香昊著
西林詩鈔五卷 清康熙間武進陳鍊著
芭野詩鈔四卷 清康熙間武進唐惲宸著
梅坪詩鈔三卷 清康熙間武進董大倫著
詩林韶濩二十卷 清康熙間長洲顧嗣立編 秀野草堂原刊本 八册

元詩選癸集不分卷 清康熙間長洲顧嗣立編 秀野草堂原刊本乾嘉間席世臣修補 十六册
清詩別裁三十六卷 清乾隆間長洲沈德潛編 原刊本 十八册
常郡藝文志十二卷 清乾隆間餘姚盧文弨纂 光緒庚寅重刊本 十六册
江蘇詩徵一百八十三卷 清嘉道間江都王豫輯 焦山詩徵閣原刊本 四十册
唐人五十家小集不分卷 清光緒間元和江標集 光緒二十一年乙未靈鶼閣影抄本 十六册

別集類

范文正公文集九卷 宋范仲淹著 文明書局捐 清康熙間儀封張伯行訂 康熙四十八年正誼堂刊本 三册
曾文定公全集二十卷附錄一卷 宋曾鞏著 康熙壬申刊本 清康熙間南豐彭期編訂 十四册
呂東萊文集四卷 宋呂祖謙著 清康熙間儀封張伯行訂 康熙五十年刊本 文明書局捐 二册
陳龍川文粹六卷 宋陳亮著 日本佐藤坦校訂 日本舊刻本 六册
陳龍川文集選不分卷 宋陳亮著 吳郡葛鼐葛鼒評次 舊刊本 一册

李氏焚書二卷至四卷缺第一卷 續集五卷明嘉靖間晉江李贄著 明刻本 許同蘭捐 五册

鳥鼠山人遺集詩文十六卷 後集二卷 願學編二卷 桑哀錄二卷 擬漢樂府八卷 擬古樂府二卷 雍音四卷 唐雅八卷 明秦安胡纘宗著 明刊清補本 秦文卿捐 二十三册

譚友夏合集二十三卷明竟陵譚元春著 舊刻本 十二册

熊愚齋文集八卷清順康間孝感熊賜履著 康熙間 儀封張伯行訂 康熙五十年正誼堂刊本 文明書局捐 三册

朱竹垞文粹六卷清康熙間秀山朱彝尊著 日本村瀨誨輔編 日本舊刻本 六册

寒松堂全集十二卷附年譜清康熙間蔚州魏象樞著 嘉慶十五年庚午刊本 十三册

鹿州全集初集二十卷 鹿州公案二卷 東征集六卷 平臺紀畧一卷 修史試筆二卷 棉陽學準五卷 女學六卷 清康熙漳浦藍鼎元著 原刊本 三十二册

玉芝堂文集六卷清乾隆間昭文邵齊燾著 原刊本 二册

惜抱軒全集十六卷清乾嘉間桐城姚鼐著 同治丙寅刊本 十册

李長吉詩五卷唐李賀著 明徐渭董懋策批註 明刻本 四册

杜詩鏡銓二十卷唐杜甫著 清乾隆間陽湖楊倫編 同治十一年四川督署重刊本 十册

石居士詩删二卷明黃梅石崑玉著 舊刻本 四册

梅村詩集十八卷清初太倉吳偉業著 嘉慶甲戌滄浪吟榭刊本 十册

漁洋山人精華錄訓纂十卷附辨訛年譜訓纂補清順康間新城王士禎著 惠棟訓纂 光緒十七年會稽徐氏述史樓重刊本 十六册

敬業堂詩集五十卷清康雍間海甯查慎行著 原刊本 八册

灌花居詩草二卷清乾隆間平湖陸光涤著 原刊本 四册

澹遠山房詩抄不分卷清嘉定陳曦著 本館抄本 一册

西溪詩成不分卷清乾隆間釋覲我著 舊抄本 一册

詞曲類

詞林萬選四卷明楊慎輯 汲古閣本 二册

名家詞抄不分卷清雍乾間廬陵聶先長水曾王孫纂 原刊本 三十六册

詞學全書十四卷清雍乾間錢唐毛先舒編 原刊本 八册

七家詞不分卷清嘉慶間六合汪世泰輯 嘉慶間刊本 六册

飲水詞清康熙間長白納蘭性德著

箏船詞清乾嘉間陽湖劉嗣綰著

捧月樓詞清嘉道間錢唐袁通著

綠秋草堂詞清嘉道間梁溪顧翰著

玉山詞清嘉慶間上元汪度著

崇睦山房詞清嘉慶間江都汪全德著

雲精舍詞清嘉慶間金匱楊夔生著

碧梧山館詞清嘉慶間六合汪世泰著

燕子箋二卷明阮大鋮著 暖紅室刊本 二册

蔣氏九種曲不分卷清乾隆間鉛山蔣士銓著 紅雪樓藏板 十册

納書楹曲譜清乾隆間長洲葉堂編訂 原刊本 二十册

詩文評類

古今詩話八卷明華亭陳繼儒輯 明刻本 二十册

詞林紀事二十二卷並附錄清乾隆間海鹽張宗橚輯 仿印本 十册

雜著類

綱鑑詠史詩不分卷清初歸安張應鼎著 舊抄本 八册

姚惜抱尺牘八卷清乾嘉間桐城姚鼐著 清宣統初元小萬柳堂重刊本 廉泉捐 四册

叢部

津逮祕書十五集一百四十六種明啓禎間常熟毛晉校刊 因海鹽胡震亨秘册增而廣之 汲古閣原刊本 三百二十册

說鈴清康熙間石門吳震方輯 舊刊本 十二册

金石類

鄐君部掾開通褒斜道碑 八分書 墨拓本 漢永平九年四月造在陝西褒城南五里摩崖 附晏袤釋文 一冊
嵩嶽太室石闕銘 八分書 漢元初五年陽城呂常造在河南登封嵩山 墨拓本 一冊
嵩嶽少室石闕銘 篆書 漢延光二年潁川守朱寵造 墨拓本 一冊
開母廟石闕銘 篆書 漢延光二年潁川守朱寵造 墨拓本
司隸校尉楗爲楊孟文石門頌 漢建和二年漢中太守王升勒 在陝西褒斜谷 墨拓本 一冊
石門叢拓 一冊
右扶風丞楗爲武陽李禹表 八分書 漢永建元年在陝西褒城石門 墨拓本
考藝風堂金石目著永建元年此本年月磨滅
石門題字 八分書 無年月 在陝西褒城
玉虎題字 鄭子眞八分書 無年月
考鄭子眞爲漢熹平間四川雲陽人

玉盆題字 八分書 無年月
宋閔丘資深田德夫章德林題名 八分書 慶元二年二月壬申
宋曹濟之龐公巽曹璋李稟題名 正書 紹定己丑清明日
袞雪題字 八分書 下側題魏王二字 無年月
宋趙彥等題名 八分書 寶慶丙戌前熟食五日
岩然山叟題名詩 正書 岩然山叟 無年月
考石門在陝西褒城縣西北十里斜谷口褒水東岸有石如盆在水中光潔如玉故名
司隸校尉楊淮從弟下邳相弼表記 黃門卞玉紀 八分書 漢熹平二年二月二十二日 在陝西褒城石門 墨拓本 一冊
校官碑縮本 八分書 漢光和四年十月己丑朔 廿一己酉造 在溧水縣學 墨拓本 一冊
射陽石門畫像 八分書 無年月 寰宇訪碑錄列入漢代 在寶應 清乾隆間爲江都汪中所得道光間其子喜孫移置寶應學宮包世臣等題識說明 墨拓本 一冊
三體石經殘字 魏正始中立 民國十一年十一月在洛陽城東南三十里朱格搭村出土 在河南圖書館 墨拓本 一冊

二體石經殘字 一行篆書一行正書 宋嘉祐六年立 原在開封府學 墨拓本 一冊
國山碑 蘇建篆書 吳天璽元年 封禪國山石在宜興西南五十里 墨拓本 一冊
齊太公呂望表 八分書 晉太康十年三月丙寅朔十九日甲申造 在河南汲縣學宮 墨拓本 一冊
振威將軍建寧太守爨寶子碑 八分書 晉大亨四年歲在乙巳四月上恂立句作恂 考大亨改元歲在壬寅次年改元興又二年復改義熙乙巳實義熙元年詳碑後咸豐二年金陵鄧爾恆識 在雲南南寧城南七十里楊旗田 雲南由變舉捐 墨拓本 一冊
廣武將軍□產碑 八分書 秦建元四年歲在丙辰十月 附碑陰碑側 在陝西白水史官村倉頡廟 墨拓本 一冊
瘞鶴銘 正書 華陽眞逸譔 梁天監十三年 在焦山 墨拓本 一冊
中岳嵩高靈廟碑 寇謙之撰 正書 額篆書 北魏太安二年 在河南登封 墨拓本 一冊
石門銘 王遠正書 北魏永平二年太歲己丑正月己卯朔三十日 在陝西褒城石門南壁 一冊
比邱僧智等造象 正書 魏永安三年 山西平陽出土 墨拓本 一冊
碑陰碑兩側邑子等題名 正書
碑下截三交村諸邑等造佛堂記 正書 隋仁壽二年四月

陽城洪懋等卌餘人造象記 正書 北魏 年月磨滅 墨拓本
魏墓誌七種 蓋一 會 正書 墨拓本 清季洛陽出土 吳中蔣穀熙氏藏 民國十五年丙寅歸蘇州古物保存 一冊
寇臻墓誌 正書 正始二年
寇演墓誌 正書 神龜二年
寇憑墓誌 正書 神龜二年
寇治墓誌 正書 正光六年
王紹墓誌 正書 延昌四年
劉華仁墓誌 正書 正光二年
陸紹墓誌 正書 建義元年
江阿歡夫妻造象 正書 北齊天保六年乙亥 墨拓本 一冊
光林寺尼靜妃造象 正書 北齊天統四年三月一日 墨拓本 一冊

魏陳思王曹植碑 隋開皇十三年立 在山東東阿縣 墨拓本 曹銓捐 一册

伊闕佛龕碑 正書 額篆書 岑文本撰 褚遂良書 唐貞觀十五年 在河南洛陽賓陽洞 墨拓本 一册

唐墓誌九種 正書 洛陽新出土石在北平歷史博物館 墨拓本 一套

李强墓誌 永徽四年

呂德墓誌 麟德元年

孫處墓誌 總章元年

楊大隱墓誌 咸亨三年

楊岳墓誌 證聖元年

程寶安墓誌 永徽四年

蕭瑤墓誌 乾封元年

唐仁軌墓誌 總章二年

樂歸墓誌 上元三年

河東州刺史王仁求碑 閭丘均撰 長子王善寶正書 額正書 唐聖歷元年 在雲南安寧州大石莊 墨拓本 雲南由雲龍捐

述聖頌 達美珣序 呂向撰頌并正書 額正書唐開元十三年六月 在陝西華陰岳廟 墨拓本 一册

宋張懷彬題名 正書 天書九載孟春十日 附額上

宋王子文題名 正書 元豐乙丑戊寅

考宋無天書年號眞宗以天書降改元祥符共九年此云天書九載者殆祥符九年也

顏魯公送劉太沖叙 唐顏眞卿撰書 宋慶元己未宣城戴援再摹題跋于下 溧水人秦錫書 額在溧水縣廳壁 一册

佛頂尊勝陀羅尼經幢 正書 後晉開運二年歲乙巳六月二十日 洛陽出土 在北平歷史博物館 墨拓本

雷峰塔華嚴經殘石 正書 開寶中吳越王妃錢氏建 清季民初墜石 一册

佛頂尊勝羅尼陀眞言幢 正書 宋開寶六年歲次癸酉五月 甲寅朔八日辛未 洛陽出土 在北平歷史博物館 墨拓本 一册

七星巖周湛錢事包拯題名 正書 宋慶歷二年三月初九日 在廣東高要 墨拓本 一册

蘇軾書經呪石刻 正書 宋元豐四年二月二十七日 蘇軾書贈宣城廣敎院模上人紹聖三年六月旦日童行徐懷義摹刊 石在安徽宣城 墨拓本 曹銓捐 一册

山河堰落成紀 晏袤撰 八分書 宋紹熙五年二月 在陝西褒城 墨拓本 一册

女直進士題名碑 女直書 無年月 考其書體當在金熙宗皇統五年以後見劉師陸女直字碑考 墨拓本 一册

萬象山崇福寺碑 屠隆撰 林芝行書 明萬歷乙未 墨拓本 一册

荊川先生讀書處題字 孫愼行 正書 無年月 墨拓本 一册

考此爲明嘉靖間武進唐順之遺蹟孫愼行萬歷間武進人

嚴君生壙志銘 長洲施溥撰 吳江翁大年八分書 額篆書 清道光十年 碑陰武進湯□撰並書 行書 墨拓本

考嚴君名福其字麗岑吳人

阮氏重摹天一閣北宋石鼓文 清道光間儀徵阮元摹 在杭州府學明倫堂 墨拓本 一册

壯陶閣帖二十卷續帖十二卷 清光緒間霍邱裴景福輯板藏裴氏 墨拓本 裴景福捐 三十六册

晴山堂帖 明季江陰徐霞客輯 無錫胡雨人重編目錄 在江陰南暘岐徐祠 墨拓本 四册

龍門山圖 清咸豐乙卯李玉棠畫 趙英俊鐫 武曬珠跋 在陝西韓城 朱墨拓本 一册

無錫縣立圖書館善本書目刊誤表

卷上

第二頁第九行小注清字下缺雍乾間三字
第三頁第一行小注第十四字去字衍
第六頁第十四行小注第五字梁誤粱
第九頁第二十行小注第十二字治誤冶
第十頁第十行小注第九字著誤明
第十一頁第八行小注第六字浙誤洴
第十二頁第二行小注第九字釪誤釬
第十二頁第五行小注第九字淳誤渟
第十四頁第十四行小注咸同上脫清字
第十四頁第十五行小注第六字梁誤粱
第十八頁第三行小注第一字今誤令
第二十頁第二行第一字橅誤撫第九字銘誤石

第二十頁第十七行小注橅誤撫
第二十二頁第十行小注第七字錢誤錄
第二十二頁第十五行小注至字下缺元字
第二十三頁第十一行小注第十三字鹵誤鹵
第二十三頁第十九行小注第六字郯誤郯

卷下

第十四頁第二十行小注開寶上缺宋字
第十四頁第二十一行陀字在羅尼上

無錫縣立圖書館地方著述目録

（民國）陳然 編

《無錫縣立圖書館地方著述目録》，（民國）陳然編，民國二十五年（一九三六）鉛印横排本。

陳然，籍貫生平不詳，民國時期無錫縣立圖書館負責人。這次編目距第一次編鄉賢書目已有十多年，這些年中縣立圖書館又收集了大量無錫地方文獻。特别是第一次編鄉賢書目時規定在世作者之著作不收入目録，這次則不再有此限制。該目録所録書籍均與地方有關。其標準爲：邑人著述或譯注，非邑人而流寓無錫之客籍之著述或譯注，著述内容有關本邑、版本碑石藏於本邑之著述。總之，『地方之刊物，地方之文化，均在調查之列，因此遂有調查地方作家之動機。一經調查後，承海内同志，暨邦人君子，紛紛以所藏孤本、所藏新書，惠贈本館。俾得編成書目，蔚爲大觀』。該書目是采用當時通行的杜定友氏世界圖書分類法，即十進分類法，姓氏用四角號碼進行排列。分類爲000總記，100哲理科學，200教育科學，300社會科學，400藝術，500自然科學，600應用科學，700語言學，800文學，900史地。這個分類，用今天的標準看是不够科學的，然而在七十餘年前，采用十進分類法給圖書進行分類，是一個不小的進步，説明無錫縣立圖書館向現代圖書館前進了一步。該目録收録了從一九一五年至一九三五年所收集到的無錫地方文獻，而本目録所著録的無錫地方文獻對今天而言仍然具有重要的參考價值。

本書據民國鉛印本影印。

（徐志鈞）

無錫縣立圖書館

地方著述目錄

民國二十五年十月印

地方著述目錄序

本屆書目編成後，適有不速之客來，次第閱竟，謂予曰，本書目錄較上次所印鄉賢書目，論其數量，多則多矣，其如駁雜不純何？予曰，居，吾語汝。凡事惟簡可以馭繁，由博可以返約。昔程子論中庸云。其書始言一理，中散爲萬事，末復合爲一理，蓋選擇之嚴，於體裁，於格局，固宜精密純粹，方推一代傑作，然當搜集材料之始，似應采泰山不讓土壤，河海不擇細流之義，非兼收並蓄，不足以示容量，更不足以求廣博。詩曰：維桑與梓，必恭敬之，地方之刊物，地方之文化，均在注意調查之列。因此遂有調查地方作家之動機。一經調查後，承海內同志，暨邦人君子，紛紛以所藏孤本，所著新書，惠贈本館。俾得編成書目，蔚爲大觀。蓋禮儀三百，威儀三千，不足以窮悠悠之大，而探本窮源，禮之用，以一和字賅之。誠以集羣書爲一事，編文選又爲一事，此次地方著述目錄，僅爲初步工作，若責以選擇不精，不能與上次鄉賢書目相頡頏，似未明瞭編者之用意，倘責以搜羅不廣，未免掛一漏萬，斯則編者引爲知己，直任而不辭者也。客唯唯而退。

中華民國二十五年十月 陳 然

2

凡　例

一　本目錄採入各書，係以民國四年至二十四年館中所備者爲限。

一　分類方法，係採用杜定友氏世界圖書分類法；姓氏排列，係採用王雲五氏四角號碼檢字法。

一　編入書籍，有數種標準，玆分述如下：

純粹邑人之著述或譯註

客籍流寓本地之著述或譯註

原著述或譯註者非邑人，而所敍係本邑事者

原著述者非邑人，而譯註爲邑人者

原著述者非邑人，而版本碑石藏在本地者

一　凡善本及保存書籍，在分類碼之首，均有∧號爲識

一　各書著述或譯註者，如有二人以上，祇註一名，下加等字。

一　版本依其性質或出版處所註明，可攷者下註年代，不可攷者註未詳二字，其有干支者，從其干支。

一　捐助圖書，有將捐助人姓名遺漏者，應查明補列。

一　本編倉猝成書，貽誤難免，如有疑義，幸希方家教正，以便改訂。

3

類　表

000　總記
- 010　圖書學，書目學
- 020　中國經籍
- 030　普通類書
- 040　論文彙刊
- 050　普通雜誌
- 060　普通學會
- 070　新聞學，報紙
- 080　叢書，特別文庫及善本
- 090　年鑑

100　哲理科學
- 110　外國哲學家
- 120　中國哲學家
- 130　形而上學
- 140　哲論
- 150　心理學
- 160　論理學
- 170　倫理學
- 180　占卜，雜技
- 190　宗教

200　教育科學
- 210　行政
- 220　管理
- 230　科目課程
- 240　教授法
- 250　教員
- 260　初等教育
- 270　中等教育
- 280　高等教育
- 290　殊特教育

300　社會科學
- 310　統計學
- 320　政治學
- 330　經濟學
- 340　法律
- 350　行政及政府
- 360　社會機關
- 370　理財學
- 380　軍事學
- 390　社會學

400　藝　術
- 410　建築
- 420　中國字畫
- 430　雕刻
- 440　圖畫圖案
- 450　裝飾手工
- 460　印刷雕版
- 470　攝影術
- 480　音樂
- 490　游藝

500　自然科學
- 510　數學
- 520　天文學
- 530　物理學
- 540　化學
- 550　地質學
- 560　理科
- 570　生物學
- 580　植物學
- 590　動物學

4

600 應用科學

610 醫藥學
620 工程學
630 農業
640 化學工藝
650 交通轉運
660 商業
670 製造工業
680 機械貿易
690 家政及其他科學

700 語言學

710 普通與比較的
720 中國
730 英國
740 法國
7:0 德國
760 日本
770 俄國
780 美國
790 其他小國

800 文學

810 萬國
820 中國
830 英國
840 法國
850 德國
860 日本
870 俄國
880 美國
890 小國

900 史地

910 萬國史地
920 中國
930 英國
940 法國
950 德國
660 日本
970 俄國
980 美國
990 小國

5

000 總 記

010 圖書學 目錄學

書碼	書名	著者	發行所	出版年份	册數	備考
010.5/8086	無錫圖書館協會會報	無錫圖協會	無錫圖協會	民二一		無錫圖書館協會捐
011.5/3063	中國圖書館名人錄	宋景祁	上海圖協會	民一九	一	
八014/5061	無錫藏書攷	秦國璋	手抄本	民四	一	
014/8086	無錫縣圖書館彙刊	無錫縣圖	無錫縣圖	民九	一	
	無錫縣圖書館概況	無錫縣圖	無錫縣圖	民一七	一	
	無錫縣圖書館概況	無錫縣圖	無錫縣圖	民二〇	一	
	無錫縣圖書館概況	無錫縣圖	無錫縣圖	民二三	一	
	無錫縣圖書館報銷册	無錫縣圖	無錫縣圖	民四	一	
014.1/7452	兒童圖書館	陸靜山	上海兒童書局	民二四	一	
018.4/8344	版本通義	錢基博	油印本	未詳	一	著者捐
019.2/0003	侯官陳石遺 太倉唐茹經 先生全書總序合刊	唐文治等	鉛印本	民二三	一	唐文治捐
019.4/0000	華氏歷代著述目錄	未詳	鈔本	未詳	一	錢念岵捐
019.4/0082	錫金歷朝書目考	高鑅泉	木刻本	光緒二八	五	孫思贊捐
019.4/8382	錢氏歷朝書目考	錢念岵	抄本	未詳	一	錢念岵捐
019.6/1032	說文目錄	丁福保	鉛印本	民一三	一	著者捐
019.6/1234	中國歷代法家著述攷	孫祖基	鉛印本	民二三	一	孫祖基捐
019.9/3149.2	江蘇省立第三師範圖書館藏書目錄	江蘇省立第三師範	油印本	民九	二	江蘇省立第三師範捐
019.9/3149.4	江蘇省立無錫中學圖書館圖書目錄	江蘇省立無錫中學	鉛印本	民二一	一	江蘇省立無錫中學捐
019.9/4086	無錫大公圖書館藏書目錄	大公圖書館	鉛印本	民一〇	一	無錫大公圖書館捐
019.9/4435	天一閣現存書目	薛福成	木刻本	光緒一五	四	朱尙友堂捐
019.9/8086	無錫縣立圖書館書目	無錫縣立圖	油印本	民四	五	
	無錫縣圖書館第二次目錄	無錫縣立圖	油印本	民四	四	
	無錫縣圖書館圖書目錄	無錫縣立圖	鉛印本	民一五	五	
	無錫縣圖書館圖書目錄	無錫縣立圖	油印本	民二一	五	
019.9/8086.2	無錫縣圖書館鄉賢部書目	無錫縣立圖	鉛印本	民九	一	
019.9/8086	無錫縣圖書館善本目錄	無錫縣立圖	鉛印本	民一八	一	
019.9/8086.3	無錫縣立第一高等小學校圖書館目錄	無錫縣立第一高等小學校	鉛印本	民九	一	無錫第一高等小學捐

020 中國經籍

020.2/0003	十三經提綱	唐文治	鉛印本	民二四	一	著者捐
020.3/4433	十三經字約審音辨同	華 逑	木刻本	光緒二	二	
ㅅ020.4/3040	夏時攷	安 吉	本館鈔本	嘉慶八	二	丁梅軒捐
ㅅ020.5/1730	泉齋簡端錄	邵 寶	木刻本	未詳	二	
021.3/8080	簡明十三經讀本	無錫譯書公會	鉛印本	光緒三二	一	
ㅅ021.9/5012	九經	秦 鏷	木刻本	未詳	一〇	
022/0003.2	周易消息大義	唐文治	鉛印本	民二三	一	著者捐
ㅅ022/0040	周易孔義	高攀龍	本館鈔本	未詳	二	王幼農捐
022/0040	周易孔義	高攀龍	木刻本	民一三	一	
022/1138	周易本解	張道義	木刻本	光緒二六	一	
022/4419	學易隨筆	黃元炳	鉛印本	民一〇	一	著者捐
022/4419.2	易學探原經傳解	黃元炳	鉛印本	民二一	四	著者捐
022/4419.3	學易探原卦氣集解	黃元炳	鉛印本	民二二	一	著者捐
022/4419.4	易學探原河圖象說	黃元炳	鉛印本	民二二	二	著者捐
022/4661	學鐸社叢書	楊踐形	鉛印本	民一四	四	楊踐形捐
ㅅ022/5090	爻辭玩占錄	秦 棠	本館鈔本	未詳	一	
ㅅ022/5566	費松崖統天易說摘要	費國暄	本館鈔本	未詳	一	
022/6044	象像述夢	吳桂森	本館鈔本	未詳	五	
ㅅ022/6060	易問	吳 鼎	鈔本	未詳	三	
ㅅ022/6060.2	易堂問目	吳 鼎	木刻本	未詳	四	
ㅅ023/3140	尚書質疑	顧棟高	本館鈔本	未詳	一	(兩部)
023.1/2741	禹貢古今注通釋	侯 楨	木刻本	未詳	二	(二部)侯學愈捐吳禮讓堂捐
ㅅ024/0197	讀詩管見	龔 灼	本館鈔本	未詳	一	(二部)
ㅅ024/1022	詩經比義述	王千仞	木刻本	乾隆五七	三	
ㅅ024/3140	毛詩訂詁	顧棟高	木刻本	光緒二三	四	(二部)裘廷梁捐許同莘捐
ㅅ024/5042	毛詩日箋	秦松齡	木刻本	康熙三九	四	許修直捐
ㅅ025.1/1792	周禮集解節要	鄧 愷	木刻本	未詳	二	高汝琳捐
025.1/1792	周禮集解節要	鄧 愷	木刻本	未詳	二	
025.3/0003	禮記大義	唐文治	無錫國學專修學校	未詳	一	
ㅅ025.3/5024	禮記章節	秦復培	本館鈔本	未詳	一	
025.3/8344	禮記約纂	錢基博	鉛印本	民八	一	(二部)
ㅅ027/0040	春秋孔義	高攀龍	本館鈔本	未詳	四	

7

027/3140	春秋大事表	顧棟高	木刻本	同治一二	一六	(二部)侯家度捐
ㅅ027/3149	春秋隨筆	顧奎光	本館鈔本	未詳	一	
ㅅ027/6017	三正考	吳 鼐	本館鈔本	未詳	一	
027/8342	春秋地名人名官名韻編	錢念岵	鈔本	未詳	五	
027/8344	春秋約纂	錢基博	鉛印本	民八	一	錢基博捐
028/2741	孝經	侯楨等	木刻本	民六	一	
029/8344	四書解題及其讀法	錢基博	油印本	民一八	一	著者捐
029.1/0087	大學補遺	章 鈞	石印本	宣統二	一	(二部)顧延祚捐孫思贊捐
029.3/0003	論語新讀本	唐文治	鉛印本	民四	四	著者捐陸雲翥捐
ㅅ029.3/0197	讀論管見	龔 灼	抄本	未詳	一	(二部)
ㅅ029.3/0811	論語要略	許 珏	木刻本	同治元	一	許同藺捐曹衡之捐
029.3/8326	論語要略	錢 穆	商務	民一四	一	
029.4/2723	孟子約選	鄒仁達	鉛印本	未詳	一	鄒仁達捐
029.4/8344	孟子約纂	錢基博	油印本	未詳	一	錢基博捐

030 類書

032/1792	韻府約編	鄧 愷	木刻本	未詳	一二	
032/3174	新文藝辭典	顧鳳城	光 華	民二〇	一	
032.1/1120	記事珠	張以謙譯 鄭夢明引釋	木刻本	未詳	一〇	丁福保捐
032.1/2704	蘋香書屋紀略	鄒文柏	木刻本	光緒三四	三	
ㅅ032.1/2877	安刻初學記	徐堅 安國刊	木刻本	嘉靖未詳	八	丁梅軒捐
032.1/3165	普通學速成法	顧鳴盛等	鉛印本	光緒三三	二四	
032.1/4447	廣事類賦	華希閔	木刻本	康熙三八	八	
ㅅ032.1/5020	五經類纂	秦伯龍	木刻本	雍正六	四	
ㅅ032.9/1089	洋務輯要	王鏡瑩	抄本	未詳	二八	

040 論文

ㅅ042.1/1022	讀書隨記	王邦采	本館鈔本	未詳	一	
ㅅ042.1/4242	醒齋閒話	姚大勳	鈔本	光緒二五	一	姚筱郇捐
ㅅ042.1/4642	匏園掌錄	楊夔生	木刻本	光緒五	一	
042.2/6041	帆影樓紀事	吳芝瑛	石印本	未詳	一	康南湖捐
042.2/6041.2	自反錄索隱	吳芝瑛	石印本	未詳	一	康南湖捐
042.4/1237	今夕風月談	孫寒厓	鉛印本	民九	一	孫揆均捐
042.4/8344	國學必讀	錢基博	中華	民一三	二	

8

042.5/8086	無錫國學專修館演講集初編	無錫國學專修館	鉛印本	民一二	一	無錫國學專修學校捐

050 普通雜誌

052/1039	國學年刊	無錫國學專修館同學會	鉛印本	民一五	一	無錫國學專修學校捐
052/1046	五七月刊	五七團	鉛印本	民九	八	
052/2042	人報旬刊	人報旬刊社	鉛印本	民二二	七	
052/2886	國恥	徐竹園	鉛印本	民九	一	
052/2886.2	青年維德會報	青年維德會	鉛印本	民八	二	
052/5047.2	民智月報	中華民智月報社	鉛印本	未詳		
052/5082	無錫天上市青年自治會五週紀念刊	青年自治會文牘部	鉛印本	民一六	一	天上市青年自治會捐
052/6080	無錫國專年刊	吳毓麟	鉛印本	民二〇	一	無錫國學專修學校捐
052/6092	文化論壇	吳恆德	鉛印本	民二〇	四	吳壽彭捐
052/8080	無錫雜誌	無錫雜誌社	鉛印本	民一二		薛明劍捐
052/8085	無錫泰伯區旅外學生會刊	無錫泰伯區旅外學生會	鉛印本	民一九	一	無錫泰伯區學生會捐
052/8086	國光	無錫國學專修學校	鉛印本	民一八	一	無錫國學專修學校捐
052/8086.2	國專校友會集刊	無錫國學專修學校	鉛印本	民一九	一	無錫國學專修學校捐
052/8086.3	國專月刊	無錫國專學生自治會	鉛印本	民二四		無錫國學專修學校捐
052/8087	無錫學生聯合會雜誌	無錫學生聯合會	鉛印本	民一六	一	無錫學生聯合會捐
052/8087.2	無錫學會會刊	無錫學術研究會	鉛印本	民二〇	一	陸雲翥捐
052/8634	無錫評論彙訂	錫社	鉛印本	民一三	二	錫社捐
052/8634.2	血淚潮	錫社	鉛印本	民一四	一	錫社捐
052/8673	錫學	錫學社	鉛印本	民一九	一	錫學社捐
052/8683	錫鐘社年刊	錫鐘社	鉛印本	民二〇	一	錫鐘社捐
052.3/8086	無錫民衆周報	無錫縣立通俗教育館	鉛印本	民一六	二	無錫縣立民衆教育館捐
052.3/8086.2	現代民衆	無錫縣立民衆教育館	鉛印本	民一九		無錫縣立民衆教育館捐
052.8/8080	無錫童報	無錫第一學區中心小學校	鉛印本	民一八		無錫第一區中心學校捐

070 新聞學

072/7863	圍城九日之臨時通訊	臨時通訊社	油印本	民一三	一	
072/8082	無錫白話報	無錫白話報館	木刻本	光緒二四	六	
072/8083	無錫通訊社稿	無錫通訊社	油印本	民一四	一	

9

080 叢書及善本

082/0881	有福讀書堂剡	許珏輯	木刻本	光緒二七	二	二部
082/2803	念劬廬叢刊	徐彥寬	鉛印本	民二〇	四	錢子泉捐
082/4300	錫山尤氏叢刊	尤表等	鉛印本	民二四	三	
082/8086.2	私立無錫國學專修學校叢刊	無錫國學專修學校	鉛印本	民二〇	二	無錫國學專修學校捐
八082/8086.3	本館叢鈔	無錫縣圖書館	鈔本	光緒二五	一	
082/8622	錫山先哲叢刊	錫山先哲叢刊社	仿宋本	民一一	一五	侯葆三捐
082.1/0135	榿園四種	龔　禮	木刻本	咸豐五	七	
082.1/1242	孫氏四種	孫希朱	木刻本	咸豐元	四	
082.1/4384	白話叢書	裘毓芳	石印本	光緒辛亥	三	
082.1/4435	庸盦全集	薛福成	石印本	光緒一三	四六	

090 年　　鑑

090.2/8086	無錫年鑑	無錫市政籌備處	鉛印本	民一九	一	
090.2/8086	無錫概覽	無錫縣政府	鉛印本	民二四	一	
091.2/0828	許氏宗譜	許自鏡	木刻本	民一四	二七	許仲威捐
091.2/0874	遷錫許氏宗譜	許同莘	石印本	民八	六	許同莘捐
091.2/0874.2	許氏譜述	許同莘	石印本	民九	一	許同莘捐
091.2/0886	許氏宗譜	許錫疇等	木刻本	民一六	四〇	許少仙彝定合捐
091.2/1074	王氏家乘	王同樓	木刻本	民一四	二	
091.2/2083	毛氏家譜	毛鑑清	鉛印本	未詳	一	毛鑑清捐
091.2/4434	重刊華氏本書	華　渚	木刻本	光緒三一	八	
091.2/5070	秦氏宗譜	秦氏譜局	木刻本	民一五	一七	秦氏譜局捐
091.2/5070.2	錫山陡門秦氏宗譜	秦氏譜局	木刻本	光緒二	一七	程頌嘉嚴覺之等捐
八093/0000.2	梓里錄		抄本	未詳	一	秦中甫捐
093/0000.3	錢氏歷朝科第考		鈔本	未詳	一	錢念岵捐
093/0082	錫金科第考	高鑅泉	木刻本		二	
093/0082.2	錫金遊庠續錄	高鑅泉	鉛印本	民二〇	二	任蓉沼
093/1733	錫山遊庠錄	邵涵初等	木刻本	光緒四	三	
093/3084	忠節祠祀位錄	竇　鎮	木刻本	民四	一	
093/4444	錫金遊庠錄同人自述彙刊	蔣士棟等	鉛印本	民二〇	二	著者捐
八093/6641	皇朝宰輔年表	嚴懋功	鈔本	未詳	一	嚴懋功捐
八093/6641.2	皇朝總督年表	嚴懋功	鈔本	未詳	一	嚴懋功捐
093/6641.3	清代徵獻類編	嚴懋功	鉛印本	民二〇	八	嚴懋功捐

10

——下列個人傳記，均以被傳者編號，在人名上加(　)爲識——

094/1045	周母王運新先生傳	(王南城)	鉛印本	民五	一	胡雨人捐 孫思贊捐
094/1077	丁氏節烈記	(丁周氏)	木刻本	光緒二六	一	
094/2568	亡繼配朱明鈞哀思錄	(朱明鈞)	鉛阮本	民一九	一	
094/2877	勁節樓圖記	(徐陸氏)	鉛印本	光緒一〇	二	
094/3123	顧畫列女傳	顧凱之	揚州杭氏撫刻本	未詳	四	
094/4407	彤美集	(華許氏)	鉛印本	民一〇	一	侯學愈捐
094/4417	蔡氏二節母傳狀	(蔡丁氏)	仿宋本	未詳	一	蔡松如捐
094/4707	錫山二母遺範錄	(胡高氏)	鉛印本	民八	一	胡雨人捐
094/4707.2	胡和梅先生德配高夫人行述	(胡高氏)	鉛印本	民七	一	胡壹修捐
094/5077	節孝錄	(秦周氏)	木刻本	民六	一	
094/7747	周烈婦傳贊	(周蔡氏)	鉛印本	民元	一	周諒吉堂捐
094/8344	北堂永感錄	錢基博	鉛印本	民一〇	一	錢基博捐
095/0022	東林書院志	高　廩等	木刻本	光緒七	八	趙鳳苞捐
∧095/0045	三楚文獻錄	高世泰	木刻本	未詳	八	
∧095/1110	雒閩源流錄	張　夏	本館鈔本	未詳	八	
095/1282	少年叢書彙編	孫毓修	商務	民三	二四	
∧095/2764	道齊正軌	鄒鳴鶴	木刻本	道光三〇	一	
095/2778	尊賢祠攷略	侯學愈	鉛印本	民一八	一	侯伯文捐
∧095/3020	讀史桑梓錄	安經言	鈔本	未詳	五	
095/3084	名儒言行錄	竇　鎮	木刻本	民一二	二	著者捐
095/4435	錫山蔣氏宗譜序總目	蔣遇春	鉛印本	民一一	一	蔣留春捐
095/4441	南齊世澤圖	華藝三	鉛印本	民七	一	
095/4444	錫山蔣氏宗譜	蔣士桐等	鉛印本		二二	蔣留春捐
095/4644	錫金四哲事實彙存	楊　模	鉛印本	宣統二	一	孫思贊捐
095/5030	康熙已未詞科錄	秦　瀛	木刻本	光緒一四	六	
∧095/5038	戰國人才言行錄	秦　瀹	木刻本	嘉靖三二	四	
095/6684	蔡氏莽湖支譜	嚴毓芬等修	鉛印本	民二〇	八	蔡兼三捐
∧095/7534	東林列傳	陳定九	鈔本	民一〇	八	
095/7757	明遺民錄	民史氏	鉛印本	民元	一二	
095/8344	江蘇省立第三師範學區紀念人物志	錢基博	油印本	未詳	一	錢基博捐
099/0003	茹經先生自訂年譜附著作年表	(唐文治)	鉛印本	民二四	一	著者捐
099/0040	高忠憲公祭文墓志行狀	(高攀龍)	木刻本	未詳	二	孫思贊捐
099/0040	高子年譜	(高攀龍)	木刻本	民元	一	高映川捐

11

099/0082	夢痕錄要	(高鑅泉)	木刻本	民三	一	
099/1024	三省軒自述	(王仲華)	鉛印本	光緒一一	一	
099/1031	王荆公年譜	(王安石)顧棟高編	木刻本		二	
099/1048	永感錄	(王大鏞)	鉛印本	未詳	一	
099/1062	王武愍公忠孝錄	(王恩綬)	鉛印本	未詳	二	王鑑如捐
099/1112	唐張中丞專祠錄	(張　巡)	木刻本	光緒四	三	
099/1117	張氏家乘附錄	(張翼歐)	木刻本	未詳	一	
099/1223	孫文靖公年譜	(孫爾準)	木刻本	光緒二八	一	孫少宰第捐
099/1244	丁惠忠夫人輓錄	(孫有榛)	鉛印本	民二一	一	
099/1251	次哲次齋主人年譜	(孫振烈)	鉛印本	民八	一	孫肇圻捐
八099/1730	邵文莊公年譜	(邵　寶)	本館鈔本	未詳	一	
099/2538	朱鏡澄先生哀輓錄	(朱鏡澄)	鉛印本	民一三	一	
099/2712	侯霓峯先生榮哀錄	(侯霓峯)	木刻本	民六	一	
099/2721	繆紹平先生哀思錄	(繆紹平)	鉛印本	民二二	一	
099/3044	安我素先生年譜	(安希范)	木刻本	乾隆五九	一	安達初捐
099/3125	顧太僕致忠錄	(顧豈揚)	木刻本	光緒三〇	一	顧景瓛捐
099/3422	無錫沈伯偉先生哀輓錄	(沈伯偉)	鉛印本	民九	一	俞粲捐
八099/4030.2	安春臺先生傳誌題贈彙刻	(安汝諧)	木刻本	未詳	一	
099/4034	李剛烈公碧血錄	(李福培)	木刻本	未詳	一	許同莘捐
099/4088	錫山李閑學政績錄	(李金鏞)	鉛印本	光緒二六	一	唐申伯捐
八099/4412	雲川閣行述	(杜雲川)	鈔本	未詳	一	
099/4420	華節愍公年譜	(華允城)	木刻本	光緒二五	一	華士巽捐
八099/4649	楊睿裳年譜	(楊芳燦)	木刻本	光緒五	一	王艾圻捐
099/4930	趙義士元眞哀思錄	(趙　宰)	鉛印本	民一〇	一	
099/5078	錫山秦氏後雙孝徵文彙錄	秦鳳翔編	鉛印本	民九	一	
八099/6018	葬錄	(吳儒人)	木刻本	未詳	一	丁福保捐
099/6683	閑閑草堂奏對年譜合編	(嚴金清)	木刻本	光緒三四	一	孫思贊捐
099/7227	劉向歆父子年譜	(劉向)(劉歆)錢穆編	鉛印本	民一九	一	
099/7537	哀思錄	(陳安陞)	鉛印本	民一七	一	羊尖商團捐
099/7745	惜分陰軒主人述略	(周莘農)	鉛印本	民八	一	
099/8032	余孝惠先生年譜	(余　治)	木刻本	光緒元	一	
099/7794.2	楊家圩周文襄公祠考略	(周忱)孫藩圻編	鉛印本	民二三	一	著者捐
八099/8086	鄉賢行狀		木刻石印本鈔本	光緒未詳	一	
099/8087	錢武肅王年譜	(錢鏐)錢世倫編	木刻本	嘉慶一六	一	錢念岵贈

100 哲理科學

102/4403	哲學入門	華文祺	商務	民九	一	

110 外國哲學家

111/1283	新編泰西學案	孫鑫源	文明	民四	一	
111/3794	近代思想	過耀根	商務	民八	一	

120 中國哲學家

121/3441	格物探源	沈葆三	鉛印本	民五	一	
121.1/0000.2	清源正本經		木刻本	同治二	三	
ㅅ121.1/0040	就正錄	高攀龍	鈔本	未詳	二	
ㅅ121.1/0040.2	高忠憲公講義	高攀龍	鈔本	未詳	一	
ㅅ12.11/0040.3	正蒙釋	高攀龍	木刻本	未詳	四	
ㅅ121.1/0040.4	程子節錄	高攀龍	鈔本	未詳	一	
121.1/0040.5	高子節要	高攀龍	鈔本		二	
ㅅ121.1/1242	省身格	孫希朱	鈔本	咸豐七	一	
ㅅ121.1/1242.2	讀書劄記	孫希朱	本館鈔本	未詳	一	
121.1/3135	小心齋劄記	顧憲成	木刻本	未詳	二	
121.1/3135.2	顧文端公遺書	顧憲成	木刻本	光緒三	一六	
121.1/4661	學鐸餘編	楊踐形	鉛印本	民一五	一	
121.1/5018	景行錄	秦震鈞	鈔本	未詳	一	
ㅅ121.1/6080	舜山學約	是　鏡	木刻本	未詳	一	陳烈捐
121.1/8311	錢子存笥稿	錢爾登	木刻本	康熙二五	一	許同藺捐
121.2/3011	道藏精華錄	守一子	佛學書局	未詳	一二	丁福保捐
121.2/4419	陰符經眞詮	黃元炳	鉛印本	民九	一	黃元炳捐
121.2/4419.2	老子玄玄解	黃元炳	鉛印本	民一四	一	黃元炳捐
121.2/5083	讀莊窮年錄	秦毓鎏	鉛印本	民六	一	秦毓鎏捐
121.2/8083	坐丹功祕笈	無錫道院	鉛印本	民二二	一	
ㅅ121.2/9537	南華發覆	性　涵	本館鈔本	未詳	六	
ㅅ124/2782	道南淵源錄	鄒鐘泉	木刻本	道光二八	六	

160 論　理　學

160/2738	論理學綱要	侯鴻鑑	中華書局	民元	一	

160/3790	論理學綱要	過耀庚	中國圖書公司	宣統元	二	

170 倫 理 學

170.3/1032	少年進德錄	丁福保	醫學書局	民六	一	丁福保捐
170.3/1032.2	新道德叢談	丁福保	醫學書局	民七	一	著者捐
170.3/4434	國民必讀	黄澹如	鉛印本	民九	一	著者捐
170.3/5078	芝蘭室語	秦鳳翔	鉛印本	民九	一	
170.3/6087	先哲格言	晦齋學人	鉛印本	民一三	一	
170.7/9938	人道須知	榮宗銓	鉛印本	民一九	一	薛明劍捐
171/4644	修身學講義	楊 模	鉛印本	光緒三二	一	
173.7/4688	重訂得一錄	楊鍾鈺等	鉛印本	民二三	一	楊章甫捐
178/0003	人格	唐文治	鉛印本	民四	一	著者捐
178/0003.2	唐蔚芝先生八德銓釋	唐文治	石印本	民二〇	一	
178/0003.3	國箴	唐文治	鉛印本	民二二	一	
173/0080	小學纂註	高 愈	江蘇書局	同治八	二	
178/1032	少年之模範	丁福保	醫學書局	民五	一	丁福保捐
∧178/1242	勸戒贅言	孫希朱	本館鈔本	未詳	一	
∧178/1242.2	身範	孫希朱	木刻本	未詳	四	
178/2738	修身偶言	侯鴻鑑	中華書局	民七	一	著者捐
178/3043	大俠魂人生態度	安若定				
178/3043.2	大俠魂主義問答	安若定				
178/3047.3	大俠魂論	安若定				
178/3071	勸戒錄彙編	濟陽破衲	鉛印本	民一五	一	
178/4384	女誡注釋	裘毓芳	鉛印本	民五	一	丁福保捐
178/4407	小學提要	杜 詔等	木刻本	未詳	二	
178/4427	就正錄	華德民	鉛印本	民二二	一	
178/4651	陰騭文類解新編	楊申一	木刻本	嘉慶七	八	錢宗濂捐
178/4688	寰球名人德育寶鑑	楊鍾鈺	鉛印本	民八	一	
178/4683.2	寰球名人德育嘉話	楊鍾鈺	鉛印本	民一一	一	侯紹先捐
178/4688.3	太上寶筏中西纘義	楊鍾鈺	鉛印本	民一二	一	
178/5083	學生立志論	秦毓鎏	科學書局	光緒三一	一	
178/8032	學堂日記講話	余 治	木刻本	同治一〇	二	
178/9083	少年進德彙編	少年進德會	鉛印本	民六	四	丁福保捐
178.1/6021	錫山先哲言行錄	吳佐璜	鉛印本	民二〇	一	著者捐
178.3/7780	文昌帝君四體戒淫文	周鍾麟等	鉛印本	民二四	一	

179/2703	武德論	繆 斌	鉛印本		一	繆斌捐

180 占卜雜技

∧181/4621	管椎庸論	楊以迴	本館鈔本	未詳	一	
181.5/0883	地理辨正釋義	許景灝	木刻本	未詳	一	許瀚初捐
181.5/3698	地理辨正續解	温榮鑣	木刻本	光緒二三	四	
∧185.4/3034	箕錄	寄漚散人	鈔本	未詳	四	

190 宗 教

194.04/1032	佛學大辭典	丁福保	醫學書局	民一〇	一六	丁福保捐
194.04/ 032	佛學初階	丁福保	醫學書局	民九	一	丁福保捐
194.05/2571	道聲	佛學研究會	油印本	民九	一	佛學研究會捐
194.08/1032	佛學叢書	丁福保	醫學書局	未詳	一〇	著者捐
194.08/4487	感化叢刊	萬 鈞	醫學書局	民一四	九	
∧194.1/5514	金剛經句解	曹元相	木刻本	崇禎一四	一	
194.1/8344	佛經講義	錢基博	油印本	未詳	一	錢基博捐

200 教育科學

201/2738	教育學	侯鴻鑑	無錫速成師範學校	光緒三四	一	侯鴻鑑捐
201/5088	教育學	秦毓鈞	中國圖書公司	民三	一	
204/2738	大梁教育講演	侯鴻鑑	石印本	民七	一	侯鴻鑑捐
204/2738.2	天津假期講習會記錄	侯鴻鑑	天津勸學所	民四	一	侯鴻鑑捐
205/3149.7	洛社鄉村校刊	江蘇省立洛社鄉村師範	鉛印本	民二一	一	江蘇省立洛社鄉村師範捐
205/3252	兒童與教師	潘揖山	鉛印本	民二二	二	
205/8086	無錫教育雜誌	無錫縣教育會	鉛印本	民二	一	無錫縣教育會捐
205/8086.2	教育年刊	無錫縣教育會	鉛印本	民七	二	無錫縣教育會捐
205/8086.3	教育季刊	無錫縣教育會	鉛印本	民一三	四	無錫縣教育會捐
205/8086.4	現代教育	無錫縣市教育會	鉛印本	民一六	一八	無錫縣教育會捐
206/2738	民國元年中央教育會議決案	侯鴻鑑	中華書局	民元	一	
206.2/8086	無錫縣教育會外埠調查報告	無錫縣教育會	鉛印本	民六	一	無錫縣教育會捐
209/1103	新編萬國教育通考	張競良	鉛印本	光緒二九	一	

209/2738	教育史略述	侯鴻鑑	速成師範學校	宣統元	一	
209.5/4403	德國教育之精神	華文祺	商務	民五	一	
209.6/4779	考察日本校務記	胡周輝	油印本	民二	一	

210 行 政

∧210.4/8347	無錫防弭學潮存牘	錢基厚	鉛印本	民八	一	錢基厚捐
210.5/8086	無錫教育	無錫縣教育局	鉛印本	民一六		無錫縣教育局捐
210.5/8086.2	中心小學區教育研究報告	無錫縣立中心小學校	鉛印本	民一	一	無錫縣立中心小學校捐
215.3/2738	教育鏡	侯鴻鑑	圖書公司	宣統三	一	
215.3/3149.2	江蘇省地方教育第四指導分區視導通訊	江蘇省立無錫中學實驗小學	鉛印本	民二〇	一	江蘇省立無錫中學實小捐
215.8/8086	江蘇省第四區地方教育研究會會刊	無錫縣教育局	鉛印本	民二一	一	無錫縣教育局捐
216.4/8086.2	二年來的無錫教育	無錫縣教育局	鉛印本	民一九	一	無錫縣教育局捐
216.4/8086.3	無錫縣中心小學區概況	無錫縣立中心小學校	鉛印本	民二一	一	無錫縣立中心小學校捐
216.4/8347	錫山學務文牘	錢基厚	鉛印本	民六	四	錢基厚捐
216.5/7781	新安鄉教育概況	周錫瓚	鉛印本	民一三	一	
217.6/8086	無錫縣教育經費收支決算清册	無錫縣教育局	油印本	民一三	五	無錫縣教育局捐
∧217.6/8687	錫金學務處勸學所收支清册	錫金學務處	石印本	光緒三〇	一一	
∧219/0000	錫金學校重興紀事		鉛印本	光緒年刊	一	(二部)曹銓捐

220 管 理

223/4451	簡明小學校管理法	華 振	圖書公司	民三	二	
224/4614	小兒性質述	楊 模	木刻本	光緒二七	一	
224.4/8080	無錫競志女中學生會會刊	無錫競志女中學生會	鉛印本	民一二	一	無錫競志女學捐
224.4/8086	無錫縣立女子師範附屬小學校合作村	無錫縣立女子師範附屬小學	鉛印本	民一二	一	
∧228.1/0000.2	東林書院重整規條		木刻本	光緒年刊	一	許同藺捐
228.1/3149	江蘇省立無錫師範學校廿二度重要章則彙編	江蘇省立無錫師範學校	鉛印本	民二三	一	
228.1/3149.2	江蘇省立教育學院一覽	江蘇省立教育學院	鉛印本	民二三	一	
228.2/4038	南洋公學無錫同學會報告書	南洋公學無錫同學會	油印本	民五	一	
228.4/3149	江蘇省立無錫師範學校校刊(十四期起)	江蘇省立無錫師範學校	鉛印本	民二一	一	
228.4/3741	湖南孔道高等文科學校歡迎楊藏二先生詞	湖南孔道高等文科學校	鉛印本	民一一	一	黃元炳捐
228.4/8086	無錫縣一高小國文成績選刊	無錫縣立第一高等小學校	鉛印本	民五	一	

228.4/8086.2	無錫縣立第四高等小學校國文成績	無錫縣立第四高等小學校	鉛印本	民七	一
228.4/8086.3	無錫縣立女子師範試教國文成績合刊	無錫縣立女子師範	鉛印本	民九	一
228.4/8088	演講錄參觀筆記合刊	無錫公益商業中學校	鉛印本	民一四	一
228.5/1624	第二泉聲	聖約翰大學無錫同鄉會	鉛印本	民一五	一
228.5/3149.3	江蘇省立第三師範學校附屬小學校月刊	江蘇省立第三師範附屬小學	鉛印本	民九	三
228.5/3149.4	江蘇省立第三師範校友會雜誌(第五期起)	江蘇省立第三師範	油印本	未詳	一二
228.5/4035	錫秀(二卷一號起)	南洋公學無錫同學會	鉛印本	民六	七
228.5/4048	南菁無錫同學會報告書	南菁無錫同學會	鉛印本	民六	二
228.5/4424	梁溪之光	蘇州萃英中學無錫同學會	鉛印本	民一九	一
228.5/4424.2	惠風	蘇州桃塢中學無錫同鄉會	鉛印本	民九	一
228.5/5054	中大錫中半月刊(第六期起)	中央大學無錫中學	鉛印本	民一八	四
228.5/5325	輔仁中學學生團雜誌	輔仁中學校	鉛印本	民八	一
228.5/8080	無錫競志女學雜誌	無錫競志女學校	鉛印本	宣統二	四
228.5/8080.2	無錫競志女中學生會會刊	無錫競志女學學生會	鉛印本	民二〇	一
228.5/8082	商兌	無錫私立公益商業中學校	鉛印本	民一四	八
228.5/8083	實秀	無錫實業中學實秀月刊部	鉛印本	民一二	一
228.5/8084	知新	無錫輔仁中學校學生會	鉛印本	民一〇	一五
228.5/8085	錫中鄉師半月刊	無錫中學鄉村師範科	鉛印本	民一七	
228.5/8085.2	錫鐘	無錫中學校學生會	鉛印本	民一七	一
228.5/8086	無錫縣中月刊	無錫縣立初級中學校	鉛印本	民一八	一三
228.5/8086	無錫縣中校刊(二十三期起)	無錫縣立初級中學校	鉛印本	民二二	二
228.5/8086.2	無錫縣立第一高等小學校雜誌	無錫縣一高小學校	鉛印本	民八	三
228.5/8086.3	無錫縣立第二高等小學校雜誌	無錫縣立第二高小學校	鉛印本	民七	三
228.5/8086.4	無錫縣立第四高等小學校校刊	無錫縣立第四高小學校	鉛印本	民九	一
228.5/8086.5	梅光	同　上	鉛印本	民一一	四
228.5/8087	匡中校刊	無錫匡村中學	鉛印本	民二二	三
228.6/0044	競志女學校十週紀念爐存	競志女學校	中華書局	民五	一
228.6/0044.2	競志校友會彙報	競志女學校	鉛印本	民一〇	一

17

228.6/2860	無錫縣立初級中學壬申級畢業紀念刊	無錫縣立初級中學	鉛印本	民二一	一	
228.6/3142	江蘇省立代用女子中學校畢業紀念錄	江蘇省立代用女子中學校	鉛印本	未詳	一	
228.6/3149	江蘇省立勞農學院第一屆畢業紀念册	江蘇省立勞農學院	鉛印本	民一九	一	
228.6/3149.4	江蘇省立民衆教育學院第二屆同學紀念册	江蘇省立民衆教育學院	鉛印本	民一九	一	
228.6/3149.6	江蘇省立無錫中學概覽	江蘇省立無錫中學校	鉛印本	民二一	一	
228.6/4725	全國基督教夏令義務兒校無錫區報告書	報告書編輯部	鉛印本	民一二	一	
228.6/5054	勞農學院概況	中央大學區立勞農學院	鉛印本	民一八	一	
228.6/5078	秦氏公學紀念錄	秦氏公學	鉛印本	民八	一	
228.6/6005	國立中央大學民衆教育院概況一覽	國立中央大學民衆教育院	鉛印本	民一七	一	
228.6/7722	開化鄉立第一國民學校二十週紀念錄	開化鄉立第一國民學校	鉛印本	民八	一	
228.6/8047	義聲	義聲編輯部	鉛印本	民一一	一	
228.6/8080	無錫市立第十一國民學校十五週紀念錄	無錫市立第十一國民學校	鉛印本	民一一	一	秦炳夷捐
228.6/8081	公益工商中學商科第一屆畢業刊	公益工商中學校		民一二	一	
228.6/8081.2	公益工商中學校第二屆畢業刊	公益工商中學校	鉛印本	民一三	一	
228.6/8082	無錫私立陶氏績成學校五周紀念錄	無錫私立陶氏績成學校	鉛印本	民一三	一	
228.6/8082.2	無錫私立弘達初級商科職業中學甲戌級畢業紀念刊	無錫私立弘達初級商科職業中學校	印鉛本	民二三	二	
228.6/8082.3	無錫私立公益第一小學校三十週紀念刊	無錫私立公益第一小學校	鉛印本	民二四	一	
228.6/8082.4	無錫私立陶氏績成學校十五週紀念錄	無錫私立陶氏績成學校	鉛印本	民二四	一	
228.6/8083	無錫實業學校丙寅級土木科畢業刊	無錫實業學校	鉛印本	民一五	一	
228.6/8083.2	無錫浸禮公會十五週浸會兩等小學校十週晏成第三高等小學校紀念合刊	無錫浸禮公會	鉛印本	民一〇	一	
228.6/8084	無錫胡氏小學廿週紀念錄	無錫胡氏小學	鉛印本	民一一	一	
228.6/8084.2	無錫菁莪學校紀念彙刊	無錫菁莪學校	鉛印本	民一一	一	
228.6/8085	無錫中學實驗小學十五週紀念刊	無錫中學實驗小學	鉛印本	民一七	一	
228.6/8085.2	無錫輔仁中學第一二屆畢業刊	無錫輔仁中學校	鉛印本	民一一	一	
228.6/8085.3	輔仁畢業刊	無錫輔仁中學校	鉛印本	民一七	一	
228.6/8086	無錫縣立第一高等小學校廿週紀念刊	無錫縣立第一高等小學校	鉛印本	民七	一	

228.6/8086.2	無錫縣立第二高等小學校原名東林學堂十五週紀念刊	無錫縣立第二高等小學校	鉛印本	民六	一	
228.6/8086.3	十六年度的無錫縣立二小	無錫縣立第二高等小學校	鉛印本	民一六	一	
228.6/8086.4	無錫縣立第三高等小學五週紀念錄	無錫縣立第三高等小學校	鉛印本	民七	一	
228.6/8086.5	十六年之無錫縣立第四小學高級部概況	無錫縣立第四高等小學校	鉛印本	民一七	一	
223.6/8036.6	無錫縣立第四高等小學校十週紀念錄	無錫縣立第四高等小學校	鉛印本	民一二	一	
228.6/8086.7	無錫縣立第五高等小學校第一屆叢刊	無錫縣立第五高等小學校	鉛印本	民五	一	
228.6/8086.8	無錫縣立第六高等小學校五週十週紀念錄	無錫縣立第六高等小學校	鉛印本	民七	二	
228.6/8086.9	無錫縣立乙種實業學校十周紀念錄	無錫縣立乙種實業學校	鉛印本	民九	一	
228.6/8086.10	無錫縣立初級中學校商科戊辰級畢業刊	無錫縣立初級中學校	鉛鉛本	民一七	一	
228.6/8086.11	無錫縣中廿週紀念刊	無錫縣立初級中學校	鉛印本	民一九	一	
228.6/8086.12	無錫嚴氏私立經正學校二十週年紀念册	無錫嚴氏私立經正學校	鉛印本	民一一	一	
228.6/8086.13	無錫縣中辛未級畢業刊	無錫縣立初中辛未級	鉛印本	民二二	一	
228.6/8086.14	一年來的無錫縣二	無錫縣立第二小學校	鉛印本	民一九	一	
228.6/8086.15	無錫縣中癸酉級畢業紀念刊	無錫縣立初級中學校	鉛印本	民二二	一	
228.6/8086.16	無錫國專第十屆畢業刊	無錫國學專修學校	鉛印本	民二二	一	
228.6/8086.17	無錫縣中心小學概況	無錫縣中心小學校	鉛印本	民二三	一	
228.6/8086.18	甲戌春季級畢業紀念刊	無錫縣立初級中學校	鉛印本	民二三	一	
228.6/8086.19	江蘇無錫私立競志女學三十週紀念刊	無錫競志女學校	鉛印本	民二四	一	
228.6/8086.20	無錫國學專修學校概況	無錫國學專修學校	鉛印本	民二二	一	
228.6/8088	無錫美術專門學校第一屆畢業紀念刊	無錫美術專門學校	鉛印本		一	
228.6/8088.2	無錫錫鐘高等商科中學第一屆畢業紀念刊	無錫錫鐘商科中學校	鉛印本	民二四	一	
八228.9/8080	竢實學堂最初之歷史	無錫竢實學堂	本館鈔本	未詳	一	丁福保捐
228.9/8086	無錫縣立第一高小學校二十週紀念像片	無錫縣立第一高小學校	珂羅版本	民七	一	

230　科 目 課 程

231/8086	訓練中心週實施材料報告	無錫縣立第一高小學校	鉛印本	民二二	一

239/8086	無錫縣立第二小學校抗日讀物	無錫縣立第二小學校	鉛印本	民二二	一	

240　教　授　法

243/2142	單級教授實施綱要	衛　彬	天上市教育會	民六	一	
243/2738	單級教授法講義、單級教授法談話錄、六小時單級教授法、最新式七個半單級教授法、高等尋常單級教授法、單級教授法略說	侯鴻鑑	鉛印本	宣三起	一	侯鴻鑑捐
243/3121	簡明單級教授法	顧　倬	圖書公司	宣統元	一	
249/3121	小學各科教授法	顧　倬	圖書公司	民二	一	
249/3149	教育會研究報告	江蘇省立第三師範附屬小學校	鉛印本	民八	四	

250　教　　員

251/0044	競志女學實習批評錄	競志女學	鉛印本	民八	一	
251.4/3149	江蘇省立第三區小學教員暑期講習會會刊	江蘇省立第三區小學教員暑期講習會	鉛印本	民二〇	一	

260　初等教育

260/0009	鄉村小學教師須知	唐文粹	兒童書局	民二二	一	
260/3148	小學教育的實際問題	江蘇省立第三師範附屬小學校	鉛印本	民一三	一	
260/3210	鄉村教育實際問題	潘一塵	兒童書局	民二二	一	
260.6/8088	二年間的三區鄉教研究會	無錫第三學區鄉村教育研究會	鉛印本	民二一	一	
266/2738	保姆學	侯鴻鑑	鉛印本	光緒三三	一	

290　特殊教育

290/3121	通俗教育談	顧　倬	圖書公司	光緒三三	一	
293/4402	無錫的民衆教育	芮　麟	鉛印本	民二〇	一	芮麟捐
293/4409	升學與就業	芮　麟	鉛印本	民二〇	一	芮麟捐
293/8086	無錫縣立民衆教育二十一年度概況	無錫縣立民衆教育館	鉛印本	民二二	一	
293.04/4434	改進天上市圖書館計劃書	蔣浩如	油印本	民一八	一	
293.04/8081	無錫天上市教育會通俗宣講團年鑑	無錫天上市通俗宣講團	鉛印本	民八	一	
293.3/3149	輔導法令章則彙編	江蘇省立教育學院研究實驗部	鉛印本	民二三	一	

293.5/8086	無錫民衆教育評論	無錫民衆教育促進會	鉛印本	民二〇	二	
293.6/3146	黃巷實驗區	江蘇省立民衆教育學院農學院	鉛印本	民一九	一	
293.6/4409	荷花時節	芮　麟	鉛印本	民一九	一	
293.6/4704	五個月的實驗民衆教育館	郁瘦梅	鉛印本	民二〇	二	
293.6/8083	無錫縣立通俗教育館第一次報告、無錫縣立通俗教育館彙刊、無錫縣立通俗教育館彙刊、革新開幕特刊、崇安寺前、無錫縣立民衆教育館概況報告、	無錫通俗教育館	鉛印本	民六起		
293.6/8086	過去的六個月	無錫縣立農民教育館	鉛印本	民一八	一	
293.6/8086.2	無錫縣識字運動報告	無錫縣民衆教育促進會	鉛印本	民二〇	一	
293.6/8086.3	無錫縣社會教育概況	無錫縣教育局	鉛印本	民二〇	一	
293.6/7724	血汗	民衆教育促進團	鉛印本	民	一	
293.7/3149	北夏第一年	江蘇省立教育學院北夏實驗區	鉛印本	民二二	一	
293.7/7724	民衆教育實驗報告	民衆教育學院	鉛印本	民一八	一	
293.7/8086	無錫縣立歷史博物館一週紀念刊	無錫縣立歷史博物館		民二〇	一	
296.1/4409	無錫職業指導月報	芮　麟	鉛印本	民二〇	一	
297.06/0000	民國八年無錫公私高小學校聯合運動會兵式教練之批評		油印本	民八	一	
297.06/8086	無錫縣立公共體育場籌備報告年刊	無錫縣立公共體育場	鉛印本	民七	二	
297.1/5321	最新普通體操法	戈冰刃	中華書局	宣統三	一	
299/3121	幼兒保育法	顧　倬	圖書公司	光緒三三	一	
299/3128	農村教育	顧　復	商務	民一二	一	
299/8086	無錫縣立五小五區各校鄉村教育研究會	無錫縣立五小五區各校鄉村教育研究會	鉛印本	民一九	一	

300　社會科學

303/3174	社會科學問答	顧鳳城	文藝書店	民一九	一	
304/2704	籌世芻議	鄒文柏	木刻本	光緒三四	二	
305/8086	革命與五月	無錫縣執行委員會	鉛印本	民二二	一	無錫縣黨部捐
308/8086	無錫縣公安局長警補習所講義	無錫縣公安局	鉛印本	民二二	一六	臧佛根捐

310　統　計　學

319.6/4631	日本統計類表要編	楊道霖	鉛印本	宣統元	六	

320 政學治

320/0076	公民	高　陽	商務	民一四	一	
320/4473	政本論	薛學潛	商務	民一七	二	著者捐
320.9/2380	伯倫知理自治論	嵇　鏡	文明	光緒二九	一	
321/4473	薛著憲政論	薛學潛	商務	民一五	一	著者捐
327.04/1234	不平等條約討論大綱	孫祖基	青年	民一五	一	
327.1/8344	國民外交常識	錢基博	商務	民八	一	
327.2/0004	中美外交史	唐慶增	商務	民一七	一	
327.2/004.2	唐慶增抗日救國言論集	唐慶增	社會科學書店	民二一	一	
327.2/2703	中日危機之猛省	繆　斌	鉛印本		一	繆斌捐
327.2/4409	如何指導民衆抗日救國	芮　麟	鉛印本	民二一	一	
327.2/8086	抗日救國專號	無錫縣立初級中學	鉛印本	民二〇	一	
327.2/8097	最新外交小史	俞燦　薛奎仁	國學昌明書店	民六	一	
328.3/4404	十六國議院典例	蔡文森	商務	民三	一	
328.3/4404.2	日本議會記事全編	蔡文森	商務	未詳	一	

330 經濟學

330/8344	經濟教本	錢基博	油印本	未詳	一	
330.7/4643	經濟新聞讀法	楊蔭溥	黎明書局	民二二	一	
333/8317	城市地價中報主張經過	錢孫卿	鉛印本	民二四	一	
336/4409	青年擇業問題	芮　麟	無錫縣職業指導所	民二二	一	芮麟捐

340 法律學

340/8344	法制教本	錢基博	油印本	未詳	一	錢基博捐
341.68/5011	著作權律釋義	秦瑞玠	商務	民三	一	
342.4/5011.2	新刑律釋義	秦瑞玠	商務	民元	一	
342.7/0874	光緒條約	許同莘等	外交部	民三	三七	著者捐
342.7/0874.2	宣統條約	許同莘等	外交部	民三	二	著者捐
342.8/8344	現行民法大意	錢基博	鉛印本		一	

350 行政及政府

352.47/8086	江蘇無錫縣法院檢察處成立三年紀念彙刊	無錫縣法院檢察處	鉛印本	民二三	一	

352.5/8080	無錫市政	無錫市政籌備處	鉛印本	民一八	一	
352.5/8080.2	無錫市政籌備實錄	無錫市政籌備處	鉛印本	民一八	一	
342.5/8080.3	無錫市政法規彙編	無錫市政籌備處	鉛印本	民一八	一	
352.6/1046	地方自治要覽	王志明	無錫縣第一區區公所	民一九	二	著者捐
352.6/1046.2	自治常識	王志明	無錫縣第一區鄉鎮自治研究會	民二二	一	著者捐
352.6/4036	賓州府政書	李澍恩	鉛印本	宣統元	一	李四偉捐 唐申伯捐
352.6/4036.2	農安縣丁未戊申報告書	李澍恩	鉛印本	光緒三四	二	唐申伯捐
352.6/4742	答覆縣公署意見書	胡壹修	木刻本	民七	一	
352.6/8086	無錫縣議事會第一屆第二年度第一二次臨時會議事錄	無錫縣議事會	鉛印本	民一三	一	
352.6/8086.2	無錫縣議事會第一屆第二年第一第二屆臨時會議決案	無錫縣議事會	鉛印本	民一三	一	
352.6/8086.3	無錫縣警察大隊部五月份工作報告表	無錫縣警察大隊部	鉛印本	民一八	一	
352.6/8086.4	無錫縣政府公報	無錫縣政府	鉛印本	民一八		
352.8/0811	許靜山禁烟奏稿章程彙訂	許　珏	鉛印本	未詳	二	許同藺捐
352.8/1261	四西齋決事	孫鼎烈	木刻本	光緒三〇	四	許同藺捐
352.8/2725	諫草	侯先春	木刻本	光緒六	二	
352.8/4036	條陳賓事意見書	李澍恩	鉛印本	未詳	一	唐申伯捐
352.8/4631	柳州文牘	楊道霖	鉛印本	宣統二	一	錢念岵捐
∧352.8/8029	俞東蘧先生奏稿	俞肯堂	抄本	未詳	一	俞𡸴蘧捐
352.8/8344	從政錄	錢基博	鉛印本	民六	一	錢基博捐
352.8/8344.2	公言別集	錢基博	鉛印本	民六	一	錢基博捐
352.8/8344.3	讜言	錢基博	鉛印本	民一一	一	錢孫卿捐

360　社會機關

361/0000	籌備無錫乞丐收容所計劃書		鉛印本	未詳	一	
361/1271	平民習藝所彙刊	平民習藝所	油印本	民二〇	一	平民習藝所
361/4452	華氏新義莊事略	華耕樂	木刻本	光緒二七	二	
361/6684	嚴氏義莊章程	嚴毓芬	木刻本	民三	一	
361/8081	無錫平民習藝所五周紀念刊	無錫平民習藝所	鉛印本	民二二	一	
361/8086	無錫縣第一區公所辦理平糶徵信錄及收支報告清册	無錫縣第一區公所	鉛印本	民一九	一	
362/1231	無錫揚名戒煙醫院概況	孫祖烈	鉛印本	民一九	一	

23

363/6086	無錫縣黨務整理委員會工作報告	無錫縣黨務整理委員會	鉛印本	民二〇	一	
367/8086	無錫縣絲廠業職工聯合會會務月刊	無錫縣絲廠業職工聯合會	鉛印本	民二〇	一	
369/4430	無錫商團章程規則彙刊	蔡　容	鉛印本	民九	一	
369/4468	英日人慘殺同胞無錫後援會經收捐款徵信錄		鉛印本	民一四	一	許廣圻捐
399/8080	無錫商團十週年概況	無錫商團公會	鉛印本	民一〇	一	
369/808.02	無錫旅京同鄉會會刊	無錫旅京同鄉會	鉛印本	民一七	一	
369/8086	無錫縣救火聯合會五週年概況	無錫縣救火聯合會	鉛印本	民九	一	
369/8086.2	無錫縣職業指導所概況	無錫縣職業指導所	鉛印本	民二〇	一	
369/8086.3	無錫錢業商團彙編	無錫錢業商團	鉛印本	民五	一	

370 理 財 學

370.8/0811	財政叢刊五種	許沐鑅譯	鉛印本	光緒三一	三	許同藺捐
372/3110	銀行新論	汪廷襄	商務	民八	一	
372/4408	銀行論綱	蔡文鑫	鉛印本		一	
372.94/2543	農村金融流通之設施	朱若溪	鉛印本	民二三	一	
373/4643	中國交易所論	楊蔭溥	商務	民一九	一	
375.1/2257	理財芻議	樂農氏榮思龕	鉛印本	民五	一	
375.6/0000	江蘇省無錫縣民國九年度縣地方經費預算册		鉛印本	民九	二	
375.6/4402	無錫縣積穀公款存儲細數及收支報告	華文川	鉛印本	民一〇	一	
375.6/4449	無錫縣款產保管會收支各款四柱清册	蔣士棨	鉛印本	民一七	三	
375.6/8080.2	無錫市公所元年度決算册	無錫市公所	鉛印本	民二	二	
375.6/8028	無錫公園收支清册	俞　復	鉛印本	民三	一	
八376.1/0000	金匱縣賦役全書		抄本	未詳	一	
376.71/3789	廢止淮鹽鄂湘西皖四岸引商議	過鍾粹	鉛印本	民一七	一	
376.71/4644	蘆鹽叢編續編	楊壽枏	鉛印本	民二	四	許同莘捐

380 軍 事 學

380/5043	洴澼百金方	惠麓酒民	木刻本	道光二〇	五
380/5522	勦匪新書	曹血俠	鉛印本	民二四	一
380.4/0193	借箸錄	龔少逵	木刻本	咸豐五	二
380.4/3794	戰爭與進化	過耀根	商務	民四	一
380.4/5530	治兵語錄	曹　滂	鉛印本	民二三	二
380.4/8305	麟洲兵事芻議	錢麟書	鉛印本	光緒三三	一

24

380.9/0003	軍箴	唐文治	鉛印本	民一四	一	著者捐
381/4435	浙東籌防錄	薛福成	木刻本	光緒一三	四	
381/4644	攷察日本軍政紀略	楊壽楣	鉛印本	光緒三四	一	
383/4662	實業軍用化芻議	楊昌齡	鉛印本	民二〇	一	
384/4624	戰術學教程	楊邦藩	鉛印本	民元	一	
386/1032	輪船佈陣	徐建寅述	木刻本	未詳	二	
387/2840	濟水艇	徐燕謀	商務	民六	一	

390 社 會 學

395.2/8333	守望新書	錢 泳	木刻本	道光二二	一	
395.6/8086	無錫縣公安局年鑑	無錫縣公安局	鉛印本	民二二	一	無錫縣公安局捐
396.2/5008	勞工自治槪況	申新第三紡織廠總管理處	鉛印本	民二四	一	
397.2/1000.2	喪禮集要	丁彥章		民二二	二	
∧397.6/1023	星軺便覽	王 宰	本館抄本	未詳	一	
399.2/5066	無錫縣社會調查特刊	中國國民黨無錫縣黨部	鉛印本	民二三	一	無錫縣黨部捐

400 藝 術

420 中 國 字 畫

∧420.2/3422	鳴野山房彙刻帖目	沈復粲	本館抄本	民一〇	四	顧典堂捐
420.4/3145	師二雲居書贅	顧森書	石印本	光緒三一	一	許同蘭捐
420.9/3084	國朝書畫錄	竇 鎮	木刻本	宣統三	四	著者捐
420.9/5033	桐陰論畫	秦祖永	木刻本	同治三	四	
∧425/0000.4	寄漚書巢石拓本		墨拓本	未詳	一	
∧425/0000.5	錫廟叢拓		墨拓本		一	秦頌嘉捐
	重修城隍廟記		弘治三年			
	無錫縣重修城隍廟記	談 愷	嘉靖甲子年			
	重修城隍廟記	何棟如	明天啟丁卯年			
	重修無錫縣城隍廟碑記	吳興祚	康熙十年			
	胡公重修無錫隍廟開濬廟河碑記	吳遵晏等	雍正十一年			
	重建無錫城隍廟碑記	郭本才	乾隆午年			
	王好義祭文		萬曆十八年			
	廟田碑		乾隆五十一年			
∧425/0000.6	將軍墩碑記		未詳	墨拓本	一	曹衡之捐

ㅅ425/0003	碧山吟社叢帖	唐文治墨拓本	民國一〇		一	
	碧山吟社刻石記	唐文治	民國辛酉年			
	碧山吟社始末略	秦郊農	民國已未年			
	市八新校舍落成記	侯鴻鑑	民國八年			
ㅅ425/0011	東林叢岾	文震孟等	墨拓本			
	重修東林書院記	歐陽東鳳	明萬曆甲辰			
	依庸堂記	鄒元標	明萬曆丙午			
	重修東林書院記	華希閔	清乾隆五年			
	重修道南祠記	薛田玉	清乾隆四十年			
	重修東林書院記	秦震鈞	嘉慶七年			
	道南祠祭田並重修紀事	秦　瀛	嘉慶十八年			
	重興東林書院記	郭熊飛	道光二十六年			
	重興東林書院記（規條捐數附後）	鄒鳴鶴	道光二十六年			
	新建東林報功祠記	鄒鳴鶴	道光丁未年			
	重建道南祠記	丁　培	同治八年			
	重建三公祠記	侯　聶	同治十年			
	重新南國杏壇記	錢基博	民國四年			
	新葺依庸堂感賦示同學諸子(裘可桴跋附後)	顧光旭				
	陶齋記	唐文治	民國十三年			
425/0040	高氏三世誦芬帖	高攀龍等	石印本	民九	一	
ㅅ425/1013	錫署叢拓		墨拓本		三	
	無錫州官題名記		元至治甲子卽泰定元年			
	重建無錫州治記		元至元元年乙亥			
	常州路無錫縣題名記	楊蔚撰	元至元二十三年丙戌			
	無錫縣縣官題名記	榮華撰	明弘治二年己酉			
	無錫縣重修廳事記	秦夔撰	明弘治二年己酉			
	無錫修縣治記	邵寶撰	明正德元年丙寅			
	重建同心堂記	邵寶撰	明嘉靖元年壬午			
	無錫縣奉旨旌善碑	蔣衡書	清雍正十一年癸丑			
ㅅ425/1083.5	三希堂法帖撫本	王羲之等	墨拓本		六	秦琢如捐
ㅅ425/1083.7	停雲館殘拓	王羲之等	墨拓本	雍正一一	二	
ㅅ425/2388	西湖岳廟零拓	稽曾筠	墨拓本		一	許仲威捐
ㅅ425/3434	孔子廟碑	凌　虡等	墨拓本		一	許仲威捐
	宋無錫縣重修縣學記		嘉定十年			
	余公興學記		至元六年			

	元世祖諭碑		至元三十一年	
	重修無錫州儒學記		至正二年	
	無錫州儒學教授題名記		至正七年	
	明邵文莊公四言詩		明正德十五年	
ㅅ425/4011	冉涇承賢橋四面碑	袁 孺等	墨拓本	一
ㅅ425/4025	唐宋叢拓	李 紳	墨拓本	一
ㅅ425.4073	惠山題字叢拓	李陽冰等	墨拓本	三
	唐李陽冰聽松			
	清邵吟泉聽松			
	羅漢泉題字			
	邵文莊公望闕岩題字			
	太極石題字			
	漪瀾堂石峯題銘			
	唐張祜題字			
	點易台題字			
	天下第二泉	趙孟頫書		
	補題竹罏圖詠			
	竹罏歌五疊韻			
	竹罏煎茶詩			
	遜名泉題字			
ㅅ425/4300	錫山叢拓	尤 寰等	墨拓本	三
	恤嫠會序	秦維翰	道光四年	
	恆善堂記	杜紹祁	道光二十一年	
	無錫光復門碑記	錢基博	民國元年	
	無錫圖書館碑記	錢基博	民國二年	
	無錫公園創制記	錢基博	民國六年	
	侯澹泉先生祠記	錢基博	民國四年	
	重新南國杏壇記	錢基博	民國四年	
	尊賢寺大門記		道光末年	

尤文簡公手牘　翁方綱秦瀛顧皋尤楠卡斌孫爾準秦大光跋

高忠憲公遺墨　遺表　別友柬　附山居示子

黃石齋夫人手書侯太孺人遺詩并題詩殘刻　清順治庚寅

澹泉侯公暨配華安人壙志銘　秦鏞撰孫竑末書

寄暢園記　明萬曆己亥王樨登記幷書

寄暢園記　明屠隆撰章藻書

27

重葺邵文莊公祠堂記　乾隆已酉顧光旭撰并書
惠山五中丞祠記　道光丙午鄒鳴鶴撰竇承焯書
顧母過太恭人家傳　嘉慶尹壯圖撰梁同書書
秦順卿先生墓誌銘、光緒秦復培秦寶瓚書
元無錫州嶽相景佑眞君碑記　明天順七年重刊
元重建忠靖王廟迎享送神辭　明天順七年重刊
唐張中丞廟靈泉記　明王達撰　正統壬戌重刊
唐張中丞廟靈泉記　明孟叔敬篆書　正統癸亥泐石
唐張中丞靈泉活人記　明景泰六年　張思安撰
景佑眞君靈應記　明景泰六年　余季樞撰

ㅅ425/4498	崇正叢拓	林性翁	墨拓本	嘉慶八	一	
ㅅ425/4625	寄暢園續刻帖	楊繼盛等	墨拓本		三	
ㅅ425/5022	秦氏旣龕堂文獻帖	秦從川等	墨拓本	民一三	一	秦琢如捐
ㅅ425/5031	錫城叢拓	秦寶瓚等	墨拓本		一	
	金匱修城記	秦臻撰書	光緒十一年			
	重建無錫南水關橋碑記	秦寶珉撰秦寶瓚書	光緒十五年			
ㅅ425/5046	寄暢園法帖	秦　觀等	墨拓本		六	秦琢如捐
ㅅ825/8222.3	眞賞齋帖	鍾　繇等	墨拓本			華氏藏石
ㅅ425/8222.8	壯陶閣帖	鍾　繇等	墨拓本		三六	裴伯謙捐
ㅅ425/8333	梅花溪居士縮本唐碑	錢　泳	墨拓本		四	許溯伊捐
ㅅ425/8333.2	攀雲閣臨漢碑	錢　泳	墨拓本		一六	許溯伊捐
ㅅ425.3/0048	唐宋惠山寺經幢		墨拓本	乾符三年 熙寧三年	一	
425.3/4073	惠山聽松石牀題字	李陽冰	墨拓本	同治五年	一	
ㅅ425.3/7270.4	撫宋本九成宮殘刻	歐陽詢	墨拓本	光緒三	一	
ㅅ425.4/0000.2	北禪寺重開山圓禪師碑		墨拓本	紹興一六	一	
ㅅ425.4/3023	宋勑賜錫山王靈廟額牒		墨拓本	紹定三年	一	
ㅅ425.4/3540	資福庵觀音記	冲　希	墨拓本	淳祐八	一	秦平甫捐
ㅅ425.4/4321	宋爍山明陽觀額牒碑記	戴幾元	墨拓本	紹興二〇	一	
ㅅ425.4/453.4	長泰寺蘇書金剛經殘拓	蘇　軾	墨拓本	明天啓三	一	長泰寺藏石
ㅅ425.4/4498	無錫縣學新建九先生祠堂記	林性翁	墨拓本		一	
ㅅ425.4/6043	北宋張太常墓誌銘	呂希道	墨拓本		一幅	
ㅅ425.5/3880	元北禪聖壽禪寺重建山門題名碑	海翁立石	墨拓本	至治二	一	
ㅅ425.6/0026	華時楨配張孺人墓誌銘	文徵明	墨拓本	未詳	一	陶字丙捐 曹衡之捐
ㅅ425.6/0026.4	春草軒記	文徵明	墨拓本	嘉靖一二	一	華孝子祠藏石

425.6/0040	高忠憲公詩手稿眞蹟	高攀龍	石印本	民一三	一	高映川捐
∧425.6/0040.2	高忠憲公詩手稿	高攀龍	手抄本	未詳	三	裘葆良捐
∧425.6/1141	明方伯龔毅所墓誌銘	張南羽	墨拓本		一	龔導寸捐
∧425.6/1153	明重修北禪寺殘碑 清重建靜慧寺大雄寶殿記	張靜涵等	墨拓本		一	
∧425.6/1730.2	邵文莊公墨蹟 周文襄公頌 題十賢祠詩附潘文植跋 海天亭記 松壇銘 石床行 名人和韵詩 二泉山人臥雲題筆 點易台銘有序	邵　寶	墨拓本		二	
∧425.6/1730.2	留馨亭墨拓	邵　寶	墨拓本		一	曹衡之捐
425.6/1730.3	邵二泉詩卷眞蹟	邵　寶	中華書局	民一一	一	周蓮甫捐
425.6/1730.4	無錫縣儒學五賢祠記	邵　寶	墨拓本		一	
∧425.6/6037	明義官養眞子吳孺人鄧氏墓表	吳　潤	墨拓本	天順六	一	
∧425.6/7522	倪雲林墓碑並傳	陳繼儒	墨拓本	萬曆三九	一	
∧425.6/7710	侯室華碩人墓誌銘	周子文	墨拓本		一	侯伯輝捐
∧425.7/0000	愛民父母鄧侯去思碑		墨拓本		一	
∧425.7/0028	格言題字石刻	廖　綸	墨拓本	光緒二	一	
425.7/0038	唐若川篆書詩品	唐濟鎮	石印本	宣統二	一	唐申伯捐
425.7/0038.2	唐若川篆書壼訓	唐濟鎮	石印本	宣統二	一	唐申伯捐
425.7/0048	唐封翁手書格言	唐若欽	石印本	民一四	一	唐文治捐
425.7/0081	秦世銓撰陳府君墓誌銘	秦世銓	墨拓本	未詳	一	
425.7/0142	龔葆巖寸楷	龔葆岩	墨拓本	民八	一	
∧425.7/1008	清邵涵初重建超然臺記	王言鑄	墨拓本	道光二二	一	
∧425.7/1062	重修錫金會館記	王思綬	墨拓本	道光二七	一	楊仁山捐
425.7/1077	王仲山湖山歌	王　問	墨拓本	嘉靖二七	一	許仲威捐
425.7/1186	張濳圖書廣雅相國奏議	張曾疇	石印本	未詳	一	
∧425.7/1213	孫文靖公遺墨	孫爾準	石印本	未詳	一	孫思贊捐
425.7/1247	孫氏家寶	孫左長	石印本	光緒二三	一	孫芴仲捐
∧425.7/1254	溧陽尙書畫像石刻	孫揆均	墨拓本	宣統三	一	
∧425.7/1292	荊川先生讀書處 嚴君生壙志銘	孫愼行等	墨拓本		一	沈子萱捐

29

∧425.7/2714	鄒一桂撰書百花詩手卷	鄒一桂	手寫卷		一幀	楊味雲捐
∧425.7/2830	東林從祀勒石	徐永言	墨拓本	康熙三三	一	
∧425.7/2875	蘭亭序	徐鳳甲	墨拓本		一	石藏華氏
425.7/3084	竇拙翁書詩品	竇　鎮	石印本	民五	一	著者捐
425.7/3084.2	竇拙翁千字文秋興詩合刻	竇　鎮	石印本	民九	一	著者捐
425.7/3084.3	竇拙翁大小楷三種	竇　鎮	石印本	民一〇	一	著者捐
425.7/3084.4	竇拙翁臨漢隸三種	竇　鎮	石印本	民一一	一	著者捐
425.7/3084.5	竇拙翁書額	竇　鎮	石印本	民八	一	著者捐
∧425.7/3099	重修東林書院碑記	宋　犖	墨拓本	康熙三三	一	
425.7/3114	無錫顧鄒二君遺蹟	顧子才	木刻本	未詳	一	
∧425.7/3117	豐樂橋銘	顧元熙	墨拓本	嘉慶二二	一	
425.7/3137	顧洞陽先生遺囑	顧洞陽	石印本	民二	一	顧子文捐
∧425.7/3194	邵晴江顧響泉五賢遺像跋 顧響泉惠山祠樓記	顧光旭	墨拓本	乾隆五七	一	
∧425.7/3234	馬貞烈女墓碑	潘祖蔭	墨拓本	光緒一〇	一	周莘農捐
∧425.7/3316	浦二田先生前潤八詠墨蹟	浦起龍	墨拓本	同治八	一	浦怡孫捐
∧425.7/4038	清故出使義國大臣許公墓誌銘	李　瀚	墨拓本	民一〇	一	
∧425.7/4048	稽璜墓誌銘	袁　枚	墨拓本		一	
∧425.7/4421.2	楊紫淵墓誌銘	蔣　衡	墨拓本	未詳	一	
425.7/4605	楊詠春先生篆書司空圖二十四詩品	楊詠春	墨拓本	未詳	一	石藏無錫華氏
∧425.7/5030	石揚新安鄉重修福慧庵記	秦　瀛	墨拓本		一	孫思贊捐
425.7/5031	周節母墓誌銘	秦寶瓚	石印本	宣統三	一	周謙吉堂捐
∧425.7/5031.2	靜慧寺重建大雄寶殿記 吳次竹泰伯梅里志序	秦寶瓚等	墨拓本	光緒二三	一	
425.7/5031.3	周氏節烈紀念碑銘	秦寶瓚	墨拓本	民二	一	周謙吉堂捐
∧425.7/6621	重修藥師禪院碑記	嚴繩孫	墨拓本		一	秦琢如捐
425.7/6672	嚴望泉墓誌銘	嚴同生	墨拓本	民一四	一	嚴毓芬捐
425.7/7430	陸文愼公墨蹟	陸定廬	石印本	宣統元	一	
425.7/7441	陸引南先生八十四法墨蹟	陸士霖	石印本	宣統三	一	陸鳴叔捐
∧425.7/7720	商賢膠鬲墓碣	闕廬章	墨拓本	未詳	一	侯祖述捐
425.7/8022	簡學齋 清夜齋手書詩稿合印	曾秋舫等	石印本	民元	一	
425.7/8077.4	武進許君稻蓀墓誌銘	曾　熙	墨拓本	民一五	一	許小仙捐
∧425.7/9935	聽松道人滌硯潭石刻	榮　漣	墨拓本		一	
425.8/1200	樂天帖　胡衍鴻詞	孫　文等 (秦毓鎏藏)	墨拓本	未詳	一	秦毓鎏捐
∧425.8/4420	通惠路記	華綰言	墨拓本	民八	一	
425.8/6041	吳烈士遺詩	吳芝瑛	墨拓本	未詳	一	
425.8/6041.2	秋君墓表	吳芝瑛	石印本	光緒三四	一	

80

425.8/6041.3	大佛頂首楞嚴經	吳芝瑛	石印本	宣統元	二	廉惠卿捐
425.8/6041.4	小萬柳堂法書彙訂 妙法蓮花經 小萬柳堂臨夢樓詩册 小萬柳堂寫情抱詩册 小萬柳堂臨董書孝經 小萬柳堂書蘇詩撫古	吳芝瑛	石印本	光緒三〇	六	孫思贊捐
427/8027	實用習字教授書	俞 鍫	商務	民四	一	
428/1022	御賜竹鑪山房王孟端畫卷	王 紱	有正書局	未詳	一	
428/1040	寉巢畫萃初續集	王 寉	珂羅版	民一五	四	著者捐
428/1040.2	寉巢畫範全集	王 寉	珂羅版	民二〇	四	著者捐
428/1040.3	寉巢畫寶	王 寉	珂羅版	民二一	四	著者捐
428/1040.4	寉巢畫妙全集	王 寉	珂羅版	民二一	四	著者捐
428/1040.5	寉巢畫鑒全集	王 寉	珂羅版	民二一	四	著者捐
428/1040.6	寉巢畫痕	王 寉	珂羅版		四	王雲軒捐
428/1287	梅園八景	孫頌陀	珂羅版	民六	一	曹衡之捐
428/2715	元倪瓚溪亭山色圖	倪 瓚	珂羅版	未詳	一	
428/4612	賀天健畫集	賀天健	珂羅版	民二三	一	著者捐
428/4784	胡鍾英女士畫集	胡鍾英	珂羅版	民二三	一	賀天健捐
八428/3877	石暘寄暢園介如峯圖	乾隆御筆	墨拓本		一	
428/5000	秦誼亭山水册	秦誼亭	珂羅版	民一四	一	秦聲潔捐
428/5023	微雲草堂畫存	秦岱源	珂羅版	民一七	一	秦巾潔捐
428/5038	諸家題古鑑閣校碑圖	秦清曾	珂羅版	民一一	四	秦駿葆捐
428/5038.2	錫山秦氏佚園十景圖册	秦清曾	珂羅版	民一七	一	
428/5099	秦鄰烟姑蘇十景册	秦鄰烟	珂羅版	民四	一	
428/6042	觚廬畫萃	吳觀岱	珂羅版	民五	二	著者捐
428/6042.2	南湖詩意	吳觀岱	珂羅版	宣統三	一	
428.1/7724	惠山復隱圖	閻仲彬	珂羅版	宣統三	一	
428.08/5021	藝苑眞賞集	秦絅孫	珂羅版	民四	六	
八428.08/6086	珠還書牒	無錫縣立圖書館	珂羅版	民一四	一	
428.1/5021	花鳥畫範	秦絅孫	珂羅版	民四	一	
428.7/1040	寉巢人物畫稿三千法	王 寉	石印本	民一八	六	著者捐
428.7/3084	小綠天盦簡明竹譜	竇 鎮	木刻本	宣統三	一	著者捐

430 雕 刻

430.3/3124	金石大字典	汪仁壽	石印本		三二	汪靜山捐
∧434/8086	珠還印存	無錫縣圖書館	石印本	民一四	二	
435/5031	遺篋錄	秦寶瓚	木刻本	光緒二九	四	
435/5031.2	續遺篋錄	秦寶瓚	木刻本	民一五	二	秦岐臣捐

440 圖畫圖案

442/1015	愛國習畫範本	王雲軒	求古齋		四	
442/1035	鉛筆習畫帖	丁寶書	文明	民二	二	
443/1035	簡單畫	丁寶書	文明	光緒三一	一	
443/1035.2	畫學教授規則	丁寶書	文明	光緒三四	一	
443/1035.3	圖畫教科書	丁寶書	文明	光緒三四	五	

480 音樂

480/3631	中國絲竹指南	祝湘石	大東	民一五	一	
∧481.3/6060	考律緒言	吳　鼎	鈔本	未詳	一	
∧481.3/6060.2	考律緒言摘鈔	吳　鼎	本館鈔本	未詳	一	
483/2738	單音第一唱歌集	侯鴻鑑	文明	光緒三三	二	
483/3631	絮花落	祝湘石	中華音樂會	民一五	一	
483/4463	銀幕名歌集	薛國治	上海世界音樂會印行		一	
483/8027	初等小學新體唱歌集	俞　粲	商務	民三	四	
483/8027.2	高等小學新體唱歌集	俞　粲	商務	民三	三	
483/8080	唱歌集	無錫市立第一國民學校	鉛印本	未詳	四	

490 游藝

∧494/1718	弈潛齋集譜	鄧元鏸	木刻本	光緒二四	一四	鄧敷若捐
∧494/3708	四子棋譜殘本	過文年	木刻本	未詳	一	

500 自然科學

507/7734	無錫理化博物學研究會講義	丹波敬三等	油印本	未詳		陶達三捐

510 數學

510/4101	算式解法	好敦司、開奈利著　華蘅芳述	製造局本	光緒二五	二	
510/4444	行素軒算稿五種	華蘅芳	木刻本	光緒八	七	張曾慰捐

510/4444.2	學算筆談	華蘅芳	鉛印本	光緒二二	四	
510/4444.3	思聚室數學算稿合編	蔣士棟	木刻本	光緒二三	一	蔣留春捐
510/8000	算學萬應編	俞　亮	文明書局	民元	一	
510.2/1032	算術書目提要	丁福保	木刻本	光緒一三	一	
511/3464	算術難題解決指南	沈顯芝	鉛印本	民國二三	一	
511/4444	算學餘譚	蔣士棟	木刻本	光緒一五	一	
511/4449	韴芬書屋算稿	蔣士棨	木刻本	光緒一六	一	
511.2/4429	訂正普通珠算課本	蔣仲懷	商務	民五	一	
511.2/4449	珠算增減法	蔣士棨	鉛印本	民三	一	
511.2/4474	珠算速計法	華印椿	生活書店	民二三	一	著者捐
512/1032	初等代數學講義	丁福保	文明	光緒三二	一	
512/1086	初等代數學獨修書	丁　鑄 吳錫麟	科學	光緒三二	一	
512/2341	決疑數學	傅蘭雅譯 華蘅芳述	石印本	光緒三二	二	
512/2824	代數難題解法	傅蘭雅譯 華蘅芳述	木刻本	未詳	六	
512/3132	定例式之理論	顧　澄	科學書局	光緒三四	一	
512/3132.2	譯學館代數學講義	顧　澄	科學書局	光緒三三	一	
512/4444	恆河沙館算草	華世芳	木刻本	光緒一一	一	張曾獻捐
512/6014	初等代數學教科書	吳廷槐	科學書局	光緒三三	一	
512/7744	大代數難題詳解	周　藩	商務	民二	一	
513/3132	幾何學初步	顧　澄	科學	光緒三三	一	
513/4702	高級幾何學	胡敦復	中華	民一四	一	
514/3132.2	新撰平面三角法教科書	顧　澄	商務	民二	一	
514/3804	三角數理	傅蘭雅譯 華蘅芳述	木刻本	未詳	六	
517/4461	微積溯源	傅蘭雅譯 華蘅芳述	木刻本	未詳	六	

520 天 文 學

520/8041	測候叢譚	金楷理譯 華蘅芳述	木刻本	未詳	二	
520.5/3149	氣象季刊	江蘇省立教育學院氣象觀察所	鉛印本	民二一		
527/2612	御風要術	金楷理譯 華蘅芳述	木刻本	未詳	二	
529/4444	日歷指南附續刊交合捷術	蔣士棟	鉛印本	民一九	二	著者捐

530 物 理 學

530/4644	物理學問答	楊壽桐	文明	光緒三二	一	
530/8317	普通物理學教科書	錢承駒	文明	民二	一	
533/2341	氣學叢談	傅蘭雅譯 華蘅芳述	石印本	未詳	一	
536/1024	物體遇熱改易說		木刻本	光緒二五	二	外交部捐
537/1252	電學摩電氣	傅蘭雅口譯 徐建寅筆述	木刻本	未詳	一	

540 化學

540/2341	化學鑑源補編	傅蘭雅譯 徐 壽述	木刻本	未詳	六	
540/4453	普通化學教科書	華文祺華申祺	文明	光緒三四	一	
540/4472	化學鑑源續編	傅蘭雅譯 徐 壽述	木刻本	未詳	六	外交部捐
540/8317	普通化學教科書	錢承駒	文明	民三	一	
540.2/2735	最新化學原質表	侯鴻鑑	石印本	光緒三一	一	
549/5038	礦物實驗教科書	秦汝欽	文明	宣統三	一	

560 理科

562/2738	初等理化教科書	侯鴻鑑	文明	光緒三三	一
562/4403	普通博物學教科書	華文祺	文明	光緒三三	一
562/8317	理科綱要	錢承駒	文明	宣統元	二

570 生物學

575.6/3794	人類進化之研究	過耀根	商務	民五	一

580 植物學

580/8080	最新植物學教科書	無錫譯書公會	文明	光緒三三	一
580/8317	普通植物學教科書	錢承駒	文明	民元	一

590 動物學

590/4403	中華中學動物學教科書	華文祺	中華	民二	一
∧595/1073	王孫經補遺	无悶道人	木刻本	光緒一八	一

600 應用科學

610 醫藥學

610/1032	內難經通論	丁福保	文明	民元	一	著者捐下略

610/1032.2	新醫學六種	丁福保	科學	民三	一
610/1032.3	醫學綱要	丁福保	醫學	光緒三四	三
610/1032.4	新脈學一夕談	丁福保	醫學	宣統二	一
610/1032.7	新內經	丁福保	文明	光緒三四	二
610/1032.8	實驗衛生學講本	丁福保	文明	宣統元	一
610/1032.9	德國醫學叢書	丁福保	文明	光緒三四	三
610/1032.10	醫學補習科講義	丁福保	文明	未詳	二
610.1/1032	免疫一夕談	丁福保	文明	宣統三	一
610.1/1032.2	病原細菌學	丁福保	醫學	民三	一
610.2/1032	歷代醫學書目提要	丁福保	文明	宣統二	一
610.2/5017	欽定四庫全書提要醫家類	中西醫學研究會	鉛印本	宣統三	一
610.2/6017	中外病名對照表	吳建原	醫學	民四	一
610.3/1032	醫學指南	丁福保	文明	民二	三
610.4/1032	醫界之鐵椎	丁福保	文明	宣統三	一
610.4/1032.2	南洋醫科考試問題答案	丁福保	文明	民二	一
610.5/1028	德華醫學雜誌	丁惠康	鉛印本	民一七	
610.5/1080	中西醫學報(九卷一號起)	丁錫康	鉛印本	民一六	
610.5/8082	衛生	無錫衛生委員會	鉛印本	民一二	一
610.9/1032	歷代名醫列傳	丁福保	文明	宣統元	一
610.9/1032.2	西洋醫學史	丁福保	醫學	民三	一
610.9/1032.3	醫話叢存	丁福保	文明	宣統二	一
610.9/4487	醫師開業術	萬　鈞	醫學	民四	一
610.9/7557	中國醫學史	陳邦賢	醫學	民九	一
611/1032	新撰解剖學講義	丁福保	醫學	民元	四
611/1032.2	胎生學	丁福保	醫學	民二	一
611/4400	腦髓與生殖之大研究	黃　章	文明	宣統元	一
611/4487	人體解剖實習法	萬　鈞	醫學	民四	一
612/1032	生理衛生學講義	丁福保	文明	光緒三二	一
612/1032.2	丁譯生理衛生教科書	丁福保	文明	宣統元	一
612/1231	生理學講義	孫祖烈	醫學	民五	二
612/4403	中學生理教科書	華文祺	中華	民二	一
612/1231	生理學中外名詞對照表	孫祖烈	醫學	民六	一
612.02/1032	人體生理圖	丁福保	醫學	光緒二八	一
612.7/4403	生殖談	華文祺	醫學	民二	一

613/1032	衛生格言	丁福保	醫學	未詳	一
613/1032.2	身之肥瘦法	丁福保	醫學	民三	一
613/1032.3	實驗却病法	丁福保	醫學	宣統三	一
613/1032.4	衛生學問答	丁福保	醫學	民二	一
613/1032.5	靜坐法精義	丁福保	醫學	民九	一
613/2242	靜坐三年	岸本能武太原著華文祺譯	醫學	民五	一
613/2793	夏令衛生談	佚光迪	醫學	民五	一
613/3165	長生不老祕訣	顧鳴盛	進步	民四	一
613/5074	天然生活法	秦同培	商務	民七	一
613.2/1032	胃腸養生法	丁福保	醫學	宣統二	一
613.2/1032.2	食物新本草	丁福保	醫學	民二	一
613.8/5074	精神衛生論	秦同培	商務	民五	一
613.9/1032	子之有無法	丁福保	醫學	民三	一
614/1032	學校健康之保護	丁福保	文明	宣統三	一
614.4/1032	預防傳染病之大研究	丁福保	文明	宣統三	一
614.4/1032.2	急性傳染病講義	丁福保	文明	宣統二	一
614.4/1032.3	傳染病之警告	丁福保	文明	宣統三	一
614.4/1032.4	赤痢實驗談	丁福保	文明	宣統二	一
614.4/4403	赤痢新論	華文祺	醫學	宣統二	一
614.5/1032	霍亂新論瘧疾新論合編	丁福保	文明	民元	一
614.5/1032.2	傷寒論通論	丁福保	文明	宣統元	一
614.5/1032.3	新傷寒論	丁福保	文明	光緒三四	一
614.5/1032.4	喉痧新論	丁福保	文明	民二	一
614.5/1231	發疹全書	孫祖烈	醫學	民六	一
614.5/7744	傳染病論	周 潘		民九	一
614.7/1032	人體寄生蟲病篇	丁福保	文明	宣統二	一
615/1032	家庭新醫學講本	丁福保	文明	宣統二	一
615/1032.2	普通醫學新智識	丁福保	文明	民二	一
615/1032.3	看護學	丁福保	文明	宣統三	一
615/1032.4	家庭侍疾法	丁福保	文明	宣統二	一
615/1032.5	醫學問答	丁福保	文明	宣統二	一
615/1032.6	公民醫學必讀	丁福保	文明	宣統二	一
615/1040	王旭高臨症醫案	王旭高	木刻本	光緒二四	四
615/1112	無錫張聿青先生醫案	張乃偉	鉛印本	同治二	六

615/1231	醫學常識	孫祖烈	泰東	民一一	一	著者捐
615/3432	醫驗隨筆	沈祖復	三三醫社	民一三	一	周小農捐
615/3771	過氏醫案	過　鑄	木刻本	光緒二四	一	顧叔惠捐
615/4403	無藥療病法	華文祺	文明	民二	一	
615/4420	華秉麾醫學心傳全書	華秉麾	鉛印本	民二二	五	著者捐
615/7795	周氏易簡方 周氏集驗方	周小農	醫藥學報社	民五	二	著者捐
615/7795.2	惜分陰軒醫案	周小農	醫藥學報社	民五	四	著者捐
615.1/1032	藥物學大成	丁福保	文明	宣統二	一	
615.1/4487	中外藥名對照表	萬　鈞	醫學書局	民二	一	
615.6/1032	中外醫通	丁福保	文明	宣統二	一	
615.6/1032.2	中西醫方彙通	丁福保	醫學	民三	一	
615.6/1032.3	藥物學一夕譚	丁福保	文明	宣統三	一	
615.6/1032.4	家庭新本草	丁福保	醫學	民三	一	
615.6/1032.5	漢法醫典	丁福保	文明	民五	一	
615.6/1032.6	古方通今	丁福保	文明	宣統元	一	
615.6/1032.7	臨牀醫典	丁福保	醫學	民二	一	
615.6/1032.9	增訂藥物學綱要	丁福保	文明	民三	一	
615.6/1032.10	實用經驗良方 兒科經驗良方	丁福保	文明	民元	一	
615.6/1032.11	新萬國藥方	丁福保	醫學	民三	一	
615.6/1032.12	新本草	丁福保	醫學	民元	一	
615.6/1032.14	普通藥物學教科書	丁福保	文明	宣統元	二	
615.6/1032.15	藥物學綱要	丁福保	文明	民元	一	
615.6/1032.16	西藥實驗譚	丁福保	醫學	宣統二	一	
615.6/1074	漢藥實驗譚	晉陵下士	醫學	民三	一	
615.6/4487	醫科大學院經驗方	萬　鈞	醫學	民三	一	
615.6/7795	周氏集驗方	周小農	石印本	宣統二	一	周小農捐
615.6/7796	集驗方撮要	周　惺	鉛印本	未詳	一	周小農捐
615.8/1032	西洋按摩術講義	丁福保	文明	宣統二	一	
616/1032	臨診指南	丁福保	醫學	民六	四	
616/1032.2	近世內科全書	丁福保	醫學	民三	二	
616/1032.3	診斷學大成	丁福保	文明	宣統二	二	
616/1032.4	內科分類審症法	丁福保	文明	民二	一	
616/1032.5	臨牀病理學	丁福保	醫學	民元	一	
616/1032.6	新撰病理學講義	丁福保	文明	宣統二	三	
616/1032.8	病理學一夕談	丁福保	文明	宣統二	一	

37

616/1032.9	新撰虛癆講義	丁福保	醫學	民元	一	
616/1032.10	初等診斷學教科書	丁福保	文明	宣統三	一	
616/1032.11	診斷學一夕談	丁福保	文明	民三	一	
616/1032.12	診斷學實地練習法	丁福保	文明	民二	一	
616/1032.13	內科學綱要	丁福保	醫學	民元	一	
616/3165	內科學一夕談	顧鳴盛	文明	宣統三	一	
616/3485	沈氏尊生書	沈金鰲	木刻本	同治一三	二六	
616/4377	虛癆五種	尤學周	鉛印本	民二〇	一	
616/4487	應用診斷學	萬　鈞	醫學	民三	一	
616.2/1032	肺癆病救護法	丁福保	文明	民元	一	
616.2/1032.2	肺癆病一夕談	丁福保	文明	宣統三	一	
616.2/1032.3	癆蟲戰爭記	丁福保	文明	民元	一	
616.2/4423	肺癆療養新論	蔣紹宋	保康醫院	民一七	一	
616.2/8855	肺癆病預防法	竹中成憲著 丁福保譯	文明	民二	一	
616.7/4403	神經衰弱之大研究	華文祺	文明	民三	一	
616.8/1032	瘰癧之原因及治法	丁福保	文明	宣統三	一	
616.8/1032.2	美容法	丁福保	文明	民二	一	
616.8/1032.3	花柳病療法	丁福保	文明	民二	一	
616.8/8314	人工美容術	錢　瑛	進步	民五	一	
616.9/0028	瘍科心得集	高秉均	木刻本	嘉慶一四	四	
616.9/1032	中風之原因及治法	丁福保	醫學	民二	一	
616.9/1032.3	脚氣病之原因及治法	丁福保	文明	宣統二	一	
616.9/3715	增訂治疔彙要	過玉書	木刻本	光緒二四	四	
617/1032	外科學一夕談	丁福保	醫學	民二	一	
617/1032.2	創傷療法	丁福保	文明	宣統三	一	
617/1032.3	簡明外科學	丁福保	文明	民二	一	
617/4487	外科總論	萬　鈞	醫學	民四	三	
617.7/1231	沙眼	孫祖烈	泰東	民一一	一	著者捐
618.1/1023	近世婦人科全書	丁福保	文明	民元	三	
618.1/7744	不姙症及治法	周　藩	文明	宣統三	一	
618.2/1032	產科學初步	丁福保	文明	宣統元	一	
618.2/7745	臨產須知	周莘農	石印本	民一二	一	朱少蘭捐
618.2/8855	竹氏產婆學	丁福保譯	文明	民二	一	
618.3/1032	姙婦診察法	丁福保	文明	宣統三	一	
618.3/4403	姙娠生理篇	華文祺	文明	宣統二	一	

618.4/4403	分娩生理篇	華文祺	文明	宣統二	一	
618.9/1032	新纂兒科學	丁福保	文明	宣統二	一	
618.9/1231	育兒之模範	孫祖烈	醫學	民六	一	
618.9/4377	兒科常識	尤學周	鉛印本	民二四	一	
618.9/6003	育兒談	足立寬著 丁福保譯	醫學	宣統元	一	
619/1032	近世法醫學	丁福保	醫學	宣統三	一	

620 工程學

620.74/2313	器象顯眞	徐建寅	木刻本	未詳	二	
620.84/8087	無錫縣清丈局規程	無錫縣清丈局	鉛印本	未詳	一	
620.1/2813	汽機必以	徐建寅	木刻本	未詳	六	
621.1/2840	汽機發軔	徐　壽	木刻本	未詳	四	
621.1/2813	汽機新制	徐建寅	木刻本	未詳	二	
622/2814	寶藏興焉	徐雪村	木刻本	未詳	一六	
623/2402	營陣揭要	徐　壽	木刻本	未詳	二	
625/1204	無錫縣道計劃書	孫靖圻	鉛印本	未詳	一	
626.1/4619	乾電池科講義	楊玉光	玉光電池研究社	未詳	一	
627/2710	無錫縣救濟旱潦之計劃書	鄒建章	鉛印本	民一二	一	水利研究會捐
627/3131	江浙水利聯合會審查員對于太湖局水利計劃工程大綱調查報告	江浙水利聯合會	鉛印本	民一〇	一	胡雨人捐
627/4718	民國十年水災後調查報告	胡雨人	鉛印本	民一〇	一	

630 農業

630.6/8087	無錫縣立農事試驗場試驗報告	無錫縣立蠶桑試驗場	鉛印本	民一五	三	
632.6/3100	治蝗全法	顧　彥	木刻本	光緒一四	一	兩部 顧玉書捐 許同藺捐
633/3128	作物學各論	顧　復	商務	民一七	一	
633.1/3128	改良小麥之管見	顧　復	鉛印本		一	
633.1/3128.2	改良江蘇稻作芻議	顧　復	鉛印本	民一九	一	
633.2/3752	植棉簡法	過探先	鉛印本	民一〇	一	
635/4447	無錫蔬類及種植物名錄	薛萬鵬	鉛印本	民二四	一	
637/4427	無錫惠康農場特刊	黃俠民	鉛印本	民二二	一	黃俠民捐
638/3149	江蘇省蠶業取締所二週工作報告	江蘇省蠶業取締所	鉛印本	民二一	一	
638/4081	實地養蠶法	李鍾瑞	中華書局	民二〇	一	薛明劍捐
638.1/3147	蜜蜂飼育法	顧樹屛	科學	民二	一	華叔琴捐

638.2/3149	江蘇省立育蠶試驗所演講會講義	江蘇省立育蠶試驗所	鉛印本	民九	一	
638.2/3149.2	江蘇省立育蠶試驗所彙刊	江蘇省立育蠶試驗所	鉛印本	民八	一	
638.2/3149.3	改良蠶桑淺說	江蘇省立育蠶試驗所	鉛印本	民七	一	
638.2/3149.4	江蘇省立育蠶試驗場七年春蠶飼育成績表	江蘇省立育蠶試驗場	油印本	民七	一	
638.2/4081	參觀蠶業研究所蠶桑改進會筆記	李毓珍	油印本	民七	一	薛明劍捐
638.2/4081.2	實用蠶業學	李鍾瑞	無錫雜誌社	民一六	一	
638.2/4081.3	實地養蠶法	李鍾瑞	中華書局	民二〇	一	
638.2/4444	無錫縣立蠶桑場民國十八年十一月工作	薛　英	鉛印本	民一八	一	

640 化學工藝

647/7712	實用染色法	陶平叔	有正	民九	一	

650 交通轉運

655.04/0031	鉄路與中國之需要	高祖武	鉛印本	民一二	一	
658/5023	中國航政史	秦佁源	油印本	民二一	一	

660 商業

660/8080	簡明商業教科書	無錫譯書公會	科學	光緒三二	一	
660.1/4663	中國商業衰落原因與如何發展	楊昌運	中央大學區通俗教育館	民一七	一	
660.2/4642	光緒各國通商歷年贏絀表	楊　楷	木刻本	光緒一六	一	許仲威捐
660.4/4441	無錫商埠籌備計劃意見書	范　標	鉛印本	民一一	一	范薪之捐
660.5/8087	無錫開化旅外商業同鄉會年刊	無錫開化旅外商業同鄉會	鉛印本	民一一	一	無錫開化旅外商業同鄉會捐
660.79/4644	泰西各國度量權衡考	楊　模	鉛印本	光緒二五	一	
663.3/3794	現代商業經營法	過耀根	商務	民七	一	
663.3/4403	新式販賣術	華文祺	商務	民七	一	
663.3/4404	銷貨法五百種	蔡文森	商務	民七	一	
667.04/3124	儲業瑣言	顧叔嘉	鉛印本	未詳	一	
667.3/0874	俄國煙業紀要	許同范	油印本	宣統二	一	
667.3/5093	煙草芻議	秦輝祖	文明	宣統元	一	
668.5/4641	光緒通商列表	楊　楷	木刻本	光緒一二	一	許仲威捐

670 製造工業

670.6/2738	參觀大正博覽會之報告	侯鴻鑑	鉛印本	民四	一	

670.6/3149	無錫實業現況調查	江蘇省立第三師範	油印本	民一三	一	江蘇省立第三師範捐
670.6/8382	南洋勸業會遊記	錢念岵	抄本	宣統二	一	錢念岵捐
672/4468	工場設計及管理	薛明劍	華新	民一六	一	
677/1032	多條繅絲法概要	王邴製絲所	鉛印本	民二三	一	
677/3162	繅絲淺說	顧鳴崗	鉛印本	民一〇	一	
677/4468	民衆實用工藝	薛明劍	鉛印本	民一八	四	薛明劍捐
677/8087	人鐘月刊	人鐘月刊社	鉛印本	民二〇		

680 機械工作

689/7774	創製中國打字機圖說	周厚坤	鉛印本	民四	一	侯鴻鑑捐

700 語言學

710 普通與比較的

710/1261	世界語高等文典	孫國璋	商務	民一一	一	著者捐
710/1261.2	世界語高等讀本	孫國璋	商務	未詳	一	著者捐

720 中國

721/1042	普通字母	王　鶴	抄本	民元	一	王　鶴捐
721/5078	國語正音法	秦鳳翔	鉛印本	民一〇	一	
722/1032.2	說文解字詁林	丁福保	醫學	民一七	六六	著者捐
722/1174	廣金石韻府	張鳳藻	木刻本	咸豐七	六	
⋀722/4426	古篆古義	蔣　和	木刻本	嘉慶二	一	
⋀722/4426.2	說文字源	蔣　和	木刻本	乾隆五九	四	
722/4427	字類標韻	華　綱	鴻寶書局	民二	一	
722/8344	文字源流	錢基博	油印本	民一一	一	錢基博捐
723/1042	國音旗語字典	王　鶴	抄本	民八	三	王　鶴捐
723/1042.2	部首改良字典	王　鶴	抄本	未詳	四	王　鶴捐
723.6/8080	漢文和解小辭典	無錫譯書公會	科學書局	光緒三二	一	
725/8344	語體文範	錢基博	鉛印本	民九	一	錢基博捐
725/8344.2	國文研究法	錢基博	油印本	未詳	一	錢基博捐
725/8341.3	國文講義彙刊	錢基博	鉛印本	民七	一	錢基博捐
725/8344.4	中國文法說例	錢基博	油印本	民四	一	基錢博捐
⋀726/3040	六書韻徵	安　吉	木刻本	道光一七	六	

∧726/3083	古韻溯源	安念祖	木刻本	道光一九	八	
726/3130	顧枕漁先生韻學兩種	顧　淳	木刻本	光緒二五	一	
∧726/4427	字類標韻	華　綱	木刻本	光緒元	二	
727/0003	南洋公學新國文	唐文治	振新書社	民三	四	
727/2302	作文示範	稽毅復	商務	民三	一	
727/2370	中學國文讀本	稽長康	科學	光緒三二	二	
727/3461	初級國語讀本	沈星一	中華	民一四	二	
727/3461.2	初級古文讀本	沈星一	中華	民一四	三	
727/4712	小學作文入門	胡君復	商務		一	
727/5074	歷代文評註讀本	秦同培	世界	民一二	四	
727/5074.2	清代文評註讀本	秦同培	世界	民一二	二	
727/5074.3	現代文讀本	秦同培	世界	民一二	二	
727/8344	國文講義	錢基博	油印本		一	錢基博捐

730 英　國

735/3121	英文法程彙譯必覽	馮緒承	文明	民三	一
735/6092	英文法獨修	吳榮鬯	文明	光緒二八	一
737/1040	中學英文教科書	王蘊章	商務	宣統三	一
737/4732	英文讀本文法合編	胡憲生		民一三	三

800 文　學

820 中國文學

820.2/3040	文譜	安　吉	木刻本	嘉慶一九	一	
∧820.3/1013	春秋經傳類聯	王武沂	木刻本	雍正一二	二	陶守恆捐
820.3/1104	庸隱廬聯存	張文藻	石印本	民一六	一	
820.3/3084	師竹廬聯話	竇　鎮	木刻本	民一〇	二	竇叔英捐
820.3/4712	古今聯語彙選初集	胡君復	商務	民七	一	
820.3/4712.2	古今聯語彙選二集	胡君復	商務	民八	四	
820.3/4712.3	古今聯語彙選三集	胡君復	商務	民一〇	三	
820.3/4712.4	古今聯語彙選補編	胡君復	商務	民一一	三	
∧820.3/7224	楹聯存稿	劉繼增	本館鈔本	未詳	一	
820.4/1157	論文約旨	張開泰	木刻本		一	劉書勳捐

820.7/8344	文最	錢基博	油印本	未詳	一	錢基博捐
820.9/3047	歷朝文學史	竇警凡	鉛印本	光緒三二	一	
820.9/8344	現代中國文學史長編	錢基博	油印本	民一九	四	著者捐
820.9/8347	中國文學史綱	錢基博	鉛印本	民六	一	錢基博捐
ㅅ821/0000.2	澹慮軒詩鈔		本館鈔本	民一八	一	
821/0018	寒蛩詩稿	辛丑年	木刻本	民五	一	辛榦捐
821/0(26	南湖己未東遊草	廉　泉	仿宋本	民八	一	廉南湖捐
821/0026.2	南湖集	廉　泉	仿宋聚珍本	民一三	一	俞仲還捐
821/0026.3	南湖夢還集	廉　泉	北平中華書局	民二〇	一	著者捐
821/0027	節庵集	高得陽	木刻本	光緒二〇	一	
821/0040	高忠憲公詩集	高攀龍	木刻本	同治一二	二	
ㅅ821/0040	高忠憲公詩集	高攀龍	鈔本	雍正一三	二	裘葆良捐
ㅅ821/0040.2	高子遺書	高攀龍	木刻本	光緒二	八	高映川捐
821/0040.2	高子遺書	高攀龍	木刻本	光緒二	一三	
821/0040.3	高子別集	高攀龍	木刻本	民五	三	唐蔚之捐
ㅅ821/0040.4	高子遺書節鈔續鈔目錄	高攀龍	油印本	民六	一	許同藺捐
821/0042	紫藤蘿吟館遺集	章婉儀	木刻本	光緒二一	一	華衍升捐
ㅅ821/0045	高臯占遺集	高世泰	本館鈔本	民八	一	
821/0074	寒香館遺稿	章　陞	木刻本	民五	四	辛　榦捐
821/0088	思娛齋詩鈔	章　簡	木刻本	光緒二六	一	章鴻逵捐
ㅅ821/0134	聽鶴山房愼思草堂吟稿	龔汝直等	鈔本	未詳	一	龔海臣捐
ㅅ821/0134.2	聽鶴山房愼思草堂吟稿	龔汝直等	本館鈔本	未詳	一	龔海臣捐
821/0196	錫山龔氏遺書	龔　焜	鉛印本	民九	一	龔導寸捐
ㅅ821/0437	類谷居文稿	諸　洛	本館鈔本	未詳	一	
821/0811	復庵遺集	許　珏	鉛印本	民一一	八	許仲威捐
821/0811.2	復庵文集	許　珏	鉛印本	民一一	四	許仲威捐
ㅅ821/0811.3	復庵先生集	許　珏	仿宋鉛印本	民五	二	許文伯捐
ㅅ821/0811.4	六有齋集	施建烈	鈔本	未詳	二	
821/0816	一枝軒稿	施　晉	木刻本	嘉慶二二	二	
821/0843	懸瓢軒稿	許　棫	鉛印本	民二三	一	王蔭千捐
821/0867	仁安堂文集序	許國鳳	鉛印本	民一八	一	許國鳳捐
821/0874	聽香仙館詩詞鈔	許巨梠	木刻本	光緒二〇	四	劉書勳捐
ㅅ821/1003	具茨詩集	王立道	本館鈔本	乾隆四九	三	
ㅅ821/1003.4	具茨文集	王立道	本館鈔本	未詳	五	

821/1013	雲外朱樓集	王西神	鉛印本	民二三	二	著者捐
∧821/1022	王舍人詩集	王　紱	本館鈔本	乾隆四九	四	
821/1028	問源草廬十六景題詠	王穎鋭	木刻本	乾隆三九	一	王劍潭捐
821/1034.2	天游集	王　達	木刻本	道光二一	四	王劍潭捐
∧821/1043.5	芳洲詩稿拾石齋詩稿合册	丁芳洲等	本館鈔本	未詳	一	
821/1043.6	丁氏喬梓集	丁芳洲等	抄本	未詳	一	
821/1044.3	紅棠閣詩文鈔	王芝林	木刻本	光緒一三	四	孫仲襄捐 王劍潭捐
821/1045	養閒齋詩集	王世忠	鉛印本	民一二	一	
821/1076	王仲山詩選	王問時	木刻本	光緒一四	二	
821/1081	逸雲詩鈔	王錫晉	鉛印本	民一七	一	
∧821/1083	樂皐山堂詩稿	王會汾	鈔本	未詳	四	
∧821/1088.2	醉經草堂前集	王　鑑	本館鈔本	乾隆二	六	
821/1104	張南湖詩詞存	張應鬮	鉛印本	民一〇	一	張　鑑捐
821/1104.2	張南湖旅外小草	張應鬮	鉛印本	民一〇	一	
∧821/1104.2	旅外小草	張應鬮	本館鈔本	未詳	一	
∧821/1104.4	嶧青閣稿	張應鬮	鈔本	未詳	一	秦毓鈞捐
821/1115	雲耕叢稿	張雲耕	鉛印本	民一六	一	張雲耕捐
∧821/1123	醉墨軒詩鈔	張步瀛	鈔本	乾隆五九	三	
∧821/1123.2	醉墨軒遺文	張步瀛	本館鈔本	民一八	一	孫寶鋭捐
821/1123.3	醉墨軒遺稿	張步瀛	木刻本	民二三	二	張漱石捐
821/1127	張端甫遺稿	張岳駿	鉛印本	民七	一	吳日永捐
∧821/1133	谷齋燹牘	張鴻猷	木刻本	光緒二〇	一	二部 許同藺捐 張曾㦤捐
821/1188	辛廬拾存	張　鑑	鉛印本	民一五	二	張杏村捐
821/1188.2	冬青館集	張　鑑	木刻本	未詳	六	
821/1213	泰雲堂全集	孫爾準	木刻本	光緒三一	四	許同莘捐 孫少宰第捐
∧821/1213	泰雲堂全集	孫爾準	木刻本		六	許同莘捐
821/1222	孫宗伯集	孫繼皋	木刻本	光緒一八	一二	孫揆均捐
∧821/1222	孫宗伯集	孫繼皋	木刻本	未詳	一〇	孫少宰第捐
821/1233	寶嚴堂詩	孫永清	仿宋聚珍本	民六	一	孫思贊捐
∧821/1233	孫春臺中丞寶嚴堂詩集	孫永清	抄本	未詳	一	孫映高捐
821/1234	簫心劍氣樓詩存	孫肇圻	鉛印本	民二一	一	
821/1242	孫仰晦先生文集	孫希朱	木刻本	同治一〇	二	
∧821/1242	日新齋文集	孫希朱	抄本	未詳	二	
821/1251	次皙次齋遺文	孫振烈	鉛印本	民八	一	孫肇圻捐
821/1253	經雅堂遺稿	孫慧良	木刻本	光緒六	一	

44

821/1254	二知齋遺稿	孫贊堯	鈔本		一	孫家復捐
821/1254.2	寒匡集	孫揆均	中華	民一三	一	俞仲還捐
821/1261	妙香居遺稿	孫　顯	木刻本	民四	一	孫思贊捐
∧821/1261.2	四槐寄廬類稿	孫鼎烈	抄本	未詳	四	孫屏東捐
∧821/1297	邯山先生遺稿	強　恂	抄本	未詳	二	
∧821/1713	雙桂軒詩稿	鄧登瀛	抄本	未詳	一	
821/1718	清足居集	鄧　瑜	木刻本	光緒二三	一	
∧821/1730	容春堂前集	邵　寶	木刻本	雍正九	四	
∧821/1730.2	容春堂後集	邵　寶	抄本	未詳	四	
∧821/1730.3	容春堂續集	邵　寶	抄本	未詳	八	
∧821/1730.4	容春堂別集	邵　寶	抄本	未詳	二	
∧821/2009	季苓洲詩文稿	季麟光	木刻本	未詳	六	
821/2200	心浪	艸　鹿	鉛印本		一	芮　麟捐
821/2307	筆花書屋詩鈔	嵇文駿	木刻本	同治九	二	許同藺捐
821/2314	錫慶堂詩集	嵇　璜	木刻本	咸豐九	二	陸士奎捐
821/2332	抱犢山房集	嵇永仁	木刻本	同治元	二	陸士奎捐
∧821/2332	抱犢山房集殘本	嵇永仁	鈔本	未詳	一	
∧821/2344	花間小草	嵇　苓	鈔本	未詳	一	
∧821/2388	師善堂詩集	稽曾筠	本館抄本		四	
∧821/2388	師善堂詩集	稽曾筠		雍正　年	四	
∧821/2544	澹菴文存	朱蔭培	本館鈔本		一	
821/2583	素菴文存	朱鏡澄	鉛印本		一	
821/2584	杏林吟草	朱錦英	本館鈔本	道光二七	一	
∧821/2584.2	東里草堂詩草	朱錦英	本館抄本	未詳	一	
821/2704.3	蘋香書屋文鈔	鄒文桂	木刻本	光緒三四	一	鄒新甫捐
821/2712	三借廬贍稿	鄒　弢	鉛印本	民三	二	鄒翰飛捐
821/2712.2	三借廬贍稿續	鄒　弢	鉛印本	民一二	一	秦伯罶捐
821/2712.3	三借廬集	鄒　弢	鉛印本	民二一	二	鄒翰飛捐
821/2714	清閟閣詩集	倪　瓚	木刻本	民六	四	倪　城捐
∧821/2714.2	倪雲林詩集	倪　瓚	木刻本	未詳	五	
821/2717	愼齋詩稿	包　理	木刻本	同治七	一	
∧821/2719	始青閣稿	鄒迪光	木刻本	未詳	一〇	
∧821/2719.2	愚公谷乘	鄒迪光	抄本	未詳	一	
821/2724	紉餘小草	鄒佩蘭	木刻本	光緒六	一	張守義捐

∧821/2729	借柳軒詩	鄒升恆	木刻本	未詳	八	許同藺捐
821/2738	病驥五十無量刼反省草	侯鴻鑑	鉛印本	民一〇	一	侯鴻鑑捐
821/2738.2	病驥詩文存	侯鴻鑑	鉛印本	宣統三	二	侯鴻鑑捐
821/2742	古杼秋館遺稿	侯　楨	木刻本	光緒二三	二	許同莘捐
821/2742.2	古杼秋館詩鈔	侯　楨	石印本	民四	一	侯學愈捐 吳禮讓堂捐
∧821/2744	幻庵和尙詩集	幻　庵	鈔本	未詳	一	許同藺捐
821/2761	醉花蔭軒文鈔	侯星聯	鉛印本	民九	一	侯鴻鑑捐
821/2761.2	醉花蔭軒詩鈔	侯星聯	鉛印本	民九	一	侯鴻鑑捐
821/2764	寶素齋詩鈔	鄒鳴鶴	木刻本	未詳	一	
821/2764.2	世忠堂文集	鄒鳴鶴	木刻本	同治二	八	
821/2774	洗心齋稿	侯鳳苞	木刻本	嘉慶一一	一	孫思贄捐
821/2778	環溪草堂詩稿	侯學愈	鉛印本	民四	一	著者捐
821/2778.2	吟鷗水榭詩稿	侯學愈	鉛印本	民二三	一	著者捐
∧821/2795	午風堂集	鄒炳泰	木刻本	嘉慶四	六	
∧821/2852	綠瀛軒詩集	徐　挻	木刻本		一	許溯伊捐
821/2880	玉山閣文選	徐鏐慶	木刻本	道光一〇	一	
821/3004	飛香圃詩集	安　詩	木刻本	未詳	一	
∧821/3004.2	飛香圃文集	安　詩	本館鈔本	未詳	一	
∧821/3007	安大令文稿	安廣居	抄本	未詳	一	
∧821/3011	不在玆集	安　璿	鈔本	未詳	四	
∧821/3011.2	安孟公遺稿	安　璿	抄本	未詳	二	楊味雲捐
821/3019	燹餘遺稿	竇承焯	木刻本	宣統三	一	竇鎮捐
∧821/3040	十二山人文集	安　吉	本館鈔本	未詳	四	
∧821/3040.2	安彙占先生詩文鈔	安　吉	抄本	未詳	二	
∧821/3044	天全堂集	安希范	木刻本	乾隆四六	二	
∧821/3044	天全堂集	安希范	抄本	未詳	一	
821/3048	綺雲樓雜著	竇士鏞	鉛印本	宣統元	一	
821/3048.2	澹遠軒文集	竇士鏞	鉛印本	宣統二	一	
821/3048.3	竇曉湘先生集	竇士鏞	鉛印本	宣統三	四	錢宗濂捐
∧821/3080	安蘭巖詩鈔	安　全	本館抄本	未詳	一	
821/3084	小綠天盦文稿	竇　鎮	木刻本	民八	二	著者捐
821/3084.2	小綠天盦詩詞草	竇　鎮	木刻本	民八	一	著者捐
821/3112	淯溪莊遺集	顧可久	鉛印本	民八	一	顧麟書捐
∧821/3112.2	顧憲副集	顧可久	本館鈔本	未詳	一	

821/3124.2	顧梁汾先生詩詞集	顧貞觀	鉛印本	民二三	二	
821/3130	青琅玕館遺稿	顧　濟	木刻本	光緒二一	一	顧玉書捐
∧821/3135	涇臯藏稿	顧憲成	抄本	未詳	一	
∧821/3140	不是集	浦起龍	抄本	咸豐四	六	
821/3144.3	自怡軒詩詞存	顧　荃			一	
821/3145	吟花新篇	顧森書	木刻本	光緒二五	一	孫思贊捐
821/3145.2	篁韻龕詩稿	顧森書	木刻本	光緒三二	二	顧典書捐
∧821/3145.3	存敬畏齋文鈔	顧森書	本館鈔本	未詳	二	
∧821/3147	金粟龕詩稿	顧　翃	抄本	未詳	一	楊道霖捐
∧821/3148	拜石山房未刻詩稿	顧　翰	本館抄本	未詳	一	
821/3149	顧雙溪集	顧奎光	鉛印本	光緒二一	二	顧玉書捐
∧821/3160	悟秋草堂詩集	顧　杲	木刻本	光緒元	二	
821/3167	訥龕叢稿	顧鳴鳳	木刻本	宣統三	六	
821/3181	苓莊遺稿	顧　鈺	木刻本	民八	一	顧麟書捐
821/3182	達廬詩録	馮善徵	鉛印本	民四	一	
∧821/3185	菰蘆吟	顧錦春	木刻本	未詳	一	孫思齋捐
821/3187	綠梅影樓詩詞存	顧　翊	木刻本	光緒一四	一	楊小蕩捐
821/3189	辟疆園遺集	顧敏恆	木刻本	光緒一八	四	
821/3194	響泉集	顧光旭	木刻本	宣統二	四	
∧821/3194	響泉集	顧光旭	木刻本	宣統二	四	顧鳴鳳捐
∧821/32772	曉滄集	潘　果	本館鈔本	未詳	一	
∧821/3277.2	曉滄集	潘　果	抄本	未詳	一	丁福保捐
821/3286	湖山疊影樓詩鈔	潘　錦	木刻本	民六	二	
821/3340	釀蜜集	浦起龍	木刻本	光緒二七	四	王蘊章捐
∧821/3444	望月軒詩詞稿	沈　英	本館鈔本	未詳	一	
821/3478	濈泉樓詩文集	凌學攽	鉛印本	民一二	二	
∧821/3499	七二青芙蓉館詩	沈　鎣	本館抄本	未詳	一	
821/3499.2	沈晴庚詩文集	沈　鎣	鉛印本	民二〇	二	秦聲潔捐
821/3624	黛吟樓遺稿	温倩華	鉛印本		一	過暢侯捐
821/4027	李梁溪全集	李　綱	木刻本	未詳	三六	
∧821/4048.3	南泉詩鈔	李　枚	本館鈔本	未詳	一	
∧821/4234.3	端甫遺稿	姚福增	本館鈔本	未詳	一	
821/4332	明秋館集	裘凌仙	鉛印本	宣統三	二	
821/4404	閑吟處詩草	華文桂	木刻本	道光五	一	

47

∧821/4407.4	雲川閣集	杜　詔	木刻本	未詳	七	
821/4409	玉廬詩稿初集	芮　麟	鉛印本	民一九	一	
821/4412	荔雨軒詩文集	華翼綸	木刻本	光緒九	四	
∧821/4412.2	四勿齋鴟泪詩鈔	華爾行	抄本	未詳	二	
∧821/4412.3	遼陽稿	黃正色	本館鈔本	未詳	一	
∧821/4413.3	澹園文集	華玉淳	本館鈔本	未詳	一	
821/4418.2	萬樹梨花館詩稿	范廷銓	鉛印本		二	著者捐
821/4421	拙存堂文集	蔣　衡	鉛印本	民四	一	蔣萬里捐
821/4421.3	黃楊集	華幼武	木刻本	同治一三	二	華士巽捐
∧821/4421.3	黃楊集	華幼武	木刻本	同治一三	二	錢念岵捐
∧821/4423.2	小樊川詩鈔	杜　雋	本館鈔本	光緒七	二	
821/4424.2	行素軒詩文存	華蘅芳	木刻本	光緒二四	一	張曾慰捐
821/4424.3	自首集	莫牡英	鉛印本	民一九	一	
821/4428.2	堵文忠公全集	堵允錫	木刻本	道光三四	六	
821/4430	華學士皇華類編	華　察	木刻本	光緒三	四	
∧821/4430.3	巖居稿	華　察	木刻本	光緒元	二	
∧821/4430.4	左之詩草	華　宜	本館鈔本	未詳	一	
821/4432	青萍軒詩文錄	薛福保	木刻本	光緒八	一	孫思贊捐
821/4432.2	吟梅仙館詩詞稿	蔣汝僴	鉛印本	民一七	一	蔣遇春捐
821/4432.3	紫櫻仙館詩詞草僅存	蔣汝倫	鉛印本	民一八	一	
∧821/4433.2	樫竹齋詩鈔	蔡　濬	本館鈔本	未詳	一	
821/4434.3	華豫庵先生集	華啓直	木刻本	宣統三	二	陸士奎捐
∧821/4434.4	悔餘吟社詩詞稿	華汝楫	本館鈔本	未詳	一	
821/4435	庸盦文別集	薛福成	石印本	光緒二九	六	胡玆僑捐
∧821/4437.2	逸軒詩草	杜漢階	本館鈔本	未詳	一	
∧821/4438	焉文堂集	黃家舒	本館鈔本	未詳	二	
∧821/4440.2	亦人詩鈔	華　有	本館鈔本	未詳	一	
∧821/4441	怡安室遺稿	華韞珣	鈔本	未詳	一	
∧821/4444.3	弟禾吟草	華　蓴	本館鈔本	未詳	一	
821/4447	延綠閣集	華希閔	木刻本	光緒二二	六	華衍升捐
821/4448	怡雲草堂詩詞存	蔣大鏞	鉛印本	民一八	一	蔣遇春捐
821/4448.2	忠雅堂集	蔣士銓	木刻本	嘉慶二二	一〇	
821/4451	旅游小草	華　振	木刻本	光緒二	一	
821/4453	讀杜心解	杜甫著浦起龍正		雍正三	八	

48

∧821/4453.4	杜詩註解	杜甫著顧宸註	木刻本	康熙癸卯	六	
∧821/4453.5	杜詩分類集註	杜甫著邵寶註	木刻本	未詳	二四	
821/4484	還樂軒雜著	范　鑄	鉛印本	未詳	一	范谷泉捐
821/4487	孟和詩草	范　鈞	木刻本	光緒一六	一	丁寶書捐
821/4494.4	華氏慮得集	華宗韡	木刻本	同治一一	一	華士巽捐
821/4603	雲逗樓集	楊度汪	木刻本	光緒六	二	
∧821/4613	選雲樓詩鈔	楊　琬	本館鈔本	未詳	一	
∧821/4525	西溪詩成	觀我成巳	鈔本	未詳	一	
∧821/464?	楊伯夔詩	楊夔生	抄本	未詳	一	余勵吾捐
821/4643	寒翠居文吟草	楊志濂	鉛印本	民二一	三	著者捐
821/4644	蟄盦文存	楊　模	鉛印本	宣統三	二	楊　模捐
821/4644.2	夢梅仙館綠蕚軒合草	楊　藻等	木刻本	民五	一	寶　鎮捐
∧821/4644.3	眞松閣詞	楊　夔	木刻本	光緒元	二	孫仲襄捐
821/4644.5	雲在山房類稿	楊壽枏	木刻本	民一九	五	著者捐
821/4649	芙蓉山館全集	楊芳燦	木刻本	道光二四	八	
821/4649.2	吟香室詩鈔	楊蘊輝	木刻本	光緒二三	二	余夢齡捐
∧821/4649.?	吟香室詩鈔	楊蘊輝	木刻本	光緒二三	二	
∧821/4649.3	綠雲吟館詩稿	楊英燦	本館鈔本	未詳	一	
∧821/4649.4	荊圃唱和集	楊芳燦	鈔本	嘉慶	四	許修直捐
∧821/4651	雙梧桐館集	楊　揩	木刻本	嘉慶一〇	一〇	
821/4652	桐華吟館詩稿	楊　掞	木刻本	乾隆五七	二	祝心淵捐
∧821/4658	春草軒詩存	楊　掄	本館鈔本	未詳	二	
∧821/4673	曉霞閣詩草	楊鳳祥	鈔本	咸豐四	一	余夢齡捐
∧821/4734	胡達渠文集	胡　濤	鈔本	未詳	一	
821/4786	西麓詩鈔	胡介昌	鉛印本	民一三	一	陶達三捐
821/4786.2	西麓詩鈔乙集	胡介昌	鉛印本	民二〇	二	著者捐
821/4947	錫麓歸耕圖唱和詩	趙起鵬	鉛印本	光緒一六	一	陸士奎捐
821/5004	涵村詩集	秦文超	木刻本	光緒六	五	
∧821/5010	微雲山館詩集	秦喬章	本館鈔本	未詳	一	
∧821/5012	東皋詩集	秦　璠	本館鈔本	未詳	二	
∧821/5014	潹漁詩存	秦　琦	鈔本	未詳	一	
821/5015	冷紅館賸稿	秦　臻	木刻本	光緒一一	三	秦岐臣捐
∧821/5015	冷紅館賸稿	秦　臻	木刻本	光緒一一	三	
821/5018	自娛草	秦　玠	木刻本	嘉慶二一	一	

49

821/5021	城西草堂詩集	秦緗武	木刻本	未詳	一	顧延祚捐
∧821/5021	城西草堂詩集	秦緗武	本館鈔本	未詳	一	
∧821/5024	秦修敬封君集	秦修敬等	本館鈔本	未詳	一	
821/5028	吳門游草	秦　儀	木刻本	乾隆三八	一	
821/5029	虹橋老屋遺稿	秦緗業	木刻本	光緒二二	三	丁寶書捐
∧821/5030	小峴山人全集	秦　瀛	木刻本	嘉慶二二	一〇	
∧821/5030	小峴山人詩集	秦　瀛	木刻本	嘉慶五	八	
821/5031	竣實齋文稿	秦寶璣	木刻本	光緒一四	一	孫思贊捐
821/5031.2	霜傑齋集	秦寶璣	木刻本	光緒一二	一	許同藺捐
821/5031.3	自問稿	秦　汧	鈔本	未詳	一	秦毓鈞捐
∧821/5031.3	自問稿	秦　汧	本館鈔本	未詳	一	
∧821/5037	竹外山房詩集	秦　潮	木刻本	乾隆六〇	一	秦毓鈞捐
621/5038	劍霜龕吟稿	秦寶鑑	鉛印本	嘉慶二	一	徐彥寬捐
∧821/5042	蒼峴山人集	秦松齡	本館鈔本	未詳	一	
∧821/5042.2	粤中吟草	秦大受	本館鈔本	未詳	一	
∧831/5043	恰好處文存	秦芝清	本館鈔本	未詳	一	
821/5044	浮槎山館詩集	史臺懋	鉛印本	民一三	一	
821/5044.2	晚紅軒賸稿	秦郊農	石印本	民九	二	著者捐
821/5044.3	晚紅軒隨筆	秦郊農	石印本	民一四	二	著者捐
∧821/5044.4	留雲仙館詩文鈔	秦　樹	鈔本	未詳	一	
∧821/5044.5	五峯遺稿	秦　夔	本館鈔本	未詳	四	
∧821/5044.6	凊湖集	秦　植	本館鈔本		二	
821/5046	消閒草	秦若暘	木刻本	嘉慶一六	一	
821/5046.2	秦淮海集	秦　觀	木刻本	未詳	六	
∧821/5048	岵齋詩存	秦朝釪	本館鈔本	未詳	一	
∧821/5049	楞香賸鈔	秦大光	本館鈔本	未詳	一	
∧821/5061	滌塵文集	秦國璋	本館鈔本	未詳	一	
821/5069	微雲樓詩集	秦昌焯	木刻本	光緒一四	一	
∧821/5077	峨寒齋文鈔	秦　堅	本館鈔本	未詳	一	
∧821/5083	秦補念詩集	秦　鉽	本館鈔本	未詳	一	
821/5090	碧梧桐館詩存	秦炳文	鉛印	民二一	一	秦聲潔捐
∧821/5096	秦誼亭遺詩	秦　燿	本館鈔本	未詳	一	
821/5097	水竹軒詩鈔	秦　煥	鉛印	民一六	一	
821/6021.2	淨居詩錄	吳佐璜	鉛印本		一	
∧821/6023.3	晁具茨詩集箋註	晁冲之	木刻本		四	

821/6044.2	吳淵穎集箋註	吳萊著 王邦采箋	木刻本	光緒元	四	
∧821/6044.2	吳淵穎詩集	吳萊著 王邦采箋	木刻本	未詳	五	
821/6603	二嚴先生詩	嚴文波	石印本	民一二	一	嚴穀孫捐
821/6621	秋水集	嚴繩孫	木刻本	民六	四	
∧821/6621.2	藕漁文 澹雪齋集合鈔	嚴繩孫	本館鈔本	未詳	一	許仲威捐
∧821/6621.3	嚴秋水先生集	嚴繩孫	抄本	未詳	一	
821/6683	嚴廉訪遺稿	嚴金清	鉛印本	民一二	四	
∧821/7132	荊南唱和詩集	馬治等	本館鈔本	未詳	一	
∧821/7144	澹寧居詩集	馬世奇	抄本	未詳	二	廉泉捐
821/7224	寄漚詩文鈔	劉繼增	仿宋聚珍本	民一一	三	
∧821/7224.2	寄漚文稿	劉繼增	本館鈔本	未詳	一	
821/7401	陸龍崗先生不負草堂詩稿	陸慶元	鉛印本	民一六	一	陸鳴叔捐
∧821/7521.2	鐵山情響 情籟	陳伯埸	木刻本	未詳	一	陳烈捐
∧821/7553	拂珊吟	陳慧之	本館鈔本	未詳	一	
821/7724	澣餘集	周佩蓀	石印本	咸豐一一	一	顧延祚捐
∧821/7742	香珊瑚書屋駢文稿	周有壬	本館鈔本	未詳	一	
821/7778	删亭文集	周同愈	鉛印本	光緒三三	一	周厚培捐
821/7780	犢山類稿	周鎬	木刻本	光緒一〇	八	許修直捐
821/7788	晚香集	周鲁鏞	仿宋聚珍本	民一七	一	
821/7796	寶學堂存稿	陶龢昇	鉛印本	民一〇	一	陶守恆捐
821/7918	一家詩詞鈔	滕元鑑等	木刻本	光緒二七	一	二部
∧821/8015	心禪詩稿	余一鼇	本館鈔本	未詳	一	
821/8032	尊小學齋集	余治	木刻本	光緒九	二	
821/8323	無錫錢嘯樓先生遺稿	錢俊選	蘇州利蘇印書社	未詳	一	華酌亭捐
821/8324	麟洲雜著	錢贊黃	木刻本	光緒二四	四	
821/8333	讀書處詩鈔	錢宗濂	鈔本	未詳	一	
821/8337	哀蟬落葉集	錢海岳	鉛印本	民五	一	
821/8337.2	海岳文編	錢海岳	鉛印本	民二一	一	
821/8339	丹魁書屋賸稿	錢福瑋	鉛印本	宣統元	一	
821/8344	師範集	錢基博	油印本	未詳	一	
821/8347	詹詹錄	錢基厚	鉛印本	民六	一	
821/8347.2	衣鉢集約鈔	錢基厚	鉛印本	民六	一	
∧821/8353	十峯詩集	錢肅潤	本館鈔本	未詳	一	

51

∧821/8353.2	十峯文集	錢肅潤	本館鈔本	未詳	一	
821/8354	薇堂詩稿	錢春臺	鉛印本	民一〇	二	
821/8354.2	廿泉鄉人稿	錢泰吉	木刻本	同治三	七	
∧821/8728	豫游小草	鄭繼善	抄本	未詳	四	侯祖述捐
∧821/9934	半讀齋賸稿	榮汝楫	本館鈔本	未詳	一	
821/9935	洞泉詩鈔	榮　漣	鉛印本	民二二	一	繩武樓捐
821/9994	蘭言居遺稿	榮光世	鉛印本	民二二	一	同上
821.1/1032	漢魏六朝名家集	丁福保	鉛印本	宣統三	三〇	丁福保捐
822.1/0026	南湖東遊草	廉　泉	仿宋聚珍本	民七	一	廉泉捐
∧822.1/0044	觀民節霞合刻	高世觀	木刻本	未詳	一	
∧822.1/0045	慧川園集	唐楝等	木刻本	未詳	一	
822.1/0197	錫山龔氏遺詩	龔偓等	木刻本	未詳	一	陸雲輝捐
∧822.1/0844	瓣香集	許　英	木刻本	乾隆二八	六	丁福保捐
822.1/1032	八代詩精華錄箋註	丁福保輯	鉛印本	民五	二	丁福保捐
822.1/1032.2	全漢三國南北朝詩	丁福保	鉛印本	民五	二〇	丁福保捐
∧822.1/1058	宋詩類選	王史鑑	木刻本	康熙五一	一〇	
822.1/1064	古詩選	王國楝	石印本	民三	一	
822.1/1245	錫山孫氏詩存	孫楝等	木刻本	道光二二	一	
∧822.1/1768	鄧氏一家集	鄧恩錫等	本館鈔本	未詳	一	
822.1/2540	宋元明詩約鈔	朱　梓編 華黼臣註	木刻本	咸豐八	一	孫思贊捐
822.1/2778	續梁溪詩鈔	侯學愈	鉛印本	民九	八	著者捐
822.1/2880	玉山閣詩選	徐鑅慶	木刻本	道光一〇	二	
822.1/3060	膠山安氏詩集	安國等	木刻本	乾隆五八	一	安達初捐
∧822.1/3083	膠山安氏詩補	安念祖	木刻本	嘉慶二二	一	同上
822.1/3105	勤斯堂詩彙編	顧應音	木刻本	光緒二二	二	
822.1/3131	紅梵精舍女弟子詩	顧憲融	鉛印本	民一七	一	秦慕陸捐
∧822.1/3142.2	類選苑詩秀句	顧起綸	木刻本	未詳	六	
822.1/3194	梁溪詩鈔	顧光旭	木刻本	宣統三	二四	
∧822.1/3194	梁溪詩鈔	顧光旭	木刻本	宣統三	二四	顧倬捐
∧822.1/3149	金詩選	顧奎光	木刻本	未詳	二	
∧822.1/3149.2	元詩選	顧奎光	木刻本	乾隆一六	四	
822.1/3733	詩選	過福祺等	油印本		一	
822.1/4403	華氏金粟鎭詩存	華　斌等	木刻本	光緒五	一	孫思贊捐
∧822.1/4404	二柳村莊吟社詩選	華文彬	本館鈔本	未詳	一	
∧822.1/4407	唐詩叩彈集	杜　詔	木刻本	康熙四三	六	許同莘捐

822.1/4443	唐詩三百首	蘅塘退士	鉛印本	未詳	二	
822.1/4471	唐人五言排律殘本	蔣鵬翮 秦希敏參訂	木刻本	未詳	六	陶守恆捐
822.1/4635	唐詩釋	楊逢春	木刻本	乾隆三九	六	
822.1/4917	同岑五家詩鈔	趙　函	木刻本	道光九	五	楊仁山捐
∧822.1/4917	同岑五家詩鈔	趙　函	木刻本	道光九	五	
822.1/5042	秦氏詩鈔	秦　彬	木刻本	道光一九	六	
822.1/5046	秦氏三府君集	秦　旭等	木刻本	民一八	三	[illegible]捐
822.1/5520	花蕚集	曹允文	仿宋聚珍本	民一八	一	曹衡之捐
∧822.1/5526	全唐七言律詩註	曹　巖	抄本	未詳		
∧822.1/5526.2	選詩補註	曹　巖	抄本	未詳	一	
822.1/6641	桐江釣台集	嚴懋功	鉛印本	民一五	四	嚴肖蘭捐
∧822.1/7241	清六家詩鈔	劉執玉	木刻本	乾隆三二	一二	
∧822.1/8030	明人小集	俞　憲	木刻本	未詳	八	
822.1/8030.2	盛明百家詩前編	俞　憲	木刻本	嘉慶四	二一	
∧822.1/8030.3	盛明百家詩後編	俞　憲	木刻本	嘉慶四	三三	丁福保捐
822.1/8387	錢氏傳芳集	錢　鏐等	木刻本	嘉慶一五	一	錢念岵捐
∧822.1/9742	毗陵六逸詩鈔	惲　格等	本館鈔本	未詳	四	
∧822.4/1022	聽秋聲館詞話	丁紹儀	木刻本	同治八	四	
822.4/1032	歷代詩話續編	丁福保	鉛印本	民五	二四	
822.4/1032.2	清詩話	丁福保	鉛印本	民五	二〇	
822.4/1040	然脂餘韻	王蘊章	木刻本	民七	三	著者捐
∧822.4/4649	金箱薈說	楊芳燦等	本館鈔本	未詳	四	
822.4/5061	淮海先生詩詞叢話	秦國璋	木刻本	民三	一	秦特臣捐
∧822.5/1011	詞家玉律	王一元	抄本	未詳	一二	
∧822.5/1022	國朝詞綜補未刻稿	丁紹儀	本館鈔本	未詳	四	
∧822.5/1022.2	國朝詞綜補編	丁紹儀	木刻本	未詳	八	
822.5/1220	續致正白香詞譜	強化誠	石印本	民一八	四	著者捐
822.5/3104	栖香閣詞	顧文婉	木刻本	宣統二	一	侯鴻鑑捐
∧822.5/3123	顧商若先生澹雪詞雨花詞	顧　岱	本館鈔本	未詳	一	
822.5/3124	彈指詞	顧貞觀	木刻本	未詳	一	顧延祚捐
∧822.5/3124.2	今詞初集	顧貞觀	木刻本	未詳	二	丁福保捐
∧822.5/3148	拜石山房詩詞鈔	顧　翰	本館鈔本	未詳	一	孫思贊捐
822.5/3499	留漚吟館詞存	沈　鎣	木刻本	光緒五	一	祝心淵捐
∧822.5/4413	含煙閣詞	堵　雅	本館鈔本	未詳	一	

822.5/4642	眞松閣詩稿	楊夔生	木刻本	光緒元	二	楊道霖捐
∧822.5/4644	眞松閣詞	楊　夔	木刻本	未詳	一	許同藺捐
∧822.5/4644.2	琴清閣詞莅香詞鈔	楊　芸等	本館鈔本	未詳	一	
822.5/4649	聽雨小樓詞稿	楊英燦	木刻本	光緒一七	一	余夢齡捐
∧822.5/5015	冷紅詞	秦　臻	抄本	未詳	一	
∧822.5/5658	春草軒詩餘	楊　掄	本館鈔本	未詳	二	
822.5/6035	鐔仙詞稿	吳寶書	木刻本	民八	一	
∧822.5/6621	秋水詞	嚴繩孫	本館鈔本	未詳	一	
822.5/7224	南唐二主詞箋	劉繼增	鉛印本	民七	一	
∧822.5/7224	南唐二主詞箋	劉繼增	木刻本	未詳	一	周夢坡捐
∧822.5/7224.2	寄漚詞	劉繼增	本館鈔本	未詳	一	劉書勳捐
822.5/8004	藝雲詞	俞敦培	木刻本	同治五	一	俞鴻烈捐
∧822.5/8015	亦雲詞	余一鼇	本館鈔本	未詳	一	
∧822.5/8021	覺夢詞	余紹元	本館鈔本	未詳	一	
∧822.6/1022	楚三閭大夫賦箋註	王邦采	木刻本	未詳	六	
822.6/1037	茹古集	王禮甲	木刻本	道光六	二	薛馥佩捐
∧822.6/1037.2	靈蘭館律賦	王禮甲	抄本	未詳	一	秦毓鈞捐
822.6/3114	塵遠齋賦牋	顧　瓚	鉛印本	未詳	一	
822.8/0015	庚申唱和集	廉建中	鉛印本	民九	一	
822.8/0015.2	甲子唱和集	廉建中	鉛印本	民一三	一	
822.8/0028	高子水居志	廖　綸	木刻本	宣統元	一	高鑅泉捐
822.8/0070	高子水居志續編	高長康	木刻本	宣統三	一	
822.8/0835	函關秋賑圖題辭集	施永成	鉛印本		一	
822.8/0874	松鶴介壽圖唱和詩	許巨椇	石印本	光緒三二	一	
∧822.8/1023	百花鼓吹	王化淳	木刻本	萬曆	八	
822.8/1028	問源草廬十六景題詠	王穎銳	木刻本	未詳	一	王月樵王劍潭捐
822.8/1034	梅花百詠	王　達	木刻本	未詳	一	王月樵捐
822.8/1077	錫山攬袂集	王　問等	木刻本	光緒八	一	
822.8/2712	希社中興續編	鄒　弢等	鉛印本	民一四	一	
822.8/2727	素行廬國難救聲	殷獻臣	鉛印本	民二一	一	殷獻臣捐
∧822.8/3022	賓娥臺題詠	安紹傑	木刻本	雍正一一	一	
∧822.8/3139	列女樂府	顧斗光	木刻本	乾隆五八	四	
∧822.8/3145	篁韻盦駢文草稿	顧森書	本館鈔本	未詳	一	
822.8/3164	春燕唱和詩	汪昌濂	木刻本	光緒二七	一	汪符生捐

822.8/4314	淚花集	裘廷楨	木刻本	光緒一二	一	劉書勳捐
822.8/4404	花魁百絕	華文模	木刻本	光緒七	一	
∧822.8/4649	伏光紀事詩	楊蓉裳等	木刻本	光緒一六	一	許同藺捐
∧822.8/4658	芙蓉湖櫂歌	楊　掄	木刻本	嘉慶八	一	余夢齡捐
822.8/4674	可園十六詠	楊殿奎	木刻本	光緒元	一	孫思贊捐
822.8/4674.2	清閟閣志	楊殿奎	木刻本	民六	四	倪城捐
822.8/4751	汀鷺題畫集	胡　振	鉛印本	民一七	一	胡振捐
∧822.8/5061	寄暢園志	秦國璋	本館鈔本	未詳	一	
822.8/5564	無錫公園圖記	曹景范	鉛印本	民一一	一	曹衡之捐
∧822.8/7224	忍草庵志	劉繼增	木刻本	光緒一七	一	劉書勳捐
∧822.8/7224	惠山竹罏圖詠	劉繼增	本館鈔本	未詳	一	
∧822.8/7224.2	寄漚散人手寫璇璣迴文圖	劉繼增	石印本	光緒一一	一	
822.8/8344	高子水居精華錄	錢基博	鉛印	民一〇	一	
823.1/0023	唐宋六家文略	唐順之	木刻本	萬曆二九	六	許同莘捐
823.1/0811	梁溪文續鈔	許　珏等	木刻本	民三	二	
∧823.1/1054	錫山文集	王史直	木刻本	道光二〇	二〇	
823.1/2533	古文一隅	朱宗洛	木刻本	道光二九	二	許瀏伊捐
∧823.1/3130	辟疆園宋文選	顧　宸	木刻本	順治一八	三六	
∧823.1/3340	古文眉詮	浦起龍	木刻本	乾隆九	一六	
823.1/3714	古文覺斯讀本	過　拱	木刻本	康熙四一	一八	
823.1/3714.2	古文評註	過　拱	木刻本	康熙四二	一〇	
823.1/5088	錫山秦氏文鈔	秦毓鈞	鉛印本	民一九	六	秦平甫捐
823.1/7742	梁溪文鈔	周有壬	木刻本	民三	一四	侯學愈捐
823.1/7747	無錫國學專修館文集初編	畢壽頤等	鉛印本	民一二	八	無錫國學專修館捐
823.1/8344	斯文統宗	錢基博	油印本	未詳	四	錢基博捐
823.1/9985	繩武樓叢刊	榮善昌	鉛印本	民二二	六	繩武樓捐
823.8/0082	錫山高氏餘芬集	高鏶泉	木刻本	民四	一	許同藺捐
823.8/0800	無錫鄉賢殿試策	許　褰等	本館鈔本	民一〇	二	
823.8/1062	王武愍公遺文	王恩綬	木刻本	同治一三	二	王鑑如捐
823.8/2200	自然的畫圖	艸　鹿	鉛印本	民一九	一	
823.8/2638	壺園試帖	徐寶善	木刻本	道光一七	二	許瀏伊捐
823.8/2714	清朝應制琳瑯集	鄒一桂	木刻本	乾隆一八	八	許同莘捐
∧823.8/2719	文府滑稽	鄒迪光	木刻本	萬曆三七	六	
823.8/2747	願學齋文稿	侯　桐	木刻本	同治一三	五	

∧823.8/3022	安繼勳時文稿	安經傳	抄本	未詳	一	丁福保捐
823.8/3083	上福鄉關帝廟記	安念祖	木刻本	道光一七	一	
823.8/3113	顧太史稿	顧予肩	木刻本	未詳	二	
823.8/3135	顧憲成時文稿	顧憲成	木刻本	未詳	一	
823.8/3145	篁韻龕駢文稿	顧森書	木刻本	民九	一	
823.8/3340	制義偶鈔	浦起龍	木刻本	乾隆三一	四	
823.8/4414	懷芬社稿大小題	蔣石楓	木刻本	光緒一七	五	
823.8/4427	貫華叢錄	苓泉居士	鉛印本	民一四	一	許怡庭捐
823.8/5032	秦道然時文稿	秦道然	木刻本	未詳	一	
∧823.8/6026	近科通雅集	吳稚暉等	木刻本	光緒二〇	一	
823.8/8340	錢在郊四書文	錢在郊	木刻本	未詳	一	
∧824.8/0000	紅羊刼傳奇		抄本	未詳	一	
824.8/0033	衝冠怒傳奇殘稿	章鴻賓	鉛印本	民七	一	
∧824.8/1002	桃花扇傳奇	云亭山人	木刻本	光緒二一	五	俞仲還捐
824.8/1002	桃花扇傳奇	云亭山人	鉛印本	民六	一	錢基博捐
824.8/2332	雙報應傳奇	嵇永仁	木刻本	未詳	二	
824.8/2332.2	揚州夢傳奇	嵇永仁	木刻本	康熙一〇	二	
∧824.8/4447	小忽雷	夢鶴居士	木刻本	宣統二	二	
824.8/4683	吟風閣傳奇	楊　潮	鉛印本	民二	一	王蓺農捐
824.8/4753	來生福彈詞	橘巾逸叟	木刻本	同治九	一	
824.8/8032	庶幾堂今樂	余　治	木刻本	同治一二	一〇	
826/0135	剪燭錄	龔　禮	木刻本	未詳	二	霍丘劉錯捐
826/1222	孫宗伯尺牘	孫繼臯	木刻本	光緒二八	一	孫少宰第捐
∧826/1228	內簡尺牘	孫仲益蔡焯訂	木刻本	乾隆一二	六	
∧826/2544	芸香閣尺一書	朱蔭培	木刻本	未詳	一	許同藺捐
826/3104	見心集	汪文芳	木刻本	本同治九	二	
826/3340	浦二田尺牘	浦起龍	石印本	未詳	二	浦怡孫捐
826/3404	洪稚存楊蓉裳先生尺牘	楊蓉裳等	鉛印本	宣統三	一	丁福保捐
826/4048	芙蓉山館師友王叔眉先生尺牘	袁　枚等	鉛印本	宣統三	一	仝上
∧826/4314	海棠秋館尺牘	裘廷楨	本館鈔本	未詳	二	龔念劬捐
∧826/4649	芙蓉山館尺牘	楊芳燦	本館鈔本	未詳	九	丁福保捐
∧826/7224	寄漚尺牘	劉繼增	本館鈔本	未詳	一	

小　　說

827/0010.3	苦命鴛鴦	唐忍庵	鉛印本	民一〇	一	唐忍庵捐
827/0010.4	分飛燕	唐忍庵	鉛印本	民一〇	一	唐忍庵捐
827/1254	夕陽紅淚錄	孫靜菴	中國	民二	一	
827/1254.2	棲霞閣野乘	孫靜菴	中國	民二	二	
827/1282	鬼董狐	孫毓修校	商務	民五	一	
827/1282.2	新說書	孫毓修	商務	民四	三	
827/4442.3	慾海波瀾	蔡慕傑	鉛印本	民二四	二	蔡慕傑捐
827/5022	血週	東方旣白	泰東	民一八	一	
827/779	春燈夜譚錄	周恨石	鉛印本	民一五	一	薛明劍捐
827/9006	小說點將會彙編	小說點將會	鉛印本	民七	一	徐叔豪捐
829.1/1250	靜庵奇異志	孫靜庵	鉛印本	未詳	二	
829.1/2712	三借廬筆談	鄒弢	石印本	民二	四	鄒翰飛捐
829.1/2712.2	澆愁集	鄒弢	鉛印本	未詳	四	鄒翰飛捐
∧829.1/7739	筠莊漫草	周永棠	本館鈔本	未詳	一	
829.2/1282	伊索寓言演義	孫毓修	鉛印本	民四	一	
829.2/4437	中國寓言初編	華淑	鉛印本	未詳	二	
829.3/3163	竹素園叢談	顧恩瀚	鉛印本	民一六	一	
829.3/3084	師竹廬隨筆	竇鎮	木刻本	民八	二	竇鎮捐
∧829.3/4378	清賢記	尤長鏜	鉛印本	民四	二	
829.3/4454	西神叢話	黄蛟起	木刻本	民三	一	侯學愈捐
∧829.3/8333	履園叢話	錢泳	木刻本	道光五	一二	
∧829.5/4272	正大光明殿覆試日記	姚熙績	抄本	未詳	一	姚起麟捐
829.5/4448	隨軺日記	蔣大鏞	石印本	民一〇	一	
829.5/4467	西遊日記	蔣煦	鉛印本	光緒三一	一	
∧829.8/3084	蓉湖春色	竇鎮等	本館鈔本	未詳	一	
829.8/4435	庸盦筆記	薛福成	石印本	民二	一	
∧829.8/4473	筠齋漫錄	黄學海	本館鈔本	未詳	一	
∧829.8/4477	酌泉錄	黄印	鉛印本	民三	一	許同莘捐
∧829.8/5061	滌塵雜誌	秦國璋	本館鈔本	未詳	一	
829.8/5500	梁溪漫志	費衮	鉛印本	民五	一	
829.9/8004	酒令叢鈔	俞敦培	木刻本	光緒四	二	俞鴻烈捐

900 史 地

910 普通及萬國歷史

910/2712	萬國近政考略	鄒　弢	木刻本		四	鄒翰飛捐
910/4403	泰西通史上編	華文祺	鉛印本	光緒二八	四	
913.6/3149	史地叢鈔	江蘇省立第三師範校友會	油印本	未詳	一	

920　中國歷史

920.4/3340	史通通釋	浦起龍	石印本	光緒二五	八	
920.4/4407	讀史論略	杜　詔	木刻本	未詳	二	徐彥寬捐
∧920.4/4407	讀史論略	杜　詔	木刻本	未詳	一	許同藺捐
∧920.4/4410	學史	華　雲	本館鈔本	未詳	二	
920.7/1282	中學國史教科書	孫錫臯	油印本	未詳	一	陶達三捐
920.8/6022	廿二史紀事提要	吳　稜	木刻本	嘉慶元	四	
∧921/4634	左鑑	楊潮觀	木刻本	未詳	二	
923.5/4436	五代春秋志疑	華湛恩	木刻本	嘉慶二二	一	
926/0404	明季南略	計六奇	木刻本	康熙一〇	一二	
\926/0404	明季南略	計六奇	抄本	未詳	八	許同莘捐
926/0404.2	明季北略	計六奇	木刻本	康熙一〇	一二	
\926/2734	明季遺聞	鄒　漪	日本木刻本	順治一四	二	
926/7241	東林本末	劉世珩校	木刻本	光緒二四	一	
927/0811	紀縣城失守克復本末	施建烈等	木刻本	民七	一	
927/1261	永甯山扈從紀程	孫鼎烈	木刻本	光緒一六	一	
927/2764	守城善後紀略	鄒鳴鶴	木刻本	道光二八	一	楊道霖捐
927/3048	讀東華錄	竇士鏞	鉛印本	宣統元	一	
927/5023	平浙紀略	秦緗業等	木刻本	同治一二	四	
927/8364	吳中平寇記	錢　勖	木刻本	同治四	二	
927.4/4651	菊溪節相除邪紀略	楊　揩	鈔本	未詳	一	吳重暉捐
928/0000	無錫圍城遺跡	未詳	合裱本	未詳	一	曹衡之捐
928/1234	五卅血案實錄	孫祖基等	鉛印本	民一四	一	
928/2738	無錫兵災記	侯鴻鑑	鉛印本	民一四	一	著者捐
928/8088	光復隊紀事	無錫錢業商團	鉛印本	民元	一	
928/8344	無錫光復志	錢基博	鉛印本	民元	一	

910　普通世界地理

910-/1282	世界地理	孫錫臯	油印本	未詳	一	陶達三捐
910-8/2738	寰球旅行記	侯鴻鑑	鉛印本	民一四	二	著者捐

910-8/2813	歐遊雜錄	徐建寅	木刻本	未詳	二	許同莘捐
910-9/3441	五洲屬國紀略	沈林一	鉛印本	光緒二四	四	

920 中國地理

920-/1282	中學簡明地理教科書	孫錫臯	油印本	未詳	一	陶達三捐
∧920-5/0031	咸豐郡縣水利志	唐汝翼	本館鈔本	未詳	一	
920-8/1188	漫遊紀程	張　鑑	木刻本	民六	一	虞仲良捐
920-8/2738	無錫侯保三旅行記彙訂	侯鴻鑑	鉛印本		一九	侯保三捐
	已酉暑假旅行記					
	辛亥暑假旅行記					
	壬子三十七日之旅行記					
	烏桓紀行					
	台灣旅行記					
	西秦旅行記					
	稽古旅行記					
	浙東旅行記					
	東三省旅行記					
	病驥癸亥旅行記					
	燕晉察哈爾旅行					
	嚴陵紀遊					
	鄭州旅行記					
	福州旅行記					
	戊午大梁旅行記					
	安慶七日旅行記					
	第八次燕京旅行記					
	西南漫遊記					
∧920-9/3132	讀史方輿紀要	顧祖禹	木刻本	光緒二五	三二	
920-9/3132	讀史方輿紀要	顧祖禹	石印本	光緒二五	三二	
920-11/0874	盤山遊記	許同莘	鉛印本		一	許溯伊捐
920-15/5023	東陲紀聞	秦岱源	石印本	民八	一	
920-16/4409	山左十日記	芮　麟	鉛印本	民二三	一	芮麟捐
∧920-19/0000	錫金志補	未　詳	抄本	未詳	一	
920-19/0147	無錫日用遊覽指南	龔栽卿	鉛印本	民一三	二	
∧920-19/0927	惠山古今考	談　修	本館鈔本	未詳	三	

59

∧920-19/1032	錫山景物略	王永積	木刻本	光緒二四	五	王福庚王蘊亭捐
920-19/1051	開化鄉志	王抱丞輯	木刻本	民五	三	侯學愈朱鑑涵捐
∧920-19/1088	膽橋小志	王　鑑	木刻本	未詳	一	
920-19/2241	無錫之將來	樂觀子	鉛印本	民三	一	
920-19/2738	無錫鄉土博物志	侯鴻鑑	石印本	民九	一	著者捐
920-19/2738.2	錫金鄉土歷史地理	侯鴻鑑	木刻本	光緒三四	五	侯保三捐
920-19/2850	無錫大觀	徐振新	鉛印本	民八	二	徐珠冰捐
920-19/3084	錫金續識小錄	竇　鎮	木刻本	民一四	二	著者捐
∧920-19/3324	泰伯梅里志稿本	浦傳桂	鈔本	未詳	八	
920-19/4409	無錫導遊	芮麟等	鉛印本	民二三	一	芮麟捐
920-19/4436	金匱縣輿地全圖	華湛恩	石印本	光緒三四	六	華堂捐
∧920-19/4436.2	錫金志外	華湛恩	本館鈔本	未詳	四	
920-19/4468	無錫指南	薛明劍	鉛印本	民一〇	三	薛明劍捐
920-19/4477	錫金識小錄	黃　印	木刻本	光緒二二	六	
920-19/4669	無錫風景	楊景煥	商　務	民九	一	
920-19/4718	荆南旅行記	胡雨人	鉛印本	民一五	一	
920-19/5364	無錫縣全圖	戚鳴鶴	石印本	未詳	一	
920-19/5364.2	無錫十七市鄉圖	戚鳴鶴	石印本	未詳	一七	
920-19/6061	慧山記	圓　顯	木刻本	同治七	六	
920-16/9077	泰伯梅里志	吳　熙	木刻本	光緒四	四	
920.19/7739	無錫鄉土書	陶守恆	木刻本	民九	四	
∧920-19/7742	錫金孜乘	周有壬	木刻本	嘉慶五	四	
∧920-19/8086	元無錫縣志	王仁輔	本館鈔本	未詳	三	
∧920-19/8086.2	明無錫縣志	吳鳳翔等	鈔本	未詳	四	朱維生捐
∧920-19/8086.3	康熙無錫縣志	嚴繩孫等修	木刻本	嘉慶一八	一〇	
∧920-19/8086.4	乾隆無錫縣志	華希閔等修	木刻本	乾隆一五	一八	孫賓鏡捐
∧920-19/8086.5	金匱縣志(乾隆年修)	華希閔等修	木刻本		八	陳協恭捐
∧920-19/8086.6	無錫金匱縣志(嘉慶年修)	秦瀛等修	木刻本		一六	
920-19/8086.7	無錫金匱續志(道光年修)	楊熙之等修	木刻本		四	
920-19/80868	無錫金匱縣志(光緒年修)	秦緗業等修	木刻本		一八	
920-19/8088	無錫遊覽大全	無錫飯店	鉛印本	民一〇	一	無錫飯店捐
∧920-19/8333	錫山補志稿	錢　泳	抄本	未詳	一	
∧920-19/8344	無錫新志目說明書	錢基博	鉛印本	未詳	一	無錫縣公署捐

60

八920-19/8347	續纂江蘇通志無錫徵訪類稿	錢基厚	鈔本	未詳	一	
920-29/6022	四川通志(嘉慶年修)	楊芳燦等	木刻本	嘉慶二一	一一〇	
920-32/4435	滇緬劃界圖說	薛福成	石印本	光緒	一	

950 德國

950-5038	紀薩摩島	秦汝欽	油印本	民三	一	秦汝欽捐

960 日本

960-9912	東遊日記	榮爾仁	鉛印本	民一五	一	

980 美國

980-0000	南遊日記	唐慶詒	鉛印本	民八	一	唐蔚芝捐

990 其他各國

990-2738	南洋旅行記	侯鴻鑑	鉛印本	民九	四	侯鴻鑑捐
990-7521	墨遊漫錄	陳以一	鉛印本	民一六	一	陳以一捐
990-7521.2	爪哇鴻爪	陳以一	鉛印本	民一三	一	陳以一捐

本編勘誤表

書目（24頁）425/0000.5「乾隆甲午年」誤「乾隆午年」

無錫先哲遺書目

（民國）孫祖基 編

《無錫先哲遺書目》，(民國)孫祖基編，民國三十年(一九四一)鉛印本。

孫祖基(一九〇三—一九四七)，字道始，祖籍山東，從父輩起定居無錫，遂家焉。民國十八年(一九二九)孫任無錫縣縣長，出於對家鄉的熱愛之情，發起成立縣志編寫局、歷史博物館，編印無錫年鑒，開發湖山風景。兩年後去職，仍多方收集有關無錫的地方文獻，收購鈔寫，曾得到鄭振鐸、丁福保等人的幫助，共收得無錫地方文獻及著述五百九十餘種。其中孤本、稿本、稀見之本約有百種。與當時縣立圖書館重複者僅二百二十種，有三百七十餘種爲縣立圖書館所未藏。其書目按經、史、子、集編成，每書列以書名、作者、版本等内容。以子、集爲全目之大部分。目録爲今天研究無錫地方史料提供了綫索。孫曾希望挑選其中珍貴者編成叢書出版，後未果。書前有唐文治、侯鴻鑑序。

本書據民國鉛印本影印。

(徐志鈞)

序

吾邑攬惠錫二山之秀。分太湖支流。宛延環繞。旁薄扶輿。靈氣所萃蔚爲人文。當有明時。東林氣節。彪炳寰區。顧端文高忠憲二公爲之倡。而著述因之特盛。洎乎清代。秦樹峯先生之禮學。顧震滄先生之春秋學。爭鳴於一時。其他以學術文章令聞于世者。累軌連踵。不可殫紀。最近有薛叔耘先生庸盦文集、日記、籌洋芻議等書。注重外交經濟。明體達用。製爲鉅觀。故過吾鄉者。靡不歎爲藝林之矜式焉。顧邑乘藝文載歷朝各家著述有九百餘種之夥。未有薈而萃之者。同鄉孫君道始。精研法律。見善勇爲。劬學不倦。兼篤好鄉邦文獻。歷時十數載。費貲萬餘金。各方蒐采。共得五百餘

種。其中孤本稿本與夫流傳不經見本約有百種。繕目成帙。過吾齋請爲序。余肅然起敬曰。甚矣孫君此舉爲勤且難也。夫吾人愛國。其端惟何。曰、當先愛鄉。愛鄉之端惟何。曰、愛本鄉之文化。自丁丑軍事以來。東南各省閭閻性命財產與夫著作文章。載胥及溺。有志之士。發憤慨歎。憑弔欷歔。或收拾於劫灰餘燼之中。存什百于一二。抱殘守缺。以保文人身後之名。吁、亦可悲矣。孟子曰。經正則庶民興。庶民興斯無邪慝。天地間陰陽消息。正氣與邪氣交戰而已。方今邪氣充塞。雖經浩劫之餘。而人心世道愈不可問者。正氣浸微。文化隱而不顯之所致也。夫生命財產。痛在有形者也。文化淹滅。痛在無形者也。文者道之所寓。惟無形者斯能興起有形。

向使各省各邑各鄉。皆有如孫君者。保存鄉土文化。他日誦而傳之擴而大之。吾國庶有豸乎。抑吾聞孫君有言曰。此時徵存目錄。異時擬精選若干種。集資刊行。然則此五百餘種之書。精光不泯。固由鬼神呵護之靈。實賴孫君鍥而不舍之精神貫徹始終。傳所謂微斯人之力不及此者也。易曰。碩果不食。詩曰。風雨如晦。雞鳴不已。既見君子。云何不喜。孫君洵一陽時之碩果。風雨時之君子哉。其可敬也已。其可喜也已。歲躔辛巳莫春之月蔚芝唐文治敬序於海上南陽寓廬。

序

人各有嗜好。所嗜者爲陶情淑性之舉。則意在藝術品物。所以涵濡其情性也。所嗜者爲詩書文學之倫。則意在典章文獻。以修養其身心。孫君道始好搜羅舊籍。尤嗜搜集鄉賢遺著。與余有同嗜焉。吾邑鄉賢之遺書遺稿。已刊未刊。向無人彙而藏之者。民初秦顧諸君創辦邑圖書館。即以搜藏鄉賢遺著爲職志。既以經費關係。致館事中輟。未及開館。而秦顧去職。邑人士推余爲保管董事。余毅然任之。對於圖書館不僅設法保管。且力籌經費。而於民國四年元旦舉行開幕儀式。並繼續搜羅鄉賢遺著及碑帖等共得八百餘種。選擇孤本、鈔本、未刻手鈔本等。集款結社。先印先哲叢

刊。豫備十輯。以廣其傳。不虞十年之久。僅得賴社友及邑之士大夫熱心集款。用做宋鉛字。纔成四輯耳。嗣以時移境遷。不克續印。此余之遺憾。耿耿不已者。乃避難來滬。晤孫君於玉鑑堂。左圖右史。滿目琳瑯。其尤可敬佩者。鄉賢遺籍竟搜羅至五百九十餘種。與邑圖書館藏本重複者二百二十餘種。不同者三百七十種。內有稿本鈔本及罕見印本百餘種。此孫君以個人之嗜好及表揚先哲廣傳遺籍之意。殊爲鄉人中不可多得之士也。今已編成鄉賢書目一卷。既請唐蔚芝先生作序於前。復囑余續序於後。余愧不敏。搜羅先賢遺籍。既不及孫君之多。募刻先哲叢刊。又有始無終。顧孫君不惜巨資。搜羅如此之多。以待將來選輯叢刊。補余等

當年未了之志。豈不休歟。縱筆急就。而特成此序。

中華民國三十年七月二十三日病驥侯鴻鑑謹序

無錫先哲遺書目

孫祖基編

經部

易類

周易孔義三卷 明高攀龍 雍正劍光閣刻 單行本

又 一部 同上 雍正劍光閣刻 高子全書本 有姚氏藏書及葉名澧潤臣印二朱記

寶松齋周易 清安吉 稿本 有安吉及粢占二朱記

課易存商 清周鎬 嘉慶刻 犢山類稿本 白紙

周易臆解 清楊以迥 光緒十年刻 白紙

周易臆解圖說二卷 清楊以迥 光緒十年刻 白紙

周易本解 清張道義 光緒季年石印

書類

尚書體要六卷 清錢肅潤 康熙刻

尚書讀法五卷 清安高發原編 安吉纂輯 嘉慶甲戌鐵山崇本堂刻

禹貢古今注通釋六卷 清侯楨 光緒庚辰聚珍本 侯復會侯秉鈞校刊

又 一部 同上 光緒聚珍本 侯學愈吳豫珩校刊

禮類

夏時考一卷 清安吉 嘉慶乙丑刻

春秋類

左髓 明邵寶 崇禎辛未曹荃刻 邵文莊經史全書本 白紙

春秋孔義十二卷 明高攀龍 雍正劍光閣刻

又 一部 同上 雍正劍光閣刻 高子全書本 有姚氏藏書朱記

春秋大事表五十卷附春秋輿圖 清顧棟高 乾隆十四年萬卷樓刻

春秋疑義二卷 清華學泉 嘉慶璜川吳氏刻

孝經類

孝經集注一卷 清侯楨 民國七年聚珍版

四書類

四書講義一卷 明高攀龍 雍正劍光閣刻 高子全書本

四書經正錄 明張雲鸞 明刻本

小學類

六書韻徵十二卷 清安吉 道光華湛恩校刻 白紙

古韻溯源八卷 清安念祖 華湛恩 道光己亥刻 白紙

六書音韻二卷 清鄒岳 同治七年方氏刻 白紙

毛詩古音述一卷 清顧淳 光緒己亥聚珍版 枕漁韻學兩種本 白紙

聲韻轉移略一卷 清顧淳 光緒己亥聚珍版 枕漁韻學兩種本 白紙

字類標韻六卷 清華綱 光緒乙亥肆江王氏校刊 白紙

經總義類

簡端錄十二卷 明邵寶 崇禎辛未曹荃刻 邵文莊公經史全書本 白紙

易堂問目四卷 清吳鼎 乾隆原刻

又 一部 同上 乾隆刻

史部

紀事本末類

吳中平寇記八卷清錢勖　同治庚午刻

又　一部同上　鉛印

紀縣城失守克復本末四卷清施建烈　民國七年圖書館聚珍本

平浙紀略十六卷清秦緗業　光緒刻

錫金學校重興記事一卷清楊模　鉛印

雜史類

明季遺聞四卷清鄒漪　日本寬文二年刻　白紙

明季南略十八卷清計六奇　鉛印

明季北略二十四卷清計六奇　鉛印

歷朝文學史一卷清竇士鏞　鉛印

中西錢幣考二卷清沈林一　鉛印

中西度量衡考略一卷清沈林一　鉛印

史鈔類

廿二史紀事提要八卷清吳綏　乾隆刻

奏議類

楊荔裳奏稿清楊揆　稿本　余一鼇舊藏

傳記類

淮海先生年譜一卷清秦瀛編　秦瀛重編　同治癸酉刻　淮海集本

司馬溫公年譜八卷附卷後遺事清顧棟高　吳興劉氏求恕齋刻

王荊公年譜三卷附卷後遺事清顧棟高　吳興劉氏求恕齋刻

萬溪柳邊舊話一卷元尤玘　光緒己亥刻　常州先哲遺書本

邵文莊公年譜一卷明邵寶　吳道成　鉛印　錫山先哲叢刊本

錫山攬袂集二卷明邑人編輯不著姓氏爲縣令王其勤去思之作　道光丁亥鄒園重刻本

又　一部同治戊辰刻

又　一部同治癸酉刻

顧端文公年譜一卷清顧貞觀　康熙刻　顧端文公遺書本

又　一部同上　光緒丁丑刻　顧端文公遺書本

又　一部同上　白紙

高忠憲公年譜一卷明華允誠　康熙己巳刻　高子遺書本

又　一部同上　光緒二年東林書院刻　高子遺書本

又　一部同上　白紙

又　一部同上　民國十一年圖書館補刻　高子遺書本

又　一部同上　鉛印　錫山先哲叢刊本

安我素先生年譜一卷清安紹傑　乾隆庚戌安吉刻本

華氏先賢像記一卷明華察原編　清華介繭摹錄　鈔繪本　白紙

啓禎野乘十六卷清鄒漪　鉛印

東林書院入祀七賢傳一卷清秦松齡等　康熙刻

芙蓉山館年譜一卷清楊芳燦　光緒五年余氏刻

王武愍公忠孝錄一卷 清王庭楨 同治戊辰刻 白紙
余孝惠先生年譜一卷 清吳師澄 光緒九年刻
徐雪村象贊 光緒丁丑石印
惜分陰軒主人述略一卷 周懷 鉛印
次哲次齋主人年譜一卷 孫振烈 鉛印
嚴金清行述 嚴謙民 石印
錫金四哲事實彙存一卷 清楊模 鉛印
夢痕錄要一卷 高鐵泉 民國甲寅聚珍本
天荒地老錄一卷 廉泉 鉛印 巾箱本
清代徵獻類編廿九卷 嚴懋功 鉛印

錫金科第考六卷 高鐵泉 宣統庚戌聚珍本
錫山游庠錄二卷 清鄒涵初原編 光緒戊寅重刻 自萬曆三十年至光緒四年止
又 一部 同上 光緒丙申補刻本 光緒四年以下補刻九頁至光緒廿二年止
無錫游庠錄 清鄒涵初 民國庚午補刻 即錫山游庠錄之上卷自萬曆卅年至雍正三年止
錫金游庠錄 清鄒涵初 民國庚午補刻 即錫山游庠錄之下卷自雍正五年至咸豐九年止
錫金續游庠錄 高鐵泉 自同治四年至光緒三十一年止 鉛印 白紙
已未詞科錄十二卷 清秦瀛 嘉慶世恩堂刻
又 一部 同上 光緒秦旋校刻 聚珍本
名儒言行錄四卷 竇鎮 民國聚珍本
錫山陳氏宗譜 清陳澧 稿本

浦氏宗譜 乾隆稿本

地理類

無錫縣志四卷 元王仁輔 鉛印 錫山先哲叢刊本
無錫縣志卷一至卷九 明吳鳳翔李舜明 鈔本
無錫金匱續志十卷 清鄒涵初丁培薛湘等 鈔本
無錫金匱縣志四十卷附錄六卷 清秦緗業等 光緒辛巳刻 白紙
又 一部 同上 民國十七年圖書館補刊
錫山補志一卷 清錢泳 鉛印 錫山先哲叢刊本
金匱縣輿地全圖附斗則簡明冊 清華湛恩 光緒卅四年重刊石印本
錫山景物略十卷 明王永積 光緒戊戌刻

錫金識小錄十二卷 清黃卬 光緒丙申刻
又 一部 同上 鉛印 俟學齋校刊
乾隆南巡幸錫祕記一卷 清黃卬 鉛印 與觀齋校刊
錫金續識小錄六卷 竇鎮 民國乙丑聚珍本
錫金考乘十四卷 清周有壬 鉛印 俟學齋校刊
西神叢語 清黃蛟起 民國甲寅聚珍本 俟學齋校刊
無錫開化鄉志 清王抱承 民國丙辰聚珍本
泰伯梅里志八卷 清安起東浦傳桂原稿 過鑄劉繼增增訂 光緒丁酉刻
慧山記四卷 明釋圓顯輯 邵寶手定 清邵涵初附志 同治戊辰刻 邵文藻校刊
又 一部 同上 白紙

慧山記續編三卷 清邵涵初 同治戊辰刻 邵文濤校刊
御製竹爐圖詠四卷 清吳鉞編 乾隆壬午朱幾前刻本
又 一部 同上 白紙
御製竹爐圖詠 清邱漣編 乾隆壬寅刻本
御製竹爐圖詠 清劉繼增輯 鉛印 錫山先哲叢刊本
忍草菴志四卷 清劉繼增 光緒丁亥聚珍本
又 一部 同上 民國尤氏遂初堂聚珍本
愚公谷乘一卷 明鄒迪光 鉛印 錫山先哲叢刊本
惠山九曲清流圖詠一卷 明劉本儒 民國庚午珂羅版本 玉鑑堂校刊
松滋祠廟事略一卷 清邵涵初 同治癸酉刻

尊賢祠考略六卷 侯學愈 鉛印 陶氏循禮堂校刊
高子水居志六卷 清楊殿奎 光緒聚珍本
東林書院志廿二卷 清高攀等輯 光緒辛己刻
陝西中部縣志四卷 清丁瀚 鉛印
施南府志續編十卷 清王庭楨 光緒乙酉刻
讀史方輿紀要一百三十卷 清顧祖禹 鉛印
川瀆異同六卷 清顧祖禹 舊鈔本
浙東籌防錄四卷 清薛福成 光緒戊戌刻 庸菴七種本
籌洋芻議一卷 清薛福成 光緒戊戌刻 庸菴七種本
又 一部 同上 光緒甲申刻

水學贅言一卷 清錢泳 道光四年刻 白紙
出使日記六卷 清薛福成 光緒戊戌刻 庸菴七種本
英法義比志譯略四卷 清薛福成 光緒己亥石印
滇緬劃界圖說 清薛福成 光緒壬寅石印
東瀛識略八卷 清丁紹儀 記臺灣事 同治十二年刻
歐游雜錄二卷 清徐建寅 光緒刻 白紙

目錄類

遂初堂書目一卷 宋尤袤 光緒己亥刻 常州先哲遺書本

史評類

學史十二卷 明邵寶 崇禎辛未曹荃刻 邵文莊公經史全書本

讀史論略一卷 清杜詔 雍正刻
又 一部 同上 光緒十一年刻
又 一部二卷 同上 常熟翁曾源註 翁曾源手鈔本
史通通釋二十卷 清浦起龍 乾隆刻 有正言之印閶門柿葉書屋圖章曾藏熊氏之章等朱記
讀東華錄一卷 清寶士鏞 鉛印

子部

儒家類

二程節録四卷附文集鈔 明高攀龍 有葉名澧潤臣朱記 雍正劍光閣刻 高子全書本
朱子節要十四卷 明高攀龍 有葉名澧潤臣印朱記 雍正劍光閣刻 高子全書本
小學纂注六卷 清高愈 康熙刻
小心齋箚記十八卷 明顧憲成 康熙刻 顧端文公遺書本
又 一部 同上 光緒丁丑刻
又 一部 同上 白紙
東林會約一卷 明顧憲成 康熙刻 顧端文公遺書本
又 一部 同上 光緒丁丑刻

又 一部 同上 白紙
東林商語二卷 明顧憲成 康熙刻 顧端文公遺書本
又 一部 同上 光緒丁丑刻
又 一部 同上 白紙
虞山商語三卷 明顧憲成 康熙刻 顧端文公遺書本
又 一部 同上 光緒丁丑刻
又 一部 同上 白紙
仁文商語一卷 明顧憲成 康熙刻 顧端文公遺書本
又 一部 同上 光緒丁丑刻
又 一部 同上 白紙

南岳商語一卷 明顧憲成 康熙刻 顧端文公遺書本
又 一部 同上 光緒丁丑刻
又 一部 同上 白紙
經正堂商語一卷 明顧憲成 康熙刻 顧端文公遺書本
又 一部 同上 光緒丁丑刻
又 一部 同上 白紙
志矩堂商語一卷 明顧憲成 康熙刻 顧端文公遺書本
又 一部 同上 光緒丁丑刻
又 一部 同上 白紙
當下繹一卷 明顧憲成 康熙刻 顧端文公遺書本

又 一部 同上 光緒丁丑刻
又 一部 同上 白紙
證性編八卷 明顧憲成 康熙刻 顧端文公遺書本
又 一部 同上 光緒丁丑刻
又 一部 同上 白紙
還經録一卷 明顧憲成 康熙刻 顧端文公遺書本
又 一部 同上 光緒丁丑刻
又 一部 同上 白紙
自反録一卷 明顧憲成 康熙刻 顧端文公遺書本
又 一部 同上 光緒丁丑刻

又　一部同上　白紙

就正錄一卷明高攀龍　雍正劍光閣刻　高子全書本

東林書院會語一卷明高攀龍　雍正劍光閣刻　高子全書本

道齊正規二十卷八册清鄒鳴鶴　道光庚戌刻　白紙

讀書箚記二卷清孫希朱　道光刻

學堂日記一卷清孫希朱　光緒甲辰余治校刊

法家類

四西齋決事八卷清孫鼎烈　鉛印

農家類

治蝗全法四卷清顧彥　光緒戊子刻

醫家類

增訂治疔彙要三卷二册清過鑄　光緒戊戌刻

張氏醫案二十卷清張乃修　鉛印

術數類

璿璣抉微五卷明華善繼　原刻本

西法命盤一卷清倪榮桂　道光刻　中西星要本

談天緒言一卷清倪榮桂　道光刻　中西星要本

天文管窺三卷清倪榮桂　道光刻　中西星要本

祿命要覽四卷清倪榮桂　道光刻　中西星要本

選擇當知三卷清倪榮桂　道光刻　中西星要本

心眼指要四卷清章仲山　同治癸酉刻

許氏續解地理辨正一卷許瀚初　鉛印

藝術類

書畫傳習錄四卷明王紱　嘉慶癸酉嵇承咸校刊

書畫續錄一卷清嵇承咸　嘉慶癸酉刻　書畫傳習錄本

梁溪書畫徵一卷清嵇承咸　嘉慶癸酉刻　書畫傳習錄本

廣金石韻府明朱時望原著　咸豐七年巴郡張氏刊

小山畫譜二卷清鄒一桂　咸豐戊午刻　白紙

秦郵帖四卷清錢泳集刻

雲湘畫譜二卷清鄒駿　咸豐戊午刻

師二雲居畫贊一卷清顧森書　石印

國朝書畫家筆錄四卷竇鎮　宣統辛亥聚珍本

張潛園書廣雅相國奏議清張曾疇　石印

小萬柳堂寫本大佛頂首楞嚴經十卷吳芝瑛　石印

雜家類

梁谿漫志十卷宋費袞　光緒己亥刻　常州先哲遺書本

又　一部同上　鉛印

景仰撮書一卷明王達　光緒己亥刻　常州先哲遺書本

範家集略六卷明秦坊　明末謐過齋刻本

範身集略八卷明秦坊　明末謐過齋刻本

修潔齋閑筆四卷 清劉堅 乾隆辛酉刻 有傅運字益清朱記

守望新書一卷 清錢泳 道光壬寅刻 白紙

履園叢話二十四卷 清錢泳 道光五年刻

又 一部 同上 石印

身範十三卷 清孫希朱 咸豐薛氏刻

得一錄十六卷 清余治 同治己巳刻

蘋香書屋紀略七卷 清鄒文柏 光緒戊申聚珍本

籌世芻議四卷 清鄒文柏 光緒戊申刻

借箸錄三卷 清龔禮 咸豐五年刻

蓉湖春色四卷 清安拙生 光緒丁亥刻 白紙

師竹廬聯話十二卷 竇鎮 民國辛酉聚珍本

蛛隱瑣言三卷 鄒弢 上海蘇報館鉛印本

竹素園叢談一卷 顧恩瀚 鉛印 雲在山房叢書本

道家類

南華發覆八卷 明釋性𣈶 乾隆己巳雲林懷德堂刻

感應篇集解四卷 清華紹洛 道光壬寅刻

道德經經緯八十一卷 清龔禮 同治乙丑刻

類書類

鏡古類衡四卷 清周魯 稿本 有熙載一字百揆等朱記

類書纂要卅三卷 清周魯 康熙刻

錦字箋四卷 清黃澐 康熙刻

春秋經傳類聯一卷 清王繩曾 雍正甲寅刻

儷體編珠四卷 清侯鳳苞 稿本

古錦囊二卷 清吳峻原著 侯鳳苞增輯 稿本

集部

楚辭類

離騷注 淸王邦采　康熙刻

別集類

文選注考異一卷 宋尤袤　光緒已亥刻　常州先哲遺書本
梁谿遺稿二卷 宋尤袤　光緒已亥刻　常州先哲遺書本
楊龜山先生全集四十二卷 宋楊時　萬曆十九年刻
又　一部 同上　康熙丁丑刻
又　一部 同上　光緒癸已刻
倪雲林先生詩集六卷 元倪瓚　四部叢刊景印明初蹇曦刻本

倪雲林先生詩集存卷四至卷六又附錄 元倪瓚　明蹇理刻
有鑒沙珍藏玉案道人伴梅伴梅草堂所藏書籍印等朱記
倪高士淸閟閣全集十二卷 元倪瓚　康熙癸已上海城書室刻
淸閟閣集十二卷 元倪瓚　光緒已亥刻　常州先哲遺書本
淸閟閣詩集六卷附集二卷 元倪瓚　民國六年聚珍本
王舍人詩集五卷 明王紱　鉛印　錫山先哲叢刊本
浦舍人集四卷 明浦源　崇禎庚辰刻　白紙
又　一部 同上　鉛印　錫山先哲叢刊本
容春堂雜鈔一卷 明邵寶　崇禎辛未曹荃刻　邵文莊公經史全書本　白紙
修敬集二卷 明秦旭　民國己巳聚珍版　秦氏三府君集本

鳳山集二卷 明秦金　民國己巳聚珍版　秦氏三府君集本
從川集二卷 明秦瀚　民國己巳聚珍版　秦氏三府君集本
張忠諫公祖孫遺集十二卷 明張選張纘曾　康熙甲戌刻
淸溪莊遺集二卷 明顧可久　鉛印
王右丞詩集注六卷 明顧可久　日本正德癸己刻　白紙
王仲山先生詩選八卷文選一卷 明王問　鈔本
淸湖集五卷 明秦楨　稿本　有傳豫利印叔和愛日齋藏書印傅氏濃園祕笈之印
山陰傅氏叔和珍賞傅華原名豫利始和一字西堂等朱記
孫宗伯集十卷 明孫繼皋　光緒壬辰鼎元堂刊
涇皋藏稿廿二卷 明顧憲成　光緒丁丑刻　顧端文公遺書本
又　一部 同上　白紙

高子遺書十二卷附錄一卷 明高攀龍　崇禎壬辰刻
有安璿藏書畫印安吉鑅占等朱記
又　一部 同上　崇禎壬辰刻　有華文朱記及校語
又　一部 同上　康熙已已刻
有翰林院典簿龐關防及鐵洋葉裕仁無錫周士錦跋文
又　一部 同上　光緒二年東林書院刻
又　一部 同上　白紙
又　一部 同上　民國十一年圖書館補刻
高子遺書節鈔十一卷 淸許珏節鈔　鉛印　錫山先哲叢刊本
高子文集六卷 明高攀龍　乾隆華希閔校刊
高子詩集八卷 明高攀龍　乾隆華希閔校刊
高忠憲公詩集 明高攀龍　同治癸酉重刻

高忠憲公詩手稿眞蹟 明高攀龍 石印
澹甯居詩集三卷 明馬世奇 乾隆周鳳儀校刊本 白紙
又 一部二卷 同上 鉛印 錫山先哲叢刊本
澹甯居山香集一卷 明馬壬玉（世奇子） 澹甯居詩集本 白紙
悟秋草堂詩集十卷 明顧杲 光緒乙亥聚珍本
顧子方詩鈔一卷 明顧杲 鉛印 繆荃孫編國學會刊本
辟疆園杜律注解十二卷 清顧宸 康熙刻
別軒草一卷 清秦鄒洛 嘉慶刻
庶渠草一卷 清秦倚烈 嘉慶刻
蒼峴山人集五卷附微雲集詩餘 清秦松齡 康熙刻 有紫藤館書畫印朱記

玉山詞評 清秦松齡 原刻本 白紙
繡塘集一卷 清顧貞觀 康熙刻
又 一部 同上 光緒辛未刻 白紙
抱犢山房集六卷 清嵇永仁 康熙刻
又 一部 同上 同治元年刻
秋水集詩八卷詞二卷 清嚴繩孫 康熙刻 有新彥伯繩小亭讀錦春書屋桂林況周頤藏書冷紅書屋念峨山人欣賞等朱記
又 一部 同上 民國丁巳圖書館刻
秋水文集二卷 清嚴繩孫 鉛印 錫山先哲叢刊本
湖壖雜紀評一卷 清嚴繩孫 原刻本 白紙
鐵莊文集八卷 清陸楣 光緒乙未刻 曹氏樂善堂校刊

疏快軒詩二卷附詩餘 清陸楣 光緒乙未刻 曹氏樂善堂校刊
師善堂詩集十卷 清嵇會筠 雍正原刻本
雲川閣集詩九卷詞四卷 清杜詔 康熙刻
又 一部詩八卷詞三卷 同上 康熙刻 有莫友芝藏書印莫彝孫印莫繩孫印三朱記
又 一部詩九卷 同上 康熙刻
石林詩稿一卷 清釋妙復 乾隆刻
洞泉詩鈔一卷 清榮漣 鉛印 榮氏繩武樓刻 白紙
延綠閣集十二卷 清華希閔 雍正刻
又 一部 同上 光緒丙申刻
萬卷樓文稿十卷 清顧棟高 稿本

晁具茨詩集注十五卷 清王邦采 三槐堂原刻本
吳淵穎集注十二卷 清王邦采王繩會 光緒初年刻 白紙
小山詩鈔十一卷 清鄒一桂 乾隆庚寅刻 有詩龕書畫印法梧門藏書印二朱記
讀杜心解六卷 清浦起龍 雍正刻
不是集 清浦起龍 鉛印
不負草堂詩集六卷 清陸慶元 鉛印
錫慶堂詩集八卷 清嵇璜 咸豐己未刻 白紙
雲逗樓集二冊 清楊度汪 乾隆丁亥刻
樂皐山堂稿八卷 清王會汾 鉛印 錫山先哲叢刊本
偶軒詩稿一卷 清駱學庠 乾隆刻

杏齋詩稿一卷 清任旬 乾隆刻

西林詩稿一卷 清蔡鼎 乾隆刻

顧雙溪集九卷 清顧奎光 光緒乙未聚珍本 顧森書校刊

吳黼仙詩鈔二卷 清吳畯 稿本

讀畫山房遺稿六卷補刻一卷 清鮑汀 道光刻

迂松閣詩鈔八卷 清李辭來 舊鈔本 有彭桐橋鑑藏印朱記

又 一部九卷 同上 乾隆刻 白紙

大雅堂初稿文八卷附補編又詩六卷 清鄒方鍔 乾隆刻 有眞州吳氏有福讀書堂藏書朱記

畫壯類稿 清朱雲駿 道光乙巳刻

笠舫詩稿九卷 清顧敏恆 光緒壬辰聚珍本 辟疆園遺集本

幽蘭草一卷 清顧颺憲 光緒壬辰聚珍本 辟疆園遺集本

筠溪詩草二卷 清顧敬恂 光緒壬辰聚珍本 辟疆園遺集本

靄雲草一卷 清顧敩愉 光緒壬辰聚珍本 辟疆園遺集本

響泉集詩十卷詞二卷 清顧光旭 乾隆刻 有蕭齋夜雨書種軒會在玉照山莊雲印絅泉等五朱記

又 一部十六卷 同上 乾隆刻

又 一部二十八卷 同上 乾隆刻

又 一部存卷一至卷四 同上 乾隆刻 有顧光旭私印曹氏米菴味經三朱記

又 一部詩十七卷文一卷詞二卷 同上 宣統庚戌顧氏刻

眞率齋初稿十卷附詞二卷 清楊芳燦 乾隆刻 自少至歸選作 有子蓮鑄菴培仁等朱記

又 一部 同上 乾隆刻 白紙

芙蓉山館詩稿十六卷詞稿四卷 清楊芳燦 嘉慶刻 竝仕甘肅訖戶曹作 有子蓮朱記

芙蓉山館詩稿六卷詞二卷 同上 雲間石渠選本 乾隆壬子刻 白紙

芙蓉山館詩鈔 同上 臨洮吳鎮選評 乾隆癸丑松花菴刻 白紙

芙蓉山館詩鈔續刻 同上 臨洮吳鎮選評 嘉慶戊午桃花菴刻 白紙

芙蓉山館詩鈔八卷補鈔不分卷詞二卷 同上 嘉慶刊 晚年手定本 受業華景孝藏本

又 一部 同上 嘉慶刻 白紙

芙蓉山館詩鈔八卷補鈔不分卷詞二卷附拗蓮詞移箏詞 同上 道光癸卯楊廷錫刻本

芙蓉山館文鈔 同上 臨洮吳鎮選評 乾隆辛亥松花菴刻 白紙

芙蓉山館文鈔續刻 同上 嘉慶戊午松花菴刻 白紙

芙蓉山館文鈔 同上 嘉慶刻

又 一部 同上 嘉慶刻 白紙

又 一部 同上 道光癸卯楊廷錫刻本

芙蓉山館全集詩八卷補鈔不分卷詞二卷附鈔不分卷文八卷 同上 光緒辛卯聚珍本 劉繼增校刊

芙蓉山館尺牘 同上 劉繼增編輯 孫揆均等鈔稿本 有余一鼇印心禪等朱記

松厓詩錄二卷附詞 清楊芳燦選 乾隆刻 白紙

午風堂詩集三卷 清鄒炳泰 嘉慶刻

又 一部 同上 乾隆刻

小峴山人集文六卷續集二卷詩集二十六卷 清秦瀛 嘉慶丁丑城西草堂刻

又　一部同上　嘉慶世恩堂刻
又　一部文集七卷續集二卷補遺一卷同上　鉛印　侯學愈校刊　白紙
小峴山人梁谿雜詠清秦瀛　鉛印　曹銓校刻　白紙
芙蓉湖櫂歌一卷清楊掄　光緒甲申憺陔堂刻
犢山類稿六卷清周鎬　嘉慶二十二年刻　白紙
内簡尺牘注十卷清蔡焯蔡龍孫增注　有方廣維城曹維城印朱記及跋語　乾隆刻
又　一部同上　光緒己亥刻　常州先哲遺書本
玉山閣古文選四卷清徐鑅慶（原名崧）　嘉慶阮氏琅嬛仙館刻
玉山閣詩選八卷清徐鑅慶　嘉慶琅嬛仙館刻
荔子丹房詩選一卷清徐濤　嘉慶琅嬛仙館刻　玉山閣詩選本

梅墅詩選一卷清徐璜　嘉慶琅嬛仙館刻　玉山閣詩選本
蓉莊遺稿文一卷詩一卷清顧鈺　鉛印　勤斯堂刊
廉讓堂詩鈔一卷清丁芳洲　稿本
又　一部同上　舊鈔稿本
鐵山情犖一卷清陳伯暘　嘉慶丙子刻
鐵山情簫一卷清陳伯暘　嘉慶丙子刻
雙梧桐館集廿六卷清楊揩　嘉慶癸酉刻
寶嚴堂詩四卷清孫永清　鉛印　白紙
一枝軒稿八卷清施晉　嘉慶丁丑刻
飛香圃試言一卷清安詩　道光刻

樂潛堂集二卷清趙涵　道光己丑刻　同岑詩鈔本
又　一部同上　白紙
泰雲堂集二十五卷清孫爾準　道光原刻本　白紙
又　一部同上　同治庚午刻　福建崇德堂本
又　一部同上　民國丁已補刻鳳翔本
拜石山房詩鈔十六卷附補遺清顧翰　道光原刻本　白紙
又　一部同上　舊鈔本
又　一部八卷附補遺同上　鈔本
拜石山房集四卷清顧翰　道光己丑刻　同岑詩鈔本
又　一部同上　白紙

金粟菴集二卷清顧翶　道光己丑刻　同岑詩鈔本
又　一部同上　白紙
眞松閣集二卷清楊夔生　道光己丑刻　同岑詩鈔本
又　一部同上　白紙
壺園集四卷清徐寶善　道光己丑刻　同岑詩鈔本
又　一部同上　白紙
灤非齋制藝一卷清薛湘　光緒五年刻　白紙
沈晴庚詩文集六卷清沈鎣　鉛印
梅花溪詩草四卷附續草一卷清錢泳　嘉慶廿四年刻　白紙
楹聯集林一卷清錢泳　光緒甲申李氏刻

十二山人文集十五卷 清安吉 鈔稿本
安古琴日記六卷 清安吉 手稿本
寶素齋詩鈔九卷 清鄒鳴鶴 咸豐刻 白紙
王武愍公遺文 清王恩綬 同治甲戌刻 白紙
筆花書屋詩鈔二卷 清嵇文駿 同治九年刻 白紙
校經齋試帖二卷 清丁培 同治刻
又 一部 同上 同治刻 白紙
薇堂詩稿一前 清錢春霖 鉛印
怡雲草堂詩詞存 清蔣大鏞 鉛印 白紙
張南湖詩詞存 清張應麟 鉛印

旅懷小草一卷 清張應麟 鉛印
張端甫遺稿二卷 清張岳駿 鉛印 吳禮讓堂校刊
古桐書屋文鈔二卷 清鄒導源 道光丁未刻
古桐書屋詩鈔二卷 清鄒導源 道光丁未刻 白紙
閑吟處詩鈔五卷 清華文柱 道光刻
西神山人集六卷 清丁玉藻 稿本
西神山人詩鈔一卷 清丁玉藻 同治刻 白紙
碧梧桐館詩存一卷 清秦炳文 鉛印 白紙
花間小草一卷附續錄一卷 清嵇蓉 嵇宇鈔稿本
嵇月生先生詩集一卷 清嵇讃 嵇宇鈔稿本

荔雨軒文集六卷 清華翼綸 光緒癸未刻 白紙
荔雨軒詩集三卷 清華翼綸 光緒癸未刻
尊小學齋集六卷附詩詞二卷 清余治 光緒九年刻
余蓮村與應敏齋手札一卷 清余治 手蹟本
燹餘遺稿三卷 清侯楨 同治癸酉聚珍本
古抒秋館遺稿文二卷詩一卷 清侯楨 光緒丁酉刻
古抒秋館詩草三卷附刼餘集 清侯楨 民國甲寅石印 白紙
城西草堂詩集四卷 清秦緗武 咸豐秦氏家刻本
虹橋老屋遺稿文四卷詩五卷補遺三卷 清秦緗業 光緒己丑刻
又 一部 同上 光緒己丑刻 白紙

又 一部六卷 同上 光緒己丑湘煙閣刻
焦桐集一卷 清丁元照 稿本
碧霞閣文鈔一卷 清丁元照 光緒乙丑刻 白紙
冷紅館賸稿二卷 清秦臻 光緒庚申刻
冷紅館詩補鈔二卷 清秦臻 光緒庚申刻
況梅齋詩草一卷 清楊紹基 咸豐刻
京江游草一卷 清楊紹基 咸豐刻
怡石齋詩稿 清丁彥和 稿本
汲古錄一卷 清龔禮 咸豐五年刻
剪燭錄二卷 清龔禮 咸豐五年刻

曼陀羅華館遺稿二卷 清汪榮棠 光緒甲申刻 白紙
達觀樓詩草一卷 清顧寬 鉛印
旅游小草二卷 清華振 同治丙子刻 白紙
妙香居小草一卷 清孫顯 鉛印
賞雨茅屋詩集一卷 清侯映奎 鈔稿本
賞雨茅屋駢文集一卷 清侯映奎 鈔稿本
青萍軒文錄二卷 清薛福保 光緒八年刻
青萍軒文錄二卷詩錄一卷 同上 光緒八年刻 白紙
庸菴文編四卷續編二卷 清薛福成 光緒戊戌刻 庸菴七種本
庸菴海外文編四卷外編四卷 同上

庸菴文外編四卷 同上
又 一部 同上 光緒戊戌刻 單行本
嘯霞漫稿三卷 清華濂 光緒癸未刻
虎侯詩存一卷 清秦光祖 光緒己丑刻 白紙
箕韻軒駢文稿 清顧森書 鉛印
箕韻軒詩鈔六卷 清顧森書 光緒丙午刻
竢實齋文稿二卷 清秦寶璣 光緒戊子合肥張氏刻
霜傑齋詩二卷附補遺 清秦寶璣 光緒戊寅刻
濬遠軒文集二卷 清竇士鏞 鉛印
綺雲樓雜著一卷 清竇士鏞 鉛印

曇花吟一卷 清杜敬（竇士鏞妻） 鉛印
愛邱山人存稿一卷 清汪震 光緒二十四年石印本 白紙
茹雪樓詩詞草 清沈瑞英（汪震妻） 光緒二十四年石印本 白紙
自怡軒詩詞存三卷 清顧奎 鉛印
復菴遺集二十四卷 清許珏 鉛印
復菴文集三卷 清許珏 鉛印 白紙
復菴詩集二卷 清許珏 鉛印 白紙
復菴書札六卷 清許珏 鉛印 白紙
聽香仙館詩詞鈔 清許亘栩 光緒甲子刻 白紙
又 一部 同上 鉛印 有許亘栩朱記

嵫景留吟館贅草一卷 清許亘栩 鉛印 有許亘栩朱記
谷菴燹賸附續集補遺 清張鳴猷 光緒甲午刻
浙游草詩一卷 清顧鴻 光緒刻 龍孫合稿本 白紙
意園遺集一卷 清孫思敬 鉛印 白紙
青琅玕館遺稿一卷 清顧濟 光緒乙未刻
孟和詩草二卷 清范鈞 光緒刻 白紙
綠梅影樓詩詞存二卷 清顧翊 光緒戊子刻
四槐寄廬類稿八卷 清孫鼎烈 鉛印
夢梅仙館吟草一卷 清楊藻 光緒丙辰刻
綠蕚軒吟草一卷 清楊志溫 光緒丙辰刻

清足居集一卷 清鄧愉 地肺山館鈔本
又 一部 同上 光緒諸氏刻
一室吟稿二卷 清顧書紳 光緒刻 祖孫合稿本 白紙
思誤齋詩鈔二卷 清章節 光緒庚子刻 白紙
經雅堂遺稿一卷 清孫慈良 光緒庚辰刻
吟香室詩草二卷附續刻 清楊蘊輝 光緒丁酉刻 白紙
晚香集一卷 清周會鏘 民國戊辰鉛印 白紙
紉餘小草一卷 清鄒佩蘭 光緒元年刻
又 一部 同上 光緒元年刻 白紙
驛菴集七卷 清鄧濂 石印
鄧似周與譚復堂書及酬唱詩詞一卷 清鄧濂 沈星著鈔稿本
傳鐙賸稿一卷 清滕元鑑 光緒庚子刻 一家詩詞鈔本 白紙
棠雲館殘稿一卷 清滕學濂（元鑑子） 光緒庚子刻 一家詩詞鈔本 白紙
虛白舫詩删存一卷焚餘一卷 清滕樸廬（元鑑子） 光緒庚子刻 一家詩詞鈔本 白紙
超然堂稿一卷 清顧書紳 光緒刻 祖孫合稿本 白紙
芝蘭室語一卷 清秦鳳翔 鉛印
亦暢居詩鈔一卷 清錢君雅 鉛印
惠山竹枝詞一卷 清劉繼增 光緒甲申刻
蟄菴文存二卷 清楊楨 鉛印
丹魁書屋賸稿一卷 清錢福煒 宣統乙酉聚珍本

隱鴻雜著六卷 清顧沐潤陶思勖 光緒二十八年陶氏刻本
又 一部四卷 同上 鉛印
麟洲雜著四卷 清錢麟書 光緒戊戌聚珍本
濳皖偶錄十一卷 清錢麟書 宣統己酉鉛印
嚴廉訪遺稿十卷 清嚴金清 鉛印
醉花陰軒詩鈔一卷 清侯星聯 鉛印
鏡緣惆悵詞集一卷 裘廷楨 鈔稿本
彈蕉客語一卷 裘廷楨 鈔稿本
海棠秋館詩稿十一卷 裘廷楨 鈔稿本
淚花集二卷 裘廷楨 光緒聚珍本
振素菴詩鈔三卷 蔣士超 稿本
小綠天菴文稿二卷 賓鐵 民國己未刻
又 一部九卷 同上 鉛印
小綠天菴詩詞草五卷 賓鐵 民國己未刻
庸隱廬詩存一卷 張文藻 鉛印
庸隱廬聯存一卷 張文藻 鉛印
庸隱廬詩文存二卷 張文藻 鉛印
曉嵐雜著一卷 華慶雲 鉛印
晚虹軒賸稿一卷 秦郊農 石印本
次皙次齋遺文一卷 孫振烈 鉛印

病梅菴詩鈔三卷 曹鐓 鉛印
删亭文集二卷 周同愈 鉛印
溉泉樓文集四卷 淩學敘 鉛印
溉泉樓詩詞集三卷 淩學敘 鉛印
萬樹梨花館詩稿六卷 范廷銓 鉛印 白紙
三借廬賸稿 鄒弢 鉛印
環溪草堂詩稿八卷附補遺 侯學愈 鉛印
胡周佾輝遺稿四卷 周韞玉 鉛印 晚香集本 白紙
周王運新遺稿一卷 王南城 鉛印 晚香集本 白紙
西麓詩鈔一卷 胡介昌 鉛印

西麓詩鈔乙集二卷 胡介昌 鉛印
南湖集四卷 康泉 鉛印
兩重廬齋百詠一卷 康泉 鉛印 巾箱本
懸瓢軒稿三卷 許棫 鉛印 白紙

總集類

古文眉詮七十九卷 清浦起龍 乾隆靜寄東軒刻本
古文一隅三卷 清朱宗洛 道光庚戌刻
辟疆園宋文選三十卷 清顧宸 康熙己巳補刻
又 一部 同上 康熙己巳補刻 有大晋經鋤堂藏書朱記
中晚唐詩叩彈集十二卷續集三卷 清杜詔 康熙刻

積書巖宋詩選二十五卷 清顧貞觀 康熙寶翰樓刻
金詩選四卷 清顧奎光 乾隆刻 有酒狂客月池珍藏臣泰亨印瑪菴谿南楊氏欽寯軒珍藏等朱記
元詩選六卷附補遺 清顧奎光 舊鈔本
又 一部 同上 乾隆刻 白紙 有愛日館藏書印朱記
又 一部 同上 乾隆刻 有臣泰亨印瑪菴慈谿豬山楊氏經畬塾印三朱記
又 一部 同上 乾隆刻 有盱台王錫元蘭生收藏經籍金石文字印朱記
又 一部 同上 乾隆刻 有夢蘭太與之印朱記
國朝六家詩鈔八卷 清劉執玉 乾隆丁亥刻 有竹孫所藏海上李谷暐藏二朱記
瓣香集十六卷 清許英 乾隆癸未刻
梁溪詩鈔五十八卷 清顧光旭 乾隆刻 有棲霞藏本豐府藏書二朱記

又 一部 同上 宣統辛亥聚珍本
續梁溪詩鈔二十四卷 侯學愈 鉛印
詩見五卷 清薛田玉吳峻 乾隆刻 白紙
錫山秦氏詩鈔十八卷 清秦彬 道光己亥刻
又 一部 同上 白紙
錫山高氏餘芬集二卷 高鑅泉 民國乙卯聚珍本
吳越錢氏傳芳集一卷 清錢泳 光緒七年錢淵錢泰階重刊 白紙
荊圃唱和集十卷 清楊芳燦楊揆 嘉慶刻 白紙
西冷銷寒集二卷 清秦緗業等 同治刻 白紙
吟華新編一卷 清顧森書等 光緒己亥刻 白紙

錫麓歸耕圖唱和詩一卷 清趙起鵬等 光緒庚寅刻 白紙
春燕唱和詩一卷 秦國璋 光緒辛丑刻 白紙
錫山文集二十卷 清王史直初編 王史鑑續編 華渚恩重編 道光庚子華氏刻本 白紙
又 一部 同上 有宜生養和齋書畫記朱記
國朝詞綜補五十八卷 清丁紹儀 同治刻 白紙
國朝詞綜補後編五卷 清丁紹儀 鈔稿本
十名家詞集 清侯文燦 康熙巾箱本 有大雅聚福齋賢陽周篤甫家藏印二朱記

詩文評類

全唐詩話八卷 宋尤袤 乾隆甲午清芬堂刻
詩學指南八卷 清顧龍振 乾隆刻

淮海詩詞叢話一卷 秦國璋 民國甲寅刻

詞曲類

彈指詞三卷補遺一卷 清顧貞觀 光緒戊寅枕經群史齋重刊 白紙
又 一部二卷 同上 海甯陳氏聚珍本 白紙
柄香閣詞二卷 清顧文婉 民國乙卯刻
聽雨小樓詞鈔二卷 清楊英燦 光緒辛卯聚珍本
眞松閣詞六卷 清楊夔生 光緒元年心禪室重刊本
拜石山房詞鈔四卷 清顧翰 道光原刻本
又 一部 同上 光緒己丑檢園叢刻本 白紙
又 一部 同上 光緒二年刻

綠秋草堂詞一卷 清顧翰 鉛印 小倉山房七家詞本
鐔仙詞稿五卷 清吳寶書 光緒壬午聚珍本 白紙
冷紅詞一卷 清秦臻 光緒庚申刻
修修利齋偶存一卷 清秦臻 光緒刻
竹柳草堂詞草一卷 清顧濟 光緒乙未刻
藝雲詞三卷 清俞敦培 同治丙寅刻
還山臥月軒詞一卷 清許亘楫 鉛印 有許亘楫朱記
蕉窗詞一卷 清鄧愉 地肺山館鈔本
又 一部 同上 光緒諸氏刻
瑤情詞一卷 清鄧濂 鈔稿本

留漚吟館詞草一卷 清沈鎣 光緒庚辰江氏師許室刻 白紙
海棠秋館詞集二卷 裘廷楨 鈔稿本
揚州夢傳奇二卷 清嵇永仁 康熙刻
又 一部 同上 同治壬申刻 白紙
續離騷雜劇一卷 清嵇永仁 康熙刻
又 一部 同上 同治壬申刻
銜冠怒傳奇殘稿 章履平 鉛印 白紙
征衫淚傳奇二卷 裘廷楨 鈔稿本
聽秋聲館詞話廿卷 清丁紹儀 同治丁卯刻
又 一部 同上 同治丁卯刻 白紙

外編

唐張中丞事實二卷 清光州王德茂 光緒戊戌重刻
倪高士年譜一卷 清番禺沈世良 同治六年刻 嶺南遺書本
又 一部 同上 宣統元年重刻
東林本末一卷 明貴池吳應箕 鉛印 中國內亂外禍歷史叢書本
東林始末一卷 明華亭蔣平階 鉛印 中國內亂外禍歷史叢書本
熹朝忠節死臣傳一卷 明貴池吳應箕 鉛印 中國內亂外禍歷史叢書本
啓禎兩朝剝復錄三卷 明貴池吳應箕等 光緒刻 荊駝逸史本
碧血錄一卷 明黃煜 鉛印 中國內亂外禍歷史叢書本
幸存錄一卷 明華亭夏允彝 鉛印 中國內亂外禍歷史叢書本
續幸存錄一卷 明華亭夏元淳 鉛印 中國內亂外禍歷史叢書本
宏光朝僞東宮僞后及黨禍紀略一卷 清桐城戴名世 鉛印 中國內亂外禍歷史叢書本
汰存錄紀辨一卷 清餘姚黃宗羲 鉛印 中國內亂外禍歷史叢書本
東林同難錄一卷列傳一卷 江陰繆敬持 民國甲戌刻 白紙
梅溪先生年譜一卷 清蕪湖胡原 長洲褚逢春同編 道光原刻本
貞烈編一卷 清吳縣潘祖蔭 光緒甲申刻
潘伯寅與潘瘦羊討論編印貞烈編手札三卷 清吳縣潘祖蔭 手蹟本
梁溪辛氏宗譜序 衡陽曾熙 石印本
常州詞錄卅一卷 江陰繆荃孫 光緒丙申雲自在龕刊 白紙
讀史方輿紀要索引 日本青山定雄 鉛印 昭和十四年再版本

跋

吾家原籍東魯章邱。清光緒中。家君佐幕南來。娶吾母時夫人。慕錫邑風土清嘉。爰卜居九峯二泉間。甲午以後。家君憤國事日非。絕志仕進。益切鴻光偕隱之思。翛然有終老是鄉意。不數年。連舉余兄弟三人。遂注籍爲邑民。余生七歲。出就外傳。讀書於東林學堂。卽書院舊址。故明顧高二大儒講學之所也。余以後生。獲登麗澤之堂。入依庸之室。緬懷教澤。於植節敦品諸大端。不敢不勉。及稍長。游學他方。輒欲從卷帙窺塗徑。期以躋先哲入聖之域。庶無負高山仰止之思。於是慨然以考文徵獻自任。歲在己巳。上距中華民國之刱建十八年矣。余以菲材。謬膺邑篆。乃次第設立縣志局、歷史博物館。並編印行政年鑑。整理湖山風景。固欲稍稍申其愛鄉之忱。顧其時內戰方殷。吾邑供應尤繁。實無暇多所建樹。承乏兩稔。因病得請。浩然去職。遂以其閒搜集先哲遺著。奔走南朔。亦稍有所獲。篋衍所儲。皆寘諸伯兄繼之所。丁丑戰作。吾邑淪陷。伯兄挈雛遠離。盡喪所有。余所寄邵二泉容春堂集、慧山記、王仲山詩選、俞是堂盛明百家詩鈔等珍本及稿本鈔本數十種。悉付劫灰。悼歎追憶。不能自已。忽忽數年。茹苦海上。無以自遣。遂思勉繼往蹟。賡事蒐羅。乃遍屬友好。分向北平、大梁、金陵、蘇州、杭州、安慶、九江諸地求之。鴻羽有便。典册鱗集。伯兄仍居邑中。物色尤勤。凡故家劫餘之籍。偶有珍祕。輒往就鈔。至廢寢食。丁丈仲祜嘉余

微志。復悉以平生所集鄉賢著述見讓。而楊筱荔、侯保三、錢孫卿、孫希俠、榮德生、榮鄂生、胡汀鷺、鄭西諦、孫伯亮、侯曄華、顧彬生、秦清曾諸先生或見惠副本。或借鈔複笈。廣裒益多。遂得錄目爲斯册。其宏奬斯文與闡揚幽微之盛心。固不僅余家兄弟拜嘉之。先哲靈爽。實式憑焉。輒用先布此目。藉求賢達垂敎。儻得集貲仿鮑氏知不足齋及伍氏粤雅堂叢書之例。選印若干集。陸續行世。則區區好事爲不虛矣。嗚呼。世變方亟。墜緒待拾。爰爲附誌緣起如右。不敢辭抱殘守闕之譏已。辛巳夏日孫祖基識於玉鑑堂。

無錫先哲遺書目　跋　二　孫氏玉鑑堂

無錫縣立歷史博物館一周紀念刊

（民國）胡覺清 編

《無錫縣立歷史博物館一周紀念刊》，（民國）胡覺清編，民國二十年（一九三一）鉛印本。

胡覺清，無錫人。無錫縣立教育會執行委員，民衆教育促進團推行部主任。民國十九年（一九三〇）任縣立博物館總務主任後，即辭去前二職。民國十九年在縣長孫祖基推動下，成立了無錫歷史上第一所歷史博物館，這是作爲現代城市建設中重要的文化設施，在全國而言也是較爲超前的。該館把辦館方向定位在保存無錫一地文獻和古物，並教育民衆以資博識，這是極富前瞻性的地方博物館的辦館意識。在開館一周年的日子裏出版這份紀念刊，既是向民衆彙報，也是工作的總結。作爲公衆文化設施，它的運作是全透明的。全書由發刊詞、序、祝詞、照片、工作報告、館務規章、陳列品目録、編後共八個部分組成。當時全年經費一千零十四銀元，館藏展品一百七十七種，兩千餘件。可注意的是特約征集員二十餘人中有錢基博、芮麟、曹衡之、薛明劍、華晋吉等文化界及商界名人，這是館中藏品質量的保證。本書保存了當時藏品的記録，這些藏品都在日寇占領無錫時被劫掠毁失了。其中如：錫金軍政分府門額，明吴情熙朝鼎甲坊額，南禅寺妙光塔中之鐵佛、石佛，當時無錫風景照片五十張，孔廟的全套祭器、祭祀樂器，明初洪武時的無錫城磚，等等。這些藏品對無錫地方史而言皆是重寶大器，不可或缺。現在已成爲遺憾。

本書據民國原刊鉛印本影印。

（徐志鈞）

無錫縣立歷史博物館一週紀念刊

潘忠甲署

目錄

本館一週紀念辦法

1. 採取積極的加緊工作方式。
2. 出版紀念刊，分送各界。
3. 紀念日徵集會員，出
4. 紀念日(六)長開放時間一

發刊詞

本館自開幕迄今，瞬周一載。一載光陰，爲期至短，無可紀念。且草創伊始，諸多未備，何足稱述。然登高自卑，行遠自邇，有一週年，即有十百週年也，所以本館有一週紀念之舉。

紀念之方式不一，開會可，游藝亦可，展覽成績更可。但同仁等不取開會方式，及表演游藝者，意在可貴之精神，須用於可貴之事業，念及本館範圍廣博，搜羅無窮，有待於同仁之努力者正多，兢兢業業，向前猛進之不遑，何暇作無謂之應酬哉，所以同仁等僉謂宜假一週紀念之良辰，作加緊工作之舉動，於是决定編印。。。。。。。。一週紀念刊，以廣。

宣傳，延長開放時間，以便展覽，全體動員，徵集陳列物品，以充實內容。之三者，爲本館同仁用以紀念本館之週年者，是取緊張工作之方式，代世俗之集會紀念式也。至於慶祝云云，則期望於十百非可語於今日。區區之意，聊充發刊詞。

館長　沈顯芝

序一

本縣縣立歷史博物館，利用孔廟餘屋籌設，主旨在保存文獻古物
九年六月八日開幕迄今，已屆一週。該館之發起，爲孫前縣長，館長
閻胡君覺清，籌備成立，幾費經營，略具規模。於此一週紀念時期，
發表，關於過去之概況，作一詳細報告。私衷對於歷史博物館有二希
，能以骨董商之態度，無微不至，搜求徵集：(2)邑之先進，能匡其不
，歷史博物館內容，自能日臻充實，對於保存古物宣揚文化，或有相當貢

二十年六月陸仁壽於縣教育局

無錫縣立歷史博物館一週紀念刊

三

無錫縣立歷史博物館一週紀念刊　　　四

序二

吾邑古稱勾吳，湖山美秀，代有聞人，古物文獻，至足矜貴，惟向無保存之所，遂令湮漫散失，欲問前事，遺老無存，深爲惋惜！

民國十九年夏，縣立歷史博物館成於孔廟兩廡，臚列文獻，禮樂諸器，雖不能稱完備，然邑人之至是館者，已足以窺豹一斑矣，倘能繼續徵集，始終不懈，四鄉父老，咸能協助其成，則邑中文獻，必萃於斯，鑑往知來，其裨益後生，豈淺鮮哉！

今年六月八日，本館成立，已經一週，館長沈君顯芝，將刊紀念册以稔邦人，凡陳列物品，辦理經過，草不詳哉言之，其努力有足多者，爰樂而爲之序。

朱泳蓀　　二十年六月

無錫縣立歷史博物館壹週紀念

源遠流長

嚴仰井頌

無錫縣立歷史博物館一週紀念刊

五

無錫縣立歷史博物館一週紀念

去年的荷花時節，
　你方呱呱誕生；
今年今日，剛滿一齡，
巳長得這樣伶俐，
　這樣英俊，
想見保姆們愛護的辛勤！
此後，祝望
你有個更健全的發育，
　更遠大的前程；
同時——
　莫忘了我們應盡的責任！

——芮麟敬祝，　二〇，六——

無錫縣立歷史博物館正門

沈顯芝履歷：前江蘇省立第三師範本科畢業，曾任教育局教育委員，社會教育科科長等職，現兼任無錫縣教育局學校教育科科長。

館長：沈顯芝先生

胡覺清履歷：私立胡氏公學畢業，前無錫縣教育會執行委員，曾任前民衆教育促進團推行部主任，縣立民衆教育館農民教育館總務主任等職。

總務主任：胡覺清先生

報告

流光如駛，本館自去年（十九年）六月八日成立以來，忽忽已一週年矣？在此一週年中，一切進行狀況，謹爲關心本館者簡略陳之。

（一）組織本館事務，由總務、徵集、陳列三股分掌，館長總其成。

（二）現任工作人員

職別	姓名	籍貫	任職年月
館長	沈顯芝	無錫	十九年六月
總務主任	胡覺清	無錫	十九年六月
特約徵集員	宋泳蓀	無錫	十九年八月
	錢基博	無錫	十九年八月
	曹衡之	無錫	十九年八月

無錫縣立歷史博物館一週紀念刊

八

芮　麟	無錫	十九年八月
陳獻可	無錫	十九年八月
浦浩泉	無錫	十九年八月
倪不烈	無錫	十九年八月
魏君豪	無錫	十九年八月
王質恨	無錫	十九年八月
辛曾輝	無錫	十九年十一月
薛明劍	無錫	二十年三月
顧鴻志	無錫	二十年三月
繆紹平	無錫	二十年三月
華曾吉	無錫	二十年三月
陸同祺	無錫	二十年三月

外埠特約徵集員

特約攝影員	尤聖從	無錫	二十年三月
	劉佩琪	無錫	二十年三月
	謝煥文	無錫	十九年八月

（三）經濟情形　全年經常費銀七四四元臨時費銀二七〇元合計銀一〇一四元

（四）陳列品　現藏陳列品計一七七種二二三五件

（五）工作狀況

1. 調查——分發表格，調查本縣歷史博物

2. 徵集——開幕前計藏陳列品七〇種六九七件，一年來增加一〇七種一五六八件。

3. 陳列——品類依據本館物品徵集細則排列，方式時時變更，陳列品上除標以名稱外，再加說明書，使遊覽者更易明瞭。

4. 開放遊覽——每日上午九時至十二時，下午一時至五時爲開放遊覽時間。全年（開幕後一年內）計遊覽人男性二五六八四人女性四三七三人男女合計共三〇〇五

七八。

5.推廣事業——上學期附設孔廟民衆學校，畢業一期，本學期附設注音符號問字處及閱報處。

6.其他——制定本館各種細則規約，及參加社會活動事項。

（六）預定進行計劃

1.聘請外埠特約徵集員

2.逐漸擴大徵集範圍

3.徵求現代名人作品及歷史材料

4.組織歷史博物研究會

5.編輯本邑古蹟圖攷

（七）困難問題

（ㄅ）經濟方面

1. 經濟支絀，不能多聘專任職員，因此館務不能盡量發展。
2. 經費不充裕，設備不能力求完善，保管上頗多缺點。
3. 經濟不充裕，鉅價之歷史博物，如古代之鐘鼎彝器等無力購買？
4. 經費支絀，不能聘請專家，鑒別博物。

（文）徵集方面

1. 歷史博物，非比普通博物，俯拾即是，徵集不易。
2. 私家秘藏，不願捐公，搜羅不易。
3. 通信徵集，收效甚鮮。

附錄

（一）無錫縣立歷史博物館章程（本縣第二十三次縣政會議通過）

第一條　本館以保存文獻古物及宣揚固有文化為宗旨，定名曰無錫縣立歷史博物館。

第二條　本館設左列各部：

子、金石　丑、雕刻　寅、塑造　卯、字畫　辰、圖書　巳、樂器

午、祭器　未、軍器　申、服裝　酉、用具　戌、建築　亥、雜類

第三條　本館暫設於孔廟內。

第四條　本館設館長一人，由縣教育局長提薦縣政會議通過聘任之。

第五條　本館設事務員若干人，由館長推薦，經教育局長核准後聘任之。

第六條　本館照物品種類，分別陳列，以供衆覽。

第七條　本館陳列物品，不以本縣所有者爲限。

第八條　本館得向各地徵集，關於歷史上學術上有足貢獻之物品，其徵集細則另訂之。

第九條　本館經費在地方費內撥用。

第十條　本章程經縣政會議通過施行。

第十一條　本章程有未盡善處，得由館長呈請教育局長提出縣政會議修改之。

(二)無錫縣立歷史博物館徵集細則 (本縣第三十四次縣政會議通過)

第一條 本細則依據本館章程第八條訂定之。

第二條 本館徵集物品其範圍及細目如下：

(1)金石 古代石器銅鐵器以及錢幣印章碑碣等。

(2)雕刻 木刻石刻之古代人像器物等。

(3)塑造 泥塑石膏像等。

(4)字畫 歷代名人字畫碑帖等。

(5)圖書 抄寫或印刷之歷代名人書籍圖籍等。

(6)樂器 古今中外各種樂器。

(7)祭器 古代祭器。

(8)軍器 古今中外之戰具。

(9)服裝 古今中外之衣服，冠履，及飾物等。

(10)用具　含有歷史價值之各種用具。

(11)建築　古代建築物之一部，及近代建築圖樣等。

(12)雜部　凡不屬於前項，而有歷史價值之物品。

第三條　徵集物品，如係重大緊要，不能運送本館陳列者，得攝影贈送。

第四條　徵集物品，分一、永遠贈送者。二、暫時寄贈者。三、略出相當代價購置者，三種。

第五條　由縣政府訓令各屬徵集，並分函各縣縣政府代為徵集。

第六條　如有大件物品運送本館，運費可由本館撥付。

第七條　本館收到徵集物品以後，當以相當之紀念辦法，作為酬謝，編入目錄及標簽，同時登縣政公報發表。

第八條　開館前作為第一次徵集，開館後得隨時徵集。

第九條　本細則由縣政會議通過後施行。

（三）無錫縣立歷史博物館職員服務細則（第一次館務會議通過）

（1）館長主持全館事務分配各股工作及處理特殊事項。

（2）各股主任商承館長處理各股事務

（3）各股幹事承館長主任之指導處理事務

（4）各股事務分掌如下：

（甲）總務股

1. 掌管文牘及各種文件。

2. 記錄登記謄抄繕寫等事項。

3. 掌管經濟出納及預算决算等事項。

4. 調製各種圖表冊籍。

5. 對外交際接洽等事項。

6. 掌管物品之採購及各項雜務。

7. 處理不屬於其他各股之事項。

(乙)徵集股

1. 宣傳本館須徵集之各種物品。
2. 依照本館物品徵集細則向各方徵集物品。
3. 選購及交換陳列物品。
4. 通函向外埠徵集陳列品。
5. 下鄉採集陳列品。
6. 運輸各種陳列品。
7. 不能運館陳列之物品，攝影陳列。

(丙)陳列股

1. 注重全館之佈置及物品陳列之方法，
2. 分類陳列各項物品。

3.保管，典藏，清潔，各種陳列品。

4.繕寫說明書及標籤等。

5.編造陳列品統計表等。

（5）職員除規定之休息日及例假外，每天須按規定時間到館辦公。

（6）職員對所任職務，須負責辦理。

（7）職員對館內物品，均負有保管之責。

（8）職員須出席各項會議。

（9）職員須遵守本館定章，及會議之議決案件。

（10）對館務有興革意見，可提出館務會議討論之。

（11）職員因事請假，須先向館長說明理由。

（12）本細則有未盡事宜，得提出館務會議增刪修改之。

陳列品一覽表

無錫縣立歷史博物館一週紀念刊　一八

類別	數號	名稱	件數	說明	來由	備註
貨幣	1.	中國歷代貨幣	八〇枚	我國古代交易，以貝、龜、皮、貨布、刀泉等爲媒介，周末始有圓形方孔之制錢，後世因之，	無錫湖濱藝術社捐贈	
	2.	清季各省銅幣	一五枚		陸仁壽捐贈	
	3.	咸豐重寶泉	一枚		同右	
雕刻	1.	雕龍形磚	一塊	此磚係帝皇時代用以裝點牆壁，可作古代之藝術品觀	第一區中區第五六鎮公所捐	
	2.	明吳情石牌坊	二塊	坊址原在南門大公橋堍，因阻礙交通拆去，坊上題熙朝鼎甲四字	無錫縣建設局運來	
塑造	1.	孫總理像(模型)	一個		胡元愷暫寄	
	2.	北宋鉄佛	一個	此佛得諸南禪寺塔中，考南禪寺塔建於宋雍熙中（西元後九八四年）後雖圮毀，而塔基始終未改此佛	平民習藝所捐贈	

			嵌於塔之下層，古色斑駁決非近代所鑄	
3.	宋代石佛	一個		同右
4.	妙光塔石佛	二個		同右

字畫

1.	錫金軍政府門額	一方	民元本邑先後分府，處理縣政，組織軍政分府，此即軍政分府之門額也。	無錫縣圖書館捐贈
2.	明高世泰書梅花	一方	高世泰爲高攀龍之從子	同右
3.	孔子書吳延陵季子墓碑帖	一張		孫祖基捐贈
4.	改修吳延陵季子廟記碑帖	一張		同右
5.	蔡廷槐書大學序		蔡廷槐爲寺同時間本邑著名書家，此序書於明倫堂之屏上	縣立初級中學贈
6.	何紹基書屏條碑帖	四幅		陳賓生捐贈

7.	西湖博覽會紀念畫片	三一張		辛曾煇捐贈
8.	無錫風景片	五〇張		無錫湖濱藝術社捐贈
9.	西湖風景片	三六張		同右
10	世界名都風景片	二〇張		同右
11	唐惠山寺經幢碑帖	八條	考惠山寺石幢二右刻尊勝諸咒唐乾符初立白鹿山人李端行書	無錫湖濱藝術社捐贈
12	宋惠山寺經幢碑帖	八條	惠山寺門左右幢刻楞嚴諸咒朱熙甯初立	同右
13	南水關橫額	一方		顧鴻志運館
14	西水關橫額	一方		顧純愚運來
15	高攀龍遺表別友書山居示子碑帖	一張	高攀龍被誣，作遺表，投水而死。	無錫縣圖書館捐贈
16	宋敕賜錫山王靈護廟額牒碑帖	一張		同右

17	唐張祜題詩處石刻碑帖	一張	碑在惠山寺左，通惠路口	同右
18	張中丞靈泉活人記碑帖	一張		同右
19	敕賜明陽觀額牒碑帖	一張		同右
20	明邵寶題十賢祠詩碑帖	一張		同右
21	[illegible]題點易臺銘幷序碑帖	一張	碑在惠山邵文莊公祠	無錫縣圖書館捐贈
22	常州府桂禁現年碑文	一張		同右
23	按察使葉禁靑差藉屍擾詐碑文	一張		同右
24	吳祿貞烈士手扎攝影	六張	吳祿貞爲國民黨有力份子，反對袁世凱稱帝，袁氏忌之，遣人刺死，吳氏生前所作手扎六幀字跡娟秀	本館自攝

無錫縣立歷史博物館一週紀念刊

25	史可法家書碑帖	一張	明末，清軍圍揚州，史可法殉難，當闔城之際，史可法作此家書，諭其家屬同殉國難，此碑現在江都梅嶺。	顧鴻志捐贈
26	蔡公時烈士遺墨攝影	一張	民國十六年五月國民革命軍北伐進展至山東濟南日軍橫加阻撓殺我外交官蔡烈士等十餘人觀於蔡烈士之手蹟，能不追懷往昔受侮之痛，而急自振作，努力雪恥乎。	
27	吳泰伯像攝影	一張	泰伯像攝自泰伯廟，廟在邑東三十里之梅村鎮，相傳即泰伯故宅，周數十里俱屬故梅里鄉，東南文化發祥之地也。	同右
28	泰伯墓全景攝影	一張	泰伯墓在邑東四十里之皇山——今名鴻山——周十餘畝，闔山石垣，在側有望虞亭。	同右

29	泰伯墓攝影	一張	詳右	同右
30	梁鴻孟光像攝影	一張	像在今邑東鴻山鴻山禪寺	同右
31	梁鴻故居攝影	一張	漢高士梁鴻嘗挈其妻孟光隱於邑東皇山之麓，今其地名鴻山禪寺，中塑梁鴻孟光像	本館攝
32	板橋自書潤例碑帖	一張	碑在惠山鄒忠公祠	無錫湖濱藝術社捐贈
33	邵寶書海天亭記碑帖	一張		同右
34	唐張祜題詩處石刻碑帖	一張	見本類十八號	同右
35	聽松石床趙希衮題字碑帖	一張	唐石床在惠山寺石面有趙希衮題字三行。	同右
36	聽松石床李陽冰題額碑帖	一張	唐石床鴻在惠山寺內篆刻聽松二字相傳李陽冰書面題三行趙希衮書。	同右

無錫縣立歷史博物館一週紀念刊

37	五賢遺像石刻碑帖	一張	同右	
38	先天後天合序圖說碑帖	一張	同右	
39	唐石床記碑帖	一張	同右	
40	邵玉田墓誌銘碑帖	一張	同右	
41	邵文莊公祠墓祭田碑文	一張	無錫湖濱藝術社捐贈	
42	王澍題松泉額	一張	同右	澍香樹
43	松壇銘及石床行碑帖	一張	同右	
44	劉公重葺二泉書院追復茶田記碑	一張	同右	
45	科舉時代中式後題名匾額	二三方	前明倫堂移來	
46	漢永和封墓刻石碑帖	一張	山東省立圖書館捐贈	此碑係宣統二年出土

47	魏李璧墓誌碑帖	一張	清宣統元年津浦路修至德州北境獲此碑，今保存山東金石陳列所	同右
48	朱熹題「仙苑」二字碑帖	一張	碑在福建省安溪縣朱熹讀書處	安溪縣吳禮友捐贈
49	福建洛陽橋攝影	一張	洛陽橋一名萬安橋橋在福建省跨晉江惠安兩縣橫臥洛陽港中長三千六百尺廣丈有五尺為宋蔡襄所建地勢險要風景佳勝名聞遐邇焉	魏君豪捐贈

圖書

1.	惠山九曲清流圖題詠	一本		孫祖基捐贈
2.	泰伯梅里志	一部	板藏梅村泰伯廟東院清光緒二十三年付梓	蕩口華氏醫室捐贈
3.	中國歷史掛圖	二幅		本館自購
4.	革命先烈遺像	一張	先烈遺像，英風弈弈，充滿着革命精神，吾輩宜繼續努力奮鬥，以期完成總理三民主義。	同右

5.	總理奉安紀念册	一册	民國十八年六月一日總理奉安，總理奉安委員會謹製此册，以留紀念。	陸同祺捐贈	
6.	中國歷代疆域掛圖	一二幅		本館購	

樂器

1.	鏞鐘	一具		孔廟永寄	鏞ㄩㄥ音容
2.	特磬	一塊		同右	磬ㄑㄧㄥ音罄
3.	編磬	一六塊	編磬，以靈璧石爲之，長闊皆同，一制，其厚薄則有損益，聲以互異。	同右	
4.	編鐘	一六只	十六枚，陰陽各八，以厚薄爲次序，薄者聲濁，厚者聲清。	同右	
5.	大成鼓	一面	大成鼓卽置鼓，置於大成門左，將祭，擊三百六十數以警戒，迎神送神時，與大成鐘齊鳴。	同右	

無錫縣立歷史博物館一週紀念刊

6.	大成鐘	二只	大成鐘，置大成門之右，用法詳大成鼓	孔廟永寄		
7.	七言琴	一張	琴，體前廣後狹，上圓下方，面用桐木，底用梓木，黑漆面，中岳山焦尾，用紫檀，虛中，徽用螺蚌爲飾，上綴七絃，通長三尺一寸五分九厘	同	右	
8.	瑟	一張	瑟，前廣後狹，面圓底平，中高，首尾俱下，上貫二十五絃，彈奏另有樂譜	同	右	
9.	搏拊	二面	搏拊，如鼓而小，合樂時工人掛於頸，以手擊之，每應鼓一擊，則搏拊兩擊，以爲應和之節。	同	右	搏拊讀如博赴
10	足鼓	一面	足鼓，似鼓而體扁。	同	右	
11	笙	三只		同	右	
12	壎	二只	壎，頂上一孔，爲吹口，前二孔，後四孔，體以燒土爲之。	同	右	壎ㄒㄩㄢ讀如萱

二七

無錫縣立歷史博物館一週紀念刊

13	鼗鼓	二面	鼗鼓形扁，面繪龍鳳兩耳，懸垂，長柄硃漆，用時●持長柄搖盪。	同右	鼗去幺讀如桃
14	羽	三六枝	紅油木柄，柄上貼金龍頭，龍口插雉尾，文舞生右手執而作舞。	同右	
15	笛	四枝		同右	
16	配笛	二枝		孔廟永寄	
17	麾	二面	麾以黃帛爲之，上繡九曲雲龍及三台北斗諸星，以硃杆懸之，祭時，麾生舉升司樂。	同右	麾ㄏㄨㄟ讀如毀
18	節	二枝	節朱漆木竿，竿頂雕金龍頭節旄九層，司樂執之，以節舞。	同右	
19	敔	一只	敔，狀如伏虎，背上二十七齟齬，通身繪紅黑斑紋，頭施兩耳，以置籈·祭時，每一章闋，以籈櫟敔大聲，以止樂。	同右	敔ㄩ讀如魚上聲

二八

20	柷	一具	柷，上闊下小，狀如方斗，繪五彩山水花卉，祀孔時每當樂起，則擊柷三聲	同右	柷ㄓㄨ如粥
21	琴檯	一張	琴檯，用以承七言琴，	同右	
22	排簫	二只	排簫：十六管爲一具，管皆用竹，兩旁管長參差漸短，如两翼然，其架用木，其形如几，通體用硃漆，垂五彩流蘇爲飾	同右	
23	篪	二枝		同右	篪ㄔ音池
24	籥	三六枝	籥，以竹管爲之，六孔，文舞生左手執而舞之。	同右	籥ㄩㄝ音樂
25	簫	六枝		同右	
26	應鼓	一面	祀孔讀祝辭，於每句之終，三擊應鼓。	孔廟永寄	

祭器

1.	銅爵	八一只	爵範銅爲之，下具三足，腹爲雷紋饕餮形，祭孔時，酌酒以獻。	同右

2.	福爵	一只	福爵，形制如銅爵而大。	同右	
3.	盥洗銅盆	一只	洗形如槃，銅質飾以雷紋花藻，重十四斤八兩，承洗之架，朱漆六足，祭時置殿之左。	同右	盥ㄍㄨㄢ讀如灌
4.	簠	二七只	簠，範銅爲之，面爲夔龍紋，束爲凹紋，足爲雲紋，兩耳附以夔龍，祭時實以稻粱。	同右	簠ㄈㄨ讀如夫
5.	簋	二七只	簋以銅製，其制橢圓，口爲回紋，腹爲雲紋，束爲黻紋，足爲雲紋，兩耳附夔鳳，祭時，實以黍稷。	同右	簋ㄍㄨㄟ音規
6.	鉶	一六只	鉶以銅製，兩耳爲犧形，口繪回紋，次藻紋，腹繪貝紋，足繪雲紋，祭時勺以和羹。	同右	鉶ㄒㄧㄥ音形
7.	登	一只	登，範銅爲之，口爲回紋，中爲雷紋，柱爲饕餮，足爲垂雲紋，祭時，盛以太羹。	同右	登ㄉㄥ音登

8.	尊	一三只	尊，以銅製，體純素，兩耳爲犧首形，祭時，貯以清酒。	同右
9.	毛血盤	二只		同右
10	籩	一三九只	籩，編竹爲之，以絹飾裏，邊緣髹以紅漆，祭時，實以形鹽稾魚棗栗榛菱芡鹿脯白餅黑餅等。	孔廟永寄
11	豆	一三六只	豆照古制範銅爲之，面有花紋，我邑文廟所有者、均係木質、硃漆金綫，祭時、實以韭菹醓醢菁菹鹿臡芹菹兔醢筍菹魚醢等。	同右
12	篚	二一只	篚形長方，編竹爲之，四周髹以硃漆，祭時置帛。	孔
13	黃緞檯圍	一懸		同右
14	黃緞帳幔	一懸		同右
15	戒方	二根		同右

籩ㄅㄧㄢ音扁

篚ㄈㄟˇ音非

16	帛	一八束	帛以絹裱製，上書禮神制帛四字，加蓋縣署鈐記。	同右	
17	笏	六塊	笏即手版，古朝見時執之。	同右	笏ㄏㄨ音忽
18	盥洗盆架	一架	詳盥洗銅盆。	同右	
19	俎		以木爲之，髹以硃漆，祭時實太牢少牢。	同右	俎ㄗㄨ音阻
20	胙盤	一只	文獻考載，受胙，載牲以體，概即此盤。	孔廟永寄	胙ㄗㄨ音祚

軍器

1.	齊禍時炸彈	一顆	民國十四年，齊盧啓釁；我邑受禍甚烈，軍器類一至五號，俱爲齊軍禍蘇遺物。	縣立第二小學捐贈	請縣公安局檢視遺失
2.	齊禍時鎗彈	六排	見右	同右	
3.	破壞炮彈	三顆	見右	同右	
4.	軍用電綫	一圈	見右	同右	
5.	齊禍時砲彈殼	二顆	見右	同右	

6.	無錫東門明代古砲	一	尊	明嘉靖間，倭冦——海匪——騷擾江南，吾邑賢令王其勤督率軍民，築城防禦，邑境安然，此礮即當時所用。	縣公安局運來
7.	上海五卅慘案英捕施放步鎗彈殼	一	枚	民國十四年五月，上海日本紗廠工友，要求改善待遇，而罷工、日奴槍殺工友，學生為援助工友，到處講演在南京路上，日人唆使英捕開槍，釀成慘案，此彈殼係英捕鎗殺同胞用者	顧純愚捐贈
8.	無錫西門古砲	一	尊	見本類六號	公安第一分局運來
9.	齊禍時鎗彈	八	排	見軍器類一號	薛明劍捐贈
10	炸彈	一	顆	此炸蓋為民十五以前軍閥內訌時代；遺漏錫地	無錫縣公安局發來
11	英國造礮彈	一	顆	同右	同右

建築

1.	無錫之新建設畫片	八	張		陸仁壽捐贈

2.	明洪武時無錫城磚	二	塊	考今無錫城，築成於明嘉靖三十三年四月，民國二十年三月，重建新南門，獲此磚，尚係明初之舊城磚也。	無錫縣建設局發來
3.	清光緒時無錫城磚	三	塊		同右
4.	姑蘇虎丘磚	二	塊	考姑蘇虎丘塔建於隋，迄今已千餘年；尚巍然挺立，可見我國古代建築物之完固，磚上有武丘二字，蓋避諱也。	無錫縣教育局發下
5.	泰伯廟模型	一	座	見字畫類二十八號	無錫縣立第四小學寄存
6.	泰伯墓模型	一	座	見字畫類二十八號	同右

雜類

1.	甲子兵災募捐竹筒	二	只	甲子（民國十四年）兵災，無錫受禍甚烈，城區各小學，組織募捐聯合會，以捐款救濟難民，竹筒即募捐時用以貯捐款者。	無錫縣立第二小學捐贈

2.	無錫小學校兵災募捐册	四	本	見右	縣立第二小學捐贈
3.	兵災募捐紀念章	二	個	甲子兵災，無錫城區小學生結隊募捐，以捐款救濟災民，事畢後，由兵災募捐聯合會，頒給此項紀念章。	無錫縣立第二小學捐贈
4.	兵災時縣長兼警察所長佈告	一	張	此佈告爲曉諭民衆勿冒用紅十字會符號，以利紅會工作。	同右
5.	江浙聯軍第一路總司令部軍電印單。	一	張		同右
6.	江蘇省公署明密碼電報書	一	本		同右
7.	蘇州兵站司令王光域函	一	封		同右
8.	齊燮元命令	四	張	民國十四年齊盧戰後，奉軍繼又南下，齊軍餉斷，財盡，乃下令在錫邑一天內勒籌三十萬元，及徵發粮	同右

食等項，俱見於此項命令中●

9•	紅十字會婦孺救濟所夫役徽章	八	張	民國十五年以前軍閥內訌時遺物	同右
10	救濟婦孺第六安置所長方印	一	顆	見右	同右
11	紅十字會婦孺救濟會會旗	一	面	見右	同右
12	紅十字會通行證	四	張	見右	同右
13	紅十字會職員住宅條	一	張	民十五年以前軍閥內訌時遺物	無錫縣立第二小學捐贈
14	紅十字會臨時出入證	二	張	同右	同右
15	齊禍時市鄉通行航船旗	一	面	同右	同右
16	申新紗廠花船旗	一	面	同右	同右
17	齊禍時無錫戒區消防隊袖章	一	個	同右	同右

18	第六婦孺安置所職員袖章	九	個	同右	同右
19	本館開幕時徽章	四	個		本館存
20	齊禍時無錫子弟自衛團袖章	二	個	見十三號	嵇顯庭捐贈
21	錫澄公路通車典禮來賓乘車證	一	張	民國十九年八月，錫澄公路南段通車，典禮畢，建設局發此證使來賓試乘●	胡覺清捐贈
22	齊禍時校役通行證	三	個	見前	縣立二小捐贈
23	歐戰時美國紅十字會捐募證	一	個	歐戰時美國紅會委託錫邑童子軍募捐●以捐款送達戰地救濟災民及傷兵此片即募捐員懸掛之證章○	沈頌芝捐贈
24	甲子戰事保護發電牌示	一	張	民十四，江浙構兵，錫邑震華電廠發電中斷，致全城漆黑乃由申新三廠發電維持治安，而保防禦●縣府及警察局特出此牌以資保護●	薛明劍捐贈

25	錫澄路通車典禮聽委剪綫剪刀	一把	十九年八月，錫澄公路南段築成，十日舉行通車典禮，建廳派委執行剪綫，此剪即用以剪線者	縣建設局捐贈
26	紅豆	七粒	紅豆亦名相思子●產嶺南●廣東新語云「相思子木理似槐，大者斜鋸有細花雲●」相傳有人遠行，歿於邊塞●其妻思之，哭於樹下而卒，故名此豆產於錫澄交界處之顧山寶較嶺南者為大	吳弈光捐贈
27	椰子殼	二個	椰子殼，一說苗人用以護乳，一說走江湖者用作食器，未知孰是？	本館门購
28	河北銀錢局錢票	一張		張錫昌捐贈
29	世界各國郵票	九十七枚		湖濱藝術社捐贈
30	孔廟丁祭派單	二張	古昔每屆祀孔於指定執事後，由學官發給此單，以作半年內供職憑證●下屆祭祀更另給新者●	裘岳齡捐贈

31	明代福祿壽墓磚	一塊		宋泳蓀徵集
32	孔林蓍草	二〇莖	此草生於山東曲阜孔林中，古人取其莖以爲占筮之用，筮法詳見周易。	曹衡之捐贈　蓍尸晉矢
33	江蘇分等運動獎章	三塊		縣教育局捐贈
34	漢口中央銀行輔幣券（十六年發行）	一張		秦冕鈞捐贈
35	軍需兌換券（張作霖時代發行）	一張		同右
36	已廢五色國旗	一面		[redacted] 唐熊源捐贈
37	貨物分運稅單（厘捐）	四張		薛明劍捐贈
38	中國航空郵票五分（一角五分）	一枚		[redacted]
39	同右	一枚		薛明劍捐贈

40	總理奉安紀念郵票	二枚	民國十八年六月一日總理奉安郵政局特發行此票，以紀念總理	張仁山捐贈
41	總理國葬紀念郵票	三枚	同右	薛明劍捐贈
42	中國統一紀念郵票	三枚		
43	孫傳芳令箭	一枝	民國十五年孫傳芳頑抗革命軍，革命軍勝利●孫軍倉猝敗走，令箭棄於錫邑鄉間●	沈顯芝捐贈
44	湘鄂軍需兌換券	一張	民國十五，民軍北伐，軍需孔急，總司令部命中央銀行發行，此臨時兌換券以濟急需●	嵇顯庭捐贈
45	難民救濟會收容所袖章	二個	民十五，孫傳芳抗國民革命軍，京滬綫置有重兵，錫邑岌岌可危，當時父老，組織救濟會，救濟難民，此袖章即收容所職員所佩，	徐蘋香捐贈

46	難民救濟會收容所職員住宅條	一張	詳右	仝右
47	光復紀念琺瑯章	二枚		陸仁壽捐贈
48	清遺物萬歲牌	一方		無錫縣政府發下
49	總理奉安紀念明信片	一張	民國十八年六月一日總理奉安首都，設立臨時郵局，另刊郵戳，以爲紀念，此片於奉安日上午十二時所發。	陸同祉捐贈
50	已廢五色國徽帶	一條		陸仁壽捐贈

編後

今歲六月八日，欣逢我館一週紀念，爰有此紀念册之刊行所以備稽考，留紀念也，惟是本館一年來之工作，實無足稱述，然登高自卑，行遠自邇・既有此幼稚之基礎，倘能期之以時日，徐徐圖進，不難內容日就充實，設備日益完善也・至於此後之進步，正有待于本館同仁之努力，與夫社會人士之贊助耳！

本刊厚承　潘縣長題簽，暨諸君子惠賜祝辭，引爲殊榮，謹表謝忱！

二〇・六・胡覺清

後記

無錫是中國吳文化的發祥地。七千多年悠久歷史與文明，造就了『梁溪明秀之區，衣冠禮樂甲於江左』的城市人文傳統和深厚的歷史文化底蘊。數千年來，文脉綿延，永世流芳。邵寶在《錫山遺響》序中曾經這樣描述：『錫之爲邑，在三吳間。山水清麗豐曠，生其地者，多沉雅秀整，以文名家，代不乏人。』文化已經成爲這座城市最本色的氣質。爲傳承吳地文明，建設文化名城，進一步彰顯無錫城市内在精神特質，經過幾年的精心策劃，旨在全面整理地方文化典籍的《無錫文庫》編纂出版工作於二〇一〇年全面啓動，二〇一一年起陸續與讀者見面了。

無錫的城市文化曾經爲中華文化寶庫作出過巨大貢獻。顧愷之、倪瓚、王紱、鄒一桂、賀天健、徐悲鴻、錢松嵒、吳冠中，如松秀群嶺，在中國繪畫史上擁有很高的地位；華秋蘋、楊蔭瀏、劉天華、華彦鈞（阿炳），乃韵動天籟，對中國音樂發展發揮了重要作用；李紳、蔣防、尤袤、蔣捷、陳維崧、顧貞觀、嚴繩孫、周濟、劉半農，皆胸懷錦綉，在中國文學史上可謂各領風騷；計六奇、顧祖禹、顧棟高、秦蕙田、嵇璜、錢基博、錢穆、錢鍾書、錢海岳，可稱堂奥廣庭，學造淵源，在中國學術史上卓然大家；顧憲成、高攀龍之東林，唐文治之『國專』，徐霞客之游記，徐壽、華蘅芳之『格致之學』，陳翰笙、錢俊瑞、孫治方、薛暮橋之經濟學，都堪稱中華文化史上的一座座高峰，至今閃耀着炫目的光芒。

深厚的歷史文化底蘊激發了無錫城市的文化自覺。市委、市政府滿懷對鄉土誠摯之情、對文化敬畏之感，以義不容辭的責任擔當，致力於文化强市建設，以科學的理念和方式對歷史文化遺產作全方位的觀照、深層次的發掘、系統性的保護，匯四海之智，舉全市之力，共襄文化建設盛舉。二〇〇六年十二月，無錫市成功申報國家歷史文化名城，標志着新一輪文化意識的覺醒，并迅速轉化爲文化自覺的實踐。近年來，我市全面啓動惠山、清名橋、小婁巷、榮巷、蕩口等五個歷史文化街區和十個古村落保護修復工程，『護其貌，顯其顔，鑄其魂，揚其韵』；鴻山遺址成功保護的經驗被國家文物局譽爲大遺址保護『無錫模式』，并被授予首批國家考古大遺址公園，闔閭城遺址考古發現則確立了歷史上無錫曾作爲吴王闔閭都城的地位；建成開放六十餘座博物館、名人故居和紀念館；對無錫的非物質文化遺産予以重點保護；每年春天舉辦的中國（無錫）吴文化節、中國文化遺産保護論壇成爲文化亮點，享譽海内外。這些舉措遵循規律，探索文化建設體制和機制的創新，形成了寶貴的『無錫經驗』，得到海内外學者、專家的一致肯定。

在注重保護歷史文化遺存的過程中，發掘、整理無錫歷史文獻著作，展示和弘揚無錫城市的思想精神世界，自然而然成爲大家關注的重點。二〇〇六年，市委宣傳部組織無錫文史專家、學者編撰的十七册三百萬字的《無錫文化叢書》正式出版，引起强烈反響，出版後供不應求，在二〇〇八年再版加印。《無錫文化叢書》集中反映了無錫城市文化精華，展示了無錫城市文化特質，彰顯了無錫歷史文化的厚重，同時也告訴人們，文化精神的傳遞是文化繁榮發展的重要内涵，一旦擦去歲月蒙塵，優秀的歷史文化就會轉化成爲取之不盡的精神財富。

爲了進一步彰顯城市歷史文化底蘊，二〇〇七年，市委、市政府將全面系統整理無錫文化典籍擺上工作議事日程，明確提出編纂《無錫文庫》。由于無錫歷史文化底蘊深厚，卷帙浩繁，內容豐富，編纂工作千頭萬緒，要想整理出一部簡明扼要而又內容翔實、主旨鮮明而又文質彬彬的文獻集成，難度遠大於預想。爲此，我們先後成立了《無錫文庫》工作委員會和編輯委員會，加强對編纂出版工作的組織領導與統籌協調，在尊重歷史、尊重規律、尊重科學、尊重專家的基礎上，積極推進文庫編纂工作。編輯委員會經過反復論證，明確原則，綱舉目張，有條不紊地開展工作。充分憑借地方文史專家的優勢，充分發揮高校人文學院、研究機構的作用，充分依靠出版機構的專業經驗，并邀請國內外著名文史專家指導、把關，形成了文庫編纂的工作合力。

在編輯過程中，我們力求使《無錫文庫》成爲經得起歷史考驗的鄉邦文獻集成。

全面規劃又保持開放結構。面對豐富的歷史文化積澱，沒有規劃就不可能形成清晰的編纂思路。在前期編纂工作中，編輯委員會經過二十餘次的論證會和專題研討會，形成并確定了《無錫文庫》總書目，明確了收録範圍和內容主體，立足無錫市區，兼顧江陰、宜興，主要體現無錫本土內容，突出人文科學，適當兼顧其他門類。據此，《無錫文庫》收録圖書五百五十餘種，分爲五輯：第一輯『官修舊志』，收編無錫地方志（含江陰、宜興）；第二輯『地方史料專著』，收編反映無錫地方史料的專著與筆記；第三輯『年譜家乘』，收編無錫（含江陰、宜興）地方名人年譜和望族的家譜；第四輯『無錫文存』，收編歷史上無錫作家詩文和專著的精華；第五輯『近現代名家名著存目』，編撰無錫近現代名家名著的書目提要。爲使文庫具有更大的開放度和包容量，《無錫文庫》注重整體設計，在框架分類上既注意

整合，又突出重點，考慮到文庫的涵蓋面和系統性；在書目選擇上既注重經典性，又强調代表性，兼顧到圖書本身質量和作者特點；在出版方式上既總體規劃、循序推進，又采取較爲靈活的方式，成熟一批出版一批，不編序號，爲今後增補書目預留空間。

尊重歷史又反映時代特色。《無錫文庫》注重歷史性與時代性相結合，以嶄新的學術角度和現代學科理念對城市歷史文化進行整理和弘揚。編纂工作充分體現對歷史傳統的尊重，儘可能減少評述性成分，杜絶截割、改篡、增删圖書内容，對節選本祇采取作者的自選本。與此同時，以現代學術視野來看待傳統史料，增加收録有價值的歷史資料和文獻，如對民國時期的一些稿本、期刊、會刊、紀念册也予以應有的關注，收入了部分重要的民間史料。

保持原貌又便于讀者查閲。《無錫文庫》除第五輯外，全部采用原版影印方式，力争選擇最優版本作底本，保持文獻著作的歷史面目。爲了便於閲讀、查證、使用、研究，每一輯均撰寫編輯説明，每種書撰寫提要，并編撰《文庫》書目索引。通過這樣的方式，使《無錫文庫》兼具工具書檢索的作用，增强文化典籍整理的實用功能。

如期完成又精益求精。《無錫文庫》作爲一項重大文化工程，編纂工作面廣量大，必須集中力量，一鼓作氣。我們明確，從編纂工作全面啓動開始，花三年時間完成《無錫文庫》出版工作。《無錫文庫》總書目形成後，五輯的書目編纂工作同時開展、整體推進。我們要求，《無錫文庫》編纂出版工作要强化精品意識，力求思想精深、内容精彩、選編精當、學風精良、裝幀精美。文庫編纂出版的每個環節都反復論證推敲，確保經得起歷史檢驗。

《無錫文庫》的編纂出版工作，得到了鳳凰出版傳媒集團的大力支持，鳳凰出版社在版本選擇、編輯出版方面做了細緻的工作；由於《無錫文庫》收録的資料有三分之二散落在全國各圖書館中，中國國家圖書館、上海圖書館、南京圖書館等一批國内知名圖書館爲此提供了積極的幫助；應邀擔任《無錫文庫》學術顧問的專家，都是無錫籍的文化名人和國内一流的古籍研究專家，他們有的不顧年事已高，有的不顧自身工作繁忙，爲《無錫文庫》的編纂工作付出辛勤勞動；《無錫文庫》工作委員會和編輯委員會成員以及編務人員在文庫編纂出版過程中做了大量的工作。在此，謹向他們表示崇高的敬意和由衷的謝忱！

由於《無錫文庫》收録内容涉及範圍廣、時間跨度長，部分書目已經散佚，可利用資料受到限制，加之編輯委員會水平有限，《無錫文庫》的編纂工作難免會有一些疏漏和錯誤，不當之處敬請讀者指正。

王立人

二〇一一年一月